DEUTSCHLAND

DIE 16 BUNDESLÄNDER – NEU ENTDECKT

AUFREGENDE BILDER,
ANREGENDE GESCHICHTEN UND
ÜBER 1000 AUSGEWÄHLTE
TIPPS UND ADRESSEN

C. BERTELSMANN

INHALT

IMPRESSUM

Herausgeber:
Thomas Osterkorn,
Andreas Petzold

Art Director:
Tom Jacobi

Redaktionsleitung:
Werner Mathes,
Michael Stoessinger,
Norbert Kleiner
(Gestaltung)

Textchef:
Peter Meyer

Layout:
Brigitte Baumann

Bildredaktion:
Petra Göllnitz, Arne Deepen

Angetippt:
Peter Juppenlatz

Tipps & Adressen:
Andreas Albes, Maik Brandenburg, Rupp Doinet, Renate Eder, Julius Grützke, Anja Haegele, Ludger Hinder, Bianca Huber, Mara Kaemmel, Marcel Maerz, Thomas Platt, Eric Scherer, Stefan Scheytt, Matthias Schlosser, Georg Wedemeyer, Regina Weitz, Susanne Witzel, Tilman Wörtz, Peter Würth

Karten:
Jan Schwochow, Bettina Müller, Harald Blanck, Ronja Beer, Martin Künsting, Nicole Krohn

Dokumentation:
stern-Dokumentation

Schlussredaktion:
stern-Schlussredaktion

Objektleitung:
Magdalene Gaese

➔ Buch im Verlag Gruner+Jahr AG & Co.
Am Baumwall 11
20459 Hamburg

1. Auflage

© 2000 by C. Bertelsmann Verlag, München
in der Verlagsgruppe Bertelsmann GmbH

Titelfoto: Werner Mahler

Druck und Bindung:
Mohn Media
Mohndruck GmbH,
Gütersloh
Printed in Germany

ISBN 3-570-00535-6

BAYERN

KÜHE, KIRCHEN UND COMPUTER
Auf der Alm bei Murnau — 4
HADERER — 6
ANGETIPPT — 7
FOTO-REPORTAGE VON BJÖRN LUX UND FRANK WACHE
Ganz entspannt im Bier und Jetzt — 8
ESSAY
EMANUEL ECKARDT
Im Gasthof der Republik — 22
INFOTEIL:
Wo ist was in Bayern? — 24

HAMBURG/ SCHLESWIG-HOLSTEIN

WIE DER NORDEN LEUCHTET
Leuchtturm in der Haseldorfer Marsch — 32
HADERER — 34
ANGETIPPT — 35
FOTO-REPORTAGE VON HANS-JOACHIM ELLERBROCK
Land drunter – mit den Möwen unterwegs — 36
ESSAY
PETER SANDMEYER
Weit wie das Herz einer Hafenhure — 50
INFOTEIL:
Wo ist was im Norden? — 52

BADEN-WÜRTTEMBERG

FRISCH, FROMM, FINDIG, FREI
Auf dem Waldfest in Gutach — 60
HADERER — 62
ANGETIPPT — 63
FOTO-REPORTAGE VON FRANZ KILLMEYER
Wo die Wälder rauschen und die Wirtschaft brummt — 64
ESSAY
HANS PETER SCHÜTZ:
Von Badischen und Unsymbadischen — 78
INFOTEIL:
Wo ist was in Baden-Württemberg? — 80

MECKLENBURG-VORPOMMERN

AUF DEM WEG IN BESSERE ZEITEN
Seebrücke von Sellin — 88
HADERER — 90
ANGETIPPT — 91
FOTO-REPORTAGE VON GERHARD WESTRICH
Wenn die Seele blau macht — 92
ESSAY
RICO CSERWINSKI
Traumpfade einer verlorenen Welt — 104
INFOTEIL:
Wo ist was in Mecklenburg-Vorpommern? — 106

RHEINLAND-PFALZ/ SAARLAND

SCHATZKAMMERN FÜR LEIB UND SEELE
Weinkeller von Bassermann-Jordan — 114
HADERER — 116
ANGETIPPT — 117
ESSAY
WALTER WÜLLENWEBER
Weck, Worscht und Woi — 118
FOTO-REPORTAGE VON GABOR GEISSLER
Wo Provinz kein Schimpfwort ist — 120
ESSAY
JOCHEN SENF
Dahemm mit der Flemm — 132
INFOTEIL:
Wo ist was zwischen Rhein und Saar? — 134

BERLIN

**WO DIE ZUKUNFT
IHR ZUHAUSE HAT**
Mauerdenkmal,
Bernauerstraße 142
HADERER 144
ANGETIPPT 145
**FOTO-REPORTAGE
VON IAN BERRY**
Auferstanden aus Ruinen –
und der Zukunft zugewandt 146
**ESSAY
KAI HERMANN**
Der süße Charme
der Anarchie 162
INFOTEIL:
Wo ist was in Berlin? 164

BRANDENBURG

**GESCHICHTE SATT,
NATUR PUR**
Ehrenhof Schloss Sanssoucci 172
HADERER 174
ANGETIPPT 175
**FOTO-REPORTAGE
VON WERNER MAHLER**
Zeitreise durch Mark und
Brandenburg 176
**ESSAY
REGINE HILDEBRANDT**
Von Sülze, Sand und
schwerem Stand 190
INFOTEIL:
Wo ist was in Brandenburg? 192

NIEDERSACHSEN/ BREMEN

**SCHWERBLÜTIG,
WARMHERZIG**
Hengstparade,
Landgestüt Celle 200
HADERER 202
ANGETIPPT 203
**FOTO-REPORTAGE
VON ROMAN BEZJAK**
Sturmerprobt und
erdverwachsen 204
**ESSAY
JÜRGEN PETSCHULL**
Eine Liebe auf den
zweiten Blick 218
INFOTEIL:
Wo ist was in Niedersachsen
und Bremen? 220

THÜRINGEN

**HOCHKULTUR
UND HIGH TECH**
Goethe-Denkmal in Weimar 228
HADERER 230
ANGETIPPT 231
**FOTO-REPORTAGE
VON WILFRIED BAUER**
„Die Gegend ist herrlich,
herrlich" 232
**ESSAY
LANDOLF SCHERZER**
Es ist nicht das Gold,
das glänzt 244
INFOTEIL:
Wo ist was Thüringen? 246

NORDRHEIN- WESTFALEN

**GLÜCK AUF: EIN
LAND WIRD UMGEBAUT**
Der Glaselefant in Hamm 254
HADERER 256
ANGETIPPT 257
**FOTO-REPORTAGE
VON DOROTHEA SCHMID**
In der Herzkammer
der Republik 258
**ESSAY
MICHAEL STRECK**
Wo Frau Multi und Herr
Kulti leben 272
INFOTEIL:
Wo ist was in NRW? 274

SACHSEN-ANHALT

**BURGEN, BAUHAUS,
BROCKEN**
Wörlitzer Park 282
HADERER 284
ANGETIPPT 285
**FOTO-REPORTAGE
VON JENS RÖTZSCH**
Aschenputtels verborgene
Reize 286
**ESSAY
ROLF SCHNEIDER:**
Geboren am Ende
des Krieges 298
INFOTEIL:
Wo ist was in
Sachsen-Anhalt? 300

HESSEN

**KUNST UND KAPITAL,
KIRCHE UND KOMIK**
Die Skyline von Franfurt 308
HADERER 310
ANGETIPPT 311
**FOTO-REPORTAGE
VON THOMAS RABSCH
UND WILFRIED BAUER**
Wo das Herz
Europas schlägt 312
**ESSAY
MATTHIAS BELTZ**
Von Komischen
und Heiligen 324
INFOTEIL:
Wo ist was in Hessen? 326

SACHSEN

**IM LAND VON GEIST
UND GENIUS**
Göltzschtalbrücke
im Vogtland 334
HADERER 336
ANGETIPPT 337
**FOTO-REPORTAGE
VON HARF ZIMMERMANN**
Alte Pracht und neues
Lebensgefühl 338
**ESSAY
HOLGER WITZEL**
Und drinnen brodelt
die Seele 350
INFOTEIL:
Wo ist was in Sachsen? 352

BAYERN

Kühe, Kirchen und Computer. Wo Bayern Spitze ist: Silicon Valley im Herrgottswinkel

HADERERS DEUTSCHLAND-BILD

BAYERN: DER HEILIGE STUHL

ANGETIPPT

**VON NATUR AUS** mögen wir Bayern uns Bayern und Bayern, und dann kommt länger nix. Aber wer traditionell Elite ist, Spitze von **WEISSBIER** bis High Tech und Papsttreue, der muss gönnen können, wenn auch nicht beim Länderfinanzausgleich. Also her mit den Fremden, solange sie sich eh nur gegen Bezahlung unsere majestätischen Berge samt der Dirndlausschnitte unserer Wies'n-Bedienerinnen anschauen  und termingerecht wieder abziehen. Sakrisch fuchsen tun uns nur die Preiß'n, die auf unserem Land bauen, Weiß-Blau stur für Blau-Weiß halten und wegen der für unsere Folklore unverzichtbaren Kuhglocken in Designertracht zum Kadi rennen, weil das Gedröhn sie angeblich beim Fernsehen auf der Terrasse stört. Was für ein Schmarrn, auf die Folkloregeräusche von **MARIA HELLWIG** und ihrer töchterlichen Kopie sind sie  doch geradezu begierig. Wenigstens versuchen solche Ungelernten keinen **MAIBAUM** zu stehlen, weil sie die Regeln für die Rauferei danach nicht beherrschen, aber wir. Für bundesweiten Gelegenheitskrawall haben wir sogar eine ganz eigene Partei. Seit sie uns den König genommen haben, spielen wir bei der Demokratie mit, soweit zumutbar. Für wo's langgeht halten wir uns den **STRICHMUND STOIBER**, der macht das ganz bärig. Wie der den Haider hofiert und unsere eigenen  Nazis plötzlich zur Hölle wünscht, das gefällt uns **BREZN-BAZIS**, wenn wir bei Obatztm und mönchischem Bier mit Volllaut den Rest der Welt verbessern helfen. Nur ein Beispielchen: Für *unsere* in die Demokratie geretteten Prinzen muss man sich nicht schämen, weil der Strauß Maxl ist ja kein echter. Doch irgendein Strauß muss immer sein bei uns, und als Mitbringsel-Tipp raten  wir zu einem Gutschein für eine Beratung bei ihm, denn ein Anwalt mit gutem Namen kann bei uns Wunder wirken, wozu sind wir katholisch. Oder schenken S' einen **Z8-ROADSTER** von unserer Staatsmarke für 235 000 Mark. Auch Spitze.

BAYERN IN ZAHLEN

Fläche: 70 548 Quadratkilometer
Einwohnerzahl: 12,1 Millionen
Einwohnerdichte: 171 Einwohner pro Quadratkilometer
Sonnenstunden im Jahr:
Landeshaupstadt München: 1709

Der höchste deutsche Berg liegt in Bayern: Zugspitze, 2962 m, genauso der höchst gelegene Ort: Balderschwang, 1044 m über NN
Bayern hat die meisten Wälder - 933 000 Hektar

FOTO-REPORTAGE

Ganz entspannt im Bier und Jetzt

Grandiose Berglandschaften, saftige Almwiesen, kristallklare Seen unter weißblauem Himmel – und mitten drin die Maß-Menschen in ihren Biertopen: In Bayern ist das kolossale Klischee zur Realität geworden. Die Fotografen Björn Lux und Frank Wache reisten kreuz und quer durch den Freistaat und fanden trotzdem noch überraschende Motive. Oder haben Sie schon einmal König Ludwigs Märchenschloss Neuschwanstein so gesehen?

DAS KREUZ DES SÜDENS

Tatort Kalvarienberg, Jesus als Serienheld. Hundertmal muss er in Oberammergau den Tod am Kreuz erleiden. Die Passionsspiele gehören zu den Höhepunkten der katholischen Event-Kultur. Seit 1634 wird das oberbayerische Dorf alle zehn Jahre zur Bühne für die Leiden Christi

KARIBIK AM ALPENRAND

Weißblauer Sommer am Walchensee. Der Reichtum an Seen macht den Freistaat zum idealen Feuchtbiotop der Urlaubslaune. Kein anderes Bundesland zieht die Deutschen mehr an – im Sommer wie im Winter. Stress bringt im Süden der Republik höchstens der Föhn

DIE MASS ALLER DINGE

Ein Trachtenverein in landestypischer Bierlaune. Echte Bajuwaren genießen im Dirndl oder mit Gamsbart und Lederhose ihr Dasein als selbstbewusste Exoten im Zeitalter galoppierender Modetrends. Sie sind Originale und bleiben sich treu. Das Talent zur Lebensfreude scheint angeboren zu sein

KRAXELN ALS TROCKENÜBUNG

Der Berg ruft, und sei es im Silo einer stillgelegten „Pfanni"-Fabrik in der Landeshauptstadt. Die „Kletterhalle Heavens Gate München" bietet Steilwandkitzel ohne Lawinengefahr. Die Outdoor-Aktivitäten für alle Arten von Winter- und Sommersport sind grenzenlos

VISIONEN UNTER DACH UND FACH

Airport „Franz Josef Strauß" bei München, ein neuer Terminal entsteht. Bayerische Architekten lieben das Zusammenspiel spannender Strukturen mit dem weißblauen Himmel. Leichtigkeit und Transparenz kennzeichnen ihre Entwürfe – und Spaß an der Zukunft

GRAND CANYON ZUM NAHTARIF

Naturparadies Bayern. Ein Bild wie aus Kanadas Westen: Die Isar fließt durch den Wallgau. Wer Einsamkeit sucht und kaum zerstörte Natur, findet wenige Kilometer abseits der überfüllten Autobahnen die Landschaft seiner Träume

ESSAY

Im Gasthof der Republik

20 Millionen Touristen reisen Jahr für Jahr nach Bayern. Auch immer mehr junge Unternehmer der High-Tech-Branche zieht's in den Süden. Sie schätzen vor allem eines: die klaren Verhältnisse der CSU-Monarchie

Man muss Bayern einfach lieben, seinen Charme, seine Größe, die barocke Fülle seiner Natur. Gletscher leuchten, Bergseen schimmern, zum Sterben schön wie der Starnberger See, in dem König Ludwig sein tragisches Ende fand. Bayerische Seen sind Ozeane des Gemüts. Villengrundstücke an ihren Ufern gehören zu den begehrtesten dieser Erde.

Was wäre das Reiseland Deutschland ohne seinen schönsten, seinen größten Staat, ohne Neuschwanstein und Oktoberfest, ohne Brezn, Weißwurst, Bayern München? Jedes vierte deutsche Hotelbett steht in Bayern. 20 Millionen Gäste strömen jedes Jahr in den Freistaat. Das ist etwa so, als hätten sämtliche Einwohner Australiens beschlossen: Schau'n mer mal. So gesehen, ist Bayern gewohnt, einen Kontinent zu bewirten. Und wie!

BAYERN TRÄGT SEINE GÄSTE auf Händen, ist nicht nur Magnet für Touristen aus aller Welt, sondern auch Deutschlands größtes Outdoor-Fitness-Center, Golfstaat und Skigebiet zugleich, voller Mountains zum Biken, eine perfekt ausgeschilderte Wildnis für Canyoning, Snowboarding und Free Climbing, aber auch fürs beliebte Mushroom-Searching (Gerhard Polt). Wo der Wildbach rauscht, schwirren Golfbälle durch den Tann, schweben Paraglider hernieder, jodeln Berliner beim Trekking in bayerischer Tracht.

Wo die Fremden sind, blühen die Geranien, zeigt Bayern den ganzen Reichtum seiner Brauchtumspflege, ein Biertop, das seinesgleichen sucht, ein Land voller begeisterungsfähiger und trinkfester Maß-Menschen, die sich auf eine außerirdische Gaudi verstehen. Bayern braucht keine Love Parade, hat eine Naturbegabung zur Begeisterung, zur Massenorgie, zum Exzess. Beschaulich bimmeln Zwiebeltürme und rehbraune Rindviecher, öffnet sich der Blick auf eine Naturlandschaft, die so anziehend ist, dass sie naturgemäß nicht unversehrt bleiben kann. Ab und zu gibt es eine Katastrophe, schlägt ein Meteorit ein, wie in der Gegend um Nördlingen, frisst der Borkenkäfer all die schönen Bäume im Nationalpark Bayerischer Wald, gründet McDonald's eine Filiale am Irschenberg.

Doch wer als Autofahrer nicht gerade zur falschen Zeit auf der Autobahn München–Salzburg im Stau steckt, kann auf Nebenstrecken Panoramen erleben, die es auf dieser Welt nur einmal gibt, Naturschauspiele, die sich wie prachtvolle, fast kitschige Kolossalgemälde vor die Windschutzscheibe schieben. Bayern ist riesig, ein Flatschen auf der Landkarte, 70 000 Quadratkilometer Feld, Wald und Wiesn, Bauernland, Bauerwartungsland, Bauland, ein farbenprächtiges Gesamtkunstwerk aus Weinbergen, Biergärten und Barockschlössern. Bayern grenzt an den Böhmerwald im Osten, im Westen an den Bodensee, endet im Norden kurz vor Frankfurt und bietet nahezu jede Landschaftsform außer Mangrovensümpfen.

Bayern kann flach sein wie die Magdeburger Börde, hügelig wie das Weserbergland und steil wie die Karpaten. Und doch ist es unverwechselbar Bayern: der weißblaue Himmel über dem Alpenpanorama, die weiß-blauen Maibäume in den beschaulichen Dörfern, die Häuser, deren Dachneigung so flach ist, dass der Schnee liegen bleibt, deren Fenster so klein sind, dass gerade ein Saubloder davor passt, eine Schweinsblase als Fensterscheibe, Relikt einer Zeit, in der an Glas nicht zu denken war.

In Bayern leben mehr Menschen als in Angola, Simbabwe oder Mali. Schwarz sind sie auch, aber von innen. Die Zusammensetzung der Bevölkerung ist heterogen, ein Gemisch aus Romanen, zugewanderten Elbgermanen, Kelten, Wandalen, Franken und Sudeten. Bayern wirkt seit jeher anziehend auf Fremdvölker, achtet aber sorgfältig darauf, was die Heimatvertriebenen mitbringen. Unerwünscht sind Kopftücher, Aids und Armut. Wenn der Asylant ein Geld bringt, ein paar Millionen wie Alexander Schalck-Golodkowski oder ein paar Milliarden wie der Russe Boris Beresowskij, darf er an den Starnberger See oder nach Garmisch.

In Bayern lebt eine schwer zu überblickende Zahl hoch bezahlter Entwicklungshelfer, die Tore schießen wie Giovane Elber oder Sammy Kuffour. Ausländische Millionarios wie Zubin Mehta, Lorin Maazel und James Levine trainieren das Zusammenspiel bei der Musi in München. In keiner Weltstadt sind so viele internationale Dirigenten umeinander.

MÜNCHEN LEUCHTET, Megadorf, Künstlerkolonie, Gasthof der Republik, Shopping-Mall für Maßkrug und Gamsbart, Luxus und Loden, herzig, charmant, alles andere als nüchtern, verschwenderisch in Fragen der Kultur und der Kalorien, grotesk bis zur Komik in seiner moshammerhaften Selbstinszenierung. Doch lieber eine Perücke als hundert Glatzen. München glänzt, ist Stolz und Hauptstadt des Freistaats Bayern. Der hat auch im vereinten Europa stets seine politische Unabhängigkeit betont. Wenn dieses tapfere Volk sich vom rot-grünen Schröderland lossagen würde, etwa um eine politische Union mit dem Vatikan anzustreben, stünde der souveräne Freistaat auf der Weltrangliste der Nationen in seiner Größe zwischen Irland und Sierra Leone auf Platz 118.

Rot-grün, aber auch Merz und Merkel sollten wissen: Bayern kann auch anders. Es gab Zeiten, da hat Bayern sich bis

EMANUEL ECKARDT
Der Hamburger Autor ist bekennender Bayern-Fan. Eckardt, 52, leitet die Redaktion des stern-Spezial Musik

zur Nordsee erstreckt. Zu Bayern gehörten nicht nur die Mark Brandenburg und Tirol, sondern zeitweise auch Düsseldorf und beträchtliche Teile von Nordrhein-Westfalen, die Niederlande und große Teile Belgiens. Fast wäre ihm auch noch Spanien durch Erbschaft zugefallen. Ein Oberösterreicher aus Braunau am Inn, der von Bayern aus die Weltherrschaft anstrebte, ist bekanntlich gescheitert. Doch gibt es eine Kontinuität im so genannten freiheitlichen Denken, die das politische Bayern mit dem modernen Österreich verbindet. Ein Jörg Haider wird sich Bayern weniger fremd fühlen als ein Gerhard Schröder, der ein Sozi ist, noch dazu ein geschiedener.

In der politischen Farbenlehre reagiert Weiß-Blau allergisch auf Rot-Grün. Doch Sozialdemokraten werden, ähnlich wie die Zeugen Jehovas, als relativ harmlose Sekte toleriert. Liberale brauchen in Bayern eigentlich keine eigene Partei. Überhaupt ist das Mehrparteiensystem in dieser klassischen Monarchie eher störend.

Alle wichtigen politischen Strömungen wie Liberalismus, Nepotismus und Konservatismus werden mit der katholischen Soziallehre in Einklang gebracht und fließen in der Volkspartei CSU zusammen, die 1946 begann, Bayern zu regieren, davon 42 Jahre mit absoluter Mehrheit. Längst hat sie auch die Rolle der Opposition, die Gerichtsbarkeit und den Bayerischen Rundfunk übernommen. Sollte sie einmal putschen müssen, braucht sie den Sender nicht zu besetzen, stellt Hans Well von den Biermösl Blosn fest.

Dieses hochmusikalische Trio bildet gemeinsam mit Gerhard Polt und einigen Aufrechten in Passau, Wackersdorf und München die außerparlamentarische Opposition, zu der aber auch die in München erscheinende „Süddeutsche Zeitung" gerechnet werden muss. Bayerns bedeutendster Kolumnist ist jedoch ohne Zweifel Franz Beckenbauer, der es in seiner doppelten Funktion als Präsident des FC Bayern München und Sportkommentator der „Bild" zum populärsten aller Berufsbayern gebracht hat. Steuerlich ist er übrigens ein Österreicher.

ÜBER DEM KAISER steht in Bayern eigentlich niemand mehr. Doch wer einmal die Kirche Vierzehnheiligen oder die prächtige Wieskirche mit ihrer ganzen Herrlichkeit von innen gesehen hat, weiß, dass Gott katholisch und ein Bayer ist. Nicht umsonst wird sein Sohn heuer hundertmal in Oberammergau ans Kreuz geschlagen. Außerdem hängt ein Jesus in jeder Schulklasse und als Marterl in Almen, Wiesen und Feldern. Gottes Stellvertreter auf Erden ist zwar ein Pole. Doch in Glaubensfragen entscheidet ein Bayer, der Ratzinger Joseph, Kurienkardinal, Präfekt der vatikanischen Glaubenskongregation und damit ranghöchster Fundamentalist unter rund einer Milliarde Katholiken zwischen Rosenheim und Ozeanien.

„Wer dieses Land kennt, weiß, dass Gott katholisch und ein Bayer ist"

Gott hat das Land der Bayern gesegnet. Unter den 16 Bundesländern zählt der Freistaat zu den reichsten. Bodenständig und weltoffen zugleich öffnet er sich den Zukunftstechnologien wie Satellitennavigation, Mikrowelle und Fritteuse. Souverän hält er die Balance zwischen Laptop und Lederhose, Tradition und Fortschritt. Jodler werden im Computer geklont. Auf den Highways des Vereinten Europa erobern bayerische Spitzenprodukte der Marke BMW und Audi die Überholspuren. Und im Weltraum sagt bayerische Technik dem Universum ein herzliches Grüßgott miteinand.

Nirgendwo werden Verbrecher so schnell gefasst wie in Bayern. Die Straßen sind frei von Kampfhunden. Radikale gibt es nur noch in der CSU. Allein in Fragen der Moral, eigentlich eine Kernkompetenz der Partei, gibt es immer mal Ausrutscher. Ein Landtagsabgeordneter nutzt die Bürostunden für heimlichen Telefonsex. Der Verkehrsminister ließ sich mit Alkohol am Steuer erwischen. Und ausgerechnet die kreuzkatholische Familien- und Sozialministerin soll eine Affäre mit einem Autohändler haben. Ein boshafter Parteifreund plaudert es aus.

BAYERNS AFFÄREN schrammen traditionell den Bereich von Posse und Bauerntheater, ungeachtet der Summen, die im Spiel sind. Insgesamt zwei Milliarden Mark haben Bayerische Landesbank und Bayerische Landeswohnungsgesellschaft in Asien und anderswo verspekuliert. Stets gelingt es dem schreckensbleichen Landesvater Edmund Stoiber, einem Eiferer für Sauberkeit in der Politik, für solche und ähnliche Verfehlungen einen Verantwortlichen zu finden, der nicht Edmund Stoiber heißt.

Aber auch das ist Bayern: Ein kleiner Staatsanwalt in Augsburg bringt, unbeeindruckt durch Stoppsignale aus Parteizentralen und übergeordneten Stellen, durch unermüdliches Graben und Bohren den Spendenskandal der CDU ans Licht, ein Überzeugungstäter, der die politische Landschaft in Deutschland stärker verändert als tausend Stoiber-Reden.

Was wäre die politische Landschaft Deutschlands ohne die Bayern? Zum Sterben langweilig. Wir brauchen sie. Sie sind anders als wir. Manchmal saugrob, aber dann meinen sie es auch so. Sie sind herzlich, auch in ihrer Abneigung. Wir kennen sie als Grantler, Querköpfe, Individualisten, aber mit einem tiefen Verständnis für die Genüsse des Lebens, die sie immer mit anderen teilen.

Was die Bayern uns allen voraus haben, ist nicht nur die kürzeste Verbindung nach Italien, sondern eine angeborene Naturbegabung. Eine tief verwurzelte Gemütsruhe. Sie nehmen sich die Freiheit heraus, nicht hektisch zu sein. Stress bringt höchstens der Föhn, und auch den sitzen sie aus, beim Bier unter Kastanien.

EMANUEL ECKARDT

80 AUSGEWÄHLTE ADRESSEN UND DREI EXTRATOUREN

Wo ist was in Bayern?

SCHLAFEN 1
ESSEN 1
LEBEN 1
SEHEN 1
TOUREN A

SCHLAFEN

Zimmer im Hotel Rebstock in Würzburg

1 HOTEL REBSTOCK
Mit seiner Rokokofassade zählt das Rebstock zu einem der Hauptdenkmäler des Bürgerlichen Rokoko in Franken. Das jahrhundertealte Gebäude wurde 1408 erstmals als Gasthof erwähnt. Heute ist jedes der 72 Zimmer und Suiten individuell eingerichtet. Besonderer Service des Hauses: Ein auf die Hotelgäste zugeschnittenes Kulturprogramm.
Neubaustraße 7, 97070 Würzburg
0931/3093-0 0931/3093-100
72 Zimmer, DZ ab 360 Mark

2 FERIENHOF SCHWARZES ROSS
Urlaub rustikal. Mitten im Dörfchen Steinsfeld steht der 200 Jahre alte Fachwerkhof Schwarzes Roß. Die alte Architektur ist noch weitgehend erhalten. Auch die Zimmer und Ferienwohnungen sind zeitgemäß eingerichtet. Morgens erwartet den Gast ein deftiges Frühstück mit frischer Milch, dazu selbst gebackenes Bauernbrot und Hausmacherwurst.
Am Dorfplatz 1, 91628 Steinsfeld
09861-94910 09861-949140
www.hotel-zehntscheune.rothenburg.de
7 Ferienwohnungen, 50–130 Mark
10 Betten ab 35 Mark

3 JUGENDGÄSTEHAUS NÜRNBERG
Vermutlich die schönste Jugendherberge Bayerns, auf jeden Fall die mit dem schönsten Ausblick. Denn vom höchsten Punkt der Nürnberger Altstadt, dem Burgberg aus, lässt sich über die ganze Stadt blicken. Auf sieben Etagen bietet das Jugendgästehaus 320 Betten in 72 Räumen. Es gibt Zwei- bis Sechsbettzimmer und vier Schlafräume mit 15 Betten, behindertengerecht ausgebaut.
Burg 2, 90403 Nürnberg
0911/2309360 0911/23093611
Übernachtung mit Frühstück inkl. Bettwäsche ab 30 Mark (nur für Gäste bis 26 Jahre und Jugendverbandsausweis
Ausnahme: Familien mit Kindern)

4 HOTEL DREI RABEN
Besucher des Nürnberger Christkindl-Marktes sollten rechtzeitig buchen, denn das Hotel Drei Raben ist Nürnbergs erstes „Themenhotel" und entsprechend gefragt. Fast jedes der 27 Zimmer steht unter einem Motto. Im Zimmer Nummer 32 etwa kommt es zur Begegnung mit Karl dem Großen. Der Kaiser schaut höchstpersönlich aus der Wand. Schrifttafeln erläutern die Geschichte.
Königsstraße 63, 90402 Nürnberg
0911-204583 0911-232611
www.hotel-drei-raben.de
27 Zimmer, DZ ab 160 Mark

5 KLOSTERHOF HOTEL
Die moderne Ferienanlage in einem der größten Marienwallfahrtsorte Bayerns bietet ein üppiges Erholungsprogramm: Restaurants, Biergarten, historische Klosterschänke und ein 600 Quadratmeter großes Freizeitgelände mit Hallenbad, Fitnessraum und Kletterwand. Optimale Kinderbetreuung sorgt dafür, dass Eltern auch wirklich entspannen können.
Marktstr. 49, 93453 Neukirchen/Hl. Blut
09947-951-0 09947-951-100
www.khh.de
213 Zimmer, DZ ab 135 Mark

6 FERIENHOTEL BIRKENHOF
Casino-Besucher von Kötzting (siehe Rubrik Leben) können sich am Waldrand von Grafenwiesen im Hotel Birkenhof erholen. Das moderne 50-Zimmer-Haus bietet zahlreiche Sport- und Freizeitanlagen. Zum Beispiel ein 800 Quadratmeter großes Badeareal mit Erlebnispool, acht verschiedenen Saunen und Dampfbädern. Keines der Zimmer hat Telefon, damit die Gäste auch wirklich abschalten können. Also: Handy aus!
Auf der Rast 7, 93479 Grafenwiesen
09941/1582 09941/4961
www.birkenhof.de
50 Zimmer, DZ ab 70 Mark

7 WEISSES ROSS
Im alten Stil aber in neuen Betten kann man in Dinkelsbühl im Hotel „Weißes Ross" schlafen. In einer alten Fachwerkscheune wurden vor wenigen Jahren neue Zimmer eingebaut. Alle sind im Designerstil möbliert. Gleichzeitig bieten sie mit den kleinen Fenstern und dicken dunklen Deckenbalken nostalgischen Charme.
Steingasse 12, 91550 Dinkelsbühl
09851/579890 09851/6770
www.hotel-weisses-ross.de
15 Zimmer, DZ ab 140 Mark

8 HÔTEL D'ORPHÉE
Die Lage des Hotels ist ein Geschenk, das Innere ein Schmuckkästchen. Auf drei Etagen liegen 15 Zimmer im verwinkelten Haus mitten in der Regensburger Altstadt. Jedes Zimmer ist ein Unikat, vom Pächter eigenhändig mit alten italienischen Möbeln, türkischen Kacheln und

HOTELS, RESTAURANTS, RADTOUR

Zimmer im Hôtel D'Orphée, Regensburg

Waschtischen aus längst aufgegebenen Friseursalons ausgestattet. Das Hochzeitszimmer hat den einzigen Balkon mit romantischem Blick auf Kohlenmarkt und Rathausturm.
Wahlenstraße 1, 93047 Regensburg
☎ 0941-59 60 20   📠 0941-59 60 22 22
🌐 www.hotel-orphee.de
14 Zimmer, 1 Suite, DZ ab 115 Mark

9 ALTSTADT-HOTEL
Dieses Hotel ist ideal für Familien mit Kindern: Es liegt idyllisch am Zusammenfluss von Donau, Inn und Ilz in der verkehrsberuhigten Zone. Gleich ums Eck ist ein Kinderspielplatz, und im Hotel wohnen kleine Gäste bis 12 Jahre frei. Für Radfahrer gibt's eine extra Garage. Donauschiffsanlegestellen und Donauterrasse mit herrlichem Blick auf die Veste Oberhaus liegen vor der Tür.
Bräugasse 23–29, 94032 Passau
☎ 0851-3370   📠 0851-337100
🌐 www.altstadt-hotel.de
57 Zimmer, DZ ab 100 Mark

10 ANTONIUSHOF RINGHOTEL
Ideal zum Entspannen: Das Wellnesshotel mitten im Bäderdreieck Bad Füssing, Bad Birnbach und Bad Griesbach hat ein zweistöckiges Beauty- und Vitalzentrum. Hier können die Gäste bei Trennkost oder Heilfasten abnehmen, bei Farb- und Stilberatung die Sinne schärfen oder im Kneippbecken Stress abbauen.
Ernst-Hatz-Str.2, 94099 Ruhstorf/Rott
☎ 08531-93490   📠 08531-9349210
🌐 www.beautyfarm.de/antoniushof
31 Zimmer, DZ ab 86 Mark

11 ALTSTADTHOTEL ULRICH
Wo sonst könnte man in der Fuggerstadt Augsburg wohnen, wenn nicht in einem denkmalgeschützten Patrizierpalais? In der Kapuzinergasse liegt das kleine Altstadthotel gleich neben der Welser-Kuche, der Puppenkiste und dem Roten Tor. Durch ein großes Holzportal kommt man in das stuckverzierte Gewölbe der Hotelrezeption und erreicht über ein eindrucksvolles Treppenhaus die Zimmer.
Kapuzinergasse 6, 86165 Augsburg
☎ 0821-33077   📠 0821-33081
33 Zimmer, DZ ab 210 Mark

12 POST BURGHAUSEN
Das 500 Jahre alte Hotel Post ist gleichzeitig ein Museum. Überall in den Fluren sind Exponate und Bilder ausgestellt, die die Geschichte der Stadt erzählen. Die historische Wandmalerei an der Fassade zeigt die Befreiung Burghausens durch einen Kaminkehrer. Dahinter verbergen sich 24 komfortable Zimmer. Jedes davon ist eine Minisuite mit Schlaf-, Wohnraum und Bad.
Stadtplatz 39, 84489 Burghausen
☎ 08677/9650   📠 08677/965666
🌐 www.hotelpost.de
Alle 24 Zimmer 165 Mark

13 OPÉRA
Das Hotel Opéra ist eine kleine, feine Adresse im Zentrum von München. Jedes der im klassischem Stil eingerichteten Zimmer hat sein eigenes Flair. Besonders reizvoll ist der italienische Arkadenhof. Hier kann man – bei fast jedem Wetter – morgens sein Frühstück einnehmen oder abends einen Drink ordern.
St.-Anna-Str. 10, 80538 München
☎ 089-22 55 33-36   📠 089-22 55 38
25 Zimmer, DZ ab 320 Mark

Arkadenhof im Münchner Hotel Opéra

14 ADVOKAT
Weniger ist eben manchmal mehr: Zeitlos elegant und schlicht ist das Hotel Advokat mit seinen 50 Zimmern, die der Inhaber Kevin Voigt mit zum Teil selbst entworfenen Möbeln eingerichtet hat. Die Lage in der Nähe des Gärtnerplatzes und am Rande des Münchner Gay-Viertels ist ideal für Theaterbesucher oder Nachtschwärmer.
Baaderstraße 1, 80469 München
☎ 089-216310   📠 089-2163190
🌐 www.hotel-advokat.de
50 Zimmer, DZ ab 230 Mark

15 MANDARIN ORIENTAL
Das ehemalige Rafael wurde gerade erst von der Hongkonger Mandarin-Kette übernommen. Damit ist garantiert, dass es bleibt, was es schon immer war: das edelste und teuerste Hotel Münchens. VIPs bevorzugen die Turm- und Präsidentensuite für 1900 und 2300 Mark pro Nacht. Einfach genial: der Pool auf dem Hoteldach.
Neuturmstraße 1, 80331 München
☎ 089-29 09 80   📠 089-22 25 39
🌐 www.mandarinoriental.com
53 Zimmer, 20 Suiten, DZ ab 590 Mark

16 ALTE POST
Der Renaissance-Bau steht direkt am Marktplatz. Durch den Gewölbegang erreicht man die Rezeption. Von hier führt ein großzügiges Treppenhaus in geräumige und geschmackvoll eingerichtete Zimmer. Im Fürstenzimmer schliefen schon Kaiser Franz von Österreich und der russische Zar Nikolaus. Sehr gemütlich sind das holzgetäfelte Restaurant und die Weinstube.
Maximilianstraße 39, 87719 Mindelheim
☎ 08261-76076-0   📠 08261-7607676
🌐 www.hotel-alte-post.de
42 Zimmer, DZ ab 120 Mark

17 SCHLOSSGUT OBERAMBACH
Das kleine Landhotel hoch über dem Ostufer des Starnberger Sees wurde nach ökologischen Grundsätzen renoviert und nach Aspekten der Feng-Shui-Lehre eingerichtet. In den Kochtopf kommen fast nur Produkte aus kontrolliert-biologischem Anbau. Raucher werden in einen Salon verbannt.
Oberambach 1, 82514 Münsing
☎ 08177-9323   📠 08177-932400
🌐 www.schlossgut-oberambach.de
38 Zimmer, DZ ab 230 Mark

18 YACHTHOTEL CHIEMSEE
Das Yachthotel gehört zu den beliebtesten Hotelanlagen Deutschlands. Sein Markenzeichen, der hölzerne Turm mit seiner barocken Haube, ist weit über das „bayerische Meer" hinaus sichtbar. Die dort untergebrachte Suite ist das Quartier für besondere Gelegenheiten: Die Räume erstrecken sich über drei Stockwerke, und man genießt einen wunderschönen Blick auf den See und die Alpen. Kinder bis 14 Jahre wohnen kostenlos.
Harrasser Straße 49, 83209 Prien a. Ch.
☎ 08051-6960   📠 08051-5171
🌐 www.yachthotel.de
97 Zimmer, 5 Suiten, DZ ab 255 Mark

19 SCHLOSSHOTEL LISL
Das 100 Jahre alte Schlosshotel Lisl und das benachbarte Jägerhaus haben königliches Ambiente. Vor allem im Jägerhaus wird in stilvoll eingerichteten Zimmern mit Marmorbädern und vergoldeten Wasserhähnen in Schwanenform die Zeit Ludwigs II. lebendig. Wer Lust auf noch mehr Königliches hat, kann sich zwei Tage lang à la Ludwig verwöhnen lassen. Geboten wird unter anderem eine Privatführung auf Schloss Hohenschwangau.
87643 Hohenschwangau
☎ 08362-8870   📠 08362-81107
🌐 www.lisl.de
47 Zimmer, DZ ab 210 Mark

20 ALPENGUT ELMAU
Das Alpengut liegt auf 1050 m Höhe inmitten fast unberührter Natur zwischen der Zugspitze, dem Wetterstein- und Karwendelgebirge. Das kleine Familienhotel hat eine lange Tradition. Es diente als ehemalige Telegraphen- und Pferdewechselstation schon im letzten Jahrhundert Ludwig II. als Herberge. So nennt sich das Alpengut Elmau auch „König Ludwigs Einkehr".
82493 Elmau
☎ 08823-9180   📠 08823/3437
🌐 www.alpengut-elmau.de
22 Zimmer, DZ ab 160 Mark (Kinder unter 12 Jahren wohnen kostenlos)

ESSEN

1 JULIUSSPITAL WEINSTUBEN
Für Weinliebhaber sind die Weinstuben mitten im Zentrum Würzburgs ein Muss. In dem Traditionslokal wird eine lange Liste eigener Weine (aus dem drittgrößten Weingut Deutschlands) angeboten. Dazu gibt es Fränkischen Weinapfel mit Käse oder Lammrückenfilet mit Rosmarinsauce und Williamskroketten. Führungen durch die Weinkellerei sind von April bis Oktober möglich.
Juliuspromenade 19, 97070 Würzburg
☎ 0931-54080   📠 0931-571723
Küche von 11.30 bis 14 Uhr, 18 bis 21.30 Uhr, alle Gerichte zwischen neun und 34 Mark, mittwochs geschlossen

2 GASTHOF LEICHT BIEBELRIED
Wieder mal am Biebelrieder Kreuz im Stau? Wer sich in der Region auskennt, macht einem Abstecher in die Ortschaft Biebelried. Und zwar zum wunderschönen Landgasthof Leicht mit seiner exzellenten Küche. Spezialität: Blaue Zipfel, fränkische Bratwürste, die im Wurzelsud (Karotten, Lauch, Sellerie, Pilze, Frankenwein und Essig) serviert werden.
Würzburgerstr. 3, 97318 Biebelried
☎ 09302-9140   📠 09302-3163
🌐 www.hotel-leicht.de
Mo bis Sa von 11 bis 24 Uhr sonntags geschlossen
Hauptgerichte von 17 bis 43 Mark

3 ZEHNTKELLER IPHOFEN
Früher mussten die Untertanen ihrem Herrn den zehnten Teil ihrer Ernte überlassen. Daher der Name Zehntkeller. Das Restaurant mit seiner fränkischen Holzverkleidung in einem Gebäude aus dem 18. Jahrhundert bietet edle klassische Küche: Trüffel im Sommer, Wild im Winter.

Hafen und Yachthotel Chiemsee in Prien

Gasthof Zehntkeller in Iphofen

Unbedingt kosten: die trockenen Sommerweine vom eigenen Gut.
Bahnhofstr. 12, 97343 Iphofen
📞 09323-8440 📠 09323-844123
🌐 www.zehntkeller.de
**Tägl. von 6 bis 24 Uhr, Küche bis 23 Uhr
Hauptgerichte von 25 bis 50 Mark**

4 SCHINDLERHOF NÜRNBERG

Es sei das beste Restaurant in der ganzen Gegend. Sagen jedenfalls viele Nürnberger. Fast alles, was auf den Tisch kommt, stammt aus ökologischem Landbau. Sogar die Getränke kommen aus einem regionalen Biobetrieb. Der Küchenchef variiert traditionelle fränkische Gerichte mit internationaler Küche. Unbedingt probieren: die Fischspezialitäten.
Steinacherstr 6-8 , 90427 Nürnberg
📞 0911-93 02-0 📠 0911-9302-620
🌐 www.schindlerhof.de
**Von 12–24 Uhr geöffnet, kein Ruhetag
Hauptgerichte zwischen 20 und 40 DM**

5 GOLDENE GANS

In einer alten Wirtsstube sitzen und Free-Jazz hören – das kann man in der „Goldenen Gans" in Dinkelsbühl. Die Gaststätte liegt in einem 300 Jahre alten Haus in einer ruhigen Seitengasse. Bekannt ist die „Goldene Gans" ebenso für das abwechslungsreiche Unterhaltungsprogramm mit Lesungen und Konzerten wie für die günstige und gutbürgerliche Küche.
Schreinergasse 11, 91550 Dinkelsbühl
📞 09851/7228
**Di bis Sa 18 bis 1 Uhr, So ab 11 Uhr
montags geschlossen
Hauptgerichte ab 19 Mark**

6 BRAUEREI-GASTSTÄTTE KNEITINGER

Wo bekommt man heute noch ein Pils für 3,90 Mark? Im rustikalen Wirtshaus diktiert die Kneitinger-Stiftung den gemäßigten Preis. 22 Stammtische beherbergt die Gaststätte. Pächter Werner Schlögl hält sich zugute, dass schon mancher hier bei deftigem Schweinsbraten und Sauerem Lüngerl Anschluss gefunden hat, indem er einfach zu anderen an den Tisch dirigiert wurde.
Arnulfsplatz 3, 93047 Regensburg
📞 0941-5 24 55
**Täglich 9–1 Uhr
Hauptgerichte von 8 bis 20 Mark**

7 HOTELGUT SCHMELMERHOF

Das Gut wurde 1305 erstmals urkundlich erwähnt und ist seit 1630 in Familienbesitz. Es umfasst ein Gelände von mehr als 100 000 Quadratmetern. Gezüchtet werden schottische Rinder. Das saftige Fleisch der Galloways steht als Spezialität des Hauses auf der üppigen Speisenkarte.
Rettenbach 24, 94379 St. Englmar
📞 09965-1890 📠 09965-18 91 40
🌐 www.gut-schmelmerhof.de
**Warme Küche von 11.30–13.30 und 18.00–20.30 Uhr, ganzjährig geöffnet
Hauptgerichte ab 25 Mark**

8 HAMMERMEIER GOURMET-RESTAURANT

Das 350 Jahre alte Gasthaus wird seit 1883 von Familie Hammermeier geführt, jetzt schon in der vierten Generation. Georg Hammermeier lernte unter anderem im Tantris bei Starkoch Winkler. Die Küche ist sehr saisonal ausgerichtet: Im Herbst gibt's jede Menge Pilzspezialitäten. Ab Anfang Mai ist Spargelsaison. Der kommt dann frisch aus der bekannten Spargelregion am Abensberg.
Kirchplatz 4, 93326 Sandharlanden
📞 09443-6993 📠 09443-903533
**Mi-Sa 18–1 Uhr, So- und Feiertags 11–15 Uhr, Hauptgerichte ab 16 Mark
Mo und Di geschlossen**

Restaurant Hammermeier in Sandharlanden

9 GASTHOF GOLDENE SONNE

Die Goldene Sonne ist das älteste Wirtshaus in Landshut. Seit 500 Jahren werden hier Gäste aus allen Schichten und allen Ecken Deutschlands bewirtet. Franz Josef Strauß war hier Stammgast, und auch Gehard Schröder ist schon eingekehrt. Spezialität des Hauses sind gefüllte Tauben (Zuchttauben) in Rotweinsauce mit Kartoffelplätzchen und Gemüse (gibt's aber nicht immer!).
Neustadt 520, 84028 Landshut
📞 0871-9253-0 📠 0871 9253350
**Mo-So 11–24 Uhr, warme Küche bis 21.30 Uhr, Hauptgerichte ab 10 Mark
Freitag ab 14 Uhr geschlossen**

10 GASTHOF SCHACHTL

Bis zu 120 Jahre alt sind die Kastanienbäume im Biergarten. Seit 1664 gibt es den „bairischen Traditions-Gasthof" im Herzen Niederbayerns, der von April bis September geöffnet ist. Ideal für Radler, die entlang des Rottals fahren und eine Pause einlegen wollen. Günstig und garantiert hausgemacht sind die Braten- und Knöcherlsulzen für 9,90 Mark. Dazu Augustiner-Bier.
Passauer Str. 28, 84347 Pfarrkirchen
📞 08561/8179
🌐 www.bnm.net/gast/schachtl
Täglich 8.30 Uhr bis 1 Uhr, Biergarten bis 22.30 Uhr, Hauptgerichte ab 10 Mark, dienstags geschlossen

11 WELSER KUCHE IM „STIERMANNSHAUS"

Bei einem Besuch in Augsburg kann man ins Mittelalter abtauchen. In der Welser Kuche wird nach Originalrezepten der Patriziertochter Philippine Welser (1527–1580) gekocht. Auf der Speisenkarte stehen Hochrippe aus der Salzkruste, Schupfnudeln, Spanferkel oder Fladenbrot mit Griebenschmalz. Die Gerichte werden in großen, handgetöpferten Tonschüsseln serviert und dazu Met im Kuhhorn gereicht. Zum Essen gibt es nur ein einziges Hilfswerkzeug: das historische Stilett (kein Einlass nach 20 Uhr!).
Maximilianstraße 83, 86150 Augsburg
📞 08231-96 11 0 📠 08231-96 11 28
🌐 www.welser-kuche.de
**täglich ab 19.30 Uhr
6-Gänge-Menü ab 75 Mark**

12 RINCON BAR-RESTAURANT

In der Münchner Szene ist es angesagt. So angesagt, dass man an den Wochenenden ohne Reservierung garantiert keinen Tisch bekommt. Im Rincon sitzt man hinter einer riesigen Glasfront und kann sich durch ein vielfältiges Vorspeisenangebot futtern. Der Küchenchef stammt aus Portugal, gekocht wird aber französisch light. Große Kerzendeckenleuchter, rustikale Holztische und dunkles Holzparkett verbreiten eine angenehme Atmosphäre. Im Sommer auch Gehsteig-Terrasse, fünf Gehminuten vom Isartor.
Rumfordstraße 34, 80469 München
📞 089-21939340 📠 089-21939341
**Wochentags von 18 bis 1 Uhr
Sa und So 10 bis 1 Uhr
Hauptgerichte zwischen 20 und 30 Mark**

13 ROMAGNA ANTICA MÜNCHEN

Für einen besonderen Abend ist das Romagna Antica in Schwabing genau richtig. Bei Kerzenschein serviert Wirt Fabrizio Cereghini seine hausgemachte Pasta. Mit etwas Glück trifft man den einen oder anderen Promi. Veronica Ferres, Barbara

Restaurant Romagna Antica in München

Rudnik, Helmut Dietl oder Hannelore Elsner gehören zum Stammpublikum. Die Geschichte des Lokals und der Münchner Filmszene wurde in dem Film „Rossini" verewigt.
Elisabethstraße 52, 80796 München
📞 089-271 63 55
**Täglich von 19 bis 0.30 Uhr geöffnet
Mo-Do auch mittags
Hauptgerichte 29 bis 35 Mark
sonn- und feiertags geschlossen**

TOUR (A)

RADLTOUR DURCH NIEDERBAYERN

Start der dreitägigen Tour ist die Wittelsbacher-Herzogstadt Landshut mit ihrer gotischen Altstadt am Fuße der Burg Trausnitz. Im Südosten führt der Isar-Vils-Radweg parallel zur B 299 nach Vilsbiburg (27 km). Dort unbedingt Kaffeepause auf der Terrasse von **Heidis Café-Restaurant, Obere Stadt 32,** *einlegen und hausgemachten Kuchen bestellen. Weiter geht's auf dem Vils-Rott-Radweg ins oberbayerische Neumarkt-St. Veit (23 km). Günstig übernachten kann man im* **Hotel Peterhof, Bahnhofstr. 31,** 📞 **08639/ 98760, DZ ab 80 Mark,** *die Chefin kocht selbst. Abseits von Verkehrshektik führt der Rottalradweg am zweiten Tag nach Massing (12 km). Im Freilichtmuseum sind zwei Vierseithöfe aufgebaut* **(Steinbüchl 5, www. freilichtmuseum.de).**

Säulengang der Landshuter Burg Trausnitz

Über Eggenfelden, durch Pfarrkirchen (Einkehr im Biergarten Schachtl unter Kastanienbäumen, **10**) *biegt die Tour nach Ruhstorf a.d. Rott (82 km). Sehenswert ist die Siebenschläferkirche. Unterkunft im Wellnesshotel Antoniushof (***10***). Dort finden Sie Entspannung vom Radlspaß an der Kräutertee-Bar oder bei einer Thalasso-Kur. Am dritten Tag bleibt nach nur 31 km Fahrt in die Drei-Flüsse-Stadt Passau genug Zeit für eine Schifffahrt auf der Donau. Oder die Besichtigung der Veste Oberhaus. Vom Altstadthotel am Dreiflußeck (***9***) hat man eine wunderbare Aussicht aufs Flüssedreieck. Überall ist die An- und Abreise auch mit der Bahn möglich, Radlmitnahme in den Regionalzügen von Neumarkt-St. Veit bis Passau kostenlos* **(DB-Radl-Hotline** 📞 **01803-194194).** *Die Karte „Bayernnetz für Radler" gibt's bei der* **Bayern Tourismus Marketing GmbH** 📞 **089/21239730**
🌐 **www.bayerninfo.de/radler/h_radler.htm**

RESTAURANTS, AKTIVITÄTEN, BOOTSTOUR

Biergarten Chinesischer Turm in München

14 BIERGARTEN CHINESISCHER TURM

Schätzungsweise 130 000 Plätze gibt es in den Biergärten in München und Umgebung. Der bekannteste liegt am Chinesischen Turm mitten im Englischen Garten. Hier sitzen japanische und amerikanische Touristen neben einheimischem Stammpublikum. Das Wahrzeichen des Biergartens, die Holzpagode, wurde 1789 eingeweiht und nach einem Brand 1952 wieder aufgebaut. An den Wochenenden spielt im ersten Stock des Turms eine Blaskapelle.

Englischer Garten 3, 80796 München
089/3838730
Täglich von 10 bis 23 Uhr

15 TANTRIS MÜNCHEN

Jeder Katholik muss einmal in seinem Leben nach Rom und jeder Gourmet ins Tantris (zwei Sterne im Guide Michelin). Das Restaurant in Schwabing war das Wirkungsfeld von Eckart Witzigmann. Heute leitet Hans Haas die Küche. Er zaubert kulinarische Köstlichkeiten wie Wachtelbrust und Gänseleberparfait auf marinierten Bohnen.

Johann-Fichte-Straße 7, 80805 München
089-36 19 59-0 www.tantris.de
Küche von 12 bis 14 Uhr, 18.30 bis 22.15 Uhr, Hauptgerichte von 49 bis 79 Mark, So und Mo geschlossen

16 FORELLENSTUBEN WELDEN

Anrufen muss man immer vorher. Und an Feiertagen wird's richtig eng in der kleinen Wirtsstube. Zwar weist die Speisenkarte auch ein paar Gemüse- und Fleischgerichte auf, die meisten Gäste aber wollen nur das eine: Forelle. Blau oder gebraten und immer mit viel Butter. Wie man den Fisch perfekt filetiert, steht auf der Serviette. Sieben Teiche sorgen für Nachschub, und mittags holt der Chef die Forellen aus dem Quellbecken.

Welden 4, 86925 Fuchstal/Ortsteil Welden
08243-2247 08243-961164
Warme Küche von 11.30 bis 13.30 Uhr, 18 bis 21 Uhr, Hauptgerichte ab 14 Mark
Di und Mi geschlossen

17 „ZUM EIBENWALD", PATERZELL

Hier gibt es wirklich noch was fürs Geld: bodenständige Kost in üppigen Portionen. Für den anschließenden Verdauungsspaziergang bieten sich die verschlungenen Wanderpfade im nahe gelegenen Paterzeller Eibenwald an.

Peißenberger Straße 11, 82405 Paterzell
08809-92040 089809-1256
Warme Küche von 11.30 bis 14 Uhr und von 18 bis 21 Uhr
Hauptgerichte von 15 bis 25 Mark
Di und Mi geschlossen

18 SCHLOSSBRAUEREI MAXLRAIN

Der Star unter den Biergärten in der Rosenheimer Gegend ist der Maxlrainer. Hier wird das Bier mit Wasser aus der hauseigenen Quelle gebraut. Tagsüber gibt's die Brotzeit, abends wird es mediterran. Dann stehen Lammrücken provencal oder Hummer im Kräutersud auf der Karte.

83043 Maxlrain
08061-8342
Warme Küche: 11.30 bis 14 Uhr, 17.30 bis 21 Uhr, Dienstag Ruhetag
Hauptgerichte von 14 bis 29 Mark

Eine Institution: das Bräustüberl in Tegernsee

19 HERZOGLICHES BRÄUSTÜBERL – BRAUHAUS TEGERNSEE

Das Bräustüberl ist eine bayerische Institution. Hier haben Benediktinermönche jahrhundertelang ihr süffiges Bier gebraut, im Jahr 1675 wurde dem Brauhaus „die kurfürstliche Konzession zum Bierverschleiß" erteilt. Heute kommen Einheimische wie Touristen, um sich in den alten Gewölbesälen eine typische Brotzeit mit einer Maß zu genehmigen.

Schloßplatz 1, 83684 Tegernsee
08022-41 41 08022-34 55
Ganzjährig geöffnet von 9 – 23 Uhr
Preise zwischen sieben und 17 Mark

20 FRÜHLINGSGARTEN

Hier kocht der Chef selbst. Neben Allgäuer Spezialitäten stehen kulinarische Köstlichkeiten aus aller Welt auf der Speisenkarte. So gibt es neben Kässpatz'n auch Schweizer Sahnespieß oder Lachswürfel asiatisch. Zum Nachtisch werden hausgemachte Kuchen serviert.

Alatseestr 8, 87629 Füssen
08362-9173-0 08362-9173-40
Warme Küche: von 12.30 – 14 Uhr und 17.30 – 21 Uhr, Hauptgerichte ab 16 Mark, Di geschlossen

LEBEN

1 WEINPROBE IN FRANKEN

Dort, wo der Main ein Dreieck bildet, liegt das Weinland Franken. Jedes Jahr fallen hier Hunderttausende Gourmets zu ausgedehnten Weinproben und -festen ein. Etwa in Castell westlich vom Steigerwald, wo schon 1659 der erste Silvaner-Fechser angepflanzt wurde. Die fränkische Traditionsrebe ist eine der wichtigsten Weißweinsorten der Welt. Zu empfehlen ist die Weinprobe im Fürstlich Castell'schen Domänenamt beim Fürsten zu Castell-Castell.

Fürstlich Castell'sches Domänenamt
Schlossplatz 5 in Castell
Info: 09325/60170 www.castell.de

2 BAMBERGER SANDKERWA MIT FISCHERSTECHEN

Nirgends in Bayern lebt es sich italienischer als in Bamberg. Die Bischofsstadt, von der Unesco zum Weltkulturerbe ernannt, hat den Beinamen „das fränkische Rom". Zu Recht. Die romanischen Bauten verteilen sich über sieben Hügel mit engen, verwinkelten Gässchen. Dazwischen schlängelt sich die Regnitz. Jedes Jahr wird sie zum „Canal Grande": Vor der malerischen Kulisse in der Altstadt messen dann Männer und Frauen ihre Kräfte beim traditionellen Fischerstechen. Sie stoßen sich mit langen Lanzen gegenseitig von ihren Kähnen ins Wasser. Das Fischerstechen ist Teil der italienischen Nacht, die gemeinsam mit der berühmten „Sandkerwa" (Kirchweih) am 4. Augustwochenende gefeiert wird.
Info: www.bamberg.de/tourismus
Stadtführungen: 0951/871161

3 SANDBOARDEN

So weißen Sand gibt es nicht mal am Meer: Der Monte Kaolino in Hirschau bei Amberg ist ein 120 Meter hoher Quarzsandberg, wiegt rund 30 Millionen Tonnen – und man kann darauf Ski und Snowboard fahren. Angesammelt hat sich die künstliche Sanddüne über einen Zeitraum von fast hundert Jahren. Der Quarzsand fällt als Nebenprodukt bei der Gewinnung von Kaolin für die Porzellan- und Papierherstellung an. Der einzige Sandberg mit Liftanlage und 220 Meter Piste ist der Szenetreff für Sandboarder. Wer es ausprobieren will, nimmt ein ausrangiertes Snowboard und flext am besten die Stahlkanten ab.
Tageskarte: 25 Mark
 www.sandboarding.org

4 FINGERHAKLN

Beim original bayerischen Fingerhakln berühren sich die Mittelfinger der Gegner nicht. Sie ziehen beide an einem Ring. Wer mehr Schmalz (Kraft) in den Armen hat, zieht den andern über die Tischmitte. Dieser Stammtischsport wird längst auch in

Volkssport Fingerhakln im Bayerischen Wald

Wettkämpfen ausgetragen. Um die Athleten kümmert sich der 1983 gegründete **Fingerhaklverein Rimbach e.V.** im Bayerischen Wald. Er richtet sogar eine Deutsche Meisterschaft aus.
Termine im Vereinslokal Gasthaus Ulrich
 09941/3244

5 FREECLIMBING IM ALTMÜHLTAL

Die Kletterhänge an den Felsen des Jura im Altmühltal haben Schwierigkeitsgrade von 5 bis 10 (die weltweit schwierigste Tour hat Grad 11!). Deshalb sind hier wirkliches Können und gute Kondition gefragt. Am besten in der Gruppe klettern und vorher beim Alpenverein über die Kletterregeln informieren. Denn der Jura ist Teil des Naturparks Altmühltal. Eine Kletterkarte gibt's beim Alpenverein unter www.alpenverein.de. Die leichteren Touren findet man im oberen Altmühltal rund um Eichstätt.
Szenetreff der Freeclimber ist der Felsenwastlwirt in Essing
Unterer Markt 09447/362

Bamberger Fischerstechen

6 SPIELBANK KÖTZTING

Die Spielbank Kötzting, nordöstlich von Regensburg gelegen, ist das neueste und siebte Casino in Bayern. Es wurde erst Anfang des Jahres eröffnet. Doch bis zum Sommer kamen bereits 28 000 Besucher. Zum Zocken laden zwei französische und zwei amerikanische Roulette-Tische ein. Es gibt Black Jack, Poker und 58 Spielautomaten.
**Untere Au 2, 93444 Kötzting
℡ 09941-94480**

7 KUNSTPARK OST

Von A wie Akwarium bis W wie Wies'n World: Schon die Namen der zirka 40 Clubs und Discos im Kunstpark Ost sprechen für die Fantasie der Macher. Seit September 1996 wird dort getanzt, wo Pfanni früher Knödel rollte. Münchens Hallenmogul Wolfgang Nöth hat es geschafft, aus dem abrissreifen Industriegelände einen der „größten Amüsierparks Europas" zu machen. Kinderfest, Kunstwellensurfen, Großleinwandkino und jeden Samstag Flohmarkt: Der Kunstpark direkt hinter dem Ostbahnhof ist Kult.
**Konzert- und Veranstaltungstermine unter www.kunstpark.de.
Die Clubs kosten fast alle Eintritt, über Sperrzeiten redet niemand**

8 MÜNCHNER BLADE NIGHT

Radlfahrer, Fußgänger oder Autos: Irgendwas stört doch immer, wenn man auf Inline-Skates unterwegs ist. Aber nicht in München. Jedenfalls nicht an den Montagabenden. Seit diesem Jahr findet (nach Berliner Vorbild) einmal wöchentlich die Blade Night statt. Auf elf unterschiedlichen Routen geht es quer durch die City. Jeweils ab 19 Uhr sind die Straßen gesperrt. Das Hauptfeld startet gemeinsam um 20.30 Uhr. Treffpunkt ist in der Sophienstraße am Hauptbahnhof.
Aktuelle Routen: www.muenchner-blade-night.de / Info: ℡ 089/48997131

9 SAUSALITOS

Das Sausalitos, eine Bar mit Restaurant im Münchner Studentenviertel, ist einer der Szene-Treffs. In den mexikanisch gestylten zwei Räumen gibt es 350 Sitzplätze, täglich kommen aber weit mehr als 900 Gäste. Und genau das macht die Atmosphäre aus. Die Margharitas werden alle aus frischen Früchten zubereitet und von den Bedienungen mit den kürzesten Röcken Münchens serviert. Zum Essen unbedingt fünf Tage im Voraus reservieren.
**Türkenstraße 50, 80799 München
℡ 089/281594**

10 VIKTUALIENMARKT

1807 entstand gleich hinterm Marienplatz ein Bauernmarkt. Heute ist er der Bauch Münchens. Auf dem Vikualienmarkt gibt es alles: vom frischgepressten Kiwi-Mangosaft bis zum Radi (Rettich) und der fangfrischen Forelle. Wer hier einkauft,

Fete im Münchner Kunstpark Ost

macht zwischendurch mal Pause am Prosecco-Stand oder löffelt eine Brühe bei der Münchner Suppenküche. Man kann sich das alles auch von oben anschauen - wenn man die 302 Stufen des Alten Peters hinaufläuft.
**München, unmittelbare Innenstadt
Zwei Minuten Fußweg vom Marienplatz
Mo bis Sa 7 bis 18 Uhr**

11 FREILICHTTHEATER ENGLISCHER GARTEN

Ein unvergessliches Theatererlebnis bietet das Münchner Sommertheater jedes Jahr im Juli. Im Nordteil des Englischen Gartens spielt das Ensemble versteckt zwischen hohen Bäumen in einem Amphitheater. Von Shakespeare bis Kleist – jede Saison steht ein anderer Klassiker auf dem Plan. „Einlass" ist um 18 Uhr. Die Vorstellung beginnt aber erst nach Sonnenuntergang.
**Info: ℡ 089/98 93 88
www.muenchner-sommertheater.de**

12 TOLLWOOD FESTIVAL MÜNCHEN

Kunst und Kultur für alle! Aus diesem Wahlspruch entstand 1988 das Tollwood Festival in München. Die Zeltstadt wird mittlerweile zweimal im Jahr aufgeschlagen: im Sommer und kurz vor Weihnachten. Was an Kabarettisten und Bands gerade angesagt ist, tritt dort auf. Und zwischen den Verkaufsständen mit Unmengen Klamotten und Multikulti-Verpflegung spielen Straßenkünstler.
**Info: ℡ 089/383850-24
www.tollwood.de**

13 JOHANNIFEUER

Zur Mittsommerwende, am längsten Tag und der kürzesten Nacht, pflegen die Bayern den Brauch vom Johannifeuer. Eigentlich geht das Anzünden von Holzscheiterhaufen zur Seelenreinigung auf einen heidnischen Brauch zurück. Die Bajuwaren huldigten damit dem Gott Bel. Später wurde der Brauch von den Christen übernommen. Besonders romantisch ist die Johannisnacht in den Alpen,

wenn überall auf den Gipfeln die Feuer lodern. **stern-Tipp:** *die Freilichtspiele beim Altöttinger Theatersommer vor der St. Anna-Basilika.*
Info: Altötting ℡ 08671/8069

14 VERGNÜGUNGSDAMPFER

Auf dem Starnberger See und dem Ammersee gibt's bis in den Herbst Dampfertouren mit umfangreichem Unterhaltungsangebot: Jazz-Frühschoppen, Weinproben, Sonnwendfeiern, Tanzpartys, Special-Nights mit italienischem, spanischem oder karibischem Büfett. Bildungsbeflissene können sich auch auf historische Fahrten begeben. Die Themen reichen von König Ludwig bis zur Geschichte der Weißwurst. Und die wunderbare Voralpenkulisse ist immer inklusive.
**Preise zwischen 12 und 78 Mark. Info:
℡ 08151/8061 für den Starnberger See
und ℡ 08143/94021 für den Ammersee
www.seenschifffahrt.de**

15 KUGLER ALM OBERHACHING

Bayerisches Familienleben pur: Die Kugler Alm am südlichen Stadtrand von München wird gerne als d e r Vorzeige-Biergarten des Freistaats bezeichnet. Er ist idyllisch gelegen, und das Preis-Leistungs-Verhältnis stimmt. Die Maß kostet 9,80 Mark und das Biergarten-Special, 1 Maß und ½ Hendl bzw. eine Schweinshaxe, nur 15,70 Mark. Gleichzeitig ist die Kugler-Alm ein Kinderparadies. Für die Kleinen gibt's einen 400 Quadratmeter großen Spielplatz.
**Linienstraße 93, 82041 Oberhaching
℡ 089-6139010**

16 ISAR-FLOSSFAHRT

Mit dem Floß die Isar hinunter – eine feuchtfröhliche Riesengaudi. Die Fahrten haben eine lange Tradition. Im 19. Jahrhundert, als Wolfratshausen, Bad Tölz und Lenggries noch Flößerorte waren, passierten jährlich 10 000 Holzflöße die Isar. Heute bieten drei Familien die 28 Kilometer lange Strecke von Wolfratshausen bis nach München-Thalkirchen als Gauditour an. Am Wochenende fahren rund 14 Flöße. Preis pro Person: rund 150 Mark. Die Saison dauert vom 1. Mai bis zum 2. Septemberwochenende. Anmeldung ein Jahr im Voraus.
**Die Flößer: Familie Michael Angermeier ℡ 08042/1220
Familie Franz Seitner ℡ 08171/18320
Familie Josef Seitner ℡ 08171-78518
Info: www.flossfahrt.de**

Viktualienmarkt in der Münchner Innenstadt

TOUR (B)

BOOTSWANDERN AUF DER SAALE

Anfängern geht es so wie Boris: „Bin ich schon drin?" Aber nicht im Internet, sondern im Fluss. Kanufahren auf der Fränkischen Saale am Rande der Rhön ist kinderleicht und ein selten schönes Naturerlebnis. Zwischen Bad Neustadt und Gemünden windet sich das Flüsschen 96 Kilometer lang durch Wiesen, Wälder und Weinberge. Vom Tagestrip bis zur Wochentour ist alles möglich, denn zu- und aussteigen kann man überall. Die örtlichen Bootsverleiher holen die Kanus (60 bis 120 Mark je Boot und Tag) notfalls auch im Biergarten beim Kloster

Bootsausflug auf der Fränkischen Saale

Schönau wieder ab. Könnte ja sein, dass man da ein bisschen zu lange hängen geblieben ist. **stern-Tipp:** *Vom Ausgangspunkt Roßmühle* (**Hotel, Campingplatz und Bootsverleih, ℡ 09357/1210**) *bei Weickersgrüben mit der Bimmelbahn nach Trimberg und mit dem Boot wieder zurück (25 km). Am nächsten Tag mit dem Boot nach Gemünden (17 km) und mit der Bahn zurück zur Roßmühle. Wer dann noch Mumm hat, sollte die eine Stunde hinauf zum einsamen* **Gasthof Sodenberg ℡ 09732/5775** *wandern. Als Belohnung winken ein wunderschöner Blick über ganz Unterfranken und Lammspezialitäten aus der eigenen Schäferei.*

**Infos: Tourist Information
Hammelburg ℡ 09732/9021-49
Bad Kissingen ℡ 0971/801-1190
Bad Neustadt ℡ 09771/94-112**

AKTIVITÄTEN, AUSSICHTEN, ABENTEUERTOUR

SEHEN

Bayern beim Aufstellen eines Maibaums

17 MAIBAUMAUFSTELLEN

In Bayern ist der Maibaum der ganze Stolz eines Dorfes. Er repräsentiert einen Ort ähnlich wie ein Kirchturm. An besonders aufwendigen Exemplaren hängen handgeschnitzte Tafeln – für jedes ansässige Handwerk eine. Es ist Tradition, dass er erst in der Nacht zum 1. Mai aufgestellt wird. Natürlich wird das Maibaumaufstellen gebührend gefeiert. Gleich an zwei Tagen und besonders ausgelassen in Wasserburg am Bodensee.
Info: ☎ 08382/887474

18 KÄSEREIEN OBERSTDORF

Wie kommen die Löcher in den Käse? Wer die Antwort wissen will, kann überall im Allgäu Schaukäsereien besichtigen. In einigen darf man sogar „mitkäsen", was bei Kindern besonders gut ankommt. Eine dieser Käsereien zum Anpacken ist der „Käseladen Kuhn" (☎ 08322/987078) in Oberstdorf. Außerdem zu empfehlen: der Oberstdorfer Bauern- und Käsermarkt jedes Jahr am 24. September.
Info: Oberstdorfer Kurverwaltung
☎ 08322/7000

19 SCHLITTENRENNEN GAISSACH

Schlittenfahrt ohne Bremse und ohne Steuer. Beim Gaißacher „Schnablerrennen" sind nur original einsitzige Schlitten oder zweisitzige Schnabler (Hornschlitten, die früher zum Taltransport von Holz und Heu dienten) zugelassen. Seit 1928 gibt es diese Wettfahrt, die vom 1000 Meter hohen Lehener Berg aus startet. Zuschauer postieren sich am besten am Zielhang, dort fliegen die Schnabler über die Naturschanze. Die Rennen finden jährlich statt. Termin je nach Schneelage.
Info: ☎ 08042/98776

20 COPILOT IM BOB

Einmal wie der Hackl Schorsch im Geschwindigkeitsrausch durch den Eiskanal. Auf der Bob- und Rodelbahn in Schönau am Königssee kein Problem. Dort kann man als Copilot im Bob mitfahren. Es gibt zwei Varianten: Die für Vorsichtige mit zirka Tempo 60 und die für Nervenstarke mit über 100 Stundenkilometern. Die Strecke ist 1,3 Kilometer lang, hat elf Prozent Gefälle und 18 Kurven. Die Preise liegen zwischen 50 und 150 Mark.
Info: Trainingszentrum Berchtesgaden
☎ 08652/1760 oder Kurdirektion Berchtesgaden ☎ 08652/95880

1 VEITSHÖCHHEIMER LUSTGARTEN

Der Lustgarten in Veitshöchheim nördlich von Würzburg ist vermutlich der letzte und mit Sicherheit der schönste Rokokogarten Deutschlands. Die Würzburger Fürstbischöfe ließen ihn anlegen, direkt bei ihrer Sommerresidenz. Die großzügige Parkanlage stammt aus dem 18. Jahrhundert und ist mit vielen Skulpturen und Putten geschmückt. Balthasar Neumann (der bekannte Baumeister baute auch die Würzburger Residenz) ließ den Sumpf trocken- und einen See anlegen.

2 HÖHLENWANDERN IN FRANKEN

Große Kammern, Tropfsteine mit bis zu 15 Meter Umfang: Das Geißloch bei Muggendorf (Franken) ist die schönste Höhle Deutschlands und trotz Privatbesitzes zugänglich. Der Eigentümer, ein ortsansässiger Bauer, öffnet jeden Monat einmal für zehn bis zwölf Personen den Eingang. Nur wer fit ist und den 30 Meter langen Schlund kriechend überwindet, bekommt die Schönheit der Höhle zu sehen. Wichtig: Taschenlampe und Kleidung zum Wechseln mitnehmen. Für Familien mit Kindern ist die Höhlenwanderung rund um Muggendorf zu empfehlen. Ganz ohne Führer mit dem Faltblatt vom Verkehrsamt können auf dem Wanderabenteuer bis zu fünf Höhlen erkundet werden, ohne zu kriechen und ohne Gefahr.
Verkehrsamt Muggendorf
☎ 09196/19433 🖥 www.wiesenttal.de

3 TÜCHERSFELD – EIN DORF IN FELSEN GEBAUT

Die steilen Wände der Dolomitfelsen scheinen mit den niedlichen Häusern verwachsen – Tüchersfeld, das Felsendorf, ist das Wahrzeichen der Fränkischen Schweiz. Besonders sehenswert: das **Fränkische-Schweiz-Museum**. Es ist im Judenhof untergebracht und bietet nicht nur historische Exponate aus der Region, sondern erklärt die jüdische Kultur. Tüchersfeld gehört zum Gebiet des Luftkurorts Pottenstein, dessen historische Altstadt in Felsen eingebettet ist. Unbedingt die Teufelshöhle im Weihersbachtal anschauen. Der Naturpark ist ideal für Wanderer und Kletterer.
Verkehrsbüro Pottenstein:
☎ 09243/70841 🖥 www.pottenstein.de

4 GLASSTRASSE IM BAYERISCHEN WALD

Um Glas herzustellen, musste früher jede Menge Holz verfeuert werden. Der Bayerische Wald war also eine ideale Energiequelle. Deshalb gründeten sich dort eine ganze Reihe Glashütten. Die erste im Jahr 1421 nahe dem heutigen Zwiesel. Hergestellt wurden Bleikristall, Lampenglas, Glasperlen und geschliffenes Zierglas. An der Glasstraße sind 15 Glashütten und unzählige Verarbeitungsbetriebe angesiedelt. Fast überall kann man den Glasbläsern, Schleifern oder Veredlern über die Schulter schauen. Übersichtsprospekt Glasstraße mit Öffnungszeiten der Glasbläsereien gibt es beim Tourismusverband Ostbayern
☎ 0941/585390

5 DINKELSBÜHL

„Hört Ihr Leut' und lasst Euch sagen..." – es gibt ihn, noch den Nachtwächter, der durch die Wirtshäuser zieht und singend die Nacht ankündigt. Zumindest im fränkischen Dinkelsbühl. Die komplett erhaltene mittelalterliche Stadt an der Wörnitz gilt als das „schönere Rothenburg". Denn es gibt hier keinen Massentourismus. Man kann ohne Gedränge durch die Parkanlagen rings um die Stadtmauer schlendern und das **„Museum 3. Dimension"** besuchen. Dort werden die schönsten Holografien Bayerns gezeigt und die größte stereoskopische Kunstsammlung der Welt.
Info: ☎ 09851/90240 🖥 www.dinkelsbuehl.de. Siehe auch 7 5

6 NÖRDLINGER RIES

Vor etwa 15 Millionen Jahren stürzte ein Meteorit auf die Erde und formte das Ries an der Wörnitz. Wissenschaftlich bewiesen ist das aber erst seit 40 Jahren. Bis dahin waren die Gesteinsbildungen im Ries ein Rätsel. Im Rieskrater-Museum ☎ 09081/2738220 machten sich schon die Astronauten der Nasa schlau. Es ist einmalig und hat zahlreiche Exponate (Meteoriten, Gestei-ne, Fossilien) zu bieten. Exkursionen in Steinbrüche nach Vereinbarung.
Touristikverband Ries: ☎ 09081/4380

7 SCHLOSS HARBURG AN DER ROMANTISCHEN STRASSE

Auf dem Schloß Harburg, der größten Stauferburg nördlich der Alpen, gibt es einzigartige Führungen. Wie auf einer Zeitreise, falls gewünscht auch in historischen Gewändern, werden die Besucher durch die Burg geführt. Hofbarde Peter von den Herrenwiese begleitet die Führungen mit Musik auf originalgetreuen Instrumenten wie Laute und Eunuchenhorn.
Anmeldungen zu Führungen (zehn Mark pro Person) unter ☎ 09080/96860

Nördlinger Ries an der Wörnitz

8 SCHLOSS ROSENBURG IN RIEDENBURG MIT FALKNEREI

Der Kaisersteppenadler von der Rosenburg in Riedenburg ist der Star der Falknerei. Er ist der weltweit erste gezüchtete Nachwuchs seiner Art. Falkner Gunter Hafner lässt ihn nur an „Top-Thermik-Tagen" im Innenhof der Burg fliegen. Wenn der Adler dann nach einem Sturzflug mit den Flügelspitzen die neugierigen Köpfe der Zuschauer streift, geht jedesmal ein Raunen durch die Menge. Insgesamt gibt es im Falkenhof 70 Greifvögel. 40 sind immer bei der Flugshow dabei.
Vorführungen gibt es von März bis November (außer Mo) täglich um 11 und 15 Uhr. Geöffnet von 9 bis 17 Uhr. Eintritt: Erwachsene 9, Kinder 5 Mark
Info: ☎ 09442/2752
🖥 www.falkenhofrosenburg.de

Kloster Weltenburg an der Donau

9 KLOSTER WELTENBURG MIT DONAUDURCHBRUCH

Der Donaudurchbruch bei der Weltenburger Enge wurde zum Unesco-Naturdenkmal erhoben. Die bizarren und spektakulären Felswände sind vom Schiff aus besonders schön zu sehen (Schifffahrt Altmühltal von März bis Ende Oktober ☎ 09441/5858). Barock in seiner ganzen Pracht haben die Künstler Cosmas Damian und Egid Quirin Asam in der Weltenburger Klosterkirche hinterlassen. Das Kloster ist per Schiff, zu Fuß oder mit dem Auto erreichbar und täglich bis Einbruch der Dunkelheit geöffnet.
Info: ☎ 09441/2040

10 STEINERNE BRÜCKE

1996 feierte Regensburg das 850-jährige Bestehen der ältesten deutschen Steinbrücke, die mit 16 Bögen die Donau überspannt. Im Scheitel der Brücke sitzt auf einem Pfeiler das „Brückenmännchen", über das es in der Legende heißt, in ihm sei der Baumeister der Brücke verewigt, der skeptisch Richtung Dom späht. In einem harten Wettstreit ging es zwischen Dom- und Brückenbaumeister darum, wer als Erster sein Bauwerk vollenden würde. Neugierig geworden?

Dann schauen sie vorbei, um zu erfahren, wie und warum sich der Brückenbauer mit dem Teufel einließ.
Info: ☏ 0941/507 - 4410 ⌕ www.regensburg.de / Siehe auch 8 6

11 NATIONAL- UND NATURPARK BAYERISCHER WALD

3000 Quadratkilometer Fläche, Urwaldgebiete und Erlebniswege – der National- und Naturpark Bayerischer Wald ist die größte Sehenswürdigkeit Bayerns. Kaum ein anderer Fleck in Europa bietet so unberührte Natur. Hier leben Luchse und angeblich sogar Wölfe in freier Wildbahn. Im Tierfreigelände können auch Bären angeschaut werden. Der Nationalpark (240 Quadratkilometer) ist ideal zum Wandern. Im Winter werden kilometerlange Langlaufloipen gespurt. Die ganze Region ist für ihre Kinderfreundlichkeit bekannt. Besonders kindergerechte Hotels und Restaurants sind mit Bärchen ausgezeichnet.
Führungen im Tierfreigelände täglich von 9 bis 17 Uhr ☏ 08558/96150. Weitere Infos: ☏ 09922/802480

12 AUGSBURGER PUPPENKISTE

Urmel aus dem Eis, Jim Knopf, Lokomotive Emma und das Sams: Sie sind alle ungezogen. Am 21. Oktober öffnet die Puppenkiste wieder ihre Tore, in neuen Räumen im Augsburger **Heilig-Geist-Spital**. Mit Klimaanlage und 220 Plätzen. Außerdem gibt es ab 2001 gleich nebenan auch ein Puppenkisten-Museum, in dem sich die kleinen und großen Fans ihre aus Lindenholz geschnitzten Stars in Ruhe anschauen können.
Spitalgasse 15 in Augsburg Kartenreservierung: ☏ 0821/434440

13 MÜLLER'SCHES VOLKSBAD

Das Müller`sche Volksbad in München ist das schönste Jugendstilbad Europas, gilt aber selbst in der Landeshauptstadt als Geheimtipp. Ein besonderes Erlebnis ist ein Besuch des römisch-irischen Schwitzbades. Nach dem Schwitzen sollte man sich ein kühles Bier im Jugendstilcafé Stör, gleich nebenan, gönnen.
☏ 089/2361-3434

Müller'sches Volksbad in München

14 ASAMKIRCHE

Die 1733 erbaute Asamkirche in München gilt als „Juwel des Rokoko". Sie wurde gerade erst renoviert und ist St. Johann Nepomuk geweiht. Ihren Namen verdankt sie allerdings den Bildhauern und Hofstukkatoren Egid Quirin und Cosmas Damian Asam. Ungewöhnlich die Lage: Die Asamkirche ist nämlich in eine Häuserzeile der **Sendlinger Straße Nr. 32-34** eingebettet, eine der beliebtesten Einkaufsmeilen der Stadt.

15 PLANETARIUM

Im Forum der Technik steht das modernste Planetarium der Welt. Dort kann man sich jeden Abend den aktuellen Sternenhimmel erklären lassen. Außerdem werden computergesteuerte Laser-Shows gezeigt. Etwa „Sonnenfinsternis" oder „Pink Floyd". Die Musik kommt aus einer 15 000-Watt-Anlage. Ein paar Gänge weiter werden im IMAX-Kino auf einer 16 mal 22 Meter großen Leinwand faszinierende Dokumentarfilme gezeigt. Einige in 3-D.
Das Kombiticket für IMAX und Planetarium kostet 22 Mark Info und Kartenreservierung (wichtig!):
☏ 089/21125180

16 WASSERBURG AM INN

Wasserburg besticht durch seine geografische Lage. Wie eine Insel wird es – bis auf eine kleine Landzunge – von allen Seiten vom Inn umflossen. Das mittelalterliche Städtchen mit seinen Türmchen und Erkern und den bunten Fassaden wirkt sehr italienisch. Kunstfreunde dürfen sich den Skulpturenweg auf keinen Fall entgehen lassen.
Info: Verkehrsamt Wasserburg
☏ 08071/10522 ⌕ www.wasserburg.de

17 CHIEMSEE

Hier erlebt man den Freistaat in allen Facetten. Es gibt die typischen Bauernhöfe mit ihren ausladenden Blumenbalkonen, urige Gasthöfe mit köstlichen Chiemsee-Renken – und alles vor dem Panorama der Chiemgauer Alpen. Das Ufer ist fast überall frei zugänglich, ein Radweg führt um den See. Tipp für Klassikfans:

WWW. HOTLINES

⌕ **www.bayern.de** Alles, was man über den Freistaat wissen muss.
⌕ **www.btl.de** Zahlreiche Reise-Infos mit Übernachtungsmöglichkeiten und Online-Buchung.
⌕ **www.bayerninfo.de** Aktuelle Verkehrshinweise, elektronische Fahrplanauskunft und Infos zu den bayerischen Radwegen.
⌕ **www.wetteronline.de** Aktueller Wetterdienst mit Schneehöhen.
⌕ **www.lawinenwarndienst.bayern.de**
Mit dem aktuellen Lawinenlagebericht für die bayerischen Alpen.

Schlosskonzerte im Spiegelsaal oder im Treppenhaus von Schloss Herrenchiemsee.
Info: Verwaltung
☏ 08051/688770

18 BURGHAUSEN

In Burghausen steht die längste Burg Deutschlands:1000 Meter lang. Die Festung galt im Mittelalter als uneinnehmbar, weil die sechs selbstständigen Burghöfe durch Zugbrücken und Graben getrennt waren. Tatsächlich wurde sie nie erobert. Heute sind in den gut erhaltenen Gemäuern Museen, Galerien und eine Jugendherberge untergebracht. Zur Burghauser Jazzwoche **im Mai 2001** kommen Jazz-Größen aus aller Welt auf die Burg.
Info: Altstadt-Agentur ☏ 08677/1411

Fassade des Schlosses Neuschwanstein

19 NEUSCHWANSTEIN MIT FÜSSEN

An Neuschwanstein kommt der Bayern-Besucher nicht vorbei. Besonders empfehlenswert ist der **Wanderweg über die Pöllatschlucht** (nur im Sommer). Von der Marienbrücke aus hat man dann einen spektakulären Blick auf Ludwigs „Gralsburg" und steht über einem 45 Meter hohen Wasserfall. Auch das nahe gelegene Füssen ist einen Abstecher wert. Der romantischste Platz der gut erhaltenen Stadtmauer ist das „**Bleichertörle**", durch das früher die Frauen zum Leinenbleichen zogen.
Info: Kurverwaltung Füssen
☏ 08362/9385-0 ⌕ www.fuessen.de

20 KLOSTER ETTAL

Hier gibt's nicht nur von Mönchen gebrautes Bier, sondern auch noch was zu sehen. Kloster Ettal gilt als das schönste in Bayern. Es stammt aus dem 14. Jahrhundert. Die charakteristische Kuppel der Klosterkirche entstand aber erst 1745 als Wiederaufbau nach einem Brand. Gut 50 Benediktinermönche leben und wirtschaften im Kloster. Ihr ganzer Stolz: Das **Ettaler Gnadenbild**, eine Marienstatue mit Jesuskind. Sie wurde von Kaiser Ludwig dem Bayern 1330 nach Ettal gebracht.
Info: ☏ 08822/740
⌕ www.kloster-ettal.de

TOUR (C)

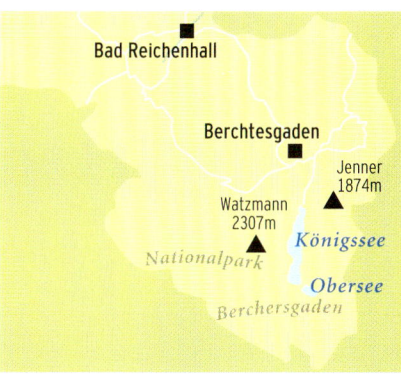

WATZMANN-TRIATHLON

Maßkrugstemmen, Watschntanz und Fensterln – das war mal. Moderne bayerische Leibesertüchtigung bietet andere Höhepunkte. In Berchtesgaden offeriert Peter Beierl, 41, mit seinem Unternehmen „Bavarian Adventure" einen weiß-blauen Triathlon rund um den Watzmann – Gleitschirmfliegen, Montainbiken und „underground walking". Billig ist der Spaß aber nicht. Allein der Flug vom „Jenner" mit dem Gleitschirm (im Doppelpack mit einem Profi) kostet je nach Dauer zwischen 199 und 500 Mark. Wenn die Thermik stimmt, geht es sogar

Blick auf den Watzmann

hinüber zum Watzmann. Montainbiking, die zweite Disziplin, ist dagegen preiswerter: 25 Mark kosten die mehrstündigen geführten Touren durch das Berchtesgadener Land inklusive eines kleinen Exkurses in Heimatkunde. Beispielsweise darüber, dass der Watzmann einst ein grausamer König war, bevor er mit seiner Familie in ein Felsmassiv verzaubert wurde. Beim „underground walking" (30 bis 75 Mark) kann man eine dreistündige Tour durch das ehemalige Salzbergwerk unternehmen. Ausgerüstet mit den traditionellen Grubenlampen werden dabei kleine Touristengruppen durch die alten Stollen geleitet, vorbei an fast schon antiken Fördermaschinen, die hier vor 150 Jahren das „weiße Gold" aus dem Berg holten.
Informationen bei Peter Beierl
☏ 08652/948450

HAMBURG
SCHLESWIG-HOLSTEIN

Wie der
Norden leuchtet.
Die Schicken und
die Schweigsamen:
vom Tor zur Welt bis
hoch zur Küste

HADERERS DEUTSCHLAND-BILD

STAMMTISCH AN DER KÜSTE

ANGETIPPT

Wir Hamburger sind vorbildlich tolerant, sogar Gästen gegenüber. Mokant können wir höchstens werden, wenn einer mit **PRINZ-HEINRICH-MÜTZE** in Braun daherkommt. Das ist unhanseatischer Geschmack und beleidigt den Mann unserer Loki Schmidt. Richtig fünsch werden wir, wenn Quiddjes – Woderkant-Ignoranten – uns wegen **LABSKAUS** anlabern. Wir essen das gar nicht jeden Tag, weil wir jeden Tag italienisch essen, vornehmlich mit Blick auf unsere unnachahmliche Alster und Heiner Lauterbachs Füßelei mit seiner neuesten Neuen. Dabei reden wir darüber, dass auf Sylt allmählich zu viele Münchner Möchtegern-Friesen nackt in unseren Dünen liegen, sogar Friseure. Sylt ist diese schönste aller Inseln, die vom Gefühl her uns gehört, aber geografisch den Schleswig-Holsteinern. Eigentlich betrachten wir deren Provinz nur als unsere Landverbindung nach Westerland, und für diese Überheblichkeit haben sie unseren Volker Rühe bei ihrer Wahl nicht genommen, dabei hätten sie ihn gerne haben können. Im Kern sind sie aber auch tolerant, weil sie vom Fremdenverkehr leben müssen. Wenn sie nicht segeln oder bei **BEATE UHSE** für Männer Kraftsaft mixen, züchten sie zwischen wunderschönen Seen auf wunderschönen Schlössern wunderschöne **HOLSTEINER**, vor allem Pferde. Und als gute Fremdenwerbung hat sich die Schweinemästerin Ulrike Bandholz aus Lübeck mit den längsten Beinen Deutschlands bei Guinness eintragen lassen: 123 Zentimeter vom Hüftknochen bis zur Fußsohle. Die Küstianer vermieten auf Kohle komm raus und fahren nach der Saison zur Erholung den Jangtse runter. Sie essen Räucherschinken mit Sauerkirschen und trinken alles, in was Rum reinpasst – Eierschaum, Tote Tante (Kakao mit Sahne), Pharisäer (Kaffee mit Sahne). Sie preisen den besonderen Reiz von Strand im **DAUERREGEN**, weil der ihre berühmte Luft noch gesünder macht. In der nächsten Saison wollen sie sogar einen Schlechtwetteraufschlag erheben. Wer was Ausgefallenes mitnehmen will, dem empfehlen wir einen **MINISTRANDKORB** für die Katze, 195 Mark.

HAMBURG/SCHLESWIG-HOLSTEIN IN ZAHLEN

Hamburg, Fläche: 755 Quadratkilometer
Einwohnerzahl: 1 700 000
Einwohnerdichte: 2251 pro Quadratkilometer
Autodichte: 772081 Pkws
Sonnenstunden: 1533 im Jahr

Schleswig-Holstein, Fläche: 15 769 Quadratkilometer
Einwohnerzahl: 2 766 000
Einwohnerdichte: 175 pro Quadratkilometer
Sonnenstunden: Kiel: 1635 im Jahr
Schleswig-Holstein hat die nördlichste Gemeinde Deutschlands: List auf Sylt

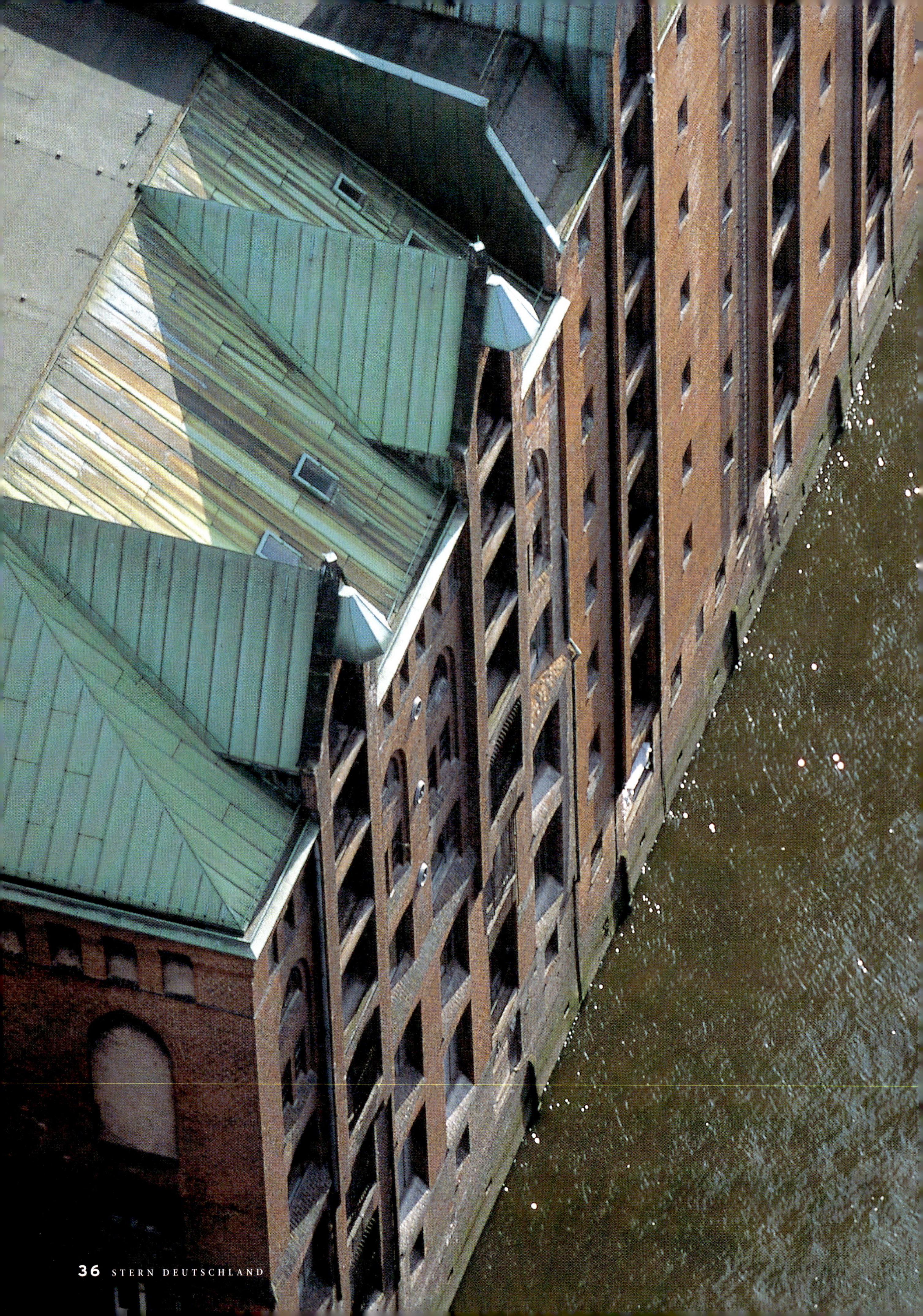

FOTO-REPORTAGE

Land drunter – mit den Möwen unterwegs

Speicherstadt im Hamburger Hafen, Lübecker Altstadt, Timmendorfer Strand, das Wattenmeer vor Sylt: himmlische Ansichten einer weiten und wundersamen Welt. Hans-Joachim Ellerbrock flog für den stern über den Norden

SEEN – UND GESEHEN WERDEN

Blick auf den Feenteich, Bucht der Hamburger Alster. Wo in anderen Metropolen der Beton dominiert, leisten sich die Hanseaten den Luxus einer Wasser- und Parklandschaft. Der nordischen Schönen gelingt die Balance zwischen großzügig und großspurig spielend.

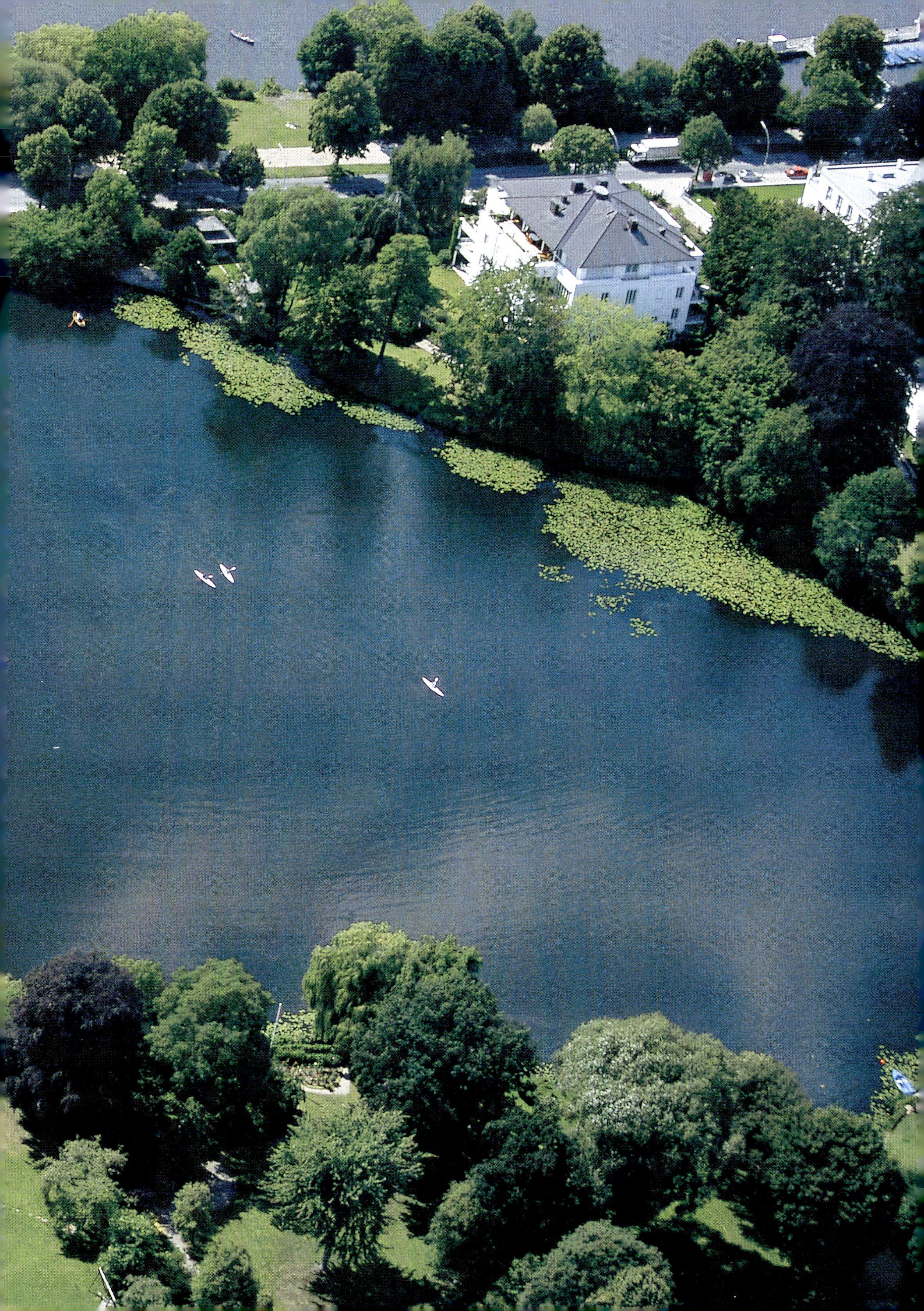

GRAFFITI, NATURBELASSEN

Distelfeld bei Bad Oldesloe. Dünger lässt die Scholle lila schimmern, und ihre Form inspiriert die Fantasie: Kornfeldkreis, vom Winde verweht? Schattenriss eines Greifvogels? Alles ist möglich, eines sicher: Ufos sind nicht gelandet im Holsteinischen

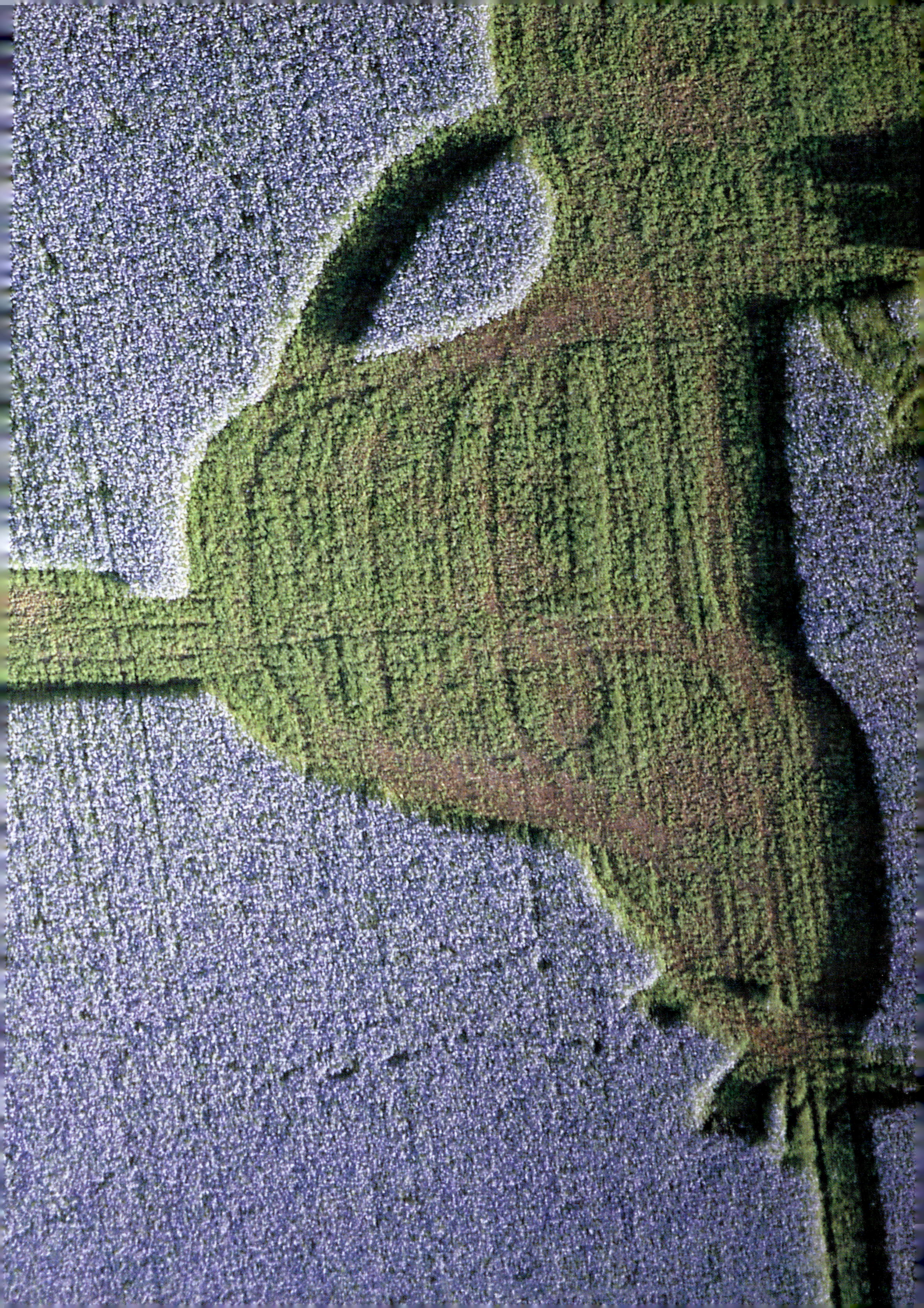

WELTLÄUFIGKEIT UND ENGE

Über den Dächern von Lübeck, der Stadt der Patrizier. Was ist schon Venedig dagegen? Nichts als ein „ins Orientalisch-Phantastische übersetztes Lübeck", schrieb der berühmteste Sohn der Stadt: Literaturnobelpreisträger Thomas Mann

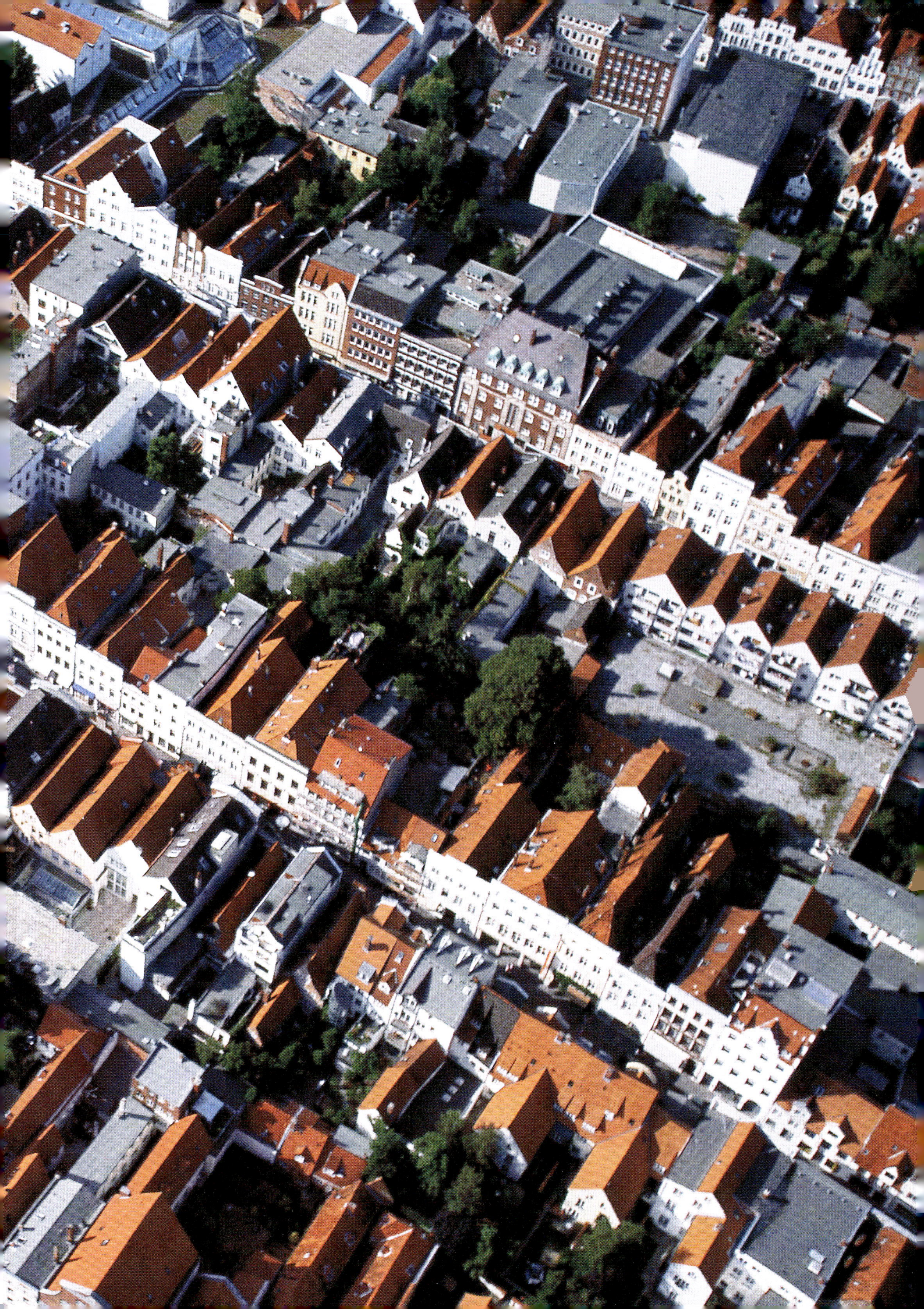

BLAU-PAUSE AM PLÖNER SEE

Es muss nicht immer Meer sein: Die holsteinische Seenplatte ist Urlaubs- und Wochenendparadies südlich der Strände. Leinen los und treiben lassen: vorbei an Inselchen und bewaldeten Uferzungen. Platz ist reichlich auf dem 29 Quadratkilometer großen See

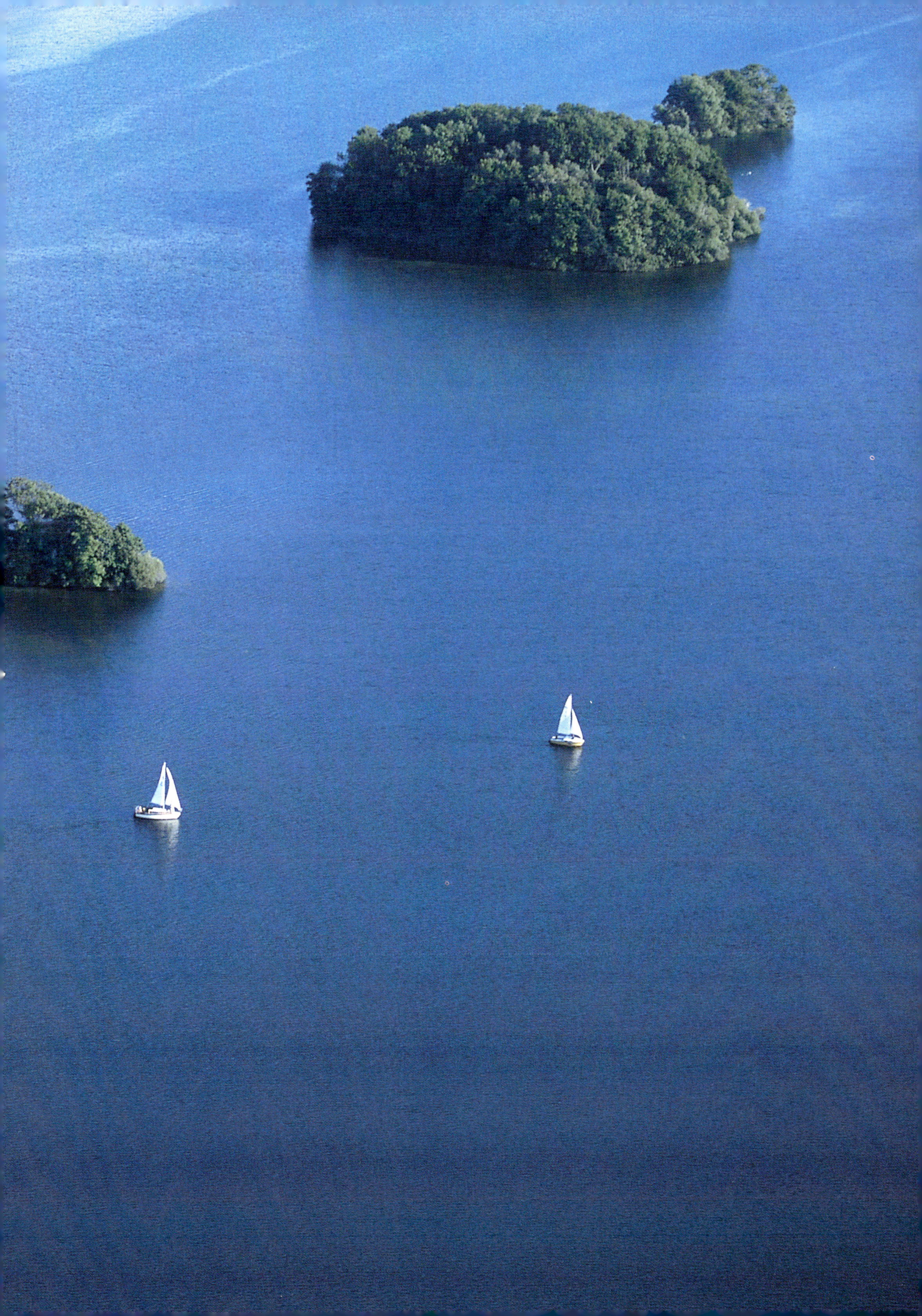

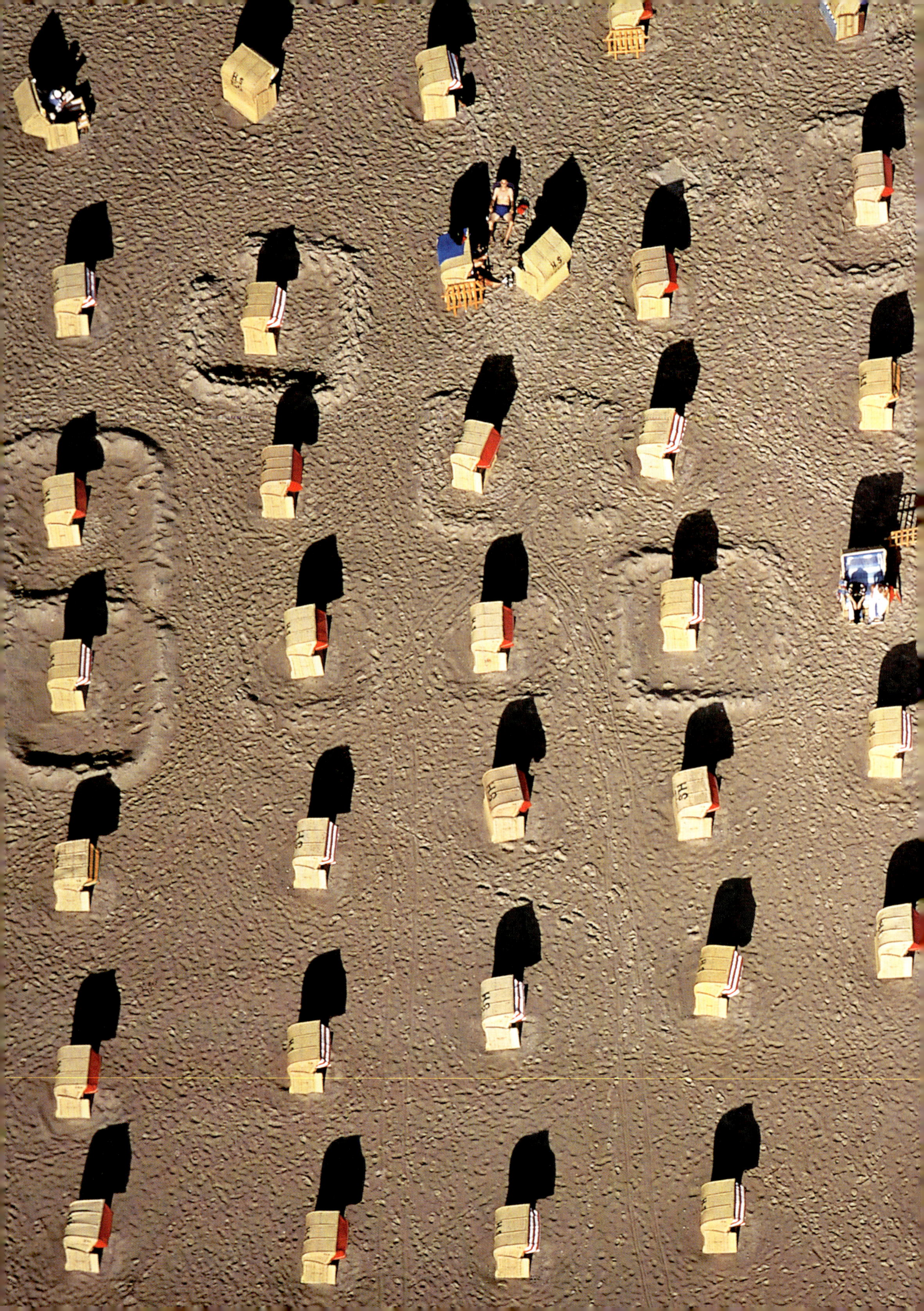

LA DEUTSCHE VITA AN DER OSTSEE

Ordnung muss sein – selbst am Sandstrand bei Timmendorf. Die Strandkörbe sind in Reih und Glied ausgerichtet, als mache die Bundesmarine Betriebsferien. My Korb is my castle: Und im Urlaub ersetzt der Sandwall den Jägerzaun

54° 44' NÖRDLICHE BREITE, 8° 16' ÖSTLICHE LÄNGE: SYLT

**„Die nächste Flut verwischt den Weg im Watt,
und alles wird auf allen Seiten gleich;
die kleine Insel draußen aber hat
die Augen zu; verwirrend kreist der Deich"**

Auszug aus Rainer Maria Rilkes Gedicht „Die Insel"

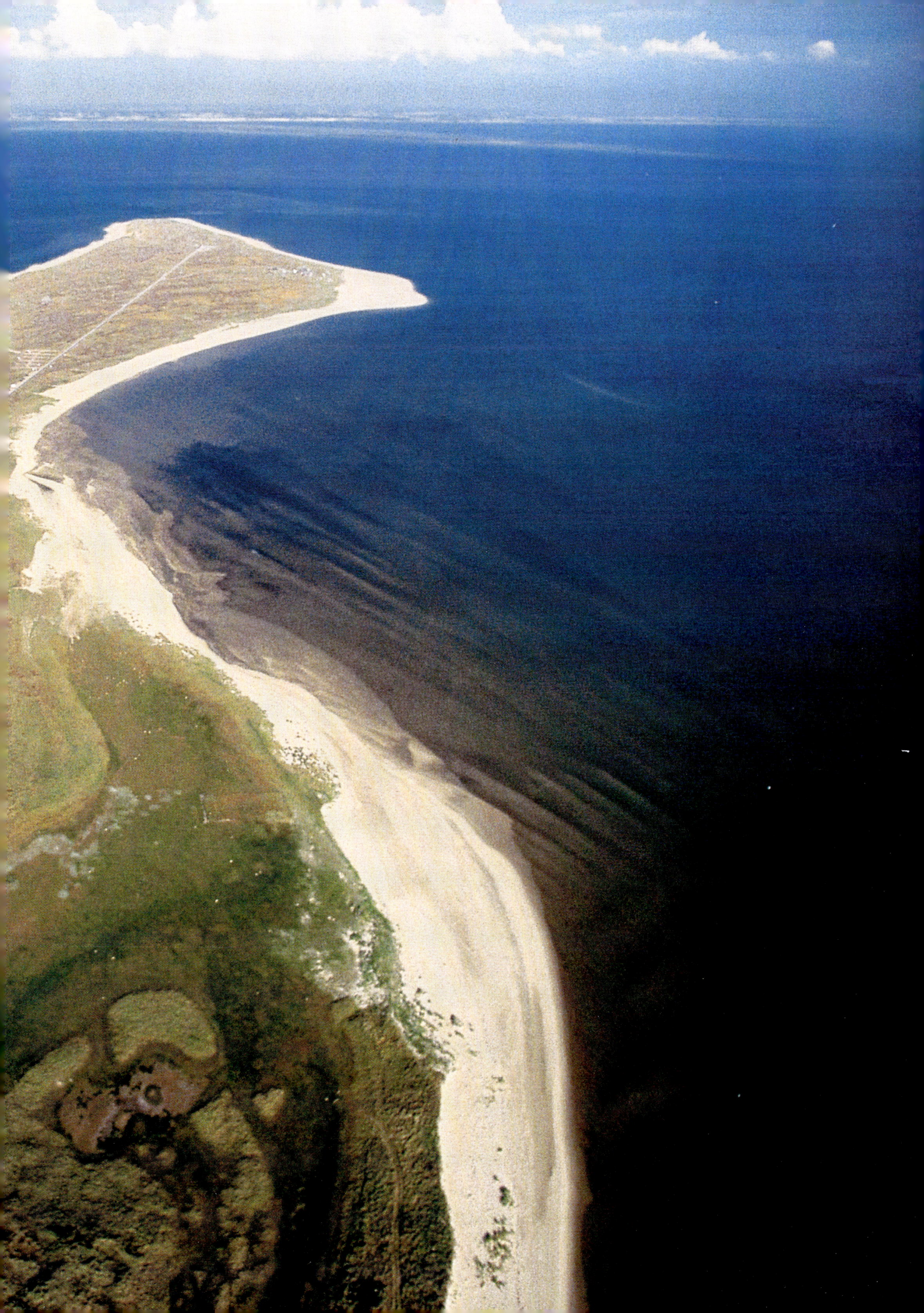

ESSAY

Weit wie das Herz einer Hafenhure

Hamburg allein ist zwar schon die Reise wert. Aber das Fest für die Sinne beginnt weiter nördlich: lichtüberflutetes Land, blaue Höhen, Sturmwind und glitzernde See

Wer den Himmel sehen will, muss den Kopf heben. Dieses Gesetz gilt fast überall auf der Welt und in so traurigen Gegenden wie der Schweiz sogar derart drakonisch, dass man die Sehnsucht nach einem Blick zu den Wolken mit einem steifen Hals büßt. Nur auf See gilt dieses Gesetz nicht – und in Schleswig-Holstein. Wer irgendwo an der Westküste steht, leicht vorgebeugt gegen den Wind, der über das Tellerland der Köge weht, der hat den Himmel gerade voraus: 97 Prozent Unendlichkeit, blaue Höhen, in die sich Wolkenweiß türmt, wilde Gestalten bildet, drollige Schneemänner, die zu dunklen Riesen werden mit bizarren Keulen in den Fäusten, berittenen Rittern, segelnden Schiffen. Und zwischen ihnen stürzen die Kaskaden der Lichtgarben herab, überfluten das grüne Land und die glitzergraue See, auf denen die dunklen Schatten der Kühe und Kutter treiben. Noldes Farben glühen. Brennende Küsten, lodernde Wiesen.

Der Himmel ist das Beste an diesem Land, das flach ist wie ein Fischerwitz und weit wie das Herz einer Hafenhure; das überweht ist von ewigem Wind, von Gänserufen und Möwengeschrei und das in lauter Ungewissheit mündet. Hinter den Deichen setzt es sich fort in das weltenferne Reich der abgründigen Sände und saugenden Schlünde, der Schlickbänke und Muschelrücken, der Priele und Rinnen, der Tiefen und Untiefen, wo das Beständige der ständige Wechsel ist. Die Westküste spaltet die Gemeinde. Ihre Weite öffnet das Herz oder lässt an Entgrenzung verzagen. Man muss sie lieben oder lassen.

Es gibt Tage, an denen der schleswig-holsteinischen Landesmutter das Lieben schwer fällt. Es ist nicht jedermanns Sache, sich im wilden Westwind so geborgen zu fühlen wie Theodor Storms alter Hallig-Bewohner, der seinem Besucher die Wonne eines Novembersturms erläutert: „Sie glauben nicht, wie erquicklich es ist, sich einmal in einer andern Gewalt zu fühlen als in der unserer kleinen regierungslustigen Mitkreaturen." Der Gedanke des Mannes dürfte Heide Simonis aus dem Herzen gesprochen sein, doch sein November-Entzücken ist ihr vollkommen fremd. Wenn der Sturmwind sein Lied johlt, wenn sich wüste Wolken über den Himmel wälzen und tintenschwarze Schatten über das Land schieben, dann hofft die Regierungschefin auf einen terminfreien Sonntag und bleibt den ganzen Tag im Bett.

Sie ist in Bonn geboren, vom Rheinland geprägt, in Nürnberg zur Schule gegangen. Die Ostküste Schleswig-Holsteins ist ihr näher, da ist die See sanfter und der Himmel überschaubarer. Ein Land der Hügel und Seen und der Herrenhäuser mit immer noch dazugehörigen hektarschweren Herren, mal 450, mal 380 Hektar. Uraltes Nebeneinander von Herrschaften und Häuslern, grooten Lüd un lütten Lüd; Letztere seit jeher eine verlässliche Landbasis der SPD, Erstere heute manchmal gestraft mit den Millionengräbern ihrer Landpaläste.

Im Westen gibt es kaum einen Besitz über 60 Hektar, aber die lütten Lüd dort fühlen sich seit jeher als große Herren. Immer waren sie freie Bauern, Fischer, Seefahrer – „lewwer duad üs Slaav". Und sie sind so von dieser Tradition geprägt, dass die Fusion von zwei Kreissparkassen heute noch scheitert, weil die Heimatstadt der einen sich vor 500 Jahren bei der Schlacht von Hemmingstedt gedrückt hat, als ein geländekundiges Dithmarscher Bauernheer die schwer bewaffneten Truppen des dänischen Königs vernichtend schlug, nachdem die Bauern die Schleuse der Dusendüwelswarf geöffnet und das Schlachtfeld in der tief gelegenen Marsch unter Wasser gesetzt hatten. Mit dieser traditionellen Dickschädeligkeit hat auch die Politikerin Simonis zu kämpfen. In Dithmarschen war es, wo ihr in einer Debatte über Natur- und Landschaftsschutz der Satz entgegengeschleudert wurde: „So was wie Sie hätte man früher lebendig im Deich eingegraben." Darüber kann sie inzwischen lachen – Heimatgefühle haben es da trotzdem schwer.

DAS LIEBSTE STÜCK HEIMAT ist ihr sowieso das vor der Haustür. Sechs Kilometer rund um den Bordesholmer See, das ist ihre Trimmtour auf dem Fahrrad und die Sonntagsrallye zu Landschaft und Landeskindern. Da, halbwegs zwischen Nord- und Ostsee und ohne Erwähnung in Touristenführern, trifft sie Schleswig-Holstein: stilles Wasser, in dem sich weiße Wolken spiegeln, gesäumt von dichtem Röhricht, Weiden und Kastanien sowie joggenden Hausfrauen, Managern, die ihre Mountainbikes quälen, Ruheständlern an den Leinen ihrer Rassehunde unterwegs zum See-Café, einer imposanten 600 Jahre alten Linde und einem Kloster, das geschlossen wurde, weil die Mönche zu liederlich lebten. Eine Landschaft voll unspektakulärer, aber wohltuender Natur, ein Sonntag voll Bürgerwonne und Goldschnittgemüt.

Wenn die Landeschefin mal einen Durchhänger hat und das Gefühl von Stolz auf Erreichtes braucht, dann betrachtet sie einfach ihre Landeshauptstadt. „Als ich 1963 nach Kiel kam, da gab es die Marine und die Werft, die Werft und die Marine. Aber nicht ein einziges Hinweisschild in der ganzen Stadt auf die Uni oder das Landeshaus." Heute blühen viele Kulturen nebeneinander, das Vokabular flutschenden Strukturwandels mit seinen Innovations- und Technologiezentren sprudelt der Ministerpräsidentin geläufig aus dem Mund. Ein Erlebniskleinod ist Kiel al-

PETER SANDMEYER schreibt seit 1981 für den stern. Aufgewachsen in Berlin, wohnt der passionierte Segler, 56, in Hamburg und an der der Nordseeküste

lerdings bis heute nicht. Der Autor eines Buches über Dichtung und Dichter des nördlichsten Bundeslandes musste feststellen, dass die Stadt „in der Literatur eine erstaunlich unbedeutende Rolle spielt", und knüpfte daran die höflich formulierte Vermutung: „Vielleicht mag das an dem – nun, sagen wir: wenig prägnanten – Stadtbild gelegen haben und noch liegen."

Heide Simonis ist Stadtkind. Am liebsten bewegt sie sich im Dreieck Friedrichstadt–Flensburg–Lübeck.

Friedrichstadt – die holländische: Treppengiebel und Tretboote, Küstenkitsch und Kaffeehäuser, Grachten und grüne Heringe. Eine kleine Schwester von Amsterdam und ein großes Vorbild der Toleranz: Als 1621 die Glaubensgemeinschaft der Remonstranten in Holland von den Calvinisten verboten wurde, ließen die Vertriebenen sich unter dem Protektorat des schleswig-holsteinischen Herzogs an der Eider nieder, bauten eine Stadt, in der die Ratsprotokolle noch bis weit ins 18. Jahrhundert auf Niederländisch verfasst wurden, und gestatteten jedermann freie Ausübung seiner Religion. Alle kamen. Lutheraner und Mennoniten, Katholiken und Juden, Quäker und schwedische Separatisten, Mormonen und Zeugen Jehovas. Und alle vertrugen sich. Erst die Nazis machten der Koexistenz ein Ende, die aber heute wiederbelebt wird.

Flensburg – die dänische: Eine Borderline-City mit zweisprachigen Hinweisschildern und gespaltener – oder doppelter? – Identität. Der Hafen voller alter Segelschiffe und die Altstadt voller Sydbank-Filialen, verwinkelter Passagen und „hyggeliger" Höfe, wo man Wein probieren oder skurrilen Nippes kaufen, Kopenhagener und „dänische Luxuskringel" essen und die Zeit verstreichen lassen kann. Es gibt viel davon in Flensburg. Vielleicht ist Zeit auch hier Geld, aber die Währung ist eine andere. Bei den Jüngeren stößt man seltener auf den Ausdruck des Gehetztseins im Gesicht und bei den Älteren auf mehr Selbstbewusstsein und weniger Angst vorm Überranntwerden.

Straße zwischen den Meeren: auf dem Nord-Ostsee-Kanal

WENIGSTENS EINEN KURZEN ABSTECHER an die Schlei – keinen Fluss, sondern einen langen Fjord – verordnet die Ministerpräsidentin jedem Besuch, bei genügend Zeit bis nach Arnis, der kleinsten Stadt Deutschlands. Auf jeden Fall aber nach Schleswig, der preußischen. Kühl und streng wie ihr Dom ist die Stadt, in dem der Altarschrein mit dem Figurenwald des Meisters Brüggemann steht, des berühmtesten gotischen Holzschnitzers Norddeutschlands. Und vom Dom weiter zum Holm, der alten Fischersiedlung aus nicht ganz hundert ein- und zweistöckigen spitzgiebligen Backsteinhäuschen, die sich um eine kleine Kapelle und den Friedhof scharen. Der Tod ist Mittelpunkt des Alltags, der Lebensweg ist am Ende kurz. Wer hier geboren ist, wird hier auch bestattet; jeder Holmer ist – und bleibt, auch wenn er nach Rendsburg oder Rio auswandert – Mitglied der Begräbnisgemeinschaft, die „Beliebung" heißt und die Verstorbenen nach uralten Regeln zu Grabe trägt. 350 Jahre ist die Gilde alt, nach einer Pestepidemie wurde sie gegründet, „dass wir inskünftige bey einander im Leben und Sterben stehen".

Schließlich Lübeck, die königlich-hanseatische: vieltürmig, backsteinprächtig, kontorreich, speichervoll, betucht und hochmütig. Selbst Venedig kam dem Sohn der Stadt Thomas Mann nur wie ein „ins Orientalisch-Phantastische übersetztes Lübeck" vor. Pracht und Hierarchie, Weltläufigkeit und Enge der alten Patriziergesellschaft lassen sich nirgendwo so gut nacherleben wie in Lübeck. Hier leben sie. Mit Café Niederegger und Rotspon, Schiffergesellschaft und den Ruheständlerquartieren der Glockengießergasse. „Wohnen möchte ich allerdings nicht in Lübeck", sagt Heide Simonis. „Wenn Sie dort nicht geboren sind, werden Sie einsam sterben."

METROPOLEN FEHLEN IHREM LAND. Wenn sie die Sehnsucht nach Urbanität übermannt, dann fährt sie nach Berlin zu ihrem Mann oder nach Hamburg zu ihrer Schwester. Hamburg, wenn man von der Hochnäsigkeit der Elbvororte absieht, liegt ihr mehr, denn es ist eine Stadt, die mit Wasser lebt. „Ohne Watt und Halligen könnte ich existieren, aber nicht ohne Wasser." Also zieht es sie nach Hungerstillung und Hutkauf bald wieder zu Alster oder Elbe oder am liebsten zu beiden. Ein schöner Spaziergang. Vom Gänsemarkt an russischen Straßensängern und polnischen Flötenspielern vorbei den Jungfernstieg hinunter, wo Matthias Claudius starb („So legt euch denn, ihr Brüder/In Gottes Namen nieder/Kalt ist der Abendhauch"), über den Ballindamm die Bergstraße hinauf, wo Karl Marx den Verlagsvertrag für sein „Kapital" unterschrieb, und dann rechts durch das Gewirr der kleinen kontor- und kanzleigetrüffelten Straßen hinunter zu Speicherstadt und Landungsbrücken, Touristen, Talmi und Frittenbuden und weiter bis zum Fischmarkt, und auch da ist der Strukturwandel unübersehbar: Die Ladekais sind menschenleer, die kurze Rast, zu der die Containerriesen in den Hafen kommen, wird immer kürzer, und in die alten Unterkünfte der Ankerschmiede, Schiffshöker und Fischhändler ziehen Werbeagenturen und Fotoateliers ein. Aber die Elbe, die hat nichts von dem prägnanten Duft verloren, den Wolf Biermann besungen hat: „Bei Hamburg riecht der Elbefluss/Schon sehr verführerisch/Nach Nordsee und nach Engelland/Nach Teer und Hochseefisch." Und die Elbe fließt nach Nordwest, der Küste entgegen, und links von ihr liegt Niedersachsen und rechts Schleswig-Holstein, das schöne Land. „Das scheune Land – inner Hand vun ner Fru!", empörte sich ein Bauer in die Fernsehkamera, als er über die neue Ministerpräsidentin befragt wurde. Ein Kollege aber sah es gelassener. „Bisher is ja noch allens gut gegangen."

PETER SANDMEYER

80 AUSGEWÄHLTE ADRESSEN UND DREI EXTRATOUREN

Wo ist was im Norden?

SCHLAFEN 1
ESSEN 1
LEBEN 1
SEHEN 1
TOUREN A

SCHLAFEN

Altes Pastorat in Süderende auf Föhr

1 WASSERSLEBEN

Renoviertes zweistöckiges Traditionshotel direkt an der Flensburger Förde mit fantastischem Blick, Strand und Bootssteg vor dem Haus. Sehr gutes Restaurant mit frischen Produkten.
Wassersleben 4, 24955 Harrislee
www.ccl-hotels.com
☎ 0461-77420 📠 0461-7742133
25 Zimmer, DZ ab 190 Mark inkl. Frühstück.

2 ALTER MEIERHOF

„Vital Hotel" mit „orientalischem Tropenbad", „Kleopatra-Milchölbad", Beautyfarm, Sauna, Therme, Rückenschule im Pool und Ähnlichem mehr in modernem Gutsherren-Fachwerkstil. Terrasse und Garten mit traumhaftem Blick über die Flensburger Förde. Die Bäder gehen teilweise in die Zimmer über, von der Badewanne aus kann man Dänemark sehen. Sehr gutes Restaurant.
Uferstr. 1, 24960 Glücksburg
☎ 04631-61990 📠 04631-619999
www.alter-meierhof.de
54 Zimmer, DZ ab 265 Mark

3 STRANDHOTEL GLÜCKSBURG

Erst im Mai als Hotel wiedereröffnetes, umfassend renoviertes „weißes Schloss am Meer" in klassischer Bäderarchitektur. Direkt am Strand und Fähranleger Glücksburg. Zimmer zum Teil mit Erker und Loggia.
Kirstenstr. 6, 24960 Glücksburg
☎ 04631-61410 📠 04631-614111
www.strandhotel-gluecksburg.de
27 Zimmer, DZ ab 198 Mark

4 BÖRMOOS

Altes Bauernhaus mit tief heruntergezogenem Reetdach und Garten, nur 200 Meter vom Ostseestrand in einem Landschaftsschutzgebiet. Die große Kaminhalle steht voller dänischer Antiquitäten, in den Bettnischen der Zimmer schläft man wie in Abrahams Schoß.
Grüfft 9, 24972 Steinbergkirche-Habernis
☎ 04632-7621 📠 04632-142
8 Apartments im Haupthaus und in der umgebauten Scheune ab 140 Mark

5 ALTES PASTORAT

Es muss ja nicht immer Sylt sein. Roter Ziegelbau, teilweise aus dem 17. Jahrhundert, mitten im alten friesischen Dorf Süderende. Üppiger Blumengarten, das Restaurant ist nur für Hausgäste geöffnet.
Haus 45, 25938 Süderende/Föhr
☎ 04683-226 📠 04683-250
www.inselfoehr.de
5 Zimmer, 2 Suiten, DZ ab 230 Mark

6 LANDHOTEL WITT

Großzügiges Land- und Golfhotel in traditionellem Gasthof im schönsten Ort auf Föhr mit prächtigem Garten zum Entspannen. Dependance in altem Friesenhaus unter Reet nur für Nichtraucher!
Alkersumstieg 4-6, 25938 Nieblum/Föhr
☎ 04681-58770 📠 04681-587758
✉ landhotel-witt@t-online.de
15 Zimmer, DZ ab 180 Mark

7 ALTES GYMNASIUM

Herrschaftlicher Luxus an der Nordsee. Endlich geht man einmal gern in eine Schule. Das Königlich-Preussische Gymnasium von 1866, direkt am verkehrsberuhigten Marktplatz, ist mit Erlebnisbad auf zwei Ebenen und einem Fitnessraum ausgestattet.
Süderstr. 6, 25813 Husum
☎ 04841-8330 📠 04841-83312
www.altes-gymnasium.de
72 Zimmer, DZ ab 240 Mark inkl. Frühstück

Hotel Altes Gymnasium in Husum

8 LANDHAUS PHILIPPHOF

Man kommt sich vor wie in einem englischen Herrenhaus. Ob Frühstückszimmer, Bibliothek oder Garten – alles erinnert an einen äußerst gepflegten privaten Landsitz. Eines der schönsten und exklusivsten Landhotels Norddeutschlands.
25881 Tating-Ehst
☎ 04862-316/383 📠 04862-1629
www.philipphof.de
7 Zimmer, DZ ab 190 Mark inkl. Frühstück

9 KIELER KAUFMANN

Von der Terrasse, dem Park oder aus dem Zimmerfenster kann man auf der Förde die großen Skandinavienfähren vorbeiziehen sehen. Die

HOTELS, RESTAURANTS, KANUTOUR

Hotel Seehof in Sierksdorf an der Ostsee

Lage ist absolut ruhig, in der Nachbarschaft stehen ein paar alte Kaufmannsvillen, die beweisen, dass Kiel auch schöne Ecken hat. Gepflegtes Hotel ohne Neuzeit-Stressfaktor.
Niemannsweg 102, 24105 Kiel
☎ 0431-88110 📠 0431-8811-135
46 Zimmer, DZ ab 250 Mark

10 GENUESER SCHIFF
Mehrere reetgedeckte Häuser mit direktem Zugang zum Wasser und Blick auf die vielen Segelschiffe in der Hohwachter Bucht. Man wohnt in der „Brücke", einer Suite unterm Reet mit freiem Ausblick aufs Meer, dem „Schwalbennest" oder im „Seewinkel" mit Terrasse zum Wasser. Lunch oder Kaffee bekommt man in rotweißen Strandkörben auf der Wiese vor dem Haus serviert. Zum Essen geht es abends in das stilvolle kleine Restaurant (Do bis Mo 18-21 Uhr; Bistro Mi bis Mo 12-21 Uhr) im 1. Stock. Natürlich mit Meerblick.
Seestr. 18, 24321 Hohwacht
☎ 04381-7533 📠 04381-5802
16 Zimmer, DZ ab 180 Mark

11 LANDHAUS KRUMMSEE
Um die Jahrhundertwende erbautes Landhaus im heilklimatischen Kurort Krummsee. Individuelle Zimmer von nostalgisch bis modern, dazu ein riesiger Garten. Zum Krummsee mit Badestelle, Steg und Sandstrand sind es nur ein paar Minuten zu Fuß.
Waldstr. 9, 23714 Malente-Krummsee
☎ 04523-99100 📠 04523-991020
www.krummsee.de
6 Zimmer, 3 Apartments, DZ ab 135 Mark inkl. Frühstücksbüfett

12 SEEHOF
Das frühere Landhaus eines Altonaer Senators steht am Rand der Ostseesteilküste in einem hübschen Park, unbehelligt vom Straßenlärm oder dem Trubel einer Seepromenade. Nichts stört den Blick aufs Meer, und auf einer großen Liegewiese unter Kastanien, Birken, Linden und Buchen lässt es sich wunderbar dösen.
Gartenweg 30, 23730 Sierksdorf
☎ 04563-7031/8240 📠 04563-7485
20 Zimmer, DZ ab 170 Mark

13 SEELUST
Originelles, geschmackvoll-ländlich eingerichtetes Haus im Fachwerkstil. Am Ufer des kleinen Sees im Naturpark Aukrug kann man sich in völliger Ruhe entspannen. Die Terrasse zum See hin ist ein lauschiges Plätzchen für ein Abendessen zu zweit. Zur Auswahl stehen unter anderem Räucheraal, Rehbraten und Lammnüsschen. Die Zimmer sind nicht luxuriös, aber gemütlich. Restaurant: geöffnet wochentags ab 14.30 Uhr, So ganztägig, Di Ruhetag
Seelust 6, 25581 Hennstedt
☎ 04877-677 📠 04877-766
www.seelust.de
13 Zimmer, DZ ab 130 Mark

14 LANDHAUS CARSTENS
Der richtige Ort für die Sommerfrische – selbst wenn sie nur ein Wochenende dauert. Viele Zimmer haben Seeblick – dabei steht das Landhaus mitten im Ort.
Strandallee 73
23669 Timmendorfer Strand
☎ 04503-6080 📠 04503-60860
www.landhauscarstens.de
27 Zimmer, DZ ab 220 Mark

Jagdhaus Waldfrieden in Quickborn

15 JAGDHAUS WALDFRIEDEN
100 Jahre alte Villa eines Hamburger Reeders im Stil eines englischen Fachwerk-Herrenhauses. Behagliche großzügige Zimmer im früheren Pferdestall nebenan und im Dachstübchen des Haupthauses. Im ausgezeichneten Restaurant knistert stets der Kamin, Jagdtrophäen schmücken die Stuben. Im Sommer sitzen die Gäste im Park. Ein Rolls-Royce vor der Tür fällt hier nicht weiter auf.
Kieler Str. (B4), 25451 Quickborn
☎ 04106-61020 📠 04106-69196
25 Zimmer, Doppelzimmer ab 260 Mark

Zimmer des Hotels Abtei im Hamburger Stadtteil Harvestehude

16 ABTEI
Hamburgs schönstes Hotel, ein typisches, altes Hamburger Stadthaus mit individuell eingerichteten Zimmern und dem mit einem Michelin-Stern ausgezeichneten Restaurant „Prinz Frederik" (Di bis Sa 17-22.30 Uhr).
Abteistraße 14
20149 Hamburg, Harvestehude
☎ 040-442905 📠 040-449820
11 Zimmer, DZ ab 350 Mark

17 HAFEN HAMBURG
Hoch über den St.-Pauli-Landungsbrücken thront dieses modernisierte Traditionshotel, gerade ein paar Meter abseits der Reeperbahn. Die Towerbar bietet Rundum-Blick über Stadt und Fluss.
Seewartenstr. 9, 20459 Hamburg, Neustadt
☎ 040-311130 📠 040-31113755
www.hotel-hamburg.de
355 Zimmer, DZ ab 170 Mark

18 LANDHAUS FLOTTBEK
Altes, reetgedecktes Bauernhaus im noblen Elbvorort, dessen Geschichte bis ins 18. Jahrhundert reicht. Ländlich-edles Restaurant im früheren Pferdestall mit einigen Tischen im ruhigen Garten.
Baron-Voght-Str. 179
22607 Hamburg, Groß Flottbek
☎ 040-822741-0 📠 040-822741-51
25 Zimmer, DZ ab 255 Mark
inkl. Frühstück

19 LOUIS C. JACOB
Liebermann malte die Lindenterrasse, heute residiert hier am Elbhang, eine halbe Stunde von der City entfernt, eines der besten und stimmigsten Hamburger Hotels. Zum Frühstück hat man tunlichst ein Fernglas zur Hand, um die ein- und auslaufenden Schiffe zu beobachten.
Elbchaussee 401-403
22609 Hamburg, Nienstedten
☎ 040-822550 📠 040-82255444
www.hotel-jacob.de
86 Zimmer, DZ ab 395 Mark

20 PARK HYATT
Stilvolles Ambiente im renovierten Levantehaus mitten in der City. Freundliche, angenehm-lockere Atmosphäre, großzügiger Salon und erstklassiges „Apples"-Restaurant.
Bugenhagenstr. 8-10, 20095 Hamburg, City
☎ 040-3332-1234 📠 040-3332-1235
www.hamburg.hyatt.com
252 Zimmer, 30 Apartments, DZ ab 355 Mark

ESSEN

1 JÖRG MÜLLER
Sylter Top-Restaurant mit Küche von nationalem Rang, sagenhafte Weinkarte. Geldwertes „must" für Gourmets. Im Zweitrestaurant „Pesel" gibt's Regionales zu etwas volkstümlicheren Preisen.
Süderstr. 8, 25980 Westerland
☎ 04651-27788 📠 04651-201471
Im Hauptrestaurant nur Abendessen
Di geschl.; Hauptgerichte von 52 bis 78 Mark

2 SANSIBAR
Legendäres Dünen-Blockhaus nicht nur für Szene-People. Die Qualität stimmt überraschenderweise trotz des großen Andrangs noch immer, der Ton ist locker, die Weinauswahl sensationell. Täglich gibt es einen wunderbaren Brunch. Ein Problem ist der zu kleine Parkplatz unten an der Straße, deshalb: früh kommen.
Hörnumer Straße, 25980 Rantum/Sylt
☎ 04651-964646 📠 04651-964647
Hauptgerichte tagsüber von 16 bis 48, abends von 30 bis 75 Mark
täglich ab 10.30 geöffnet

Herbert Seckler vor seinem Sansibar

3 LANDHAUS SCHÜTT
Küche der Extraklasse in häßlichem Nutzbau. Innen hell und freundlich, sehr netter Service, Weine zu moderaten Preisen.
Nübelfeld 34, 24972 Quern/ Nübelfeld
☎ 04632-84318 📠 04632-843131
www.landhaus-schuett.de
Di mittag und Mo geschlossen
Hauptgerichte von 28 bis 40 Mark,
Menü 39,50 bis 128 Mark

4 ANDRESENS GASTHOF
Letzte gastronomische Ausfahrt vor Sylt. Kulinarische Highlights im Backsteinhaus mit klassischen Friesenkacheln an den Wänden. Raffinierte Spitzenküche in ländlichem Ambiente zu entsprechenden Preisen.
Dörpstraat 63 (An der B 5), 25842 Bargum
☎ 04672-1098 📠 04672-1099
Mo u. Di geschl., Mi u. Do nur abends
ab 18 Uhr, Hauptgerichte von
48 bis 54 Mark

Historischer Krug in Oeversee

5 HISTORISCHER KRUG

Lang gestrecktes Bilderbuch-Gasthaus von 1519 zwischen Treene und B 76, erweitert um eine Hotelanlage mit Ayurveda-Beautyfarm. Fast 200 Jahre in Familienbesitz. Ländlich-elegante Atmosphäre. Sehr gute Küche in der Krugwirtschaft oder im Gourmet-Restaurant „Privileg", ambitionierte Weinkarte.
Grazer Platz 1, an der B 76
24988 Oeversee
04630-9400   04630-780
www.romantik.de
Geöffnet: tgl. 7-23 Uhr
Hauptgerichte von 24 bis 44,50 Mark
Menü im „Privileg" bis 139 Mark

6 SCHLIE KROG

„Ein königliches Haus", schrieb Dänen-Königin Margarete ins Gästebuch. Sommers stehen ein paar Tische mit Blick auf die Schlei vor dem Haus. Das Essen – am besten fangfrische Schlei-Fische – ist gut, allerdings nicht gerade billig. In Sieseby kommt man sich wie in einem Museumsdorf vor: alte reetgedeckte Häuser, die romanisch-gotische Kirche mit dem hübschen Friedhof, riesige Kastanien und natürlich der Schlie Krog.
Dorfstr. 19, 24351 Sieseby
04352-2531   04352-1580
Geöffnet: April bis September Di bis So 12-22 Uhr, Oktober bis März Di bis Fr 18-22 Uhr, Hauptgerichte von 25 bis 45 Mark

7 ROTER HAUBARG

Der Rote Haubarg ist nicht rot, sondern weiß getüncht und reetgedeckt. Sein Vorgänger mit rotem Ziegeldach (damals teurer als Reet), gab dem Haus seinen Namen. Der Rote Haubarg ist eines der größten Bauernhäuser der Gegend, heute mit Restaurant, Café und landwirtschaftlichem Museum. Viele gemütliche Stuben und Gastzimmer. Regionale Spezialitäten.
Sand 5, 25889 Witzwort/Adolfskoog
04864-845   04864-104357
Di bis So 10-22 Uhr, Hauptgerichte von 16 bis 38 Mark

8 FORSTBAUMSCHULE

Ein Biergarten hoch im Norden! Die Forstbaumschule liegt idyllisch in einem Park oberhalb der Kieler Förde. Ein idealer Platz für Familien, weil die Kinder ungefährdet spielen können. Eigenes zum Verzehr mitzubringen ist allerdings in Kiel nicht erlaubt.
Düvelsbeker Weg 46, 24106 Kiel
0431-333496   0431-337960
www.forstbaumschule.de
tgl. 10 - 1 Uhr, Hauptgerichte von 8,50 bis 20,50 Mark

9 SOMMERHOF

Efeubewachsenes altes Bauernhaus mit schönem Giebel. Sehr familiäre Atmosphäre mit nur 28 Plätzen. Im Sommer kann man vor dem Haus im idyllischen Garten sitzen. Inhaber und Koch Robert Stolz produziert alles selber – vom Brot über die Pasta und die Petit Fours bis zu eingemachten Chutneys. Viele Produkte kommen aus der Region: darunter Steinbutt, Kabeljau, Hecht.
Am Dorfteich 11, 24217 Fiefbergen bei Schönberg
04344-6685   04344-415748
www.sommerhof-fiefbergen.de
Geöffnet: Mi bis Sa ab 18 Uhr
Hauptgerichte von 38 bis 42 Mark

10 OLE LIESE

Gut Panker ist ein herrliches Ausflugsziel in der holsteinischen Hügellandschaft. Am schönsten sitzt man auf der kleinen Terrasse vor dem Gasthof „Ole Liese" von 1797 mit Blick aufs Herrenhaus und auf die ostpreußischen Trakehner, die hier nach dem Krieg weitergezüchtet wurden. Selbst Loriot speiste hier schon und wollte „eigentlich nie wieder weg..." Auf der Karte finden sich Regionales und zahlreiche Wildgerichte. Als Ausflugsziel bietet sich auch das nahe gelegene Forsthaus Hessenstein (04381-9416,   04381-418943) mit seinem 17 Meter hohen Schauinsland auf dem Pilsberg an, das ebenfalls dem früheren „Onkel Pö"-Wirt Peter Marxen gehört.
Gut Panker, 24321 Panker
04381-4374 und 04381-90690
04381-906920
Geöffnet: Mai bis Oktober Di bis So 12 bis 14 und 18 bis 21 Uhr, Mitte Oktober bis April Mi bis Fr ab 18 Uhr, Sa/So ab 12 Uhr
Hauptgerichte von 21 bis 45 Mark

Restaurant Schlie Krog in Sieseby

Gasthof Ole Liese in Gut Panker

11 SCHANKWIRTSCHAFT WILHELM ANDRESEN

Vielleicht die schönste, auf jeden Fall die älteste Schankwirtschaft der Westküste. Vor dem Haus hinterm Deich stehen sieben Tische unter knorrigen Linden, drinnen gibt es zwei rustikale Stuben, das WC ist im Kuhstall untergebracht. Wer Hunger hat, greift zu frisch gebackenem Kuchen und Broten mit Schinken, Mettwurst, Lammsalami, Matjes sowie diverse Käsesorten. Dick mit Butter bestrichen und satt belegt.
Haus Nr. 4 im Ortsteil Katingsiel
25832 Tönning
04862-370   04862-1390
Geöffnet: Mai bis Oktober tgl. ab 12 Uhr
November bis April tgl. ab 14 Uhr
Januar bis März Mi geschlossen
Brote ab 9 Mark

12 GUT-KLEVE

Das Gut im Jugendstil, einst Landsitz des Haarwasserfabrikanten Dralle, steht mitten in einem Park. Küchenchef Bernhard Beckmann bringt viel Regionales von der Rehsülze über das Salzwiesenlamm bis zum schwarzen Heilbuttfilet auf den Tisch. Bei schönem Wetter kann man auf der Terrasse sitzen. Neben dem Gutshaus stehen Pferdeställe, Reithalle und Dressurviereck, außerdem trainieren hier Kutschgespanne.
Hauptstr. 34, 25554 Kleve
04823-8685   04823-6848
Geöffnet: Mi bis So 18-22 Uhr, Sa/So auch 12-14 Uhr, Hauptgerichte von 26 bis 45 Mark

13 HOLSTEINER STUBEN

Winziges Dorf an der Trave am Ende einer Straße. Das backsteinerne Landhaus gibt sich bescheiden und gepflegt. Die Speisekarte wagt erfolgreich den Spagat zwischen Regionalküche und gehobenen Ansprüchen.
Dorfstr. 19, 23795 Högersdorf
04551-4041   04551-1576
Geöffnet: Do bis Di 11.30-14 Uhr und 17.30-23 Uhr, Hauptgerichte von 9,50 bis 33 Mark

TOUR (A)

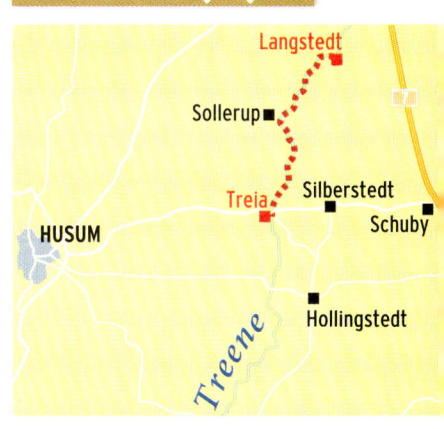

KANUFAHRT AUF DER TREENE VON LANGSTEDT BIS TREIA

Auf der Treene kann auch paddeln, wer kein eigenes Boot besitzt, denn in Langstedt gibt es eine Kanuverleihstation. Die Treene ist ein kleiner, sauberer Geestfluss, der recht kräftig fließt und sich idyllisch durch die Moränenlandschaft, durch Wiesen und Wälder schlängelt. Über weite Strecken stehen allenfalls Kühe, Pferde und Bäume, aber keine Häuser am Ufer. Die Treene ist auf der beschriebenen Strecke selten breiter als sechs, sieben

Bootsausflügler in Friedrichstadt

Meter und auch für Unerfahrene leicht zu bewältigen. Eine Reihe von niedrigen Stegen quert den Fluss bis Sollerup. Hier gibts eine kleine Brücke. Kurz danach mündet von links die Bollingstedter Au in den Fluss, und einen knappen Kilometer weiter, bei Sollbrück, überquert die Eisenbahn die Treene. Weiter geht es Richtung Treia, wo das Boot beim Feuerwehrhaus ausgesetzt werden kann. Der Kanuverleih transportiert Boote und Passagiere gegen Gebühr auch wieder zurück. Im beschriebenen Flußabschnitt ist die Treene ganzjährig befahrbar. Erlaubt sind nur Boote bis 5,50 Meter Länge. Die Strecke ist etwa 20 Kilometer lang und an einem Tag zu bewältigen.

Info: Kanuverleih Annemarie Hansen
Treeneblick 17, 24852 Langstedt
und   04609/489
Zweierkanus 35 Mark pro Tag plus Rücktransport. Anmeldung erbeten.
Anfahrt: von Hamburg über die A 7 Richtung Flensburg bis zur Ausfahrt Tarp, weiter nach Tarp und südlich nach Eggebek und Langstedt

RESTAURANTS, AKTIVITÄTEN, RADTOUR

Heiko Stock in Stock's Fischrestaurant in Ellerbek

14 DAS KLEINE RESTAURANT

Um 1600 gebautes denkmalgeschütztes Gasthaus mit Treppengiebel. Besonders populär ist das 10-Gänge-Menü für ganze 60 Mark.
An der Untertrave 39, 23552 Lübeck
℡ 0451-705959   📠 0451-705959
**Mo bis Sa 18-22 Uhr, mittags nach Absprache ab 6 Personen
Hauptgerichte von 35 bis 45 Mark**

15 WULLENWEVER

Altes, schmales Kaufmannshaus mit lauschigem Gartenhof. Roy Petermanns kreative Küche genügt höchsten Ansprüchen.
Beckergrube 71, 23552 Lübeck
℡ 0451-704333   📠 0451-7063607
@ www.wullenwever.de
**Mo bis Sa 19-23 Uhr
Hauptgerichte von 40 bis 58 Mark**

16 AAL-KATE

Vom Deich schweift der Blick übers flache Land, über schwarzbunte Kühe und kleine Schiffe, die durchs Wasser tuckern. Wer hier auf der Terrasse warmen, geräucherten Aal mit Rührei gegessen hat, wird nie wieder einen jener trockenen, tranig schmeckenden Fische hinunterbekommen, die es für viel zu viel Geld auf Wochenmärkten zu kaufen gibt.
Kuhlworth 21, 25436 Uetersen-Neuendeich
℡ 04122-2264   📠 04122-44845
Di bis So 12-22 Uhr, Hauptgerichte von 16 bis 30 Mark

17 STOCK'S FISCHRESTAURANT

Was Heiko Stock und sein Küchenchef Mario Meusel auf den Tisch bringen, schmeckt immer. Und dazu kommt die herrliche Atmosphäre. Im Sommer sitzt man im Garten, ansonsten im wunderschön renovierten alten Dorfhaus aus der Jahrhundertwendezeit. Besonders entspannend ist ein Besuch zum Lunch, wenn noch nicht so viel los ist – die Qualitäten des Hauses haben sich herumgesprochen. Außerdem sind die Preise mittags sensationell günstig. Ab Oktober gibt es im neuen Stock's Bistro im Utspann einen Business Lunch ab 15 und ein Drei-Gänge-Menü für 39 Mark. Und das in einem Restaurant mit einem Michelin-Stern!
**Hauptstr. 1
25474 Ellerbek**
℡ 04101-37770   📠 04101-3777-29
@ www.stocks.de
**Mo geschl., das Bistro wird mittags und abends geöffnet sein, dafür ist das Hauptrestaurant dann unter der Woche nur abends offen.
Hauptgerichte von 28 bis 46 Mark**

18 RESTAURANT ENGEL

Die Wellen der großen Schiffe lassen den Ponton schwanken, auf diesem Elbabschnitt steigen die Lotsen auf die Ozeanriesen. Das Engel ist nicht nur Ausflugslokal, sondern auch ein Ableger des Tafelhauses. So trinken am einen Tisch die Elb-Spaziergänger ein Bier, am anderen wird mit Satée und Confit im Wantan von der Maispoularde oder gefülltem Wolfsbarsch mit Pfeffergremolata lustvoll gespeist.
**Landeanlage Teufelsbrück
22609 Hamburg, Klein-Flottbek**
℡ 040-824187   📠 040-8226995
**werktags ab 11, So ab 10.30 Uhr
Hauptgerichte von 32 bis 34 Mark**

19 CURIO

Professionell unaufdringliche Gastlichkeit, wo sich einst die „Gesellschaft der Freunde des vaterländischen Schul- und Erziehungswesens" traf. Ein Hamburger Geheimtipp fürs informelle Gespräch mit Geschäftsoder echten Freunden. Sensationell preiswerter Lunch.
**Rothenbaumchaussee 11-15
20148 Hamburg, Harvestehude**
℡ 040-41334811   📠 040-41334833
So geschl., Hauptgerichte von 25 bis 39 Mark

20 RIVE

Italienisch angehauchtes Groß-Restaurant direkt am Hafen mit ausgesprochen (kinder-) freundlichem Service. In dem Gebäude ist auch das Terminal der Englandfähre untergebracht – wenn man Glück hat, fährt einem ein wunderschöner Pott fast direkt durchs Mittagessen. Das Rive ist zum „must" für Hamburg-Besucher geworden. Auch Promis wie Regisseur Oliver Stone waren schon da. Das Essen ist gut, Das Preisniveau auch, die Atmosphäre fröhlich, locker und laut.
**Van der Smissen Strasse 1
22767 Hamburg, Altona**
℡ 040-3805919   📠 040-3894775
@ Rive@freenet.de
**Geöffnet: tgl. 12-24 Uhr
Hauptgerichte von 26 bis 57 Mark**

LEBEN

1 GOSCH

Eine der größten „Freiluftkneipen" des Nordens. Bei Jürgen Gosch treffen sich in der „nördlichsten Fischbude Deutschlands" allabendlich Hunderte von Sylt-Touristen, um bei Bier, gegrillten Garnelen, Lachs und Fischpfanne direkt von der Theke den Mondpreisen der Sylter Restaurants zu entfliehen, der untergehenden Sonne zuzusehen, wie der Teufel zu flirten und einen draufzumachen.
**Am Hafen 51
25992 List/Sylt**
℡ 04651-870401
Geöffnet tgl. ab 10 Uhr

Bei Gosch im Hafen von List auf Sylt

2 WINDMÜHLEN-KLETTERN

Moderne Windmühlen prägen inzwischen das Landschaftsbild Schleswig-Holsteins. Wer so eine Windkraftanlage einmal etwas genauer ansehen will, ist im Friedrich-Wilhelm-Lübke-Koog herzlich zum „Windmill-Climbing" eingeladen. 28 Windmühlen stehen zur Auswahl, Schwindelfreie klettern – natürlich gut gesichert – außen bis zur Plattform in 48 Meter Höhe und genießen von dort einen fantastischen Rundblick über Küste und Wattenmeer bis nach Sylt. Info: Wattenmeer-Informationszentrum Wiedingharde
Toft 1, 25924 Klanxbüll
℡ 04668-313   📠 04668-319
@ www.wiedingharder-Infozentrum.de
Von Mai bis September jeden Mittwoch ab 15 Uhr, Preis 35 Mark

3 ROSARIUM GLÜCKSBURG

Im Park des Renaissance-Wasserschlosses Glücksburg betreibt Ingwer J. Jensen, „Kultivateur englischer, historischer, seltener und moderner Rosen", ein Rosarium mit 500 verschiedenen Rosensorten, Stauden und „Rosen-Begleitpflanzen" wie Lavendel. Jensen hat die meisten und schönsten Rosen, die man für Geld kaufen kann, und seine Kundinnen und Kunden in ganz Europa zahlen Höchstpreise für die stachelige Ware. Im „Rosen-Café" nebenan offeriert seine Frau den Rosen-Fans Kaffee und Kuchen.
Am Schloßpark 2b, 24960 Glücksburg
℡ 04631-60100   📠 04631-2080
@ www.rosen-jensen.de
Mitte Mai bis Ende September tgl. 10-18 Uhr, Führung nach Anmeldung

4 MUSEUMSDORF UNEWATT

Ein lebendiges Dorf samt seiner Bewohner als Museum – in Unewatt kann man sich anschauen, wie das Leben auf dem Land wirklich war. Die Buttermühle, das Marxenhaus, die Christensen-Scheune und vor allem das Dorfgasthaus von 1694 geben ein anschauliches Beispiel, wie so ein Angelner Dorf aussah. Dazu gehören aber auch die übrigen kleinen Bauernkaten und großen Hofanlagen, die heute wieder in altem Glanz erstrahlen.
**Auskunft: Landschaftsmuseum Angeln
Unewatter Str. 1a, 24977 Langballig**
℡ 04636-1021
Geöffnet Mai bis September Di bis So 10 bis 16 Uhr, im April und Oktober Fr bis So 10 bis 16 Uhr, November bis März geschlossen

5 ANGELNER MUSEUMSBAHN

Nachdem die 15 Kilometer lange Bahnstrecke zwischen Kappeln und Süderbrarup stillgelegt wurde, übernahmen 1979 die Mitglieder des „Vereins der Freunde des Schienenverkehrs" die Gleise und lassen seitdem die Angelner Dampfeisenbahn an den Wochenenden und Feiertagen im Pendelverkehr fahren. Die Waggons werden abwechselnd von einer dänischen Tenderlok, Baujahr 1948, und einer schwedischen Schlepptenderlok, Baujahr 1952, gezogen. Abfahrt am Hafen von Kappeln.
℡ 0461- 13112 oder 04642-4027
**Info und Fahrplan: Freunde des Schienenverkehrs, Postfach 1617
24906 Flensburg**

Museumsbahn in Kappeln

Konzert beim Schleswig-Holstein Musikfestival

6 HALLIG-KUTSCHFAHRT

Mit Pferd und Wagen kann sich von Nordstrand zur Hallig Südfall kutschieren lassen, wem die mehrstündige Wattwanderung zu anstrengend ist. Die Hallig darf man nur mit Führer oder ausdrücklicher Genehmigung betreten, da sie Schutzgebiet vor allem für Zwergseeschwalben ist.
Fahrten zur Hallig Südfall per Pferdefuhrwerk mit W.L. Andresen
04842-300

7 SCHLESWIG-HOLSTEIN MUSIKFESTIVAL

Im Juli und August wird alljährlich in Herrenhäusern, Scheunen und alten Kirchen in ganz Schleswig-Holstein das Schleswig-Holstein Musikfestival veranstaltet, das viele tausend Besucher anlockt. Musik und Musiker sind meist gut, das Ambiente, vor allem bei den „Musikfesten auf dem Lande", unvergleichlich.
Schleswig-Holstein Musikfestival Kartenzentrale:
Postfach 3840, 24037 Kiel
0800 - 74632000 (gebührenfrei von 9 bis 16 Uhr) 0431-5704747
www.shmf.de

8 BALLONFAHREN ZWISCHEN DEN MEEREN

Die wellige Knicklandschaft Schleswig-Holsteins sieht von oben besonders eindrucksvoll aus. Am besten lässt man sich von heißer Luft emportragen. Ballonfahrten finden meist frühmorgens oder -abends statt und dauern rund eineinhalb Stunden. Gestartet wird in verschiedenen Städten, Kosten: 300 bis 450 Mark pro Person.
Infos: Ballonteam Santa Fe
Luzerneweg 10, 24259 Westensee
04305-837, 04305-762
www.antares.de/ballon
oder Thomas Ballonreisen
Rendsburger Landstr. 132, 24113 Kiel
0431-6854-73, 0431-6854-76
www.thomasballonreisen.de

9 TIERPARK WARDER

Frettchen statt Tiger, Exmoor-Urponys statt Elefanten, Schwarzhalsziegen statt Giraffen, Angler Sattelschweine statt Nilpferde: Seltene Haustierrassen sind exotischer und spannender als manch „wildes" Tier.

In dem 40 Hektar großen Schutzpark samt Streichelzoo lernen Stadtkinder begeistert unbekannte vierbeinige Wesen kennen.
Langwedeler Weg 11
24646 Warder am Brahmsee
04329-1280
Geöffnet tgl. 9-18 Uhr

10 HOLZSCHUHMACHEREI

In der 1846 gegründeten Holzschuhmacherei stellt Lorenz Hamann noch heute echte Holzschuhe her.
Wakendorfer Str. 17, 24211 Preetz
04342-81217, 04342-81367
Geöffnet Mo bis Sa 8-12 Uhr

11 BLAUDRUCKEREI JOHANN KOCH

Blaudrucken ist ein fast ausgestorbenes Handwerk. In ganz Deutschland gibt es nicht mehr als ein Dutzend Blaudrucker. Sie spannen Leinen auf einen Drucktisch; dann werden Handdruckmodeln mit einem Papp bestrichen, dessen Zusammensetzung – unter anderem Tonerde und Gummiarabicum – das bestgehütete Geheimnis der Blaudrucker ist. Diese Masse reserviert Flächen auf dem Stoff, die weiß bleiben sollen. Bis zu achtmal wird so ein Stoff mit Indigofarbe gefärbt, danach wird der Druckpapp mit einer Lösung abgewaschen – und auf kräftig blauem Grund prangt ein hübsches weißes Muster.
Vor dem Kremper Tor 11
23730 Neustadt/Holstein
04561-6204
Verkauf Mo bis Fr 9-12 Uhr und 14-18 Uhr, Sa 9-12 Uhr

12 SEEHUNDSTATION FRIEDRICHSKOOG

Hier werden im Sommer die niedlichen Knopfaugen-„Heuler", von ihrer Mutter verlassene junge Seehunde, aufgezogen. Große Robben kann man das ganze Jahr beobachten.
An der Seeschleuse 4
25718 Friedrichskoog
04854-1372
Im Sommer tgl. 9-18 Uhr, im Winter 10-17 Uhr
Fütterungszeiten 10.30 und 17.30 Uhr (10.30 und 16 Uhr im Winter)

Robben-Baby in der Aufzuchtstation

Fahrgeschäft im Sierksdorfer Hansapark

13 HANSAPARK

Trubeliger Erlebnispark direkt am Meer mit Wasser-Bobbahn, Power-Tower „Monte-Zuma", Flugsimulator, Looping-Achterbahn, Wasserzirkus und weiterer Kurzweil nicht nur für Kinder.
Am Fahrenkrog 1, 23730 Sierksdorf
04563-4740 oder 04563-474222
www.hansapark.de
Eintritt: Kinder bis 4 Jahre frei, bis 12 Jahre 28 Mark, Erwachsene 33 Mark

14 KARL-MAY-SPIELE

Winnetou reitet immer noch – im Freilichttheater Bad Segeberg. Jedes Jahr von Ende Juni bis Anfang September finden dort die berühmten Karl-May-Spiele statt, die jahrelang durch die Mitwirkung des „echten" Winnetou Pierre Brice geadelt wurden.
Karl-May-Platz, 23795 Bad Segeberg
04551-95210, 04551-1030
www.karl-may-spiele.de

Szene aus den Karl-May-Spielen

15 FRIEDHOF OHLSDORF

Schönster und größter Parkfriedhof der Welt mit einem Meer von Rhododendren.
Fuhlsbütteler Straße 756
22337 Hamburg

16 ISEMARKT

Deutschlands wahrscheinlich bester Markt für Obst, Gemüse, Käse, Fisch, Gewürze, Marmeladen oder Biofleisch, regengeschützt direkt unter den Gleisen der Hochbahn. Allein der Stand von Fisch-Schloh ist fast 30 Meter lang.
Jeden Dienstag und Freitag bis ca. 14 Uhr zwischen den U-Bahn-Stationen Hoheluft und Eppendorfer Baum

TOUR (B)

KIRCHEN-RADRUNDWEG AUF EIDERSTEDT

Auf Eiderstedt wurden 250 Kilometer Radwege markiert, die in acht Routen an den 18 alten Kirchen der Halbinsel vorbeiführen. Die schönste geht vom Marktplatz in Garding über die Johannisstraße und den Graureiherweg zur Marschchaussee, dort

Kirche Westerhever in Eiderstedt

rechts, nach 200 Metern links auf den Osterdeich. Auf Wirtschaftswegen radelt man weiter über Speckdorf (**Abstecher links zu St. Johannis nach Poppenbüll**) und Klerenbüll nach Osterhever zur Kirche St. Martin. Danach geht es zum Norderheverkoog. Auf der Koogstraße links ab, dann rechts bis zum Außendeich. Auf dessen Seeseite fährt man um die Nordwestspitze Eiderstedts herum bis zum Bilderbuch-Leuchtturm Westerheversand und anschließend ein kleines Stück zurück, dann rechts nach Westerhever (**Einkehr im Kirchspielkrug, geöffnet Mitte Februar bis Ende Oktober Di bis So 9-21 Uhr, 04865-352**) und zur Kirche St. Stephanus. Nach dem Kirchenbesuch geht es ein paar Meter zurück zur Knutzenwarft und dort links zum Außendeich. An der Tümlauer Bucht entlang führt der Weg bis zum Tümlauer Hafen und nach Tating. Dort sollte man sich den Hochdorfer Garten ansehen, ehe man über Büttel auf dem Wirtschaftsweg parallel zur B 202 zurückfährt. Die Route ist 45 Kilometer lang, allerdings bremst oft der Gegenwind.
Info: Fremdenverkehrsverein
Markt 26, 25836 Garding
04862-469, 04862-1225
Fahrradverleih: Nommsen
Garding-Sandwehle an der B 202
04862-457.
Anfahrt: Von Hamburg über die A 23 bis Heide, weiter auf der B 5 bis Tönning, dort auf die B 202 nach Garding

AKTIVITÄTEN, AUSSICHTEN, WANDERTOUR

Modeladen von Petra Teufel in Hamburg

17 KONDITOREI LINDTNER
Old-fashioned Kaffeehaus voller Eppendorfer Witwen und jungem Kaffeeklatsch-Nachwuchs. Die besten Kuchen Hamburgs, erstklassige hausgemachte Pralinen.
Eppendorfer Landstraße 88, Hamburg
☎ 040-4806000
**Mo bis Sa 8.30 bis 20 Uhr
So 10 bis 19 Uhr**

18 LITERATURCAFÉ SCHWANENWIK
Café und Restaurant im prachtvollen Saal des Literaturhauses. Die riesigen Kronleuchter sind allerdings neu und etwas protzig. Kaum ein Gast geht ohne einen Abstecher in Hamburgs beste Buchhandlung Samtleben, gleich neben der Bar.
Schwanenwik 38, 22087 Hamburg
☎ 040-2201300, **tgl. ab 10 Uhr**

19 PETRA TEUFEL
Unbestritten der extravaganteste Modeladen Norddeutschlands mit Klamotten von Issey Miyake, Dries van Noten oder Comme des Garçons. Teuer, aber hinreißend.
Neuer Wall 43, 20354 Hamburg
☎ 040-3786160

20 SCHMIDTS TIVOLI
Immer wieder amüsantes, schräges Szene-Theater, das viel zur Wiederbelebung des Kiezes auf St. Pauli beigetragen hat. Gezeigt werden eigene Shows wie „Sixty Sixty", eine Schlagerrevue der 60er Jahre, oder es treten alternative Stars wie Tim Fischer, Georgette Dee, Max Raabe und Helge Schneider auf.
**Spielbudenplatz 27-28
20359 Hamburg, St.Pauli**
☎ 040-3177880
Kartentelefon: ☎ 040-31778899
www.tivoli.de

Varieté Schmidts Tivoli in Hamburg

SEHEN

1 NOLDE-MUSEUM SEEBÜLL
Der Künstler selbst ließ von 1927 bis 1937 den blauvioletten Klinkerbau auf der hohen Warft mit Atelier und Wohnhaus nach seinen Plänen errichten. Heute zeigen wechselnde Ausstellungen die Vielseitigkeit des expressionistischen Malers. Wer will, kann im Gästehaus auch wohnen.
Neukirchen/Niebüll, 25927 Seebüll
☎ 04664-364 📠 04664-1475
Geöffnet März bis Ende Oktober tgl. 10-18 Uhr, November tgl. 10-17 Uhr, Eintritt: 7 Mark

2 HOLLÄNDERHOF WAGERSROTT
Mit alten Rosen, Gemüsen und Kräutern ältester bewohnter Hof Angelns und zugleich ein kleines Volkskundemuseum.
24392 Wagersrott
☎ 04641-2292
Geöffnet Mo 14 bis 16 Uhr und nach Vereinbarung

3 WIKINGERMUSEUM HAITHABU
Gleich neben dem Halbkreiswall kann man im Museum der alten Wikingerstadt Haithabu die Spuren der wilden nordischen Krieger besichtigen. Zahlreiche Funde zeigen, dass sie auch eifrige Händler und exzellente Handwerker waren.
Schloss Gottorf, 24837 Schleswig
☎ 04621-813-300
**Geöffnet: April bis Oktober tgl. 9-17 Uhr. November bis März Di bis So 10-16 Uhr
Eintritt 4 Mark**

4 FRIEDRICHSTADT
Klein-Amsterdam genannte Holländersiedlung von 1621 am Zusammenfluß von Eider und Treene. Grachtenstadt mit rechtwinklig angelegten Straßen und Backsteinhäusern mit Treppengiebeln. Infos über Tourist-Information Friedrichstadt.
Am Markt 9, 25840 Friedrichstadt
☎ 04881-194331

5 HANS-KOCK-STIFTUNG
Im Park des altes Gutshauses Seekamp stehen die Skulpturen des Bildhauers Hans Kock. Im Gutshaus finden auch Ausstellungen statt.
Seekamper Weg 10, 24159 Kiel
☎ 0431-372322 oder 0431-371837
Park ständig geöffnet

6 SCHWEBEFÄHRE RENDSBURG
An Stahltrossen 34 Meter unter der Eisenbahnhochbrücke überquert die Fähre bei Rendsburg den Nord-Ostsee-Kanal.
Anfahrt über die A 210 bis zum Autobahnende bei Osterrönfeld

7 GUT EMKENDORF
Das dreiflügelige frühklassizistische Herrenhaus ist eines der schönsten Beispiele für die Herrenhaus-Architektur Schleswig-Holsteins. In Emkendorf waren einst so berühmte

Herrenhaus auf Gut Emkendorf

Männer wie Klopstock und Matthias Claudius zu Gast. Nach Letzterem ist ein Haus in der Nähe benannt, in dem er sein Schlummerlied „Der Mond ist aufgegangen" geschrieben haben soll.
24802 Emkendorf
☎ 04330-463
Besichtigung nach Vereinbarung

8 FREILICHTMUSEUM MOLFSEE
Auf einem Gelände von 60 Hektar stehen 65 verschiedene Gebäude, die typisch für einzelne Landesteile Schleswig-Holsteins sind. So findet man mehrere Windmühlen sowie diverse alte Höfe und Katen, die hier nach ihrer Restaurierung original wiederaufgebaut wurden. Besondere Attraktion des Freilichtmuseums sind die Darstellungen einzelner Handwerke. Wie früher wird in einem Steinofen, der mit Buchenholz beheizt wird, Brot gebacken, die älteste genossenschaftliche Meierei Schleswig-Holsteins arbeitet in Molfsee, und die dorfeigene Weberei verarbeitet die Wolle der Schafe, die vor der Tür grasen.
**Info: Freilichtmuseum Molfsee
Hamburger Landstraße 97
24113 Kiel-Molfsee**
☎ 0431-659660
**Geöffnet: April bis Oktober Mo bis So von 9-18 Uhr. November bis März nur So und an Feiertagen von 11-16 Uhr
Eintritt 8 Mark**

9 KLOSTERANLAGE PREETZ
Wäre nicht die stattliche Klosterkirche, man müsste annehmen, es handele sich um eine Wohnanlage inmitten eines großzügigen Parkgeländes. In Kloster Preetz, 1211 von Graf Albert von Orlamünde gegründet, lebten bis zu 70

Marktplatz von Friedrichstadt

Benediktinerinnen in hübschen Einzelhäusern statt in dunklen Klosterzellen. Die dreischiffige Klosterkirche, eine Sturzbasilika, stammt aus den Jahren 1325 bis 1340. Besonders erwähnenswert: das gotische Nonnen- bzw. Stiftsdamenchorgestühl.
Kirchenführungen finden im Sommer täglich um 15 Uhr statt. Treffpunkt vor der Klosterkirche

10 KLOSTERKIRCHE BORDESHOLM
Die Kirche des Augustiner Chorherrenstifts auf der Insel im Bordesholmer See ist das einzige noch erhaltene Gebäude der ehemaligen Klosteranlage. Der berühmte, von Hans Brüggemann gearbeitete „Bordesholmer Altar" wurde schon 1666 in den Schleswiger Dom gebracht. Dennoch bietet die helle, freundliche, dreischiffige Backstein-Hallenkirche immer noch reichlich Sehenswürdiges, wie das vollständig erhaltene Chorgestühl von 1509.
Geöffnet tgl. außer Mo von 9 bis 17Uhr

Schwebefähre über dem Nord-Ostsee-Kanal

11 PRINZENINSEL PLÖN
Ihren Namen bekam sie 1896, als Kaiser Wilhelm II. das Sommerpalais des Herzogs Friedrich Karl zum Prinzenhaus umbauen ließ, um hier seine Söhne in der Abgeschiedenheit einer Kleinstadt erziehen zu lassen. Auf der Prinzeninsel, die man nur zu Fuß über eine Brücke oder per Boot erreichen kann, bekamen die Sprösslinge auch eine landwirtschaftliche Ausbildung. Am Ende der Insel steht auf einer großen Lichtung ein Landgasthof, das Niedersächsische Bauernhaus. Ganz in der Nähe ist das Prinzenbad, eine Badestelle mit

Windenergiepark Westküste

Strandcafé. Vom Strand aus hat man einen herrlichen Blick auf den Plöner See und dessen Inseln.
**Niedersächsisches Bauernhaus
24306 Plön**
☎ 04522-3670

12 WINDENERGIEPARK WESTKÜSTE

Auf einer Fläche von 14 Fußballfeldern drehen sich 36 Windräder zur Stromgewinnung und Erforschung der Windkraft.
**Informationszentrum am Sommerdeich, Sommerdeich 14b
25709 Kaiser-Wilhelm-Koog**
☎ 04331-18-2465
Geöffnet Anfang April bis Ende September von 10-17 Uhr

13 SEGELSCHIFF PASSAT

Das 1911 gebaute Schwesterschiff der 1957 gesunkenen „Pamir" gehört zu den legendären Flying P-Linern. Die Viermastbark mit den 56 Meter hohen Masten liegt seit 1960 im Hafen von Travemünde und zeugt von den glorreichen Zeiten, als diese Großsegler noch ums Kap Hoorn kreuzten – die „Passat" schaffte es 39 Mal!
Info: Tourist Büro Travemünde
☎ 04502-8040 📠 04502-80460
🖥 www.travemuende-tourismus.de
Besichtigung tgl. von Mitte Mai bis Mitte September 10-17 Uhr

14 LÜBECK

Die Hansestadt wurde von der Unesco zum „Weltkulturerbe" erklärt. Mehr als 1000 denkmalgeschützte Häuser sind Beweis für den einstigen Reichtum der „Königin der Hanse". Holstentor, Marienkirche, Buddenbrookhaus, die Stiftshöfe, Schabbelhaus oder Salzspeicher gehören zu den lohnenswerten Sehenswürdigkeiten.
**Info: Touristbüro
Service, Breite Str. 62, 23552 Lübeck**
☎ 01805-882233
🖥 www.luebeck-tourismus.de

15 ARBORETUM UND BAUERNGARTEN ELLERHOOP-THIENSEN

17 Hektar großer Garten mit mehr als 2000 verschiedenen Pflanzenarten und -sorten rund um den Münsterhof. Musterbeispiel dafür, wie man Menschen auf didaktisch sehr geschickte Weise etwas über Pflanzen und Gärten beibringen kann. Wer wenig Zeit und/oder Geduld hat, geht gleich an der ersten Weggabelung nach links zu dem prachtvollen, nach historischem Vorbild angelegten Bauerngarten. Spezialität des Parks ist die Sammlung von Gehölzen, Ebereschen, Apfel- und Kirschbäumen. Daneben gibt es u. a. noch einen ökologischen Lehrpfad, eine künstliche Hochmoorlandschaft und den Schulgarten mit alten, inzwischen fast verschwundenen Nutzpflanzen wie Flachs, Dinkel oder Buchweizen.
**Thiensen 17, 25373 Ellerhoop-Thiensen
Eintritt frei, kleine Spende erbeten
Geöffnet im Sommer von 9-21 Uhr im Winter bis ca. 18 Uhr.**

16 FLEETFAHRT DURCH DIE SPEICHERSTADT

Vom Alsterdampfer aus kann man die Speicherstadt, das mit 500 000 Quadratmeter Fläche größte zusammenhängende Lager Europas, in einer zweistündigen Fahrt erkunden. Fleete sind die alten Innenstadt-Wasserstraßen, die zur Alster gehörenden heißen Kanäle. Auch sie kann man befahren.
Info: Alster-Touristik, Anleger Jungfernstieg, 20354 Hamburg
☎ 040-357424-0
Abfahrt ab Jungfernstieg 10.45, 13.45 und 16.45 Uhr, Fahrpreis 25 Mark

Nikolaifleet in der Hamburger Speicherstadt

WWW. HOTLINES

🖥 www.hamburg.de Alles, was man über die Hansestadt wissen muss
🖥 www.hamburg-highlights.de Mit umfangreichem Kulturprogramm
🖥 www.schleswig-holstein.de Das Land von A - Z
🖥 www.sht.de Tourismus in Schleswig-Holstein - mit Reservierungsanfragen
🖥 www.wattenmeer-nationalpark.de Alles übers Wattenmeer
🖥 www.bsh.de/Meereskunde/Gezeiten Vorausberechnungen für die Nordsee
🖥 www.strandtester.de Die schönsten Strände an der Ostsee

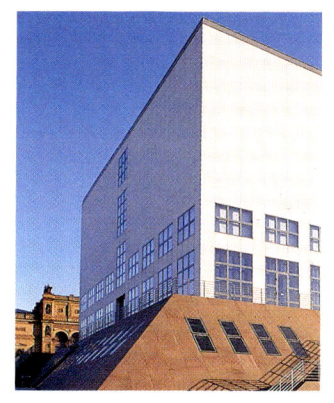

Hamburger Kunsthalle

17 GALERIE DER GEGENWART

Moderne Kunst ab 1960 von Baselitz und Beuys bis Bruce Nauman im weißen Würfelhaus von Ungers mit herrlicher Sicht auf die Alster. Und danach durch den langen Tunnelgang ins Café Liebermann in der historischen Säulenhalle des Kunsthallen-Altbaus.
Glockengießerwall 1, 20095 Hamburg
☎ 040-42852612
**Di bis So 10-18 Uhr, Do bis 21 Uhr
Eintritt 15 Mark**

18 KRAMERAMTSWOHNUNGEN

Direkt neben der Michaeliskirche, dem berühmten „Michel", findet man diese Wohnungen in zehn zweistöckigen Fachwerkhäusern, einst für die Witwen kleiner Krämer erbaut. In Haus C kann eine historisch eingerichtete Witwenwohnung besichtigt werden (-17 Uhr).
**Krayenkamp 10-11, 20459 Hamburg
Neustadt. Geöffnet Di bis So 10-18 Uhr, Do -21 Uhr**

19 VOLKSPARKSTADION

Das neue Stadion des Hamburger Sportvereins ist eine reinrassige Fußballarena modernsten Zuschnitts geworden und wird von den Fans geliebt. Jetzt muss nur noch der HSV ordentlich Fußball spielen...
**Info und Kartenvorverkauf:
HSV-Fan-Shop, Eppendorfer Weg 234
20251 Hamburg**
☎ 01805-41343434 oder 040 4227607
🖥 www.hsv.de

20 LAUENBURG

Die Stadt liegt am Elbe-Lübeck-Kanal, der ersten künstlichen Wasserstraße Nordeuropas, der die reiche Hansestadt Lübeck mit der Elbe verband. Die Palmschleuse in Lauenburg ist die älteste erhaltene Schleuse Nordeuropas. In Lauenburg selbst ist besonders die malerische Unterstadt mit ihren Fachwerkhäusern ein Besuch wert. Vom Schlossturm oben am steilen Elbhang hat man einen wunderbaren Blick über die Elbe.
**Info: DeOpenDoor, Elbstraße 91
21481 Lauenburg**
☎ 04153-520267 📠 04153-520269
🖥 www.lauenburg-elbe.de

TOUR (C)

NATURKUNDLICHE WANDERUNGEN IM KATINGER WATT

An der Eider-Mündung treffen Süß- und Salzwasser zusammen. Die unterschiedlichsten Biotope bieten ein Refugium für zahlreiche Tier- und Pflanzenarten. Hier brüten Vogelarten wie der Säbelschnäbler und der Austernfischer; Gänse und Enten überwintern im Watt. Das Naturzentrum Katinger Watt bietet eine Vielzahl rund zweistündiger Exkursionen von der Wattwanderung über einen Abendspaziergang zur Vogelbeobachtung bis zur Fledermausführung. Bis Ende Oktober finden fast jeden Tag geführte naturkundliche Wanderungen statt, die 5 bis 21 Mark

Wanderer im Wattenmeer

kosten. Besonders interessant sind die vogelkundlichen Wanderungen zu den Beobachtungshütten und dem Beobachtungsturm im Katinger Watt. Die Fachleute des **Naturschutzbundes Deutschland (NABU)** *kennen alle Tierarten, deren Verhalten und Lebensweise sowie das Watt und die Geheimnisse des Meeresbodens. Sogar im Winter laden sie zu einer „frostigen Watterkundung" ein. Für Kinder haben die Mitarbeiter des Naturzentrums ein spezielles Programm zusammengestellt. Unter anderem können sie einmal in der Woche das Lebens des Knutts und anderer Vögel kennen lernen und mit Muscheln, Federn und Sand basteln.*

**Lina Hähnle Haus, Katingsiel 14
25832 Tönning**
☎ 04862-8004 📠 04862-17393
🖥 www.nabu-sh.de

BADEN-WÜRTTEMBERG

**Frisch, fromm, findig, frei:
Ein Land der Superlative im Spagat zwischen Tradition und Moderne**

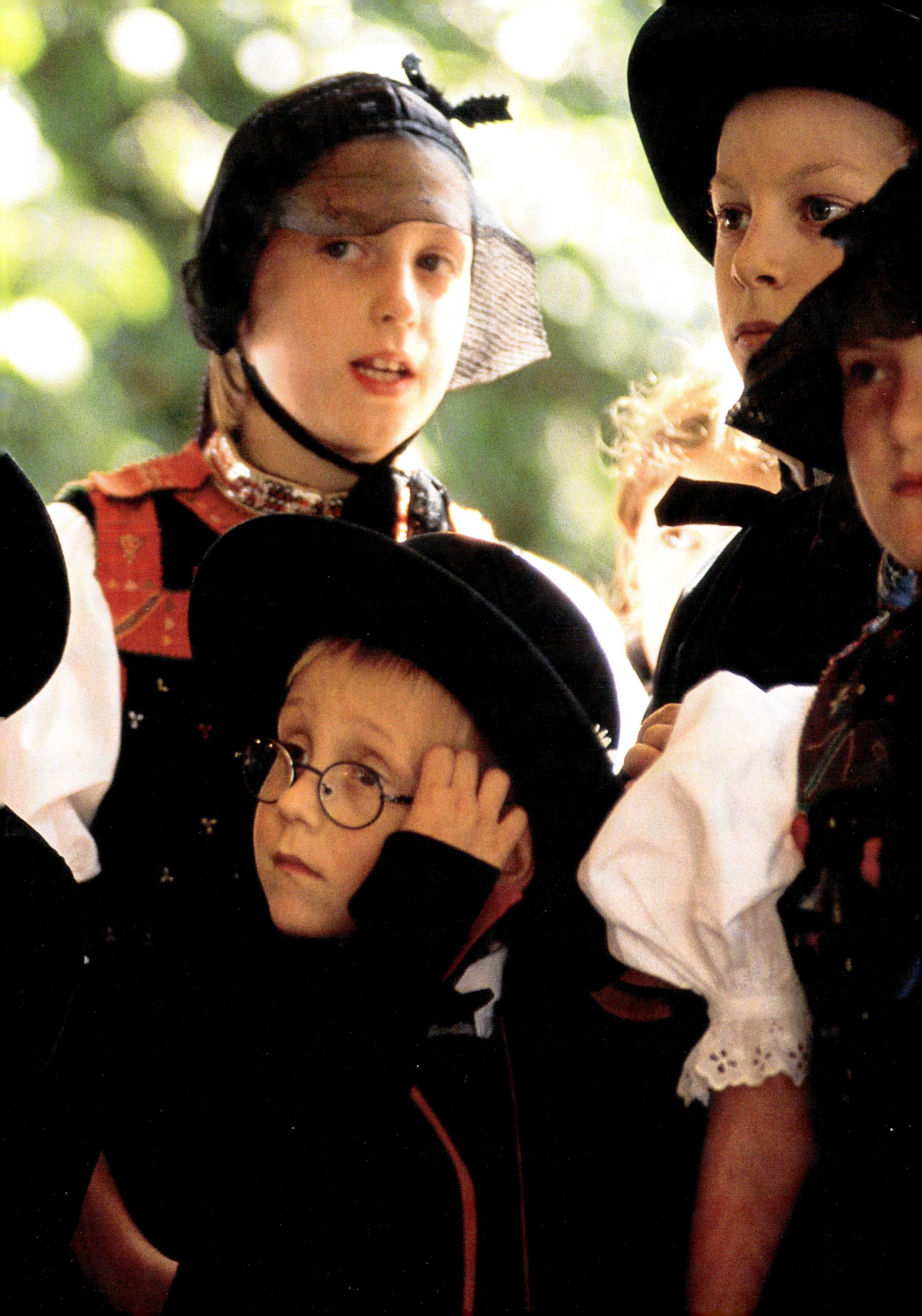

HADERERS DEUTSCHLAND-BILD

BADEN-WÜRTTEMBERG: ENDABNAHME, SAMSTAG HALB VIER

ANGETIPPT

Wir märchenhaft tapferen Schwaben tragen eine schwere Last, weil wir als Kriegsfolge die Badener am Hals haben, obwohl die sich jeden anderen Hals eher gewünscht hätten damals, wenn überhaupt einen. **WIR UND DIE BADENER**, das passt einfach nicht, weil sie uns so schnöselig-arrogant als kleinkariert-verbohrt hinstellen. Und das im selben Boot. Die leben nicht wie wir zum Arbeiten, sondern andersrum und wollen dafür auch noch beneidet werden. Die Badener kriegen eine unverschämte Wut, wenn jemand sie für unsereins hält, dabei können sie nicht mal den Dialekt. Als Test, ob wer passt, haben wir die **KEHRWOCHE**. Die regelt, wer wann mit Gehsteig und Treppenhaus dran ist, und das geht Gott sei Dank dogmatisch. Weiters haben wir den Päp, der hochdeutsch Geiz heißen soll, ist aber in Wahrheit Bedacht, wie alles bei uns. Es ist halt vernünftige Tradition, dass unsere Kinder vom ersten Taschengeld einen Bausparvertrag anzahlen und dass wir bei einer Hochzeit das Geldgeschenk erst nach dem Essen bemessen. Während der Badener ein halber Franzos ist, etwas verlottert und gefährlich leichtlebig, was man gut an ihrem Boxer **RENÉ WELLER** sieht – immer mit dem Maul vorweg und am Ende im Knast. Zum Glück ist trotz der Badener ordentlich Wohlstand im Ländle, weil wir gewiefte Industrietüftler sind, vom Daimler bis zur ersten Bohrmaschine, dem Patentdübel und der Turbo-Zahnpasta vom Dieter Baumann. Und dann werden wir für unseren Fleiß bestraft und müssen jeder vom Baby bis zum **JÜRGEN SCHREMPP** im Jahr 328 Mark in den Finanzausgleich zahlen. Das kann einen um den Humor bringen. Unsere Lebenslust bündeln wir fürs Cannstatter Volksfest einmal im Jahr. Überhaupt, wer bringt denn alle Welt zum Lachen und Singen? Der Gotthilf Fischer und der Trollinger, der einzige erträgliche Rote. Den wollen uns die Badener auch noch madig machen. Kopfweh weckt er angeblich und Lust auf Prügelei, und sie trinken lieber Wein, sagen sie. Was nimmt man also mit heim von uns? Vielleicht mal eine **KUCKUCKSUHR** aus schnörkellosem Acryl. Oder eine Wildsalami mit Kirschwasser aus der Hand des Zwei-Sterne-Kochs Claus-Peter Lumpp vom Bareiss in Baiersbronn. Ist allerdings eher was Badisches.

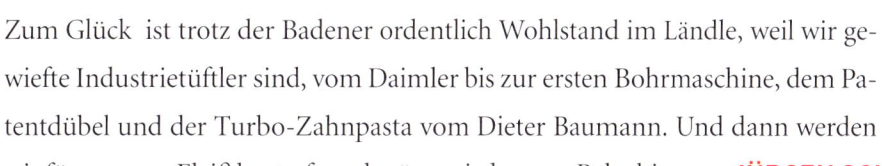

BADEN-WÜRTTEMBERG IN ZAHLEN

Fläche: 35 752 Quadratkilometer
Einwohner: 10 476 000
Einwohnerdichte: 293 Einwohner pro Quadratkilometer
Sonnenstunden: Freiburg: 1740 im Jahr

Baden-Württemberg hat die meisten Patentanmeldungen aller Bundesländer: 112 pro 100 000 Einwohner (Durchschnitt 62) und die wenigsten Straftaten Deutschlands: 5445 pro 100 000 Einwohner (Durchschnitt: 7682)

FOTO-REPORTAGE

Wo die Wälder rauschen und die Wirtschaft brummt

Heimat von Hohenzollern, Freiheitshelden und Konzernlenkern – so unterschiedlich die Menschen im Ländle auch sind, so eint sie doch ein erdverwachsenes Selbstbewusstsein. Denn nur wer feste Wurzeln hat, kann die Zukunft meistern. Impressionen von Franz Killmeyer

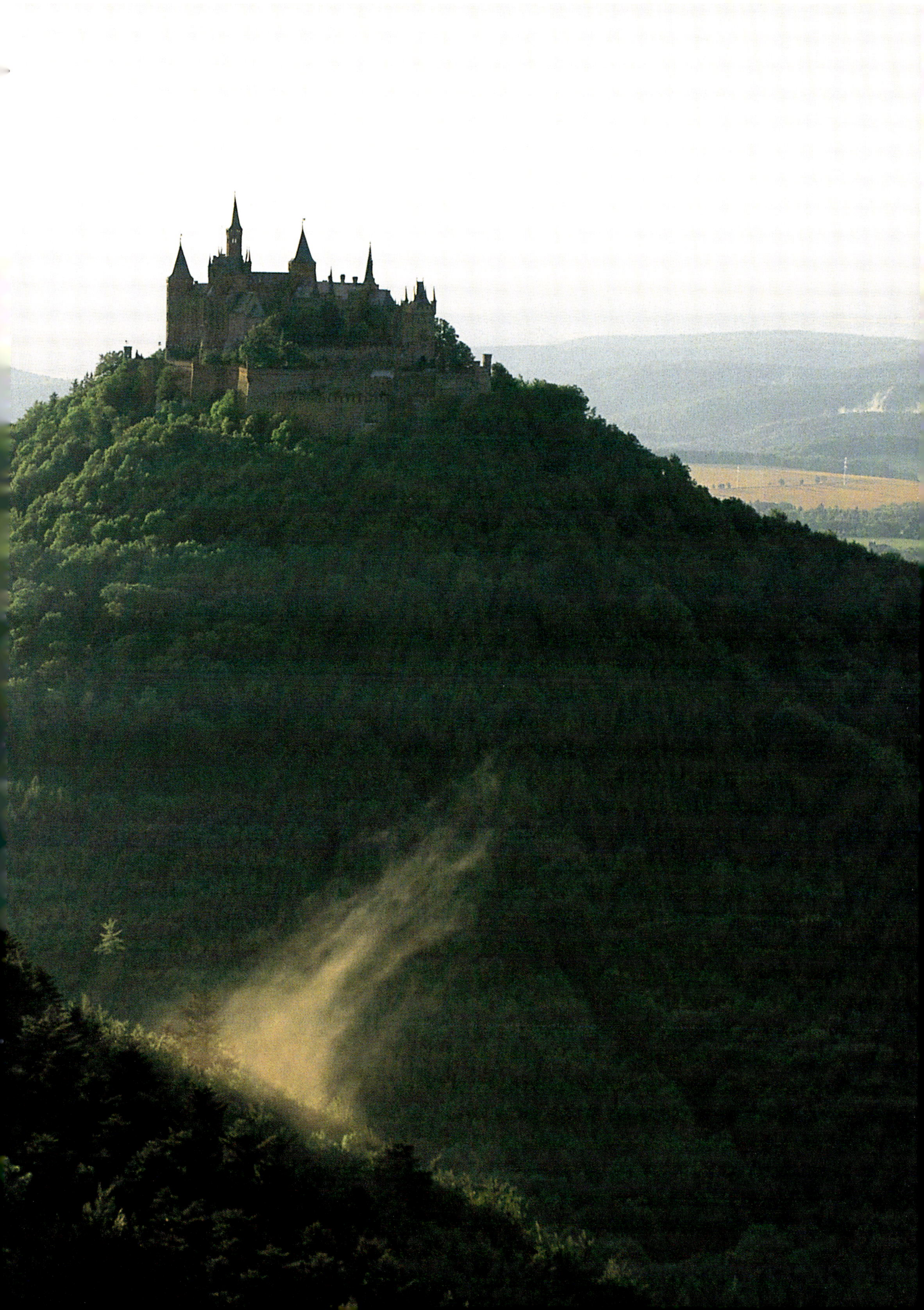

DIE GUTE STUBE DER STUDENTEN

Korps-Studenten im Heidelberger Zum Sepp'l, der ältesten Studentenkneipe der Republik. Als Reichsgründer Bismarck hier 1885 Geburtstag feierte, war das Lokal schon 251 Jahre alt. Die Schilder und Bilder sind Trophäen von Streifzügen der Kommilitonen

...Hand das Glas kredenzt...
...Durst schier unbegrenzt...

E 60

Soziale Frauenschule

Köramt Baden
Öffentliche Ziegenbockhaltung
Hin. Garten 4. km
durch den Wüstenwald

Das rasche Trinken des
Getränkes ist als der Gesundheit
verboten. Es darf nur schluck-
Zwischenräumen getrunken wer
Falle der Genuss des kalten Ge
lich ist und auch der Durst vie
wird, als wenn grosse Menge
genossen werd

Gaben zur Anschaffung einer neuen Orgel.

Homöop
Bioche
vo
Dr. Ma
hier e

Feinkost
Franz Möse

Sparge
zu jeder Tages

NS-Rechtsbetreuungsstelle Heidelberg

Vorsicht
Dacharbeit

AUF ALLE FÄLLE SCHWARZWALD

Bei Triberg stürzt die Gutach über sieben Katarakte 163 Meter in die Tiefe. Kein Bach oder Fluss in Deutschland überwindet eine größere Distanz auf dem schnellen Weg nach unten. Das einmalige Naturschauspiel zieht alljährlich Touristen aus der ganzen Welt an

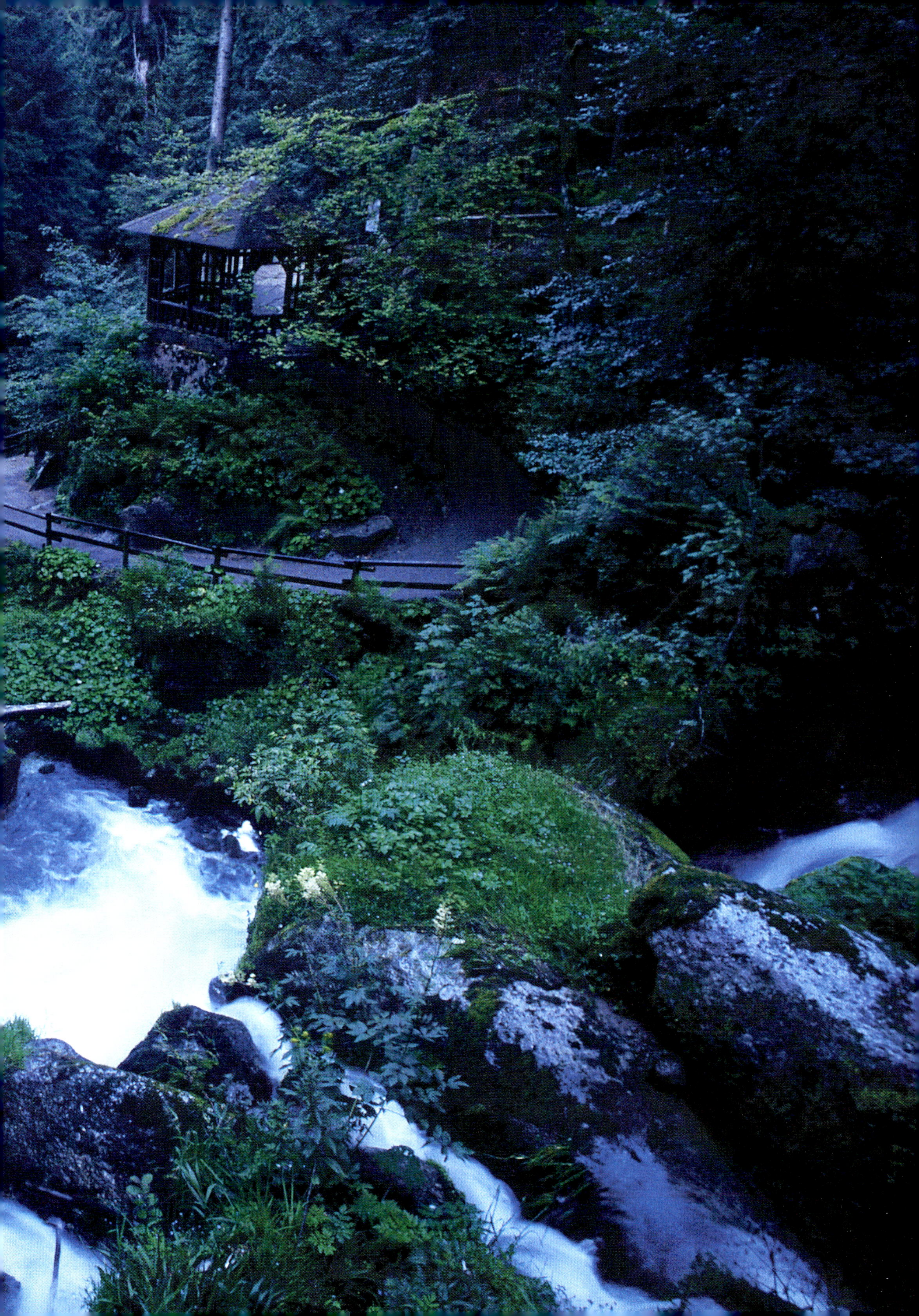

SPARMODELL IM BAUMHAUS-STIL

Der Freiburger Architekt Rolf Disch hatte eine Erleuchtung: Er konstruierte ein hölzernes Niederenergiehaus, das sich um die eigene Achse dreht. Die Kollektoren auf dem Dach folgen dem Lauf der Sonne und erzeugen fünfmal mehr Strom, als die Bewohner selbst verbrauchen

FOTO: ULI REINHARDT/ZEITENSPIEGEL

TRACHT UND MIEDER-TRACHT

Schwarzwaldmädel vor üppiger Kulisse: Der traditionelle Bollenhut, mit roten Wollrosen für ledige, schwarzen für verheiratete Frauen, wird nur in drei Gemeinden getragen

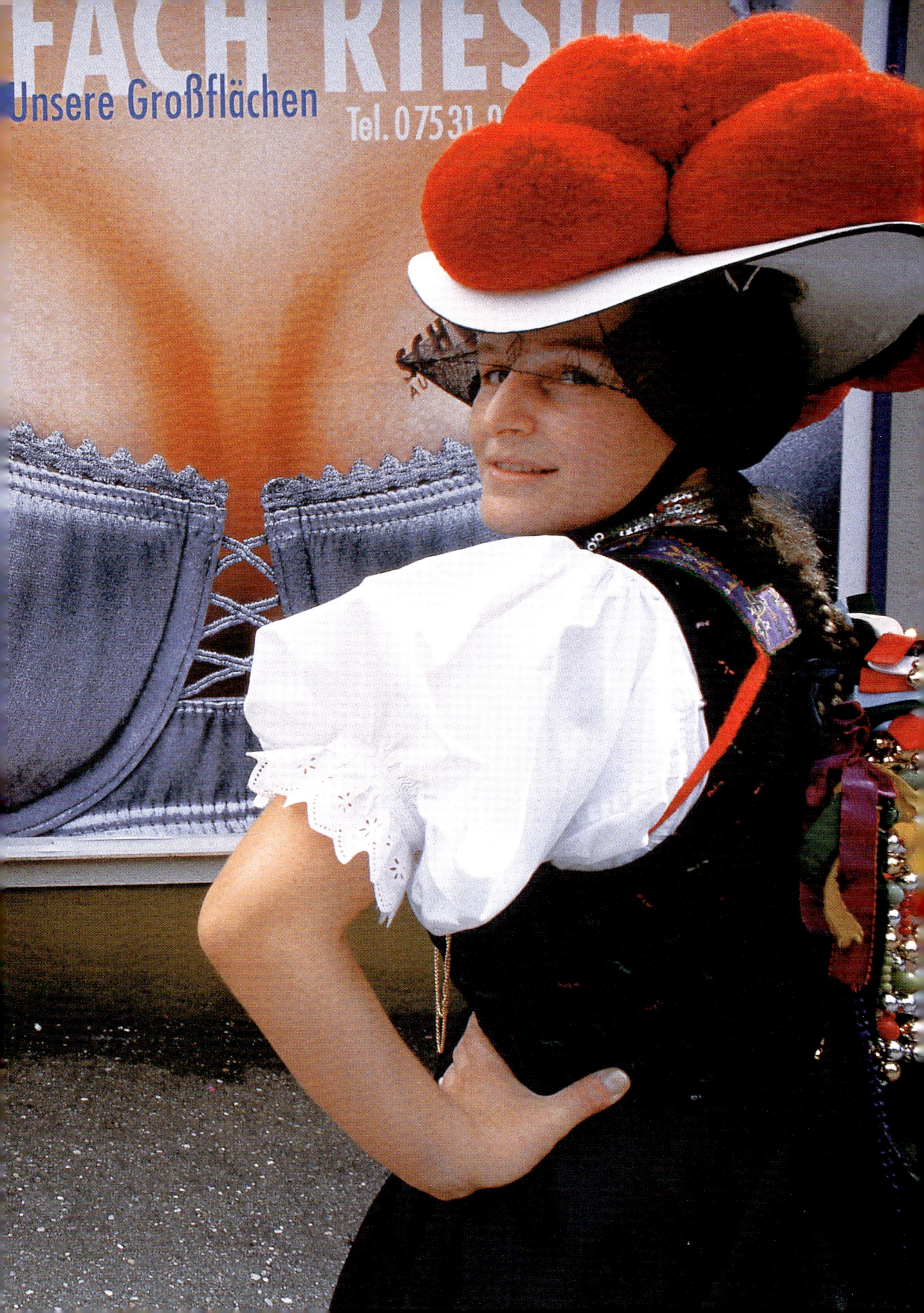
FACH RIESIG
Unsere Großflächen
Tel. 07531

HIGH TECH VON GESTERN

Am 2. Juli 1900 stieg die LZ 1, das erste starre Luftschiff der Welt, in Friedrichshafen auf. 100 Jahre später werden wieder Zeppeline gebaut. Denn Wissenschaft und Wirtschaft haben neue Vorzüge der umweltfreundlichen Giganten entdeckt: Sie dienen der Klimaforschung oder als Schwertransporter

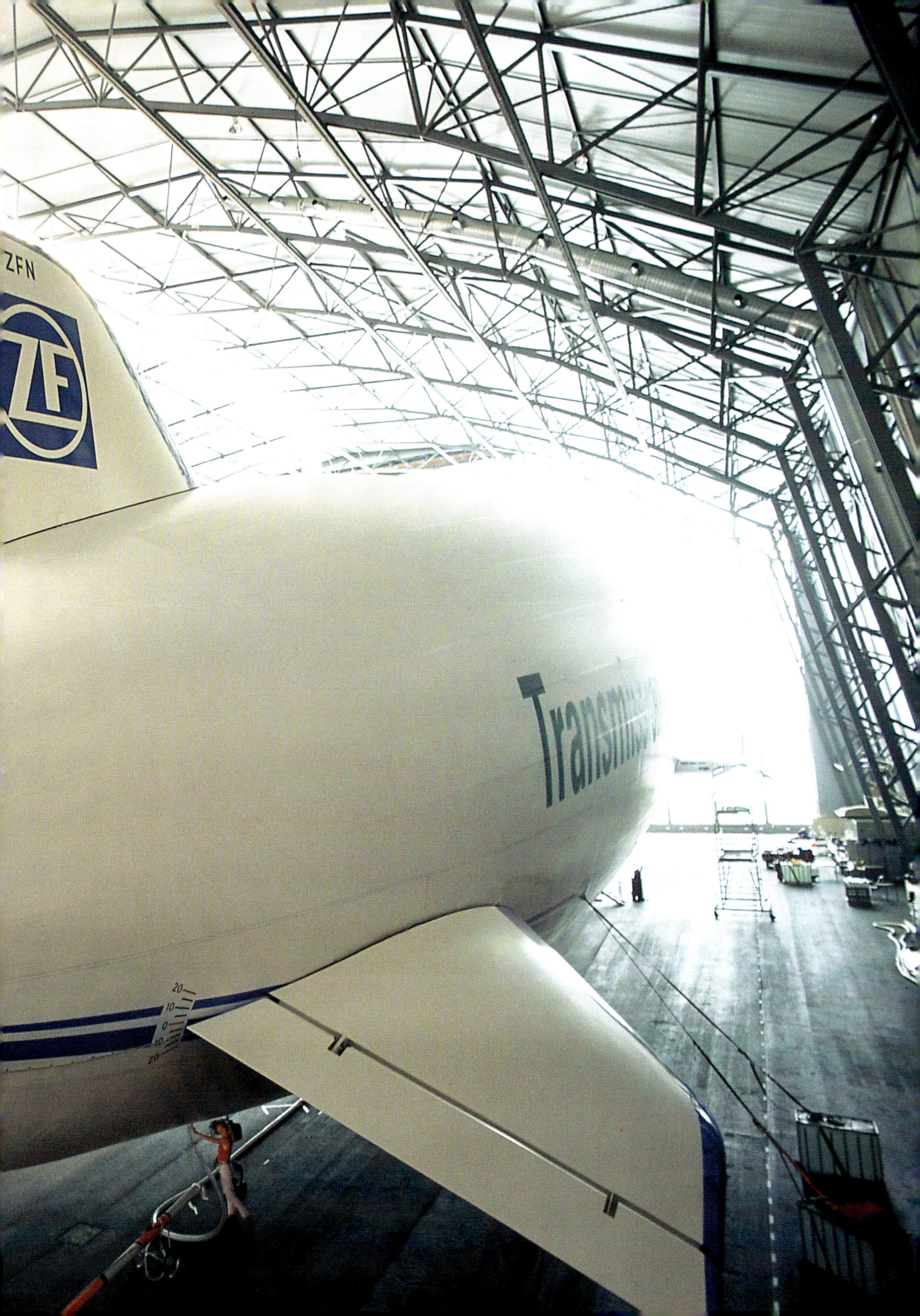
ZFN
ZF

RENAISSANCE EINER RUINE

1826 veröffentlichte Wilhelm Hauff seine romantische Sage „Lichtenstein". Der Roman hatte ein derart positives Echo, dass die gleichnamige, weitgehend zerstörte Burg bei Pfullingen 15 Jahre später wieder aufgebaut wurde

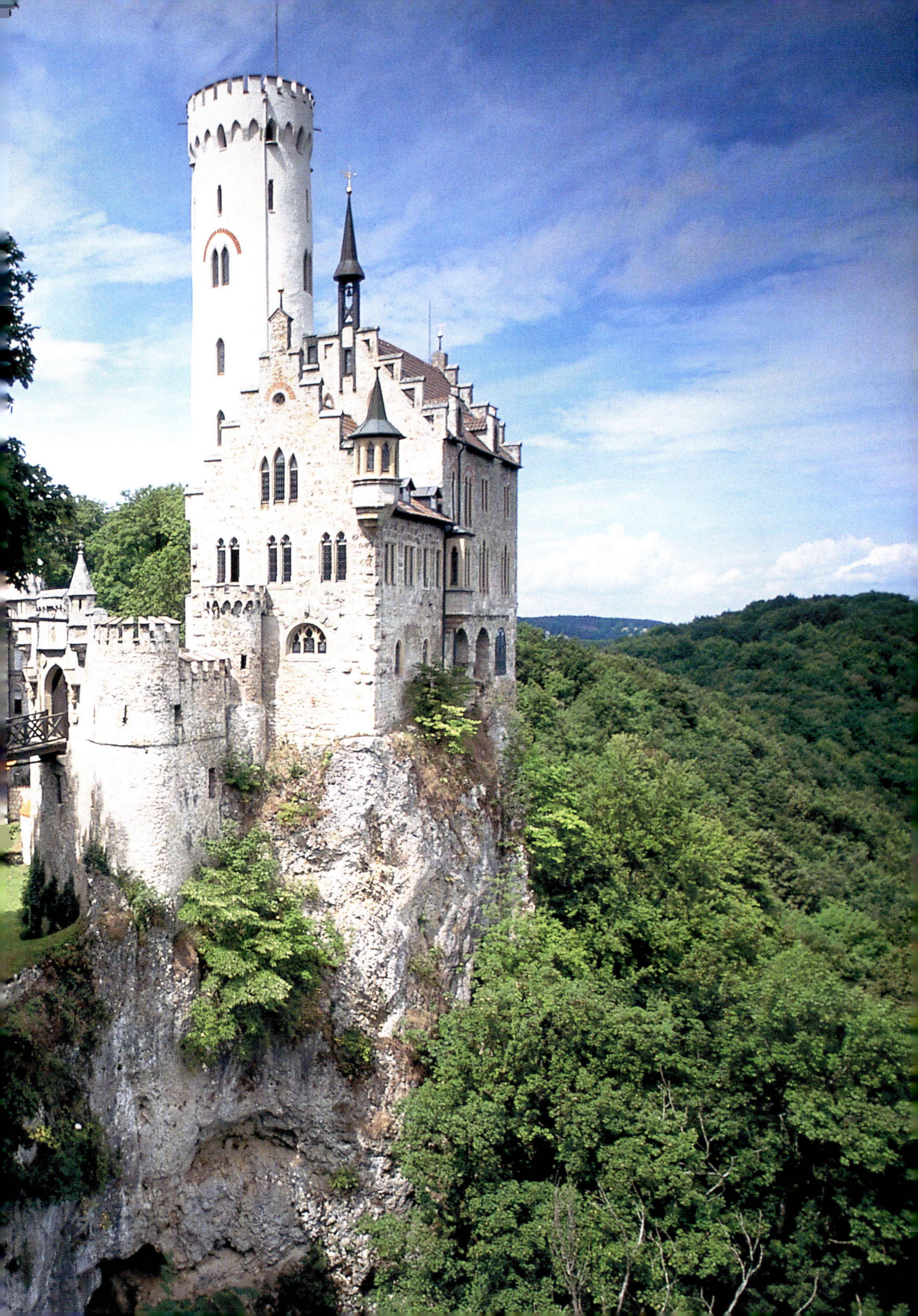

ESSAY

Von Badischen und Unsymbadischen

Schwaben und Badener mögen sich nicht. Und profitieren davon. Paradebeispiel einer Fusion von Maßarbeit und Kreativität: Daimler und Benz – oder umgekehrt

Herr Diepgen gab den Connaisseur: Wie man wisse, sei der Schwaben Wahlspruch „Wir verkaufen nix". Da fiel mehreren hundert Schwaben, unlängst zur Einweihung der baden-württembergischen Landesvertretung in Berlin versammelt, schier 's Gläsle Trollinger aus der Hand. Jetzt wussten sie, weshalb der Regierende gerne als der „blasse Eberhard" tituliert wird – keine Ahnung, aber davon jede Menge. Auf gut Schwäbisch: Koi Ahnung net!

Als ob einer aus Deutsch-Südwest jemals „Wir" sagen würde. „Mir" heißt das! „Ein Bier wie mir", wirbt eine Stuttgarter Brauerei. Lothar Späth galt immer „als Kerle wie mir". „Mir ganget jetzt", heißt es grammatikalisch korrekt. Und was der Diepgen gemeint hat, war der Schreckensruf, mit dem ein Schwabe die Tür vor jedem Hausierer zuschlägt: „Mir gebet nix!"

Verkaufen tun die Baden-Württemberger alles, kaufen lassen sie sich nicht. Darin unterscheiden sie sich von Diepgen, der sich und die CDU unlängst für ein neues Stadion an den Kanzler verhökerte. Wo sonst sollen denn 175 Exportmilliarden im Jahr (pro Kopf mehr als jedes andere Land) herkommen, und woher die 3,4 Milliarden, mit denen die Baden-Württemberger im Finanzausgleich Schnellschwätzer wie den Herrn Diepgen durchfüttern. Jeder der gut zehn Millionen Ländle-Bewohner liefert damit 328 Mark im Jahr ab, weil die Diepgens der Republik vom Schaffen wie vom Sparen nichts verstehen.

UND WEIL WIR SCHON DABEI SIND, Vorurteilen über Baden-Württemberger zu wehren: Die ernähren sich keineswegs spartanisch von Spätzle mit Soß. Baden-Württemberg ist mit 61 Michelin-Sternen für 55 Lokale das gelobte Land aller Feinschmecker. Und kulinarische Kunst ist mit politischem Können eng verknüpft. Wenn es knirscht in der rot-grünen Koalition, dann regelt der Schwabe Rezzo Schlauch den Konflikt mit Kanzler Gerhard Schröder im „Hirschen" zu Blaufelden bei hohenlohischen Täubchen mit Steinpilzen, begossen mit einer Flasche Verrenberger Verrenberg, einer trockenen Riesling-Spätlese.

Ansonsten sind Fremde willkommen im Land zwischen Bodensee und Kraichgau, zwischen Schwarzwald und Schwäbischer Alb, sie bringen schließlich Geld. Nachhaltig sind sie jedoch davor zu warnen, sich durch Imitation des Idioms der Einheimischen einschmeicheln zu wollen. Die Schwaben wissen genau, dass sie die einzigen Gewinner der deutschen Einheit sind. Denn dank der Sachsen sind sie vom letzten Platz auf den vorletzten in der Dialekt-Beliebtheitsskala vorgerückt.

Wer glaubt, durch eingestreute Sch-Laute oder ein angehängtes -le Dialektkenntnisse beweisen zu müssen, blamiert sich allemal. Wer da forsch vom „Häusle" redet, ist schon als Rei'gschmeckter enttarnt, denn so reden nur Stuttgarter, die sich um Hochschwäbisch bemühen, was sie dann für Hochdeutsch halten. Ein gestandener Schwob sagt „a klois Haus". Und brüllt der Schwabe „alte Sau", so muss man heraushören, ob er „Alte, sau!" ruft, was die harsche Aufforderung an die Gemahlin bedeutet, sich zu beeilen, oder ob er „alte Sau" artikuliert, was dann tatsächlich den Tatbestand der Beleidigung erfüllte. Liest der Schwabe Speisekarten, auf denen ihm Maultäschle, Roschtbrätle und Süpple angeboten werden, kommt Letzteres ihm hoch, ehe er es genossen. Es geht nicht mit gerechten Dingen zu, dass alle Baden-Württemberger über die Sprache als Schwaben („Wir können alles – außer Hochdeutsch") definiert werden. Im Ländle leben schließlich auch Badener, Kurpfälzer und Franken, die kein schwäbisches Wort in den Mund nehmen und der Schriftsprache mindestens so mächtig sind wie die Schleswig-Holsteiner.

Und ratsam erscheint ferner, die fröhlich katholischen Oberschwaben keinesfalls mit den arg evangelischen, württembergischen Schwaben in einen Spätzlestopf zu stecken. Schwäbisch oder Alemannisch lernt man durch Geburt oder überhaupt nicht, Goethe ausgenommen, denn der konnte sogar alemannisch dichten, wobei ihm zu Hilfe kam, dass er die Mundart an den Lippen der Sesenheimer Pfarrerstochter Friederike üben durfte.

Wenigstens um einige Basiskenntnisse, die über die Tatsache hinausreichen, dass in diesem Bundesland Badener und Württemberger zusammenleben, sollten sich Besucher jedoch bemühen. Dann könnten sie – einerseits – verstehen, dass der Autoaufkleber „s´gibt Badische und Unsymbadische" nicht Ausdruck mangelhafter orthografischer Kenntnisse der Badener ist, sondern ein Signal der Distanzierung von den Schwaben. Andererseits: Wenn in der „Badischen Zeitung" von Schwaben Kontaktanzeigen geschaltet werden, in denen ein „Klassepaar" ein „feuriges und unkonventionelles Pendant mit Geist, Witz und erotischer Ausstrahlung" sucht, aber „ keine Badener", dann ist das schon ein starkes Stück schwäbischer Hybris.

Wer dennoch verstehen möchte, weshalb Badener und Schwaben trotz Zwangsfusion miteinander können, kommt um einen Besuch im Kloster Maulbronn nicht herum. Deutschlands am besten erhaltene mittelalterliche Klosteranlage, mit dem Prädikat „Weltkulturerbe" geschmückt, liegt zwischen Pforzheim und Karlsruhe. Württembergisch an den Mönchen war, dass ihnen der Genuss von Fleisch und Wein verboten war, was sie freilich nicht daran hinderte, auf wirtschaftlichem

HANS PETER SCHÜTZ
schreibt seit 1970 über Größe und Größe deutscher Politik. Erst aus Bonn, heute aus Berlin. Im Herzen ist der stern-Autor Badener geblieben

Gebiet fabelhaft tüchtig zu sein. Badischer Einfluss im Kloster zeigte sich darin, dass über einer Säule im Speisesaal ein Weinfass versteckt war, aus dem ein feines Rinnsal den Stein hinabsickerte. Die Mönche durften den Finger in das Rinnsal tauchen und ablecken.

Es stimmt zwar, dass sich das Land Baden und seine Bürger zunächst schwer damit taten, dass sie 1952 mit den Ländern Württemberg-Baden und Württemberg-Hohenzollern zwangsfusioniert wurden. Ihr damaliger Staatspräsident Leo Wohleb pries damals die Donau als Vorbild aller Badener, weil sie demonstrativ in den Untergrund versickere, ehe sie bei Immendingen württembergisches Gebiet erreiche und sich unterirdisch in den badischen Hegau durchschlage. Aber was soll's. Das Schlimmste haben die Badener verhindert – den Name „Schwaben" für das neue Bundesland, und außerdem stehen sie jetzt vor dem Bindestrich. Zu bedenken gilt es beim Blick auf die untergründig noch immer vorhandene Abneigung der Badener gegen die württembergischen „Schaffensimperialisten" ferner, dass die Badener 1848/49 im Zorn über die Restauration die einzige erfolgreiche Revolution auf deutschen Boden zustande brachten, die nur mit Hilfe ausländischer Truppen aus Württemberg und Preußen niedergeschlagen werden konnte. Der Gedanke an Friedrich Heckers von den Nachbarn verratene Freischärler hat dann mehr als ein Jahrhundert später die kreuzbraven Weinbauern befeuert, die in Wyhl gegen die Kernkraft kämpften – es ging schließlich gegen die württembergische Bereitschaftspolizei. Eher unfein haben die Schwaben auch den Ehrentitel „Musterländle" okkupiert, denn der galt einst der mustergültigen Verwaltung des Großherzogtums Baden.

SO LEICHT WIRD MAN SICH NICHT EINS, wenn die einen sich früh aus kirchlicher und obrigkeitlicher Gängelung befreit haben, die anderen sich aber dem freudlosen Pietismus auslieferten, der sie in der Großstadt Stuttgart bis 1988 an der Kehrwoche festhalten ließ. Für den Badener ist der Schwabe im Übrigen nicht von Haus aus sparsam, reinlich und gründlich. Dazu habe sie der Pietismus gemacht, der Fleiß und Frommsein rigoros mittels des so genannten Kirchenkonvents eintrieb, bei dem weltliche und geistliche Obrigkeit durch ein übles Spitzelsystem die Schwaben schurigelten. Völlerei und Unzucht waren dort anders als in Baden ebenso verboten wie Kartenspielen oder Wahrsagen. Und wer sich „überweinte", das heißt, sich sternhagelvoll laufen ließ, der wurde eingelocht wie ein Verbrecher.

Hier Lebensfreude und Kreativität, dort Maßarbeit, Sparsinn und Gewissenhaftigkeit – so ist aus einer Mussehe eine beachtlich gut funktionierende Kooperation geworden. Der geniale Badener Konstrukteur Karl Benz hat das Auto erfunden, der Schwabe Gottlieb Daimler steuerte den wirtschaftlichen Erfolg bei. Dieser badisch-württembergischen Zusammenarbeit danken wir unser heilix Blechle. Dass die Firma jetzt nur noch unter Daimler-Chrysler firmiert ist allerdings ein schmerzlicher Tort, zumal es Benzens Ehefrau Bertha war, die den automobilistischen Durchbruch schaffte: Sie fuhr das vom Gatten entwickelte Vehikel sensationelle 115 Kilometer weit von Mannheim nach Pforzheim, allfällige Pannen mit Hutnadel und Strumpfband behebend.

Ein Land ist so entstanden, das außer Bollenhut und Brezel auch Bits und Bytes und Biotechnik bietet. Der erzwungene Zusammenschluss vor rund 50 Jahren hat sich wirtschaftlich und finanziell ausgezahlt. Und auch kulturell, denn natürlich stimmt das saudumme Klischee längst nicht mehr, wonach in Stuttgart die Bürgersteige um 22 Uhr hochgeklappt werden. Mittlerweile haben sich die Schwaben sogar getraut, Henry Moores „Liegende" vor die Stuttgarter Staatsgalerie zu stellen, nachdem sie die Skulptur jahrelang im Gebüsch hinterm Kunstverein versteckt hatten. Da zeigten die Badener ein selbstbewussteres Kunstverständnis, als sie sich allen schwäbischen Protesten zum Trotz beharrlich weigerten, die mit eindeutigen Kurven ausgestattete Imperia, die Chefkurtisane des Konstanzer Konzils, von ihrem Denkmalsockel im Konstanzer Hafen zu holen.

Es steckt mehr in diesem Land als ein stattlicher Beitrag zum deutschen Bruttosozialprodukt. Seine Wirklichkeiten sind ein bisschen komplizierter und vielseitiger. Wer die Seele des Landes erspüren will, sollte sich auf die schwäbische Barockstraße begeben, wo laut Thaddäus Troll die Steine musizieren und die Heiligen tanzen. Oder den Blick über die Täler des südlichen Schwarzwalds suchen, wenn die Nebel der Sonne entgegensteigen. Und wenn das immer noch nicht beeindruckt, muss daran erinnert werden, dass es in diesem Land einmal einen Regierungspräsidenten gab, der eine Spätzlespresse erfunden hat, die die Teigstücke so unregelmäßig quetscht, dass jedes einzelne Spätzle wie echt handgemacht aussieht. In dieser Erfindung steckt der ganze Geist dieses Landes.

Es wäre, so gesehen eine Menge, was der Herr Diepgen von Schwaben und Badenern lernen könnte, im Kleinen wie im Großen. Wie man spart: Indem man eine Festivität wie die Einweihung der Landesvertretung so zwischen späten Vormittag und frühen Nachmittag legt, dass man die Abendmaschine nach Stuttgart noch erreichen kann und so den sündteuren Berliner Übernachtungskosten entkommt. Wie man fusioniert: Berliner und Brandenburger scheiterten bekanntlich kläglich, als es um die Zusammenlegung ihrer Ländereien ging. Jetzt balgen sie sich um die Krümelchen vom Tisch des Kanzlers, weil sie getrennt zum Leben zu wenig und zum Sterben zu viel haben. Ein Glück für Eberhard, den Blassen, dass er nicht im baden-württembergischen Landtag sitzt. Dort werden Politiker wie er schwäbisch formatiert: „Sie sind einer von denen, die in den Neckar brunzen und meinen, es müsse Hochwasser geben."

HANS-PETER SCHÜTZ

Schwarzwald-Idyll: Wo die Nebel der Sonne entgegensteigen

80 AUSGEWÄHLTE ADRESSEN UND DREI EXTRA-TOUREN

Legende:
- 🟥 SCHLAFEN
- 🟩 ESSEN
- 🟨 LEBEN
- 🟦 SEHEN
- 🟫 TOUREN

Nachbarländer/Regionen: HESSEN, RHEINLAND-PFALZ, FRANKREICH, SCHWEIZ, ÖSTERREICH

Landschaften/Gewässer: Odenwald, Rhein, Neckar, Schwarzwald, Schwäbische Alb, Donau, Donautal, Breisgau, Schluchsee, Bodensee, Allgäu, Tauberießen

Orte (Auswahl mit Nummern):

- 1 Mannheim
- 1 Bad Mergentheim
- Heidelberg — 2 1 / 1 2
- 2 Neckarzimmern
- 2 Neckarmühlbach
- 3 Bad Wimpfen
- 3 Künzelsau
- 3 Zweiflingen-Friedrichruhe
- 4 Heilbronn
- Schwäbisch Hall — 4 3
- 4 Rosenberg
- Karlsruhe — 5 5
- 4 Pfinztal-Söllingen
- 6 Maulbronn
- Pforzheim
- 7 Ludwigsburg
- 5 Ebnisee
- 6 Neuenbürg
- Stuttgart — 6 7 8 9 / 8 9 10 / 7 8 / 5 6
- Schwäbisch Gmünd 10
- Aalen 11 Limes-Thermen
- Baden-Baden — 7 12
- 9 Bühl
- Göppingen
- Heidenheim
- Sasbachwalden 12
- 8 Baiersbronn
- Offenburg
- Freudenstadt
- 13 Metzingen — Tour C
- Lenningen 14
- Tübingen 13
- Reutlingen — Tour A
- Ulm — 11 16 9 14
- 17 Burladingen-Melchingen
- 15 Gomadingen-Marbach
- 12 Hayingen-Ehestetten
- Lahr
- 15 Tauberießen
- 12 Kenzingen
- 13 Elzach-Oberprechtal
- 10 Trochtelfingen
- Albstadt
- Riedlingen-Zwiefaltendorf 11
- 13 Schönwald
- 14 Unterkirnach
- 16 Klippeneck
- 17 Donautal
- Bad Buchau 18
- Biberach
- Villingen-Schwenningen
- 14 Messkirch-Menningen
- Tuttlingen
- Bad Waldsee
- Freiburg — 15 18
- Ballrechten-Dottingen
- 16 / 15 Münstertal
- Bonndorf-Sommerau 16
- 17 Heiligenberg
- Ravensburg
- Blansingen 18
- Lörrach
- 17 Rielansingen-Worblingen
- 18 Moos
- 19 Insel Mainau
- 19 Meckenbeuren-Liebenau
- Isny 19
- 20 Weil am Rhein
- Konstanz 19
- Tour B
- Friedrichshafen 20 20
- Kressbronn 20

Maßstab: 30 km

Wo ist was in Baden-Württemberg?

SCHLAFEN

1 NASSAUER HOF
Hübsches, komplett renoviertes Altstadthotel am Anfang der Fußgängerzone. Nichts für Leute, die es lieben, laut zu sein.
Plöck 1, 69117 Heidelberg
☏ 06221-90570-0 📠 06221-90570-44
24 Zimmer, DZ ab 198 Mark

2 BURG HORNBERG
Die Ritterburg des Götz von Berlichingen (der mit dem Zitat) ist rustikal-ritterlich ausstaffiert. Für große Gruppen wird im Restaurant (mit Blick ins Neckartal) ein „ritterliches Gelage" aufgefahren. Wer nicht aufs Geld schauen muss, kann sich sogar ein Programm mit Bänkelgesang, Armbrustschießen und Ritterkampf bestellen. Kein Wunder: Der Besitzer ist ein echter Freiherr.
74865 Neckarzimmern
☏ 06261-9246-0 📠 06261-9246-44
🌐 www.burg-hotel-hornberg.de
22 Zimmer, 2 App., DZ ab 195 Mark

3 WALD- & SCHLOSSHOTEL FRIEDRICHSRUHE
Eine Topadresse in ganz Deutschland: Das von Direktor und Meisterkoch Lothar Eiermann geführte Fünf-Sterne-Hotel (mit Haupthaus, Jagdschloss, Tor und Gartenhaus) liegt inmitten eines Parks, verfügt über Schönheitsfarm, Tennisplatz, Sauna und Hallenbad und liegt in unmittelbarer Nachbarschaft eines 18-Loch-Golfplatzes. Kein Gourmet, der das Restaurant (ein Michelin-Stern) nicht kennt.
74639 Zweiflingen-Friedrichsruhe
☏ 07941-6087-0 📠 07941-61468
🌐 www.friedrichsruhe.de
27 Zimmer, 8 App. und 4 Suiten DZ ab 295 Mark

4 VILLA HAMMERSCHMIEDE
Hier übernachtet keiner, nur weil er „in der Gegend" ist. Die Gründerzeitvilla beherbergt ein Fünf-Sterne-Hotel und ein Restaurant der Sonderklasse. Starkoch Markus Nagy bewirtete schon die Queen, Maggie Thatcher, Michail Gorbatschow und Helmut Kohl (natürlich gab's Saumagen).
Hauptstraße 162,
76327 Pfinztal-Söllingen
☏ 07240-6010 📠 07240-60160
26 Zimmer, 5 Suiten, DZ ab 288 Mark

Villa Hammerschmiede, Pfinztal-Söllingen

5 SCHASSBERGERS KUR- UND SPORTHOTEL
Zur Topadresse am Ebnisee im Schwäbischen Wald gehören Golfplatz, Kraftraum und Tennishalle mit Squashplätzen, zum Kurprogramm die Fußreflexonentherapie, Body Contour Wrapping, Kneipp-Bäder, Sauna und die Fango-Packung. Inhaber ist der Präsident von Eurotoques Deutschland, einem weltweiten Verband von Spitzenköchen, die vor allem frische Zutaten aus der Region verwenden.
73667 Ebnisee
☏ 07184-292-0 📠 07184-292-204
🌐 www.schassbergers.de
47 Zimmer, DZ ab 210 Mark

6 ZUR ALTEN MÜHLE
Die ehemalige Papiermühle im Nordschwarzwald ist heute denkmalgeschützt. Ein Wasserrad versorgt den Forellenteich am Haus mit Frischwasser. Beliebt bei Fischfans: aus dem Teich seine eigene Forelle fischen (Angel und Käscher kann man sich ausleihen) und in der Küche zubereiten lassen.
Im Gänzbrunnen, 75305 Neuenbürg
☏ 07082-92400 📠 07082-924099
🌐 www.zordel.de
26 Zimmer, DZ ab 148 Mark

7 THEATERPENSION HEDDA KAGE
Wer den liebevoll renovierten Jugendstil mag, ist hier gut aufgehoben. Die Zimmer sind spartanisch, aber geschmackvoll eingerichtet. Schauspieler und Musiker vom nahen Staatstheater und der Musikhochschule sind Stammgäste, manchmal gibt's kleine Konzerte, Lesungen, Theaterdarbietungen. Bei nur acht Zimmern empfiehlt es sich zu reservieren.
Pfizerstraße 12, 70184 Stuttgart
☏ 0711-240722 📠 0711-2360097
8 Zimmer, DZ ab 110 Mark

8 HOTEL AZENBERG
Im Hotelprospekt ist die Besitzerfamilie samt Enkelkindern abgebildet – und auf Kinder ist das modern renovierte Hotel eingerichtet. Sandkasten, Bücher, Malstifte, Nutella-Brot und Buchstabensuppe, alles da. Mama und Papa können in der Küche Babynahrung zubereiten und bekommen auf Wunsch Babyfon und Babysitter.
Seestraße 114-116, 70174 Stuttgart
☏ 0711-225504-0 📠 0711-225504-99
🌐 www.hotelazenberg.de
58 Zimmer, 1 Suite, DZ ab 200 Mark

9 BÜHLERHÖHE
Eine der besten Adressen bundesweit. Wohnen wie bei Königs, mit Bodyguard oder Dolmetscher, Wäscherei, Bibliothek und Fahrservice zu den Flughäfen Frankfurt, Stuttgart oder Basel. Das passende Hotel zur nahen Spielbank und den Festspielen in Baden-Baden. In der Max Grundig Suite schläft man für 4200 Mark pro Nacht – ohne Frühstück.
Schwarzwaldhochstraße 1,
77815 Bühl/Baden-Baden
☏ 07226-550 📠 07226-55777
🌐 www.buehlerhoehe.com
74 Zimmer, 16 Suiten, DZ ab 490 Mark

10 SCHLOSSHOTEL OBERSTOTZINGEN
Vier-Sterne-Hotel in einem Renaissance-Wasserschloss von 1608. Die Umgebung (Donauried, Schwäbische Alb) lädt zum Wandern und Entspannen ein.
Stettener Straße 35-37,
89168 Niederstotzingen
☏ 07325-103-0 📠 07325-103-70
🌐 www.vilavitaschlosshotel.de
17 Zimmer, Suite auf Anfrage DZ ab 225 Mark

11 HOTEL SCHIEFES HAUS
Und es steht doch: Mehr als 550 Jahre alt, mit schrägen Außenmauern, schrägen Innenwänden und knarzenden Dielenböden, im Guinness-Buch erwähnt als „schiefstes Hotel der Welt". Jedes der sehr modernen Zimmer hat einen völlig anderen Zuschnitt, am Kopfende der Betten ist eine Wasserwaage angebracht.
Schwörhausgasse 6, 89073 Ulm
☏ 0731-96793-0 📠 0731-96793-33
11 Zimmer, DZ 255 Mark

Wald- & Schlosshotel Friedrichsruhe

HOTELS, RESTAURANTS, INLINE-TOUR

12 GASTHOF UND GÄSTEHAUS ROSE

In der „Rose" ist alles „bio": Korkböden und Vollholzmöbel im Gästehaus, Dinkelmaultaschen und Schweinebraten mit Spätzle im Gasthof. Hinterm Haus Kühe im Freigehege und Schweine im Schlamm, dazu Kräuter- und Gemüsegarten und ein eigenes Backhäusle. Familie Tress – Oma, Vater, Mutter, vier Söhne – ist idealer Gastgeber für Familien auf der Stadtflucht.

Aichelauer Straße 6
72534 Hayingen-Ehestetten
07383-9498-0 07383-9498-22
www.rose-ehestetten.de
14 Zimmer, DZ ab 126 Mark,

13 HOTEL ZUM OCHSEN

Schönes Schwarzwald-Landhotel der gehobenen Kategorie (Hallenbad, Tennisplatz, 9-Loch-Golfplatz) in 1000 Meter Höhe. Hervorragende badische Küche.

Ludwig-Uhland-Straße 18
78141 Schönwald
07722-1045 07722-3018
www.ochsen.com
31 Zimmer, 7 Suiten, DZ ab 188 Mark

Hotel zum Ochsen in Schönwald

14 GASTHOF „ZUM ADLER" LEITISHOFEN

Schöner Landgasthof, der in sechster Generation von der Familie Bücheler geführt wird. Die Zimmer sind hell und schnörkellos, einige mit Blick ins Grüne. Das Restaurant (Di Ruhetag) bietet gute regionale Küche.

Leitishofen 35
88605 Meßkirch-Menningen
07575-3157 07575-4756
15 Zimmer, DZ ab 104 Mark

15 HOTEL SPIELWEG

Ein Schwarzwaldtal wie aus dem Bilderbuch. Ringsum Wiesen und Wälder, mittendrin das Traditionshotel, seit 1861 in Familienbesitz. Mit Hallen- und Freibad und zwei holzgetäfelten Restaurants der rustikal-edlen Art, in denen Süßwasserfisch, Wild aus der eigenen Jagd und Rohmilchkäse aus der eigenen Käserei serviert werden.

79244 Münstertal,
Südlicher Schwarzwald
07636-7090 07636-70966
www.romantikhotels.com
40 Zimmer, 2 Suiten, DZ ab 200 Mark

Gasthof Sommerau in Bonndorf-Sommerau

16 GASTHOF SOMMERAU

1988 brannte der stattliche Schwarzwaldhof ab, das wiedererrichtete Haus erhielt den Deutschen Holzbaupreis. Völlig abgeschiedene Lage im oberen Steinatal, ideal für Familien. Ringsum Wälder und Wiesen mit Pferden (Reitmöglichkeit) und Kühen. Sehr gute regionale Küche, Gemüse kommt aus dem eigenen Garten.

79848 Bonndorf-Sommerau
07703-670 07703-1541
www.sommerau.de
12 Zimmer, DZ ab 130 Mark

17 BERGHOTEL BAADER

Edles Hotel mit adäquatem Restaurant (1 Michelin-Stern, neuzeitliche Küche), wunderschön hoch überm Bodensee gelegen. Wer zu Gast ist, sollte sich Schloss Heiligenberg der Fürsten zu Fürstenberg nicht entgehen lassen.

Salemer Straße 5, 88633 Heiligenberg
07554-802-0 07554-802-100
www.hotel-baader.mdo.de
16 Zimmer, DZ ab 170 Mark

18 GASTHOF TRAUBE

Malerisches Bauernhaus mit Dorfbrunnen im 400-Einwohner-Winzerdorf Blansingen im Südschwarzwald. Die „Traube" zählt zu den besten Landgasthäusern Deutschlands. Das Restaurant – ausgezeichnet mit einem Michelin-Stern – bietet badische Spitzenküche.

Alemannenstraße 19, 79588 Effringen-Kirchen/Blansingen
07628-8290 07628-8736
7 Zimmer, DZ ab 180 Mark

19 BERGHOTEL JÄGERHOF

Idyllisch im Allgäu gelegen, bei gutem Wetter sieht man bis zu den Alpen. Entspannen kann man sich beim Wandern, in der „Jägerhof-Therme" oder auf der Beauty-Farm. Das Haus ist bekannt wegen seiner gehobenen Allgäuer Küche und unter Politikern als Tagungsort. Lothar Späth gab hier seinen Rücktritt bekannt.

88316 Isny
07562/77-0 07562/77-202
www.berghotel-jaegerhof.de
79 Zimmer, 9 Suiten, DZ ab 292 Mark

20 SCHORSCH'S HEUHOTEL

Bei Radfahrern immer beliebter: Schlafen im Heu. Von April bis in den Oktober ist bei Landwirt Georg Günthör in der umgebauten

Heuhotel in Kressbronn am Bodensee

Scheune alles gerichtet. Wo früher die Kühe standen, gibt's jetzt Aufenthaltsraum, Dusche, WC und Fahrradparkplatz, geschlafen wird unterm Dach. Auf Wunsch serviert Günthör ein ländliches Frühstück und spannt die Rösser vor den Wagen. Schlafsack nicht vergessen!

Kirchstraße 9, 88079
Kressbronn/Bodensee
07543-6153 07543-6153
Platz für ca. 35 Gäste, 15 Mark pro Person (Kinder bis neun Jahre 13 Mark) Anmeldung empfehlenswert

Berghotel Baader in Heiligenberg

ESSEN

1 VICTORIA & CO.

Ein kleiner Gastro-Konzern fernab im Hohenlohischen, mit bundesweitem Ruf: Zu Victoria & Co. zählt u.a. das Ein-Stern-Restaurant „Zirbelstube", das Vier-Sterne-Hotel Victoria, eine Vinothek und der Brauereigasthof Klotzbücher. Wem die exquisite „Zirbelstube" zu teuer ist (Küchenchef Hubert Retzbach), der sollte in der Vinothek speisen. Clou: Von hier aus kann man den Köchen in der offenen Küche bei der Arbeit zusehen. Wer's deftiger mag, geht in die ehemalige Brauerei Klotzbücher mit Biergarten (zwei Minuten vom Stammhaus in der Innenstadt entfernt).

Poststraße 2-4,
97980 Bad Mergentheim
07931-593-0 07931-593-500
www.victoria-hotel.de
Küchenzeiten: „Zirbelstube" 12-14 Uhr und 18.30-21 Uhr; Hauptgerichte von 32 bis 48 Mark, Vinothek 10-22.30 Uhr; Hauptgerichte von 18.50 bis 38 Mark „Klotzbücher" 11.30-24 Uhr, Hauptgerichte von 12 bis 28 Mark

2 RESTAURANT POP

Rote Lederstühle, Aluminiumwände und an der Decke ein englischer Sportwagen neben zusammengepressten Ölfässern und bunten Kupplungsscheiben. Die Sammlung fing der Kunststudent Peter Müller 1965 an, heute steht die Einrichtung des „Pop" unter Denkmalschutz. Carlos Santana, Romy Schneider und Neil Young speisten schon hier. Wöchentlich wechselnde Speisekarte, italienische Küche.

Untere Straße 17, 69117 Heidelberg
06221-25559 06221805647
täglich von 18 bis 1 Uhr geöffnet, Hauptgerichte zwischen 20 und 43 Mark

Landgasthof Pflug in Schwäbisch Hall

3 LANDGASTHOF PFLUG

Im fast 200 Jahre alten denkmalgeschützten Landgasthof wie aus dem Bilderbuch serviert Hans-Harald Reber regionale Küche der Extra

klasse. Fast alles stammt aus eigenem Anbau und eigener Zucht. Empfehlenswert: Schwäbischer Zwiebelrostbraten vom Kochertaler Weiderind. Schöner Biergarten unter Kastanien.
**Weckriedener Straße 2
74523 Schwäbisch Hall**
📞 0791-93123-0 📠 0791-93123-45
Geöffnet 11.30-14 Uhr und 17.30-21.30 Uhr, Mo und Di mittags geschlossen
Hauptgerichte von 22 bis 40 Mark

Landgasthof Adler in Rosenberg

4 LANDGASTHOF ADLER
Exquisite Regionalküche, an der kein Feinschmecker-Führer vorbeikommt. Der „Adler" ist fast immer ausgebucht, Reservierung ist empfehlenswert.
**Ellwanger Straße 15
73494 Rosenberg/Württ.**
📞 07967-513 📠 07967-710300
Geöffnet 12-14.30 Uhr und 17.30-22 Uhr, Do und Fr geschlossen
Hauptgerichte von 18 bis 55 Mark

5 WIELANDSHÖHE
Ein-Stern-Koch Vincent Klink verbindet schwäbische Bodenhaftung mit kulinarischen Höhenflügen. Dazu schenkt in bester Halbhöhenlage über Stuttgart Spitzen-Sommelier Bernd Kreis ein.
**Alte Weinsteige 71,
70597 Stuttgart-Degerloch**
📞 0711-6408848 📠 0711-6409408
🌐 www.wielandshoehe.com
Küchenzeiten von 12-14 Uhr und 18.30-21 Uhr, So und Mo geschlossen
Hauptgerichte von 40 bis 60 Mark

6 WEBER'S GOURMET IM TURM
Für Inhaber Willi Weber, Manager von Michael Schumacher, zählen nur Höchstleistungen: 144 Meter überm Boden, im Stuttgarter Fernsehturm, kocht Spitzenkoch Armin Karrer. Entsprechend ist das Publikum: Manager, Fernsehleute und andere, die sich für VIPs halten. Deshalb Achtung: Der Turm ist oft ausgebucht.
**Jahnstraße 120,
70597 Stuttgart-Degerloch**
📞 0711-248996-10 📠 0711-248996-27
Küchenzeiten von 12-13.30 Uhr und 19-21.15, So und Mo geschlossen
Hauptgerichte von 45 bis 60 Mark

7 ZUM ALDE GOTT
Mitten in den Weinbergen, mit Blick ins Rheintal und in die Vogesen, wird hier mit Michelin-Stern ausgezeichnete badische Küche serviert.
**Weinstraße 10,
76543 Baden-Baden-Neuweier**
📞 07223-5513 📠 07223-60624
Küchenzeiten von 12-14 Uhr und 18.30-22 Uhr, Do und Fr mittags geschlossen
Hauptgerichte von 44 bis 55 Mark

8 SCHWARZWALDSTUBE IM HOTEL TRAUBE TONBACH
Ob Hummermedaillons mit jungen Algenspitzen oder Haselnussclafoutis – an allem was Harald Wohlfarth in seiner Drei-Sterne-Küche zaubert, müssen sich andere Köche in Deutschland messen lassen. Denn er wurde dieses Jahr zum besten unter ihnen gewählt. Zusammen mit zwei weiteren Sterne-Restaurants macht Wohlfarth das kleine Städtchen Baiersbronn zum deutschen Mekka der Feinschmecker.
**Tonbachstraße 237
72270 Baiersbronn-Tonbach**
📞 07442-492665 📠 07442-492692
Küchenzeiten von 12-14 Uhr und 19-21 Uhr, Mo und Di Ruhetag
Menüs von 170 bis 250 Mark

9 RESTAURANT BÄUMLE
Urschwäbische Gaststube in einem 500 Jahre alten Fachwerkhaus gleich hinterm Ulmer Münster, holzvertäfelt, mit bleiverglasten Fenstern. In der Hauptstube stehen nur vier große Tische, die Gäste müssen oft zusammenrücken. Empfehlenswert: „Laubfrösche" (in Mangold eingewickeltes Hackfleisch).
Kohlgasse 6, 89073 Ulm
📞 0731-62287 📠 0731-6022604
Geöffnet Mo bis Fr von 16-24 Uhr, Sa und So Ruhetag, Hauptgerichte von 14 bis 29 Mark

Wielandshöhe in Stuttgart

10 ZUM OCHSEN
Uwe Förster kocht kreativ-feine schwäbische Küche, aber auch italienische und französische. Dazu gibt's monatlich zwei Veranstaltungen: vom Kabarett übers Jazzkonzert bis zum kulinarischen Weinforum.
Marktstraße 21, 72818 Trochtelfingen
📞 07124-2200 📠 07124-931168
Geöffnet So und Feiertag ab 12 Uhr werktags ab 17.30 Uhr, Hauptgerichte von 25 bis 38 Mark

11 BRAUEREIGASTHOF RÖSSLE
Nicht jeder Gasthof hat sein eigenes Bier und noch weniger eine eigene Tropfsteinhöhle. Bei den Blanks im „Rössle" können Gäste die Höhle gleich neben dem Bierkeller besichtigen, wo das naturtrübe Blank-Bier lagert. Auch Schnaps und Most macht die Familie selbst. Zu Essen gibt's Zünftig-Schwäbisches.
**Von Spethstraße 19,
88499 Riedlingen-Zwiefaltendorf**
📞 07373-643 📠 07373-2533
Küchenzeiten von 11.30-13.30 Uhr und 16.30-22 Uhr, So geschlossen
Hauptgerichte von 15 bis 24 Mark

12 SCHEIDELS RESTAURANT ZUM KRANZ
Die schönste Wirtshaustheke weit und breit: ein monumentales Holzbüfett, ein knarrender Dielenboden, eine vorzügliche Küche.
**Offenburger Straße 18,
79341 Kenzingen**
📞 07644-6855 📠 07644-931077
Küchenzeiten von 12-14 Uhr und 18-22 Uhr, Mo Abend und Di geschlossen
Hauptgerichte von 28 bis 38 Mark

13 GASTHOF ADLER
Niedrige Decke, Holzvertäfelung, Kachelofen – der „Adler" kann mit einer stiltechten Schwarzwaldstube aufwarten. Spezialität sind Forellen aus der Elz, die gleich hinterm Haus fließt.
**Waldkircher Straße 2,
79215 Elzach-Oberprechtal**
📞 07682-1291 📠 07682-8084912
Küchenzeiten von 11.45-14 Uhr und 17.45-21 Uhr, Di geschlossen
Hauptgerichte von 22 bis 38 Mark

14 GASTHOF RÖSSLE-POST
Edgar Moser-Fendel serviert feine badische Küche: Fleisch vom Weiderind, Forellen vom Glasbach. Auf der gut sortierten Weinkarte stehen vor allem badische Provenienzen, doch der Wirt schenkt auch Weißweine aus den 60er und 70er Jahren ein, die er bei der Auflösung eines Weinkellers ergatterte. Weil er bei denen keine Garantie übernehmen kann (keine Lagerweine), gibt's für die Weine keine Preise, der Gast entscheidet nach der Probe selber, was er zahlen will.
**Hauptstraße 16,
78089 Unterkirnach im Schwarzwald**
📞 07721-54521 📠 07721-503026
Küchenzeiten 12-14 Uhr und 18-22 Uhr, Mo und Di Ruhetag,
Hauptgerichte von 16 bis 40 Mark

Rößle-Post in Unterkirnach

TOUR (A)

INLINE-TOUR AM ALBTRAUF

Startpunkt: Freizeitcenter „Muskelkater" in Feldstetten. Auf durchweg geteerten Feldwegen kann der geübte Skater 26 Kilometer auf der Alb zurücklegen. Bremsen müssen Sie können, denn es geht auch bergab. Vorbei an Windrädern, dem Landhotel Wiesenhof in Sontheim (07389-90950), wo das Koch-WM-Teammitglied Erwin Buchhäusl kocht. Rampen für Skater sind in

Inlineskater am Albtrauf

Sontheim und Laichingen an der Strecke aufgebaut. Sie skaten nur kurz durch Wohngebiete in Laichingen, Suppingen, Sontheim und Feldstetten. Eine genauere Streckenbeschreibung bekommt man im Freizeitcenter „Muskelkater". Wer noch üben muss, kann das ganze Jahr über an einem der Kurse von Othmar Rönsch teilnehmen. Für Gruppen mit mindestens acht Teilnehmern gibt Rönsch außerplanmäßige Kurse, auch in ausgefallenen Disziplinen wie Skatesurfen.

**Freizeitcenter „Muskelkater"
Delaustr. 7, 89150 Feldstetten**
📞 07333-3400 📠 07333-21922
🌐 www.muskelkater.com
Geöffnet Mo 17-24 Uhr
Di bis So 10-24 Uhr

RESTAURANTS, AKTIVITÄTEN, FAHRRADTOUR

15 ST. OTTILIEN
Neben der Wallfahrtskapelle St. Ottilien malerisch gelegen im Freiburger Stadtwald. Ideal für Ausflügler und Wanderer, die gut-bürgerliche badische Küche zu moderaten Preisen schätzen (im Sommer mit Biergarten).
Karthäuserstraße 135, 79104 Freiburg
0761-63230 0761-6966810
Geöffnet Di bis Fr von 12-24 Uhr
Sa und So von 10-24 Uhr
Mo geschlossen, Hauptgerichte von 8 bis 34 Mark

16 WEINSTUBE SCHMID
Badischen Wein gibt's hier natürlich auch, aber bekannt ist das Haus für seine Hähnchen, die's in allen Variationen gibt – in Erdnussbutter, Knoblauchkruste, geräuchert oder in Rieslingsoße. Betrieben wird die Weinstube von den drei Schmid-Schwestern, die als Originale bekannt sind.
Weinstraße 11, 79282 Ballrechten-Dottingen (im Ortsteil Ballrechten)
07634-8232 07634-8155
Mi bis Fr ab 17 Uhr, Sa und So 12-14 Uhr und ab 17 Uhr, Mo und Di Ruhetag
Hauptgerichte von 11 bis 27 Mark

17 SALZBURGER STUB'N
Wenn sich einer mit österreichischer Küche (aber nicht nur) im Schlemmer-Dorado zwischen Bodensee und Schwarzwald behauptet, muss er gut sein. Der „Feinschmecker" zählte das Haus zu den besten ausländischen Restaurants im Land. Spezialität: geschmorte Kalbsbäckle an Zweigeltsoße.
Hardstr. 29,
78239 Rielasingen-Worblingen
und 07731-27349
www.salzburgerstube.de
Öffnungszeiten von 12 - 14.30 Uhr und 18 - 23 Uhr, Do je nach Reservierungen geschlossen,
Hauptgerichte von 29 bis 42 Mark

18 HOTEL RESTAURANT GOTTFRIED
Klaus Neidhart gilt als bester Fischkoch weit und breit. Wer hier, auf der Bodensee-Halbinsel Höri im Fischerdorf Moos, etwas anderes

Salzburger Stub'n in Rielasingen-Worblingen

als frischen Bodenseefisch verlangt, ist selbst schuld.
Böhringer Straße 1, 78345 Moos
07732-92420 07732-52502
www.bodenseehotels.com/gottfried
Küchenzeiten von 12-13.30 Uhr und 18.30-21.30 Uhr, Do und Fr mittags geschlossen, Hauptgerichte von 29 bis 44 Mark

19 CANTINA RABAJÀ
Vier junge Männer gründeten die Osteria samt Weinhandlung vor einem Jahr und landeten damit einen Coup: Die neun Tische im Kellergewölbe sind fast immer ausgebucht, Reservierung ist deshalb angesagt.
Kreuzlingerstraße 7, 78462 Konstanz
07531-917884 07531-917885
www.cantina-rabaja.de
Geöffnet Di bis Fr von 10-14 und 18-24 Uhr, Sa 10-16 Uhr und 18-24 Uhr, So ab18 Uhr, Mo Ruhetag, Mittagsmenü um die 20 Mark, abends ab 60 Mark

Bahnhof Fischbach

20 BAHNHOF FISCHBACH
Im alten Bahnhof aus der Jahrhundertwende im Friedrichshafener Stadtteil Fischbach hält zwar kein Zug mehr, dafür kommt viel junges Publikum. Die internationale Küche (schwäbische Spinatspätzle, thailändische Geflügelsuppe mit Kokosmilch, amerikanische Spareribs, Spaghetti in weißer Trüffelsahne) ist so bunt wie das Kulturangebot in der Lokhalle, wo Künstler wie Lisa Fitz, Nina Hagen, John Mayall und Eric Burdon auftreten.
Eisenbahnstraße 15,
88048 Friedrichshafen
07541-44224 07541-44227
www.bhffischbach.com
Geöffnet Mo bis Fr von 11-1 Uhr,
Sa ab 16 Uhr, So ab 10 Uhr,
Hauptgerichte von 12 bis 27 Mark

LEBEN

1 SCHWIMMBAD MUSIK CLUB
Philosophie des Schwimmbad-Clubs: alle Musikrichtungen und Altersklassen auf vier Ebenen versammeln. Im Keller tanzen Techno- und Dark-Gothic-Fans, eine Etage höher spielen meist unbekannte Bands im Konzertsaal, wie 1989 Nirvana kurz vor ihrem Welterfolg. Trio machten hier Sound, Luther Allison oder Mother's Finest auch. Dritte Etage: Große Disco mit Mainstream. Unter dem Dach: Bistro mit Terrasse.
Tiergartenstr. 13, 69121 Heidelberg
06221-470201 06221-472390
www.smc.rheinneckar.de
Mi und Do 20-3 Uhr; Fr und Sa 20-4 Uhr

2 BRAUHAUS VETTER
Aus dem Fenster blickt man in die Heidelberger Altstadt, in der Gaststube auf kupferne Brauereikessel. Man isst Deftiges (Schweinshaxe mit Kraut und Knödel, Schweinskopfsülze) und spült mit „Vetter 33" (dem angeblich stärksten Bier der Welt) nach. Für Gruppen gibt's das Brauermahl samt Bierseminar.
Steingasse 9, 69117 Heidelberg
06221-165850 06221-165857
www.choin.de/brauhaus-vetter-hd/
Geöffnet täglich von 11.30-24 Uhr
Sa 11.30-1 Uhr

3 EINKEHR IN DER ABTEI
Rund eine Hand voll Mönche leben in der Benediktinerabtei Grüssau zu St. Peter. Männer (nicht nur Mönchsanwärter) können mit ihnen leben, essen, beten – aber auch ganz für sich bleiben (Einzelzimmer) und abschalten. Bezahlt wird, so viel man kann und will.
Lindenplatz 7, 74206 Bad Wimpfen
07063-9704-0 07063-9704-24
www.abtei-gruessau.de

Wein Villa in Heilbronn

4 WEIN VILLA HEILBRONN
In der Gründerzeitvilla eines Zuckerfabrikanten verkosten und verkaufen eine Genossenschaftskellerei und 17 Heilbronner Weingüter ihre edlen Tropfen, rund 100 heimische Weine und Sekte. Da erst im Februar 2000 eröffnet, müssen die Reben vor der Villa erst noch wachsen.
Cäcilienstraße 66, 74072 Heilbronn
07131-676712 07131-676713
www.wein-villa.de
Geöffnet Mo bis Fr 16-22 Uhr
Sa und So 14-22 Uhr

5 SINGESONG-KARAOKETHEK
Keiner muss, jeder darf. Sie können in der Gruppe „99 Luftballons" grölen, auf der Bühne oder am Platz eine Schnulze von Alanis Morisette singen. Singesong verleiht auch Karaoke-taugliche CDs.
Herrenstr. 36, 76133 Karlsruhe
0721-21086 0721-21086
www.Singesong.de
Di bis Sa 20-3 Uhr, Fr und Sa 20-4 Uhr

Jazzothek Rogers Kiste in Stuttgart

6 ROGERS KISTE
Klein, verraucht, unscheinbar – optisch eine Bierkneipe wie tausend andere. Akustisch eine Institution in der Stuttgarter Jazz-Szene.
Hauptstätter Str. 35, 70173 Stuttgart
0711-233148 0711-486927
www.rogers-kiste.de
Mo bis Sa ab 12 Uhr,
So und Feiertag ab 19 Uhr

7 PAULS BOUTIQUE
Außenrum Glas und innen vollgestopft mit schicken Leuten und solchen, die es werden wollen. Wenn's wärmer wird, quellen die Gäste von „Pauls" über den ganzen Platz direkt an der Fußgängerzone. Für 14 Mark bekommt man den größten Caipirinha Stuttgarts.
Kleiner Schlossplatz 7
70173 Stuttgart
0711-297311
Mo bis Mi 11-2 Uhr, Do bis Sa 11-4 Uhr
So 14-2 Uhr

8 WEINSTUBE FRÖHLICH
Vom Spätburgunder Weißherbst bis zum Grand Cru Grenouilles serviert die Weinstube ein gutes Sortiment auf die Tische der Kneipe mit Kassettendecke und lederüberzogenen Stühlen. Beliebt vor allem unter Künstlern, Journalisten und Prostituierten – denn die Weinstube liegt mitten im Rotlichtviertel.
Leonardstraße 5, 70182 Stuttgart
0711-242471 0711-2367910
Mo bis So 17.30-2 Uhr

9 ZAPATA
Optimale Disco für Fans lateinamerikanischer Musik: Bekannte DJs der Latino-Szene legen Salsa, Merengue und modernere Musik aus Lateinamerika auf. Viel Platz zum

Casino Baden-Baden

Tanzen. Regelmäßig spezielle Veranstaltungen wie Feuerwerkspektakel, Fotoausstellungen oder Live-Bands.
Pragstraße 120, 70376 Stuttgart
☎ 0711-9561544 📠 0711-9561546
Do 18 – 24 Uhr, Fr und Sa 22 – 5 Uhr

CAFÉ SPIELPLATZ

Freche und ambitionierte Kabarettbühne gegenüber der ältesten Hallenkirche Baden-Württembergs. Das Café versteht sich als „Talentsucher Nummer eins auf dem Kabarettmarkt" und wird von Rainer Koczwara geleitet. Sein Bruder Werner ist bundesweit bekannter Kabarettist und Autor für Harald Schmidt und Dieter Hallervorden.
**Münsterplatz 12,
73525 Schwäbisch Gmünd**
☎ 07171-62288
@ www.cafe-spielplatz.de
**Geöffnet tgl. von 10 – 1 Uhr,
Kabarettistenauftritte einmal pro Woche, meist Do**

LIMES-THERMEN AALEN

Baden wie die Römer, umspült von 34 Grad warmem mineralhaltigem Wasser. Wer die Kaltwasserbecken scheut, ist aber nach zwei Stunden zu müde für einen anschließenden Besuch im sehenswerten Limesmuseum (10 Min mit dem Auto in die Innenstadt, Di bis So 10 – 12 Uhr und 13 bis 17 Uhr).
Osterbucher Platz 3, 73431 Aalen
☎ 07361-9493-0 📠 07361-9493-30
Mo bis Fr 8.30 – 21 Uhr; Sa und So 9 – 21 Uhr, Kombikarte Bad und Sauna 22 Mark

Limes-Thermen in Aalen

CASINO BADEN-BADEN

Laut Marlene Dietrich die „schönste Spielbank der Welt". Baden-Baden gehört zu den ältesten und traditionsreichsten Casinos Europas. Mehr als 180 Croupiers kümmern sich um die Gäste in den prachtvollen Räumen aus der Belle Époque, die schon häufig als Filmkulisse dienten.
Kaiserallee 1, 76530 Baden-Baden
☎ 07221-21060 📠 07221-210654
@ www.casino-baden-baden.de
Führungen tgl. von 9.30-12 Uhr (Sommer) und 10-12 Uhr (Winter)

FABRIKVERKAUF IN METZINGEN

Typisch Neuschwäbisch: viel Geld ausgeben und dabei auch noch sparen. Nirgendwo geht das besser als in Metzingen, der inoffiziellen Hauptstadt des Fabrikverkaufs, 40 Minuten südlich von Stuttgart bei Reutlingen gelegen. Zwei Dutzend Firmen, von Boss über Joop bis Bally, geizen hier nicht mit Nachlässen. Viele haben wochentags bis 20 Uhr geöffnet.

OBERE DONAUBASTION

Konzerte von Jazz bis HipHop im Kulturzentrum „Roxy", Skaterhalle, Theater, Jugend- und Studentenclub, sporadische Ausstellungen der drei Ateliers – hinter den Steinquadern der Kaserne aus dem 19. Jahrhundert drängen sich Nachtschwärmer, Künstler und Besucher jeden Alters.
Schillerstraße 1, 89077 Ulm
☎ 0731-1612830

Bootsfahrt im Taubergießen

BOOTSFAHRTEN IM TAUBERGIESSEN

Im „letzten Urwald am Oberrhein", im Naturschutzgebiet Taubergießen entlang des Rheins, gleitet man mit ortsansässigen Fischern während einer zweistündigen Tour in Holzbooten übers Wasser, vorbei an Wäldern und Orchideenwiesen, sieht (mit etwas Glück) Graugänse und Stockenten, Kormorane, Haubentaucher und (mit sehr viel Glück) Eisvögel. Anschließend Einkehr im „Karpfenstüble" oder im „Gasthaus zum Schiff".
Die Gemeindeverw. Rheinhausen vermittelt auf Anfrage Kontakt zu Fischern
☎ 07643-91070 📠 07643-4541
@ www.taubergiessen-bootsfahrten.de
Zwischen 15 und 20 Mark pro Person

SEGELFLIEGEN AUF DEM KLIPPENECK

Das Klippeneck, eine Hochebene der Schwäbischen Alb mit einer kilometerlang steil abfallenden Hangkante, ist nicht nur Deutschlands sonnenreichster Platz, sondern auch Heimat des höchstgelegenen Segelflugplatzes (980 Meter) mit neun Vereinen. Von Mai bis Oktober können Segelflugbegeisterte mit erfahrenen Piloten in die Luft gehen.
Flugleitung (am Wochenende)
☎ 07424-1881
@ www.klippeneck.n-e-t.de
20 Minuten kosten rund 30 Mark

KLETTERN IM DONAUTAL

Zwischen Hausen und Inzigkofen können sich Freizeitkletterer an rund 20 Kalkfelsen in den Schwierigkeitsgraden drei bis zehn ausprobieren. Topografische Führer gibt's beim Panico-Verlag.
Infos über den Deutschen Alpenverein, Sektion Ebingen/Albstadt
☎ 07431-3480

WOCHENMARKT FREIBURG

Rund ums Münster ein Meer von Ständen mit heimischen und exotischen Früchten, Schwarzwälder Schinken, Pfifferlingen und Strohfinken – den Schwarzwälder Strohschuhen mit Ledersohlen. Dem Getümmel kann man auch in Ruhe von einem Café aus zuschauen.
☎ 0761-3881815
Mo bis Sa von 7 – 14 Uhr

RAVENSBURGER SPIELELAND

Im laut Eigenwerbung „größten Spielzimmer der Welt" (unter freiem Himmel) vergnügen sich Kinder von zwei bis zwölf – und beim Baggern mit Fix & Foxi und beim Spritzen aus Feuerwehrautos auch ihre Väter.
**Am Hangenwald 1,
88074 Meckenbeuren-Liebenau**
☎ 07542-400-0 📠 07542-400-101
@ www.spieleland.com
Geöffnet bis 5. Nov. tgl. von 10 – 16, 17 oder 18 Uhr (je nach Jahreszeit), danach Winterpause bis 15. April, Erwachsene zahlen 29 Mark, Kinder (3 – 14 Jahre) 27 Mark.

Ravensburger Spieleland in Meckenbeuren

CLUB METRO

Disco mit großer Tanzfläche in einer alten französischen Kaserne, wo auch DJs vom Mojo Club aus Hamburg oder Stachy von Fishmob auflegen. Unter Jugendlichen rund um den Bodensee eine Institution. Das Kulturhaus „Caserne" im selben Gebäude bietet Kino und Kleinkunst.
**Hallenbrunnen 17,
88045 Friedrichshafen**
☎ 07541-371661

TOUR (B)

FAHRRADTOUR AM BODENSEE

Statt einer langen Umrundung des „Schwäbischen Meers" auf dem Bodenseeradweg (kann auf die Dauer eintönig sein, im Sommer stark befahren) führt diese etwa 40 Kilometer lange Tour von Immenstaad landeinwärts vorbei an Markdorf und Bermatingen nach Salem. Zur Einkehr bietet sich dort das **Gasthaus „Apfelblüte"**

Pfahlbautenmuseum am Bodensee

(☎ 07553-92130) im Ortsteil Neufrach an. Nach der Besichtigung des **Barockschlosses Salem** (Sitz des Markgrafen von Baden und Elite-Internat, geöffnet vom 1.April bis 1. Nov, ☎ 07553-81437, @ www.salem.de) zum **Affenberg Salem**, einem Freigehege mit 200 Berberaffen (zwischen 15. März und 1. Nov. tgl. geöffnet von 9 – 18 Uhr.) Vom Affenberg über Uhldingen-Mühlhofen zurück an den Bodensee nach Unteruhldingen ins **Pfahlbautenmuseum** (@ www.pfahlbauten.de, ☎ 07556-8543). Dann entlang des Bodenseeradwegs über Meersburg zurück nach Immenstaad.

Radwegekarten und Infos über Tourist-Information Immenstaad
☎ 07545-201-110/112
@ www.immenstaad.de
**Fahrradverleih in Stuttgart bei der Touristeninformation im i-Punkt
Königstraße 1a, 70173 Stuttgart**
☎ 0711-22280 📠 0711-2228-253
@ www.stuttgart-tourist.dc/news/news_fahrradverleih.htm
Geöffnet Mo bis Fr 9.30-19.30 Uhr, Sa 9.30-17 Uhr, So und Feiertag 10.30-17 Uhr, Preise pro Tag 25 Mark, pro Wochenende 40 Mark, pro Woche 90 Mark, Kaution 200 pro Rad, bei Kinderrädern Voranmeldung notwendig

AUSSICHTEN, WANDER-TOUR

SEHEN

Museum für Technik und Arbeit, Mannheim

1 LANDESMUSEUM FÜR TECHNIK UND ARBEIT

Das passende Museum fürs Land der Techniktüftler und Schaffer. Vom Namen sollte man sich nicht abschrecken lassen: Dauer- und Sonderausstellungen sind aktuell, kurzweilig und lehrreich.
Museumsstraße 1,
68165 Mannheim
0621-4298-9 0621-4298-754
www.landesmuseum-mannheim.de
Geöffnet Di bis Fr ab 9 Uhr, Sa und So ab 10 Uhr, Mo geschlossen

2 DEUTSCHE GREIFENWARTE BURG GUTTENBERG

Ein Spektakel der besonderen Art: In den Wehr- und Zwingeranlagen der unzerstörten mittelalterlichen Burg aus dem 12. Jahrhundert sind ca. 100 Greifvögel und Eulen zu bestaunen. Höhepunkt: Flugvorführungen mit Seeadlern, Großgeiern und Uhus.
Burg Guttenberg,
74855 Neckarmühlbach
06266-388 und 07063-950650
07063-950651
Geöffnet April bis Okt 9 – 18 Uhr, März und Nov. 12 – 17 Uhr;
Flugvorführungen: April bis Okt. 11 und 15 Uhr, März und Nov. 15 Uhr

3 MUSEUM WÜRTH

Der Schraubenunternehmer und Kunstsammler Reinhold Würth baute 1991 ein sehenswertes Firmengebäude samt Museumsteil (den er 1995 von Christo medienwirksam verpacken ließ). Gezeigt werden dort anspruchsvolle Wechsel-Ausstellungen moderner und zeitgenössischer Kunst.
Reinhold-Würth-Straße 15
74653 Künzelsau
07940-152200 07940-154200
www.wuerth.com
Geöffnet Mo bis Fr 10-18 Uhr
Sa und So 10-17 Uhr

4 HALLER GLOBE THEATER

Zum 75-jährigen Jubiläum der Freilichtspiele Schwäbisch Hall schenkte sich die Stadt den Holzbau angelehnt an das Londoner „Shakespeare's Globe-Theatre" – ein Rundbau für 600 Zuschauer. Gespielt wird von Mai bis August, 2001 stehen „Romeo und Julia" rund 30-mal auf der Bühne (Premiere: voraussichtlich 26. Mai).
Kartenkontor Hall, Am Markt 9
74523 Schwäbisch Hall
0791-751-600 0791-751-397

5 ZENTRUM FÜR KUNST UND MEDIENTECHNOLOGIE ZKM

Ein Muss für Medienfreaks, die mehr wollen als fernsehen und Tageszeitung lesen. In einer ehemaligen, denkmalgeschützten Fabrik präsentiert das ZKM die Vernetzung von Kunst und Medien in diversen Museen, einer Mediathek, einem Medientheater und einem Musik- und Bildmedieninstitut.
Lorenzstraße 19,
76135 Karlsruhe
0721-8100-0 0721-8100-1139
www.zkm.de
Medienmuseum Mi 11-20 Uhr, Do bis So 11-18 Uhr, Mo und Di geschlossen
Mediathek Di bis Sa 12-20 Uhr
So 12-18 Uhr, Mo geschlossen

6 KLOSTER MAULBRONN

Nicht umsonst hat die Unesco die gigantische Klosteranlage – 1147 von Zisterziensermönchen erbaut – zum Weltkulturerbe erklärt: Kein mittelalterliches Kloster nördlich der Alpen ist vollständiger erhalten.
07043-926610
Geöffnet März bis Okt.
tgl. 9-17.30 Uhr
Nov. bis Febr. Di bis So 9.30-17 Uhr

7 MÄRCHENGARTEN IM BLÜHENDEN BAROCK

Die Figuren aus den Märchen der Gebrüder Grimm und den Erzählungen von Wilhelm Busch sind hier zum Leben erweckt. Boote gleiten in einem Kanal an Häusern vorbei, in denen Stroh zu Gold gesponnen und eine geheimnisvolle Stimme raunt: „Der Wind, der Wind, das himmlische Kind." Für Kinder locker ein Tagesprogramm.
Mömpelgardstraße 28,
71640 Ludwigsburg
07141-97565-0 07141-97565-33
www.blueba.de
Park: täglich von 7.30-20.30 Uhr
Märchengarten 9 – 18 Uhr

Kunstmuseum Würth, Künzelsau

Mercedes Benz Museum in Stuttgart

8 MERCEDES BENZ MUSEUM

Nichts für Ökos: poliertes Blech und Chrom auf drei Etagen, ein Tempel für teure und schnelle Schlitten.
Mercedesstraße 137,
70322 Stuttgart
0711-17-22578 0711-17-51173
Geöffnet Di bis So 9 – 17 Uhr, Mo und an Feiertagen geschlossen, Eintritt frei

9 STAATSGALERIE STUTTGART

Der moderne Natursteinbau mit knallfarbenen Fensterrahmen, Geländern und Böden signalisiert dem Besucher gleich, wo's lang geht: zu einer der bestsortierten Galerien moderner Kunst in Deutschland (Baselitz, Picasso, Mondrian, Marc).
Konrad-Adenauer-Straße 30 – 2
70038 Stuttgart
0711-212-4050-4028
0711-2369983
www.staatsgalerie-stuttgart.de
Geöffnet 10 – 18 Uhr, Do 10 – 21 Uhr
Mo geschlossen

10 SCHLOSS SOLITUDE BEI STUTTGART

Wo im 18. Jahrhundert das höfische Leben unter Herzog Carl Eugen von Württemberg pulsierte, treffen sich heute sommers Frisbeespieler, barbusige Sonnenanbeter, Stipendiaten einer Künstlerakademie und Hochzeitsgesellschaften, die nach der Trauung in der Schlosskapelle Sekt im Schlossrestaurant schlürfen. Also: noch immer ein Lustschloss.
0711-696699 oder 0711-692025
Gastronomie
Führungen von April bis Okt: Di bis So 9-12 Uhr und 13.30-17 Uhr
Nov bis März: Di bis So 1 -12 Uhr
und 13.30 bis 16 Uhr

11 MARGARETE STEIFF MUSEUM

Richard Steiffs legendärer Teddy ist natürlich da und der erste fellüberzogene Elefant: Auf 350 Quadratmeter stellt die Firma Steiff das ganze Sammelsurium ihrer Tiere, Puppen und Holzspielzeuge dar. Gegenüber vom Museum kann man beim Werksverkauf erste und zweite Teddy-Wahl bis zu 40 Prozent günstiger bekommen.
Alleenstraße 2,
89537 Giengen a. d. Brenz
07322-131204
www.steiff.de/museum.htm
Geöffnet Mo bis Fr 13-16 Uhr
Sa 8.30-12 Uhr

12 WEINDORF SASBACHWALDEN

Das Weindorf im Mittleren Schwarzwald wirkt wie eine große Puppenstube und wurde schon mal zum schönsten Dorf Deutschlands gekürt. Viel Fachwerk mit Blumenorgien vor den Fenstern. Preist sich selbst als „vollkommen industriefrei". Winzerfest am ersten Wochenende im Oktober.
Kurverwaltung
☏ 07841-1035 📠 07841-23682

Weindorf Sasbachwalden in der Ortenau

🌐 www.sasbachwalden.de

13 FRANZÖSISCHES VIERTEL UND LORETTO-AREAL IN TÜBINGEN

Architektur-Fans wissen es: Im Süden der Universitätsstadt entsteht auf zwei alten Garnisonsgeländen der 1991 abgerückten Franzosen eines der ungewöhnlichsten Städtebauprojekte Deutschlands – ein Quartier, in dem gewohnt und gearbeitet wird, mit blauen, rosa und lindgrünen Häusern und Wohnblöcken in unterschiedlichen Baustilen.
Führungen nur auf Anfrage und für größere Gruppen
Auskunft Stadtsanierungsamt,
Lorettoplatz 30, 72072 Tübingen
☏ 07071-93510 📠 07071-935119

14 MUSEUM FÜR PAPIER- UND BUCHKUNST

In einem mittelalterlichen Fachwerkhaus zeigen Künstler aus mehreren Ländern, was man mit Papier und Büchern alles anstellen kann. Gestiftet hat das Museum die ortsansässige Papierfabrik.
Schlossrain 15, 73252 Lenningen

WWW.HOTLINES

🌐 www.baden-wuerttemberg.de
und www.webles.de
Das Land von A bis Z.
🌐 www.tourismus-baden-wuerttemberg.de Links zu allen Regionen: Hotels, Fremdenzimmer, Routen und Attraktionen.
🌐 www.netmuseum.de
Museumsführer und Ausstellungskalender.
🌐 www.wetteronline.de/de/Baden-Wuerttemb.htm Wetterdienst.
🌐 www.efa-bw.de Elektronische Fahrplanauskunft.

Auf dem Gestüt in Gomadingen-Marbach

☏ 07026-60940
Geöffnet Sa 10-12 Uhr, So 14-17 Uhr

15 HAUPT- UND LANDGESTÜT MARBACH

In den Ställen, der Reithalle und auf der Koppel des ältesten staatlichen Gestüts Deutschlands kann man Araberhengste, Kaltblüter und Haflinger sehen. Tipp: die Fohlenaufzuchtstation im Gestütshof Offenhausen. Das ganze Jahr über gibt's Pferdeauktionen, Turniere und Pferdeschauen. Höhepunkt ist die vierstündige „Hengstparade" im September/Oktober u. a. mit römischen Kampfwagen.
72532 Gomadingen-Marbach
Kreis Reutlingen
☏ 07385-96950 📠 07385-969510
Geöffnet tgl. von 8-12 und 13-17 Uhr

16 ULMER FISCHERVIERTEL

Wo Donau und Blau zusammentreffen und im Mittelalter Schiffer, Gerber, Fischer und Handwerker werkelten, ist heute ein beschauliches Viertel mit Fachwerkhäusern, engen Gassen und kleinen Brücken zu sehen. Nur bei Hochwasser wird's ungemütlich. Treffpunkte sind das „Fischerplätzle" und der „Saumarkt". Zum Essen geht man ins „Zunfthaus der Schiffleute" (mit Gerätschaften der Schiffer) oder in die „Forelle". Die Jugend trifft sich im „Zur Zill" und im „Café Kulisse".
Sonderführungen durchs Viertel dauern rund 2 Std,
Infos bei der Tourismuszentrale
☏ 0731-161-2830 📠 0731-161-1641

17 THEATER LINDENHOF

Wo die Schwäbische Alb am rauesten ist, tobt sich seit fast 20 Jahren „Deutschlands verwegenste freie Theatergruppe" aus. Zum Beispiel in einem Stück, das in einer fahrenden Dampflok spielt. Meist wird aber im Theatersaal und in der Theaterscheune gespielt, auch im Winter ist fast immer von Mittwoch bis Sonntag Programm.
Unter den Linden 18,
72393 Burladingen-Melchingen
☏ 07126-9293-0 📠 07126-9293-95
🌐 www.theater-lindenhof.de
Kartentelefon 07126-929394

18 MOOR AM FEDERSEE

Ein 1,5 Kilometer langer Steg führt durch Moor-Urwälder und Schilfwiesen bis zum Federsee, den die EU zum „Europareservat" erklärt hat, um Brutplätze von 250 Vogelarten zu schützen. Der Naturschutzbund (NABU) bietet das ganze Jahr über monatlich mehrere Führungen an (Dauer ca. 1,5 Std). Ein Modelldorf und das Federseemuseum (Tel. 07582-8350, www.dhm.de/museen/federsee) rekonstruieren das Leben der Moormenschen in grauer Vorzeit.
Federseeweg 6,
88422 Bad Buchau
☏ 07582-1566 📠 07582-1778

19 BLUMENINSEL MAINAU IM BODENSEE

Mit der Orchideenschau im Frühling beginnt das Jahr. Von Juni bis Juli wird die Rosenkönigin gewählt, im September die Dahlienkönigin. Kinder können Ponys reiten und auf Schatzsuche gehen, die Eltern Konzerte und Lesungen im Barockschloss anhören oder an Gartenbauseminaren teilnehmen.
Mainau GmbH, 78465 Insel Mainau

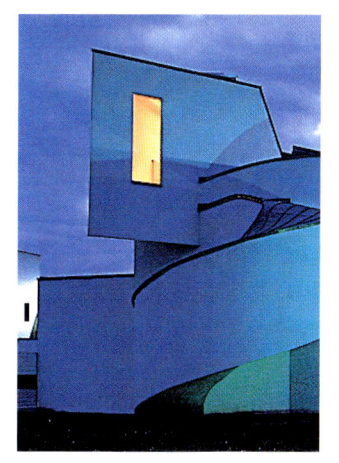

Vitra Design Museum in Weil am Rhein

☏ 07531-3030
📠 07531-303248
🌐 www.mainau.de
Geöffnet tgl von 9-18 Uhr

20 VITRA DESIGN MUSEUM WEIL AM RHEIN

Stühle, Stühle, Stühle – nirgendwo gibt's so viele wie hier. Die Sammlung umfasst 3000 Objekte (aber nicht nur Stühle) aus allen Stilepochen des Möbeldesigns. Auch architektonisch ist das von Frank O. Gehry gebaute Museum eine Attraktion.
Charles-Eames-Straße 1
79576 Weil am Rhein

TOUR (C)

WANDER-TOUR AM ALBTRAUF

Eine Tour mit Weitblick: Von Owen, am Rand der Schwäbischen Alb gelegen, geht es hinauf zur **Burg Teck**. *Der 1,5 Kilometer lange Anstieg wird mit einer herrlichen Aussicht belohnt, die bei gutem Wetter bis zum Schwarzwald reicht. Auf dem Höhenweg weiter zur pittoresken* **Ruine Rauber**, *danach zurück zum Sattelbogen, wo der Abstieg ins Lenninger Tal beginnt. In Unterlenningen bietet sich das* Restaurant „Alte Bauernstube" *zur Einkehr an (*Bahnhofstraße 19, schwäbische Hausmanns-

Burganlage auf dem Hohenneuffen

kost zu günstigen Preisen, täglich außer Mittwoch geöffnet, ☏ 07026-5033*). Im Ort lohnt sich ein Abstecher zur* **Sulzburg**. *Der mit einem roten querliegenden Y markierte Weg führt weiter in Richtung Hohenneuffen, nach zwei Kilometern erreicht man wieder die Albhochfläche. Wer es etwas geruhsamer liebt, kann jetzt die kürzere Variante der Tour (rund 13 Kilometer) wählen: Über den* **Brucker Fels**, *einem reizvoll gelegenen Aussichtspunkt, gelangt man zurück nach Owen. Die große Tour (rund 20 Kilo-meter) führt weiter zum geschichtsträchtigen* **Hohenneuffen**, *wo das Mittelalter auflebt und einem das Land zu Füßen liegt. Nach dem Ausblick hinunter nach Beuren und von dort zurück nach Owen.*

MECKLENBURG-VORPOMMERN

Auf dem Weg in bessere Zeiten. Neue Pracht und alte Landlust: Wie Meck-Pomm verzaubert

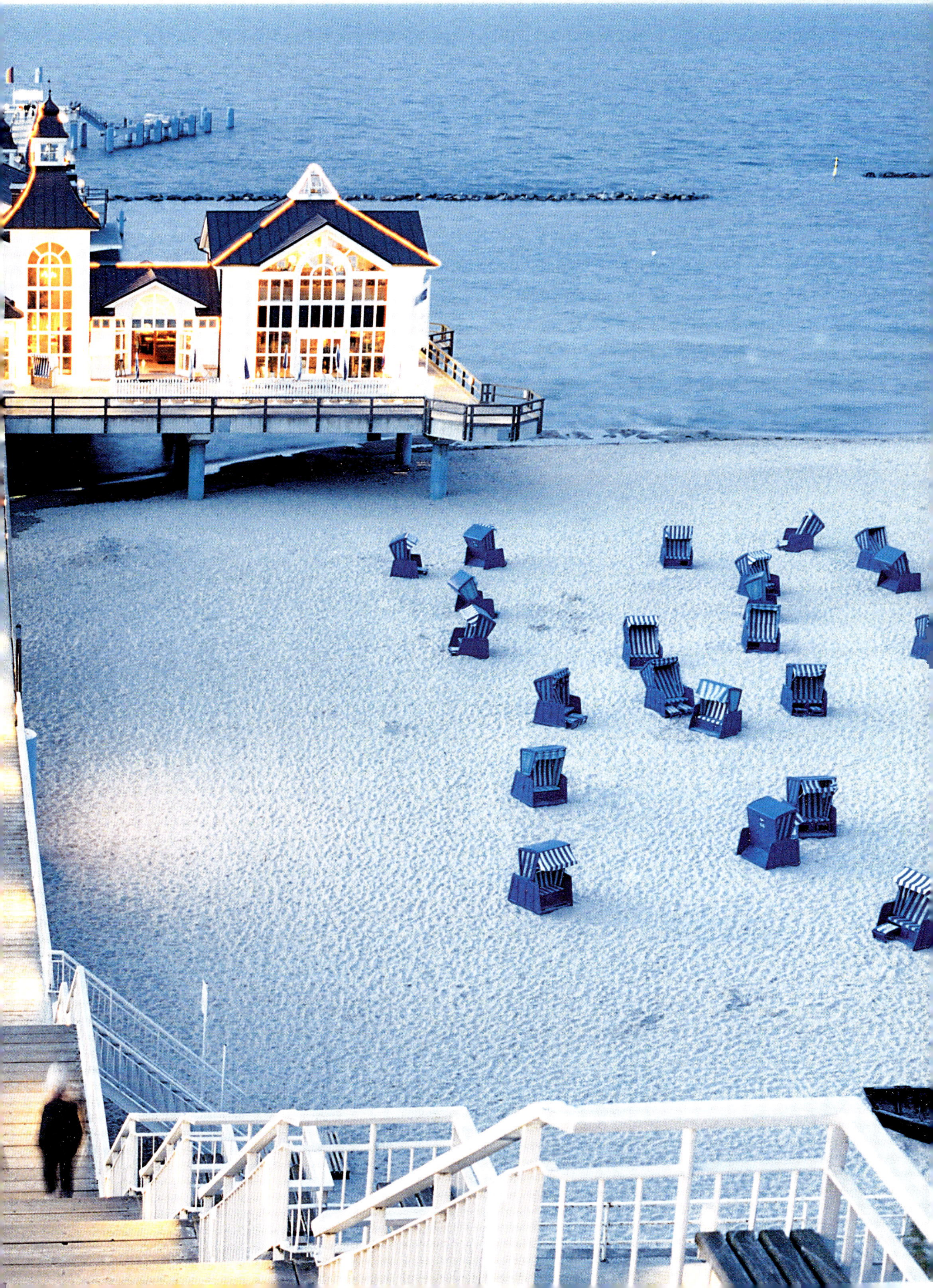

HADERERS DEUTSCHLAND-BILD

MECKLENBURG-VORPOMMERN: DIE ENTDECKUNG DER LANGSAMKEIT

ANGETIPPT

Seit Hering und Dorsch das Geld fürs Brot nicht mehr normal bringen, fischen wir in Mecklenburg-Vorpommern mehr und mehr auf Touristen. Wir nehmen sie, wie sie kommen. Sie kommen massig, aber langsam, wegen Stau. Der ist ganz gut, bremst die Raserei, und Schritttempo bewahrt die Ulmen, Buchen, Kastanien und Linden unserer **ROMANTISCHEN ALLEEN** vor Verletzungen. Wenn Urlauber dann nach langer Karawanenfahrt wirklich ankommen, sind sie doppelt begeistert von diesem stillen melanklöterigen Land und wollen erst mal büschen für sich sein. Können sie hier lang und breit, Landschaft ist ja da. Unsere Natur spricht für sich und für uns gleich mit. Wir selbst reden deshalb kaum. Maulfaul ist das nicht, denn wenn man überlegt, ist alles seit Ewigkeiten ausreichend beschnackt. Mal paar Worte – mhh, Sabbelei – nö. Wenn bei uns einer lange redet, kommt so was raus wie bei **JAN ULLRICH**. Also lass nach. Wir brauchen kein großes Weltbild, wir haben uns. Auch für Nachrichten von weit weg über schwarze Millionenschieber oder dass die NPD irgendwo beim Schützenfest die Ordner stellt, genügen unsere Standardsprüche „Wat geiht mi dat an" oder „Nö aber auch", was Anteilnahme wenigstens vortäuscht. Kurz ist einfach besser. Wenn einer mit Bier und **RIPPENBRATEN MIT BACKPFLAUMENFÜLLUNG** intus so richtig dick und gesund in sich ruht, genügt dafür bei uns ein Wort: bräsig. Und schon aus Ehrfurcht vor unserem Leibdichter Fritz Reuter halten wir uns an den knappen § 1 der Landesverfassung aus seiner „Urgeschicht": „Dat bliwwt all so, as dat west is." Darauf Bismarck: „Sollte die Welt untergehen, ziehe ich vorher nach Mecklenburg, dort geschieht alles 50 Jahre später." Büschen langer Satz, der Mann war wohl nicht von hier. Linkische Fischköppe nennt man uns. Gegenbild: Unsere **ANNIKA WALTER** war sogar im „Playboy", Kopp und alles, nix verlegen oder Fisch. Und unsere Schietwetterlaune ist nur ein Schutzschild gegen aufdringliche Urlauberfragen nach mehr Sonnenschein. Als Mitbringsel bieten wir die **SEGELYACHT HANSE 371**, Boot des Jahres aus Greifswald, 210 800 Mark. Taugt für die Heimreise. Garantiert kein Stau.

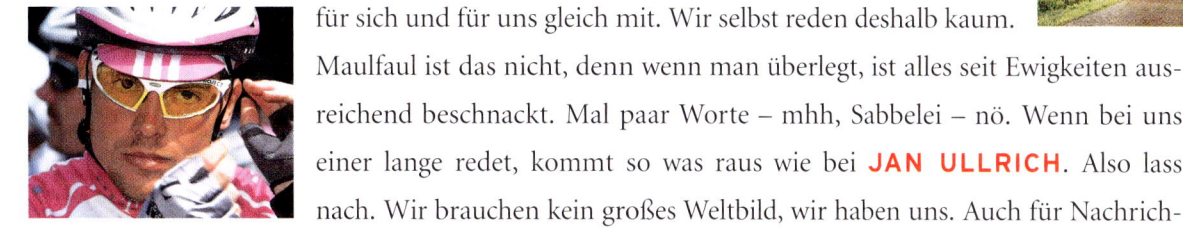

MECKLENBURG-VORPOMMERN IN ZAHLEN

Fläche: 23 171 Quadratkilometer
Einwohnerzahl: 1,8 Millionen
Einwohnerdichte: 77 Einwohner pro Quadratkilometer, geringste Dichte, Bundesdurchschnitt: 230

Sonnenstunden Schwerin: 1596 Stunden im Jahr
Mecklenburg-Vorpommern gehört die größte Insel Deutschlands, Rügen: 926 Quadratkilometer

FOTO-REPORTAGE

Wenn die Seele blaumacht

Ein Land, in dem die Natur noch den Rhythmus des Lebens bestimmt. Ein Land, in dem man sich noch verlaufen kann. Ein Land, das den Anschluss an die Zukunft sucht, ohne sich selbst aufgeben zu wollen. Für Mecklenburg-Vorpommern muss man sich Zeit nehmen und das Tempo drosseln. Fotograf Gerhard Westrich ist das gelungen – nicht nur auf der Halbinsel Darß

GROSSER AUFTRITT FÜR RÖSSER UND REITER

Hengstparaden locken viermal im Jahr nach Redefin in den Südwesten des Landes. Das „Mecklenburgische Warmblut" zieht Pferdeliebhaber und -käufer selbst aus den USA an. Das Landgestüt, 1812 gegründet, hieß vor der Wende „Volkseigene Pferdedirektion Nord"

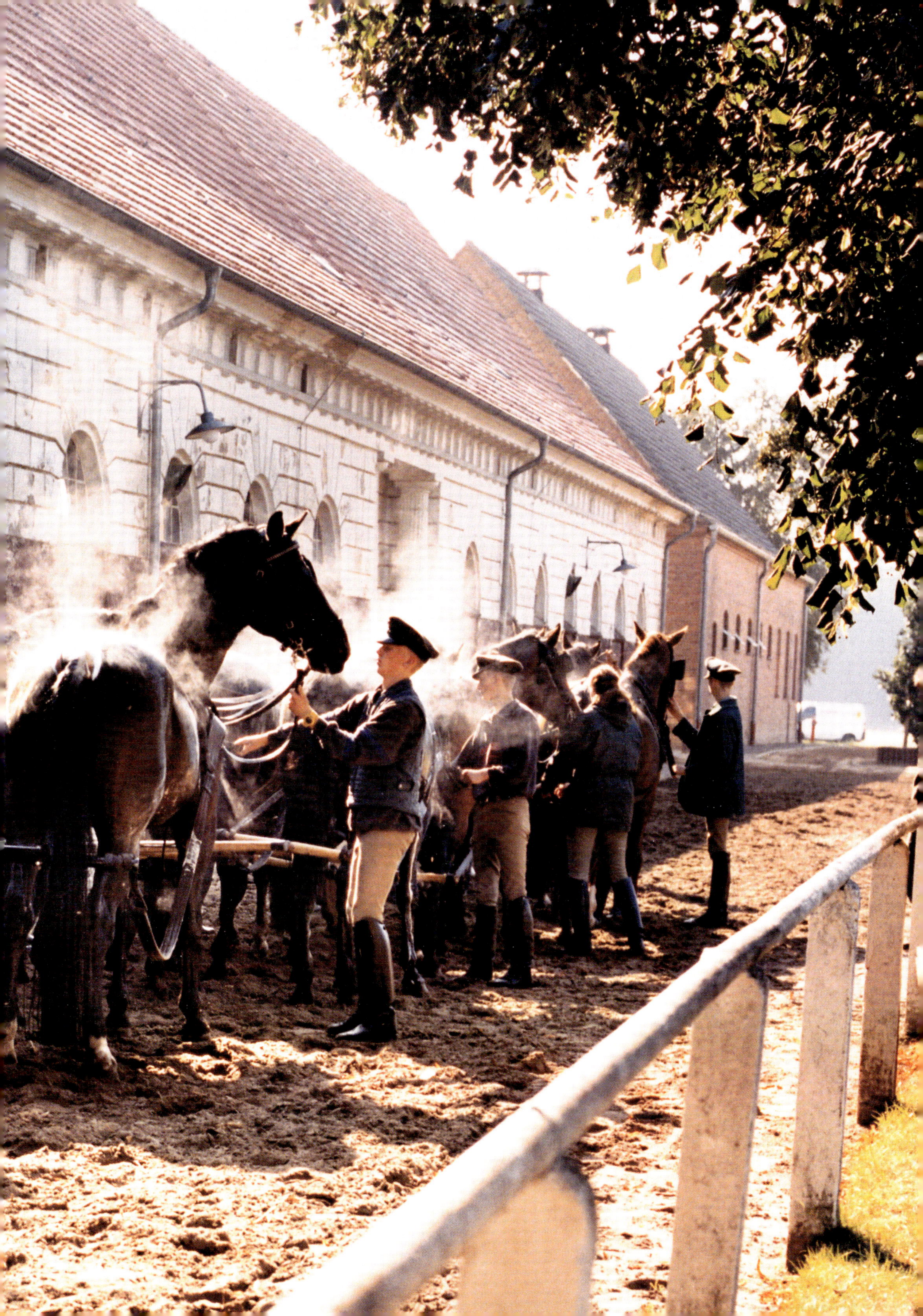

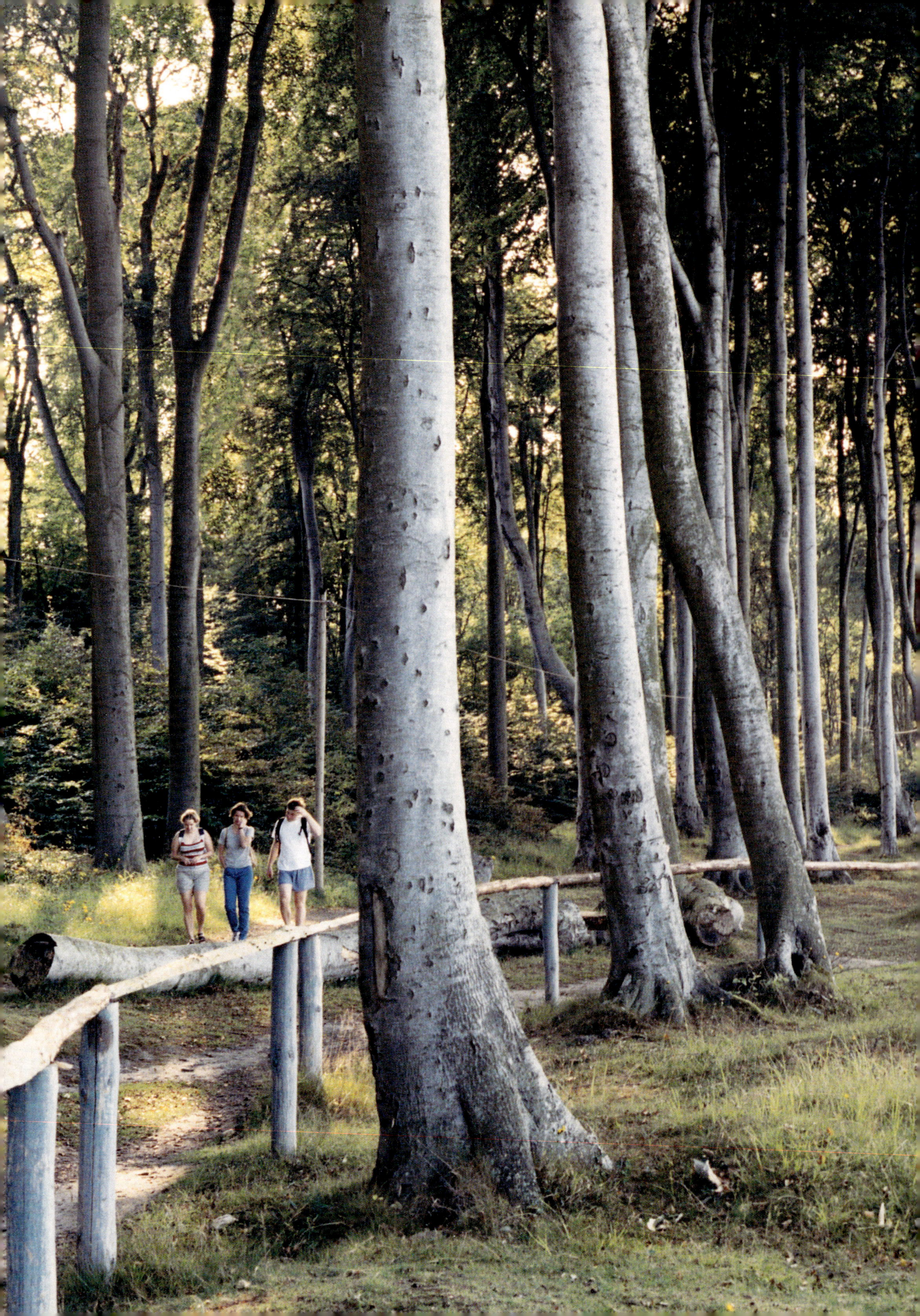

UNTER ALLEN WIPFELN IST RUH´

Als wär´s ein Gemälde von Caspar David Friedrich: Der Buchenwald verläuft parallel zum Strand des alten Ostseebades Heiligendamm. „Weiße Stadt am Meer" hieß der Kurort um die vorletzte Jahrhundertwende

FORTSCHRITT IM ENTENGANG

Ein Rentner in Altenlinden am Plauer See und sein liebes Federvieh. Abseits der Städte geht das Leben seinen eigenen Gang. Hier hängt man an Bewährtem. Der Mecklenburger gilt als verschlossen und „griesig". Doch wen er ins Herz geschlossen hat, den lässt er nicht wieder los

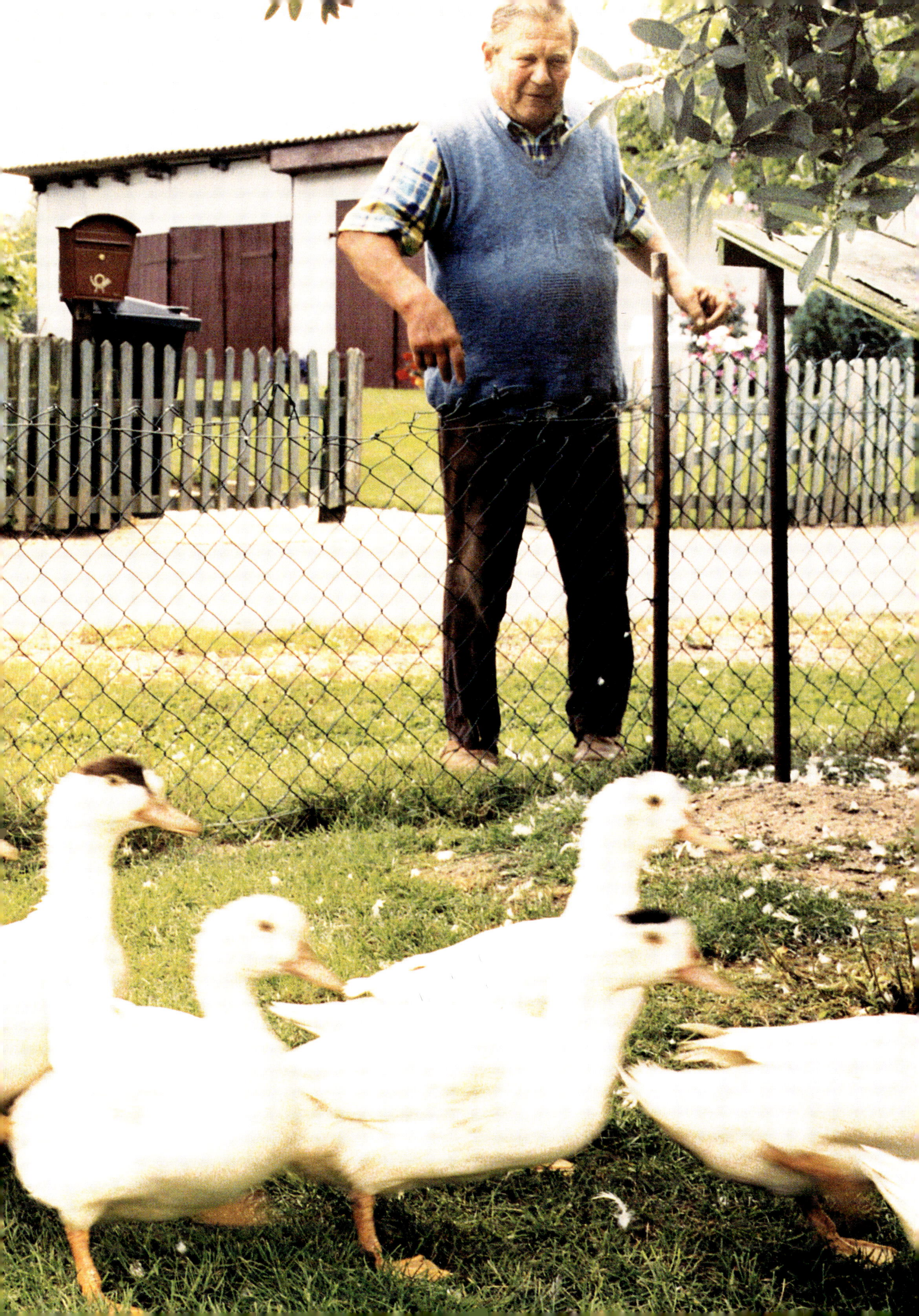

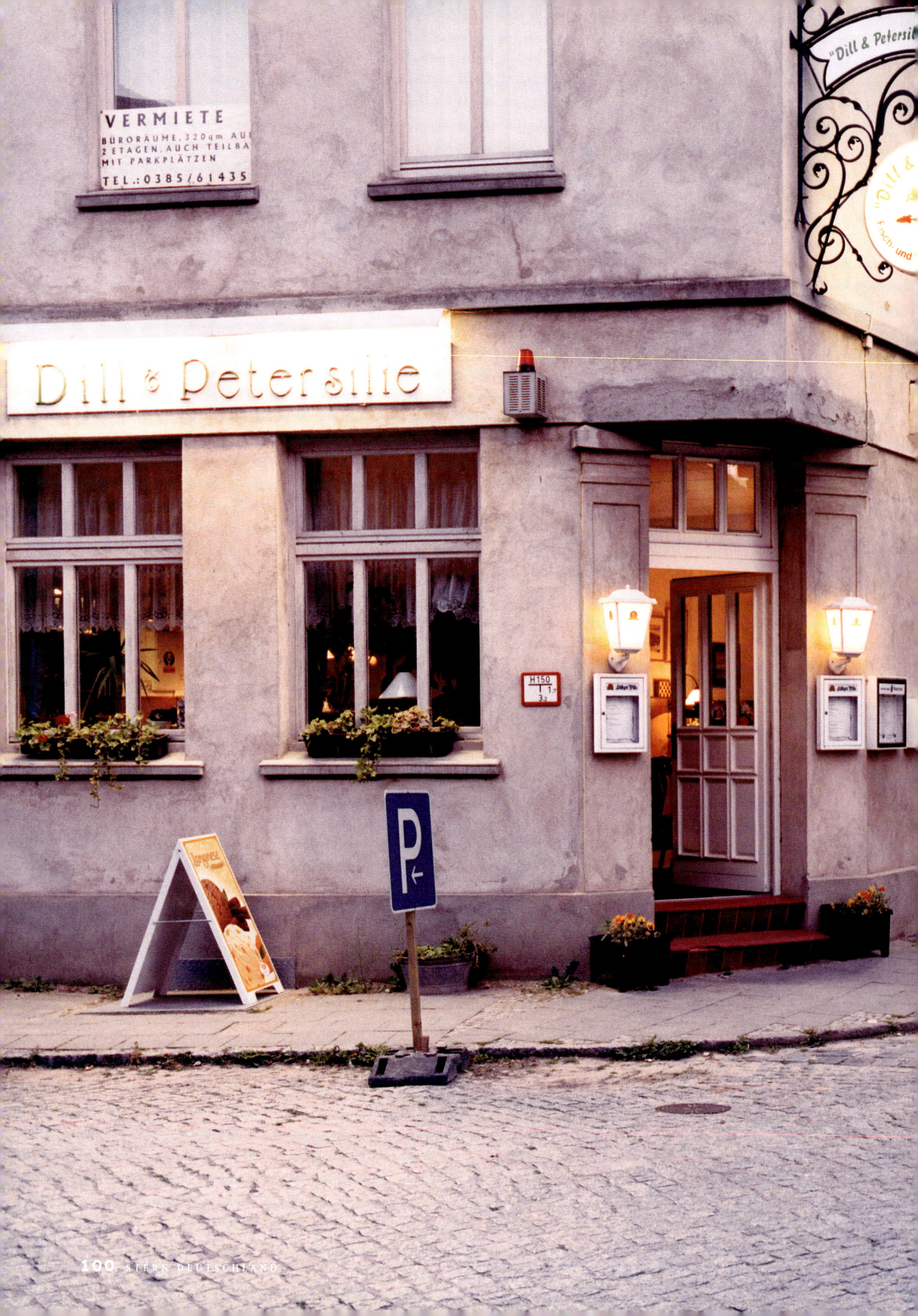
VERMIETE
TEL.:0385/61435
Dill & Petersilie
H150
P

WO BARLACHS ENGEL SCHWEBT

Eckkneipe „Dill und Petersilie" in Güstrow. In der Stadt zwischen Rostock und Müritz arbeitete der weltberühmte Bildhauer Ernst Barlach, hier hängt auch sein schwebender Engel. 1981 trafen sich in Güstrow Erich Honecker und Helmut Schmidt

ZWISCHEN FISCH-LAND UND FESTLAND

Zeesenboot im Hafen der ehemaligen Künstlerkolonie Ahrenshoop im Saaler Bodden; das Fischland trennt ihn von der Ostsee. Die Bodden: salzhaltige Seen mit Zufluss zum Meer. Die Zeesenboote, einstige Frachtensegler, sind heute nur noch Touristenattraktion

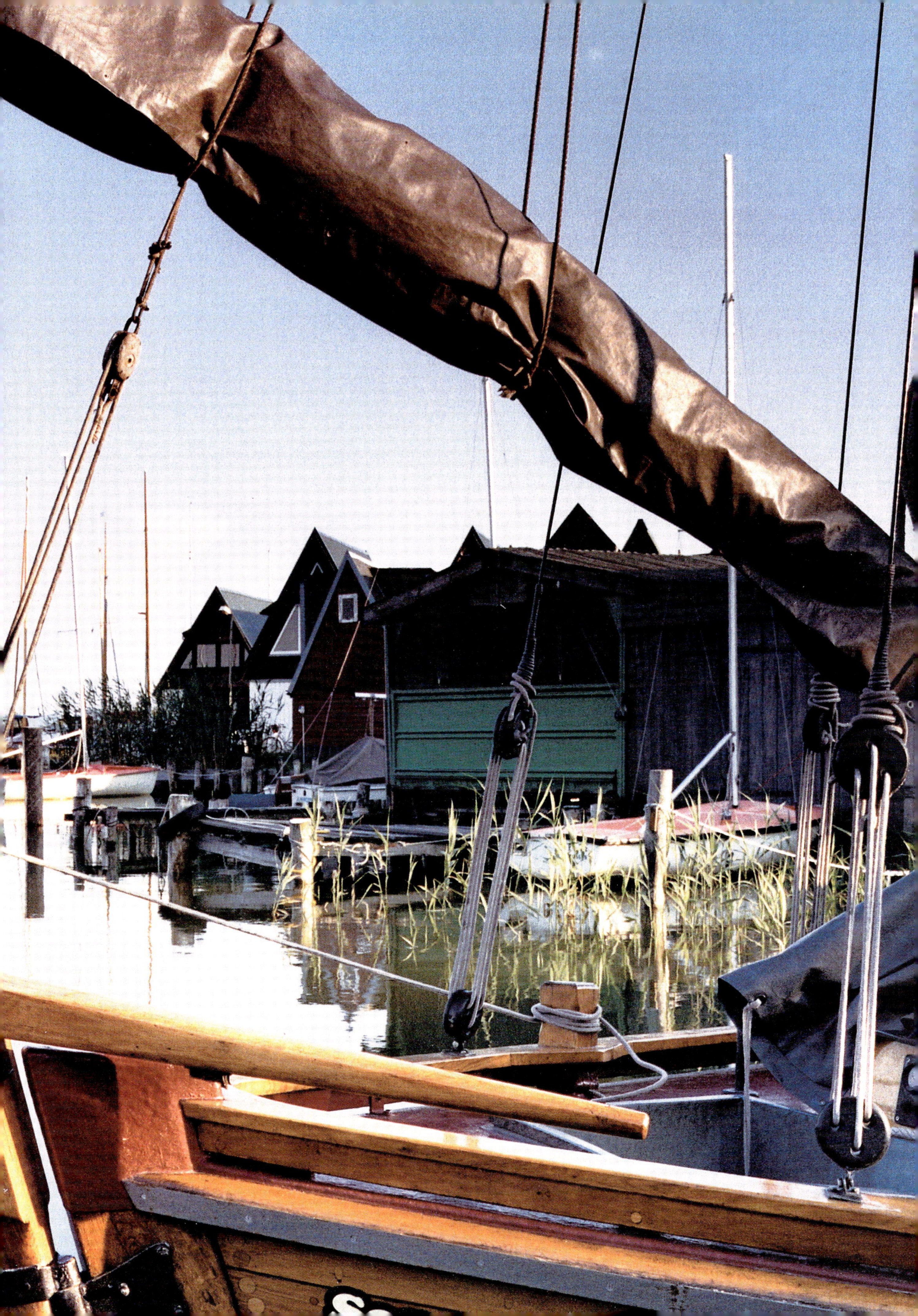

ESSAY

Traumpfade einer verlorenen Welt

Was nicht in den Reiseführern steht: Wer das Land wirklich entdecken will, muss die Straßen verlassen – oder die Großmutter unseres Autors besuchen

Wenn mir Berlin auf die Nerven geht, fahre ich nach Mecklenburg und besuche meine Großmutter. Wir setzen uns schweigend auf die blättrig-weiße Bank hinterm Haus und schauen in ein Land, dessen Schönheit mir von Jahr zu Jahr bewusster wird.

Die Gegend ringsum hat wenig abbekommen vom Belag der neuen Zeit. Sie liegt im Landesinnern, es gibt keine Traumstrände, Kurpromenaden und Grandhotels. Eigentlich gibt es hier überhaupt keine Hotels. Wer länger bleiben möchte, muss seinen Schlafsack auf eine Wiese legen oder 50 Kilometer in die nächste Stadt fahren. Aber normalerweise will hier gar keiner bleiben. Touristen kennt meine Großmutter nur aus dem „Nordmagazin" auf N3, das regelmäßig die neuen Besucherrekorde im Land vermeldet. Vielleicht liegt es an den Leuten hier, an ihrer vermeintlichen Sturheit, dass der große Urlauberstrom Saison für Saison vorbeifließt. Wie sie einem mürrisch den Weg weisen, die Köpfe schütteln, als wollten sie sagen, es lohne sich nicht, hierher zu kommen.

Ich erinnere mich an Feriensommer in dem kleinen Dorf. Wir hatten klapprige Fahrräder, zusammengeschraubt aus dem, was wilde Müllkippen hergaben. Die Großmutter spendierte Maracuja-Brause und Schlager-Süß-Tafeln, und dann sauste die Horde los, über flachwelliges Land, durch ein Meer streichelnder Ähren, auf festen Sandwegen, vorbei an großen Steinhaufen, den Abhang zum See hinunter. Wir träumten von meterlangen Hechten und davon, einmal auf dem Bock eines Mähdreschers zu sitzen. Unsere Welt war blau und weiß und gelb, ein wuchtig bewölkter Himmel, glitzerndes Wasser, wogende Felder.

IM DORF STANDEN WINZIGE KATEN und ein heruntergekommenes Herrenhaus, kilometerlang Schweineställe und eine dicke Backsteinkirche mit löchrigem Dach. Es gab Storchennester, kratzende Hühner, schreiende Gänse und meckernde Ziegen. Köter, die kläfften, Katzen, die sich streicheln ließen. Mittags kamen grobgeschnitzte Männer in Gummistiefeln von den Ställen zum „Konsum" herüber, um Goldbrand und Buttermilch zu holen. Männer, die nicht gern Gefühle zeigten. Ein Mecklenburger, hieß es, weine nur zweimal im Leben: einmal, wenn er kommt, und noch mal, wenn er geht. Für die Widrigkeiten des Daseins hatte er seinen trockenen Humor und manch einer die Angewohnheit, sie bei Prügeleien im Wirtshaus abzureagieren.

Heute sind die alten Konsums in der Gegend verrammelt. Einmal im Monat geht's ins Shopping-Center am Stadtrand; Butter und Brot holen die Frauen „beim Kaufmann", der über Land fährt. Es sind alte Frauen, die da in Holzpantoffeln und mit flatternden Kopftüchern vor dem kleinen Bus stehen, über das Wetter und ihre Kinder reden, die es in Schwerin oder Hamburg zu etwas bringen sollen.

Die Männer tragen noch ihre Gummistiefel und die zerschlissenen blauen Joppen. Sie treffen sich nun privat zum Saufen, in einem Hühnerstall oder beim alten Schmied in der Scheune. Die meisten sind ohne Arbeit. Einst rechnete man 80 Mann auf 1000 Hektar, heute 20. Es sind Menschen, die am Bewährten hängen. Der schnelle Wandel hat sie überfordert. Es gilt noch der Satz: Wenn zwei Pferde es nicht schaffen, spanne vier Pferde an. Wenn auch die es nicht mehr schaffen, ist die Not groß.

Viele Katen stehen leer, zerbröseln. Durch das Gutshaus, in dem man nach dem Krieg Wohnungen, ein Dorfkino und später einen FDJ-Klub eingerichtet hat, flattern Schwalben. Der Sohn des Gutsbesitzers, ein Banker aus Hamburg, hat es sich gleich nach der Wende zurückübertragen lassen. Später sah man ihn im silbernen Wagen durchs Dorf fahren und gar nicht erst aussteigen. Hat sich nie wieder blicken lassen. Die wenigen Jugendlichen treffen sich nun im Buswartehäuschen. Es ist erst ein paar Monate alt und sieht schon aus wie ein Stall. Meine Großmutter schüttelt den Kopf: Die haben nichts zu tun. Das Leben im Dorf ist weniger geworden, die Leute sagen: Bei uns gibt es nichts, es ist das Ende der Welt.

An der Landschaft hat sich in all den Jahren nichts geändert. Genauso wenig wie am Wetter. Wer eine Tour mit dem Rad plant, muss sich auf jähen Wolkenbruch, auf Blitz und Donner einstellen. Und eine Karte dabei haben. Man kann leicht verloren gehen in dem Land: Auf jedem Quadratkilometer dreimal weniger Menschen als im bundesdeutschen Durchschnitt. Selten Tankstellen, kaum Wegweiser. Links und rechts der Alleen und Pflasterstraßen, der Schlaglochpisten und Modderwege nichts als Natur. Weite Felder, auf denen im Frühling der Raps leuchtet und im Herbst graue Stoppeln starren. Tümpel und Seen, die die Wolkenbilder des Himmels spiegeln. Moorige Wälder, in denen Rohrdommeln und Kraniche ihre Nester bauen, und, tief ins Land geschnitten, wilde Urstromtäler, durchschwirrt von saphirgefiederten Eisvögeln.

WENN ICH ZEIT HABE, unternehme ich Entdeckungsreisen. Suche nach Dingen, die ich noch nicht kenne und die vielleicht nicht mehr lange da sein werden. Noch gibt es viele dieser geheimen Plätze: im Wald verborgene Märchenschlösser, deren rostige Riegel fast von allein aufspringen. Einsam zwischen Hügeln stehende, halb zerfallene Gehöfte. Dunkle Feldscheunen hinter dornigen Hecken. Traumquartiere für eine Nacht. Es gibt Buchenwälder, in denen

RICO CZERWINSKI *wurde 1976 in der Landeshauptstadt Schwerin geboren, er schreibt vor allem Reportagen, unter anderem für stern, „Tagesspiegel" und „taz"*

sich dem Wanderer unerwartet ein Hünengrab in den Weg stellt, efeubewachsene Steintänze aus vorchristlicher Zeit, vergessene Klostermauern und rätselhafte Schienenstränge am Rande gottverlassener Ortschaften.

Von alldem steht nichts im Reiseführer. Doch was wirklich Mecklenburg ist, kommt ohne Aufsehen aus. Hängt sich niemanden vor die Nase, liegt abseits glatter Fernstraßen. Nur wenige scheinen das zu wissen und verlassen die ausgetretenen Pfade. Drosseln das Tempo, nehmen sich Zeit für dieses Land. Haben Geduld mit seinen Leuten. Wer persönlich nimmt, dass man es ihm hier auch für Geld nicht in allem nachtut, verdirbt sich die Ferien. Und verlässt Mecklenburg so, wie er kam: mit dem, was er aus Zeitungen weiß. Ohne die Bilder und Geschichten, die es nur hier gibt, bei Leuten wie dem alten Kröger und seiner Frau.

Die beiden leben mit ihren Hühnern, Pferden und Hunden auf einem in den Feldern stehenden Hof in der Mitte des Landes. Ich kam vorbei an einem Freitag abend, an dem sich der mecklenburgische Sommer von seiner besten Seite zeigte: Es goss in Strömen, und die Hotellerie im benachbarten Krakow war ausgebucht. Die drei U-förmig ruhenden, altersschwachen Fachwerkbauten waren umgeben von einer ganzen Armada in die Dämmerung ragender Ackerwerkzeuge und von keiner besonders herzlichen Atmosphäre. Plötzlich stand eine kräftige Frau undefinierbaren Alters vor mir. Ich fragte vorsichtig nach „dem Bauern", meinte, dass sich das hier so gehört. – „Ick bün de Bäuerin", kam keck zurück, „un is dat nix?"

Es war nicht so, dass man mich hier ungeduldig erwartet hätte. Misstrauisches Beäugen – das ist so Sitte in Mecklenburg, „ierst mol seihn, wat hei will". Glücklicherweise fiel mir meine Großmutter ein, die mich stets dazu angehalten hatte, offen und ehrlich zu ein. Ich erklärte meine Notlage und fand, nach einiger Bedenkzeit, Gnade.

EIN ECHTER MECKLENBURGER, sagt man, ist entweder schon als Kind zu ernsthaftem Denken geneigt, oder er bleibt sein ganzes Leben lang eins. Ich kann mich nicht erinnern, auf diesem Hof auch nur eine einzige Unterhaltung ohne Augenzwinkern oder sonstigen Flachs geführt zu haben. Schon gar nicht, wenn es um wirklich Bedeutsames ging, wie um „de nigsten Moden ut Berlin". Zu denen hatten die beiden hier ansässigen Urgewächse ein eher abgeklärtes, humoristisches Verhältnis. Zum Beispiel Single-Gesellschaft. „Nu hür man tau, min Jung", begann der Bauer in seiner gemächlichen Art, „nu will ick di dat man richtig vertellen: Bäter, bliewst alleen, as wie ne Ollsch, de bi'n Düwel ut'n Tornister gesprung'n is." Worauf seine „Ollsch" nicht zögerte, ihm ordentlich eins über

Ein weites Feld: Man kann hier leicht verloren gehen ohne Karte und Kompass

den stoppeligen Schädel zu geben.

Ich schlief in dem alten Wohnwagen hinterm Haus, half auf den Wiesen. Am Abend saß man auf der Veranda, und der Bauer schwelgte in Überliefertem, erzählte aus Zeiten, da noch die Hahnschen Grafen die Macht in der Umgebung hatten und die Menschen sich vor nächtlichem Unwesen nahe der Kuchelmisser Wassermühle fürchteten. Oder rief Erinnerungen wach, an rauschende Feste, die man nach dem Krieg im verlassenen Schloss gefeiert hatte, und auf denen sich ein blondes Mädchen in den Jungen verliebt hatte, der er damals war.

Kurz vor meiner Abreise spannte der Bauer noch mal die Pferde an. Ich werde nicht vergessen, wie dieser weißhaarige, derbe Kerl von 74 Jahren unter monumentalen Eichen auf seiner Kutsche thronte und aus Spaß und voller Kehle den alten Lockruf der Landknechte über die Felder schickte, „Liebst du mich denn gar nicht mehr?", während seine Gäule sich der Erledigung ihres Geschäfts widmeten.

DAS WAREN BILDER, wie von einer bernsteinfarbenen Fotografie der Jahrhundertwende. Aber wer durch Mecklenburg reist, sieht auch dies: Versuchsfelder für genetisch aufgepeppte Nutzpflanzen. Golfplätze. Zitrusfarben bepinselte Schlosshotels. Neue, großzügig ins Land gepflügte Autobahnen und anschwellenden Verkehr aus Süd und West.

Jeder hier weiß: Man kann nicht wie ehedem von Ackerbau und Viehzucht leben. „Unser Kapital ist unsere Landschaft." Die Politik hat ihre Zauberformel gefunden. Und lässt nichts unversucht, die an sich richtige Erkenntnis so eindimensional wie möglich umzusetzen. Vor ein paar Wochen gab der Wirtschaftsminister Order, trotz Unruhe in der Bevölkerung eine kilometerlange Birkenallee am Rande Schwerins umzulegen. Nur die eine Seite, um den dortigen Fahrradweg zu verbreitern und auf diese Weise die „Attraktivität der Schweriner Seenlandschaft für den Rad-Tourismus" zu erhöhen. Eine der wenigen, die ich dort in den letzten Jahren Rad fahren sah, war meine Großmutter.

Das „Nordmagazin" bringt neuerdings ständig Berichte über so genannte Ferienparks. Die sind riesig, da gehen schon mal 2000 Leute rein. Die Gäste sind begeistert von den dort gebotenen Attraktionen: „Wie in Amerika!". Die, so kalkulieren die Manager, werden dafür sorgen, dass die Leute nicht fürs gleiche Geld ins Flugzeug steigen, wenn sich der nordische Charakter des Landes demnächst auch klimatisch bemerkbar macht. Meine Großmutter kann auch kalkulieren. Ihr tun die armen Ferienparkbetreiber jetzt schon leid. Spaßbad? Wellnessmenü? Discofieber? Mensch, sagt sie, 'ne Schwimmhalle ist doch kein Mittelmeer und Mecklenburg nicht Mallorca.

RICO CZERWINSKI

80 AUSGEWÄHLTE ADRESSEN UND DREI EXTRATOUREN

Wo ist was in Mecklenburg-Vorpommern?

SCHLAFEN 1
ESSEN 1
LEBEN 1
SEHEN 1
TOUREN A

HOTELS

Hotel Meerlust, Ostseebad Zingst

1 PANORAMAHOTEL

„Ja, wer da flieht dem Lärm der Welt/wer Ruhe für das Beste hält/ ja wer, wenn er durch die Wälder streift/die Schönheit der Natur begreift/wer, wenn die Sonne untergeht/auf hohen Ufern träumend steht/der hat gewiß in solchen Stunden/was er in Lohme sucht, gefunden." Die Ode an diesen Wunderort schrieb Gerhart Hauptmann, und hätte er das Hotel gekannt, wären noch ein paar poetische Zeilen dazu gekommen. Nirgends lässt sich der Sonnenuntergang über Kap Arkona schöner, dramatischer und stilvoller erleben.
Dorfstraße 35, 18551 Lohme/Rügen
038302/9221 038302/9234
www.lohme.com
32 Zimmer, 2 Suiten, DZ ab 150 Mark

2 KUNSTHOF GUT DARGAST

Wanderer, kommst du nach Dargast… kannst du im Heu übernachten, im Mehrbett- oder im Doppelbettzimmer. Im Hanomag geht's durch den Nationalpark Jasmund, Bootsfahrten entlang der Küste organisiert Hofherr Volker Barthmann auf Wunsch. Dazu baden in der Kreide: fördert Gesundheit, vor allem bei Hautproblemen und soziale Kontakte – wegen Gruppenbaden in riesiger Wanne.
Dargast 11, 18546 Sassnitz
038392/34201 038392/34002
www. kunsthof-dargast.de
Nacht im Heu ab 24,50 Mark, DZ mit Bad ab 40 Mark

3 HOTEL AM MEER

Mehr geht nicht: Fast alle Zimmer öffnen sich zur See, die nur eine Welle entfernt rauscht. Der Balkon ersetzt den Strandkorb, respektive das Restaurant: Ein Frühstück auf dem kunstgeschmiedeten Vorbau kann sich leicht bis zum Abend dehnen. Der Blick auf das Binzer Promenadentreiben macht jeden Fernseher überflüssig. Wintergäste gehen erst in die Sauna und springen dann ins Meer.
Strandpromenade 34, 18609 Binz/Rügen
038393/440 038393/44444
www.hotel-am-meer.de
60 Zimmer, 15 Suiten, DZ ab 180 Mark

4 HOTEL MEERLUST

Zum guten Ton des anerkannten Wellness-Hotels gehört das morgendliche Möwengeschrei, zum beson-deren Ton die Klangschalenmassage und Angebote von Reiki bis Thalassotherapie. Zum Strand ist es ein Katzensprung, für die kühlen Tage befindet sich ein Meersalzbad im Haus.
Seestraße 72, 18374 Ostseebad Zingst
038232/8850 038232/88599
www.hotelmeerlust.de
29 Zimmer, 2 Suiten, DZ ab 180 Mark

5 HOTEL DER FISCHLÄNDER

Wo das Fischland am gediegensten ist, liegt dieses Vier-Sterne-Hotel im gehobenen Landhausstil. An der Rezeption ordert man Törns mit den alten Zeesenbooten auf dem Saaler Bodden oder Kutschfahrten in den Nationalpark. In der hauseigenen Bar „Tute" laufen regelmäßige Livekonzerte und Kabarettabende, der Barkeeper mixt die Wässerchen nach Vorgabe. Der Darßer Wald und die Hotelküche liefern einen exzellenten Rehrücken.
Dorfstraße 47e,
18347 Ostseebad Ahrenshoop
038220/6950 038220/69555
www.hotelderfischlaender.de
33 Zimmer, 5 Suiten, DZ ab 120 Mark

Hotel Neptun in Warnemünde

6 HOTEL NEPTUN

Landmarke für Segler, Glaubenszeichen für Gastrologen (fünf Sterne), luxuriöses Strandhaus (breiter Strand direkt anbei) für Wasserratten. Mit umfangreichem Sportangebot, Meerwasser-Schwimmbad mit Wellenanlage, Saunalandschaft, Beautyfarm und Thalassocenter. Die klotzige Architektur gehört zur DDR-Legende.
Seestraße 19,
18119 Rostock-Warnemünde
0381/7770 0381/54023
www.hotel-neptun.de
338 Zimmer, eine Suite, DZ ab 119 Mark

STERN DEUTSCHLAND **107**

HOTELS, RESTAURANTS, BOOTSTOUR

Hotel Sonne in Rostock

7 HOTEL SONNE

Einst berüchtigte Matrosenpension, nach komplettem Neuaufbau wieder leuchtendes Zentralgestirn der Rostocker Herbergerie. Die angrenzende Altstadt mit Markt, Ladenpassage und Brunnenplatz funktioniert als erweiterte Lobby. Die Möbel haben tatsächlich eigenen Stil, sie wurden speziell fürs Haus angefertigt.
Neuer Markt 2, 18055 Rostock
0381/49730 0381/4973351
www.hotel-sonne-rostock.de
124 Zimmer, 9 Suiten, DZ ab 235 Mark

8 CREATIVHAUS

Erstaunlich, was Farben und ein futuristischer Vorbau aus einem öden Systembau machen können. Überhaupt trieben es Architekten ziemlich bunt, innen wie außen. Und die zeitgenössische Kunst im Haus dürfte die Verehrer schwülstiger Schinken mit röhrenden Hirschen entmutigen. Alle anderen erwartet – in bestem Sinne – Aufregendes.
Feldstraße 85, 17489 Greifswald
03834/549500 03834/549505
www.creativhaus-hotel.de
22 Zimmer, keine Suite, alle DZ 125 Mark

9 HOTEL SCHÄFER ECK

Die Fassade aus Fachwerk und Backsteinen erinnert an Wismar (acht Kilometer entfernt), Reetdach sowie Aussicht auf die Wismarer Bucht und Salzwiesen an die nahe Insel Poel. Vorne raus geht es in die Hansestadt, hinten raus in die Natur.
23974 Groß Strömkendorf
038427/2910 038427/263
www.schaefereck.de
36 Zimmer, DZ ab 130 Mark

10 SEEHOTEL GROSSHERZOG VON MECKLENBURG

Kinder bis elf Jahre wohnen hier umsonst und werden tagsüber kostenlos betreut – wo gibt's das schon? Die Gegend bietet die schönste Steilküste jenseits von Rügen. Unterm Dach ist eine wohltemperierte Schwimmhalle, doch wegen der großen Fenster mit Ostseeblick könnte man sich winters gut als Eisbader fühlen.
23946 Boltenhagen, Ostseeallee 1
038825/500 038825/50500
www.seehotel-boltenhagen.de
149 Zimmer, 12 Suiten, DZ ab 180 Mark

11 HOTEL POMMERLAND

Das passende Hotel zur kleinsten mecklenburgischen Hansestadt Demmin, deren wunderschönes Zentrum Fachwerkhäuser, Wasserturm und dreischiffige Kirche bietet.
Meisengrund 13, 17109 Demmin
03998/28020 03998/280225
12 Zimmer, eine Suite, DZ ab 80 DM

12 PATAPAYAHAUS

Patapaya heißt eine afrikanische Schildkröte, wegen deren ruhigen Wesens machte die stets quirlige Chefin Friederike Hund sie zu ihrem Maskottchen. Auch sonst lebt das eigenwillige Haus von den (Farb-) Kontrasten: Im grünen Zimmer thront die Schlafstatt auf Blumenkübeln, das „Liebeszimmer" erglüht in Rot von der Bettdecke bis zu den Rosen, das orangene teilt man sich mit gemalten Außerirdischen.
Gut Schorrentin, 17154 Neukalen
039956/21390 039956/21391
www.patapaya.de
6 Zimmer (bis 5 Personen pro Zimmer) DZ ab 55 Mark

Creativhaus in Greifswald

13 DE OLLE SCHOOL

Das Therapiezentrum für „Schietbüttel" (Schlechtgelaunte) aller Wetter: Fritz Schernau, sangeskräftiger Wirt mit Keyboard, hat noch jeden rumgekriegt – ob bei seinen Kremserfahrten, den Wildgalas oder den „Snacks up platt". Und beim „School"-Unterricht in Jägerlatein dürften selbst die erfahrensten Weidmänner noch dazulernen. Nicht das größte, dafür das lustigste Hotel in Meck-Pomm.
Dorfstraße 4, 17099 Sandhagen
039607/20481 039607/20330
www.hotel-school.de
8 Zimmer, eine Ferienwohnung DZ ab 99 Mark

14 SCHLOSSHOTEL BURG SCHLITZ

Man kann essen oder speisen. Und man kann tafeln wie im Rittersaal dieser bedeutendsten klassizistischen Schlossanlage des Landes. Gerade 20 Zimmer und Suiten sorgen für exklusive Ruhe, die man nach einem Spaziergang durch den gut 80 Hektar großen Landschaftspark erst recht genießen wird.
17166 Hohen Demzin
03996/12700 03996/127070
15 Zimmer, 5 Suiten, DZ ab 360 Mark

15 SCHLOSS BASTHORST

Ins adlige Ambiente flüchtete dazumal die SED-Nomenklatura vor den Mühen des Wohnungsbauprogramms. Heute steht der grundlegend sanierte Prachtbau allen Gestressten offen. Das Herrenzimmer, eine stattliche Bibliothek, die stilvollen Antiquitäten sowie ein vorzügliches Restaurant sind schlicht zu schade für die Durchreise. Die stillen Uferwege und die Magie der Bluteichen im Park vermitteln ein lange vermisstes Gefühl: Gelassenheit.
Basthorster Weg 18, 19089 Basthorst
03863/5250 0386352555
www.schloss-basthorst.de
52 Zimmer, Turm-Suite, DZ ab 160 Mark

16 HOTEL SPEICHER AM ZIEGELSEE

Mitten in morbider Industrielandschaft steht dieses ehemalige Getreidesilo, aus- und umgebaut zu einem der erstklassigsten Hotels des Landes. An die vormalige Nutzung erinnern das alte Treppenhaus und die farblich abgesetzten Säulen. Die Zimmer sind fast zu schön, um nur drin zu schlafen.
Speicherstraße 11, 19055 Schwerin
0385/50030 0385/5003111
www.speicher-hotel.de
79 Zimmer, 5 Suiten, DZ ab 170 Mark

17 BEST WESTERN SEEHOTEL FRANKENHORST

Das von Wald und Wasser umgebene Hotel bietet einiges für den maritimen Sporturlaub, einschließlich Segel-, Surf- und Tauchkursen oder das anderswo kaum noch zu praktizierende Kuttersegeln.
Frankenhorst 5, 19055 Schwerin
0385/ 592220 0385/ 59222145
www.all-in-all.com/1324.htm
40 Zimmer, 3 Suiten, DZ ab 180 Mark

Hotel Schloss Schorssow

18 HOTEL SANKT GEORG

Für alle, die vor den Küstenstaus zurückschrecken, aber trotzdem baden gehen möchten – nur zehn Minuten vom Hotel liegt der ostseeähnliche Strand des Tollense-Sees, ins Neubrandenburger Zentrum dauert es ebenso lange. Heiratswillige Paare brauchen nur einen kleinen Schritt für den großen: Direkt am Haus ist eine Kapelle samt Standesamt.
Sankt Georg 6, 17033 Neubrandenburg
0395/5443788 0395/5607050
20 Zimmer, 1 Suite, DZ ab 120 Mark

Dorfhotel im Urlaubsparadies Fleesensee

19 DORFHOTEL FLEESENSEE

Schönster Teil von Deutschlands größtem Ferienareal, dem im Mai eröffneten „Land Fleesensee" (5 Resorts, 1900 Betten). Während die Golfer im Schloss absteigen und die Wellness-Jünger im Robinson Club, buchen geplagte Eltern die Apartments des Dorfhotels – mit Kindergarten im Leuchtturm, Abenteuerspielplatz, Streichelzoo, Junior-Golfbahn, Bolzplatz und Internetcafé.
17213 Göhren-Lebbin
039932/80300 039932/803020
www.dorfhotel.com
193 Apartments (2–6 Personen) ab 185 Mark

20 SCHLOSS SCHORSSOW

Gleich drei Restaurants befinden sich im aufwändig restaurierten, dreiflügeligen Gebäude - jedes für sich eine Mahlzeit wert. Das freundliche Ambiente reicht von der Fassade bis zum Service. Ein Tecaldarium – in der die Fliesen auf 60 Grad erhitzt werden – lässt auch Herzkranke unbeschwert schwitzen. Das empfindsame Gemüt erholt sich bei Spaziergängen um den Haussee, einem der saubersten Gewässer des Landes.
Am Haussee, 17166 Schorssow
039933/790 039933/79100
www.schloss-schorssow.m-vp.de
36 Zimmer, 6 Suiten, DZ ab 260 Mark

ESSEN

1 ALTSTADT

Das kulinarische Herz zwischen Seevillen aus der Jahrhundertwende und neu eröffneten Bars an der Promenade. Das Lächeln von Kellnerin Melanie wird nur überstrahlt von der mit Wunderkerzen illuminierten Fischpfanne. Kinder mixen sich hinterm Tresen ihre Cocktails selbst.
Bachpromenade 4,
18546 Sassnitz/Rügen
☎ 038392/57896 📠 038392/57898
täglich 17-23 Uhr, feiertags 12-23 Uhr
Hauptgerichte 13-29 Mark

2 ZUM KLEINEN INSELBLICK

Von der vorzüglichen Aalsuppe möchte man ewig schwärmen. Doch weil die eigentliche Sache rasch gegessen ist, gibt's eine echte Erinnerungsstütze dazu: Der Stuhl, auf dem man während des Mahls saß, kann gekauft werden. Dazu Tassen und Teller, aber auch Urlaubslektüre von antiquarisch bis druckfrisch.
Birkenweg 2, 18565 Kloster/Hiddensee
☎ 038300/234 📠 038300/68013
🌐 www.zum-kleinen-inselblick.de
täglich 11-24 Uhr, Hauptgerichte von 10-22 Mark

Nautilus in Neukamp, „Offiziersmesse"

3 NAUTILUS

Speisen wie Käpt'n Nemo, zwischen Sehrohr und Taucherluke. Wenn nächtens die Bullaugen schließen, glaubt man sich inmitten vernieteter Schiffswände Meilen unterm Meer. Serviert wird trotzdem kein Tiefseeaal, sondern hausgemachter Pfefferhering oder ein ganzer Wels.
18581 Neukamp bei Putbus/Rügen
☎ 038301/830 📠 038301/60860
🌐 www.ruegen-nautilus.de
täglich ab 11.30 Uhr, Hauptgerichte von 15,50-32 Mark

4 ZUM ALTEN FRITZ

Gesprächsstoff ist das Bier in allen Variationen. Nicht nur als flüssiges „Zwickelfritz" (Wasser aus eigenem Brunnen, kalte, lange Gärung, nur frisch gezapft), auch als Störtebeker Biersuppe oder Bierkutschersteak. Treffpunkt für alle Bieromanen und Redselige rund um den Rügendamm.
Greifswalder Chaussee 84/85,
18439 Stralsund
☎ 03831/255500 📠 03831/255513
täglich ab 11 Uhr, Hauptgerichte von 10-26 Mark

5 CAFÉ NAMENLOS

Nach der Nacht in der angeschlossenen „Pension Fischerwiege" Frühstück auf der Seeterrasse. Bis zum Mittag in den Darßer Wald, anschließend ein fulminanter Hirsch in Rotweinbeize. Zur Verdauung eine in einer der Galerien der nahen „Künstlerkolonie". Zurück zur Vesper und der hausgemachten „Mecklenburger Götterspeise" – wirklich überirdisch.
Am Schifferberg,
18347 Ostseebad Ahrenshoop
☎ 038220/6060 📠 038220/606301
🌐 www.cafe-namenlos.de
täglich 11-24 Uhr, Hauptgerichte von 23-125 Mark

Restaurant Blinkfüer in Dierhagen

6 BLINKFÜER

Dierhagen ist das Tor zum Fischland Darß, dieses Lokal schließt auch den Gaumen dahin auf: Ein Filet vom Saaler Zander in Kräuterhülle, serviert mit Kohlrabi, degradiert den trendigen Ostseelachs zum Köderfisch. Erst recht, wenn Koch Axel Ziegler den Zander in Zitronenrahm an Butterkartoffeln kredenzt.
An der Schwedenschanze 20, 18347 Ostseebad Dierhagen
☎ 038226/80384-86 📠 038226/80392
🌐 www.hotel-blinkfuer.m-vp.de
täglich von 7-24 Uhr, Hauptgerichte von 16-32 Mark

7 KARLS ERDBEERHOF

Aus Großvaters Gemüsestand von vor über achtzig Jahren machte Enkel Robert Dahl einen Bauernmarkt samt Restaurantscheune, die beileibe nicht nur das rote Früchtchen verherrlicht. Seine Soljanka im ausgehöhlten Brotlaib etwa ist ein lukullischer Coup in Sachen deutsch-russischer Freundschaft.
Dorfstraße 2, 18182 Purkshof
☎ 038202/405222 📠 03 8202/405223
🌐 www.karlserdbeerhof.de
täglich von 6-19 Uhr, Hauptgerichte von 5-10 Mark

8 PETRIKELLER

Hier wird nicht getrunken, sondern „gebechert", und das Fleisch ist „Fleysch". Zur guten Tischsitte zählt das Schlürfen der Suppe, der Rest darf mit Fingern vertilgt werden. Dagegen gilt es als unfein, abgenagte Knochen hinter sich zu werfen. Außer einem vorzüglichen Kapaun offeriert die mittelalterliche Spelunke regelmäßig fahrende Spielleute, Feuerspucker und andere Gaukler.
Harte Str. 27, 18055 Rostock
☎ 0381/455855 📠 0381/6672443
🌐 www.petrikeller.de
täglich ab 18 Uhr, Hauptgerichte von 19-24 Taler

9 CAFÉ-SEESCHLOSS

Klein, fein, mit weißen Möbeln und großen Fenstern. Durch sie kann man Küchenchef Hans-Jürgen Schmidt beim Ernten des Gemüses im hauseigenen Gewächshaus beobachten. Oder man erblickt, insbesondere zum Abend hin, das Seegespenst der nahen Schloss-/Klosterruine. Kann aber auch ein Weingeist sein, die einschlägige Karte gibt reichlich Sehhilfe.
Schloßstraße 67, 17159 Dargun
☎ 039959/20204
Sommer täglich, Winter Mi-So 11-23 Uhr
Hauptgerichte 15-30 Mark

10 KRÄUTERSTUBE

Frisch wie die verwendeten Kräuter ist das Etablissement selbst – die Kräuterstube gibt es erst seit einem halben Jahr. Dennoch haben sich die Gaumenkünste des Kochs und Pächters Wolfgang Maihöfer bereits herumgesprochen. Vor allem seine Variationen an Lamm oder Fisch gelten als guter Tipp.
Im Hotel Oasis, Strandpromenade,
17424 Heringsdorf/Usedom
☎ 038378/2650 📠 038378/26599
🌐 www.hotel-oasis.m-vp.de
täglich von 11-24 Uhr, Hauptgerichte von 18,50-58 Mark

11 NAUTICUS

Nicht nur buchstäblich – 500 Meter ragt das Restaurant ins Wasser – auch gastronomisch wagte sich Küchenchef Marcus Lübke weit vor: Als einer der Ersten bescherte er der Insel nach der Wende die gehobene Karte. Mit Erfolg – trotz der mittlerweile wahrlich nicht unerheblichen Konkurrenz auf Usedom sind Plätze schwer zu ergattern.
Seebrücke, 17424 Heringsdorf/Usedom
☎ 038378/28817 📠 038378/28819
🌐 www.seebruecke-heringsdorf.m-vp.de
täglich von 10-22 Uhr, Hauptgerichte von 12-46 Mark

12 DAS GEWÖLBE

Die Wände sind „tapeziert" mit übervollen Regalen, wer zwei Bücher mitbringt, kann eines einsacken. Lesen beim Essen gilt nicht als schlechte Angewohnheit, die gefüllte

Café Namenlos in Ahrenshoop

TOUR (A)

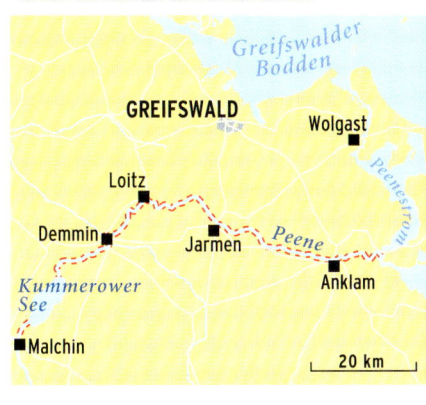

VON DER „SCHWEIZ" AN DIE OSTSEE MIT DEM BOOT

Augen auf und durch: Und zwar ab Malchin per gechartertem Hausboot, Paddelboot oder gemietetem Fischerkahn quer durch die Mecklenburgische Schweiz. Während des gut 80 Kilometer langen Peene-Törns bis Anklam (keine Schleusen, kaum Berufsschifffahrt) treibt man durch Mecklenburg-Vorpommerns größtes zusammenhängendes Niedermoorgebiet – vorbei an eiszeitlichen Hügeln, Seen und Urstromtälern. Gleich hinter Malchin sticht der

Kummerower See, Schilfgürtel, Abendlicht

Bug in den Kummerower See, den man am besten schweigend passiert, will man einen Blick auf die wieder heimisch gewordenen Seeadler erhaschen. Nach einem Drittel der Strecke stoßen bei Demmin die Flüsschen Peene, Trebel und Tollense aufeinander und bescheren der Gegend einen beeindruckenden Bestand an Wildfischen (rund 35 Arten). Fischfreunde vertäuen ihr Boot direkt vorm Demminer Restaurant „Zum Speicher". An Jarmen vorbei (Achtung: Eisvögel, Fischotter!) schippert man weiter bis Anklam und macht beim dortigen „Yachtklub Peene" fest für einen Stadtbummel (Otto-Lilienthal-Museum). Tipp für Seefeste: weiter den Peenestrom hoch bis in den ostseenahen Greifswalder Bodden.

Anfahrt:
Von Schwerin aus die B104 in nordöstlicher Richtung über Güstrow und Teterow bis Malchin,
Hafen am Ortsausgang
Tourismusverband Mecklenburgische Schweiz, Malchin Tel. 03994/224755

RESTAURANTS, AKTIVITÄTEN, RADTOUR

Restaurant Bornmühle in Groß Nemerow

Kalbsroulade von Küchenmeister Axel Börtlein schmeckt sowieso am besten zu Proust. Abends zitieren Schauspieler aus den Werken der schreibenden Gourmets, der Koch kreiert deren Leibspeisen. Die dickste Kinderkarte weit und breit.
Gutshotel, 18276 Groß Breesen
☎ 038458/500 📠 038458/50234
🌐 www.gutshotel.de
täglich 12-23 Uhr, Hauptgerichte von 13-28 Mark

13 SCHRÖTER'S
Der gute Ruf eilte Inhaber Erik Schröter nach: Als er vor einiger Zeit vom „Fontane" ins eigene Lokal wechselte, war Letzteres vom Start weg etabliert. Kein Wunder bei Schröters Mix aus deftiger regionaler, leichter mediterraner und exotischer asiatischer Küche – von Sashimi aus Ostseelachs bis Lammrücken mit Oliven-Knoblauch-Paste.
Körnerstraße 21, 19055 Schwerin
☎ 0385/5507698 📠 0385/5507719
🌐 www.schroeters.de
täglich (außer Mo) 11.30-15 Uhr und 18-24 Uhr, Hauptgerichte von 29 und 45 Mark

14 ICH WEISS EIN HAUS AM SEE
Dass ein Thermotechniker am Herd hantieren kann, scheint mehr als einleuchtend. Nicht aber in der Perfektion, wie sie Michael Laumen offenbart. Mit Spezereien wie hummergefüllten Seezungenröllchen eroberte er den bislang einzigen Michelin-Stern des Landes. Vorher unbedingt reservieren!
Altes Forsthaus 2, 18292 Krakow am See
☎ 038457/23273 📠 038457/23274
🌐 www.hausamsee.de
täglich (außer Mo) ab 18 Uhr, Hauptgerichte 42-48 Mark

15 DIE MÜHLE
Als „Leuchtturm des Binnenlandes" sieht Hans-Jürgen Schulz seinen 23 Meter hohen, nicht mehr funktionsfähigen Windfang. Unten isst man in der rustikalen Bauern-, oben in der Müllerstube mit ihrem riesigen Tresen und sitzt in uralten Polstern, und von der Galerie aus blickt man im Sommer auf das wogende Meer aus Rapsblüten.
Lindestraße 30a, 19374 Goldenbow
☎ 038723/80699 📠 038723/80690
🌐
täglich Mo-Fr 11-14 Uhr und 17 Uhr bis open end, Wochenende ab 11 Uhr durchgehend, Hauptgerichte von 14-28 Mark

16 KLEINES MEER
Auch ein Mini-Ozean wie die Müritz birgt Schätze – geschuppte Silberbarren wie Zander, Barsch oder Wels etwa. An Weihnachten sind die Festtagsmenüs vorm Kamin die zeitgemäße Alternative zur häuslichen Hektik am Herd.
Alter Markt 7, 17192 Waren/Müritz
☎ 03991/6480 📠 03991/648222
🌐 www.kleinesmeer.com
Mo-Fr 17.30-23 Uhr, Wochenende ab 12 Uhr, Hauptgerichte 28-35 Mark

17 BORNMÜHLE
Hier jagt der Chef noch selbst. Für die Veredelung sorgt Küchenmeister Torsten Räth, seine gepökelte Rehkeule wird nur übertroffen vom geschmorten Tollense-Aal. Behindertengerecht ausgebaut.
Bornmühle 35, 17094 Groß Nemerow
☎ 039605/600 📠 03965/60399
🌐 www.bornmuehle.com
täglich 12-22 Uhr, Hauptgerichte von 18-40 Mark

18 SEGLERHEIM
Essen und trinken im reetgedeckten, rustikal eingerichteten Pfahlhaus. Den Müritzfisch könnte man von der Terrasse aus angeln, schneller geht es per Order an Brunhilde Vogt. Seit über 25 Jahren begeistert sie die Gäste mit ihren Fischgerichten, das Gaumen-Highlight kommt dennoch vom Festland – ihr Mecklenburger Rippenbraten.
Müritzpromenade 11, 17207 Röbel/Müritz
☎ 039931/59181 📠 03991/59206
🌐 www.seglerheim.de
täglich 12-24 Uhr, Hauptgerichte von 12-24 Mark

19 HEIDEHOF
Ungewöhnliches muss nicht immer aus fernen Ländern stammen: Gebratene Leberwurst oder Kartoffelbrei in Buttermilch dürften, obwohl landestypisch, selbst alteingesessene Gaumen kaum kennen. Wirtin Christel Reil findet so was in alten Kochbüchern und bietet einiges davon schon zum Frühstück.
Hauptstraße 15, 19230 Moraas
☎ 03883/722140 📠 03883/729118
täglich ab 6.30 Uhr, Hauptgerichte von 16-27 Mark

20 AMBIENTE
Das weite Glasdach des Innenhofes macht das herzogliche Haus zum Erlebnisrestaurant. Vor allem wenn Regen darauf fällt, sitzt es sich nirgendwo gemütlicher. Wilfried Glania-Brachmann, mit dem Eurotoques geadelter Küchenchef, kocht seine ganz eigenen Süppchen – eine Leidenschaft, der er auch bei den Desserts frönt.
Schloßstraße 15, 19288 Ludwigslust
☎ 03874/4180 📠 03874/418190
🌐 www.landhotel-de-weimar.de
Mo bis Sa 12-14.30 Uhr und 18-21.30 Uhr und So 12-14.30 Hauptgerichte von 20-48 Mark

LEBEN

1 LACHS-TROLLING
Gerade anderthalb Meilen vor Lohme ging Anglern beim Trolling (Schleppangeln vom Boot mit fest installierten Routen) kürzlich der hierorts lange vermisste Lachs an den Haken. Man tuckert in die Heringsjagdgründe der Fettflosser und verkürzt sich die Wartezeit mit Meerforellen und Dorschen.
Fangzeiten 1. November bis 31. Juli
Info: Tourismusverein Lohme
☎ 038302/88838 o. /9283 (Angelkutter)
🌐 www.lohme.de

2 PUTBUSSER PARK
Schlosspark ohne Schloss. Letzteres ließen Ulbricht und Genossen einreißen. Der Park, obwohl gleichfalls hassenswertes Feudalerbe, blieb verschont: wozu weit reisen, wenn man Ginkgos, Riesenmammutbäume oder chinesischen Blauregen auch in der DDR sehen kann. Die klassizistische Stadt zum Park ist ein architektonischer Leckerbissen. Zur vorgelagerten Insel Vilm, Honeckers einstigem Privatrefugium, gelangt man nur nach vorheriger Anmeldung.
Innenstadt, Putbus-Info:
☎ 038301/431
Tourismusverein:
☎ 038301/60267

3 WALLENSTEINTAGE
Nicht Schiller fasste Wallensteins Tragödie zuerst in Kunst. Es waren die Stralsunder, die dem Heerführer erst per Waffengewalt den Marsch bliesen und hernach den tatsächlichen – mit Pauken und Trompeten bei seinem Abgang aus der Hansestadt. Seitdem gehört das so genannte „Hohnblasen" zur stolzen Erinnerung an jenen Sieg wie die kostenlose Kinderspeisung und der Bootskorso über den Strelasund.
Stralsund Information, Alter Markt 9 18439 Stralsund
☎ 03831/2 46 90 📠 03831/246949
an drei Tagen Ende Juli 2001

4 TONNENABSCHLAGEN
Jährliches Sommerritual in vielen Orten entlang der Küste, vor allem auf dem Darß und auf Rügen: Vom

Tonnenabschlagen in Ahrenshoop

galoppierenden Pferd aus versuchen Reiter, eine an Seile geknüpfte Tonne mit einem Knüppel zu zerschlagen. Bodenkönig wird, wer den Boden der Tonne herausschlägt, zum Tonnenkönig wird gekrönt, wer das letzte Stück Holz des Tonnenkreuzes abschlägt.
Info Tourismusverband Fischland-Darß-Zingst
☎ 038324/6400
In Born am 1. Sonntag im August

5 SURFEN
Bretter, die die Welt bedeuten: Die wässrige Speedpiste vor Nienhagen gilt als eines der wind- und wellensichersten Reviere des Landes. Vor allem bei auflandigem Wind garantieren die vorgelagerten Sandbänke zwei bis drei Meter hohe Brecher. Angst vor Staus braucht man zumindest in dieser Fortbewegungsart nicht zu haben: Über 350 Kilometer Küste machen Meck-Pomm zum Surfparadies schlechthin.
Info: Surfshop, Nienhagen
☎ 038203/81466
🌐 www.windfinder.com

6 WEIHNACHTSMARKT ROSTOCK
Der größte an Nord- und Ostseeküste, fast zwei Kilometer lang, zwischen Bürgerhäusern, Backsteingiebeln und Kröpeliner Tor. Dort steht das 40 Meter hohe Riesenrad, das von ganz oben einen großartigen Blick auf den Hafen und die (hoffentlich) vereiste Ostsee bietet. Die nordischen Räucher-Männchen bieten ofen-warmen Aal, viele Buden zeigen mecklenburgische Keramik.
Info über Tourismuszentrale
☎ 0381/19433
24.11.-20. 12, Innenstadt

Kleinbahn „Molli" in Bad Doberan

7 KLEINBAHN „MOLLI"

Im „Blumenpflückertempo" von Bad Doberan über Heiligendamm nach Kühlungsborn. Die 115 Jahre alte Bahn schnauft gemütlich vorbei an Wiese, Wald und Waterkant. Mit langem Arm klaubt man sich unterwegs den schönsten Feldstrauß.
Stadtinfo Bad Doberan
03820/415-0 038203/415-12
**Preise Erwachsene ab 5,00 Mark
Kinder 2,50 Mark**

8 WRACKTAUCHEN

Auf drei- bis zehntägigen Tauchreisen mit der „Artur Becker" zu den interessantesten Wracks der Ostsee. Etwa zur 1993 gesunkenen polnischen „Jan Heweliusz" oder der „Foerkrat", deren Herkunft und Untergangsdatum unklar ist. Ab 500 Mark gibt's Unterkunft, Vollverpflegung, Flaschenfüllung und Bleigewichte. Im Winter Angelfahrten zum fischreichen „Adlergrund".
Yachtweg 3, 17493 Greifswald
Fax 03834/ 84 01 47
www.artur-becker.de
Funknummer an Bord 01713224607

Wracktauchen vor Greifswald

9 SCHONERBRIGG „GREIF"

„Hand gegen Koje" – wer Passagier sein will, muss mit anpacken. Dafür kommt man hoch hinaus (bis in die Takelage) und segelt mit dem ehemaligen Schulschiff für DDR-Mariner bis Dänemark, Schweden oder ins Baltikum. Maritime Kenntnisse sind nicht erforderlich, die Stammcrew erklärt noch den kompliziertesten Knoten mit Seebärengeduld.
Yachtweg 3, 17493 Greifswald
03834/841424 03834/841424
www.greifswald.de/sport/greif/home.htm

10 HERINGSDORF GOES FASHION

Zweimal jährlich wird die Heringsdorfer Seebrücke zum längsten Laufsteg des Landes. Neuerdings wird das Event kombiniert mit einer mehrstündigen Gala-Liveshow des NDR, samt klassischem Ballett, den Stücken führender deutscher Schmuckhersteller und dem genialen Scherenschnitt von Starfriseur Udo Walz.
Termine: 6.und 7. April sowie 7. und 8. September 2001
Reservierung: 038378/24419

Spielbank in Heringsdorf

11 SPIELBANK

Bereits zur Jahrhundertwende wurden im einstigen „Strandkasino" die legendären „Gesellschaftsabende" gegeben. Allerdings ist heute die Auswahl weit größer als zuzeiten von Wilhelm Zwo – der ab 1898 fast jeden Sommer an den Tischen stand: Auf zwei Ebenen findet sich vom Amerikanischen Roulette bis zu den 80 modernen Automaten alles für den Flirt mit Fortuna.
**Strandpromenade,
17424 Seebad Heringsdorf**
038378/22818 038378/22819
**täglich 14-02 Uhr,
Mindesteinsatz 5 Mark**

12 FLIEGEN

Sehen, was Otto Lilienthal sah, als er sich hier als Erster in die Lüfte schwang. Und ein bisschen mehr: Im lautlosen Flug über Peenestrom und -niederungen, über Torfstiche oder die Boddenküste – und das nicht mal teuer: Ein fünfzehnminütiger Schnuppertrip im Segler kostet gerade 25 Mark, (eine ganze Stunde 50 Mark). Wer höher hinaus will, nimmt den Motorflieger, mit Pilotenschein steuert man selbst.
Fliegerklub Anklam, Friedländer Landstraße 17G, 17389 Anklam,
03971/245204
http://home.tonline.de/home/Jardo.Wohlrab/

13 BUTTERFAHRT

Seit der zollfreie Einkauf innerhalb der EU gestoppt ist, gehören die Schnäppchentörns ins polnische Nowe Warpno zu den letzten Billigrouten gen Schnaps und Zigaretten. Halbstündlich tuckern die schwimmenden Duty-free-Shops vom verträumten Altwarper Hafen aus. Wahlweise geht's auch über das Stettiner Haff nach Swinemünde oder Stettin.
039773/-20268
039773 20267
Fahrpreise ab einer Mark

Segelschulschiff Greif

14 NABUCCO

Nach dem sensationellen Erfolg von „Aida" folgt die nächste spektakuläre Opernproduktion im Schweriner Alten Garten. Klassikfans haben sich die Premiere sowieso schon vorgemerkt, doch auch für eingefleischte Rocker könnte die Aufführung der Anfang von etwas ganz Neuem sein.
**Tgl. 21. Juni bis 29. Juli, außer Mo
Kartenhotline:** 0385/5300127
(ab 17.10.)

15 KARTFAHREN

Rasen ohne Reue – nicht so schnell wie als Gelegenheits-Schumi auf dem Nürburgring, aber atemberaubend dennoch. Kinder bis zwölf üben im Buggy, Frauen flitzen montagabends separat. Sonntagsfahrer mit Hut zahlen die Hälfte (nur sonntags). 1200 Meter ohne Gegenverkehr, ohne Geschwindigkeitsbegrenzung und vor allem ohne Alleebäume.
**Speedy Kart, Quarzstraße 15,
17036 Neubrandenburg**
Fax 0395/7077720
www.speedy-kart.de
Täglich 14-22 Uhr, ab 15 Mark für 10 Minuten

Walpurgisnacht in Penzlin, Alte Burg

16 WALPURGISNACHT

Der Teufel hat gesiegt: Trotz der rund 2000 Hexenverbrennungen im mittelalterlichen Mecklenburg treffen sich die Satansbräute noch immer zu ihrer jährlichen Party an der Alten Burg in Penzlin. Höhepunkt ist der Hexentanz, eine Führung durch die Verliese und Folterkammern und der schaurige Fackelzug an Mitternacht.
**28.-30. April 2001, Info:
Museum Alte Burg, 17217 Penzlin**
03962/210494 03962/210135

17 WASSERSKI

Zugpferd ist hier nicht das Boot, sondern ein Lift. In kreisförmiger 800-Meter-Bahn gleitet man gemächlich, dann immer schneller über die wässrige Piste. Könner bringen es auf fast 60 km/h und viele Runden, doch auch mit weniger Speed braucht man sich nicht zu schämen – Hauptsache, man bleibt aufrecht. Zum Après-Ski sitzt

TOUR (B)

VON DÖMITZ NACH LUDWIGSLUST MIT DEM RAD

Startpunkt ist die **Dömitzer Elbebrücke**. Einst Symbol der Teilung, dann rekonstruiert, verbindet sie nun, was zusammengehört (Niedersachsen mit Mecklenburg-Vorpommern). Durch den historischen Ortskern geht es in südöstlicher Richtung nach Klein-Schmölen. Auch bei gemächlichem Tempo überholt man locker eine der **größten Wanderdünen Europas**: Auf 600 Meter Breite schleicht sie gerade ein paar Zentimeter im Jahr. Der weithin leuchtende „**Sand-Pilger**" ist nicht der einzige Glanzpunkt. In dieser bunten Landschaft (plattdeutsch:

Auf dem Deich bei Vitte auf Hiddensee

Griese Gegend) reihen sich Auen an Bracks, mischen sich stille Moore mit den Binnendünen, grenzen die Überflutungsräume der Elbe an Wälder. Hinter Klein Schmölen knickt die Tour scharf nach links, es geht nordwärts nach Kaliß, Neu Göhren und Malk-Göhren. Für fliegende Blickfänger wie Schwarzstörche, Kraniche oder Seeadler sollte man besser absteigen, andernfalls findet man sich im allerorts blühenden Ginster wieder (im Herbst auch im Heidekraut). Bei Glaisin lohnt der Besuch des **Forsthofes und seiner Gaststätte**: Der Duft frisch gebackener Brote aus dem Steinofen ist ein untrüglicher Wegweiser. Die rund 40 Kilometer lange Tour endet in **Ludwigslust**. Natürlich ist das Schloss ein Muss (siehe Sehenswürdigkeiten 19), doch Stadtkirche, Lindenalleen und der weite Stadtkern gehören auch dazu.
**Dömitz Information
Tel. 038758/22401**

AKTIVITÄTEN, AUSSICHTEN, RUNDFAHRT

Wasserski per Lift, Zachun

man im Restaurant mit den Panoramafenstern und bewundert die Profis auf der Sprungschanze.
Wasserski-Lift Zachun, Am Badesee 1, 19230 Neu-Zachun
☎ 038859/6010 038859/6015
🌐 www.wasserskilift.de
ab 20 Mark pro Stunde, von Ostern bis Ende Oktober, täglich 12 Uhr bis Sonnenuntergang

18 BADEWANNENRALLYE
Vorbild für das verrückte Wasserwandern waren die Kanadier. Erlaubt ist alles, was schwimmt und seinen Konstrukteur tragen kann: Badewannen, selbst gebastelte Flöße, Fässer und sogar ausrangierte Trabis. Drum herum Miss- und Misterwahlen, Markttreiben und ein feucht-fröhlicher Wannenball.
Mitte Juli 2001, Info: Badewannenverein Dammstr. 11, 19395 Plau am See
☎ 038735//44303

19 DIE SCHEUNE
Bereits Fontane pries die Heilkraft mecklenburgischer Kräuter – hier kann man sie kaufen. Die Scheune ist das Zentrum des Dorfes und des mecklenburgischen Handwerks: Bei den Töpfern und Kerzenziehern staunt das Auge, in der Fischräucherei jubelt die Nase. Die restlichen Sinne weckt die Kreativwerkstatt beim Selbermachen.
Dudel 1, 17207 Bollewick
☎ 039931/52009 039931/55637
🌐 www.die-scheune.m-vp.de
täglich 10-17 Uhr

20 WESTERNREITEN
Wild East meets Texas: Sattelfeste helfen bei der Rinderarbeit oder reiten während einwöchiger Trails in die Sonnenuntergänge Mecklenburgs. Anfänger üben das Obenbleiben in der Reithalle und den Umgang mit Speck und Bohnen am Lagerfeuer. Im Sommer Kutsch-, im Winter Schlittenfahrten.
Dorfstraße 44, 17179 Dalwitz
☎ 039972/51440 039972/51263
🌐 www.gutdalwitz.de

SEHEN

1 KÖNIGSSTUHL
Rügens höchster Kreidefelsen (117 Meter) bietet den schönsten Blick übers Meer. Man erwandert ihn von Sassnitz kommend über Stock und Feuersteine bzw. entlang des Hochufers und der von C.D. Friedrich verewigten Wissower Klinken und ersteigt ihn dann per Holztreppe. Nahebei liegt der sagenhafte Herthasee und ein angeblicher Opferstein aus der Bronzezeit.
Info Fremdenverkehrsbüro Sassnitz
☎ 038392/5160 038392/51616

2 STÖRTEBEKER-FESTSPIELE RÜGEN
Haudrauf im Piratenkostüm und mit Dauerwelle entert allabendlich die Naturbühne von Ralswiek – dort, wo der „Robin Hood der Ostsee" und seine Mannen einst geankert haben sollen. Waffenklirrendes Schauspiel zwischen Schloss und Jasmunder Bodden mit richtiger Seeschlacht, falschen Pfeffersäcken und Pferde-Stunts vom Feinsten. Jeden Abend Musikfest und Feuerwerk.
23. Juni bis 1. September 2001
☎ 03838/31100 03838/313192
🌐 www.stoertebeker.de

3 FÄLSCHERMUSEUM
Warum lächelt die „Mona Lisa"? Weil sie gar nicht von da Vinci gemalt ist. Große Kunst nach van Gogh, Cézanne, Marc oder Monet in Deutschlands einzigem einschlägigen Museum. Selbstverständlich mit Falschheitszertifikat.
Galerie Jahreszeiten
Margarethenstraße 20, 18609 Binz
☎ 038393/13148 038393/13151
täglich 10-18 Uhr, Mo Ruhetag

Kreidefelsen Königsstuhl auf Rügen

4 RÜGEN PARK
Brandneue Attraktion auf Deutschlands größtem Eiland: Ganz Rügen in 15 Minuten, alle Sehenswürdigkeiten der Insel einschließlich Jagdschloss Granitz, Königsstuhl und Arkonas Leuchttürmen. Dazu weitere architektonische und historische Miniaturen berühmter Vorbilder, etwa Notre Dame, der Reichstag oder die Sieben Weltwunder der Antike. Alles riesig klein und bemerkenswert detailgetreu.
Mühlenstraße 22b, 18569 Gingst
☎ 038305/55055 038305/60049
🌐 www.ruegenpark.de
täglich 9-18 Uhr, ab 15 Mark

5 KRANICHZUG
Die Invasion Zehntausender Glücksvögel in die Region Rügen-Bock-Kirr ist eine einmalige Flugschau, beeindruckend nicht nur für Ornithologen. Zwischen September und November nutzen die Hochstelzer die ruhigen Schlafgewässer und das vielfältige Nahrungsangebot für den Zwischenstopp gen Süden. Nicht immer sind Ferngläser nötig – vielen Kranichen kann man sich immerhin auf 100 Meter nähern.
Kranich-Informationszentrum
Lindenstraße 27, 18445 Groß-Mohrdorf
☎ 038323/80540 038323/80541
🌐 www.kraniche.de

6 DEUTSCHES MEERESMUSEUM
Hinter Klostermauern schwappen die Sieben Weltmeere – mit fast allem, was drin, drauf oder nahebei zu finden ist. Am beeindruckendsten wohl das gigantische Walskelett und die submarine Wunderwelt des Aquariums. Am Wochenende Schaufütterungen im Haifischbecken.
Katharinenberg 14/20, 18439 Stralsund
☎ 03831/26500 03831/265060
🌐 www.meeresmuseum.de
täglich 10-17 Uhr, Schaufüttern am Wochenende ab 11 Uhr

7 BERNSTEINMUSEUM
Mit fast 1000 Bernsteinen Deutschlands größte Sammlung, darunter taubeneigroße Stücke und prachtvolle Inklusen: Jahrmillionen alte Käfer und Fliegen, in Farbe und Struktur bewahrt, als wären sie eben erst in ihr fossiles Bett gekrochen. Prachtvollster Neuerwerb ist eine vollständig umschlossene Eidechse. Und glückliche Finder können ihren Stein vor Ort schleifen lassen.
Im Kloster 1-2,
18311 Ribnitz-Damgarten
☎ 03821/-4622 03821/895140
April bis Okt tgl. 9.30-17.15 Uhr
Nov bis März Do-So 10.30-16.00 Uhr
Eintritt 5 Mark, ermäßigt 4 Mark

Deutsches Meeresmuseum in Stralsund

8 PILZMUSEUM
Ein Rotkäppchenweg führt zwischen Graal-Müritz und Klockenhagen nach Neuheide. Über 250 präparierte Pilzarten „wachsen" hier in einer naturnahen Umgebung. Pflücken leider verboten. Außerdem am Ort: beinahe sämtliche Tierarten Mecklenburg-Vorpommerns, ausgestopft.
Ribnitzer Landweg 2, 18311 Neuheide
☎ 038206/79921
🌐 www.m-vp.de/0647.htm
Di-Fr von 9-11 Uhr und 14-17 Uhr, Sa 9-11.30 und 14-17 Uhr, So 9-11.30 Uhr

Hanse Sail 2000, Hafeneinfahrt Rostock

9 HANSE SAIL
Das größte maritime Spektakel hierzulande nimmt von der Beliebtheit und Beteiligung her Kurs auf die Kieler Woche. Hunderte Traditionssegler mit den Zeesenbooten als Flaggschiffe, dazu Museumsschiffe aus rund einem Dutzend Nationen setzen die Hansestadt Rostock unter Segel. Jährliche Höhepunkte sind die Regatten der Rahsegler und Schoner. Wer will, segelt mit.
9. bis 12.August 2001
☎ 0381/2085233 0381/2085232
🌐 www.hansesail.com

10 INSEL RUDEN
Die fast unbewohnte Lotseninsel vor der Peenemündung war erst für die V-Waffen-Entwicklung abgeriegelt, danach jahrzehntelang von der „Grenzbrigade Küste" versperrt. Außer den Sozialismus schützten die Genossen einen ornithologischen Garten Eden: Anderswo kaum noch zu beobachtende Vogelarten haben hier ihre Nist- und Rastplätze.
☎ 038371/20007
🌐 www.seehund-peenemuende.de

11 U-BOOT

Gestern noch im Atlantik, heute im Peenemünder Hafen: das sowjetische „U-461", weltgrößtes dieselelektrisches U-Boot. Mit Mittelstreckenraketen bestückt, tauchte es in den 70ern unter amerikanischen Flugzeugträgern hindurch. Außerdem zu sehen ist ein Rettungs-U-Boot, wie es auch bei der gesunkenen „Kursk" zum Einsatz kam.
17449 Peenemünde, Haupthafen
070047473333 www.U-461.de:
ganzjährig 10-18 Uhr

12 VINETA-FESTTAGE

Vineta, das deutsche Atlantis, liegt angeblich im Barther Bodden. Aus der spektakulären These wurde ein Spektakel: Auf schwimmender Bühne ersteht ein sagenhaftes Mittelalter. Weil auch Usedom den Sagenort für sich beansprucht, gibt es die gleiche Aufführung des Vorpommerschen Landestheaters in Zinnowitz. **Dort allerdings auf fester „Festbühne".**

13 AQUATUNNEL

Trockenen Fußes übers Wasser zu gehen soll ja schon mal geklappt haben. Hier schafft man selbiges sogar hindurch: Der zwölf Meter lange Tunnel teilt einen Bach, man durchwandert die gute Stube von Hecht, Barsch oder Karausche. Und die der Frösche – wobei die nie geglaubte Behauptung aus einem Kindergedicht überprüft werden kann: Wohnen die im Winter tatsächlich unterm Eis?
Natur- und Umweltpark, Verbindungschaussee, 18273 Güstrow
03843/24680 03843/842475
www.nup-guestrow.de
Tgl. 9-19 Uhr, ab Nov bis April 9-16 Uhr

Tierpark Wisente, Forstamt Jabel

14 FREILICHTMUSEUM

Vor den Touristen bevölkerten die Slawen Mecklenburg. Die 1000 Jahre alte, fast vollständig ausgegrabene Siedlung zeugt von deren baulichen und handwerklichen Fertigkeiten. Als frühmittelalterlicher Heimwerker kann man sie beim Flechten, Töpfern, Filzen oder bei der Verarbeitung von Metall, Leder oder Knochen selbst nachvollziehen. Zentrum der Anlage ist ein beeindruckender Ringwall, eine der besterhaltenen Kultstätten dieser Art in Deutschland.
Kastanienallee, 19406 Groß Raden
03847/2252
April bis Okt 10-17.30 Uhr, Nov bis März bis 16.30 Uhr, Mo geschlossen

Die 1000-jährigen Eichen bei Ivenack

15 DIE EICHEN VON IVENACK

Sechs Baumriesen ragen bis zu 36 Meter in den Himmel, die älteste Eiche zieren 1300 Jahresringe und ist von zwölf Männern kaum zu umfassen.
Infos beim Forstamt Stavenhagen
039957/20527
www.stavenhagen.de/ivenack.htm

16 SCHLOSS UND STAATLICHES MUSEUM

Auf dem Fundament einer slawischen Burg und mit einem Vermögen aus dem Anbau von Kartoffeln und Zuckerrüben schufen die örtlichen Großherzoge bedeutende Architektur im Stil des Historismus. Das Schloss besitzt nach Dresden die umfangreichste Sammlung Meißener Porzellans, einschließlich unbezahlbarer Unikate europäischer Manufakturen. Sehenswert auch: die größte europäische Ausstellung holländischer Malerei (Rembrandt, Rubens, Brueghel) im Staatlichen Museum (vorübergehend im Schlossmuseum).
Schwerin, Zentrum
0385/5252920 (Schloss) oder
0385/59580 (Staatliches Museum)

17 WISENTE

Die beeindruckendsten freilebenden Tiere Mecklenburg-Vorpommerns findet man auf dieser Halbinsel im Kölpinsee. Anfang des letzten Jahrhunderts gab es weltweit gerade noch zwei Dutzend der bisonähnlichen Giganten, heute sind es wieder

WWW. HOTLINES

 www.mecklenburg-vorpommern.de
Das Land von A bis Z.
 www.mvweb.de Alles über Meck-Pomm mit Suchmaschine.
 www.tmv.de Info-Site des Tourismusverbandes mit Buchungsanfragen.
 www.all-in-all.com Tourismus-Führer mit zahlreichen Adressen und Infos – von Camping bis Restaurants.
 www.super-urlaub.de/meckpomm/welcome.htm Unverzichtbar für die Urlaubsplanung.
 www.wetterwarte-mv.de Aktuelle Wetterberichte aus und für die Region.

über 2000 Exemplare. Vor allem im Winter kann man ihnen ganz nahe kommen – nur in dieser Jahreszeit nämlich finden tägliche Fütterungen (10–15 Uhr) im Schaugatter statt. Und im Mai gibt es dann Nachwuchs.
Forstamt Jabel
039929/70508
Öffnungszeiten täglich 9-18 Uhr

18 WINDMÜHLEN WOLDEGK

Mühle an Mühle und doch nicht Holland. Fünf historische Windräder versammeln sich am Fuße der höchsten Erhebung des Landes, des Helpter Berges (179 Meter). In einer Mühle wird tatsächlich noch Korn gemahlen, die anderen dienen als Café, Töpferei oder Museum zur Stadtgeschichte.
Mühlenmuseum
03963/211384

Schloss Ludwigslust

19 SCHLOSS LUDWIGSLUST

Nicht der Trabi ist das erste ostdeutsche Wunderwerk aus Pappe, sondern dieses Palais nach Versailler Vorbild. Nach dem steinernen Rohbau war die Kasse des herzoglichen Erbauers leer, doch der schöne Schein wurde gerettet: Sämtliche Rahmen, Zierleisten, Büsten, Vasen, selbst die Uhrengehäuse und Teile der Wandverkleidungen sind aus „Ludwigsluster Carton", die Überzüge allerdings glänzen wieder in echtem Gold.
03874/28114
Öffnungszeiten Nov bis März 10-17 Uhr
April bis Okt 10-18 Uhr; Mo geschlossen

20 DORFREPUBLIK RÜTERBERG

Bis zur Wende lag Rüterberg eingesperrt zwischen den Systemen, vollständig umringt von Grenzzäunen und Todesstreifen. Selbst in die DDR gelangten die Einwohner nicht ohne weiteres. Kurz vor dem Mauerfall riefen sie darum die „Dorfrepublik" aus – der legendäre Coup sorgte dafür, dass die „Mauer" zum Westen hier früher fiel als zur DDR. Allerdings nicht ganz: Ein Stück originale Grenze, samt Zäunen, Todesstreifen, Schlagbaum und Befehlsturm, erinnert an ein ansonsten gar nicht so komisches Stück deutscher Historie, Ost/West.
038758/22213

TOUR (C)

DARSS-RUNDFAHRT

Eine Tour für jede Jahreszeit (32 Kilometer), dank ausgebauter Wege, Asphalt und Beton. Westwärts ab Prerow geht es entlang der Ostsee über Deich, Hohe Düne zum Leuchtturm – die Hochgeschwindigkeitsstrecke für Skater. Vom Turm (**vorher im Natureum reinschauen!**) *zurück nach Süden, weiter Richtung Born durch den* **Darßwald** *mit seinem Wechsel von neu gepflanzten Nadelbäumen, urwüchsigen Revieren und Mooren. An Weihnachten unbedingt in die Konzerte der* **Borner Fischerkirche**, *im Sommer zum Weststrand. Die Strecke hoch nach Wieck und zurück nach Prerow führt zwischen Wald und Bodden*

Leuchtturm mit „Natureum" auf dem Darß

durch Adlerfarn, Erlenbrüche und Wacholderbüsche. Im Herbst und Winter ist dieser Teil der Strecke wegen des windbrechenden Waldes vor allem frisch Frisierten zu empfehlen. Die gesamte Strecke ist hervorragend ausgeschildert, Gaststätten sind in jedem Ort und Hafen.
Auf ein **Picknick in einer der Schutzhütten** *sollte man aber nicht verzichten – diese Ruhe, dieser Duft ...*
Tourenkarte beim Tourismusverband Fischland-Darß-Zingst
Tel. 038324/6400

RHEINLAND-PFALZ
SAARLAND

extra DEUTSCHLAND

RHEINLAND-PFALZ/SAARLAND

Schatzkammern für Leib und Seele: In der Heimat von Genuss, Gemüt – und Gutenberg, dem Urahn von Bill Gates

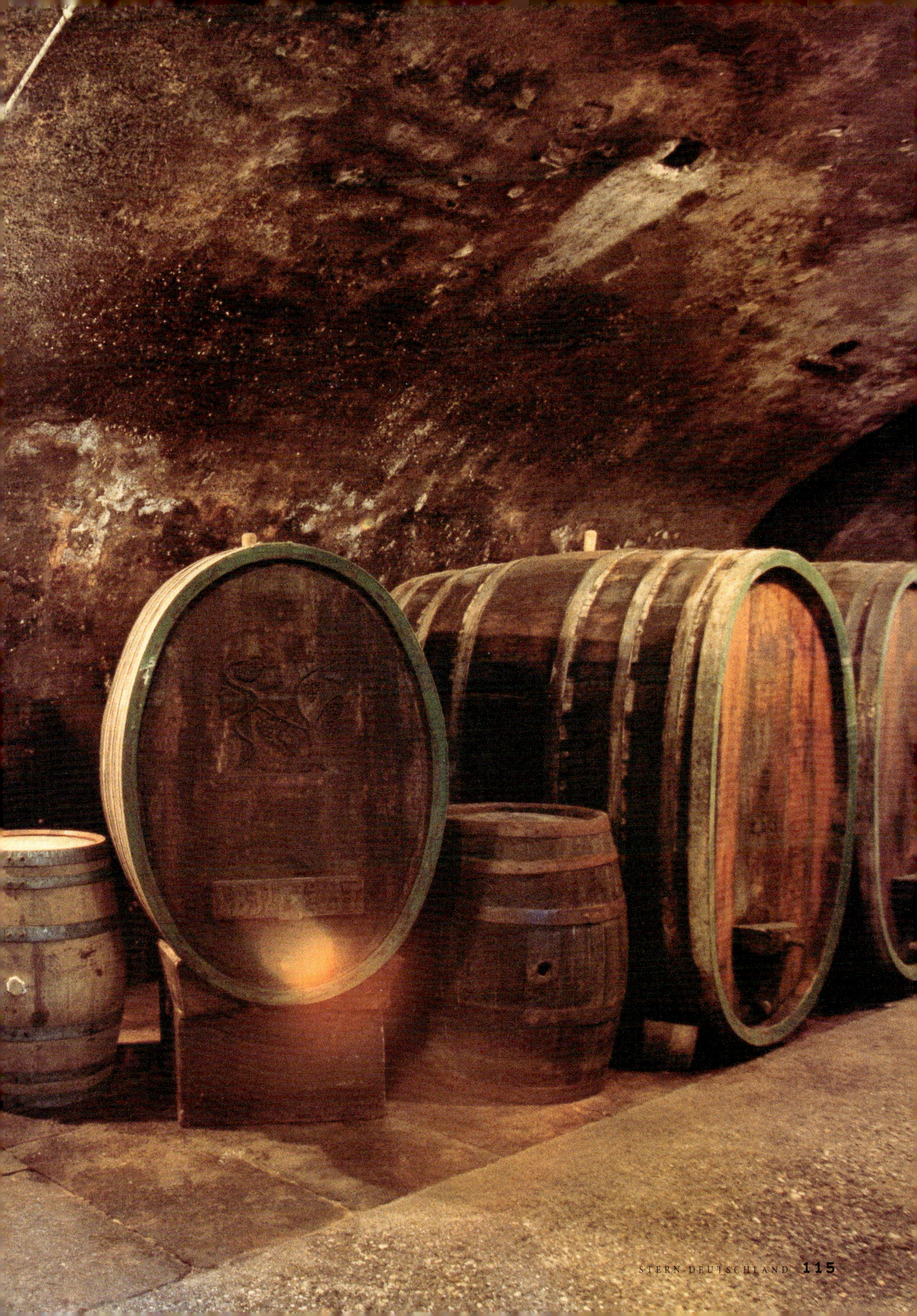

HADERERS DEUTSCHLAND-BILD

DEUTSCH-SÜDWEST: WEHE DEM, DER AUS DER ROLLE FÄLLT!

ANGETIPPT

Nachbarn sind selten ein Vergnügen, Saarländer nie. Die Franzosen wollten sie nicht behalten, wir wollten sie nicht haben – und wer hat sie an den Backen, die liederlichen Schambel? Wir Pfälzer. Wir finden sie unerträglich, aber sie hassen uns – sie müssen eben immer eins draufsetzen. Dafür kommen sie kleinlaut zu uns nach Kaiserslautern, wenn sie erstklassigen Fußball sehen wollen. Und das wurmt herrlich. Warum das alles? Wir sind so geboren, auf beiden Seiten, aber dass wir uns einfach zu ähnlich sind, kann nur jemand glauben, der unsern **SAUMAGEN** für die gleiche kartoffelige Manschmampfe hält wie deren Dibbelabbes. Wir sind derbe Krischer, weil wir durch stählernen Riesling gehärtet sind für jeden Krach, denn bei uns fasst der Schoppen einen halben Liter und spart viel Nachschenkerei. Mit den Worten sind wir nicht quirlefix, dann machen die so dumme Schprüch, dass unser **RUDOLF SCHARPING** besser Synchronsprecher für Zeitlupenfilme hätt werden sollen. Uns als spießige Klotzköpp hinstellen, und dann merken diese Hutsimbel nicht, dass im Fernseh der **HEINZ BECKER** nicht die Karikatur vom Saarländer ist, sondern das Ebenbild, dafür aber der aufblasbare **DIETER THOMAS HECK**. Sie halten sich für feinfühlig restfrankophil, weil sie Trottoir und Parapluie sagen und es nicht weit haben zum Essen im Elsass, was wir gar nicht mögen, weil die Pälzer Worscht alles schlägt. Hat unser großer Einstiger auch immer gepredigt, als er noch gesprochen hat. Erst die feindliche Übernahme durch diesen Schröder und dann das unverständliche Geschrei irgendwelcher Bimbesserwisser! Was soll da schon gewesen sein? Hier ist etwas Geld, aber pst, Sie können ja mal an mich denken. Von wegen: Entscheidend ist, was hinten rauskommt! Jetzt haben wir die merde, weil etwas Französisch können wir auch. Aber am Ende hat unser Helmut es zum aussortierten Kanzler gebracht und deren Oskar nur zum gescheiterten Kandidaten, den sogar die anderen Rotlichter schneiden. Beide beleidigt, da sind wir uns dann doch ähnlich. Nehmen Sie als Mitbringsel ein Dutzend Flaschen von unserem Kröver Nacktarsch und deren Scharzhofberger **RIESLING**, da schmeckt man, wer von uns liebenswert ist.

DER SÜDWESTEN IN ZAHLEN

Rheinland-Pfalz
Fläche: 19 847 Quadratkilometer
Einwohnerzahl: 4 031 000
Einwohnerdichte: 203 Einwohner pro Quadratkilometer
Sonnenstunden: Trier: 1530 Stunden im Jahr

Saarland
Fläche: 2570 Quadratkilometer
Einwohnerzahl: 1 072 000
Einwohnerdichte: 417 Einwohner pro Quadratkilometer
Sonnenstunden: Saarbrücken: 1660 Stunden im Jahr

ESSAY

Weck, Worscht un Woi

Ein fröhlicher und weltoffener Menschenschlag, „der viel Sinn für gesellschaftliches Zusammenleben und die Freuden der Zeit hat". So beschrieb schon 1958 ein gewisser Helmut Kohl in seiner Doktorarbeit die Rheinland-Pfälzer

Mal angenommen, Sie seien Lehrer. Und das auch noch in Rheinland-Pfalz. Dann stünden Sie jedes Jahr vor demselben Problem: Wohin beim Klassenausflug? Am besten was Spektakuläres, das die verwöhnte Brut beeindruckt. Nur: Spektakuläres gibt es in Rheinland-Pfalz nicht. Aufregende Städte, hohe Berge, ein Meer oder wenigstens einen vorzeigbaren See – alles Fehlanzeige.

Und genau daraus machte mein Erdkundelehrer an einem Mainzer Gymnasium eine für das Land typische Institution. Jeden Sommer, von der Sexta bis zur Oberprima, wenn die großen Ferien näher rückten, kündigte er an: „Also, für unsern Wandertag hab isch mer diesmal ebbes ganz Besonneres eifalle loss: Un mein Heimatort Naggenum (Nackenheim, die Red.) bietet sich da hervorragend dazu an." Der Ablauf des Ereignisses war jedes Jahr derselbe: Wir trafen uns morgens früh am Mainzer Südbahnhof. Kurz bevor der Zug kam, rief der Lehrer uns stets noch einmal zusammen. „Mir müsse noch was Wischdisches klärn. Also, wollt ihr Bier, oder wollt ihr Woi?" Wir wollten immer Wein. Darauf verschwand er im Telefonhäuschen und meldete seinen Eltern, die in Nackenheim einen Hof hatten: „Also, wie immä: Weck, Worscht un Woi." Am späten Vormittag saßen wir schließlich in einem Nackenheimer Hof an Festzelttischen, aßen „Paarweck" und „Fleischworschtkringel" und tranken unseren Wein – meistens kaum einen Löffel voll.

ES WAREN DIE WUNDERBARSTEN WANDERTAGE, zu denen Schulklassen jemals aufgebrochen sind. Was sind schon das Heidelberger Schloss oder das Brandenburger Tor gegen einen Hof in Nackenheim? Rheinland-Pfalz glitzert nicht, es prickelt nicht und bringt einen nicht zum Staunen. Da gibt es keinen Glamour und keine High Society – nur eine Spaßgesellschaft mit jahrhundertealter Tradition. Denn, so lehrte uns mein Erdkundelehrer: „Des Gesellische derf net zu korz komme."

Die Vorliebe des hiesigen Menschenschlages für einfache Gemeinschaftserlebnisse ist längst wissenschaftlich nachgewiesen. 1958 charakterisierte der inzwischen bedeutendste Historiker der Region seine Landsleute: „Die Pfalz ... beheimatet einen fröhlichen und weltoffenen Menschenschlag, der viel Sinn für gesellschaftliches Zusammenleben und die Freuden der Zeit hat." Die Aufsehen erregende Studie war eine Dissertation, die ihren Verfasser zum Doktor machte: Dr. Helmut Kohl. Natürlich hat der Alt-Kanzler und Alt-Ministerpräsident Recht. In der Mittelgebirgsregion zwischen Rhein und Mosel ist das ganze Jahr über Feiersaison. Der Winter gehört der Fassenacht und wird in der Turnhalle oder dem Bürgersaal verbracht. Wenn es langsam wärmer wird, geht's „uff die Gass" und endet mit den großen Straßenumzügen am Rosenmontag. Schon ist Frühjahr, und die Saison der Weinfeste beginnt. Deren Höhepunkt ist wieder ein Rausch, begleitet von heftigem Durchfall, verursacht vom ersten Federweißen, der auch noch mit verdauungsförderndem Zwiebelkuchen einverleibt wird. Das Ganze spielt sich im Herbst ab, kurz bevor am 11. 11. wieder die Fassenacht beginnt.

Und wann wird überhaupt gearbeitet? Zu dieser Frage hat ein deutsches Gericht 1997 Wesentliches festgestellt. Angeklagt war ein Pfälzer. In der Urteilsbegründung sagte der Richter, ebenfalls Pfälzer, der Verurteilte gehöre einem Menschenschlag an, „mit einer geradezu extremen Antriebsarmut, deren chronischer Unfleiß sich naturgemäß erschwerend auf ihr berufliches Fortkommen auswirkt". Im Klartext: Schaffe wolle se nix. Aber nix schaffe, des wolle se. Schuld an all dem ist natürlich „de Franzos". Der hat das bereits von den Römern besiedelte Gebiet gleich mehrmals besetzt, zuletzt nach dem Zweiten Weltkrieg. Die französische Militärregierung war es auch, die am 30. August 1946 das Land Rheinland-Pfalz gründete. Gegen Besatzermächte hat man sich in der Geschichte nie besonders hartnäckig zur Wehr gesetzt. Und mit dem Franzos wurde gleich Freundschaft getrunken.

Wohl Am meisten hat die Rheinland-Pfälzer an ihren Besatzern deren Lässigkeit imponiert. Lässigkeit im Umgang mit den preußischen Tugenden Disziplin, Ordnung, Sauberkeit und vor allem Arbeit. Die Untertanen ließen sich lieber vom französischen Gegenmodell infizieren, dem „savoir vivre". Und darum erwirtschaftet heute der Rheinland-Pfälzer ein rundes Drittel Bruttoinlandsprodukt weniger als ein Hesse. Die Hessen haben Frankfurt, den Flughafen, die Banken, das Geld. Für die gemütlichen Menschen zwischen Eifel und Pfälzer Wald sind die Hessen „Hecktiker" und vor allem „Schnellbabbler". Und genau das, ihre maschinengewehrähnliche „Schlabberschnut", neiden die Rheinland-Pfälzer ihren fixen Nachbarn.

Denn die Welt könnte so schön sein, wenn nur nicht das Sprechen wäre. Vor allem die Unterscheidung zwischen „ch" und „sch" macht zeitlebens Probleme. Der Rheinland-Pfälzer Urtyp sagt einfach: „Aschebeschä, Messersteschä, Schwerverbreschä." Alles mit „sch". Seine kultivierteren Landsleute verleugnen feige ihre mundartliche Heimat. Doch ganz „hunnertprozendisch" lernen sie es auch nicht. Darum versuchen sie zu tricksen, sprechen einfach alles mit „ch". Besonders peinlich ist das in der Politik, weil dort auch noch

WALTER WÜLLENWEBER
Er wuchs in Mainz auf und leistete seinen Zivildienst in Ingelheim. Seit 1995 ist Wüllenweber, 38, beim stern

laufend über „Gechichte" geredet wird oder gar über den „Manndel der Gechichte", wie der Alt-Ministerpräsident zu sagen pflegte. Seit den Zeiten des Oggersheimers bis heute regieren in der Mainzer Staatskanzlei stets Männer, die nicht wegen, sondern trotz ihrer sprachlichen Fähigkeiten gewählt werden. Wenn die Regierungschefs eines Landes irgendetwas über ein Bundesland aussagen, dann muss man feststellen, dass die Rheinland-Pfälzer vorzeigbaren, weltgewandten, modernen Politikern das Vertrauen bislang versagten. Der Reihe nach: Helmut Kohl, Bernhard Vogel, (der zu Recht vergessene) Carl-Ludwig Wagner, Rudolf Scharping und Kurt Beck. Egal, in welcher Partei einer ist – in Rheinland-Pfalz wählt man Landesväter mit provinzieller Ausstrahlung und – Kohl ausgenommen – mit Bremsflüssigkeit in den Adern. Wer's halt in de Fassenacht net packt, der muss Politiker wern.

Eine Pfälzer Spezialität, die es in sich hat: der Saumagen

POLITISCH HAT DAS KLEINE LAND im vergangenen Jahrzehnt arg gelitten: Bernhard Vogel ist zu den Ossis nach Thüringen gewechselt, Scharping und Kohl haben in Berlin nichts mehr zu sagen. Die Spendenaffäre machte Rheinland-Pfalz zum Bimbesland. Wieder so eine Gemeinheit, wo doch die Hessen viel mehr Dreck am Stecken haben. Rheinland-Pfalz hat nur „de Digge", aber in Hessen gibt es die Schurken gleich im Sechserpack: Koch, Kanther, Kiep, Weyrauch, Prinz Wittgenstein und der Aktenbeschützer Bohl – alles Hesseköpp. Die gravierendste Veränderung aber war der Mauerfall. Durch die Daueraufmerksamkeit für den Osten und durch den Regierungsumzug droht alles links des Rheins zum neuen Zonenrandgebiet zu verkümmern. Und dann sind wegen des plötzlichen Friedens auch noch die Amis abgehauen. Anfang der 50er Jahre gesellten sich US-Truppen zu den französischen Streitkräften in dem Bundesland. Sie wurden traditionsgemäß freundlich aufgenommen. GIs, Franzosen und Bundeswehr-Soldaten – bald waren nirgendwo in der Bundesrepublik so viele Soldaten auf so engem Raum stationiert. Ein halbes Jahrhundert lang hatte das Grenzgebiet zu Frankreich militärstrategisch eine besondere Bedeutung. Die Rheinland-Pfälzer hat das nicht gekratzt. Sie ließen die Ausländer machen – und schaffe. 1989 leisteten ausländische Truppen fünf Prozent vom Bruttoinlandsprodukt des gesamten Bundeslandes. Im Landkreis Kaiserslautern waren es sogar 40 Prozent.

Die einstigen Besatzer kommen jetzt allenfalls noch als Touristen nach Rheinland-Pfalz. Auf ihrem Trip „See Europe in one Week" müssen Amis oder auch Japaner im Zug durch das Rheintal von Köln nach Mainz brausen. Wenn sie auf der richtigen Seite Fensterplätze gebucht haben, können sie während der Fahrt ein paar Burgen und die Loreley knipsen. In Mainz steigen sie dann aus, lassen sich durch die herausgeputzte Altstadt führen und schauen sich den dicken Dom von außen und von innen an. Manchmal gehen sie auch noch runter an den Rhein und bestaunen die weltweit einzige Rhein-Main-Mündung. Früher hat es unten an der Uferpromenade meistens ziemlich gestunken, nach den diversen Substanzen aus der Ludwigshafener Giftküche. Viel schlimmer aber als der Rhein stank der Main. Am Wochenende schaukelten oft bunte Schaumkronen, aus der Gegend um Hoechst stammend, auf der Oberfläche. An der Mündung schwammen die beiden Ströme aufeinander zu und schließlich kilometerlang nebeneinander her – wie zwei Chemikalien, die sich nicht miteinander mischen lassen. Mit dem Fahrrad fuhren wir über die Eisenbahnbrücke hinüber auf das Mainspitzdreieck und beobachteten die alten Männer, die, einer alten Gewohnheit folgend, ihre Angelhaken in die Strömung warfen. Mitunter zogen sie sogar Fische aus der Brühe: kleine Monster mit eitrigen Geschwüren, die sie sofort wieder in den Fluss warfen.

Heute können die Fische aus unserem Rhein wieder gefahrlos gegessen werden. Das Wasser stinkt nicht mehr, und Schaumkronen gibt es nur noch einmal in zehn Jahren. Und die Erdkundelehrer führen ihre Schüler in den Unterrichtsstunden ans Rheinufer, um ihnen zu zeigen, dass man mit ökologischem Verhalten sogar aus einer Giftrinne wieder einen richtigen Fluss machen kann.

Bei solchen „kleinen Ausflügen" mussten wir damals immer ins Gutenberg-Museum, manchmal mehrmals im Jahr. Schließlich ist der Erfinder des Buchdrucks der berühmteste Mainzer, der bedeutendste Rheinland-Pfälzer und inzwischen sogar „Man of the Millennium". Seine Heimatstadt hat ihm schon vor 100 Jahren ein Museum hingestellt.

Für mich war das immer der peinlichste Ort auf Erden. Wegen Elizabeth II. Irgendwann in den 70ern kam die englische Königin auf einem Deutschlandbesuch in Mainz vorbei und schaute sich natürlich das Gutenberg-Museum an. Jockel Fuchs, der weltberühmte Mainzer Oberbürgermeister, der bei der Fernseh-Fassenacht immer so nett in die Kamera lächelte, „de Joggel" also, begrüßte Ihre Majestät und las vom Papier eine kleine Rede auf Englisch ab. Dann packte er die Elli am Arm, zog sie Richtung Treppe und sagte einen Satz, der für uns Mainzer zu einem Hit wurde, wie heute der „Maschendrahtzaun": „And now we go down in, äh, äh, die Druggäwäkstatt" (Druckerwerkstatt, die Red.).

Solche Erlebnisse verhalfen den Rheinland-Pfälzern nicht gerade zu einem modernen Image. Doch gerade Gutenberg, der Sohn einer Mainzer Patrizierfamilie, belegt die Fortschrittlichkeit der Menschen zwischen Reben und Rhein. Gutenberg war der Bill Gates seiner Zeit, streng genommen der Erfinder der New Economy. Wer ausgerechnet die Nachkommen dieses Mannes für provinziell oder gar rückständig hält, der denkt also ganz und gar unhistorisch. **WALTER WÜLLENWEBER**

FOTO-REPORTAGE

Wo Provinz kein Schimpfwort ist

„Des Gesellische derf net zu korz komme", sagen die einen. „Gehma erschdmol ennadrinke", die anderen. Bei aller gegenseitigen Abneigung verbindet Rheinland-Pfälzer und Saarländer die Lust an dem, was das Leben erst lebenswert macht – und die der eine dem anderen natürlich abspricht. Unser Fotograf Gabor Geissler zog durch beide Länder. Er startete seine Reise in St. Goar am Rhein, gegenüber der Burgruine Maus

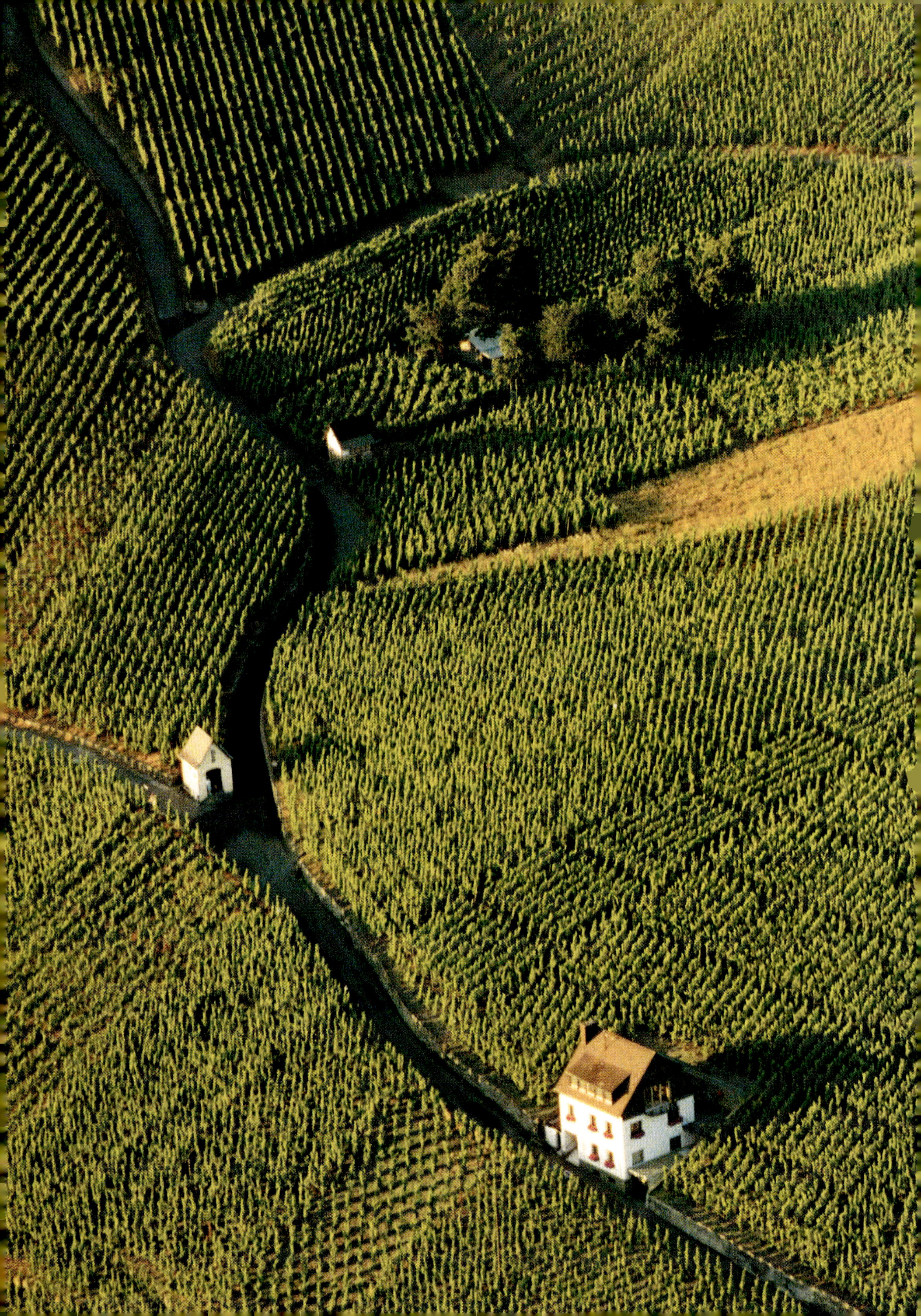

WO DER WEIN IN DEN HIMMEL WÄCHST

Steillage bei Bernkastel-Kues: Jahrelang als süßes „Pennerglück" verschrieen, gehören Moselweine heute längst wieder zu den begehrteren Tropfen. Ob auf sanft abfallenden Hügeln oder auf steilen Terrassen – überall, wo der Schieferboden von der Sonne beschienen wird, stehen Reben in Reih und Glied

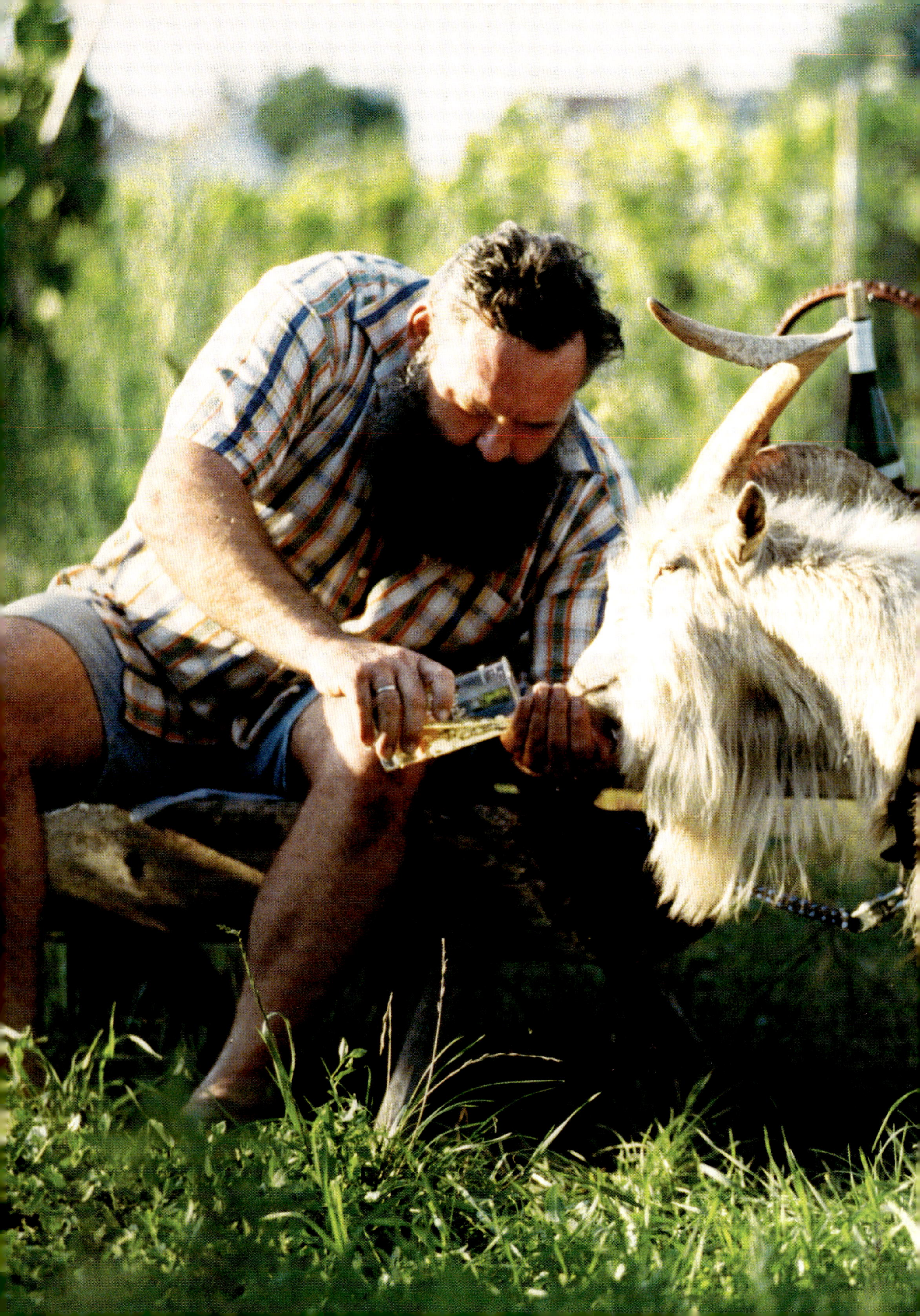

TIERISCH GUT, DER NEUE WOI

Klaus Eichberger, Schreiner und Bestatter zu Deidesheim/Weinstraße, hat den Bock zum Kumpanen gemacht. Seit Napoleon durch die Pfalz zog, wird jedes Jahr am Dienstag nach Pfingsten auf dem Deidesheimer Markt ein Geißbock versteigert – eine Spende der Nachbargemeinde Lambrecht für Weiderechte

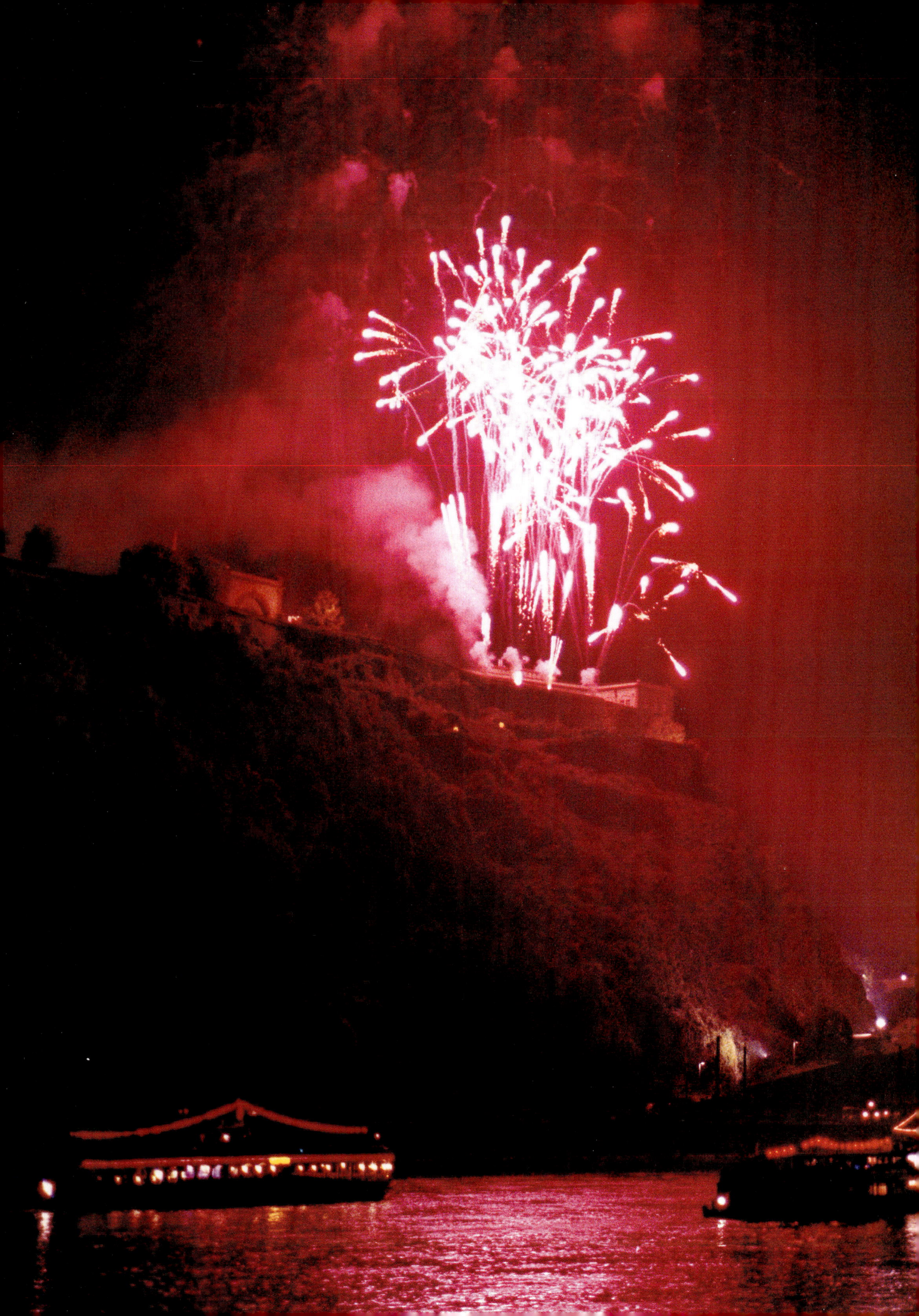

FEUER UND FLAMME FÜR VATER RHEIN

Sternenschauer regnen herab, bengalisches Licht illuminiert den Nachthimmel, Feuerwerke explodieren: Mehrmals im Jahr steht der „Rhein in Flammen" – wie hier in Koblenz am Fuße der Festung Ehrenbreitstein. Das Spektakel ist eine Referenz an den mythischsten und deutschesten aller Flüsse

VON ZUKUNFT UND VERGANGENHEIT

Eine Kulisse wie in Charlie Chaplins „Moderne Zeiten": In der alten Gebläsehalle der stillgelegten Völklinger Hütte lassen sich gern Hochzeitspaare fotografieren. Die Hütte, Denkmal von Weltruf, ist heute Saarlands Kulturzentrum Nummer eins

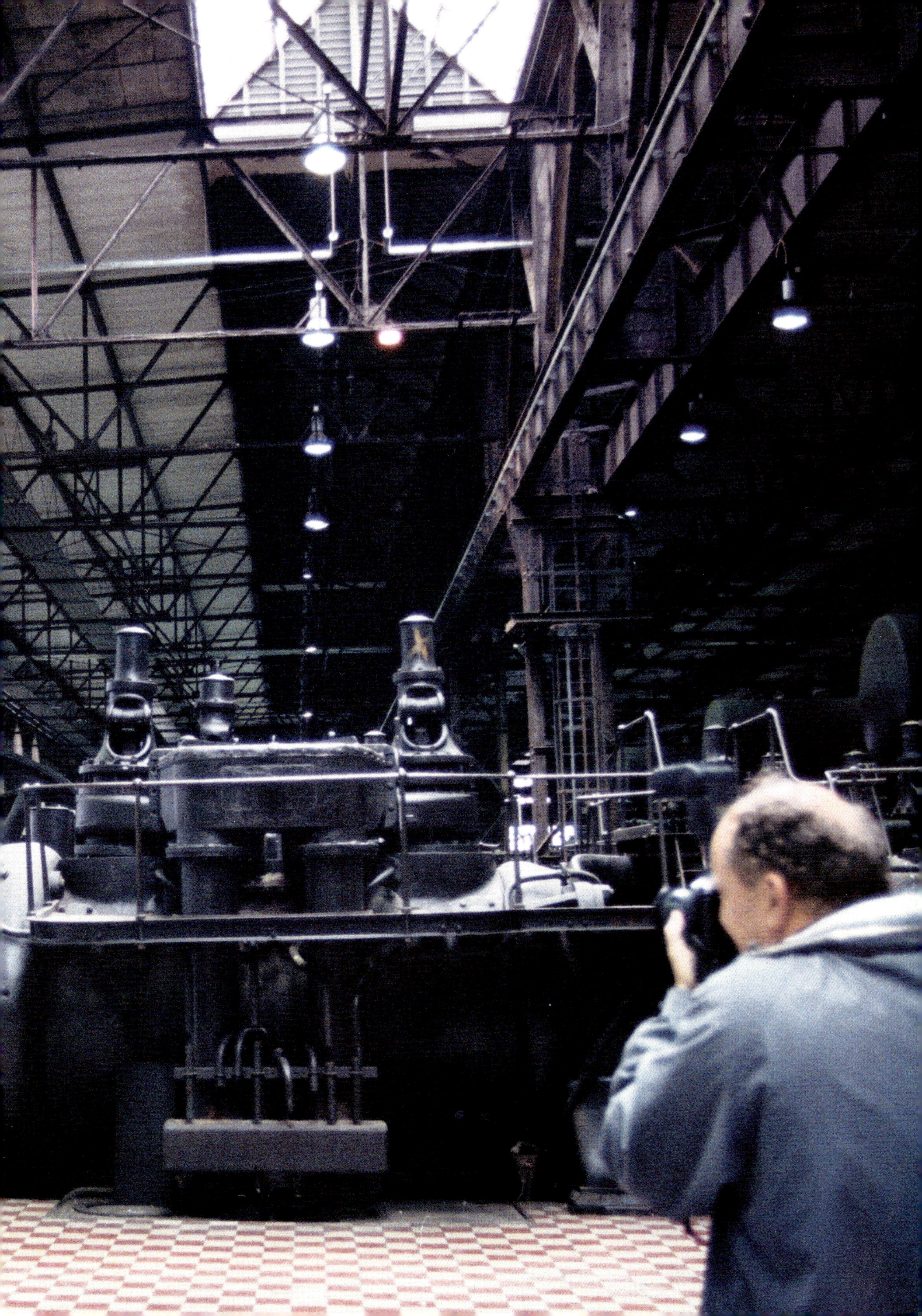

**LIEBE IST
NUR EIN ORT**

Wo die Saar sich bei
Mettlach selbst umarmt,
verspricht man sich
gern ewige Treue. Ewig?
Oberhalb der Saarschleife
saßen schon Gerhard
Schröder und sein
Männerfreund Oskar –
nicht umschlungen

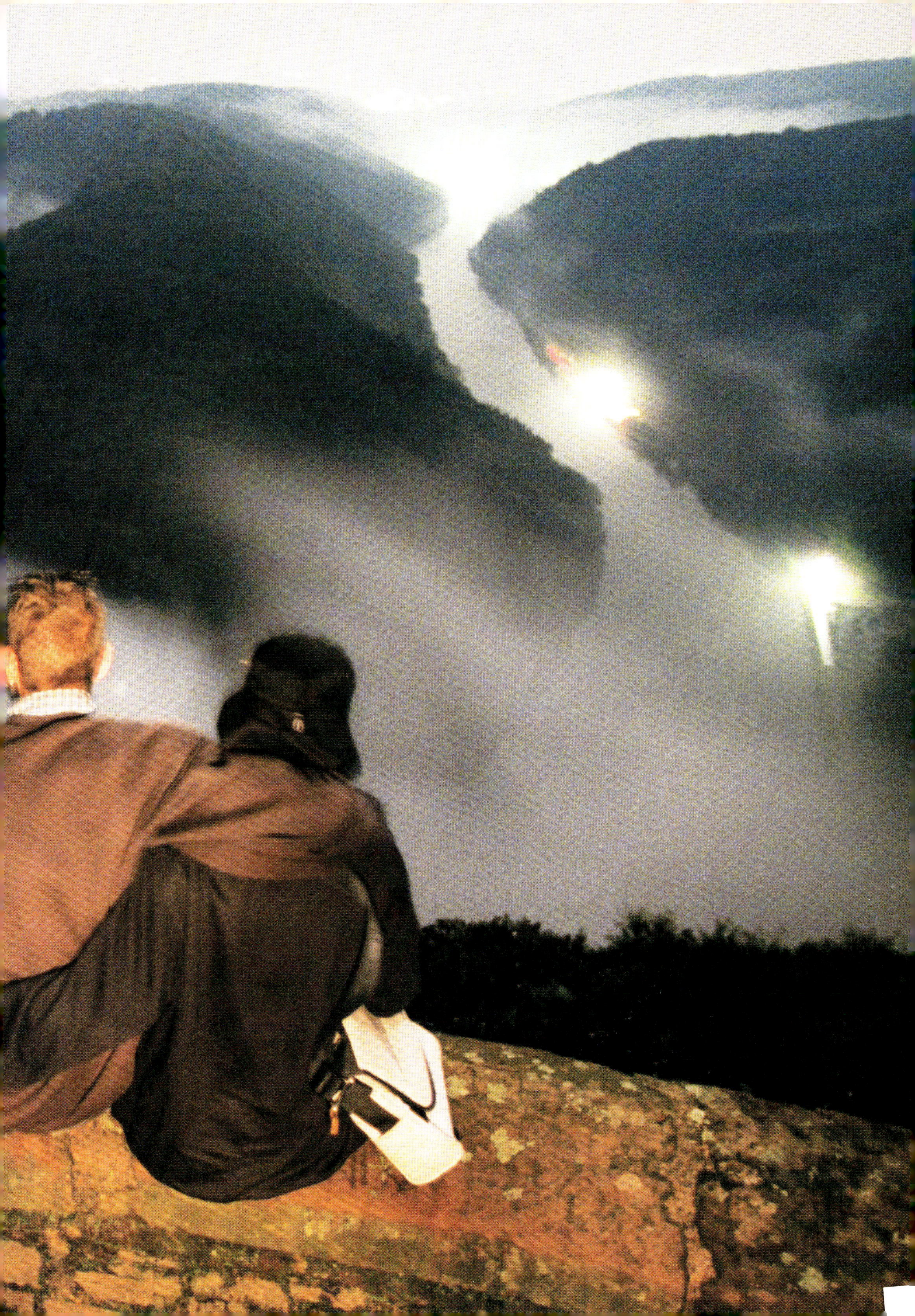

ESSAY

Dahemm mit der Flemm

Der Saarländer hasst Vorschriften und liebt alles, was Leib und Seele zusammenhält. Typisch für ihn: die überbordende Lebenslust und die abgrundtiefe Melancholie. Am wohlsten fühlt er sich zu Hause, wo er seinen Weltschmerz - die „Flemm" - kultiviert

Der Himmel über dem Saarland ist ein heiterer Himmel voller Wölkchen. Man hört lautes Singen, und die Luft vibriert, als sei sie besoffen. Diese Besoffenheit verdichtet sich über dem St. Johanner Markt in Saarbrücken zu einem brausenden Halleluja, das, vielstimmig angestimmt und alles übertönend, in den Himmel schwebt. Hier ist für uns Saarländer der Nabel der Welt.

Der St. Johanner Markt hat die barocke Form eines Walfischs, rund und bauchig, in dem und durch den festlich das Leben schwingt wie das Plankton der Ozeane ins Walinnere. Am St. Johanner Markt, in diesem hoch komprimierten Raum dialogischer Kultur, könnte ich lebenslang sitzen – im „Leonardo" etwa oder in der „Tante Maja" – und kalten Riesling trinken. Saarländisch sein heißt: in enger Verbundenheit mit allen anderen frei sein. Das ist fast Naturgesetz. Alles Autoritär-Monologische, oft im Deckmantel so genannter Aufklärung daherkommend, ist den Saarländern wesensfremd.

DER SAARLÄNDER IST NICHT ZWINGBAR. Diese Freiheit haben sie sich teuer erkauft. Am teuersten ist ihnen die Freiheit der Rede und des Dialogs. Geradezu perfekt – wie die zwitschernden Vögel in den Zweigen – beherrscht der Saarländer die Stereophonie des Gleichklangs. Sind zwei Saarländer beisammen, können sie gleichzeitig reden und zuhören. Es können auch zehn sein oder hundert – kein Wörtlein geht verloren, keine Geste fällt unter den Tisch. Im Gegenteil: Der Dialog schlägt Schleifen und Spiralen wie zischende Drachen am Himmel, vom Winde getrieben. Das Übertreiben, mit den Wörtern stimmgewaltig Reißaus in die überbordende Fantasie nehmen, ist ausgesprochen saarländisch. Jeder daherdümpelnde Monolog, wes Inhalts auch immer, und davon gibt es natürlich auch im Saarland genug, wird sofort in öffentliche Rede, am liebsten in chorische, umgesetzt. Der Monolog ist chancenlos. Er wird dialogisch verwoben.

In wohl keinem anderen Bundesland wird so viel in Vereinen gesungen und Theater gespielt und Musik gemacht, werden so viele Feste gefeiert wie im Saarland. Der Saarländer ist, aus guten Gründen, ein Vereinsmensch. Nur im Verein mit anderen findet er dann aber auch zu höchster Individualität.

JOCHEN SENF
Seit 1987 spielt er den Saarbrücker „Tatort"-Kommissar Max Palu. Senf, 58, ist auch Autor von Drehbüchern, Theaterstücken und Romanen

Ein Würdenträger im Saarland, ganz gleich welcher Couleur, der nicht über ein gewisses Talent zum repräsentativ Höfischen verfügt und der nicht gleichzeitig dem Rest der Republik immer wieder zeigt, dass er in allererster Linie Saarländer ist, ist dem Saarländer suspekt. Ein saarländischer Würdenträger muss den unbedingten Mut haben, wenn notwendig, pausenlos über die Stränge zu schlagen, damit der Rest der Republik weiß, wo der Hammer hängt.

„Iwwa annere Leit herziehe" ist des Saarländers Lieblingsbeschäftigung. Ein Würdenträger, der nicht auch alles umarmender Zeremonienmeister ist, kann nur langweilig sein. Was in anderen Bundesländern höchst skandalträchtig ist, ist dem Saarländer natürliches Bedürfnis. „Isch wääß nit, was die hann. Hann die was?", denkt sich dann der Saarländer. Das werden die übrigen Bundesdeutschen nie verstehen. Was woanders in Klatsch ausartet, in monologische Verfilzung, in Klüngel und Gemauschel, ist im Saarland die Basis jeder Demokratie: „Jetzt gehma erschdmol enna trinke, und dann schwätze ma driwwa." Ohne diese fein gesponnenen Dialoge, die pausenlos rund um den St. Johanner Markt, auf den Marktplätzen in Saarlouis, der französischsten aller deutschen Städte (nicht Potsdam, wie Herr Joop unlängst schwadronierte), oder in St. Wendel gesponnen werden, die mit allen Verästelungen in die Gassen und die Ohren der Menschen strömen, um da sofort wieder als gelebte und gehandelte Sprache ins Freie zu gelangen wie pausenlos sprudelnde Fontänen: ohne diesen Kreislauf des Wortes läuft im Saarland gar nichts.

Nichts bleibt unter dem Deckel. Geheimdiplomatie ist hier undenkbar. Das Saarland ist ein großer Verein, in dem auch die politischen Parteien ihr Plätzchen haben. „Ei, ma kannse jo net abschaffe. Das macht kään gudda Indruck. Was solle dann die Leit von uns halle?" Man pflegt im Saarland die Staatsform des verliehenen Patriarchats. Im Saarland gewinnen nicht die Parteien die Wahl. Die sind reine Fassade. Man wählt dafür einen ganzen Kerl mit Show-Talent, stattet ihn aus mit allen Rechten eines Feudalherren, in der Hoffnung, dann nie wieder vom Regierenden belästigt zu werden. Es gibt schließlich Besseres zu tun.

Man will natürlich nicht auf Hofberichterstattung verzichten und gönnt sich eine einzige Tageszeitung im ganzen Saarland. Das langt. Mit dieser einzigen Tageszeitung darf der Patriarch spielen. Der wichtigste Auftrag dieser Zeitung ist, dem Patriarchen ständig provozierender Spielkamerad zu sein. Der Patriarch reagiert wutschnaubend. Er erlässt neue Gesetze gegen die Presse. Der Saarländer ist begeistert. Gegen ein so gut wie nicht vorhandenes Pressewesen Gesetze zu erlassen hat allerhöchsten Unterhaltungswert. Dieser Genuss steigert sich ins Unermessliche, wenn der Rest der Republik auf den Scherz hereinfällt, aufjault und das gesamte Pressewesen gefährdet sieht. Dann jubelt der Saarländer und liebt seinen Würdenträger außerordentlich.

Narrentum und Weisheit liegen dicht beieinander. Das weiß der Saarländer. Daher lässt er einen Würdenträger, der zu Fall kommt, nie im Stich. Aus einem Landesvater wird dann ein Landesgroßvater mit beratender Funktion. So ehrt man das Alter, das gefallene, auch dann, wenn das Alter des Großvaters noch ein junges ist. Bei einem Altersehrentitel spielt das Alter keine Rolle.

Und dann: „Nerjends gebbt so gudd gess wie im Saarland." Das ist die reine Wahrheit. Man kann ja schlecht „enna trinke unn driwwa schwätze", ohne dabei gut zu essen. Diese Symbiose ist dem Saarländer erotisches Bedürfnis, neben vielen anderen erotischen Bedürfnissen. Das muss an der Landschaft liegen und an den Frauen im Saar-land. Beide sind eins. Und an dem Wein, der auf den Hängen wächst, diese Vollkommenheit, in der der saarländische Eros seine geradezu überirdische Entfaltung und Vereinigung findet. Hier heben sich alle Widersprüche auf. Am liebsten sitzt der Saarländer auf einem lieblichen Hügel am Busen der Natur und isst und trinkt und lässt seine Blicke über die Rundungen schweifen. Über Hügel an Hügel, die mal üppig, mal eher verspielt, aber immer selbstbewusst graziös über wippenden Röcken verheißungsvoll vorbeischweben. Wer sich im und ins Saarland nicht verliebt, verliebt sich nirgends.

Was hat das auf dem Potsdamer Platz in Berlin neu erbaute Sony Center mit dem Saarland zu tun? Eine Menge. Das Sony Center gleicht verblüffend einem strategischen Bunker. „Konsumiere, oder du kriegst eins auf die Fresse", sagt die Kassiererin einem aufmüpfigen Kunden. Man kann in das Sony Center nicht hineinschauen. Es trägt Sonnenbrillen. Durch die dunklen Gläser blicken Augen, die ständig kontrollieren. Das Sony Center ist die feindliche Übernahme einer Stadt durch Architektur. Sie findet ihre Fortsetzung in Herrschaftssprache. „Durchrassung der Gesellschaft" und „Kinder statt Inder" sind Sätze aus dieser Herrschaftssprache. Im Saarland stehen die 1866 von den Preußen erbauten Malakoff-Türme. Das waren festungsartige Schachttürme auf den Gruben. Ihren Namen haben sie vom Fort Malakoff der Festung Sewastopol, das während des Krimkrieges von strategischer Bedeutung war. Die Malakoff-Türme waren preußische Zwingburgen, in monumentalen Stein gesetzt. Symbole für feindliche Übernahmen, die ebenfalls ihre Fortsetzung fanden in Herrschaftssprache.

1870 klagt der Berg-Assessor Hiltrop, ihm sei kein Industrierevier bekannt, „in dem so unregelmäßig gearbeitet wird und in dem so viele Tage verfeiert werden wie in Saarbrücken".

„Ich könnte lebenslang im ‚Leonardo' sitzen und kalten Riesling trinken"

Die Franzosen galten schon immer als arbeitsscheu und dreckig. Die Saarländer rechnete man einfach dazu. Es galt das Schimpfwort „Saarabien".

Ein Männlein läuft nachts durch den Wald. Es hat furchtbare Angst, überfallen zu werden. Da passiert's: Ein Räuber springt hinter einem Baum hervor. „Geld oder Leben!", brüllt er. „Ei, isch hann känns", sagt das Männlein angstzitternd. „Ja, was hast du denn?", brüllt der Räuber. „Ei, isch hann die Flemm, dran misch e bissche!" („Ich habe Weltschmerz, trag mich ein bisschen!"). Dieser Witz erzählt alles über den Saarländer. Er flieht in die Arme dessen, der ihn gerade überfallen hat. Ein Charakterzug, den die Geschichte geprägt hat. Heftiges Aufbegehren gegen die eigene Opportunität und eine Flucht ins fast Irrationale ist die Folge. Der Saarländer ist ein Melancholiker, voller Selbstzweifel. Er hat die „Flemm".

DAS SAARLAND WURDE ZU BEGINN des 19. Jahrhunderts von den Preussen despotisch kolonialisiert. Die saarländischen Bergleute waren die Nigger preußischer Autokratie. Bis in die intimsten Details wurde das Leben der Saarländer reglementiert. Die Arbeiter des Industrie-Granden Carl Ferdinand Stumm waren Leibeigene, abgeschlossene Arbeitsverträge vollständige Unterwerfungserklärungen. Wollte ein Stummscher Arbeiter heiraten, musste er beim Chef persönlich die Erlaubnis dazu einholen.

Das Leben war ein Jammertal, der Saarländer ein im eigenen Land in die Heimatlosigkeit Geworfener. Sein Grundgefühl: eine große Verlassenheit. Die Sehnsucht nach Befreiung und Erlösung saß tief. Heimstätte dieser Erlösungssehnsucht wurde die katholische Kirche. Geradezu eruptiv brach sich die Sehnsucht in der Marienerscheinung von Marpingen 1876 Bahn. „Maria, hilf, vernichte unsere Feinde!", beteten die verzückten Massen. Es kam zu bürgerkriegsähnlichen Zuständen.

Nie war der Saarländer bis 1957, der Wiedervereinigung mit der Bundesrepublik, wirklich zu Hause. Er war immer fremdbestimmt. Es gibt keine Stumms mehr im Saarland und keine preußischen Despoten. Aber das Gefühl des Ausgeliefertseins sitzt tief. Übersprudelnde Lebensfreude einerseits und tiefe Melancholie andererseits ist für den Saarländer charakteristisch. Für die Seele des Saarländers gibt es ein Schlüsselwort: „Dahemm". Daheim sein. Heimweh haben ist seine Grundbefindlichkeit. In der Fremde stirbt er daran. Daher bleibt der Saarländer am liebsten „dahemm". Mit einer zuverlässigen Abscheu gegen Vorschriften in der Brust.

Saarvoir vivre. Ei jo. Glaabschd awwa.

JOCHEN SENF

80 AUSGEWÄHLTE ADRESSEN UND DREI EXTRATOUREN

- **1** SCHLAFEN
- **1** ESSEN
- **1** LEBEN
- **1** SEHEN
- **A** TOUREN

Wo ist was zwischen Rhein und Saar?

SCHLAFEN

Alte Vogtei in Hamm

1 ALTE VOGTEI
Historisches Fachwerkhaus im Westerwald. Gemütliche Atmosphäre mit Gebälk und alten Bauernmöbeln. Seit fünf Generationen im Besitz der Familie Wortelkamp. Die Küche bietet Köstlichkeiten aus der Region.
Lindenallee 3, 57577 Hamm
02682-259 02682-8956
13 Zimmer, DZ ab 160 Mark

2 STEIGENBERGER
Das First-Class-Hotel am Kurpark hat die Ahr-Thermen und das Spielcasino vor der Tür. Hier lässt es sich gesund leben – mit chinesischer Medizin, Wassertreten, Trinkkuren und allerlei anderen Anwendungen wie „Vitalwickel zur sichtbaren Straffung der Körpersilhouette" oder „Teilkörpermodelage".
**Kurgartenstraße 1,
53474 Bad Neuenahr-Ahrweiler**
02641-9410 02641-7001
www.bad-neuenahr.steigenberger.de
201 Zimmer, DZ ab 320 Mark

3 ZUM WEISSEN SCHWANEN
Erich Kunz ist nicht nur Küchenchef im „Schwan". Der gelernte Restaurator hat auch die wunderschöne Fachwerkherberge von 1693 selbst wieder hergerichtet.
Brunnenstraße 4, 56338 Braubach
02627-9820 02627-8802
www.rhein-lahn-info.de/zum-weissen-schwanen/index.htm
**16 Zimmer, DZ ab 120 Mark
im Juli geschlossen**

4 JAKOBSBERG
Wer wenig Zeit hat, aber einen Hang zum Golfen, der ist hier richtig: Das Hotel hat eine 18-Loch-Anlage sowie Indoor-Golf-Facilities mit Computer-Video-Analyse und einen eigenen Hubschrauberlandeplatz. Außerdem natürlich großzügige Zimmer mit Balkon oder Terrasse.
Im Tal der Loreley, 56154 Boppard
06742-8080 06742-3069
www.jakobsberg.de
101 Zimmer, 7 Suiten, DZ ab 265 Mark

5 BURGHOTEL AUF SCHÖNBURG
Die 1000 Jahre alte Burg mit Bibliothek, Kaminzimmer und Terrasse thront zwischen Loreley und der Pfalz bei Kaub über dem Rhein. Die Zimmer gleichen Kemenaten, die Küche bietet alles, vom einfachen Touristenmenü zum High-End-Dinner.
55430 Oberwesel
06744-93930 06744-1613
www.hotel-schoenburg.de
**20 Zimmer, 2 Suiten, DZ ab 260 Mark,
von Januar bis März geschlossen**

6 MOLITORS MÜHLE
Der vielleicht schönste Landgasthof in Rheinland-Pfalz. Eine frühere Mühle, direkt am See. Mit Hallenbad, Sauna, Solarium, Schönheitsoase, Tennisplatz. Gute Küche mit Fisch- und Wildgerichten, eigenes Weingut.
**Eichelhütte 15,
54533 Eisenschmitt-Eichelhütte**
06567-9660 06567-966100
**28 Zimmer, 5 Suiten, DZ ab 140 Mark,
vom 8. 1. bis 20. 2. geschlossen**

7 MOSELPARK
Ein modernes Fitness-Hotel. Wer will, hat Action den ganzen Tag: Wellness-Landschaft mit Schwimmbad, Beauty-Farm, Fitness-Studio, Fahrradverleih, Tanzbar, Bierstube, Gartenterrasse.
Im Kurpark, 54470 Bernkastel-Kues
06531-5080 06531-508612
www.moselpark.de
**98 Zimmer, 12 Suiten, 40 Apartments,
DZ ab 198 Mark**

8 HISTORISCHE SCHLOSSMÜHLE
Eine Getreidemühle von 1804, komplett renoviert, mit Mühlenrad am rauschenden Bach. Die Zimmer tragen keine Nummern, sondern Namen: Eule, Fuchs, Mühlenstube und Gerstenkammer. Die Küche der urgemütlichen Hunsrück-Herberge

Burghotel Auf Schönburg bei Oberwesel

bietet regionale Spezialitäten mit Kräutern aus dem eigenen Garten.
55483 Horbruch
06543-4041 06543-3178
17 Zimmer, 1 Suite, DZ ab 190 Mark

9 HOTEL SCHWAN
Frisch restauriertes historisches Hotel in der Mainzer Altstadt, das dem Besitzer der ältesten Weinstube der Stadt, der Weinstube Specht, gehört. Die Zimmer heißen „Riesling" oder „Müller-Thurgau", und wochenends werden Weinverkostungsmenüs angeboten.
Liebfrauenplatz 7, 55116 Mainz
06131-14492-0 06131-236656
www.mainz-hotel-schwan.de
11 Zimmer, DZ ab 189 Mark

10 EURENER HOF
Ein imposantes Gebäude, im mosselländischen Gutshofstil eingerichtet. Erst im vorigen Jahr wurde es renoviert. Die Zimmer sind wunderschön mit Antiquitäten ausgestattet.
Eurener Straße 171, 54294 Trier-Euren
0651-82400 0651-800900
www.eurener-hof.de
88 Zimmer, DZ ab 170 Mark

11 HUNSRÜCKER FASS

Molitors Mühle in Eisenschmitt-Eichelhütte

Hierher zum kulinarischen Hunsrück-Wochenende. Wer das Hotel durch das riesige Holzfass betritt, vergisst den Alltag - garantiert. Tagsüber wandern, wandern, wandern und abends dann traditionelles Spießbratenessen. Liebevoll eingerichtete rustikale Zimmer, günstige Wochenend- und Wochenarrangements für jeden Geschmack.
55758 Kempfeld, Hunsrück
06786/9700 06786/970100
www.hunsruecker-fass.de
20 Zimmer, DZ ab 196 Mark

HOTELS, RESTAURANTS, WEINTOUR

Romantik Hotel Fasanerie in Zweibrücken

12 BOLLANTS IM PARK
Kuren in der Jugendstilvilla, Fit-for-Wellness-Programm, Bade- und Saunalandschaft mit Hallenbad, physikalische Therapie, Radwandern, Tennis, Kosmetik – und, wer darauf keine Lust hat, kann immer noch ins Weinrestaurant „Historischer Hermannshof" ausweichen.
Über der Nahe, 55566 Bad Sobernheim
06751-93390 06751-2696
www.bollants.de
25 Betten, DZ ab 200 Mark

13 PARKHOTEL KURHAUS
Hier waren schon Konrad Adenauer, Charles de Gaulle und François Mitterrand zu Gast. Sympathisches Hotel im renovierten Jugendstilhaus von 1913. Die Nutzung der Crucenia-Therme ist inklusive. Dort badet man im 33 Grad warmen Heilwasser und lässt es sich in der Sauna gut gehen.
Kurhausstr. 28, 55543 Bad Kreuznach
0671/8020 U 0671/35477
www.sympathie-hotels.de/parkhotel.htm
107 Zimmer, 5 Suiten, DZ ab 240 Mark

14 HOTEL WEINGUT BARTH
Gemütliches Familienhotel mit rustikalem Restaurant und Weinen aus dem eigenen Gut. Seine Gäste nimmt Reinhold Barth auf Wunsch mit auf den Weinberg oder in den Keller, um zu zeigen, wo und wie der gute Tropfen gemacht wird. Sehr zu empfehlen der Dornfelder und der köstliche rote Sekt.
Lindenallee 23, 55590 Meisenheim
06753-5477 06753/124849
12 Zimmer, DZ ab 105 Mark

15 KLOSTERMÜHLE
Ein freundliches Hotel mit Liegewiese, Grillplatz, Gartenteich, Spielplatz. Die Zimmer sind mit italienischen Möbeln aus den 20er Jahren eingerichtet, die Küche verwendet vornehmlich Produkte aus dem eigenen Garten.
Mühlstraße 19, 67728 Münchweiler
06302-92200 06302-922020
19 Zimmer, DZ ab 132 Mark

16 OTTERBERGER HOF
Ganz neu, daher noch in keinem Reiseführer verzeichnet: Dagmar und Rudi Laufers Kleinod am Rand des Pfälzer Waldes. Als „Heußers Bau" war das Anwesen 125 Jahren lokales Vergnügungszentrum des pittoresken Wallonenstädtchens. Aufwendig restauriert und umgebaut, steht es jetzt auch „Auswärtigen" offen, die vor allem die exzellente Küche schätzen werden.
Hauptstraße 25, 67697 Otterberg
06301/715959 06301/715969
www.Hotel-Otterberger-Hof.de
**27 Zimmer, 2 Appartements
DZ ab 105 Mark**

17 HOTEL MOORBAD SICKINGEN
Nahe der Burgruine Nanstein, wo 1523 der letzte deutsche Ritter Franz von Sickingen sein blutiges Ende fand, liegt die restaurierte Kurvilla aus dem letzten Jahrhundert. Neben dem stilvollen Ambiente lohnt vor allem ein Besuch der hoteleigenen Moorbadanlage.
Hauptstraße 39, 66849 Landstuhl
06371/14066 06371/17990
44 Zimmer, DZ ab 170 Mark

Altes Pfarrhaus Beaumarais in Saarlouis

18 ALTES PFARRHAUS BEAUMARAIS
Erst war es die Sommerresidenz einer Baronin, dann Pfarrhaus. Heute ist es ein Hotel mit Winter- und Biergarten. Die Zimmer sind geräumig und komfortabel, das Hotel ist bestens familientauglich.
Hauptstraße 2-4, 66740 Saarlouis
06831-6383 06831-62898
36 Zimmer, DZ ab 170 Mark

19 ROMANTIK HOTEL FASANERIE
Hier logieren Sie wie ein König, das ist historisch belegt. Polenherrscher Stanislaw Leszcyúski hat die Fasanerie einst als Lustschloss gebaut. Die Grundmauern sind im heutigen Hotelbau noch erhalten, und gelustwandelt werden darf nach wie vor: in der weitläufigen Parkanlage, deren Blickfang ein europaweit wohl einzigartiger Wildrosengarten ist.
Fasanerie 1, 66482 Zweibrücken
06332-9730 06332-973111
www.romantikhotels.de
50 Zimmer, DZ ab 260 Mark

20 BINSHOF
Die Luxus-Oase der Entspannung mit 16 verschiedenen Bade- und Saunaformen. Für Leute, die auf der Suche nach mediterranem Lebensgefühl nicht gleich ans Mittelmeer wollen. Toskanische Piazzetta und Palmengarten, orientalisches Badehaus, Beautyfarm mit großem Wellness-Angebot – und das alles in der Vorderpfalz.
Binshof 1, 67346 Speyer-Binshof
06232-6470 06232-647199
www.binshof.de
66 Zimmer, 12 Suiten, DZ ab 390 Mark

ESSEN

1 ZUR ALTEN POST
Hans Stefan Steinheuer liebt Fisch aus heimischen Gewässern und ist bekannt für den „Eifeler Rehrücken". Die Menüs aus seiner neudeutschen Küche sind wie der Service ausgezeichnet; perfekt auch die Weine, darunter die besten von der Ahr.
Landskroner Str. 110, 53474 Bad Neuenahr
02641-7011 02641-7013
**Do-Mo von 12-14 Uhr, Mi-Mo von 18.30-22 Uhr, Mitte Juli bis Anfang August geschlossen,
Menüs von 115 bis 175 Mark**

2 LOUP DE MER
Fischliebhabern zur Einkehr empfohlen. Edelfische, Krusten- und Schalentiere, Meeresfrüchte – alles exquisit zubereitet. Gäste können sich beim Blick in die Küche davon überzeugen. Überwiegend regionale Weine.
Neustadt 12, 56068 Koblenz
0261-16138 0261-9114546
täglich von 18-22 Uhr, Hauptgerichte von 32 bis 44 Mark

3 GRAF LEOPOLD
Herrschaftliches Schlemmen in einem kurfürstlichen Schloss zwischen Ahnenporträts und Möbeln aus dem 18. Jahrhundert. Moderne europäische Küche, garniert mit asiatischen Akzenten. Auch regionale Köstlichkeiten, klassische Weine – Mosel, Saar, Ruwer, Burgund, Bordeaux.
Auf dem Burgberg, 54550 Daun
06592-9250 06592-92525
**Mi-So von 12-14 Uhr und 18-21.30 Uhr, im Januar geschlossen,
Menüs von 85 bis 135 Mark**

4 MOSELSCHILD
Von außen gleicht es einem Ausflugslokal, drinnen ist es ein liebevoll eingerichtetes Wohnzimmer. Die zahlreichen Delikatessen, mal klassisch, mal bodenständig, werden von einem herrlichen Blick auf die Mosel garniert.
Moselweinstraße 14, 54539 Ürzig
06532-93930 06532-939393
**Täglich von 12-14.30 Uhr und 18-21.30 Uhr, vom 10. bis 31. Januar geschlossen
Menüs von 32 bis 98 Mark**

5 WALDHOTEL SONNORA
Inmitten eines riesigen Gartens liegt eines der besten deutschen Restaurants, dessen Koch Helmut Thieltges seine Gäste nach allen Regeln der Kunst verwöhnt.
Auf dem Eichenfeld, 54518 Dreis
06578-98220 06578-1402
**Mi-So von 12-14 und 19-21 Uhr, vom 1. 1. bis 12. 2. geschlossen,
Hauptgerichte von 56 bis 65 Mark**

6 LANDHAUS ST. URBAN
Die gelbe Villa der Genüsse ist so versteckt in einem Hunsrücktal, dass wohl kaum einer hierher finden würde, gäbe es die mehrfach ausgezeichnete Küche von Harald Rüssel nicht. Der zum Essen gereichte Mosel-Riesling stammt übrigens meist vom familieneigenen Weingut in Leiwen.
Büdlicherbrück 1, 54426 Naurath
06509-91400 06509-914040
**Do-Mo von 12-14 und 18-22 Uhr
Hauptgerichte von 49 bis 56 Mark**

7 PFEFFERMÜHLE
Ein Gourmet-Palast ganz in Pastellfarben. Die beste Adresse im Moseltal. Bei schönem Wetter sitzen die Gäste direkt am Fluß. Die Küche ist klassisch und gut, die weißen Weine stammen von Mosel, Saar und Ruwer, die roten aus Bordeaux.
Zurlaubener Ufer 76, 54292 Trier
0651-26133
**Di-Sa von 12-14 und 18.30-21.30 Uhr
So und Montagmittag geschlossen
Hauptgerichte von 42 bis 47 Mark**

8 LE VAL D'OR
Johann Lafer kocht nicht nur in Stromberg, sondern auch im Fernsehen und beantwortet Fragen im Internet (Chat-Protokoll mit dem Maître unter www.evita.de). Ein küchenphilosophischer Hans Dampf an allen Töpfen, dessen Restaurant in warmem Rot erstrahlt und dessen Gerichte fernöstlich angehaucht sind.
55442 Stromberg
06724-93100 06724-931090
**Di-Fr von 19-22 Uhr, Sa und So 12-14 Uhr, Mo geschlossen
Hauptgerichte von 48-69 Mark**

Restaurant Graf Leopold in Daun

Waldhotel Sonnora in Dreis

9 HEILIG GEIST

Gute Bistroküche in einem frisch restaurierten Spital. Viele Gerichte haben asiatischen Touch, besonders lecker sind die Salatvariationen und die Frühstücksauswahl. Abends große Cocktailkarte. Man sitzt sehr schön in den hohen, kirchenähnlichen Räumen, die in den typischen Mainzer Farben Sandsteinrot und Weiß gehalten sind.
Rentengasse 2, 55116 Mainz
📞 06131/225757
Täglich von 9-1 Uhr, Fr und Sa bis 2 Uhr Hauptgerichte von 16 bis 35 Mark

10 HARXHEIMER WEINSTUBE

Liebevoll hergerichtetes Fachwerkhäuschen. Unterm urigen Dachstuhl oder auf der lauschigen Terrasse unter Reben trinkt man köstlichen Rheinhessenwein und isst feine rustikale Küche, die sich an Elsässer Spezialitäten orientiert.
Enggasse 1, 55296 Harxheim
📞 06138-6698
Mi-Sa von 18-24 Uhr, So bis 23 Uhr, Di geschlossen, Hauptgerichte von 16,80 bis 29,80 Mark

11 VICTOR'S GOURMET-RESTAURANT

Das Restaurant im Schloss Berg ist vornehm, elegant und seine Küche mehrfach prämiert. Bekannt ist Chefkoch Christian Bau vor allem für seine exzellenten Kompositionen von Farben und Aromen.
Schloßhof 7, 66706 Perl
📞 06866-790 06866-79100
🌐 www.victors.de
Mi-So von 12-14 und 19-21,30 Uhr, geschlossen vom 7. bis 17. 1. sowie zwei Wochen im Juli, Menüs von 120 bis 155 Mark

12 ZUM BLAUEN FUCHS

Der Geheimtipp im Saarland. Früher eine Dorfkneipe, heute ein elegant eingerichtetes Restaurant mit vorzüglicher Küche, in der Chef Olaf Bank fantasievoll variantenreiche Gerichte zelebriert – klassisch, aber auch mit asiatischem Einschlag.
Walhausener Straße 1, 66649 Oberthal/Steinberg-Deckenhardt
📞 06852-6740 06852-81303
Mi-So von 18,30-21,30 Uhr, sonn- und feiertags auch 12-14 Uhr, Hauptgerichte von 38 bis 44 Mark

13 WEINKASTELL ZUM WEISSEN ROSS

Erdige Pfälzer Küche, kreiert mit der Erfahrung, der Raffinesse und dem Einfallsreichtum eines besessenen Küchenmeisters, den seine Wanderjahre durch feinste europäische Häuser führten. Abnehmen können Sie woanders, wenn Sie über Norbert Kohnkes Blutwurst auf Apfel-Meerrettich-Rahm, leberwurstgefüllten Kartoffelknödeln, Rehrücken, Kalbsnieren und Saumagen (nach familiärem Geheimrezept!) zu Tisch sitzen. Nur sieben Tische finden unter dem sakral anmutenden Kellergewölbe Platz – daher unbedingt vorbestellen.
Weinstraße 80-82, 67169 Kallstadt
📞 06322-5033 06322-66091
Mi-So von 12-13,30 und 18-21 Uhr, im Januar/Februar 4 Wochen, im Juli 1 Woche geschlossen, Hauptgerichte von 38 bis 48 Mark

14 UWE'S TOMATE

Savoir vivre mitten im nicht gerade mondänen Kaiserslautern. Das Haus trägt konsequent der Seelenverwandtschaft der Einheimischen zu Frankreich Rechnung – vom Bistro-Ambiente bis zur Speisen- und Weinkarte und den hausgemachten Pralinen.
Schillerplatz 4, 67655 Kaiserslautern
📞 0631-93406 0631-696187
Di-Sa von 11.30-14 und 18-22.30 Uhr 3 Wochen im Sept geschlossen Hauptgerichte von 38 bis 45 Mark

Victor's Gourmet-Restaurant in Perl

15 SCHWARZER HAHN

Nationale Berühmtheit erlangte Manfred Schwarz als Saumagen-Sieder von Gorbi und Kohl. Schwarz hat das Bareiss in Baiersbronn eröffnet und „sich den zweiten Michelin-Stern schneller erkocht als Paul Bocuse". Dennoch hat Schwarz Bodenhaftung bewahrt: Seine Kunst wurzelt in der Region, auf Kartoffeln, Beeren, Bohnen und eben Kohl.
Am Marktplatz 1, 67146 Deidesheim
📞 06326-96870 06326-7685
Di-Sa von 18.30-22 Uhr, erste Januarwoche und 5 Wochen im Juli/August geschlossen, Hauptgerichte von 46 bis 64 Mark

16 HOSTELLERIE BACHER

Viele halten die Chefin, Margarete Bacher, für die beste Köchin Deutschlands, nennen sie die Grande Dame der Haute Cuisine. Sie kocht und kredenzt auf beständig hohem Niveau und hat, dem Aufwand angemessen, vernünftige Preise.
Limbacher Straße 2, 66539 Neunkirchen-Kohlhof
📞 06821-31314 06821-33465
Di-Sa von 12-14.30 und 18,30-22 Uhr, 3 Wochen in den Sommerferien geschlossen, Menüs von 58 bis 155 Mark

17 MEERSPINNKELLER

Hier kommt Deftiges auf den Tisch: Rumpsteak mit Zwiebeln, Leberknödel, Saumagen mit Sauerkraut, Bratkartoffeln mit Salat.
67435 Neustadt-Gimmeldingen
📞 06321-60175
Fr-Mo von 17-24 Uhr, So 12-15 Uhr, 3 Wochen im Juli geschlossen, Hauptgerichte von 12 bis 28 Mark

Meerspinnkeller in Neustadt-Gimmeldingen

18 LANDGASTHOF ZICKLER

Wer nach dem Anblick von Feigenbäumen, Gingkos und Zypressen mitten in den Haardtbergen eine Pause braucht, der sollte den Landgasthof Zickler aufsuchen. Hier kann man schlemmen, hier kann man sich's gut gehen lassen.
Badstraße 4, 76835 Gleisweiler
📞 06345/93139 06345/93142
Do bis Mo 11.30-14 Uhr und 17.30-22 Uhr, von Aug bis Okt auch Mi geöffnet. Hauptgericht von 18 bis 29,50 Mark

19 ZUR KRONE

Ob Sie mit Nobelkarosse oder Rostlaube vorfahren – das interessiert hier niemanden. Bei Küchenmeister Karl-Emil Kuntz speisen alle gleich: wie Fürsten nämlich. Auf der Weinkarte trifft sich die gesamte Pfälzer Elite mit Franzosen und Italienern. Wer's danach nicht mehr nach Hause schafft – der Gasthof bietet 48 Zimmer an.
Hauptstraße 62-64
76863 Herxheim-Hayna
📞 07276/5080 07276/50814
ab 18 Uhr, Mo und Di Ruhetag, Hauptgerichte von 48 bis 58 Mark

20 KLOSTERSCHENKE

Hier lebt Saarlands Küche mit Hoorische, Dibbelabbes und Gefillde. Nicht nur, aber auch ein Ausflugslokal inmitten des Bliesgaus in einem alten Kloster. Nachmittags selbst gebackener Kuchen, abends regionale Küche.
Gräfinthal 3
66399 Mandelbachtal-Gräfinthal
📞 06804-994120 06804-994126
von 11-14 und 18-22 Uhr Hauptgerichte von 10 bis 33 Mark, von Oktober bis Februar Do geschlossen

TOUR (A)

WEINTOUR DURCH RHEINHESSEN UND DAS NAHELAND

Schon gleich zu Anfang wird man schlauer. Unsere Tour startet auf dem **Bingener Rochusberg** – und beim Weinlehrpfad-Spaziergang wird alles rund um den Rebensaft erklärt. Danach geht's nach Bockenau. Das **Weingut Schäfer-Fröhlich** schafft es regelmäßig, goldene Preise für seine trockenen und halbtrockenen Weine einzuheimsen. Nächste Station ist das **Weingut Kloster Disibodenberg** in Odernheim. Hier wird die Spezialität der 24-jährigen Kellermeisterin Luise von Racknitz verkostet: Schwarzriesling. Ein Fläschchen unter den Arm klemmen und zehn Minuten Waldspaziergang zur **Klosterruine Disibodenberg**. Hier wohnte die heilige Hildegard, bevor sie nach Bingen ging. Gestärkt geht es weiter nach Wachenheim im Wonnegau. Im **Schlossgut Lüll** werden Rotweine gekeltert, so schwer und dunkel, wie man sie aus Rheinhessen nie vermuten würde. Jetzt nach Nackenheim zum **Weingut Gunderloch**. Das machte in Carl Zuckmayers Theaterstück „Der fröhliche Weinberg" Literaturgeschichte. Das Weingut Gunderloch war das zweite deutsche, das je 100 Punkte im Wine Spectator ergatterte. Schlusspunkt ist Selzen und ein Teller Handkäs mit Musik im **Weingut Kapellenhof**, dazu Grauburgunder und ein herrlicher Selbstgebrannter.

Telefonische Anmeldung bei den Weingütern ist empfehlenswert:

Weingut Schäfer-Fröhlich
Schulstraße 6, 55595 Bockenau
📞 06758/6521

Weingut Kloster Disibodenberg, 55571 Odernheim/Glan, 📞 06755/285

Schlossgut Lüll, Hauptstraße 41
67591 Wachenheim/Rheinhessen
📞 06243/5510

Weingut Gunderloch, Gunderloch-Platz 1
55299 Nackenheim, 📞 06135/2341

Weingut Kapellenhof, Kapellenstr. 18a, 55278 Selzen, 📞 06737/8325

AKTIVITÄTEN, DAMPFERTOUR

LEBEN

1 NÜRBURGRING
Technik, Dramatik, Leidenschaft: der Mythos Nürburgring. Das Röhren der Motoren, der Gestank verbrannten Gummis und von Benzin. Das zieht Motorsportfans zu den Grand-Prix-Auto- und Motorradrennen auf die berühmteste, vielleicht sogar schönste Rennstrecke der Welt. Nebenan der Freizeitpark „Erlebniswelt Nürburgring" mit Kartbahn, Breitwandkino und historischen Rennwagen.
Info, Kartenverkauf & Zimmervermittlung:
☎ 02691-302610-630
🌐 www.nuerburgring.de
Erlebniswelt Nürburgring
täglich geöffnet von 10-18 Uhr

Luftaufnahme des Nürburgrings

2 BURGFESTSPIELE MAYEN
Immer wieder zwischen Juni und August werden unter freiem Himmel auf der 700 Jahre alten Genovevaburg die Festspiele veranstaltet. Kaum zu glauben, dass in dieser entlegenen Gegend so viel Weltliteratur geboten wird – in der abgelaufenen Saison mit Brechts „Der kaukasische Kreidekreis" und Shakespeares „Was ihr wollt".
Verkehrsamt, 56727 Mayen
☎ 02651-903004
🌐 www.mayen.de

3 ADLER- UND WOLFSPARK KASSELBURG
Ob Adler, Eule oder Uhu; Mufflon, Wolf, Waschbär, Fuchs, Marder oder Iltis: Wildtiere sind in freier Natur nur noch selten zu beobachten – hier kann man sie fast anfassen.
Adler- und Wolfspark Kasselburg
54570 Pelm
☎ 06591-4213
tagl 10-18 Uhr

4 DAS RITTERTURNIER VON MANDERSCHEID
Beim größten historischen Burgenfest der Eifel – immer am vierten Wochenende im August – auf der Burgruine Niederburg tändeln Gaukler, messen sich Ritter im Kampf, tragen Minnesänger ihre Kunst vor, findet ein mittelalterlicher Handwerkermarkt statt. Die Bürger der Gemeinde – sie wird „Perle der Eifel" genannt – sind aufgefordert, „sich in historischem Gewande" zu beteiligen. Ein Fest, bei dem die Kinder nicht quengeln: Für sie gibt es ein eigenes Ritterturnier.
Kurverwaltung 54531 Manderscheid
☎ 06572-921549
🌐 www.manderscheid.de

5 SÄUBRENNERKIRMES
Auf das Schicksal einer Sau, deren Leben im Jahr 1397 kläglich zu Ende ging, gründet sich dieses Volksfest in Wittlich, zu dem alljährlich am dritten Wochenende im August 100000 Menschen kommen. Die Besucher vergnügen sich vier Tage bei Wein und Schweinbraten, fahren Riesenrad, veranstalten einen Fackelzug, blasen die Fanfaren – und das alles, weil in besagtem Jahr eine Sau eine Rübe fraß, mit der das Stadttor verriegelt worden war, und so der Feind leichtes Spiel hatte mit der Ausplünderung der Stadt.
Stadtverwaltung, 54505 Wittlich
☎ 06571-170
🌐 www.saeubrenner.de

6 EIFELPARK
Das Ziel für den Familienausflug: 750 000 Quadratmeter mit Attraktionen vor allem für Jüngere. Spielplätze, Hüpfburg, Kinderkart, Puppentheater, Zauberer, Greifvogelvorführungen, Wellenrutschbahn, Irrgarten. Der Besuch des ganzjährig geöffneten Wildparks – Bären, Luchse, Steinböcke, Mufflons, Murmeltiere – kostet extra. Erwachsene zahlen 21 Mark Eintritt, Kinder von 4 bis 14 Jahren 18 Mark.
54647 Gondorf
☎ 06565-2131
🌐 www.eifelpark.de
Geöffnet bis Mitte Oktober, im nächsten Jahr wieder ab Karfreitag – täglich von 9.30 bis 17 bzw. 18 Uhr

Weinfest

7 FESTE FEIERN
Rheinland-Pfalz ist das Land der Weinfeste. Alle aufzuzählen, dazu reicht der Platz nicht aus. Nur so viel: Das größte findet alljährlich im August im Trierer Stadtteil Olewig statt. Das bedeutendste an der Mittelmosel ist das von Bernkastel-Kues, immer im September, das an der Untermosel findet im August im Örtchen Winningen statt. In Neustadt an der Weinstraße treffen sich die Weinseligen alljährlich im Oktober zum „Deutschen Weinlesefest". In Oberwesel am Rhein findet am Tag vor dem 1.-Mai-Feiertag die Wein-Hexennacht statt – mit dem größten Weinfass weit und breit. Koblenz hat das größte Fest überhaupt zu bieten – den Schängelmarkt im September: eine Kirmes mit Theater und Musik. Zur Riesen-Dauer-Fete „Rhein in Flammen" schließlich (zwischen Mai und September) gehören zahlreiche Feste am Rhein, deren Höhepunkt das Anzünden von Bengalfeuern ist.
🌐 www.trier.de,
🌐 www.bernkastel-kues.de
🌐 www.winningen.de
🌐 www.weinhexenmahl.de
🌐 www.rhein-in-flammen.de

Freizeittreff Wasserturm in Neunkirchen

8 KUZ
Früher ließen Michael Steinbrecher und Barbara Stöckl bei „Doppelpunkt" live aus dem Mainzer KUZ heiß diskutieren, die Talkshow und ihr Austragungsort waren Kult in der Landeshauptstadt. Rechtzeitig vor der Talkshowflut der Privaten hörte das Moderatoren-Duo auf. Aber den Kult ums KUZ gibt es immer noch. Im Sommer ist der Biergarten am Rheinufer ein Muss, rund ums Jahr sind die Konzerte Highlights der Mainzer Kulturszene, und die Partys am Samstagabend werden heute von den Kindern jener besucht, die diese Institution einst geschaffen haben.
Kulturzentrum Mainz
Dagobertstraße 20 B, 55116 Mainz
☎ 06131-286860 📠 06131-2868628
🌐 www.kuz.de

Barfußpfad bei Sobernheim

9 BARFUSSPFAD SOBERNHEIM
Hosen hochkrempeln, Schuhe im Schließfach einsperren – und los geht's: durch Sandgruben, über Rindenmulch, Kies und, tief bis zu den Knien, in ein Lehmloch voll mit Heilerde. Gefühl im Fuß ist an den Rundhölzern und Wackelstegen gefragt und vor allem an der Hängebrücke aus Seilen, die über die Nahe führt. Ganz Mutige waten durch den Fluss, der hier etwa fünf Meter breit ist. Wer das alles nicht mag, kann sich in einer kleinen Fähre auch mit Bizepskraft ans andere Ufer ziehen. Eine gute Stunde dauert die Tour über den 3,5 Kilometer langen Pfad.
Touristinformation Bad Sobernheim
☎ 06751 / 81 241 📠 06751 / 81 240
🌐 www.bad-sobernheim.de/
TA_barfuss.htm

10 WASSERTURM
„Was e Turm", sagen die Saarländer, wenn sie über den 41 Meter hohen Koloss sprechen. Früher speiste sein Wasser das Neunkirchener Eisenwerk, heute ist es ein Freizeittreff. Vier Kinos – die Leinwände sind der Turmbiegung angepasst, was fast einen 360-Grad-Multiplex-Effekt ergibt. Das Mexiko-Lokal Coyote Café nutzt einen Kleinlaster als Salatbar, das Bistro Vis-a-Vis hat frische Baguettes, und das 1300 Quadratmeter große Fitness-Center ist eines der schönsten in Deutschland.
Saarpark-Center, 66538 Neunkirchen
☎ 06821-2900852
🌐 www.wasserturm.de

11 BETZENBERG

Fußballstadion? Kultstätte trifft schon eher, was der gemeine Pfälzer schlicht als „Betze" bezeichnet. Dass Schalke-Fans die verrücktesten in Deutschland sind, glaubt nur, wer noch nie ein Heimspiel des 1. FC Kaiserslautern gesehen hat. Hier geht es nicht um Sieg oder Niederlage, sondern um die Gemütsverfassung eines ganzen Bundeslandes für die nächsten sieben Tage. Entsprechend intensiv durchlebt der gemeine Pfälzer die 90 Minuten im Fritz-Walter-Stadion. Wer die pfälzische Seele näher kennen lernen will, kommt daher um einen „Betze"-Besuch nicht herum – allerdings ist die Heimstatt der „Roten Teufel" oft ausverkauft.

Infos unter Telefon 0631/31880
www.fck.de

12 KUCKUCKSBÄHNEL

Die Dampflokomotive T3 aus dem Jahr 1910 hat Abfahrt an Gleis 5 in Neustadt an der Weinstraße: Schnaubend quält sie sich durch die waldige Landschaft, hält in Lambrecht, Frankeneck, Erfenstein, Breitenstein und Helmbach, ehe sie den alten Bahnhof von Elmstein erreicht. Der Zug des Eisenbahnmuseums Neustadt fährt von April bis Oktober, allerdings nur an bestimmten Tagen. Wer mitfahren will, sollte sich rechtzeitig anmelden, denn die Bahn ist immer gerammelt voll. Übrigens: Es empfiehlt sich ein Kissen, denn die dritte Klasse der historischen Personenwaggons ist nun mal hölzern.

Eisenbahnmuseum Neustadt
geöffnet samstags, sonn- und feiertags von 10-16 Uhr,
06321-30390
Reservierungen fürs Kuckucksbähnel:
06325-8626
www.eisenbahnmuseum-neustadt.de

Free-Fall-Tower im Holiday-Park Hassloch

13 HOLIDAY-PARK

Eine Nummer größer als der Eifelpark Gondorf und teurer: Erwachsene zahlen 35,50 Mark Eintritt, Kinder von 4 bis 11 Jahren 31,50 Mark. Dafür gibt's mehr Nervenkitzel und Bauchkribbeln. Zum Beispiel mit dem Free-Fall-Tower: Gondeln stürzen aus 70 Meter Höhe zur Erde. Es gibt aber auch Harmloseres wie Artistik, Tanz, Varieté, eine Papageienshow und einen Karaoke-Wettbewerb.

67454 Hassloch
0180-5003246
www.holidaypark.de
Geöffnet bis Mitte Oktober, im nächsten Jahr voraussichtlich ab 5. April, täglich von 10-18 Uhr,

14 VÖLKLINGER HÜTTE

Wo früher Schweiß floss, fließt heute Champagner. Aus einem still gelegten Hüttenwerk wurde eine Kultureinrichtung. Nachts wird sie von bunten Lichtern angestrahlt, während drinnen die feine Gesellschaft Lachshäppchen isst.

66302 Völklingen
06898-91000
www.voelklinger-huette.org
täglich von 10-19 Uhr, freitags nur Freigelände bis 22 Uhr

Kulturfabrik in Saarbrücken

15 N8WERK

Nicht nur im Saarland angesagt. 1500 Quadratmeter Mainfloor für 1500, zusätzlich 100 Quadratmeter Club-Zone für 100 Gäste. Größte Laseranlage im Südwesten Deutschlands. Freitags Event-Abende wie 80iger-Jahre- oder Schlager-Feten. Samstags das aktuelle Disco-Programm.

St. Johannerstr. 38, 66111 Saarbrücken
0681-473098 www.n8werk.de
freitags, samstags und vor Feiertagen von 23-5 Uhr

16 FILMFESTIVAL „MAX OPHÜLS PREIS"

Hier trifft sich einmal im Jahr das Filmgeschäft, um den Nachwuchs zu begutachten. 20 000 Besucher erwarten nicht unbedingt formvollendete Kinowerke, dafür treten junge Filmemacher des deutschsprachigen Films mit ihren Debütarbeiten an. Für Saarbrücken sind die Tage vom 16. bis 21. Januar Tage der Diners und Partys.

Filmbüro Max Ophüls Preis
0681-9367421 0681-9367429
www.saarbruecken.de/sbnet/ophuels

17 ST. JOHANNER MARKT

Die romantischen Sträßchen und verwinkelte Gassen im Zentrum Saarbrückens werden gesäumt von Barockhäusern, Kneipen und Restaurants wie dem „Zum Stiefel" und der Gasthausbrauerei „Stiefel-

St. Johanner Markt in Saarbrücken

Bräu", beide unter einer Leitung. „Mir wisse, was gudd iss", verkünden die Küchenchefs und servieren Gefillde für 14,80 Mark und Hoorische für 17,80 Mark. Pflicht ist, die Nacht durchzumachen und morgens mit der neuen Saarbahn vom Cottbuser Platz ins französische Saargemünd zu fahren und frisches Baguette zu kaufen.

www.saarbruecken.de

18 DRACHENFLIEGEN AM HOHENBERG

Sicher die individuellste Möglichkeit, den Pfälzer Wald oder die Haardt kennen zu lernen. Durch die Luft gleitend, angegurtet an rund 20 Quadratmeter Tragsegel in einem Aluminiumrahmen. Weitere Möglichkeiten zum Drachenfliegen gibt es an der Madenburg bei Eschbach, auf dem Orenfels bei Albersweiler und auf dem Adelberg.

Pfälzischer Drachenclub
Madenburgstraße 3, 76879 Essingen (Kontakt über Helmut Menzel)
06347/8213

19 BREZELFEST

Eigentlich ist sie überall im Süddeutschen zu haben, aber in Speyer wird die Brezel als eine kulturelle Errungenschaft angesehen. Immer am zweiten Wochenende im Juli erweisen die Speyerer dem Salzgebäck mit einem eigenen Fest besondere Ehre. Dann herrscht fünf Tage lang Kirmestreiben in den Straßen.
www.speyer.de

20 IM LANDAUER DURCH DIE SÜDPFALZ

Als Landauer werden nicht nur die Einwohner eines sympathischen vorderpfälzischen Städtchens bezeichnet, deren leicht singende Mundart unüberhörbar vom Wein geprägt wird – „Landauer" sind auch stilvolle zweispännige Kutschen aus dem 18. Jahrhundert, die als ideal für Landausflüge zu zweit gelten. Start und Ziel der Partie ist Landau. Dazwischen geht es durch Bad Bergzabern, Wissembourg in Frankreich; Burg Berwartstein und die Haardt mit ihren Burgen und Schlössern sind ebenfalls Stationen.

Büro für Tourismus Südliche Weinstraße
Marktstraße 50, 76825 Landau
06341/13181 06341/13181
Preis pro Person rund 700 Mark für 3 Tage, inkl. Menüs, Picknick, Weinprobe.

TOUR (B)

ROMANTISCH AUF DEM DAMPFER

Wer deutsche Postkartenidylle und Gemütlichkeit liebt, kommt an dieser Tour auf dem Schaufelraddampfer nicht vorbei. Auf den gut 60 Kilometern zwischen **Kaiser-Wilhelm-Denkmal** in Koblenz und dem **Niederwalddenkmal** in Rüdesheim werden alle Klischees bedient. Hier fließt der Rhein in einer bis zu 150 Meter tiefen Schlucht. An den Steilhängen wächst der Wein, auf den Felsen kleben Bilderbuchruinen wie die

Schaufelraddampfer auf dem Mittelrhein

Burg Rheinfels. Auf halber Strecke der Wallfahrtsort der Romantik, der sagenumwobene Schieferfelsen der **Loreley** bei St. Goarshausen, und die **Burg Pfalzgrafenstein** mitten im Rhein. Sechs Stunden und 20 Minuten braucht die „Goethe" mit 13 Zwischenstopps für die Fahrt durchs Rheintal. Wer Hin- und Rückfahrt für 44,80 Mark bucht, ist von 9 Uhr bis 20 Uhr unterwegs. Der 87 Jahre alte Schaufelraddampfer tuckert von Mai bis Oktober über den Rhein.

Deutsche Rheinschiffahrt AG, Frankenwerft 1, 50667 Köln
0221/2088319

AUSSICHTEN, WANDERTOUR

SEHEN

1 DEUTSCHES ECK
Sehr beeindruckend, wie der kupferne Wilhelm I. hoch zu Ross über dem Mündungsdreieck von Mosel und Rhein thront. Wer den Sockel des Monumentalbauwerks besteigt, hat einen Panoramablick auf Koblenz, die Mosel- und Rheinbrücken und seitwärts zur Festung Ehrenbreitstein.
Tourist-Information
℡ 0261-130920 www.koblenz.de

2 BURG PFALZGRAFENSTEIN
Die 1327 erbaute Feste liegt mitten im Rhein auf einer Insel. Den französischen Schriftsteller Victor Hugo erinnerte sie an ein „steinernes Schiff (...), das für immer vor Anker gegangen ist". Sie war eine von zwölf Zollstellen zwischen Mainz und Köln.
56349 Kaub
℡ 0180-5221360

Burg Eltz

3 BURG ELTZ
Sie wird die Burg der Burgen genannt und ist so berühmt, dass sie den alten 500-Mark-Schein schmücken durfte. Ein Gang durch die Säle des Märchenschlosses unweit der Mosel ist beeindruckend: die Freskenmalereien im Schlafgemach, die Elchtrophäe im Jagdzimmer, die noch intakte Küche aus dem Spätmittelalter. Überall Gemälde, Wandteppiche, Glasmalereien. In der Schatzkammer Gold- und Silberschmiedearbeiten aus sieben Jahrhunderten, Porzellan, Armbrüste.
56294 Münstermaifeld
℡ 02672-950500 www.burg-eltz.de
Geöffnet: 1. April bis 1. Nov von 9.30-17.30 Uhr, Eintritt Erwachsene 9 Mark, Schüler 6 Mark, Familienkarte 27 Mark

4 EIFEL-VULKANMUSEUM
Die Sammlung im alten Landratsamt von Daun ist Teil des „Geo-Zentrums Vulkaneifel", in dem verschiedene Projekte koordiniert werden. Sie zeigt Fundstücke aus der Vulkaneifel, aber auch aus anderen Teilen Europas und aus Asien, in denen Vulkane aktiv sind. Die Besucher können am Modell eines Schlackenkegels einen Mini-Vulkanausbruch simulieren.
54550 Daun, Leopoldstraße 9
℡ 06592-985353/54
 www.vulkanpark.com
Eintritt Erwachsene 3 Mark, Kinder 2 Mark

5 GLOCKENGIESSEREI BROCKSCHEID
„Heute soll die Glocke werden", kündigt Friedrich Schiller in seinem „Lied von der Glocke" an. Wie sie entsteht, zeigen die Glockengießer von Brockscheid. Je nachdem, wann der Besucher kommt, sieht er unterschiedliche Arbeitsschritte, etwa das Zusammensetzen der Form oder das Einsetzen von Inschriften und Verzierungen oder den Glockenguss selbst, bei dem 1100 Grad heißes Metall aus dem Ofen fließt. Die Produktion einer Glocke dauert sechs bis acht Wochen. Wie der Gießer den exakten Klang erreicht, verrät er nicht – Berufsgeheimnis.
Glockengießerei Mark,
54550 Daun-Brockscheid
℡ 06573/-255/-1713
 www.brockscheid.de
Besichtigungen täglich von 10-16 Uhr jeweils zur vollen Stunde

6 TRIER
Das Schöne an Trier ist, dass alle Sehenswürdigkeiten eng beieinander liegen und zu Fuß gut zu erreichen sind. So heißen denn auch die Stadtrundgänge mit geprüften Führern (zwischen 1. April und 31. Oktober) „Zweitausend Schritte gleich zweitausend Jahre". In zwei Stunden hat der Besucher die schönsten Seiten der ältesten Stadt Deutschlands gesehen, für 12 Mark.
Tourist-Information
℡ 0651-9780820 www.trier.de

7 GUTENBERG MUSEUM MAINZ
Auf 2700 Quadratmeter Ausstellungsfläche geht es um Druck und Schrift vom 15. Jahrhundert bis ins Multimedia-Zeitalter. Das Museum ist eine Hommage an den Erfinder der Druckkunst, seine weltberühmten Bibeln gehören zu den wichtigsten Ausstellungsstücken. Zu den Schätzen des Museums zählt auch eine Rekonstruktion der Gutenberg-Druckerstube, in der live demonstriert wird, wie es vor 500 Jahren mit der schwarzen Kunst begann.
Liebfrauenplatz 5, 55116 Mainz
℡ 06131-122640 www.gutenberg.de
Di-So von 10-17 Uhr, Eintritt 8 Mark ermäßigt 6 Mark

Museum für Antike Schifffahrt in Mainz

8 MUSEUM FÜR ANTIKE SCHIFFFAHRT
Gezeigt werden fünf Schiffswracks aus der Spätantike, die 1981/82 bei Bauarbeiten 7,5 Meter unter heutigem Straßenniveau gefunden wurden. Es handelt sich um Militärschiffe, die nach der Niederlage der römischen Rheinarmee gegen die Germanen 407 n. Chr. aufgegeben wurden. Neben den Originalwracks sind auch Rekonstruktionsmodelle ausgestellt.
Neutorstr. 2b, 55116 Mainz
℡ 06131-286630
täglich außer Montag 10.00-18.00 Uhr, Eintritt frei

9 WHISKYMUSEUM
Im Keller des Restaurants Kyrburg zeigt Horst Kroll eine hochprozentige Sammlung von 2 500 Whisky-Sorten, darunter Exoten aus Israel oder der DDR. Dazu Literatur, Destilliergeräte und alles, was sonst noch mit dem „Lebenswasser", wie er es nennt, zusammenhängt. Mehrmals im Jahr veranstaltet er auch „Tastings" für bis zu 70 Personen unter fachkundiger Moderation mit Drei-Gänge-Menü und Dudelsackspielern. Kosten: 100 bis 300 Mark.
55606 Kirn/Nahe
℡ 06752-93660 06752-93667
 www.kyrburg.de
Di-Sa ab 17 Uhr, So 10-14.30 und 17-24 Uhr

10 EDELSTEINE IN IDAR-OBERSTEIN
Das Deutsche Edelsteinmuseum besitzt die größte Juwelensammlung der Welt: 9500 Diamanten, Rubine, Granate, Saphire, Smaragde, Achate, Turmaline und und und. Sehenswert auch die Edelsteinminen des Steinkaulenberges und die „Historische Weiherschleife", wo Handwerker zeigen, wie früher die Edelsteine bearbeitet wurden. Wer nach all dem auf den Geschmack gekommen ist, der kann in den Minen auch selbst schürfen oder aus einem Haufen Gestein wunderbare Fossilien klopfen.
Deutsches Edelsteinmuseum, Hauptstraße 118, 55743 Idar-Oberstein
℡ 06781-900980
 www.edelsteinmuseum.de
täglich vom 1. Nov bis 30. April von 9-17 Uhr, vom 1. Mai bis 31. Okt von 9-18 Uhr

Deutsches Edelsteinmuseum Idar-Oberstein

11 VILLEROY & BOCH
Sir Peter Ustinov präsentiert per Multimediashow „Keravision" die Welt des Keramikunternehmens Villeroy & Boch. In Episoden erzählt er von der 250-jährigen Firmengeschichte, präsentiert Geschirre und Dekors vom Barock bis in die Gegenwart.
66688 Mettlach
℡ 06864-81/1020 06864-81/2305
 www.villeroy-boch.de
Mo-Fr von 9-18 Uhr, Sa von 9.30-16 Uhr

Alte Gasse im Trierer Domviertel

Hambacher Schloß an der Weinstraße

12 WOLFPARK

Der 62-jährige einstige Bundeswehr-Stabsfeldwebel Werner Freund hat sich als Wolfsforscher einen Namen gemacht. Konrad Lorenz verlieh ihm den Titel „Ehrenwolf". Wer den Homo Lupus besucht und sich auf ihn einlässt, kann alles über dessen Leben unter Wölfen und Fahrten in ferne Länder erfahren. Im Waldgebiet Kammerforst hält Freund in fünf Gehegen Arktis-, Timber-, indische und europäische Wölfe … Besucher können die Freigehege von Sonnenauf- bis Sonnenuntergang besuchen und die Tiere in ihrem Lebensraum beobachten.
66663 Merzig, Waldstraße 206
✆ 06861-1051
🖳 www.wolfpark-merzig.de

13 STRASSE DER SKULPTUREN

Sie ist 25 Kilometer lang, erstreckt sich von der Innenstadt St. Wendels bis zum Bostalsee, und am Wegesrand stehen 51 Steinskulpturen, bis zu neun Meter hoch und 65 Tonnen schwer. Künstler aus aller Welt haben sie geschaffen, nachdem der Bildhauer Leo Kornbrust 1971 den Anstoß zu dieser Open-Air-Galerie gegeben hat. Zu Fuß braucht man einen halben Tag, mit dem Fahrrad zwei Stunden.
Landkreis St. Wendel
✆ 06851-809131/-90110
🖳 www.landkreis-st-wendel.de

14 WEINFASS BAD DÜRKHEIM

Das laut original „Derkemern" größte Holzfass der Welt wurde 1934 erbaut und hat ein Fassungsvermögen von 1,7 Millionen Liter. War allerdings noch nie gefüllt, stattdessen ist auf zwei Etagen ein Weinlokal darin eingerichtet. Es liegt direkt am Bad Dürkheimer Wurstmarktplatz, also am besten während des berühmten Wurstmarktes im September einkehren.
Verkehrsamt im Rathaus, Mannheimer Straße 24, 67098 Bad Dürkheim
✆ 06322-935156 🖷 06322-935159

15 JOHANNISKREUZ

Für den Pfälzer ist die Pfalz der Mittelpunkt der Welt, und die Weltachse verläuft durch den Pfälzer Wald. Mit diesem Hintergrundwissen überredete ein angetrunkener Förster einst einige durch die Pfalz manövrierende US-Offiziere, diesen Punkt doch endlich dauerhaft zu markieren: Also schoben sie mit ihren Panzern zwei gewaltige Sandsteinplatten übereinander, die von einem napoleonischen Vermessungsstein durchstoßen werden. So entstand das Johanniskreuz. Alle Wanderwege der Region laufen hier zusammen.
**Pfalz-Tourist Information und Pfälzerwaldverein, Fröbelstraße 26
67433 Neustadt/Weinstraße**
✆ 06321-2200

16 HAMBACHER SCHLOSS

Alte Salierburg im Neustadter Stadtteil Hambach. Symbol- und geschichtsträchtig seit 1832, als hier 30 000 Menschen für demokratische Freiheitsrechte und die Deutsche Einheit demonstrierten.
Tourist Kongress und Saalbau GmbH, Hetzelplatz 1, Postfach 100910, 67409 Neustadt an der Weinstraße
✆ 06321-926892 🖷 06321-926891

Blick in den Speyerer Dom

17 SPEYERER DOM

Damals, 1030, war er die größte romanische Kirche der Welt. Grabstätte von acht deutschen Kaisern und Königen. Geheimtipp: Schließen Sie sich Dom-Custos Hubert Sedlmair bei einer der seltenen Führungen über Wendeltreppen und Stiege durch die Gewölbe des Dachbodens an und fühlen Sie sich wie der Glöckner von Notre Dame. Empfehlung für danach: ein Spaziergang durch Speyers historische Altstadt.
Tourist Info-Speyer, Maximilianstraße 11, 67346 Speyer
✆ 06232-142392 🖷 06232-142332

Technikmuseum in Speyer

18 TECHNIKMUSEUM

Unterm Dach der 1913 erbauten „Liller Halle" sind Oldtimer, Feuerwehrfahrzeuge, Lokomotiven und Flugzeuge ausgestellt. Im Marinemuseum nebenan steht ein 46 Meter langes U-Boot, im „Wilhelmsbau" werden mechanische Musikinstrumente, altes Blechspielzeug, Dampfmaschinen und mehr als 2500 Künstlerpuppen gezeigt. Clou ist aber der „Imax-Dome", ein Kino, bei dem Filme nicht auf eine Leinwand, sondern in eine Kuppel geworfen werden. Der Zuschauer hat das Gefühl, mitten im Geschehen zu sein.
67346 Speyer, Geibstraße 5
✆ 06232-67080
täglich von 9-18 Uhr

19 ABENTEUERMUSEUM

Heinz Rox Schulz, allein reisender Entdecker und Forscher, Freund der Maharadschas, Riksha-Kuli und Boxtrainer indischer Palastwachen, hat im alten Rathaus in Saarbrücken die Erinnerungsstücke seiner Expeditionen ausgestellt. Der „König der Globetrotter" zeigt Skulpturen, Masken, Waffen und Götzenbilder.
**Altes Rathaus Am Schloßplatz 2
66119 Saarbrücken**
✆ 0681-51747
🖳 www.saarbruecken.de
Di und Mi 9-13 Uhr, Do und Fr 15-19 Uhr, jeden 1. Samstag im Monat 10-14 Uhr

20 TEUFELSTISCH

Gewaltiges Naturdenkmal bei Hauenstein. Eine 300 Tonnen schwere Felsplatte ruht auf zwei mächtigen Steinpfeilern. Der Sage nach hat hier der Beelzebub persönlich seine ekelhaften Mahlzeiten eingenommen. Trotzdem sind Tisch und der Rest des umliegenden Dahner Felsenlandes ein Paradies für Wanderer und Kletterer.
Pfalz-Tourist Information und Pfälzerwaldverein, Fröbelstraße 26, 67433 Neustadt/Weinstraße
✆ 06321-2200

WWW. HOTLINES

🖳 www.rheinland-pfalz.de und
🖳 www.saarland.de Alles, was man über die beiden Bundesländer wissen muss.
🖳 www.rlp-info.de Zahlreiche Reise-Infos mit Übernachtungsmöglichkeiten und Online-Buchung.
🖳 www.tz-s.de Info-Site der Tourismuszentrale Saarland.
🖳 www.burgen-rlp.de Burgen und Schlösser in Rheinland-Pfalz.
🖳 www.pfaelzer-links.de Umfangreiches Verzeichnis nützlicher Links.
🖳 www.saaraktuell.de Regionaler Webkatalog mit Links und Adressen.

TOUR (C)

RUNDWANDERUNG VON UND NACH METTLACH

Vom Marktplatz in **Mettlach** *geht es zunächst durch die Fußgängerzone in Richtung Pfarrkirche St. Lutwinus, dann, am Rathaus vorbei, dem Milchweg folgen (Markierung mit roter 13). Über einen Höhenweg weiter zur* **Burgruine Montclair**, *die 1428–1439 erbaut wurde. In steilen Windungen verläuft der Weg 13 hinab zur Saar, um die* **Saarschleife** *herum bis zur Anlegestelle der Fähre. Nach dem Übersetzen mit der „Welles" wandern Sie durchs* **Steinbachtal** *(Vogelschutzlehrpfad – Markierung mit roter 3) zur Schutzhütte Steinbachtal. Weiter Richtung Orscholz, wo vor der Kläranlage der*

Burgruine Montclair

Weg zum **Aussichtspunkt Cloef** *führt (blaues Kreuz mit 3). Von hier haben Sie den berühmten Blick über die Saarschleife hinüber zur Burgruine Montclair. Vom Aussichtspunkt geht es zum Parkplatz und (der roten 3 folgend) zur Schutzhütte Weselbachtal. Die rote 3 führt weiter entlang an moosüberwachsenen Steinrauschen und Holztransportrinnen durch das* **Naturschutzgebiet Wellesbachtal** *hinab zur Saar. Auf dem Weg über eine Holzbrücke genießen Sie eine fantastische Aussicht auf den rauschenden* **Wellesbach**. *Saarabwärts, an der* **Staustufe Mettlach** *vorbei, kommen Sie wieder zurück nach Mettlach. An der Brücke über die Saar ist die pyramidenförmige Kirche der evangelischen Kirchengemeinde zu sehen. Wenn Sie die Saarbrücke überquert haben, sind Sie bald wieder am* **Mettlacher Markt**. *Länge der Wandertour: 16 Kilometer. Da die Wege durch die naturbelassenen Quarzitschuttdecken stellenweise uneben sind, empfiehlt sich unbedingt festes Schuhwerk.*

BERLIN

Wo die Zukunft ihr Zuhause hat. Von der Frontstadt zur Weltmetropole: Berlin dreht auf

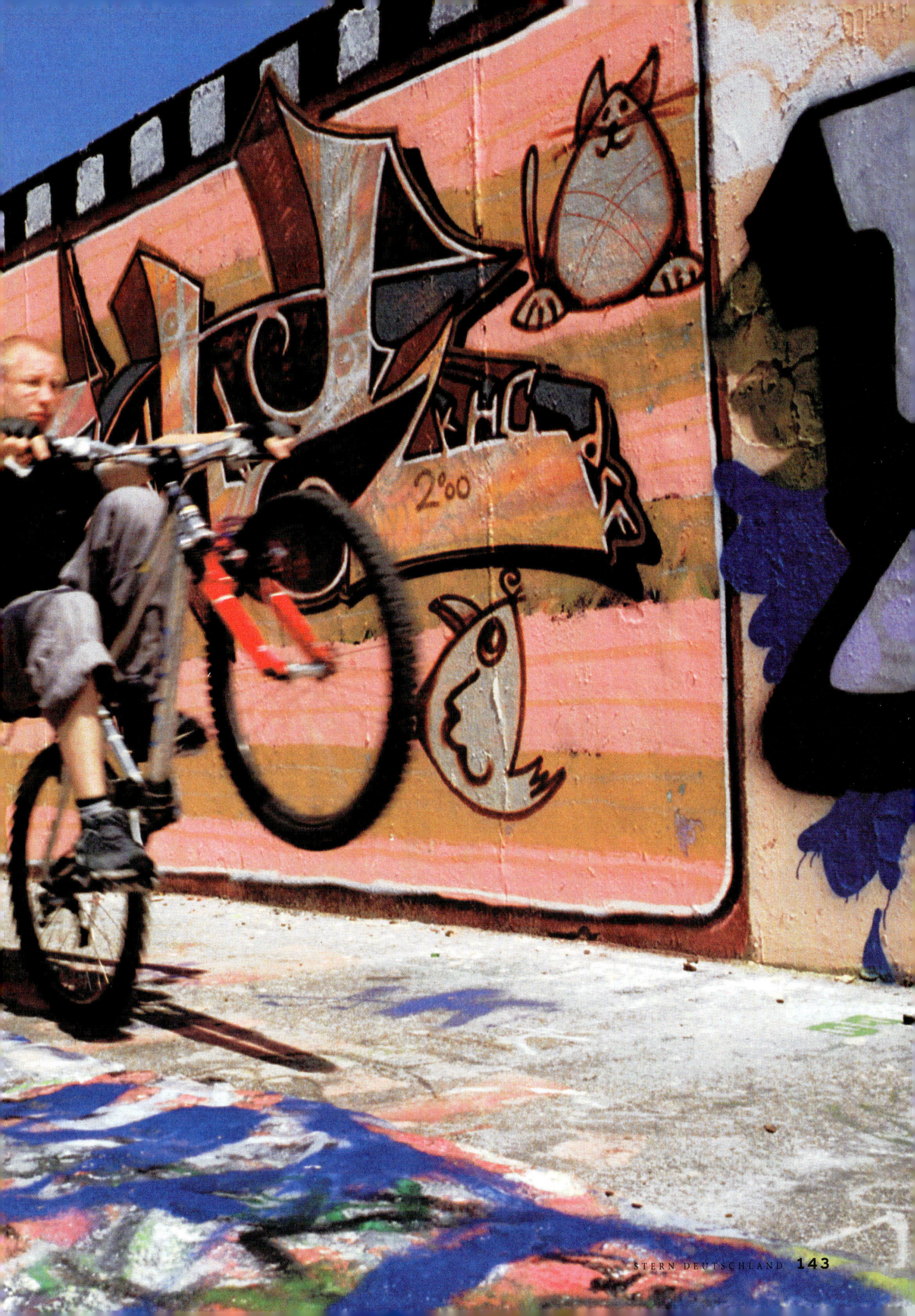

HADERERS DEUTSCHLAND-BILD

BERLIN: WIR SIND EIN (KOMISCHES) VOLK!

ANGETIPPT

Genau genommen sind wir Berliner alle nicht von hier. Zugewandert, früher oder später, aber die von neulich zählen wir Echten noch nicht. Schwer pfiffig sind wir, weil Urgroßvatern sich als Fremdarbeiter aus der Mark Brandenburg oder jüdischer Kleinhändler aus dem Osten durchschlagen musste, und das bleibt. Die Glücksverheißung ist so stark wie zu Kaisers Zeiten, **135 000 TÜRKEN** und die ehrgeizigsten deutschen Werbemenschen können sich nicht irren. Neulinge kriegen schwer mit uns Kontakt, weil wir schon genug davon haben, und unser Willkommensgruß heißt „Watwillstnhier?", damit sich keiner einbildet, wir haben auf ihn gewartet, womöglich mit Sehnsucht. In unserer leicht giftigen Neugier passt uns so leicht nix, mit 'ner **PULLE BERLINER KINDL** in der Faust mischen wir uns gern ein und meckern, aber knapp bevor so was in action ausartet, bremst uns das eingeborene Phlegma – Toleranz, vastehste. Unsere Leidenschaft für Politik ist tongenau so blass wie **EBI DIEPGEN.** Den sollten wir gleich auf Lebenszeit wählen, er macht nix kaputt und lässt uns in Ruhe in der Geborgenheit unseres Kiezes, der uns genug Hauptstadt ist. Dass die Bonner von hier aus regieren wollen, na bitte, stört kaum. Sie dürfen sogar zum Eierkuchen Pfannkuchen sagen, solange nicht zum Pfannkuchen Berliner. Die neuesten Neuen kucken im „Borchardt" oder in der „Paris Bar" nach, ob **ARIANE SOMMER,** die Nichte von so'm Zeitungsonkel, sich mit Edelfischen garniert auf'm Tablett servieren lässt, sonst isses ssursseit keene Party. Wir Normalen pilgern zu Konopkes Imbiss, U-Bahnhof Schönhauser Allee, und machen zu Saurem mit Persico den Currywurst-Gourmet. Künstler laufen uns auch zu, die wir nicht brauchen, weil wir unsern eigenen Sinatra haben. **HALALL JUHNKE** singt besser als das Original und hat unsern trockenen Humor – eine echte Spezialität wie Rudower Tinte aus Korn mit Himbeer und Kirsche, Apfelscheiben auf Kalbsleber mit Kartoffelpüree oder unser abschaltbarer Wasserfall am Viktoriapark, mit dem wir alpinen Gästen mal zeigen, was 'ne Kaskade ist. Duftes Mitbringsel vom Flohmarkt: eine original **NVA-GENERALSUNIFORM** für Galas, 1500 Mark. Für den Vaterländischen Verdienstorden kommen noch 3000 druff.

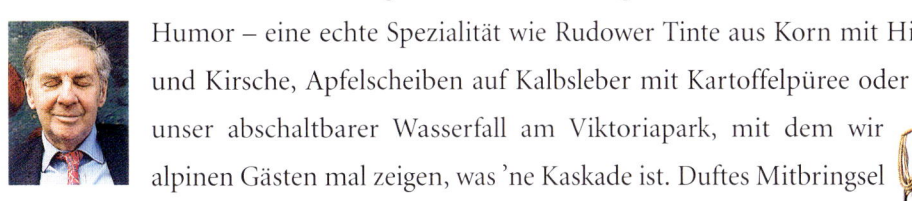

BERLIN IN ZAHLEN

Fläche: **891 Quadratkilometer**
Einwohnerzahl: **3 386 000**
Einwohnerdichte: **3803 Einwohner** pro Quadratkilometer – Berlin hat damit die größte Einwohnerdichte aller 16 Bundesländer
Sonnenstunden: **1625 Stunden**

Schauspiel und Opernbühnen: **55** mit **2,9 Millionen** Besuchen
Kinos: **265** mit **11,56 Millionen** Besuchen
Die deutsche Hauptstadt hat pro 100 000 nach Bremen und Hamburg die wenigsten Verkehrstoten: gesamt **103**
Öffentliche Bibliotheken: **184**

FOTO-REPORTAGE

Auferstanden aus Ruinen – und dem Leben zugewandt

Berlin, zehn Jahre nach der Wiedervereinigung: Ian Berry, Fotograf der weltberühmten Agentur Magnum, kehrte für den *stern* in eine Stadt zurück, die der Brite noch aus den Zeiten des Kalten Krieges kennt. In seinem Sucher war auch der neue Potsdamer Platz, Brachland vor dem Mauerfall. Berry schwärmt von der Dynamik, der Energie und schrägen Ausgelassenheit – vor allem des Ostteils: „Berlin wird *die* europäische Metropole des 21. Jahrhunderts"

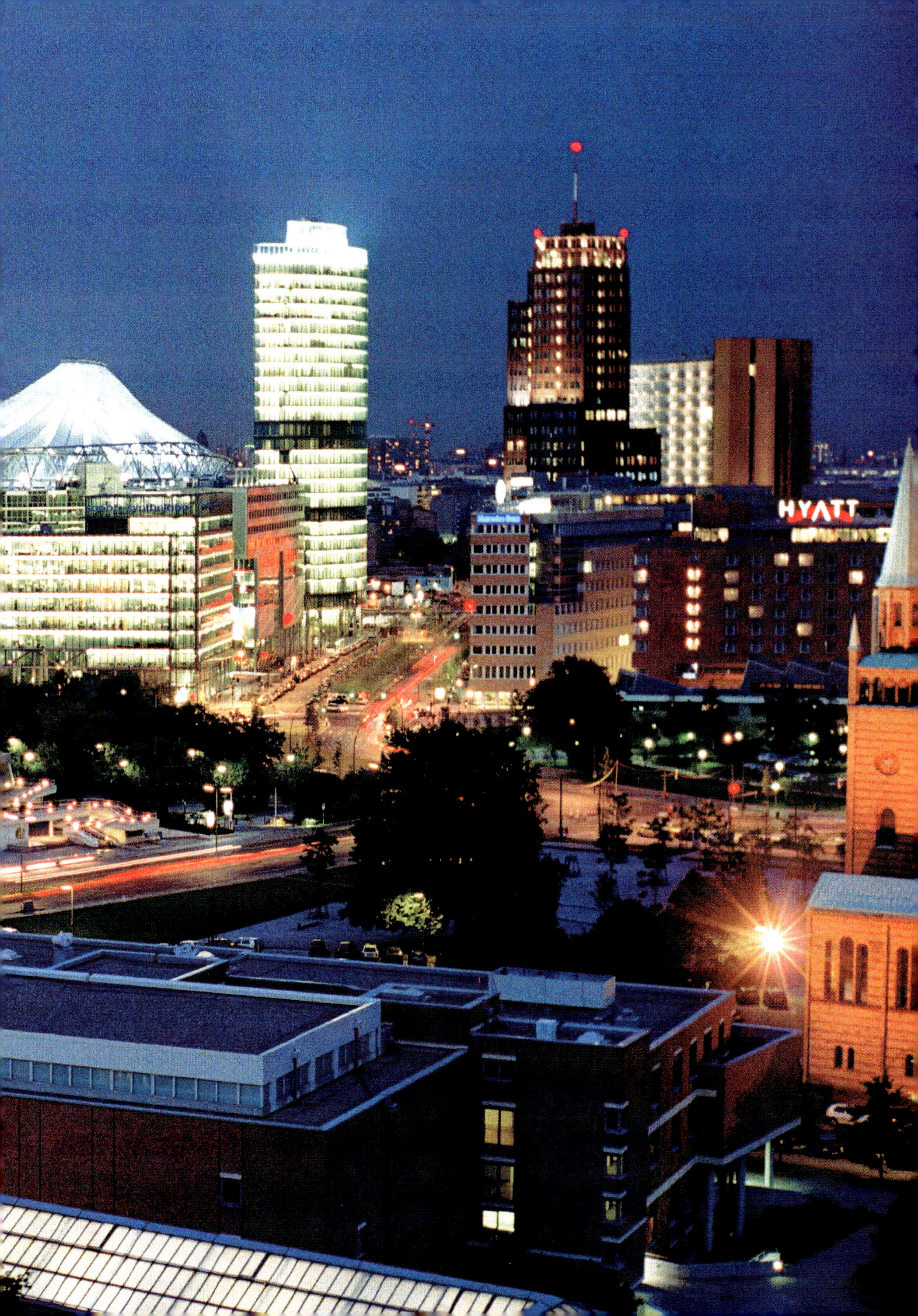
HYATT

SPIELPLATZ DER JUNGEN WILDEN

Gogo-Dancer im Sage-Club, Berlin Mitte. Nach der Wende wurden im Ostteil der Stadt ständig neue Clubs aufgemacht – die meisten hatten nur eine geringe Halbwertzeit. Bis jetzt gilt: Was heute noch in ist, kann morgen schon wieder out sein

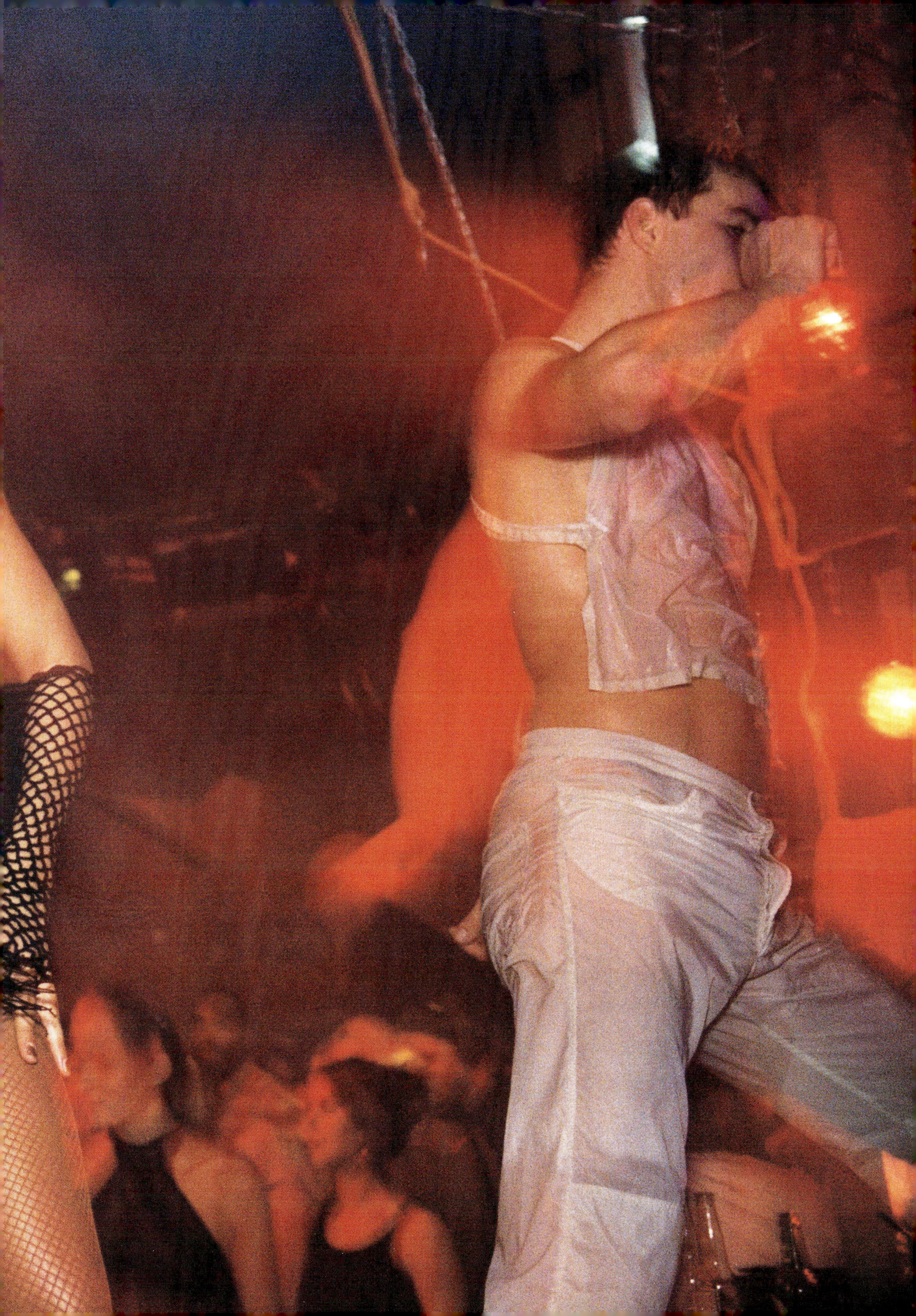

PLANSCHBECKEN FÜR BELLO & CO.

Der „Hundestrand" am Grunewaldsee: Hier haben Vierbeiner ungehindert Auslauf, Badefreuden inklusive. Montags bis freitags geht es eher beschaulich zu, an den Wochenenden aber ist reichlich Betrieb. Denn in keiner deutschen Stadt gibt es mehr Hunde als in Berlin

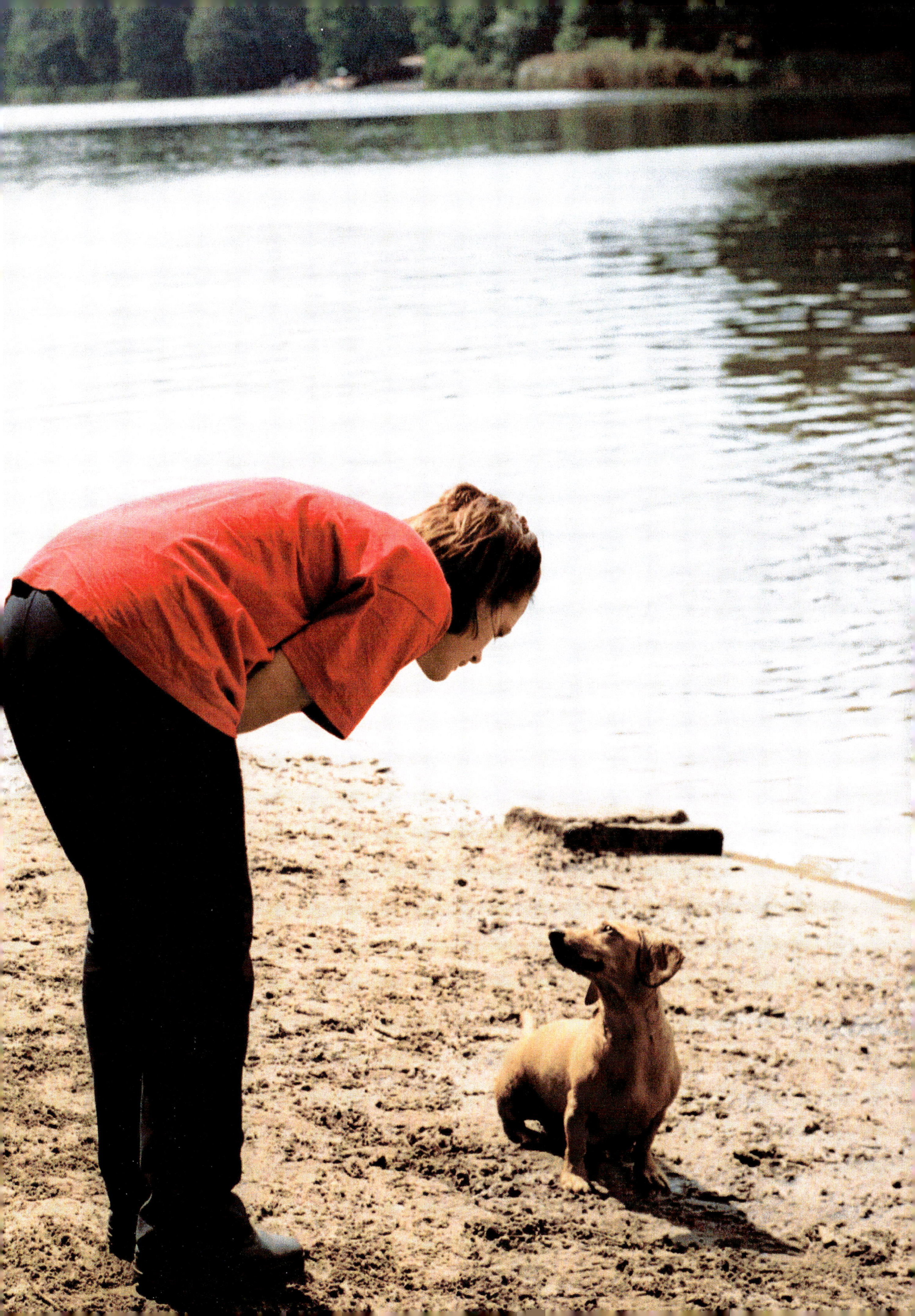

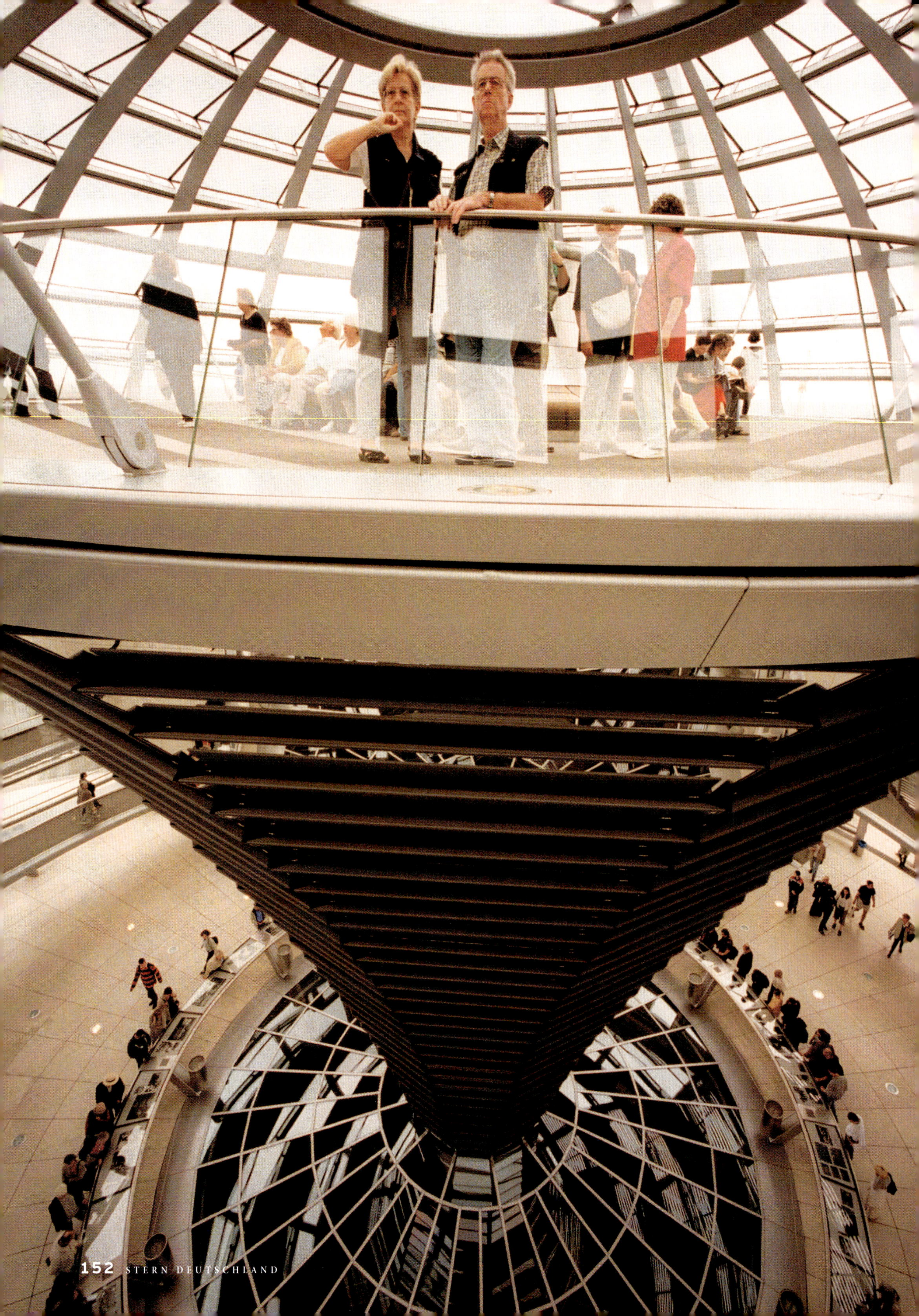

SCHNITTPUNKTE DER GESCHICHTE

Reichstagskuppel und Neues Jüdisches Museum an der Lindenstraße: Die gläserne Transparenz des Parlaments ist Symbol einer weltoffenen Demokratie. Daniel Libeskinds Bauwerk zieht schon jetzt das Publikum an, das Museum selbst wird erst im September 2001 eröffnet

GANZ SCHICK, GANZ SCHÖN TEUER

Hosta Müller und ihre Boutique „Oggi" sind eine Institution in Charlottenburg. Seit 30 Jahren macht sie in Mode – erst italienisch, dann französisch, seit sechs Jahren japanisch. Nur der Name blieb: „Oggi" heißt „heute" auf Italienisch. Hosta verkauft unter anderem T-Shirts für 600 Mark. Schleppend. „Die reichen Berliner wollen nichts Japanisches"

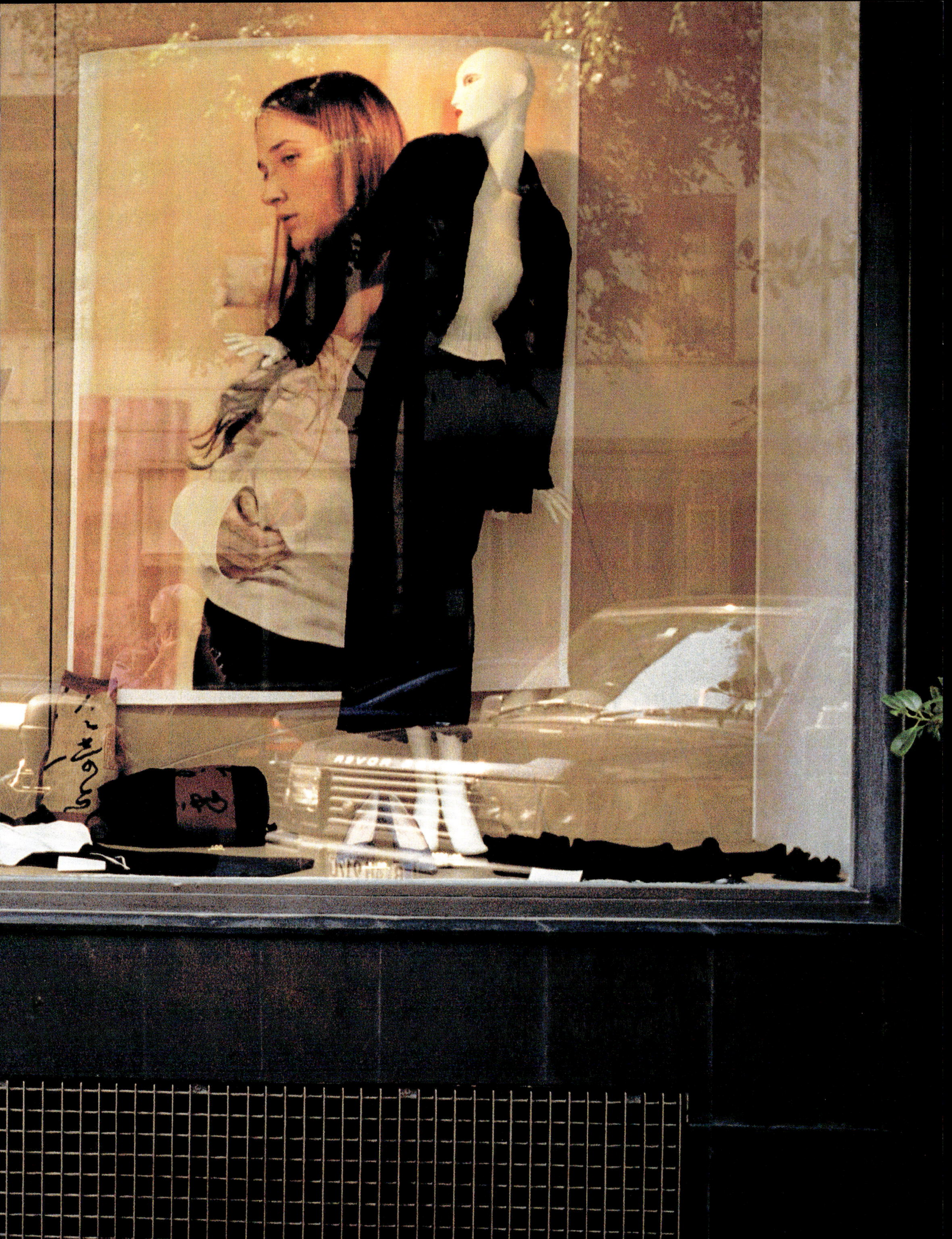

BERLIN, 24 STUNDEN GEÖFFNET

Ob „Café Goodwill" in der Oranienburger Straße, Pergamonmuseum am Kupfergraben oder Harley-Treffen am Potsdamer Platz – irgendwie ist alles Mitte, alles in Bewegung: Besonders für die Fun-Generation gibt's in Deutschland nirgends mehr Kurzweil

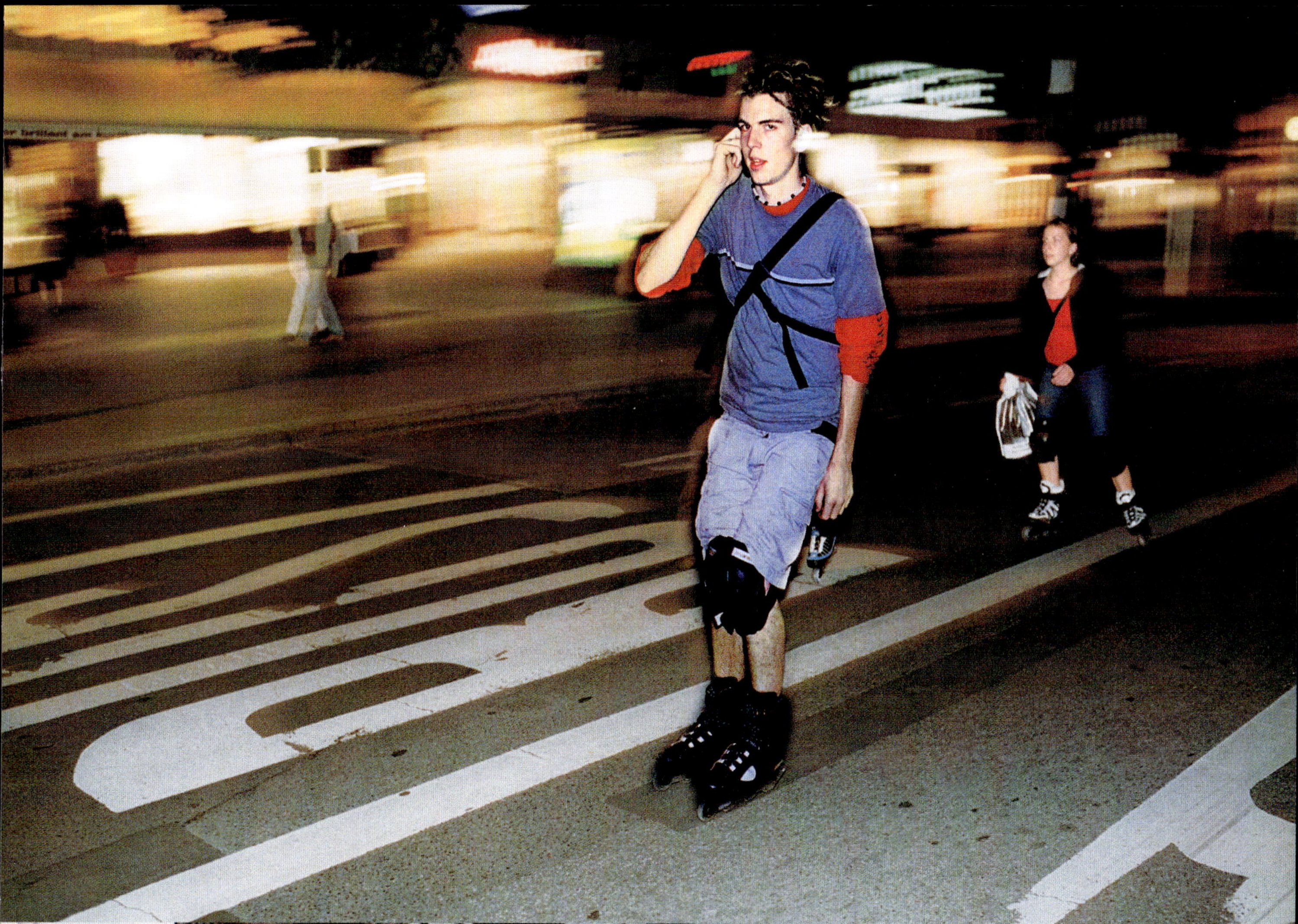

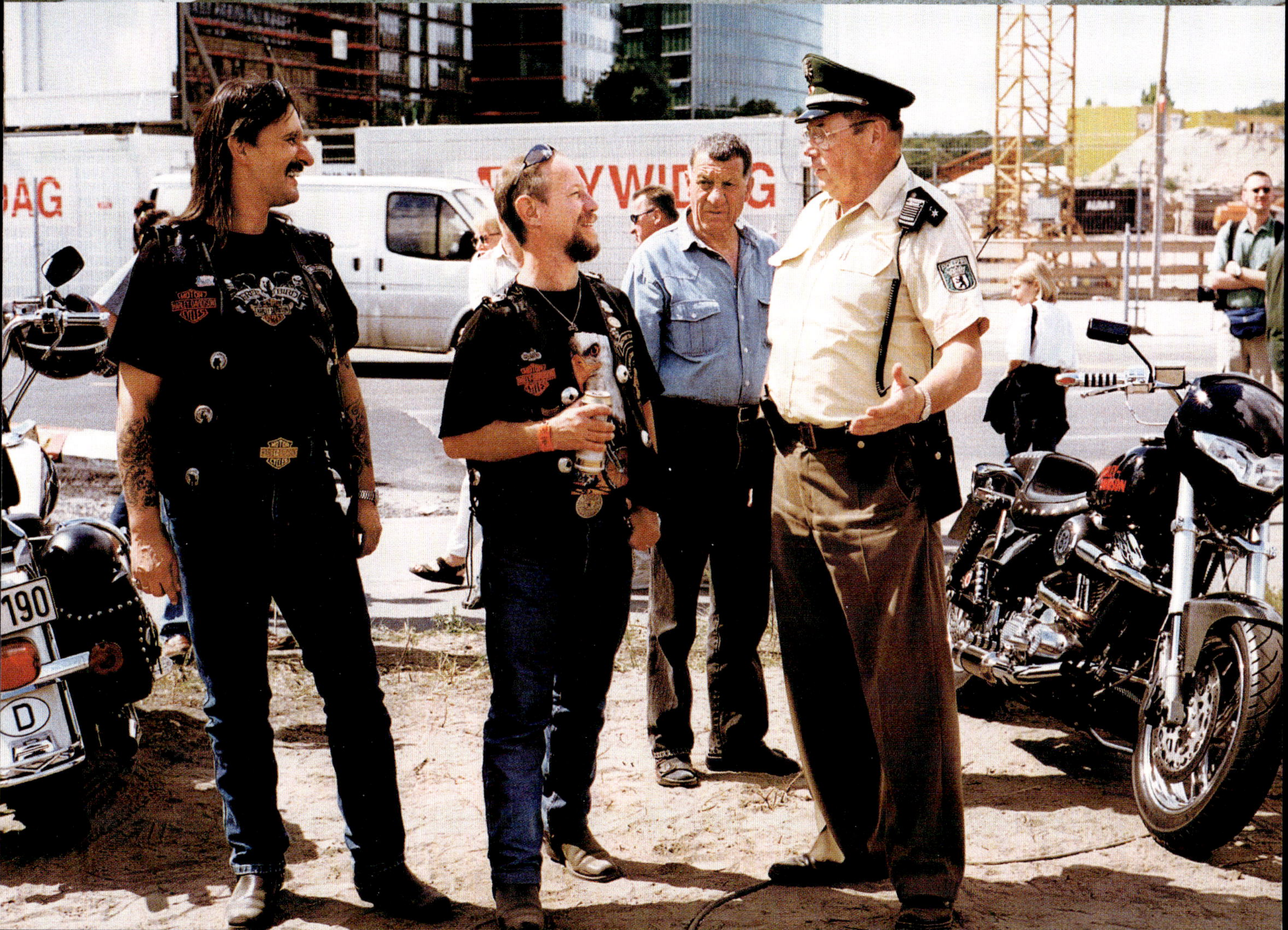
190
D

WÄNDE DER WENDE

An der geschichtsträchtigen Bernauer Straße im Wedding durchbricht eine Metallplatte das rekonstruierte Mauerstück. Die Spiegelung verlängert die Betongrenze und erinnert an die Teilung eines ganzen Landes – vom 13. August 1961 bis zum 9. November 1989, 28 lange Jahre

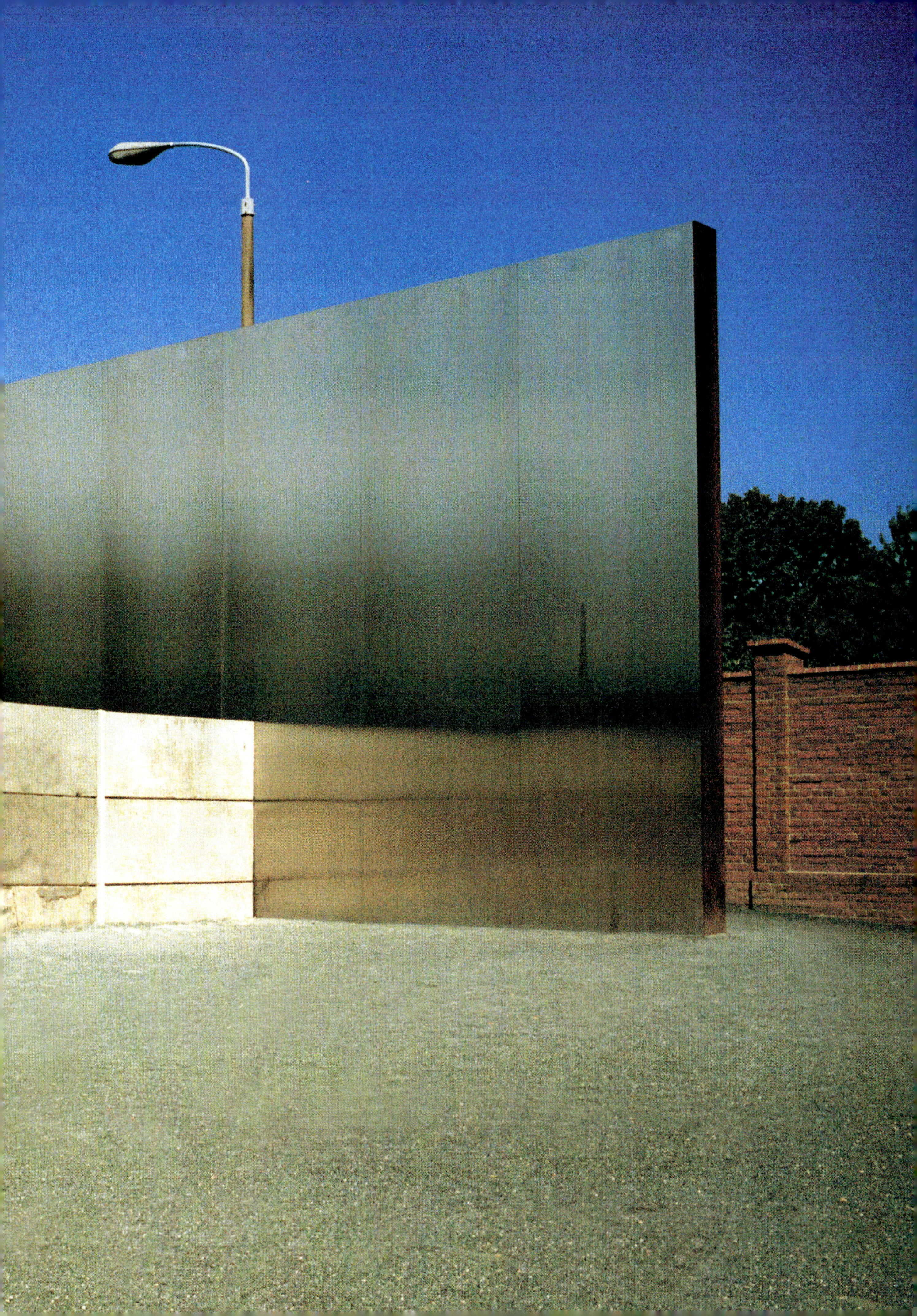

HEIRAT IN PINK UND PRUNK

Alles ist erlaubt, nichts mehr zu schrill: ein junges Hochzeitspaar im amerikanischen Straßenkreuzer vor der Kirche St. Peter und Paul. Das Gotteshaus steht unweit der Havel und der Pfaueninsel in Zehlendorf

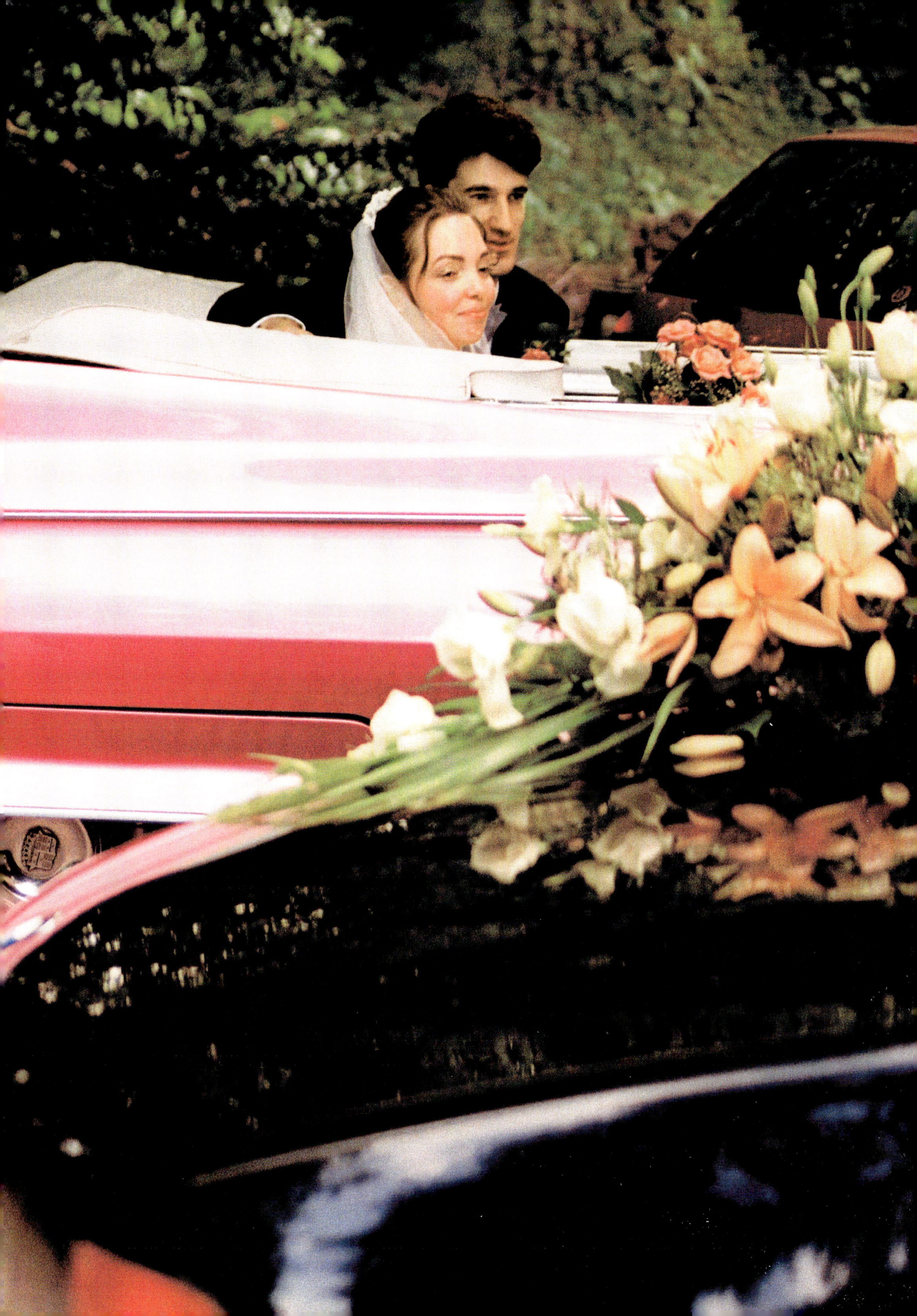

ESSAY

Der süße Charme der Anarchie

Flaniermeile und Straßenstrich, Kanzleramt und Kiez, Kleinbürgertum und Welttheater: Berlin ist alles in einem, zum Glück unvollendet

Den treffendsten Blick auf Berlin hat man vielleicht aus den provisorischen Amtsräumen des Bundeskanzlers. Links das schicke neue Außenministerium. Daneben stehen unzählige Waschmaschinen, die aber Kunst sind. Dahinter das tempelgleiche Alte Museum. Davor viel Öde. Und rechts der Palast der Republik im stumpf gewordenen goldigen Glanz, mit einer Mahnwache, die für seinen Erhalt demonstriert. Es ist kein Blick für Ästheten, der sich dem Kanzler vom Schreibtisch aus bietet. Aber es ist eine hoffnungsvolle Stadtansicht. Denn mit Gewissheit wird sich hier, auf dem Schlossplatz, noch viel zum Guten ändern.

Wie der geschichtsträchtige Ort einmal aussehen wird, das ist eine spannende Frage, noch ohne Antwort. Den DDR-Prunkbau hätten die herrschenden Westberliner Politiker am liebsten gleich nach der Wende platt gemacht, wie alles, was an die SED-Vergangenheit einer Stadthälfte erinnert. Nur festlegen wollen sie sich da bis heute nicht, weil viele östliche Mitbürger an „Erichs Lampenladen" hängen und der Diepgen-Senat sich sowieso am liebsten gar nicht entscheidet. Irgendwann wird sich wohl Preußen-Nostalgie gegen DDR-Ostalgie durchsetzen und der Proletarier-Palast hinter der potemkinschen Fassade des kaiserlichen Schlosses verschwinden. Aber eben noch nicht.

Noch nicht – das ist Zustandsbeschreibung der Stadt. Denn Schlossplatz ist überall in Berlin. Einiges ist gar nicht angefangen, anderes noch nicht fertig. Und was fertig ist, scheint in der unfertigen Umgebung provisorisch. Aber was nicht ist, wird schon noch werden: Plätze, Straßen, die europäische Metropole, die kulturelle Weltstadt, die Ost-West-Drehscheibe. Denn dass sich etwas bewegt, verändert, entdeckt man schließlich mit dem bloßen Auge, jeden Tag.

WEISS MAN, WIE ES ÜBERMORGEN aussieht auf dem Schlossplatz oder um die nächste Ecke im eigenen Kiez? Die Ungewissheit verbreitet Angst, ist aber auch spannend, macht optimistisch. Man kann sich die Stimmung aussuchen in Berlin. Auf die Jungen, die Wagemutigen wirkt das Nochnicht magnetisch. Veränderung verspricht Dynamik. Und dass die politische Führung Entscheidungen rausschiebt, Perspektiven nicht aufzeigt, sich an Visionärem gar nicht erst versucht, das gibt den Unternehmungslustigen Freiräume, selber zu gestalten.

Die laute Euphorie der Aufbruchsjahre nach der Wende ist allerdings leiser geworden. Die superlativen Erwartungen, die man der Stadt aufgebürdet hat, kann sie nicht erfüllen, jedenfalls noch nicht.

KAI HERMANN erlebte schon der Brüche und Umbrüche im Berlin der 60er Jahre. Hermann, 62, schrieb u. a. das Buch über die 68er „Die Revolte der Studenten"

Und schon ist Nörgeln angesagt. Die größten Nörgler sind wie immer die Berliner selber.

Nachdem in „der spannendsten Metropole der Welt" nicht mehr jede Woche neue Clubs in Kellern und Ruinen aufmachen, beginnen die ersten Kritiker zu gähnen. Dabei gibt es nach wie vor für die Fun-Generation nirgends mehr Kurzweil in Deutschland. Aber London ist ja vielleicht doch spannender. Nein, auch eine Weltmetropole wie New York, Paris oder Rom ist Berlin in einem Jahrzehnt nicht geworden. Dazu fehlt noch manches. Zum Beispiel das weltoffene, liberale Bürgertum, die politische und eine internationale kulturelle Elite. Woher auch sollen sie so schnell kommen?

Das Bürgertum hat die Stadt in den fünfziger und sechziger Jahren verlassen. Im Osten floh es vor Repressalien und Diktatur selbst ernannter Proletarier. Im Westen wurde es von Perspektivlosigkeit und dumpfer Frontstadtatmosphäre vertrieben. Aber die Töchter und Söhne der Exilanten kommen nun zurück. Und nichts wandelt sich so schnell wie die gesellschaftlichen Strukturen in Berlin.

NIRGENDS WIRD DER MAUERFALL so lauthals beklagt wie in der kaum noch beachteten Ku'damm-Schickeria. Die alternde Halbprominenz der Ex-68er verschanzt sich in ihren Stammlokalen „Paris Bar" und „Florian". Das neue Spaß- und Kulturzentrum Berlin Mitte ist weit weg von Charlottenburger Veteranentreffs. Dazwischen liegen nicht nur der Tiergarten, sondern Generationen. Wer jung und cool ist, hat Spaß im Osten – und Mühe, sich dort zu orientieren, so schnell wechseln Moden und Lokalitäten. Gestern waren Mitte und Prenzlauer Berg als Wohnadresse angesagt, heute ist es Friedrichshain. Und richtig kultig ist gerade die Vernissage zwischen Hellersdorfer Plattenbauten.

Die Eingesessenen im Osten müssen Zugezogene, fremde Kneipenkultur und steigende Mieten über sich ergehen lassen. Für sie ist sowieso nichts mehr, wie es war, sind fast alle gesellschaftlichen Bindungen aufgelöst. Sie verteidigen ziemlich hoffnungslos ihren Kiez gegen Spekulanten und Miethaie, Software-Spezialisten und junge Erben aus dem Westen.

Aber auch im anderen Teil der Stadt zerbrechen traditionelle Strukturen. Die einst selbstbewussten Industriearbeiter im Wedding wurden Frührentner und Sozialhilfeempfänger, weil es kaum noch Industrie gibt in Berlin. Die Kiez-typischen kleinen Betriebe in den Hinterhöfen sind nicht mehr konkurrenzfähig und geben auf. Ausländer, die auch keine Chance haben, ziehen zu. Der Wedding droht zum Slum zu werden. Aber selbst der Slum, sagen neoliberale Pragmatiker, gehöre nun mal zu einer echten Metropole.

Kiez-Wehren kämpfen nicht nur im Wedding für die Bewahrung ihres Quartiers. Kiez heißt Vorstadt. Und schon im mer wollten die Berliner, dass ihr Viertel heimelige Vorstadt bleibt. Großstadt kann anderswo sein. Lokalpolitik unterstützt heute die Kiez-Verteidiger. Sie erfand, was gewiss einmalig auf der Welt ist, staatlich verordneten „Milieuschutz" für die ehemaligen Dörfer. Wilmersdorf den Wilmersdorfern, Hellersdorf den Hellersdorfern. So werden die Ureinwohner von Mitte geschützt wie ein Indianerstamm vom Amazonas. Für Alteingesessene und deren Kinder und Kindeskinder gibt es ein privilegiertes Wohnrecht zu niedrigen Mieten im Bezirk. Kühle Metropolenmodernisierer und professionelle Häuserkäufer macht der Versuch des Artenschutzes nicht bange. Denn der in Mitte besonders dynamische Immobilienmarkt schafft sein eigenes Milieu. Er wird den Platz für Reservate eng machen.

Ein Zentrum hat Berlin vor lauter Kiezen mit eigenen Zentren nie bekommen. Jetzt hat man einfach eins gebaut. Dort, wo schon einmal, in den zwanziger Jahren, das großstädtische Leben pulsierte, bevor alles zur Brache wurde: am Potsdamer Platz. Teams internationaler Spitzenarchitekten, multinationale Konzerne, Bauarbeiter aus 25 Nationen haben einen neuen Stadtteil geschaffen. Bis zu 103 Meter hoch. Kühn, kühl, wuchtig und noch so unwirklich wie die Computerbilder des Projekts in der Infobox.

Der Komplex hat keine architektonische Anbindung an die umliegende Bebauung. Wie gewaltige Implantate überragen Sony Center und Debis-Viertel die Philharmonie und den Plattenbau. Tagsüber strömen staunend, beeindruckt die Touristen über künstliche Plätze und gewollt enge Straßen. Abends pulsiert das Leben hier stoßweise. Im Rhythmus der Kinoanfangszeiten. Denn im Quartier gibt's immerhin die größte Leinwanddichte Deutschlands.

Der neue Potsdamer Platz hat die Stadt um eine Attraktion reicher gemacht. Dass aber hier einmal wieder ihr urbanes Herz schlägt: schwer vorstellbar. Manhattan-Flair strahlt ein Sony-Turm noch nicht über Berlin aus.

DER BÄR IST NUN MAL NICHT DA, wo er brummen soll. Der tanzt, wo die Stadt eher unansehnlich ist. An der Gedächtniskirche etwa. Wie ein Magnet scheint die konservierte Ruine die Menschen anzuziehen. Das ist der Ort, an dem sich Schulklassen nach Besichtigung des Potsdamer Platzes niederlassen. Dort erholt sich der russische neben dem amerikanischen Touristen von der Einkaufstour durchs KaDeWe. Hier spielt die Musik der wechselnden Straßenmusikanten, während betrügerische Gaukler und Taschendiebe ihren Geschäften nachgehen. Der große architektonische Entwurf macht noch kein Großstadt-Feeling. Urbanität ist widersprüchlicher, nicht so ordentlich, weniger sauber. Wie das östliche Pendant zur Gedächtniskirchenszene, der Alexanderplatz. Die überdimensionierte Trostlosigkeit ist Punkern und Skatern zweites Zuhause. Rentner flanieren. Ausländer fühlen sich sicher. Der Platz ist zum Multikulti-Treffpunkt gewachsen, und keine architektonische Scheußlichkeit hat es verhindern können.

Schon gleich nach der Wende haben die Stadtverschönerer das Areal als dringenden Sanierungsfall ausgemacht. In den Computern ist längst eine neue Skyline aus Bürotürmen entworfen. Es hat auch sein Gutes, wenn vieles in Berlin noch nicht angefangen worden ist.

In der Oranienburger Straße ist man noch nicht fertig mit dem Sanieren. Zwischen der Synagoge und Resten anarchischen Treibens im „Tacheles" ist immer was los, Tag und Nacht. Es gibt Koscheres und Cocktails, vietnamesische Trödler und hochpreisige Kunst. Und Damen am Bordstein. Die Oranienburger kann sich irgendwie nicht entscheiden zwischen gediegener Flaniermeile und Straßenstrich. Zu ihrem Vorteil. Wenn die letzte Fassade restauriert, die letzte Hure vertrieben und der letzte Dealer aus dem „Tacheles" heraussaniert ist, wird es wohl etwas langweiliger auf der Oranienburger. Aber es ist ja auch dann noch so vieles nicht fertig in der Stadt. Schon bei den Chronisten vergangener Jahrzehnte und Jahrhunderte findet man die Klage, dass die Hauptstadt nicht fertig wird, ewige Baustelle bleibt, ihre kühnen Metropolenpläne nicht verwirklicht. Das könnte sich wiederholen.

DENN GROSSE SPRÜNGE in die Zukunft sind nicht drin. Die einst subventionsverwöhnte Stadt ist bankrott. Die Lücke zwischen Einnahmen und Ausgaben wächst ins Astronomische. Die wirtschaftlichen Daten sind lausig. Die Arbeitslosigkeit liegt weit über dem Bundesdurchschnitt. Bei der Entwicklung des Bruttoinlandsprodukts lag Berlin 1999 an letzter Stelle aller Länder, hatte als einziges ein Minuswachstum. Und so fort.

Zahlen, die eine kollektive Depression auslösen könnten. Aber nicht bei den Unternehmungslustigen, die es weiter aus der Provinz in die Metropole zieht und die rundum optimistisch sind. Weil, auf solchen Tiefstand kann nur die Hausse folgen. Oder, in den Worten des ehemaligen Regierenden Bürgermeisters Momper: Es hat noch nie so viel Zukunft gegeben.

Die Neubürger haben meist eine wenig präzise Antwort auf die Frage, warum sie nach Berlin gekommen sind. Weil man in keiner anderen deutschen Stadt leben könne, wenn man jung sei, dynamisch und ambioniert, meinen sie. Weil sie sich von Berlin einfach magisch angezogen fühlten. Sie können dabei nicht die von provinziellen Politikern geführte Pleitestadt meinen. Nicht das Berlin des ewigen Verkehrschaos, des Hundedrecks und der stinkenden Kanalisation. Auch die vielen neuen Galerien, die Clubs und die Theater erklären die Anziehungskraft der Stadt kaum hinreichend.

Faszinierender ist das Berlin, das es noch nicht gibt. Das Berlin, das wird und in den Köpfen schon präsent ist. Dieser Zukunftsmythos ist das Kapital der Stadt, das alle realen Minusbilanzen deckt.

KAI HERMANN

Wie ein Magnet zieht sie die Menschen an: die Gedächtniskirche

80 AUSGEWÄHLTE ADRESSEN UND DREI EXTRATOUREN

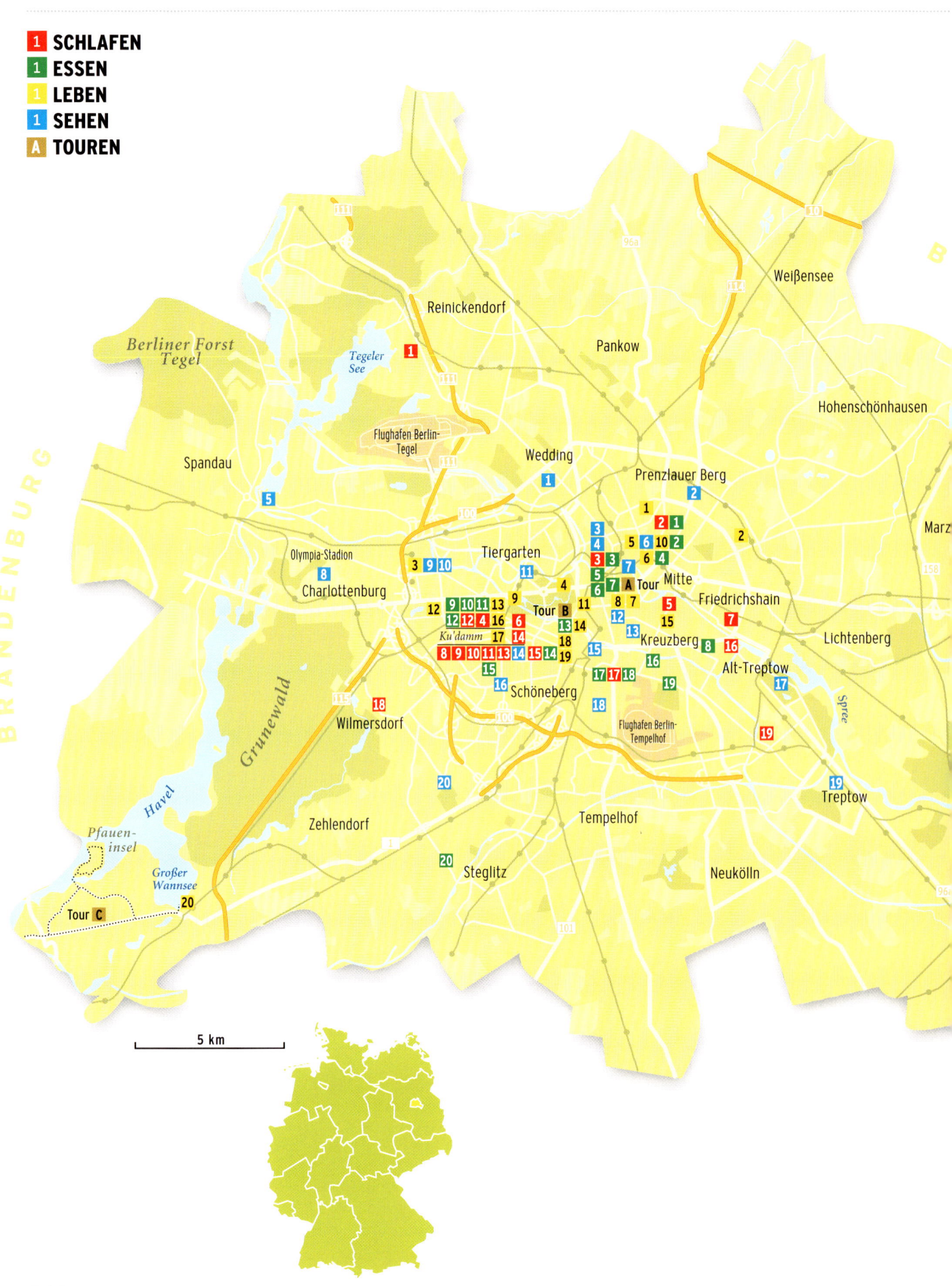

- **1** SCHLAFEN
- **1** ESSEN
- **1** LEBEN
- **1** SEHEN
- **A** TOUREN

Wo ist was in Berlin?

SCHLAFEN

1 HOTEL AM BORSIGTURM

Ein architektonisch sehenswerter, sehr asketischer Rundbau im Norden Berlins mit allem Komfort. Man sollte nur aufpassen, dass man die umtriebige Reinickendorfer City nicht schon für die Hauptstadt hält.
Am Borsigturm 1, Reinickendorf
030-43 03 6000 030-43 03 6001
www.hotel-am-borsigturm.de
105 Zimmer, DZ ab 245 Mark

2 JURINE

Im Szenebezirk Prenzelberg sorgt ein erfahrener französischer Hotelier für angenehm entspannte Ruhe nach ausgedehnten Nächten in den Kneipen und Bars der Gegend. Der kleine Hofgarten ist im Sommer ein wunderbarer Frühstücksort – auch zur Ausnüchterung geeignet.
Schwedter Str. 15, Prenzlauer Berg
030-4432990 030-44329999
www.hotel-jurine.de
53 Zimmer, DZ ab 190 Mark

3 KÜNSTLERHEIM LUISE

Am Rande der Regierungsbaustellen haben Künstler im Auftrag der Hoteliers Torsten Modrow und Mike Buller Gästezimmer ausgeschmückt, deren manchmal schreiende Farben den Lärm der vorbeifahrenden S-Bahn noch übertönen. Aber keine Angst: Die Räume im klassizistischen Gebäude sind alle bequem und verblüffend behaglich eingerichtet. Große Gemeinschaftsküchen geben Gelegenheit zu Kochexperimenten mit anderen Gästen.
Luisenstr. 19, Mitte
030-284480 030-28448448
www.kuenstlerheim-luise.de
30 Zimmerkunstwerke, DZ ab 145 Mark

„Professorensuite" im Künstlerheim Luise

Kubanischer Rauchersalon im Hotel Savoy

4 SAVOY

Unten an der Bar schmauchen die Aficionados ihre Havannas, für die Berlins Zigarrenzampano Maximilian Herzog einen begehbaren Humidor eingerichtet hat. Aber nicht nur der Tabak liegt hier gut. Auch die Gäste können mitten in der westlichen City ruhig schlafen. Deshalb kommen vor allem Besucher aus dem Mediensektor immer wieder – schließlich sind es zum Prominententreff „Paris Bar" nur ein paar Schritte.
Fasanenstr. 9-10, Charlottenburg
030-311030 030-31103333
www.hotel-savoy.com
125 Zimmer, DZ ab 294 Mark

5 LUISENHOF

Ein bereits zu Beginn des 19. Jahrhunderts erbautes Wohnhaus brachte erst nach der Wende wieder seine wahren Vorzüge zum Vorschein. Der angenehme Schnitt der Zimmer, schönes Parkett und zurückhaltende preußische Funktionalität sorgen für Rückhalt vor und nach dem Besuch der nahe gelegenen Museen und Regierungsstätten.
Köpenicker Straße 92, Mitte
030-241 59 06 030-279 29 83
www.luisenhof.de
27 Zimmer, DZ ab 250 Mark

6 PALACE

Dem Erstankömmling präsentiert sich das Luxushotel am Zoo zunächst einmal in schockierender Banalität. Doch die Kälte und Unordnung von Lobby und Eingangsbereich vergisst man schnell in den komfortablen Gästezimmern. Der Sauna-, Fitness- und Wellnessbereich lohnt ein paar Extrastunden, vor allem, wenn man im Edelrestaurant „First Floor" in der Beletage zu viel von den Magnumflaschen aus dem gut bestückten Weinkeller genossen hat.
Budapester Str. 45, Charlottenburg
030-25020 030-25021161
www.palace.de
282 Zimmer, DZ ab 390 Mark

7 EAST SIDE HOTEL

Ein Blick über die Spree mit kleiner Hafenanlage, die Berliner Docklands Oberbaum-City und die backsteinerne Oberbaumbrücke lassen die unmittelbare Nachbarschaft zum ältesten Mauerstück „East Side Gallery" fast vergessen. Glatter Komfort ohne Schnickschnack im jüngsten Szenebezirk Friedrichshain.
Mühlenstr. 6, Friedrichshain
030-293833 030-29383555
www.eastsidehotel.de
36 Zimmer, DZ ab 150 Mark

8 CHARLOT

Verblichener Charme – wer sich nicht am Angestoßenen stößt, findet am Rand der City eine solide Herberge für Gleichgesinnte, das heißt Leute mittleren Alters und Einkommens. Für Frühstücksflüchtlinge bietet sich das pittoreske „Café Richter" vom alten Schlag wenige Häuser weiter an.
Giesebrechtstr. 17, Charlottenburg
030-327966-0 030-32796666
41 Zimmer, DZ ab 120 Mark

9 DITTBERNER

Eine Familienpension, deren Angehörige sich aus der Kunstszene Deutschlands zusammensetzen. Die Flure gleichen Galerieräumen und die Zimmer kleinen Kabinetten. Kein Wunder – die Betreiber führten früher eine renommierte Kunstgalerie.
Wielandstr. 26, Charlottenburg
030-8816485 030-8854046
22 Zimmer, DZ ab 170 Mark

Hotel Palace

10 GROSSMANN

Die Pensionen des Berliner Westens nutzen von je her den großzügigen Schnitt der Bürgerwohnungen. Die Familien von einst sind längst ausgezogen, ihre Möbel scheinen geblieben zu sein und vermitteln einen Charme, der irgendwo zwischen Christie's und Sperrmüll siedelt. In der Kleinpension Großmann sollte man sich vom anfangs ruppigen Ton der Wirtin nicht abschrecken lassen – das gehört nun einmal zu Berlin.
Bleibtreustr. 17, Charlottenburg
030-8816462
DZ ab 135 Mark

HOTELS, RESTAURANTS, SPAZIERGANG

Askanischer Hof, Frühstücksraum

11 ASKANISCHER HOF

Ein Haus für Nostalgiker, die die Lage an Berlins Prachtboulevard und die großen Zimmer im authentischen Gebäude schätzen. Einen Eindruck vom Prunk der zwanziger Jahre gibt vor allem der marmorne Empfang mit pompösem Treppenaufgang.
Kurfürstendamm 53, Charlottenburg
030-8818033   030-8817206
16 Zimmer, DZ ab 230 Mark

12 IMPERATOR

Eine komplette Bürgerwohnung im zweiten Stock ist hier zimmerweise zu beziehen. Die sehr persönliche Betreuung macht den Gast gleich zum Familienmitglied, das mit Anekdoten von prominenten Vor-mietern unterhalten wird.
Meinekestr. 5, Charlottenburg
030-8814181   030-8825185
11 Zimmer, DZ ab 150 Mark

13 BLEIBTREU

Wenn Kunst zum Möbel wird, nennt man das Design. Hier dient die Gestaltung der Zimmer vor allem der Camouflage der schmalen Platzverhältnisse – was dem Stil keinen Abbruch tut. Die Sandwichbar im Erdgeschoss bietet eine Unzahl von Belagskombinationen, die mit einer Art Stimmzettel bestellt werden, der Service ist exzellent.
Bleibtreustr. 31, Charlottenburg
030-884740   030-8847444
www.bleibtreu.com
60 Zimmer, DZ ab 290 Mark

14 RESIDENZ

Ein Komforthotel für Individualisten, die das Ambiente großer Räume genauso schätzen wie traditionelle Elemente. Alte Möbel und diskreter Service lassen einen im Zimmer herumlungern, als wäre man zu Hause vor dem Fernseher. Aber Unterhaltung gibt es auch um die Ecke: das berühmte Spiegelzelt „Bar jeder Vernunft", wo jeden Abend Kleinkunst Programm ist.
Meinekestr. 9, Charlottenburg
030-884430   030-8824726
www.hotel-residenz.com
73 Zimmer, DZ ab 245 Mark

15 BRANDENBURGER HOF

Keine fünf Minuten von Ku'damm und KaDeWe gelegen – trotzdem ist man hier nicht im Strudel der Innenstadt. Wegen seiner Lage in einer schmalen Seitenstraße ist das für moderne Beherbegungszwecke total umgestaltete Wohnhaus aus der Jahrhundertwende sogar in den Ring „Relais & Châteaux" aufgenommen worden.
Eislebener Str. 14, Wilmersdorf
030-214050   030-21405100
www.brandenburger-hof.com
82 Zimmer, DZ ab 295 Mark

16 DIE FABRIK

In Kreuzberg hat der Zeitgeist schon immer in Fabriketagen gewohnt. Wer sich an der kompromisslosen Härte von Betontreppen, Eisengeländern und kahlen Wänden nicht stört, findet hier ein stimmiges Ambiente als Ausgangspunkt für Studien im Projektraum Großstadt. Für Backpacker steht sogar ein Schlafsaal zur Verfügung.
Schlesische Str. 18, Kreuzberg
030-6117116   030-6175104
www.diefabrik.com
44 Zimmer, DZ ab 94 Mark
Schlafsaal 30 Mark

Café Eisenwaren im Hotel „Die Fabrik"

17 RIEHMERS HOFGARTEN

Im gutbürgerlichen Teil von Kreuzberg ist der Hofgarten ein typisches Ensemble preußischer Stadtplanung. Hier am Generalszug, wo früher Offiziere wohnten, kann sich jetzt der Gast in hohen Altbauräumen bedienen lassen wie ein Junker. Das von vielen Stammgästen frequentierte Traditionshaus ist durch die Nähe zum Bezirk Mitte aus seiner Randlage erlöst worden.
Yorckstr. 83, Kreuzberg
030-78098800   030-78098808
www.riehmers-hofgarten.de
20 Zimmer, DZ ab 230 Mark

Ritz-Carlton Schlosshotel

Hotel Estrel in Neukölln

18 RITZ-CARLTON

Als „Schlosshotel Gerhus" hat diese an eine Edgar-Wallace-Dekoration erinnernde Palastvilla eine lange Geschichte, die jetzt von einem internationalen Konzern fortgeschrieben wird. Zwischendurch war Karl Lagerfeld da und hat das sehr spezielle Gebäude im Wilhelminischen Stil gründlich mondänisiert. Jedes Zimmer besitzt einen eigenen Charakter – unbedingt zeigen lassen.
Brahmsstraße 10, Wilmersdorf
030-895840   030-89584801
www.ritzcarlton.com
54 Zimmer, DZ ab 495 Mark

19 ESTREL

Keinesfalls eine Toplage in Neukölln, trotzdem ist das Estrel immer ausgelastet. Vielleicht, weil das Riesenhotel eine Stadt im Kleinen ist, von der aus Berlin immer wieder wie Neuland wirkt. Wer die Effizienz einer reibungslosen Hotelmaschinerie schätzt und auch Ausflüge ins südliche Brandenburg unternehmen will, ist hier gut bedient.
Sonnenallee 225, Neukölln
030-683122522   030-68312346
www.estrel.com
1125 Zimmer, DZ ab 245 Mark

20 GRÜNAU HOTEL

Verächter des Stadtlebens, die gleichwohl nicht auf Komfort verzichten wollen, können hier mitten im Grünen zwischen den zahlreichen Seen und Wasserläufen im Südosten Berlins Logis beziehen. Der zweckmäßige Neubau bietet unkomplizierte Unterkunft in sehr farbigen Zimmern.
Kablower Weg 87, Köpenick
030-675060   030-67506444
www.gruenau-hotel.de
72 Zimmer, DZ ab 180 Mark

ESSEN

1 TRATTORIA PAPARAZZI

Eigentlich ist es nichts Besonderes mehr, dass Doris Burneleit italienisch kocht. Trotzdem ist das Lokal der einstmals einzigen Wirtin eines Ristorantes jenseits der Mauer immer noch einen Besuch wert, denn der Enthusiasmus aus der Mangelzeit ist ungebrochen.
Husemannstr. 35, Prenzlauer Berg
030-4407333
täglich von 18-24 Uhr,
Hauptgerichte von 14-32 Mark

2 MÄCKY MESSER

Etwas abseits vom Nepp am Hackeschen Markt rollt Otto Pfeifer seine begnadeten Makis und Nigiris für eine kleine Schar geduldiger Gäste. Dabei schreckt er vor Experimenten nicht zurück: Es wurde auch schon Roastbeef im Reismantel gefunden. Wer die anderen Wartenden vergraulen oder verärgern will, bestellt eine Fischsuppe, die dann eigens langwierig hergestellt wird. Das Ergebnis vermag aber für allen Unbill zu entschädigen.
Mulackstr. 29, Mitte
030-2834942
Di bis So von 18-24 Uhr
Hauptgerichte 8-30 Mark

Restaurant Engelbrecht, Schiffbauerdamm

3 ENGELBRECHT

Für Ränke, Intrigen und Hintergrundgespräche ist das stimmungsvoll eingerichtete Feinschmeckerrestaurant zwischen Reichstag und Berliner Ensemble bestens geeignet. Der Gast bleibt unbehelligt bei fehlerloser Küche und zurückhaltender Bedienung. Alles ist so perfekt und mustergültig, dass man manchmal fast einen Fauxpas herbeisehnt.
Schiffbauerdamm 6/7, Mitte
030-28598585
Mo bis Sa von 18-24 Uhr
Hauptgerichte 25-40 Mark

4 LA RUSTICA

Bei der einfachen Margherita isst man vortrefflich wie ein echter Italiener – oder man belässt es bei einem Wein und dem wunderbaren Weißbrot, das im Ofen täglich frisch gebacken wird.
Kleine Präsidentenstr. 4, Mitte
030-2189179
täglich von 11-24 Uhr, Pizzen 10-20 Mark

Viehauser im Presseclub, Schiffbauerdamm

5 VIEHAUSER IM PRESSECLUB

Die vielleicht noch ungünstige Lage macht die zweite Dependance des Hamburger Starkoches Josef Viehauser zum billigsten Spitzenrestaurant Nordeuropas. Beim Mittagsmenü unter Journalisten und Bundestaglern ist man nicht ganz so einsam wie am Abend. Chefkoch René Conrad läßt Zitronengras und Koriandergrün beiseite und pflegt einen Stil mit leicht mediterranem Einschlag.
Schiffbauerdamm 40, Mitte
030-2061670
täglich von 12-15 und 18-24 Uhr
Hauptgerichte 27-35 Mark

6 MARGAUX

Hier fehlt es an nichts – weder beim großspurigen Interieur, bei der Küche, beim Personal, noch bei den Preisen. Nur die Michelin-Sterne sind noch nicht eingetroffen. Alles eine Frage der Zeit beim Lieblingsrestaurant des Bundeskanzlers, der neben Küchenchef Michael Hoffmann manchmal der Einzige in dieser kulinarischen Vertretung des Hotels Fürstenhof Celle ist, durch dessen Adern kein blaues Blut fließt.
Unter den Linden 78, Mitte
030-22652611
Mo bis Sa von 12-14 und 19-23 Uhr
Hauptgerichte 30-60 Mark

7 BORCHARDT

Berlins bestbesuchtes Prominentenlokal. An manchen Tagen ist hier das halbe Bundeskabinett versammelt. Bei der Beobachtung von Koalitionen und Fraktionen im Gründerzeitsaal kann man leicht über die schwankende Qualität der bürgerlichen Küche hinwegsehen.
Französische Str. 47, Mitte
030-20387110
tgl. 11.30-1 Uhr, Hauptger. 30-40 Mark

8 JOLESCH

Überall Wiener Schnitzel. Der Kalbsfladen im Krumenmantel scheint eine Berliner Spezialität zu sein – so oft wird er hier serviert. Ausgerechnet im türkischen Sektor der Stadt (vulgo Kreuzberg) ist das ursprünglich byzantinische Gericht am besten zubereitet – und auch nicht so teuer wie andernorts.
Muskauer Str. 1, Kreuzberg
030-6123581
täglich von 10-23.30 Uhr
Hauptgerichte 16-29 Mark

9 GOOD FRIEND

Der Laden würde auch in San Franciscos Chinatown eine gute Adresse abgeben. Nudelsuppen, gegrillte Schweinerippchen und Seezunge mit Zuckerschoten werden von gewohnt ruppiger Bedienung schnell aus der Garküche herangeschafft. Zu den vielen Chinesen, die sich in der authentischen Bahnhofsatmosphäre des gerade vergrößerten Lokals wohlfühlen, gesellen sich auffallend viele Russen, die sich hier wie in einem amerikanischen Gangsterfilm fühlen können.
Kantstr. 30, Charlottenburg
030-313 26 59
tgl 12-2 Uhr, Hauptgerichte 14-25 Mark

10 KUCHI

Dass die Yuppie-Speise Sushi an Bedeutung verloren hat, ist an diesem kleinen Edeljapaner leicht zu erkennen. Hier verschmäht die Jeunesse dorée den kalten Fisch und labt sich stattdessen an gegrillten Spießchen. Die Kellnerinnen stehen ihren Gästen in Eleganz und Arroganz in nichts nach. Stumm sind hier nur die Fische, die in einem Aquarium die Theke zieren und Klatsch und Tratsch der New Economy an sich vorüberziehen lassen.
Kantstr. 30, Charlottenburg
030-31507815
www.kuchi.de
Mo bis Do von 12-24 Uhr, Fr bis So von 12.30 bis open end, Speisen 12-35 Mark

11 LUBITSCH

Manche Restaurants sind wie die Sonne: Mittags stehen sie im Zenit. Das Lubitsch mitten im klassischen Charlottenburg bietet ab High Noon ein dreigängiges Menü unter zwanzig Mark, das für die Architekten und Anwälte der Umgebung nicht zu schwer ist. Wenn einem das Tagesangebot nicht behagt, bleiben immer noch die geschmälzten Maultaschen und der Lubitsch-Burger mit Fritten im Fischstäbchenformat. Bei gutem Wetter verlagert sich das Geschehen zu den Tischen auf dem Trottoir.
Bleibtreustr. 47, Charlottenburg
030-8823756
Mo bis Fr von 12-1 Uhr, Sa von 18-1 Uhr
Hauptgerichte 16-35 Mark

Restaurant Borchardt, Französische Straße

San Giorgio, Mommsenstraße

12 SAN GIORGIO

Mit der Gelassenheit eines italienischen Provinzrestaurants macht das San Giorgio kein Gewese um seine exzellente Küche. Eine große Zahl von zufriedenen Stammgästen sorgt für Heimat, ohne Neuzugänge abzuweisen.
Mommsenstr. 36, Charlottenburg
030-3231697
Mo bis Sa von 12-24 Uhr
Hauptgerichte 22-38 Mark

13 EDD'S

Seit Jahrzehnten der angesehenste Thailänder der Stadt – jetzt endlich in angemessenen Räumlichkeiten. Sachliche Eleganz dominiert auch bei den Gästen aus ganz Berlin. Mister Edd kocht weiter ohne panasiatischen Firlefanz, und seine Gattin Li räumt beim Service ganz nebenbei mit dem Vorurteil der immer freundlichen Asiaten auf.
Lützowstr. 81, Tiergarten
030-2155294
Di bis Fr von 18-24 Uhr, am Wochenende 14-24 Uhr, Hauptgerichte 18-32 Mark

14 TRATTORIA Á MUNTAGNOLA

Pino Bianco hat seine Mutter aus der süditalienischen Region Basilikata mit nach Berlin gebracht. Jetzt steht die alte Dame in der Küche und kocht die klassischen Gerichte ihrer Heimat für das teilweise prominente großstädtische Publikum, das von ihrem Sohn mit Handschlag begrüßt wird. Mit Rücksicht auf den Geldbeutel bleibt man besser bei Antipasti: Vorab eine säuerlich-süße Capponata aus Auberginen, Rosinen und Nüssen, danach etwas von den ausgezeichneten hausgemachten Nudeln.
Fuggerstr. 27, Schöneberg
030-2116642
täglich 12-24 Uhr, Speisen 9-35 Mark

15 NAMASKAR

Unter den zahllosen indischen Imbissen der Stadt sticht dieses stilvoll eingerichtete kleine Restaurant hervor. Vor allem die Punjab-Spezialitäten aus dem Norden des Subkontinents überraschen durch ihre kulinarische Nähe zur Küche des deutschen Nordens. Besonders bemüht um die Vermittlung indischer Esskultur ist die Wirtin, die auf Wunsch auch einzelne Zubereitungen minutiös erklärt.
Pariser Str. 56/57, Wilmersdorf
030-88680648
Mo von 17-24 Uhr, Di bis So von 12-24 Uhr, Hauptgerichte 18-30 Mark

TOUR (A)

DURCH HÖFE UND ÜBER PLÄTZE

Wer mit der S-Bahn am **Hackeschen Markt** ankommt, ist mit einem Schlag mitten im Geschehen. Bereits im Bahnhofsgebäude saugen mehrere Gaststätten arglose Touristen ab. Wir nehmen höchstens einen Kaffee in der kleinen **Rösterei Coffee Mamas** und überqueren dann die Straße zum prestigeträchtig sanierten Prachtbau, der das Portal zu den **Hackeschen Höfen** bildet. Das gut ausgeschilderte Labyrinth aus Hinterhöfen bietet lebendigen Anschauungsunterricht über Berlin. Die übergroßen Blockstruktu-

Hackesche Höfe, Berlin-Mitte

ren haben Kaskaden von Hinterhäusern, Seitenflügeln und Innenhöfen hervorgebracht, in denen sich das eigentliche Leben abspielt. Wir verlassen das Ensemble durch den Hinterausgang an der **Sophienstraße**, um sogleich wieder in die nächste Hoflandschaft einzutauchen. Die **Sophie-Gips-Höfe** sind älter und romantischer. Hier könnte man im amerikanischen **Deli Barcomi's** (030-28598363, **Mo-Sa 9-22, So 10-22 Uhr**) einkehren, um sich für den nächsten Hofgang zu stärken. In den Kunsthöfen an der **Oranienburger Straße/Ecke Tucholskystraße** gibt es viele Gelegenheiten, ein Andenken zu erwerben. Danach geht es zum ehemaligen Postfuhramt, das jetzt Heimstatt für Ausstellungen und anderes künstlerisches Programm ist, um von dort einen Bummel durch die zahlreichen Galerien mit zeitgenössischer Kunst an der **Augustraße** anzutreten. An der **Rosenthaler Straße** ist es dann vorbei mit der wehmütig-heimeligen Idylle des sogenannten Scheunenviertels: Die Großstadt hat einen wieder.

RESTAURANTS, AKTIVITÄTEN, FAHRRADTOUR

Restaurant Altes Zollhaus, Carl-Herz-Ufer

16 ALTES ZOLLHAUS

Das Fachwerk-Gasthaus am Ufer des Landwehrkanals ist ein Kleinod, das seiner deftigen süddeutschen Küche immer treu geblieben ist und niemals enttäuscht. Im Winter ist die Ente mit Rotkohl ein Muss.
Carl-Herz-Ufer 30, Kreuzberg
030-6923300
**Di bis Sa von 18-23 Uhr
Hauptgerichte 25-35 Mark**

17 E.T.A. HOFFMANN

Von den wenigen professionellen Kochkünstlern in Berlin ist Tim Raue der eigensinnigste. Seine verwegenen Kreationen haben im großen Saal die richtige Bühne. Neben dem Menü glänzt das Feinschmeckerrestaurant mit einer großartigen Weinkarte.
Yorckstr. 83, Kreuzberg
030-78098809
**Mo bis Sa von 18-23 Uhr
Hauptgerichte von 48-56 Mark**

18 BAR CENTRALE

Bürgerliche Küche auf italienisch: Zwischen Theke und elegantem Gastraum wäre auch eine Begegnung mit einem soignierten lombardischen Signore vorstellbar, der aus dem exquisiten Weinkeller Flaschen leert.
Yorckstr. 82, Kreuzberg
030-7862989
**Mo bis Sa von 12-1 Uhr
Hauptgerichte um 30 Mark**

19 LE COCHON BOURGEOIS

Obwohl Frankreich bis vor kurzem seine Truppen in der Stadt stationiert hatte, ist wenig von gallischer Lebens- und Küchenkunst in Berlin hängengeblieben. Dieses Wirtshaus im ehemaligen amerikanischen Sektor legt für die welsche Heimat besondere Ehre ein. Die kreativ ländliche Küche scheut auch nicht vor den weniger edlen Teilen der Tiere zurück – alles kommt in den Topf und verlässt ihn in oft begeisternder Zubereitung.
Fichtestr. 24, Kreuzberg
030-6930101
**Di bis Sa von 18-1 Uhr,
Hauptgerichte 24-36 Mark**

20 TANOS

Das Erdgeschoss einer eindrucksvollen Villa ist überraschender Schauplatz für libanesische Nouvelle Cuisine. Maître Tanos Haddad trägt eine entschlackte und verfeinerte orientalische Kost auf. Kenner schätzen vor allem die Vorspeisenplatte Mesa, die man allerdings vorbestellen sollte.
Drakestr. 63, Lichterfelde
030-84309544
**Di bis So von 17-24 Uhr,
Hauptgerichte 25-35 Mark**

LEBEN

1 FLOHMARKT

In Berlin sind Flohmärkte Institutionen. Neben dem teuren und etablierten Platzhirsch an der Straße des 17. Juni und dem etwas angestoßenen Krempelmarkt vor dem Schöneberger Rathaus bietet der sonntägliche Verkauf auf dem Arkonaplatz viele Gelegenheiten zu Schnäppchen.
Arkonaplatz, Mitte
030-7869764
So 10-16 Uhr

2 SECHS-TAGE-RENNEN

Das ist die Berliner Luft, Luft, Luft – geschwängert mit Rauch und Alkohol, zerrissen von Anfeuerungsschreien und geschunkelten Liedern und durchtränkt von Männerschweiß. Die Malocher auf den Rädern sind hier nur der Anlass zu einer orgiastischen Dauerparty, zu der sich die ganze Gesellschaft Berlins versammelt. Eine legendäre Sportveranstaltung aus den Zwanzigern, die nach dem Abriss von Sportpalast und Mauer im Velodrom-Neubau endlich wieder eine angemessene Arena gefunden hat.
**Ende Januar im Velodrom
Paul-Heyse-Str. 26, Prenzlauer Berg**
030-97104204
www.sechstagerennen-berlin.de

Der Alte Fritz, Gipsformerei Charlottenburg

3 GIPSFORMEREI DER STAATLICHEN MUSEEN PREUSSISCHER KULTURBESITZ

Früher noch auf hohen Rossen, heute schon in Jips jejossen – der form- und gießbare Edelmörtel ist das geläufige Prunkmittel im kargen Preußen, ob es sich nun um Stuck an Fassaden oder in Innenräumen handelt, oder um Abgüsse klassischer Skulpturen für die Anbetung zu Hause. Letztere sind in reicher Auswahl in den Vitrinen der Gipsformerei ausgestellt, quasi ein Museum mit käuflichen Exponaten.
Sophie-Charlotte-Str. 18, Charlottenburg
030-3267690
Mo bis Fr von 9-16 Uhr

4 BERLINBETA

Alljährlich im September trifft sich die Jugend der Welt in der geschwungenen Kongresshalle, um sich über Aspekte der Moderne auszutauschen: Internet, Mode, Film und Medien. Wer Karriere machen will, sollte sich hier rechtzeitig umschauen, und wer Bekanntschaften sucht, dem hilft nicht nur die gelöste Festivalatmosphäre, sondern auch das umfangreiche Beiprogramm aus Partys und Clubevents.
**Haus der Kulturen der Welt,
John-Foster-Dulles-Allee 10, Tiergarten**
030-2888240
www.berlinbeta.de

5 808 BAR & LOUNGE

Nachtleben für Arrivierte. Hinter getönten Scheiben versammeln sich die Hipster von einst und die Protagonisten der neuen Gründerzeit unter der Ägide des legendären Clubpapstes Bob Young, um in gedämpftem Ambiente über vergangene Zeiten und kommende Geschäfte zu reden. Laute Musik ist vorbei, gepflegte Konversation zu Long Drinks und Cocktails im Licht des großen Aquariums ist angesagt.
Oranienburger Str. 42/43, Mitte
030-28046728
täglich 10-3 Uhr

6 KURVENSTAR

Nirgends münzt sich die Retro-Kultur von Mitte so prägnant aus wie in dem Mehrzwecklokal am Rande des Hackeschen Marktes. Die 70er Jahre sind überall: Tapeten, Gestühl und Gäste sind sowohl hip als auch Hippie. Die kleine Tanzfläche irgendwo in der Tiefe der Räume lädt zu tranceartig langsamen Bewegungen ein. Außerdem gibt es einen vorzüglichen euroasiatischen Mitternachtsimbiss.
Kleine Präsidentenstr. 3, Mitte
030-28599710
Di bis So ab 20 Uhr

7 NEWTON

Dem Protz des neuen Berlin begegnet man vor allem am Gendarmenmarkt und am sichersten hier in der Cocktailbar, wenn die Uhr schon vorgerückt ist. Eine Welt von Männern mit Gewicht und dem Charisma der Macht lässt dann die Puppen tanzen und die Tausender springen. Aus dem Nebel der Cohibas schreiten einem die „Nudes" des Fotografen Newton von gegenüber der Theke entgegen – fast ebenso unbekleidet sitzen parfümierte

Quartier 206, Friedrichstraße

Newton am Gendarmenmarkt

Damen am Tresen und nutzen die Gunst der Kunden und ihrer prall gefüllten Spendierhosen.
Charlottenstr. 57, Mitte
030-20295421
täglich 18-4 Uhr

8 QUARTIER 206 DEPARTMENTSTORE

Noch vor dem Potsdamer Platz sollte die Friedrichstraße zum Schaufenster des Kapitalismus in den Beitrittsbezirken werden. Die Paradoxie der Marktwirtschaft ist nirgends so offenkundig wie in diesem Einkaufstempel, den die Gattin des Bauherrn mit einem ganz einfachen Konzept bestückt hat: von allem nur das Teuerste. Höchstens im Last-Season-Keller wird gerade eben aus der Mode Gekommenes zu Dumpingpreisen verschleudert – manchmal unter großem Gedränge.
Friedrichstr. 71, Mitte
030-20946240
www.quartier206.de
normale Ladenöffnungszeiten

9 SCHLEUSENKRUG

Will man erfahren, warum der größte Park in der Mitte Berlins Tiergarten heißt, reicht ein Besuch in der Schänke an der alten Schleuse hinter der Bahnstrecke. Besucher des Biergartens umweht an manchen Tagen der strenge Geruch exotischer Tiere vom Zoo nebenan. Abends kann sich der Innenraum zum Techno-Club entwickeln und mit großem Lärm die Geschöpfe des Waldes und der Savanne schockieren.
Müller-Breslau-Straße, Tiergarten
030-3139909
täglich 11-22 Uhr Gartenbetrieb

10 KULTURBRAUEREI

Mehr als der berühmte Kollwitzplatz ist dieses fabrikgroße Brauereigelände nach der gelungenen Sanierung zum Zentrum des Prenzlauer Bergs geworden. Die sehenswerte Backsteinarchitektur aus dem 19. Jahrhundert gruppiert sich um einen strukturierten Hof mit Kneipen, Cafés und Ausstellungen für jede Tageszeit. In den zahllosen Räumlichkeiten findet an jedem Abend mindestens eine Veranstaltung statt. Man kann also auf Verdacht auch ohne Programm kommen.
Schönhauser Allee 36, Prenzlauer Berg
www.kulturbrauerei.de

11 TRESOR/GLOBUS

Auch wenn die Techno-Bewegung längst zu einer Karnevalsveranstaltung mit alljährlichem Festumzug mutiert ist, hat sich am Ursprung des Phänomens wenig geändert. Der Tresor gehörte Anfang der 90er zur Avantgarde der Raver, die die Herrschaftslosigkeit des Ostens zur Gründung von Clubs und Geheimbars in abbruchreifen Komplexen nutzten. Noch immer ist in den ehemaligen Schatzkammern des Kaufhauses Wertheim die Musik so laut, dass man Angst um seine Plomben hat.
Leipziger Str. 126a, Mitte
www.tresorberlin.de
Mi, Fr bis So ab 23 Uhr

Tresor Club in der Leipziger Straße

12 KÖNIGSBERGER MARZIPAN

Berliner haben nicht so viel Manschetten vor der Zuwanderung aus dem Osten wie ihre Brüder und Schwestern aus dem Umland, denn sie wissen, wie viel die Stadt immer wieder von den Zuzüglern profitiert. Süßestes Beispiel ist diese kleine Konfiserie der Familie Wald, wo täglich die berühmten „angeschobenen", das heißt kurz im Ofen gebräunten Marzipanspezialitäten nach alten ostpreußischen Rezepten geformt werden.
Pestalozzistr. 54, Charlottenburg
030-3238254
Di bis Fr von 14-18 Uhr, Mi von 11.30-18.30 Uhr, Sa von 11-14 Uhr

13 STILWERK

Aus dem Westen wird wieder ein feiner Westen, wie in den Zwanzigern. Das Zentrum des modernen Wohnens ist eine fünfstöckige Mall, die in diesem Jahr eröffnet wurde. Nach einem Rundgang durch die Geschäfte, die von der Kücheneinrichtung bis zur Tapisserie alles in

Büro für Fotografie im Stilwerk, Kantstraße

Deluxe-Qualität vorführen, erübrigt sich das Abo einer Wohnzeitschrift. Ein Blick in die Zukunft ist das Dachgeschoss mit einer permanenten Messe junger Designer.
Kantstr. 17, Charlottenburg
030-315150
www.stilwerk.de/berlin
normale Ladenöffnungszeiten

14 AVE MARIA. SECOND HAND & DEVOTIONALIEN

Die Besitzerin des kleinen Ladens ist zwar nicht gläubig, aber ehrlich begeistert von Kitsch und Kult der Kurie. Vorwiegend aus Polen kommen Madonnen und Heiligengestalten aus Plastik und Gips in allen Größen und Posen. Besonders beliebt: eine Marienfigur mit Saugfuß für die Windschutzscheibe.
Potsdamer Str. 75, Tiergarten
030-2621211
Mo bis Fr von 12-19 Uhr, Sa 12-15 Uhr

15 KARNEVAL DER KULTUREN

Das Gejuxe zur närrischen Zeit kriegt trotz großer Bemühungen der Exilbonner kein Bein auf den Boden. Dafür hat Berlin neben der Love-Parade und der Schwulenparade am Christopher Street Day diesen farbenfrohen und kulturbeflissenen Korso zu bieten. Der gesamte Stadtteil Kreuzberg verwandelt sich in einen Jahrmarkt. Aus aller Herren Länder beteiligen sich dilettierende Gruppen ohne falsche Scham.
Ende Mai/Anfang Juni, Eintritt frei
030-622 42 32 oder 030-622 20 24
www.karneval-berlin.de

16 CAFÉ IM LITERATURHAUS

Seit eh und je ist die Fasanenstraße Zuflucht des Luxus in West-Berlin: Designergeschäfte und Juweliere säumen die schön begrünte Allee mit ihren imposanten Bürgerhäusern. Besonderes Schmuckstück ist die zurückgesetzte Villa des „Wintergartens", Treffpunkt von Literatur und Wohlstand. Im Garten des Cafés kann man sich ausruhen von den Strapazen einer ausgedehnten Shoppingtour über den Ku'damm, der inzwischen selbst schon für Russen zum Inbegriff des reichen Westens geworden ist.
Fasanenstr. 23, Charlottenburg
030-8825414
täglich von 9.30-1 Uhr

17 GALERIE BREMER

Vielen Berlinern wäre es lieber, wenn der Name ihres einstigen Stadtbaumeisters und Verantwortlichen für zahllose Trabantenstädte endlich in Vergessenheit geriete. Aber eine kleine, gallige Bar leistet Widerstand. Gestaltet von Hans Scharoun ist sie in eine renommierte Kunstgalerie eingebettet und hat nicht nur die Zeitläufte überstanden, sondern gewinnt ständig neue Gäste – vor allem wegen ihres soignierten Barkeepers Rudolf van der Lak.
Fasanenstr. 37, Wilmersdorf
030-8814908
Mo bis Sa 20-4 Uhr

18 KITKAT CLUB

Der Name geht zurück auf den Nachtclub im Film „Cabaret", der die Verruchtheit der Metropole in ein romantisches Licht tauchte. Weitaus zupackender sind die Sitten in der zeitgemäßen Neuauflage des Etablissements, das jetzt in die Riesendiscothek Metropol gezogen ist, auf deren Bühne einst Marlene Dietrich tanzte. Jetzt reiben sich auf der Tanzfläche Fetische aneinander, und in den Kojen und Erkern geht es ohne Umschweife zur Sache – auf das Geschlecht kommt es dabei nicht an.
Nollendorfplatz 5, Schöneberg
030-2173680
www.kitkatclub.de

Winterfeldtmarkt in Schöneberg

19 WINTERFELDTMARKT

Wenn das Gemüse nicht so frisch wäre, könnte man den großen Wochenmarkt am Samstagmorgen für einen Flohmarkt halten. Hier trifft sich alles, was in den 80er Jahren Szene genannt wurde. So wird der schönste und größte Markt Berlins zur gesellschaftlichen Veranstaltung, die in den umliegenden Lokalen bis in den Vorabend fortgesetzt wird. Ein Muss beim Marktgang ist die deftige Öko-Bratwurst von Bauer Lindner aus der Heide.
Winterfeldtplatz, Schöneberg
Mi und Sa 8-13 Uhr

20 DAMPFERFAHRT

In einer großen Schleife lässt sich zunächst der Süden gen Osten hin erkunden, und dann geht es direkt durch die Mitte vorbei an Museumsinsel, Reichstag, Kanzleramt und weiteren repräsentativen Bauten der Stadt. Man schaut in Hinterhöfe, Fabrikgelände und Hafenanlagen. So lässt sich ein ganzer Sommertag aus wechselnden Perspektiven erleben.
Ab Anlegestelle Berlin-Wannsee
030-3315414
www.reederei-triebler.de
Abfahrt 10.45 Uhr, Fahrdauer 7,5 Std., Preis 27 Mark, nur in den Sommermonaten

TOUR (B)

MIT DEM RAD DURCH DIE JAHRHUNDERTE

An der Gepäckaufgabe des **Bahnhofs Zoo** sind Fahrräder für 20 Mark pro Tag (030-29 74 93 19) zu leihen. Vorbei an der **Gedächtniskirche** fährt man Richtung Tiergarten, passiert große Hotels, dann geht's ins Grüne: die **skandinavischen Botschaften** haben sich hinter korrodiertem Kupfer verschanzt. Die grüne Patina verbirgt großartige Architektur. Auch sehenswert: die mexikanische Botschaft, die an Oscar Niemeyers Brasilia erinnert. Entlang der **Tiergartenstraße**, wo der Stadtpark zu Pausen einlädt, säumen weitere Botschaften den Weg zum Kulturforum. Dort erwartet ein Prunkstück moderner Architektur den Radfahrer: **Mies van der Rohes Neue Nationalgalerie** ist eine moderne Interpretation des klassischen Tempels und lässt die

Palais und Staatsoper, Unter den Linden

neuzeitliche Kunst im Innern reichlich alt aussehen. In Sichtweite liegt schon der **Potsdamer Platz** mit seinen auftrumpfenden Hochhäusern – gewissermaßen eine Leistungsschau der Baukunst der Jahrtausendwende. Ästhetisch mag manches nicht gelungen sein, aber Attraktivität kann man dem Gebäudeensemble nicht absprechen: Das Publikum kommt in Scharen. Genauso beliebt ist natürlich das **Brandenburger Tor**. Dann geht es die breite Prachtstraße **Unter den Linden** hinunter Richtung Osten. Preußische Bauten säumen die Allee. Besonders sehenswert: die **katholische Hedwigs-Kathedrale** mit ihrer barocken Kuppel. Schräg gegenüber zwischen Zeughaus und Dom liegt das **Alte Museum**, in dem eine der besten Cafeterien der Stadt zur Erholung von Pedalen und Kunstgenuss lädt.

AUSSICHTEN, AUTOTOUR

SEHEN

1 ZUCKERMUSEUM

In der industriellen Herstellung des Zuckers nimmt Berlin eine bedeutende Rolle ein. Hier wurde das Verfahren zu seiner Gewinnung aus der Runkelrübe entwickelt und damit die Unabhängigkeit von den überseeischen Zuckerrohrplantagen erreicht. Das Zuckerinstitut der TU Berlin forscht weiter auf der süßen Seite des Lebens, während man im angeschlossenen Museum seine Kulturgeschichte nachvollziehen kann. Zuckerdosen und Verpackungen erinnern nicht nur an die eigene Kindheit, sondern auch an die der Großeltern.
Amrumer Str. 32, Wedding
030-31427574
www.dtmb.de/Zucker-Museum
Mo-Do 9-16.30, So 11-18 Uhr

Zeiss-Großplanetarium, Prenzlauer Allee

2 ZEISS-GROSSPLANETARIUM

Die Kriminalschriftstellerin Patricia Highsmith hat einmal beobachtet, dass Berlin die hellste Stadt der Welt sei: Eine Aura von Licht umgibt die Metropole. Dieser so genannte Lichtsmog verhagelt dem Sterngucker das Vergnügen. Nicht zuletzt deshalb bieten gleich zwei Planetarien den Städtern künstliche Dunkelheit unter einem bestirnten Himmel. Der riesige Kuppelbau an der Prenzlauer Allee bietet sehr unterhaltsame Reisen in die Nacht.
Prenzlauer Allee 80, Prenzlauer Berg
030-42184512

3 NATURKUNDEMUSEUM

Viele Museen haben sich längst in Lehranstalten verwandelt. Fast schon aufdringlich wird alles erklärt und die eigene Erfahrung bevormundet. Geradezu erholsam ist ein Besuch im Naturkundemuseum, wo ein riesiges Dinosaurierskelett nicht nur Kinder staunen lässt. Der Rest der Sammlung ist liebenswert verstaubt und gibt Eltern Gelegenheit, vor den Gören ihr Wissen über die Wunder der Natur auszubreiten.
Invalidenstr. 43, Mitte
www.museum.hu-berlin.de
Di-So 9.30-17 Uhr, Eintritt 5 Mark

4 MEDIZINHISTORISCHES MUSEUM

Die Realität kann weit gruseliger sein als jeder Horrorfilm. Die kleine Sammlung im Traditionsklinikum Charité belegt das mit beeindruckenden Exponaten, die keine Abnormität der menschlichen Physis auslassen. Die in Formalin marinierten Weichteile üben auf manchen Betrachter eine ekelerregende Faszination aus. Ein Museum für Hartgesottene.
Schumannstr. 20/21, Mitte
030-28028451
www.bmm.charite.de
Mo-Fr 13-16 Uhr, Mi bis 19 Uhr

Kommandantenhaus der Zitadelle, Spandau

5 ZITADELLE SPANDAU

Berlin ist eine junge Stadt. Es gibt so gut wie kein Artefakt aus dem Mittelalter. Nur in der Vorstadt Spandau, die ihren Stolz aus der früheren Gründung herleitet, steht noch eine Burgruine aus der Ritterzeit. Der gut erhaltene Festungsbau mit seinen vier Bastionen bietet Gelegenheit zum Studium vergangener Verteidigungsstrategien. Im Keller lässt sich auf Landsknechtsart speisen.
Straße am Juliusturm, Spandau
030-354944200
www.zitadelle-spandau-online.de
Di-So 10-17 Uhr, Eintritt 4 Mark

6 NEUE SYNAGOGE

Die vergoldete Kuppel der Synagoge in Mitte ist das schönste Wahrzeichen der Wiedervereinigung. Gleich nach dem Mauerfall wurde das 1938 von Nazihorden zerstörte Gebäude von Grund auf saniert und wieder zu dem Schmuckstück gemacht, das es als größter jüdischer Sakralbau einst gewesen war. Ausstellungen zur jüdischen Geschichte und Gegenwart erlauben auch einen Blick in das Innere der Architektur des Schinkel-Schülers Stüler.
Oranienburger Str. 28-30, Mitte
030-28401250
So-Do 10-18, Fr 10-16 Uhr
Eintritt: 5 Mark

7 PERGAMONALTAR

Lange bevor die Türken Berlin zu einer ihrer größten Städte machten, kamen auf abenteuerlichen Wegen Steinblöcke aus ihrer Heimat an die Spree. Der gewaltige antike Kultbau aus der kleinasiatischen Stadt Pergamon erhielt sogar ein eigenes Museum, das die Raubzüge der Archäologen auf eindrucksvolle Weise dokumentiert.
Am Kupfergraben, Mitte
www.smb.spk-berlin.de/vam/s.html
Di-So 10-18 Uhr

8 OLYMPIABAD

Wahrscheinlich ist das große Schwimmstadion der Olympischen Spiele 1936 die asketischste Badeanstalt der Welt. Vor den schmucklosen Muschelkalkflächen wirken die nackten Körper der dem Wasser entstiegenen Schwimmer besonders schutzlos und verloren. Der Schatten des riesigen Fußballstadions nebenan steigert noch das Gefühl der Bedeutungslosigkeit des eigenen Ichs.
Olympischer Platz, Charlottenburg
Eintritt 6 Mark

9 SAMMLUNG BERGGRUEN

Der Sammler und Kunsthändler Heinz Berggruen ist nach langem Exil in seine Heimatstadt zurückgekehrt. In seinem Gepäck: eine der bedeutendsten Sammlungen der modernen Kunst, für die die Berliner Museen einen historischen Bau frei machten, der die Cézannes, Klees und Picassos freundlich und zivil präsentiert. Wer Glück hat, trifft den Sammler inmitten seiner Lieblinge.
Schloßstr. 1, Charlottenburg
030-3269580
www.smb.spk-berlin.de/shb/s.html
Di-So 11-18 Uhr

Nofretete im Ägyptischen Museum

10 NOFRETETE

Ein alter Hut im wahren Sinn des Wortes. Die Mona Lisa von Berlin stammt aus Ägypten und macht als Schönheitsideal seit mehr als 3000 Jahren Furore. Die kolorierte Plastik aus Kalkstein und Gips zieht die Berliner immer wieder ins Ägyptische Museum, das wegen seiner großen Kollektion auch ohne seinen Star einen Besuch wert ist.
Ägyptisches Museum
Schloßstraße 70, Charlottenburg
www.smb.spk-berlin.de
Di-So 10-18 Uhr

11 HANSAVIERTEL

Im Kalten Krieg rüsteten nicht nur die Militärs um die Wette, auch die Baumeister versuchten sich zu überbieten. Während im Osten Berlins an der Stalinallee (die heute wieder Frankfurter Allee heißt) Prachtbauten im Moskau-Stil entstanden, verfolgte der Westen mit dem Interbau 1957 ein anderes Konzept. Die Hochhäuser aus den 50ern sind längst zu Denkmälern geworden und strahlen mittlerweile ein erfrischend altmodisches Flair aus.
Altonaer Str./Hansaplatz, Tiergarten

Freitreppe vor dem Pergamonaltar

12 CHECKPOINT CHARLIE

Hier standen sich 1961 für einen dramatischen Moment der Geschichte die Panzer der einstigen Bündnispartner gegenüber. An diese Zeit erinnert nicht nur das Mauermuseum an der Friedrichstraße, sondern auch eine Rekonstruktion des damaligen Wachhäuschens der Amerikaner.
Friedrichstr. 45, Kreuzberg
030-25 37 250
www.mauer-museum.com
täglich von 9-22 Uhr, Eintritt 8 Mark

Blickrichtung Checkpoint Charlie

13 JÜDISCHES MUSEUM

Eigentlich ist das gar kein Museum, sondern eine Plastik des Star-Architekten Daniel Libeskind. Trotz oder gerade wegen der Abwesenheit von Exponaten drängen sich die Besucher durch die verschachtelten Räume, die bizarre Erlebnisse provozieren. Eine Geisterbahn für Intellektuelle.
Lindenstr. 9-14, Kreuzberg
030-25 99 33 00
www.jmberlin.de
täglich von 10 bis 18 Uhr, Eintritt frei

14 ATOMBUNKER

Wenige Städte sind so konsequent unterkellert und ausgehöhlt wie Berlin. Tote U-Bahn-Schächte, Kanäle und Tunnel bilden ein zweites Verkehrsnetz unter den Straßen. In manchen von ihnen sammelt sich allerlei Gelichter:

WWW.HOTLINES

www.berlin.de Alles, was man über die Hauptstadt wissen muss.
www.berlinonline.de Das umfangreichste Info-Angebot der Stadt - mit aktuellem Berlin-Kalender des Stadtmagazins „tip".
www.berlin-tourism.de Die Site von Berlin Tourismus Marketing - mit Online-Buchung.
www.berlin-info.de Privater Info-Server mit Hotel-Suche.
www.berlinfo.com Guide to Berlin - englischsprachiger Führer.
www.bvg.de Die Berliner Verkehrsgesellschaft mit Online-Fahrplanauskunft.

Neonazis, Satansjünger, Sexologen. Im Ku'damm-Karree ist im Rahmen einer historischen Berlin-Ausstellung ein unbedrängter und legaler Besuch der Unterwelt möglich. Der Atombunker aus den 70er Jahren ist auf seine Weise ein Zeugnis des damaligen Überlebenskomforts.
Kurfürstendamm 207-208, Charlottenburg
01805-992010
www.story-of-berlin.de
täglich von 10-20 Uhr, Eintritt 25 Mark

15 TECHNIKMUSEUM

Eisenbahnen, Flugzeuge, Maschinen – Jungens beiderlei Geschlechts und aus allen Altersstufen finden auf dem weitläufigen Areal des Technikmuseums staunenswerte Spielzeuge. Der begrünte ehemalige Rangierbahnhof mit Wasserturm und Lokschuppen ist außerdem ein sehr schöner Park, der nur von wenigen genutzt wird.
Trebbiner Str. 9, Kreuzberg
030-254840
www.dtmb.de
Di-Fr 9-17.30, Sa/So 10-18 Uhr

16 GEDENKTAFELN JUDENVERFOLGUNG IM BAYERISCHEN VIERTEL

Die Erinnerung an die Judenverfolgung konzentriert sich im Allgemeinen auf den Massenmord in den Vernichtungslagern. Dass die Entrechtung und Drangsalierung der jüdischen Mitbürger weit früher begonnen hat und mit erstaunlicher Niedertracht von den Behörden betrieben und den Nachbarn zugelassen wurde, offenbart eine Aktion im gutbürgerlichen Bayerischen Viertel. An den Straßen rund um den Bayerischen Platz sind Tafeln wie Verkehrsschilder angebracht, die Stationen der Schikane dokumentieren.
Bayrischer Platz, Schöneberg

17 SOWJETISCHES EHRENMAL

Recycling auf sowjetische Art. Ganz im Sinne der Totalitarismus-Theorie nutzten die Besatzer die Überbleibsel von Hitlers Reichskanzlei für ihr eigenes Monument: Ein riesiges Areal im Treptower Park wurde mit Stelen und Skulpturen gestaltet. Ein Mausoleum feiert den unbekannten Soldaten.
Treptower Park

18 GROSSBELASTUNGSKÖRPER

Berlin sollte einmal Germania heißen und in seinem Zentrum den größten Kuppelbau der Welt erhalten. Daraus ist nichts geworden – nur dieser Koloss erinnert an die Hybris der nationalen Sozialisten. Zwölftausend Tonnen Beton sollten hier prüfen, ob der märkische Boden dem Größenwahn seiner Bewohner standhält. Vieles spricht dafür, dass dieses obskure Bauwerk Berlin überdauern wird.
General-Pape-Straße/Tempelhof

„Kultstätte" Krematorium in Treptow

19 KREMATORIUM BAUMSCHULENWEG

Platznot und Protestantismus haben die Feuerbestattung in Berlin zur Alltäglichkeit werden lassen. Bei der Gestaltung der Krematorien wurde aber immer versucht, den profanen Vorgang der Verbrennung sakral zu umgeben. Das ist den Architekten des Kanzleramtes Schultes und Frank in dieser modernen Kultstätte besonders gut gelungen. Deshalb kommen auch viele Besucher, die keine Toten zu beklagen haben.
Kiefholzstraße, Treptow
030-53314886

20 BOTANISCHER GARTEN

Der großzügige Grundriss von Berlin hat es möglich gemacht, viele Bäume im Straßenbild unterzubringen, die von vielen Nachbarn gehegt und gepflegt werden. Doch die Liebe zur Natur erstreckt sich nicht nur auf heimische Blumen: Im weiten Areal des Botanischen Gartens sind es vor allem die imposanten Glaspaläste aus der Jahrhundertwende, die exotische Pflanzen zum Blühen bringen.
Königin-Luise-Str. 6-8, Dahlem
030-83850027
www.bgbm.fu-berlin.de/bgbm
Eintritt 8 Mark

TOUR (C)

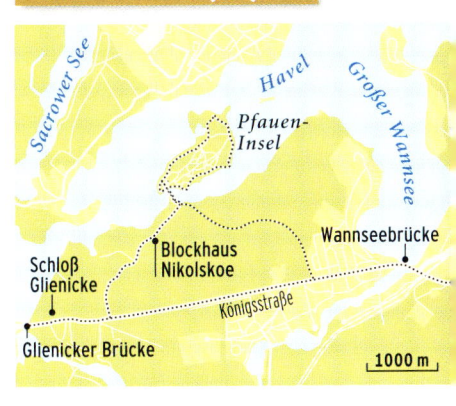

MIT DEM WAGEN ZU KÖNIGS

Trotz gesprengtem Stadtschloss ist die **Hinterlassenschaft der Preußenkönige** an vielen Orten in Berlin sichtbar. Das schönste Beispiel der royalen Bauwut liegt am Rande der Stadt. Am schnellsten erreicht man es über die Avus; über die Ausfahrt Wannsee gelangt man auf die Königstraße, die an der berühmten **Glienicker Brücke** endet, wo früher Agenten getauscht

Schloß Glienicke

wurden. Von hier aus hat man einen schönen Blick auf das mittelalterlich wirkende **Schloß Babelsberg**. In unmittelbarer Nachbarschaft liegt unser Ziel: das **Schloß Glienicke**. In einem Park, der von dem genialen Landschaftsgärtner Lenné als architektonischer Ulk inszeniert wurde – eine Brücke, die nicht zu Ende gebaut ist, ein kleiner Matrosenfriedhof und Wege, die ins Nichts führen. Nach einem Spaziergang läßt sich gut in der **Remise** (8054000, täglich 12-22 Uhr) einkehren, in der es eine Küche mit k.u.k.-Anklängen gibt. Auf einer Anhöhe liegt das **Blockhaus Nikolskoe**, ein Zeugnis für die verwandtschaftlichen Beziehungen zwischen Hohenzollern und Romanows neben der russifizierten Kirche St. Peter und Paul. Dort ist eine Überfahrt zur **Pfaueninsel** möglich, wo Schmuckvögel umherstolzieren.

BRANDENBURG

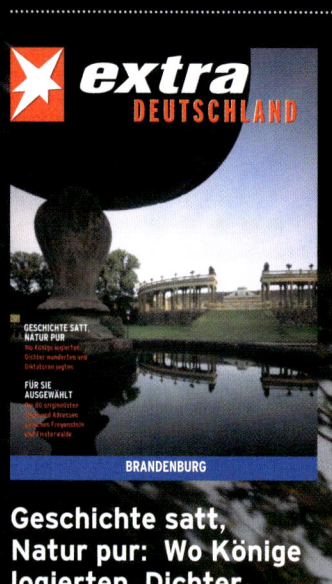

Geschichte satt, Natur pur: Wo Könige logierten, Dichter wanderten und Diktatoren jagten

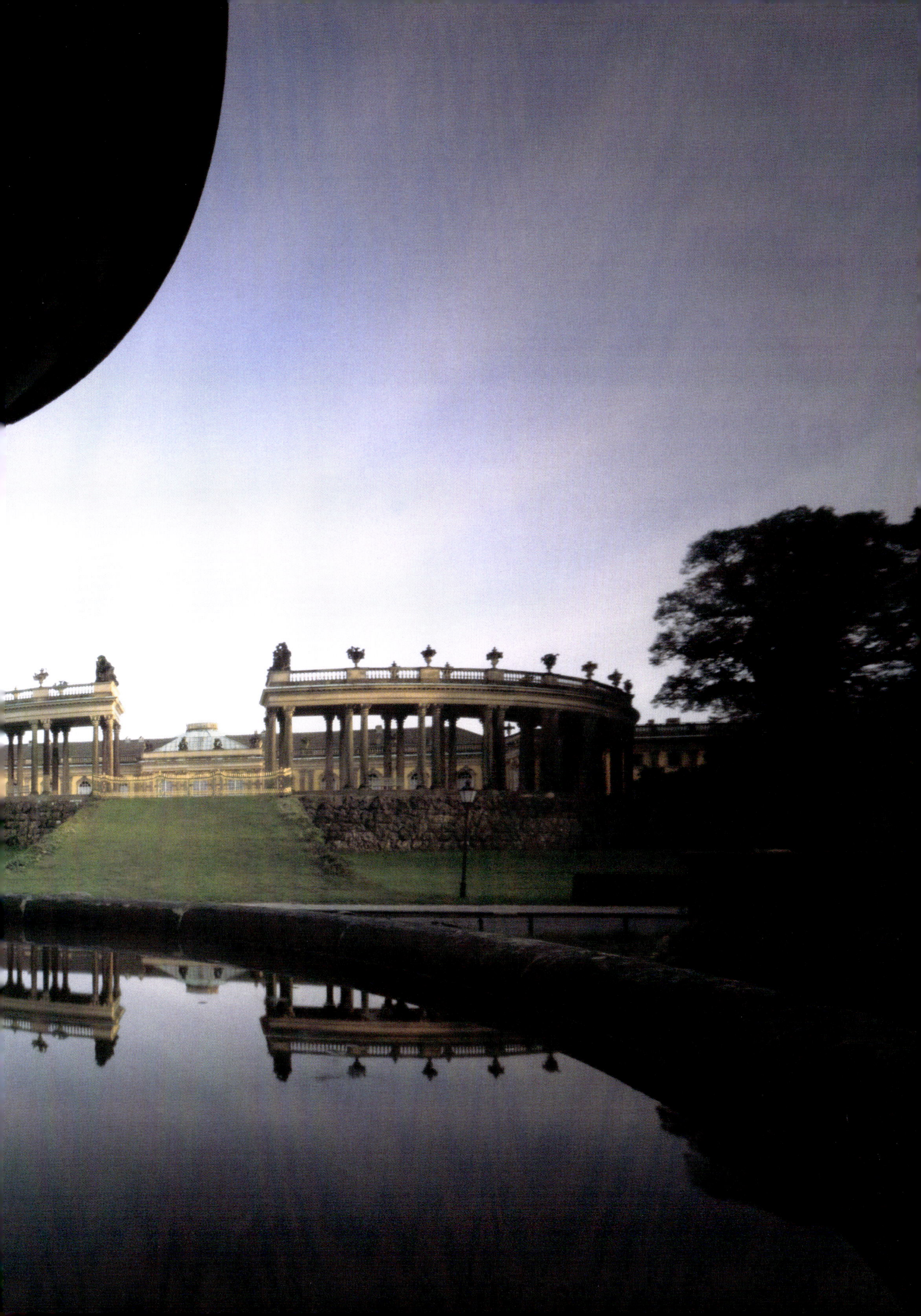

HADERERS DEUTSCHLAND-BILD

BRANDENBURG: PREUSSISCHER DIENSTLEISTER

ANGETIPPT

Nach diesem kritteligen Reporter Fontane hat sich bei uns Brandenburgern reichlich hundert Jahre keiner mehr blicken lassen. Gut so, wir hätten eh nix Neues zu bieten, eine andere Mentalität schon gar nicht. Man hat, was man hat, und wenn es nix ist, ist es wenigstens wie immer. Für Aufbruch sind wir auch jetzt nicht in Stimmung. Wir sollten fusioniert werden, ausgerechnet mit den Berlinern. Eisig fuhr der Schreck durch Mark und Brandenburg. Nix da, von uns umzingelt sind uns die Raffkes lieber. Irgendwie krakeelen unsere Jungnazis scheint's nicht laut genug, die Berliner halten uns noch immer für Rothorden, weil unser **LENIN-DENKMAL** in Potsdam noch steht, und obwohl niemand so viele Stasi-Aktivisten zu braven Beamten umgezogen hat wie unser offizieller Vorarbeiter **MANFRED STOLPE.** Also haben wir die Fusion begeistert vermasselt, eine Vereinigung reicht. Wenn wir geahnt hätten, dass Marktwirtschaft nicht nur anständige Rente bedeutet, sondern auch Bock auf Risiko, und dass die vom **OLLEN FRITZ** persönlich hergebrachten Kartoffeln für Pommes frites im Europa-Markt zu klein sind, hätten wir schon bei der ersten nicht mitgemacht, wo wir den ganzen Westen dazugekriegt haben. Nun bleiben die Berliner aber nicht in ihrer Stadt, sie ziehen in unser Umland, genießen unsern Hecht in Bier und Buttermilch, kriegen Golfpätze und wir keine neuen Straßen, weil diese Fremden auch wegen der **OLLEN ALLEEN** hergezogen sind, dabei kannste bloß vor lauter Bäumen den Schlaglöchern nicht ausweichen, die der Sozialismus uns beschert hat und der Kapitalismus uns erhält. Ganz schlecht war längst nicht alles in der DDR, außer vielleicht die endlose Warterei auf den eigenen Trabi und dass wir „Steige hoch, du roter Adler" heimlich singen mussten. Seit Helmut Kohl erzählt hat, dass er unsern Sand erblühen lässt, dürfen wir unser Wappentier wieder heimattreu über Sumpf und Kiefernwälder in den Himmel heben, und der Texter „Heide-Justav" Büchsenschütz ist mit über 90 noch Plattenmillionär geworden. So haben sogar wir einen Gewinner der Wende, wenn auch tot. Als Mitbringsel empfehlen wir **SPREEWALDGURKEN,** die wir früher nicht mal im Spreewald kriegten. Nur die Berliner. So sind sie.

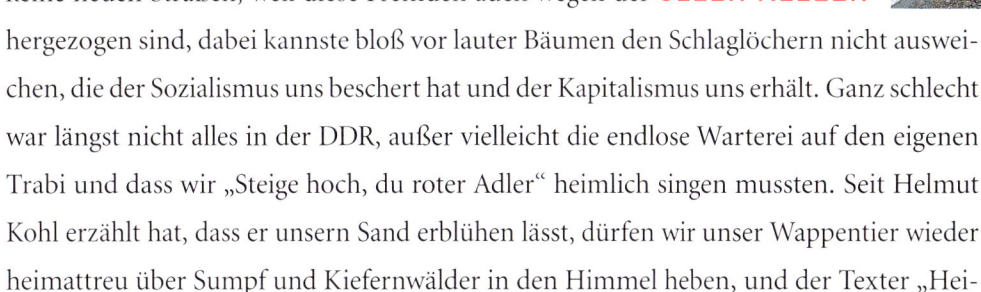

BRANDENBURG IN ZAHLEN

Fläche: 29 476 Quadratkilometer
Einwohnerzahl: 2,6 Millionen
Einwohnerdichte: 88 Einwohner
pro Quadratkilometer
Sonnenstunden: Potsdam:
1692 Stunden im Jahr

Kein Bundesland hat mehr gegen
Grippe geimpfte Bürger: 26.3 Prozent
Brandenburg registrierte 1999
mit 17 700 Geburten einen neuen
Höchststand seit der Wende
Der Eurospeedway bei Senftenberg
ist die größte Autorennsportanlage
Europas

FOTO-REPORTAGE

Zeitreise durch Mark und Brandenburg

„Da lag er vor uns, der buchtenreiche See, geheimnisvoll, einem Stummen gleich, den es zu sprechen drängt. Aber die ungelöste Zunge weigert ihm den Dienst, und was er sagen will, bleibt ungesagt...", schrieb Theodor Fontane vor 100 Jahren über den Großen Stechlin im Menzer Forst. Der Fotograf Werner Mahler reiste dem Autor nach, verließ aber auch immer wieder dessen Wegmarken, um andere Motive zu suchen – im Gepäck seine Lochkamera.

„Eine schwarze dunkle Kiste mit einem winzigen Loch, die die Lichtbrechung verhindert und so eine exakte Abbildung des Gesehenen ermöglicht." Geduld brauchte Mahler für bis zu zwei Stunden Belichtungszeit. Doch wo nichts ist außer Landschaft, lernt man schnell – auf jeden Fall, sich zu gedulden

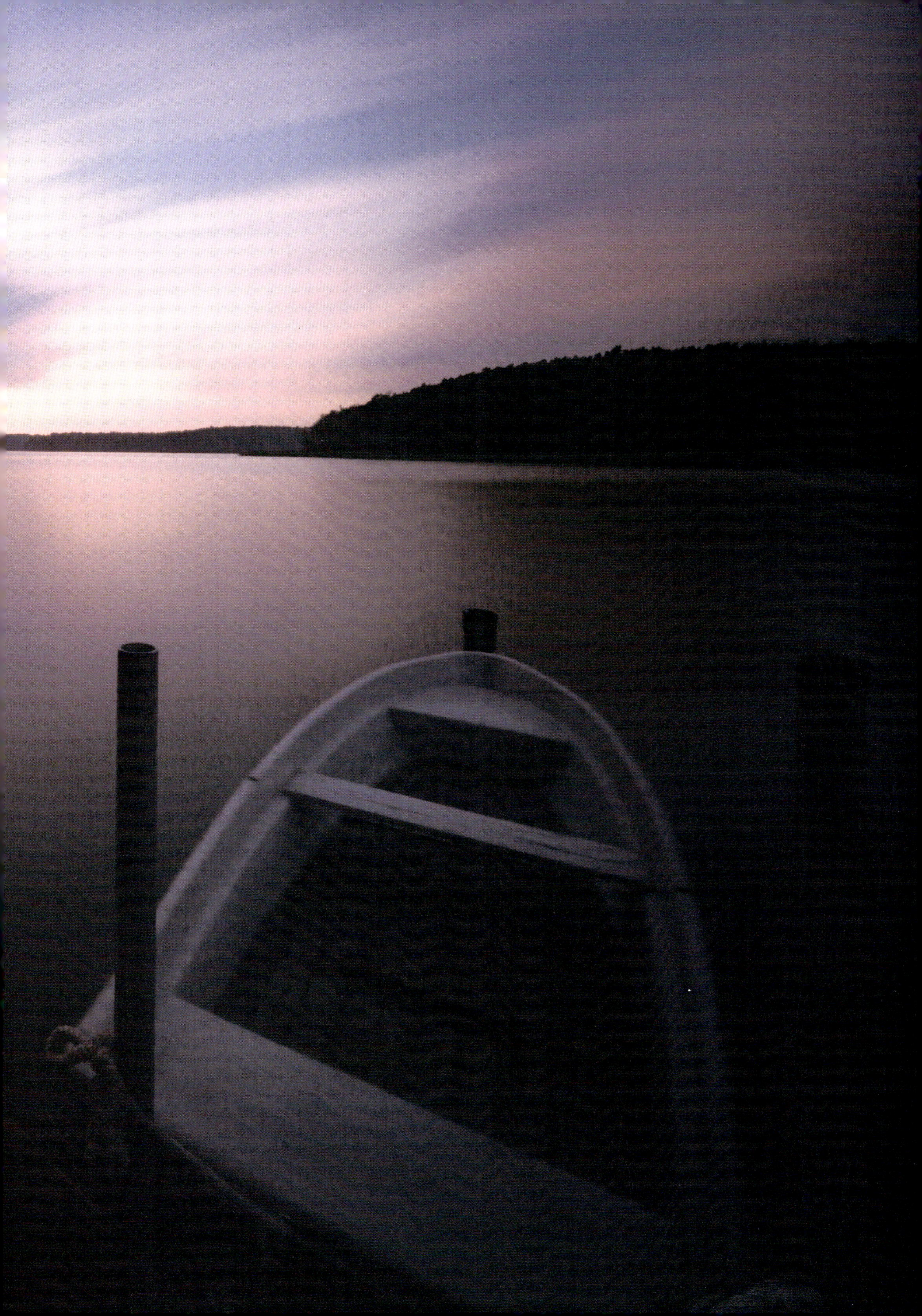

WO DIE PROMINENZ IN ANSCHLAG GING

„Die Schorfheide", so Oberförster Leonhard Resch, der hier einst amtierte, „war seit eh und je das Jagdgebiet der Repräsentanten der herrschenden Klasse." Hier schossen Könige und Kaiser, ein Reichsjägermeister mit Namen Hermann Göring – und Erich Honecker

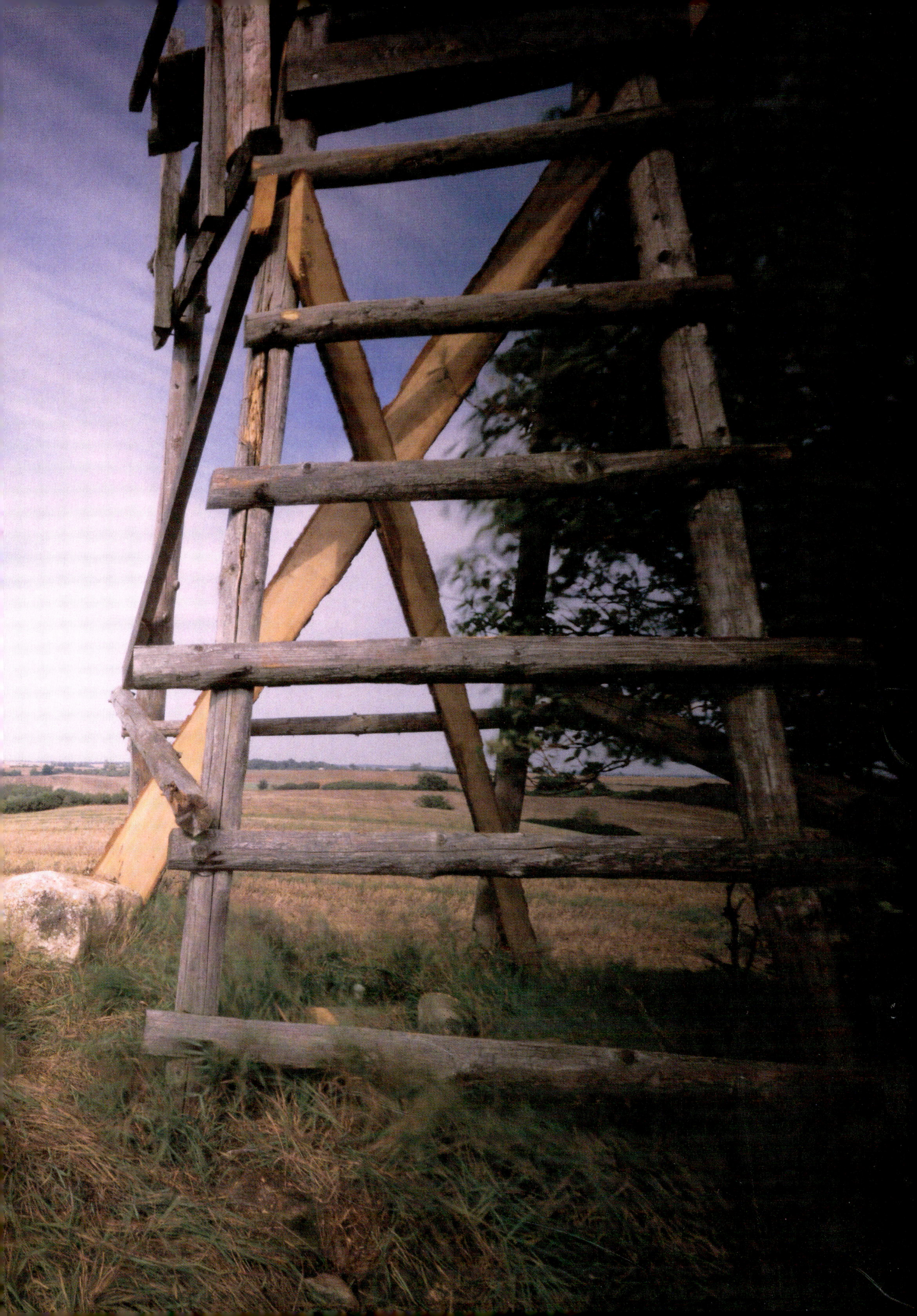

**NATUR PUR
IM ODERBRUCH**

„Die Vegetation stand natürlich mit dem ganzen Charakter dieser Gegenden im Einklang: alle Wasser- und Sumpfpflanzen kamen reichlich vor, breite Gürtel von Schilf und Rohr fassten die Ränder ein, und Eichen und Elsen überragten das Ganze", hielt Fontane über die Region fest

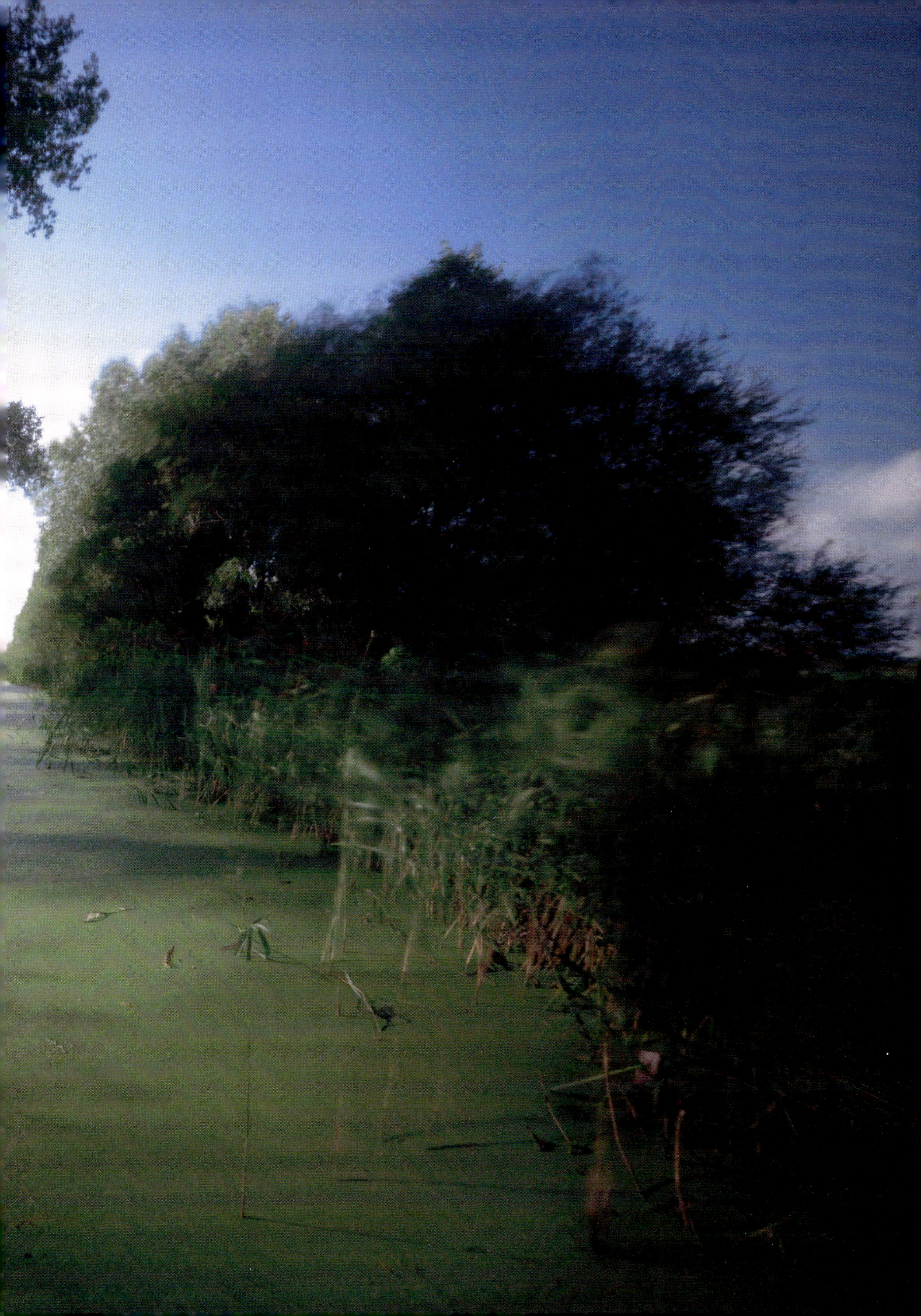

KEIN SPRÖDER LAND IN DIESER ZEIT

„Mein Blick vom Grubenrand ist der Blick auf eine offene, nicht mehr verheilende Wunde", schrieb Günter Grass über die Lausitz. „Hier, schon unter dem Niveau des Meeresspiegels, wachsen um kleine Seen herum kegelige Abraumberge, die sich tief gestaffelt bis zum Horizont unter Dunstschleiern verlieren"

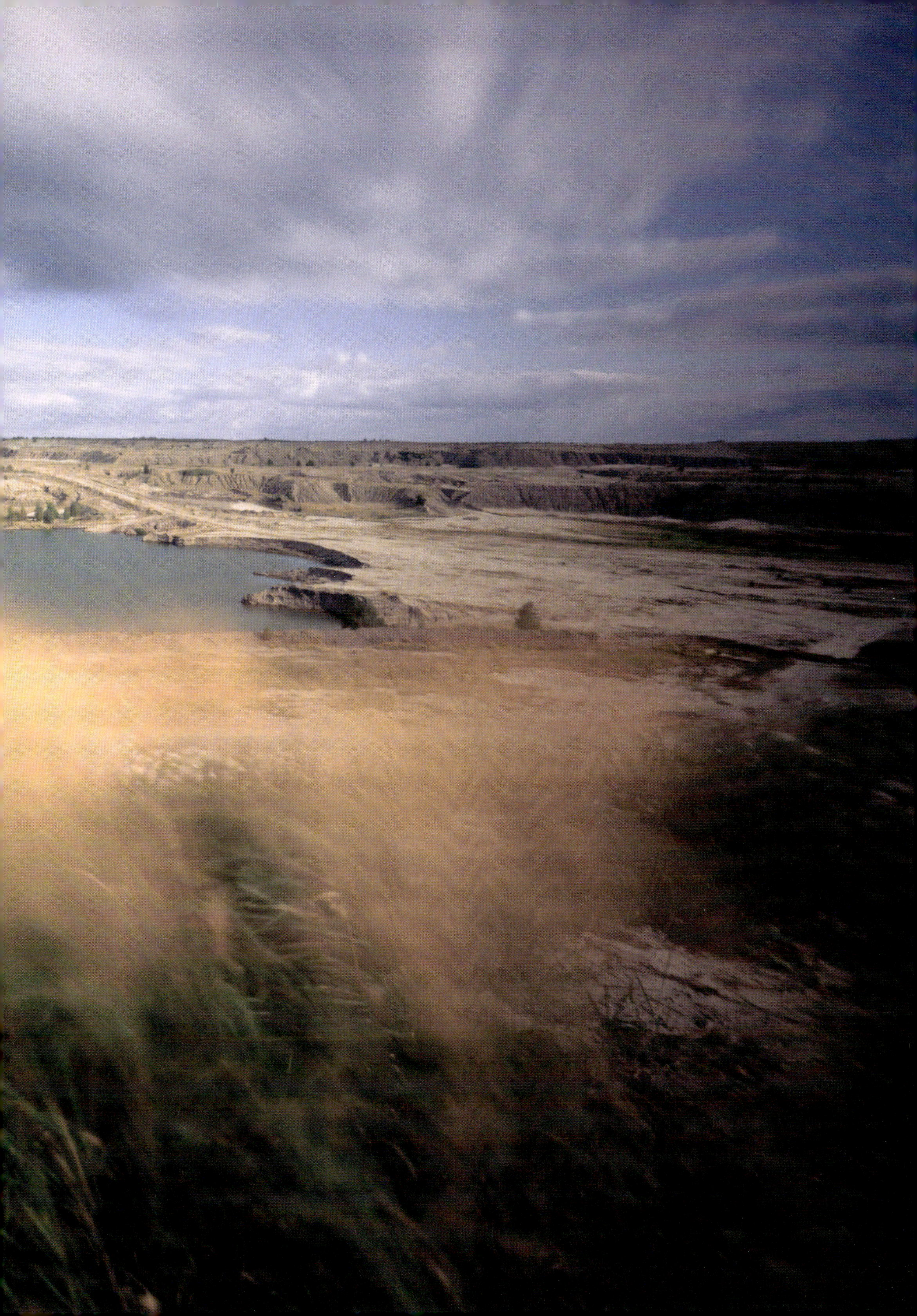

WENN HOHEIT BAUEN LÄSST

„Vielleicht die größte Sehenswürdigkeit Rheinsbergs ist der Obelisk, der sich, gegenüber dem Schlosse, am jenseitigen Seeufer auf einem zwischen Park und Boberowwalde gelegenen Hügel erhebt. Er wurde Anfang der neunziger Jahre vom Prinzen Heinrich ... errichtet",
schreibt Fontane in seinen „Wanderungen durch die Mark Brandenburg"

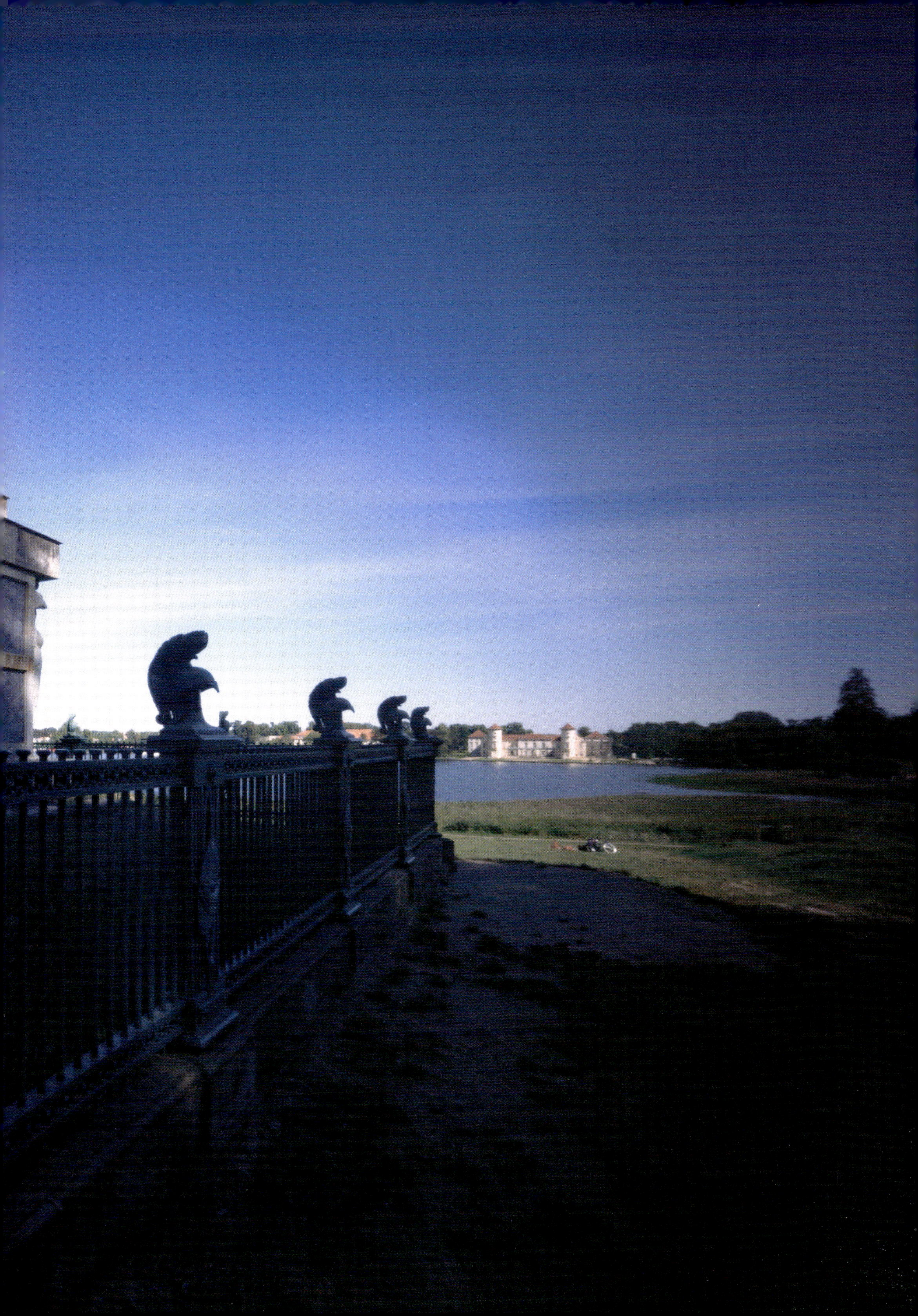

ÄCKER, SO WEIT DAS AUGE REICHT

„Den Februar, März und April fünfundvierzig hindurch ist diese Kornkammer, diese Gemüsegegend einer der Hauptkriegsschauplätze des blutig zu Ende gehenden Krieges gewesen", schrieb 1991 der Schriftsteller Guntram Vesper auf einer Reise durch die Uckermark, das Land seiner Kindheit

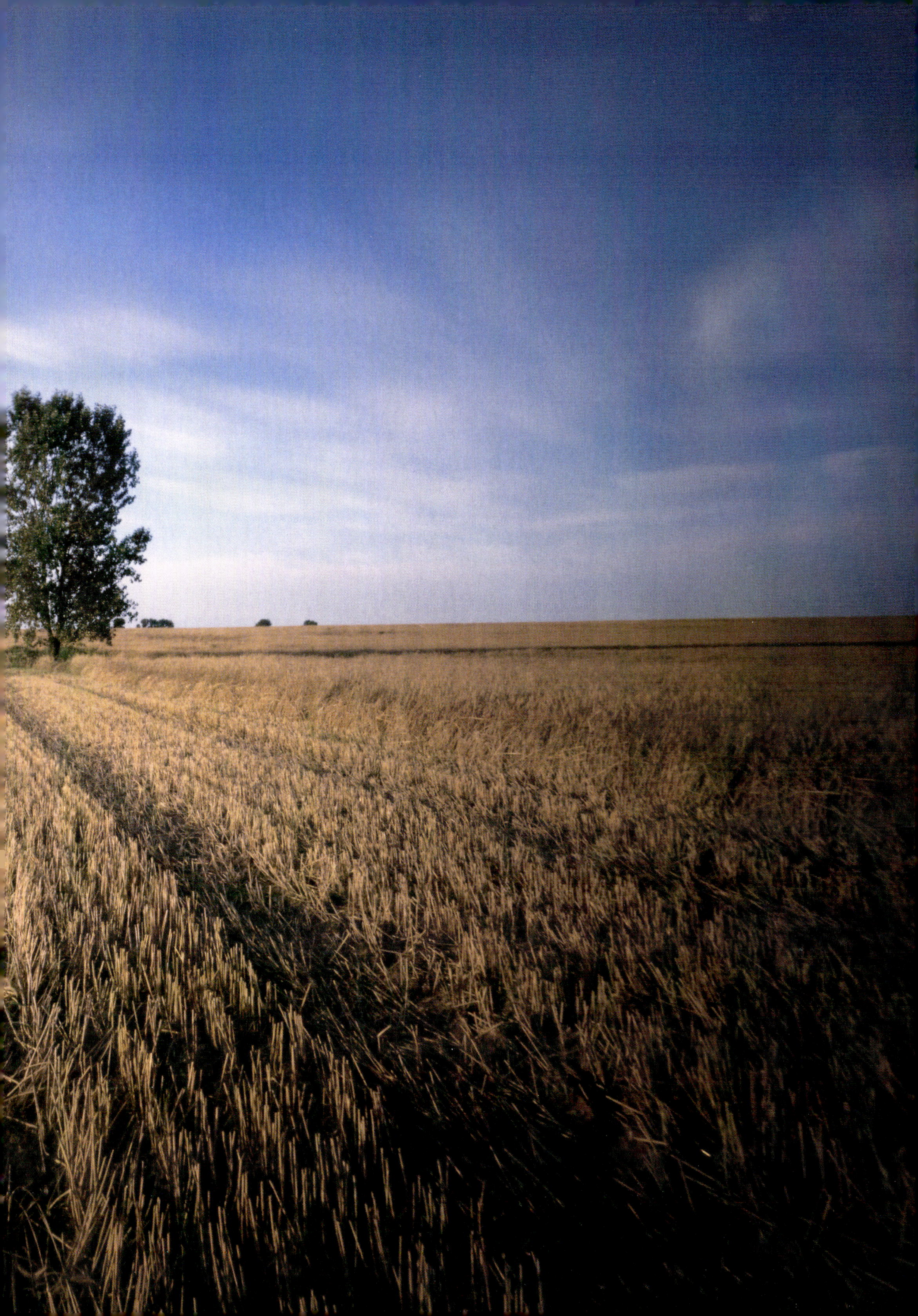

HIER LOGIERTE PREUSSENS GLORIE

„Sanssouci", ohne Sorgen, nannte Friedrich II. sein Potsdamer Schloss. Für Fontane war's ein Ärgernis: „Das Wesen dieser Potsdame, sag' ich, besteht in einer unheilvollen Verquickung oder auch Nicht-Verquickung von Absolutismus, Militarismus und Spießertum"

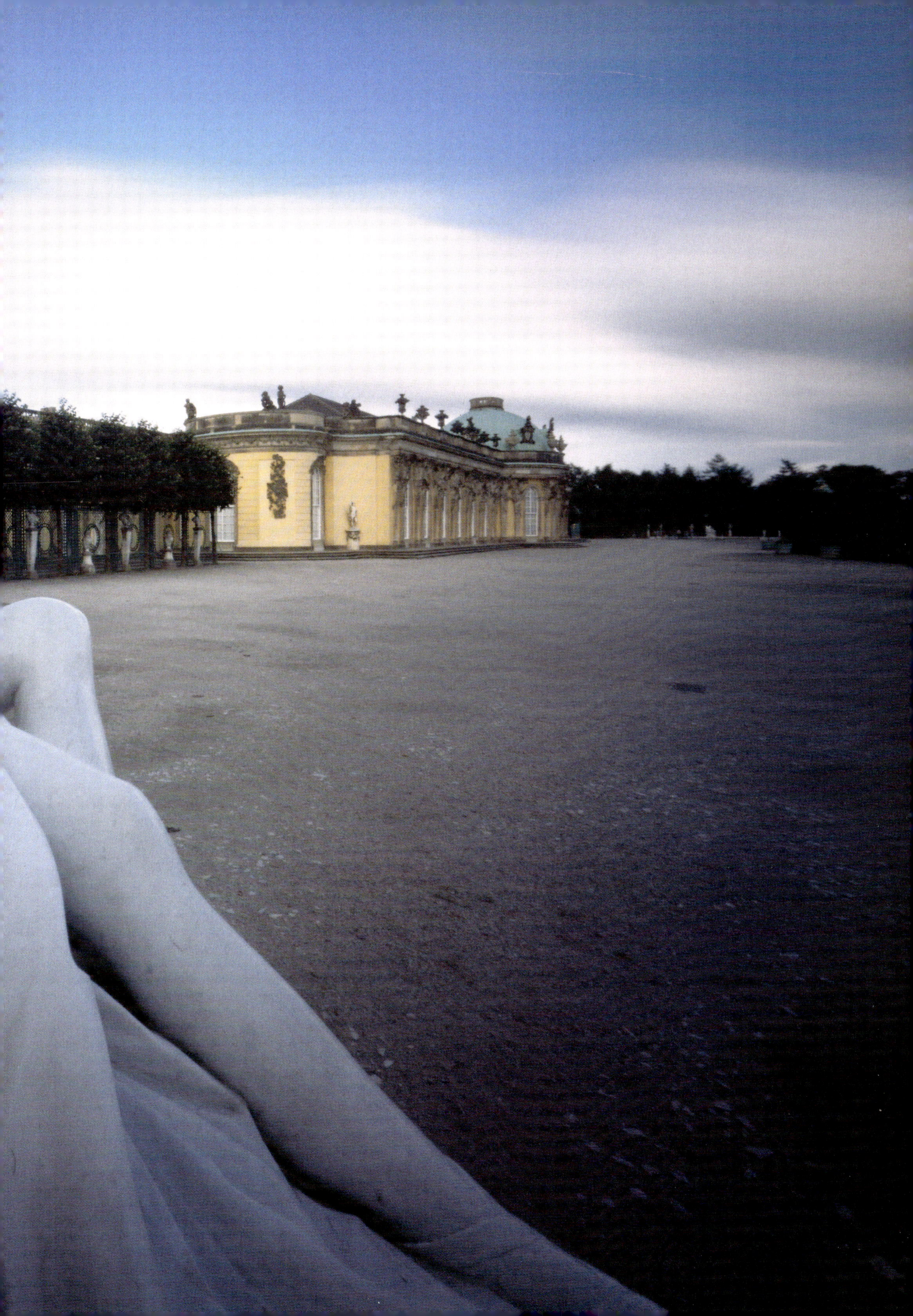

ESSAY

Von Sülze, Sand und schwerem Stand

Brandenburg ist Preußen, ist Friedrich, ist Geschichte – und sonst? Jede Menge Geschichten. Einige erzählt unsere Autorin, Spezialistin fürs Menschliche

Die Schönheit Brandenburgs drängt sich dem Fremden nicht auf. Sie ist keine Diva, und selbst Fontane fand diese und jene Gegend zwischen sandigen Wegen und krüppeligen Kiefern eher zum Gähnen. In den Staub mit allen Feinden Brandenburgs! Leider stammt dieser Satz nicht von mir, könnte er aber. Er stammt von Heinrich von Kleist, und an manchem Morgen denke ich an ihn, wenn ich durch das bunte Herbstlaub hinunter zum Flakensee steige. Der liegt dann ganz still. Die Vögel singen noch nicht, aber manchmal sieht man den Schatten eines Fischreihers auf seiner spiegelglatten Fläche. Das Ufer ist schwarz, das Wasser violett, der Himmel orange – zum Heulen schön. Von wegen – wir in Brandenburg hätten nur Sumpf und Sand, Ritter Kahlbutz und saure Gurken zu bieten.

Wenn meine Mutter kurz nach dem Krieg hin und wieder ihre alten Rezeptbücher aus Friedenszeiten hervorkramte, war das für uns Kinder immer ein Witzprogramm. Da stand nämlich beispielsweise unter Königskuchen: Man nehme 500 Gramm Butter, 500 Gramm Zucker, 14 Eigelb, 14 Schnee. Sehr komisch, 14 Eier, wenn die Zuteilung für eine ganze Familie, wenn sie Glück hatte, aus zweien bestand.

SCHMALHANS war bei uns fast immer Küchenmeister, und deshalb fuhr unsere Mutter oft „hamstern" im Brandenburgischen. Zum Beispiel in Ackerfelde, wo ein Teil unserer Familie herstammt. Oder wir schnallten uns am Wochenende alle den Rucksack über und fuhren hinaus ins Grüne, wo die Wälder voller Blaubeeren, Himbeeren, Pilze waren. Später, als wir in den Herbstferien klassenweise zu den Bauern nach Gransee geschickt wurden, um bei der Kartoffelernte zu helfen, krochen wir stundenlang auf Knien durch den kalten märkischen Sand und wärmten am Abend unsere klammen Finger am Feuer. In der restlichen Glut schmurgelten wir Kartoffeln gar, die wir glühendheiß und schwarzverkohlt so gierig verschlangen, als wären sie aus Schokolade.

Aber wir hatten auch Sinn für das Schöne, dachten nicht nur ans Fressen. Wir stromerten durch das mittelalterliche Gransee, zerschrammten uns auf der alten Stadtmauer die Knie und spielten gemeinsam auf der ollen Orgel der Badinger Feldsteinkirche. Der eine hat gespielt, der andere hat getreten.

Das Schönste jedoch war (und ist) für mich der Frühling in Brandenburg: diese lichtdurchfluteten Buchenwälder voller Anemonen überall und Teppiche aus Tausenden und Abertausenden blauen Leberblümchen dazu. Um die Löwenberger Kirche blüht Jahr für Jahr ein gelbes Meer von Winterlingen und an den pontischen Hängen der Oder die Adonisröschen. Jedes Biotop ein Traum.

Wenn wir über den Beetzsee ruderten, träumten wir von jottwede, von janz weit draußen, denn von Brandenburg aus kommt man überallhin: von der Havel über die Elbe in die Nordsee oder von der Spree in die Oder und dann nordwärts in die Ostsee, von dort über den Nordpol direkt nach Afrika. War aber nix mit jottwede. Am Ende der 3000 märkischen Seen und 32 000 Kilometer Wasserläufe stand immer einer und wollte die Papiere sehen. Also packten wir schon auf dem Beetzsee die Klampfe aus und sangen Bollmanns Moritaten: „Fritze Bollmann wollte angeln, dabei fiel die Angel rin. Fritze Bollmann wollt se langen, dabei fiel er selber rin."

Seinen Galgenhumor hat der Brandenburger behalten, aber mir scheint, er singt nicht mehr so viel. Also, vor elf Jahren, in jener sagenumwobenen Nacht, als er plötzlich nach langer Zeit wieder nach West-Berlin durfte, da jubilierte er noch: „So ein Tag, so wunderschön wie heute, der dürfte nie vergehn."

Aber er verging, und was folgte, war zu wahr, um nur schön zu sein. Denn plötzlich kamen Hamburger, Münchner, Bayreuther und West-Berliner nach Brandenburg, um nach Oma ihr'm klein Häuschen zu sehen. Da spazierten die Brüder und Schwestern aus dem Westen nun beispielsweise in Kleinmachnower Vorgärten herum. Alles nette Leute, die angeblich nur mal gucken wollten, ob der Birnbaum noch neben der Garage blüht. Anschließend schickten sie ihren Anwalt, und es war vorbei mit Friede, Freude, Birnenbaum. 2,2 Millionen Rückgabeforderungen gab es auf dem Gebiet der ehemaligen DDR, jede vierte betraf Brandenburger Grundstücke.

ABER DIE WESSIS können auch anders. TV-Moderator Günter Jauch ist glücklich, wenn er über die Glienicker Brücke heim in seine Jugendstilvilla am Heiligensee fährt, in die er wohl ziemlich viel Geld gesteckt haben muss. Gleich nebenan wohnen Wolfgang Joop, Unternehmensberater Karlheinz Fernau und Ufa-Chef Wolf Bauer. Jauch spendet die Einnahmen seiner Werbeauftritte für den Wiederaufbau des Fortuna-Portals, des Haupteingangs des Potsdamer Stadtschlosses, und half dabei, dem Bundesverband der Zementindustrie sieben Millionen Mark dafür aus dem Kreuz zu leiern.

Erika Hildebrandt aus Neuruppin hatte auch eine sehr schöne Idee. Sie holte die Sülze in ihre Stadt. Der Augenblick war passend, als sie mir davon erzählte, denn ich stand gerade am Neuruppiner See, um mich von irgendwelchem „Gesülze" zu erholen. „Sie sind doch Regine Hildebrandt", sagte sie. „Ick hab Sie gerade von meinem Balkon aus jesehn. Ick heiße nicht nur wie Sie, ick bin ooch so wie Sie – nicht totzukriegen." Und dann er-

REGINE HILDEBRANDT *war von 1990 bis 99 brandenburgische Sozialministerin. Die 59-jährige Biologin, „Mutter Courage" genannt, ist die populärste Politikerin des Ostens*

zählte sie mir die Geschichte von dem West-Berliner Sülzefabrikanten, den sie so lange belatschert hatte, bis er sich entschloss, seine prosperierende Sülzefabrikation in ihren maroden Neuruppiner Fleischwarenbetrieb zu verlegen. „Und 'ne fürsorgebedürftige Villa hab ick ihm ooch noch überjeholfen. So wat nennt man doch Uffschwung Ost, von dem Sie immer so ville reden, oder? Wenn Se wollen, schick ick Ihnen 'ne Kostprobe zu." (Falls Sie Interesse haben: Ich hab noch was da.)

Erna Roder, eine 84-jährige Pfarrfrau aus Kienitz, einem idyllischen Flecken an der Grenze zu Polen, käme so ein Sülzefabrikant ebenfalls gerade recht. Aber was heißt hier einer – Hunderte, und alle mit dicker Kohle. Die müssten dann ihre naiven Bilder kaufen: Störche vor blauem Himmel voller dicker weißer Wolken oder die grasenden Pferde in den grünen Auen. Die malt sie seit vielen Jahren, um mit dem Geld ihre Kirche weiter aufzubauen.

Als ich sie im vorigen Herbst besuchte, ging sie mit mir in ihren Garten, vorbei an den letzten gelben und lila Astern, die dem ersten Frost tapfer trotzten, um mir ein paar Topinambur (eine kartoffelähnliche Neuheit!) auszugraben. Doch schon beim ersten Spatenstich klirrte etwas im märkischen Sand. „Sehen Sie mal, eine Tonscherbe", sagte sie und lächelte. „Wahrscheinlich ist die ein paar tausend Jahre alt."

MEIN GOTT. SCHON WIEDER 'ne Scherbe. Wo die liegen, muss in Brandenburg der Aufschwung Ost in die Warteschleife. Bauminister Meyer ließe dieses Wort am liebsten aus allen Duden Brandenburgs streichen. Erst neulich hat er einen Parkplatz kurz vor der polnischen Grenze nur asphaltieren lassen, um sicherzugehen, dass ja kein Baggerfahrer auf eine Suppenschüssel unserer slawischen Vorfahren stößt.

Die Deutsche Bahn hat andere Sorgen. Sie will neben ihren Schienensträngen keinesfalls noch mehr Großtrappen entdecken. Von den größten flugfähigen Vögeln der Welt leben in Deutschland nur noch etwa 70, und die meisten von ihnen in Brandenburg. Die wichtigste ICE-Hochgeschwindigkeitsstrecke Berlin–Hannover konnte deshalb erst gebaut werden, nachdem im havelländischen Buckow zum Schutz der seltenen Vögel auf einer Länge von sechs Kilometern sieben Meter hohe Überflugwälle gebaut wurden – für 20 Millionen Mark.

Was haben die Brandenburger gemeckert deswegen! Obwohl sie längst wissen müssten, dass ihr Lockmittel in die Region die intakte Natur ist. Ein Drittel unserer Fläche ist Landschaftsschutzgebiet. Doch der Märker an sich ist bockig. Was er nicht will, will er nicht. Und wenn er muss, dann rächt er sich wie die Werderaner alle Jahre wieder zur Baumblüte auf ihrer schönen Garteninsel inmitten der Havel. Vor gut 300 Jahren befahl ihnen Soldatenkönig Friedrich Wilhelm I., der Vater des Alten Fritz, ihre Rebstöcke durch Obstbäume zu ersetzen, weil der Wedersche Wein seinen „Grenadieren nur das Gedärm endommagiere". Sie pflanzten zwar brav die befohlenen Kirschbäume, Stachelbeer- und Johannisbeersträucher, destillierten aber anschließend daraus ein Gesöff, das selbst Wallenstein oder Blücher aus den Latschen kippen lassen würde. Ein echter „Bretterknaller".

Alfred Henschke aus Crossen an der Oder, besser unter seinem Pseudonym Klabund bekannt, hat beschrieben, wie man sich nach dem Genusse fühlt: „Tante Klara ist schon um ein Uhr mittags besinnungslos betrunken. Ihr Satinkleid ist geplatzt. Sie sitzt im märkischen Sand und schluchzt. Der Johannisbeerwein hat's in sich. Alles jubelt und juchzt. Und schwankt wie auf der Havel die weißen Dschunken." Auch heute sind vier von fünf Berlinern noch ziemlich hinüber, wenn sie in ihren Autos die Insel verlassen. Der fünfte ist nur deshalb fast nüchtern, weil er fahren muss.

Zugereiste Feingeister reagieren nicht nur verstört auf solch fehlende Contenance, sondern auch darauf, dass der Brandenburger berlinert, bis die Schwarte kracht. So kann es einem Architekturprofessor aus dem schönen Trier auf seine Bemerkung, wie er sich immer wieder an der Schönheit von Sanssouci ergötze, durchaus passieren, dass ihm ein einheimischer Gelehrter kurz und knapp entgegnet: „Ick och." Na und? Hört sich immer noch besser an als in Bayern. Da würde der antworten: „I a." Und so schöne Ortsnamen wie Steintoch, Wuschewier und Quappendorf haben sie dort auch nicht.

Ganz zu schweigen von den Adlern. Nirgendwo sonst bauen sie mehr Nester. Oder die Kraniche. Welch Zauber geht aus von der Landschaft um die Linumer Teiche, wenn sie in der Abenddämmerung über dem flachen Wasser kreisen und die Luft erfüllt ist vom brausenden Flügelschlag, vom Trompeten Tausender Kraniche und dem Piepsen ihrer Jungen. Ein Krach wie im rappelvollen Fußballstadion nach dem entscheidenden Tor. Und die Wildgänse helfen ihnen dabei. Erst im Herbst wird es still, wenn die Vögel nach Süden ziehen.

Man muss ihn erlebt haben, diesen Zauber. Denn mit der Schönheit Brandenburgs verhält es sich vielleicht so wie mit dem Kloster Neuzelle. Es liegt gleich hinter Eisenhüttenstadt, einem Albtraum aus Stahl und Beton. Von außen ist die Stiftskirche, um es mit Fontane zu sagen, eher zum Gähnen. Innen aber frohlocken Engel, lächeln Marien sanft, ganze Heerscharen. Sogar die Säulen sind gedreht. Ein barocker Prunk, dass man glaubt, in Bayern zu sein. Als mir Freunde zum ersten Mal Postkarten von diesem Kloster zeigten, da habe sogar ich gesagt: „Das soll in Brandenburg sein? Dit gloob ick nich."

REGINE HILDEBRANDT

„Welcher Zauber geht aus von dieser Landschaft"

80 AUSGEWÄHLTE ADRESSEN UND DREI EXTRATOUREN

- **1** SCHLAFEN
- **1** ESSEN
- **1** LEBEN
- **1** SEHEN
- **A** TOUREN

Wo ist was in Brandenburg?

SCHLAFEN

1 GUT FALKENHAIN
Als wäre der Gutsherr nur mal kurz außer Haus: Stilvoll mit vielen Antiquitäten ausgestattet liegt dieser über 100 Jahre alte Hof abseits vom Dorf Hardenbeck an einem kleinen See. Es wird noch Landwirtschaft betrieben, zum Hof gehören unter anderem Schleswiger Kaltblutpferde und Bunte Bentheimer Schweine. Extra Kinderhotel im einstigen Pferdestall.
17268 Hardenbeck
039889/276 039889/86022
18 Zimmer im Herrenhaus, DZ ab 110 Mark

2 SEEHOTEL HUBERHOF
Das Landhotel in der Uckermark sieht aus wie gemalt – von den hölzernen Balkons geht der Blick über den Oberuckersee. Am Steg sind Boote vertäut. Die Huberhofstuben – das hauseigene Restaurant – locken am Wochenende auch viele stadtmüde Ausflügler an.
Dorfstraße 49, 17291 Seehausen
039863/6020 039863/60210
www.seehotel-huberhof.de
25 Zimmer, DZ ab 120 Mark

3 SEEHOTEL LINDENHOF
Im Naturpark „Uckermärkische Seenlandschaft" besticht dieses kleine, neue Apartment-Hotel durch seine einzigartige Lage auf einer Halbinsel im Wurlsee. Es hat einen eigenen Badestrand und Bootssteg. Das Wasser ist sehr sauber, der See für Motorboote gesperrt.
**Halbinsel im Wurlsee
Lindenhof 1, 17279 Lychen**
039888/64310 039888/64311
www.seehotel-lindenhof.de
13 Apartments, ab 180 Mark in der Hauptsaison

Hotel Seehof, unweit Schloss Rheinsberg

4 SEEHOF
Unweit vom Schloss Rheinsberg direkt an der Dampferanlegestelle liegt der Seehof, der einst ein märkisches Ackerbürgerhaus war. Auf dem Boden liegen ziegelfarbene Fliesen, die Wände sind bläulich gestrichen. Das Hotel hat einen schönen, gepflasterten Innenhof und ein hervorragendes Restaurant.
Seestraße 18, 16831 Rheinsberg
033931/4030 033931/40399
19 Zimmer, DZ ab 160 Mark

5 GUT KERKOW
Ein Bauernhof mit Schafen, Rindern und Hofhund Robby. Im alten Getreidespeicher ist ein Bauernmarkt untergebracht, der hausgemachte Wurst, Fleisch, Eier, Honig und Kunsthandwerk anbietet. In der „Speicherstube" lässt es sich gut essen, und in den hübsch eingerichteten Ferienzimmern oder Apartments mit Küche kann man prima Ferien machen.
16278 Kerkow
03331/26290 03331/262939
2 Zimmer, 2 Apartments, DZ ab 86 Mark

6 LANDHOTEL MÄRKISCHE HÖFE
Zwei ehemalige Bauernhöfe laden hier zum Besuch ein. Die Zimmer sind einfach, aber gemütlich eingerichtet. Zum Hotel gehört das sehr gute Restaurant „Enklave", ein Reitstall, ein Streichelzoo mit Meerschweinchen, Hasen und Ziegen und ein Spielplatz.
Dorfstraße 7 und 11, 16818 Netzeband
033924/8980 033924/89860
14 Zimmer, DZ ab 95 Mark

7 JAGDSCHLOSS HUBERTUSSTOCK
Eine Legende. Friedrich Wilhelm IV. ließ sich einst dieses Jagdschloss mitten in der Schorfheide nah am Werbellinsee bauen. Zu DDR-Zeiten diente es als Gästehaus der Regierung. Hier ging Erich Honecker auf Jagd, feierte gern das Weihnachtsfest und sprach mit Franz Josef Strauß über Milliardenkredite. In vier Waldvillen befinden sich heute die Zimmer in edlem italienischem Design.
Seerandstraße, 16247 Joachimsthal
033363/500 033363/50255
www.hubertusstock.com
24 Zimmer, DZ ab 180 Mark

8 SCHLOSS REICHENOW
England-Feeling nahe der märkischen Schweiz. Mit Zinnen und Türmchen im Tudorstil ist dieses Schloss erbaut. Die meisten Zimmer sind mit Antiquitäten ausgestattet. Es hat ein eigenes Standesamt und ist der ideale Ort für eine Traumhochzeit; doch lockt das edle Haus mit Lesungen, Konzerten und Ausstellungen auch Besucher ohne Heiratsambitionen an.
Dorfstraße 1, 15345 Reichenow
033437/3080 033437/30888
www.schlossreichenow.de
19 Zimmer, 1 Hochzeitszimmer, DZ ab 190 Mark

9 ANTIK HOTEL THE COTTAGE
Das kleine, neuerbaute Hotel mit großen Balkons und Terrassen liegt ruhig im Ortskern von Semlin mit Blick auf die Kirche und nur ein paar Meter entfernt vom Golfplatz und dem Hohennauener See im Havelland. Innen ist es mit Stilmöbeln ausstaffiert. Sehr schön sitzt es sich in den dicken Ledersesseln vorm Kamin in der hauseigenen Bibliothek.
Dorfstraße 15, 14715 Semlin
03385/530053 03385/530030
www.antik-cottage.de
10 Zimmer, 2 Suiten, 2 Apartments, DZ ab 150 Mark

Landhotel Garzau

10 LANDHOTEL GARZAU
Ein feiner Platz für Landurlaub mit Kindern unweit von Berlin am Langen See in der Märkischen Schweiz. Der Drei-Seiten-Feldsteinhof steht unter Denkmalschutz; die Zimmer sind einfach mit Kiefernholzmöbeln eingerichtet. Kinder dürfen hier auf der Wiese unter Obstbäumen oder in der Strohburg toben, ins Baumhaus klettern und mit den Tieren im Streichelzoo schmusen.
Alte Heerstraße 82, 15345 Garzau
033435/75872 033435/75872
9 Zimmer, DZ ab 80 Mark

11 PENSION AUF DEM KIEWITT
Eine Alternative zu den großen, teuren Hotels in Potsdam. Die kleine Pension in einem Gründerzeithaus liegt ein paar Minuten vom Bahnhof Charlottenhof entfernt in einer ruhigen Seitenstraße nahe der Havel. Die einfach eingerichteten Zimmer haben alle Dusche und WC. Bis nach Sanssouci sind es nur fünf Minuten.
Auf dem Kiewitt 8, 14471 Potsdam
0331/903678 0331/903678
14 Zimmer, DZ ab 120 Mark

HOTELS, RESTAURANTS, FAHRRADTOUR

12 SCHLOSSHOTEL CECILIENHOF
Eine hochherrschaftliche, luxuriöse Adresse. Die Residenz im englischen Landhausstil ist der letzte Schlossbau der Hohenzollern in Potsdam. Sie wurde zwischen 1914 und 1917 im Neuen Garten am Jungfernsee für Kronprinz Wilhelm und seine Frau Cecilie errichtet. Berühmt wurde das Schloss durch das Potsdamer Abkommen, das hier 1945 von den Siegermächten des Zweiten Weltkriegs geschlossen wurde.
Neuer Garten, 14469 Potsdam
0331/37050 0331/292498
36 Zimmer, 6 Suiten, DZ ab 290 Mark

13 GUT WENDGRÄBEN
Ein guter Platz zum Ausspannen: Etwa zehn Kilometer westlich von Brandenburg steht dieses barocke Gutshaus mit Stall und der in geschmackvolle Ferienwohnungen umgewandelten Klinkerscheune still und einsam im Landschaftsschutzgebiet an der Havel. Etwa 1,5 Kilometer sind es von hier bis zum Breitlingsee. Haustiere dürfen mitgebracht werden, sogar Pferde sind erlaubt.
Wendgräben 19, 14776 Brandenburg
03381/665316 od. 030/80403501
5 Ferienwohnungen, ab 80 Mark pro Tag

Kempinski Sporting Club, Bad Saarow

14 KEMPINSKI RESORT SPORTING CLUB
Es gibt Leute, für die ist Bad Saarow am Scharmützelsee der schönste Ort in Brandenburg. Unter Golfern gilt der 18-Loch-Platz des edlen Sporthotels im Ort gar als der attraktivste in Deutschland. Im Angebot auch Reiten, Tennis, Segeln, Beauty und Wellness.
Parkallee 1, 15526 Bad Saarow
033631/61000 033631/62000
www.sporting-club-berlin.com
200 Zimmer und Suiten, DZ ab 335 Mark

15 RESIDENZ VICTORIA AM SEE
Ideal zum Relaxen. Das neue Apartmenthotel liegt privilegiert – direkt am Scharmützelsee und unmittelbar neben der Therme in Bad Saarow und nur ein paar Schritte vom Zentrum für chinesische Heilkunst entfernt. Die Zimmer sind zwischen 32 und 57 Quadratmetern groß, haben Balkon oder Terrasse mit Blick auf den Kurpark oder den See und sind sehr hell und geschmackvoll eingerichtet. Das Haus bietet auch einen Babysitterservice.
Am Kurpark 3, 15526 Bad Saarow
033631/8660 033631/86688
27 Apartments, ab 98 Mark

Hotel Zur Bleiche, Burg/Spreewald

16 HOTEL KAISERMÜHLE
Ein wahrgewordener Traum! Der kleine Kaiser wünschte sich viele Gäste in seiner Wassermühle an der „Alten Schlaube", schuf Zimmer mit Namen wie Sternenkammer, Wassergemach und Tulpentraum und stattete sie mit seines Großvaters Möbeln aus. Drumherum: Wald und Wiesen und der Müllroser See im Oder-Spree-Seengebiet.
Forststraße 13, 15299 Müllrose
033606/880 033606/88100
www.hotel-kaisermuehle.de
14 Zimmer, DZ ab 140 Mark

17 SCHLOSS HUBERTUSHÖHE
Ein Juwel mitten in Brandenburg. Das Schloss wurde zur Jahrhundertwende erbaut und liegt malerisch am Storkower See mitten im Wald. Kurt Jäger, der Küchenchef des Hauses, gehört zu den Spitzenköchen in Deutschland, wie man bei speziellen Gourmet-Arrangements inklusive 5-Gang-Menü im Restaurant „Windspiel" leicht feststellen kann.
Robert Koch Straße 1, 15859 Storkow
033678/430 033678/43100
www.hubertushoehe.de
19 Zimmer, 3 Suiten, DZ ab 290 Mark

Hotel Schloss Hubertushöhe bei Storkow liegt mitten im Wald

18 SEMINAR- UND GÄSTEHAUS URSTROMTAL
Weitab vom Stress der Großstadt bietet sich das geschmackvoll eingerichtete, denkmalgeschützte Landhaus im Ortskern von Kemnitz im Fläming für Klausurtagungen an – zum Entspannen, Nachdenken und Ideen entwickeln.
**Kemnitzer Hauptstraße 18
14947 Kemnitz**
033734/50742 033734/50017
www.bb-urstromtal.de
6 Zimmer, DZ ab 138 Mark

19 ZUR BLEICHE
Luxuriöses Romantik-Hotel mit einem ausgezeichneten Restaurant, das mit Blaudruck-Decken und Burger Keramik ausgestattet ist. Sehr gute Weinkarte. Zimmer werden nur inklusive Fünf-Gänge-Abendmenü vermietet. Zusätzlich kann man ein Rundum-Wohlfühlprogramm buchen, denn zum Hotel gehört eine eigene Landtherme und das türkische Hamam, der Jungbrunnen Spa und eine Sauna mit Garten und Außenpool.
Bleichestr.16, 03096 Burg/Spreewald
035603/620 035603/60292
www.hotel-zur-bleiche.de
90 Zimmer, DZ ab 370 Mark

20 HOTEL KOLONIESCHÄNKE
Das Hotel ist ein ruhig am Dorfrand gelegenes altes Haus mit Glasveranda, Gartenlokal und einer restaurierten Scheune, das die Hausherren Heuhotel nennen. Geschlafen wird aber nicht im Stroh, sondern in sehr charmanten, ländlichen Zimmern. Beim Scheunenkneipenfest können die Gäste das Burger Kolonistendiplom ablegen.
**Ringchaussee 136
03096 Burg/Spreewald**
035603/6850 035603/68544
www.spreewald.de
16 Zimmer, DZ ab 60 Mark

ESSEN

1 ALTE KLOSTERSCHÄNKE CHORIN
Die Klosterruine Chorin lockt im Sommer vor allem mit Konzerten Besucher an. Eine zusätzliche Attraktion bietet die Alte Klosterschänke. Im Restaurant gibt's Bodenständiges wie Wildbraten – je nachdem was geschossen wird –, in der Scheune Theater und Spektakel, und in der Amtsschmiede werden für Gruppen ab zehn Personen Menüs am Schmiedefeuer serviert – auf Wunsch mit Minnegesang.
Am Amt 9, 16230 Chorin
033366/5090 033366/50916
**Mai bis Sept. von Mo bis So ab 12 Uhr
Hauptgerichte von 15-30 Mark**

Gasthaus Zum Alten Fritz, Altlewin

2 GASTHAUS ZUM ALTEN FRITZ
Vor rund 250 Jahren ließ der „Alte Fritz" das Oderbruch trockenlegen, daher der Name. Acht Kilometer von der Oder entfernt, bietet das Restaurant in dem schön restaurierten Fischerhaus täglich frischen Oder-Fisch. Serviert wird, was gerade gefangen wurde, zum Beispiel Aal oder Zander. Im Weinkeller liegt der passende Tropfen dazu.
Dorfstraße 18, 16259 Altlewin
033452/418 033452/418
Di bis So von 11-24 Uhr, montags geschlossen, Hauptgerichte von 16-25 Mark

3 GASTHOF ZUM 1. FLIEGER
Mehr als 100 Jahre ist es her, dass Otto Lilienthal mit seinem Flugapparat vom Gollenberg am Dorfeingang abhob – was im Restaurant gebührend gewürdigt wird. Ein Nachbau des Lilienthalschen Gleiters hängt von der Decke; auch die Speisekarte ist der Aeronautik gewidmet: Doppeldecker oder Fliegende Untertassen heißen die Gerichte, serviert werden dann Omelett oder Schweinemedaillons.
**Otto-Lilienthal-Straße 7
14728 Stölln**
033875/30434 033875/30020
**Mo bis So von 11 bis 17 Uhr
Hauptgerichte von 12-24 Mark**

Zum 1. Flieger, in Stölln

4 HELENENHOF
Schon Maria Schuppans Urgroßeltern führten den Gasthof im Märkischen Luch. Hier stiegen Jäger aus Berlin ab, die in den Wäldern rund um Tietzow auf die Pirsch gingen. Heute gilt das mehrfach prämierte Restaurant des Hauses als eines der besten im Havelland. Gekocht wird bodenständig, aber mit Raffinesse: Brandenburger Gänsebraten, Schmorgurken und natürlich Fisch.
Dorfstraße 66, 14641 Tietzow
033230/50317 033230/50290
Mo bis So von 10-23 Uhr
Hauptgerichte von 18-32 Mark

5 ROMANTISCHES GASTHAUS STOBBERMÜHLE
Buckow am Schermützelsee ist immer eine Reise wert. Mitten in der sanft gewellten, waldreichen Märkischen Schweiz zog es schon zur Jahrhundertwende Berliner Großbürger zur Sommerfrische an. Die Stobbermühle an der Stöbber bietet feine Küche mit regionalen Zutaten: Wels und die sehr seltene Maräne aus dem Schermützelsee, Kräuter aus dem eigenen Garten.
Wriezener Straße 2, 15377 Buckow
033433/66833 033433/66844
Mo bis So von 11-24 Uhr
Hauptgerichte von 19-56 Mark

6 RESTAURANT IM LANDHOTEL STERNTHALER
Wer nach Müncheberg im Märkisch-Oderland kommt, findet eine gute Adresse zum Verweilen. Das Backsteinhotel hat ein ausgezeichnetes Restaurant. Hier wird mit regionaler und mediterraner Note gekocht, etwa Brust und Keule vom Stubenküken mit Steinpilz-Semmel-Lasagne.
Poststraße 6, 15374 Müncheberg
033432/89440 033432/89443
Di bis So von 12-22 Uhr, montags geschlossen, Hauptgerichte 20-30 Mark

7 GOTISCHES HAUS
In der ehemaligen Schmiede ließ Königin Luise von Preußen einst ihre Pferde beschlagen. Das 1798 errichtete Haus im Dorfkern von Ketzin im Havelland beeindruckt bis heute durch seine neogotischen Fenster. Gekocht wird mit frischen Zutaten aus der Umgebung. Das Restaurant hat einen wunderschönen Garten.
Parkring 21, 14669 Ketzin/OT Paretz
033233/80509 033233/80509
Di bis So von 11-22 Uhr (April bis Sept.)
Di bis So von 11-14 Uhr und 18-22 Uhr (Okt. bis März), montags geschlossen
Hauptgerichte von 9-23 Mark

8 VILLA KELLERMANN
Die Lage ist einzigartig: Direkt am Heiligen See steht die Villa mit Restaurant in der Berliner Vorstadt von Potsdam und bietet neben italienischer Kochkunst auch einen atemberaubenden Blick übers Wasser hinüber zum Neuen Garten mit dem Marmorpalais. In einem herrschaftlichen Stuck-Saal mit Parkett werden Rindercarpaccio, leckere Pasta und Panna Cotta serviert.
Mangerstraße 34-36
14467 Potsdam
0331/291572 0331/2803738
Mo bis Do von 16-24 Uhr, Fr bis So von 12-24 Uhr, Hauptgerichte von 30-38 Mark

Speckers zur Ratswaage in Potsdam

9 SPECKERS GASTSTÄTTE ZUR RATSWAAGE
Die beste Küche in Potsdam. Im Hochparterre eines Barockhauses am kopfsteingepflasterten Neuen Markt serviert Gourmetkoch Gottfried Specker raffinierte Speisen mit brandenburgischer und französischer Note. Natürlich wird dazu eine ausgezeichnete Auswahl an Weinen geboten. Im Sommer kann man den Gaumenschmaus auch im stimmungsvollen Innenhof genießen.
Am Neuen Markt 10, 14467 Potsdam
0331/2804311 0331/2804319
Di bis So von 12-15 Uhr und von 18-22 Uhr, montags geschlossen
Hauptgerichte von 39-47 Mark

10 C&W GOURMET
Klein, aber fein. Nur eine S-Bahn-Station hinter der Berliner Stadtgrenze liegt Eichwalde. Die Bahnhofstraße hinunter führt der Weg zu dem unscheinbaren Restaurant in einem ehemaligen Fleischerladen. Drinnen stehen gerade mal sieben Tische. Die Chefin kocht: Heilbutt, Rehfilet, Sauerampfersuppe – ein echter Genuss.
Bahnhofstraße 9, 15732 Eichwalde
030/6758423 030/6758423
Mi bis So von 12-15 Uhr und ab 19 Uhr, von Okt. bis April So von 12-17 Uhr, Mo und Di geschlossen
Hauptgerichte von 24-38 Mark

11 RESTAURANT IM LANDHOTEL „THEODOR FONTANE"
Auf seinen Wanderungen durch die Mark kam der Dichter auch in das Dorf Gröben – daher der Name des Restaurants. Hier gibt's ländliche Küche: Gurkensüppchen mit Dill, gebackenes Eisbein aus dem Steinofen und gefüllten Kohlrabi. Auch Brot wird selbst gebacken. Und zwar dienstags und freitags: Ein Drei-Pfund-Brot kostet zehn Mark.
Dorfstraße 31, 14974 Gröben
03378/86180 03378/861822
Mo bis So von 8-22 Uhr
Hauptgerichte von 20-30 Mark

12 AALHOF
In der Fachwerk-Fischerkate mit Schilfdach wird frisch im Erlenholz geräucherter Wels, Lachs oder Aal geboten, sodass das Haus ständig von leichtem Rauchgeruch umweht ist. Drinnen sitzt man auf gemütlichen Bänken rund um einen Kachelofen und wartet etwa auf warmes Lachsforellenfilet oder Räucheraal mit Bratkartoffeln. Wer lieber gekochten Fisch mag, kann auch Aal grün probieren.
Hauptstraße 18, 15859 Groß Schauen
033678/62981 033678/63152
Mo bis So von 9-22 Uhr
Hauptgerichte von 11-27 Mark

13 ZUR LINDE
Die Weißmanns haben sich mit Leib und Seele der Region verschrieben. Unweit vom Großen Seddiner See liegt ihr Restaurant. Im Frühjahr wird im holzgetäfelten Raum der berühmte Spargel serviert; im Herbst gibt's Teltower Rübchen; und wenn Bauernente mit Kürbisgemüse oder Rind auf der Speisekarte steht, dann stammen auch die Tiere aus der unmittelbaren Umgebung. Hinterm Haus gibt es einen hübschen Biergarten.
Kunersdorfer Straße
14552 Wildenbruch
033205/62379 033205/45640
Mo bis So von 12-23 Uhr, von Jan. bis März ist Mi und Do geschlossen
Hauptgerichte von 20-35 Mark

Bärbel & Ralf Weißmann, Gasthof Zur Linde

14 ZUR ALTEN BRAUEREI
Frischer als in Beelitz selbst kann der herrliche Beelitzer Spargel kaum serviert werden. Durchs Holztor hindurch – und schon umgibt einen die Romantik der alten Brauerei: Fachwerkgemäuer, Efeuranken, Gartentische und Gartenstühle unter weißen Sonnenschirmen. Den Spargel gibt es zwischen April und Juni zum Schnitzel, Schweinefilet oder Lachsschinken.
Mühlenstraße 30, 14547 Beelitz
033204/35777 033204/35777
von April bis Ende Sept. Mo bis So von 12-22 Uhr, Hauptgerichte von 10-25 Mark

TOUR (A)

AUF FONTANES SPUREN
Per Rad zirka 30 Kilometer von Rheinsberg zum Stechlinsee und zurück. Die Tour beginnt mit der Perle von Rheinsberg – dem Schloss. Dort lebte ab 1736 Kronprinz Friedrich II. und schrieb dem Dichter Voltaire Briefe. Fontane

Glasklares Wasser: der Stechlinsee

nahm das Schloss natürlich in seine „Wanderungen durch die Mark Brandenburg" auf. Vom Schlosspark zur Stadt hinaus, auf einem asphaltierten Radweg neben der Straße, vorbei an der Waldschänke, dem Kölpin-, Tietzen- und Nehmitzsee: Rund um Rheinsberg gibt es unzählige große und kleine Gewässer. Etwa sieben Kilometer hinter dem Städtchen führt ein grün markierter Waldweg nach Neuglobsow – hier ließ sich Fontane zu seinem letzten, 1899 erschienenen Roman „Der Stechlin" inspirieren. Im „Fontane Haus" (033082/70219) können Sie wie der große Dichter rasten. Weiter nach Dagow zur Familiengruft „Metas Ruh", die der Autor ebenfalls in den „Wanderungen" beschrieben hat. Rückweg: einmal um den Stechlinsee, am KKW Rheinsberg vorbei, über Feldgrieben, den Wittwesee und Paulshorst zurück nach Rheinsberg.

Touristen-Information Stechlin
033082/70452

RESTAURANTS, AKTIVITÄTEN, WASSERWANDERN

Alte Försterei in Kloster Zinna

15 SCHILFHAUS

Ein Gefühl von Meer kommt auf beim Besuch des schilfgedeckten Häuschens in Wendisch Rietz am Scharmützelsee. Eng und gemütlich ist es in dem kleinen Restaurant, in dem Rehrücken oder Hirschsteak aufgetischt wird, im Herbst mit Pfifferlingen, die direkt in den Wäldern der Umgebung wachsen. Und natürlich wird auch Fisch aus dem See vor der Haustür serviert: Aal, Zander und was sonst noch so anbeißt.

**Straße am Schilfhaus
15864 Wendisch Rietz**
033679/5555 033679/5555
Di bis So von 12-24 Uhr, Mo geschlossen
Hauptgerichte von 16-33 Mark

16 SPRINGBACH-MÜHLE

Das Restaurant ist ein beliebtes Ausflugsziel. Die alte Wassermühle liegt unweit von Potsdam einsam an einem Mühlenteich – umgeben von Wald und Wiesen. Der riesige Fachwerkbau hat ein Mühlrad, das sich tatsächlich noch dreht. Im Restaurant sitzt man unter Balken und umgeben von Geräten der Müllersleut. Draußen gibt es einen schönen Biergarten und ein Gehege für Wildschweine und Ziegen.

Mühlenweg 2, 14806 Belzig
033841/6210 033841/62111
Mo bis Fr von 11-22 Uhr
am Wochenende bis 23 Uhr
Hauptgerichte von 20-25 Mark

17 VIERSEITHOF

Luckenwalde gilt nicht gerade als ein Touristenmagnet. Doch der Besuch des Vierseithofs lohnt die 50 Kilometer Fahrt von Berlin gen Süden. Das liebevoll restaurierte Anwesen eines Tuchfabrikanten ist ein brandenburgisches Kleinod. Das Restaurant gehört zu den besten im Land. Auf den Tisch kommt zum Beispiel Perlhuhn mit Trüffel; dazu gibt es eine sehr gute Weinkarte. Ein Gedicht auch die Nachspeisen wie der karamelisierte Weinbergpfirsich mit Lavendelblüteneis.

Haag 20, 14943 Luckenwalde
03371/62680 03371/626868
Mo bis So von 12-23 Uhr
Hauptgerichte von 29-42 Mark

18 ZUM GRÜNEN STRAND DER SPREE

Der Landgasthof liegt im Unterspreewald, direkt am Fluss. Im eigenen Brauhaus wird das erste Spreewälder Bier gebraut. Das Restaurant ist auf jeden Fall eine Adresse für Feinschmecker. Spezialitäten sind gebratener Zander oder „Fährmanns Leibgericht": Grützwurst mit Sauerkraut. Von einer Gartenterrasse geht der Blick übers Feld.

Dorfstraße 53, 15910 Schlepzig
035472/6620 035472/473
www.unterspreewald.de
Mo bis So von 12-22 Uhr
Hauptgerichte von 13-37 Mark

19 ALTE FÖRSTEREI

Das Restaurant gehört zu den sehenswertesten im Brandenburger Süden. Auf alten Dielenböden stehen zartgeschmiedete Metallstühle. Geboten wird Regionaltypisches: Sauerampfersuppe oder Frischlingskeule mit Kartoffeln. Besonders schön ist ein Besuch zu Weihnachten, wenn nach der Mette in der Klosterkirche zum Glühwein geladen wird.

Markt 7, 14913 Kloster Zinna
03372/4650 03372/465222
Mo bis So von 12-23 Uhr
Hauptgerichte von 20-30 Mark

20 ZUM ALTEN SPREEWALDBAHNHOF

Die Spreewaldbahn fährt seit 1970 nicht mehr. Der rekonstruierte Bahnhof in Burg dient heute als Nostalgie-Gaststätte. Das Bier zuckelt in einer schrill pfeifenden Miniatur-Eisenbahn zu den Gästen. Gekocht wird typische Spreewälder Hausmannskost. Draußen auf den stillgelegten Schienen stehen die letzten erhaltenen Spreewaldbahn-Waggons.

03096 Burg/Spreewald
035603/842 035603/61766
Mo bis Fr von 11.30-22
Sa und So 11 bis 23 Uhr
Hauptgerichte von 9-24 Mark

Vierseithof: Hotel, Restaurant, Kunsthalle

LEBEN

Floßfahren Lychen

1 FLOSSFAHREN LYCHEN

Noch in den Sechzigern wurden Baumstämme aus den Wäldern rund um Lychen bis in die Sägewerke nach Berlin und Hamburg geflößt. Dann wurde das Holz auf Auto und Bahn transportiert. Jetzt staken die Lychener Flößer wieder: Touristen über den Oberpfuhlsee. Die Anlegestelle befindet sich unterhalb des Flößereimuseums beim Stargarder Tor.

Info: Fremdenverkehrsverein Lychen
039888/2255 039888/4178
Abfahrt: von Mai bis Anfang Oktober
täglich 11, 13 und 15 Uhr, Erwachsene zahlen 9, Kinder 5 Mark

2 SCHIENENRADELN

Radfahren auf der Schiene? Eine Fahrraddraisine für drei Erwachsene und zwei Kinder macht den Spaß möglich. Die Fahrt führt auf einem stillgelegten Gleis 30 Kilometer von Templin nach Fürstenberg an der Havel – an geraden Tagen. Und an ungeraden von Fürstenberg nach Templin. Besser im Voraus buchen.

Draisinen Büro, Bahnhofstraße 31, 16798 Fürstenberg/Havel
033093/37111 033093/37277
90 Mark in der Woche, 95 Mark am Wochenende

3 KART-FAHREN IN DER UCKERMARK

Der Templiner Ring gehört zu den modernsten Kart-Bahnen in Deutschland. 1105 Meter lang und mindestens acht Meter breit ist der Rundkurs für die kleinen, neun PS starken Flitzer. Die eigene Rundenzeit kann man messen und ausdrucken lassen. Auch Inline-Skatern oder Radfahrern steht die Bahn fürs Training offen.

Carl-Friedrich-Benz-Straße 2, 17268 Templin
03987/409960 03987/409962
tgl. 10-22 Uhr, Erwachsene 18 Mark
für 10 Min, Kinder 15 Mark

4 TANDEMSPRUNG

Ein Kitzel ganz besonderer Art ist der Tandemsprung aus 4000 Meter Höhe. Gemeinsam mit einem Fallschirmpiloten rast man binnen 50 Sekunden mit 200 km/h der Erde entgegen, bevor sich der Fallschirm öffnet.

AERO Fallschirmsport - Flugplatz Gransee, 16775 Gransee
03306/79940 03306/799444
März bis Okt. täglich 9 Uhr bis Sonnenuntergang, pro Sprung 340 Mark, zweitägiger Mini-Kurs 450 Mark

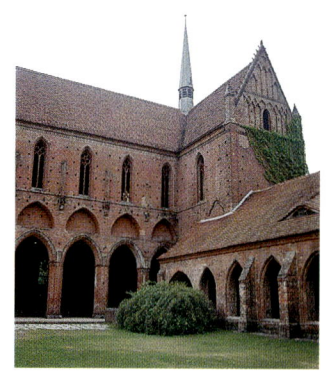

Kloster Chorin, Treffpunkt für Kunstfreunde

5 KONZERTSOMMER IM KLOSTER CHORIN

Kunstgenuss vor ungewöhnlicher Kulisse. Das Kloster der Zisterzienser-Mönche bei Chorin gehört zu den ältesten Denkmälern der norddeutschen Backsteingotik. Es wurde zwischen 1273 und 1330 erbaut und im Dreißigjährigen Krieg zerstört. Durch Karl Friedrich Schinkel konnte die Klosterkirche weitgehend wiederhergestellt werden – doch das gewaltige Gemäuer blieb eine Ruine. In historischem Ambiente finden hier jedes Jahr klassische Konzerte statt.

Amt 11, 16230 Chorin
033366/70377
täglich 9-18 Uhr, ab Nov. 16 Uhr,
Kloster-Eintritt: 5, ermäßigt 3 Mark
Kartenservice für Konzerte:
03334/657310
Mo bis Fr von 9-13 Uhr

6 WASSERSKI UND WAKEBOARD

Etwa zehn Kilometer südöstlich von Großschönebeck in der Schorfheide liegt der Ruhlesee, auf dem man ohne Lärm Wasserski fahren kann. Wer es ausprobieren will, wird mit einer 920 Meter langen Drahtseilschleife übers Wasser gezogen. Die läuft über neun Meter hohe Masten. Wakeboards – so etwas wie Wasser-Snowboards – werden ebenfalls angeboten.

Wasserski Ruhlsdorf
Ahornweg 2, 16348 Ruhlsdorf
☎ 03395/401 📠 03395/401
Anfang April bis Mitte Okt. Am Wochenende und in den Ferien täglich ab 10, sonst ab 12 Uhr. Preis: 20 Mark pro Stunde, 60 Mark pro Tag

7 ODERLAND-RAD

Wer im Oderland Radfahren will, muss keine Miete für den Drahtesel zahlen. Seit 1997 gibt es hier Pfandräder. Lediglich fünf Mark müssen in den Pfandverschluss gesteckt werden, schon geht's los. Insgesamt 60 Velos stehen an den 14 Stationen. Die Saison startet im Frühjahr und endet im Herbst.

Tourist-Information Wriezen
Bahnhofstraße/Im Wasserturm
16269 Wriezen
☎ 033456/35244 📠 033456/5781
📠 Hotline: 033456/71855

8 GOLF IN SEMLIN

Die Golfschule nahe dem Hohenauener See bietet verschiedene Kurse an: einen Tages-Schnupperkurs für Anfänger zu 95 Mark, Wochenendgolfkurse für 360 Mark. Und wer den Sport bis zur Platzreife treiben will, zahlt für den sechstägigen Intensivkurs 1320 Mark. Auf Wunsch wird auch einen privater Trainingsplan zusammengestellt.

Golfschule Semlin/
Golf- und Landhotel Semlin
Ferchesarer Straße, 14715 Semlin
☎ 03385/5540 📠 03385/544400

Golfschule in Semlin

9 KUNSTKURS IM SCHLOSS SENZKE

Im ehemaligen Herrenhaus derer von Bredow ist immer was los. Hier residieren jetzt Künstler wie Gabriele Kaluza und der Komiker Gernot Frischling. Sie veranstalten nicht nur Ausstellungen, Kunst-Partys und

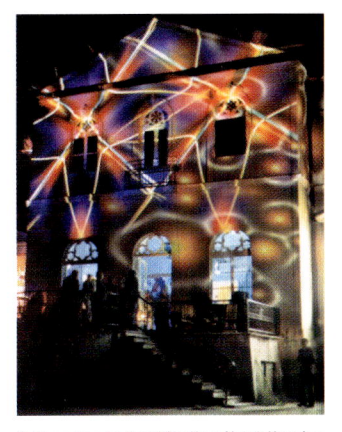

Schloss Senzke, Treff für Künstler & Komiker

Symposien. Von den Künstlern werden auch Wochenendkurse angeboten: z. B. von Freitagabend bis Sonntag 16 Uhr „Die Landschaft in mir" für 250 Mark.

Dorfstraße 21, 14662 Senzke
☎ 033238/80224
🌐 www.schloss-senzke.de

10 SCHNUPPERFLUG ÜBERS HAVELLAND

Schon der Name klingt nach einem netten Ausflug: Flugplatz Bienenfarm. Auf dem ehemaligen Agrarflugplatz starten kleine Propellermaschinen zum Rundflug 600 Meter über Nauen, dem Havelländische Luch mit herrlichem Blick über Wälder und Felder – und über Berlin. Auch Ballonfahrten und Segelflüge sind möglich.

Flugschule Helm, 14631 Selbelang
☎ 033237/88280 📠 033237/88280
täglich ab 8 Uhr bis Sonnenuntergang
Rundflug Nauen kostet pro Person 35 Mark

11 BIG DD-RANCH

Amerika im Havelland. Wer schon immer davon träumte, einmal Cowboy zu sein, ist hier richtig. Auf der Ranch wird Western-Reiten gelehrt. Aber auch die Arbeit mit Kühen – das Einfangen von entlaufenen Rindern etwa oder das Trennen einzelner Tiere von ihrer Herde. Die besten deutschen Kuhhirten treffen sich jedes Jahr zu einem Wettkampf.

Detlef Deichsel, Waldweg
14715 Steckelsdorf
☎ 03385/53960 📠 03385/539611
Preis pro Reitstunde 45 Mark

12 WASCHHAUS

Auf dem Gelände der ehemaligen Wäscherei spielen seit 1992 Bands. In dem alten Backsteingemäuer haben auch ein Tanzstudio und eine Galerie ihr Domizil. Außerdem gibt's Kino- und Theatervorstellungen und regelmäßig Disco – mittwochs kostenlos.

Schiffbauergasse 1, 14467 Potsdam
☎ 0331/271560
🌐 www.waschhaus.de
Galerie Di bis Fr von 16–20 Uhr,
Sa und So von 12–18 Uhr

13 LINDENPARK

Viele Live-Konzerte, auch Open Air. Als besonderer Gag bricht ein gelber Doppelstockbus durch eine Wand des Saales, dort wo regelmäßig Party gefeiert wird: mit Ska, Reggae, Punk, Crossover. Unten im Keller spielen vor allem unbekannte Bands.

Stahnsdorfer Straße 76
14482 Potsdam-Babelsberg
☎ 0331/747970
🌐 www.lindenpark.de

14 DIE KNEIPE „M 18"

Für einen Abend im berühmten Holländerviertel von Potsdam ist diese angenehme Kneipe gerade richtig, die den rauen Charme von groben Holzbalken und gefärbtem Wandputz verströmt. Jede Menge Biersorten stehen auf der Karte – vom Kirsch- bis zum Trappistenbier – aber auch Whiskys, Longdrinks, Coladas und Caipirinhas. Im Sommer kann man im lauschigen Innenhof sitzen.

Mittelstraße 18, 14467 Potsdam
☎ 0331/2805111
Mo bis Fr von 18-2 Uhr
Sa und So von 12-2 Uhr

15 LIQUOR STORE

Die handtuchschmale Cocktailbar mit Tresen und rotem Plüschsofa gilt als die beste Bar in Potsdam. Sie liegt zu Füßen des Nauener Tors, eingerahmt von anderen berühmten Lokalitäten wie dem In-Restaurant Barokoko, dem Café Heider und dem Restaurant Arco. Wer vor dem Genuss von „Sex on Beach" oder „Lights of Havana" noch essen möchte, braucht nicht weit zu gehen.

Friedrich-Ebert-Straße 30
14467 Potsdam
☎ 0331/2801448
täglich von 18-3 Uhr

16 BAUMBLÜTENFEST IN WERDER

Wenn im Frühjahr die Obstbäume auf den Plantagen rund um Werder in voller Blüte stehen, wird in der kleinen Stadt an der Havel das wohl bekannteste Brandenburger Volksfest gefeiert. Tagelang gibt's Musik und Tanz.

Tourismusbüro Werder
☎ 03327/43110
Das nächste Fest findet vom 28.4. bis 6.5.2001 statt

Waschhaus, Livemusik in Potsdam

TOUR (B)

Mit dem Kanu durch den Spreewald

PER BOOT DURCH DEN SPREEWALD

*Der Spreewald hat einen einzigartigen Reiz, der sich am besten vom Wasser aus genießen lässt. Auf den Kanälen unter schattenspendenden Bäumen gleitet man in ein völlig anderes, faszinierendes Land. Boote gibt's zum Beispiel im **Bootshaus Rehnus** zu mieten (Waldschlösschen Straße 39, **Burg/Spreewald/OT Kauper**, ☎ 035603/366; Ein Zweisitzer kostet pro Tag 30 Mark). Dort erhält man auch gute Tipps zu Sehenswürdigkeiten wie dem **Spreewalddorf Leipe**, dem Örtchen Lehde mit seinem **Gurkenmuseum** und den typischen Holzbohlenhäusern oder der **Dubkow-Mühle**. Außerdem zu kurzen und langen Strecken, die noch nicht so überfüllt sind – wie etwa die durch den ruhigen **Hochwald**. Burg ist übrigens der Fläche nach das **größte Dorf in Deutschland**. 4000 Menschen leben hier auf einer riesigen Fläche von 55 Quadratkilometern. Tipp: Das kleine, gemütliche Restaurant Kaupen Nr. 6 in Lübbenau/Lehde (☎ 03542/47897) lässt sich nur mit dem Boot erreichen. Wer länger im Spreewald bleiben will, kann in **Lübbenau** campen. (Spreewald-Natur-Camping „Am Schlosspark", ☎ 03542/3533).*

Tourist-Information
☎ 03542/3668 (**Lübbenau**)
☎ 03546/3090 (**Lübben**)
☎ 035603/417 (**Burg**)

AKTIVITÄTEN, AUSSICHTEN, FAHRRADTOUR

Thermalbad in Bad Saarow

17 THERMALBAD IN BAD SAAROW

Planschen in angenehmer 34 bis 36 Grad warme Sole, hinaus an die frische Luft schwimmen; schwitzen in der Sauna, dann abkühlen im Schneeraum. Einreiben mit Öl und Schlamm, reinigen in einem warmen Sommerregen. Massieren lassen. Wunderbar! Wer will, kann hier auch seine Figur mit Aerobic oder Modern Dance in Best-Form bringen.
Am Kurpark 1, 15526 Bad Saarow
033631/8680 033631/868120
tgl. von 9-23 Uhr, Erwachsene 16 Mark Kinder 9 Mark (für je zwei Stunden)

18 WILDNISSCHULE

Wie man ein Feuer ohne Streichhölzer macht, in der Natur Wasser findet und reinigt, welche Pilze und Pflanzen essbar sind, wie Tierhaut zu Leder wird – dieses Wissen vermittelt die Wildnisschule. Das Camp mit Tippis und Hütten befindet sich in Ragösen im Hohen Fläming. Hier starten Erwachsene und Kinder zu den Exkursionen, zum Pirschen, Spurenlesen und Pflanzensammeln.
PSF 1135, 14801 Belzig
033841/34573 033841/34573
www.achillea.de

19 SKATER RUNDKURS LUCKENWALDE

Die Luckenwalder haben sich Großes vorgenommen: einen Skater-Rundkurs, der einmal die längste Roll-Rennstrecke in Deutschland sein soll – bis 2001 mindestens 42 Kilometer lang, irgendwann sogar 100 Kilometer. Daran wird gerade eifrig gearbeitet, Radwege werden verbreitert, neue Asphaltwege durch Wald und Flur gelegt.
Fremdenverkehrsverband Teltow-Fläming, Zinnaer Straße 34
14943 Luckenwalde
03371/643535 03371/643539

20 EUROSPEEDWAY LAUSITZ

In der nächsten Saison vom Frühjahr bis Herbst 2001 dürfen hier Hobby-Raser ihren eigenen Wagen über die neue Piste jagen: Allerdings nur dann, wenn die Profis gerade keine Rennen fahren – oder abends. Anmeldung erforderlich!
Eurospeedway Lausitz
Lausitzallee 1, 01998 Klettwitz
035754/31110 035754/31111
www.eurospeedway-lausitz.de

SEHEN

1 SCHLOSS RHEINSBERG

Über dem Haupteingang steht geschrieben „Friedrich zu eigen, der hier die Muße pflegte". Gemeint ist Preußens Kronprinz Friedrich II., der hier – nach der Flucht vor seinem strengen Vater und der Festungshaft in Küstrin – eine Zeit lang mit seiner Frau Christine lebte. Gestaltet wurde das Schloss von Kemmeter und Knobelsdorff im Stil des Rokoko und Klassizismus.
Schloßstraße, 16831 Rheinsberg
033931/7260
April bis Okt. von Di bis So 9.30-17 Uhr Nov. bis März von 10-16 Uhr

Schloss Rheinsberg

2 NATURPARKHAUS STECHLIN

Eine Erlebnisausstellung über den Stechlin und das Ruppiner Land, die selbst Erwachsene zum Staunen bringt. Man kann wie eine Ameise in einen Ameisenhaufen kriechen, vom Tiertelefon im Eichenstamm Herrn Rabe oder Frau Kranich anrufen und dann deren Stimmen lauschen oder im Mondscheinraum den Tieren bei Nacht zuhören.
Kirchstraße 4, 16775 Stechlin/Menz
033082/51210 033082/51210
April bis September von Mo bis So 10-18 Uhr, sonst 10-16 Uhr Erwachsene 8 Mark, Kinder 4 Mark

3 BLUMBERGER MÜHLE

Am Rand des Biosphärenreservats Schorfheide-Chorin nahe Angermünde liegt die Blumberger Mühle, ein Info-Zentrum des Naturschutzbundes. Das Haus sieht von außen wie ein riesiger Baumstumpf aus, drumherum wurde eine Event-Landschaft geschaffen, in der sich entdecken lässt, wie die Natur ihr Terrain zurückerobert.
Blumberger Mühle 2, 16278 Angermünde
03331/26040 03331/260450
April bis Okt. tgl. 9-18 Uhr, Sa bis 20 Uhr Nov. bis März von Mo bis Fr 9-16 Uhr am Wochenende bis 17 Uhr, Eintritt: Erwachsene 8 Mark, Kinder 4,50 Mark

4 LÜGENMUSEUM GANTIKOW

Zu sehen ist eine Fülle von merkwürdigen Dingen, die hier in den Ausstellungsräumen des Schlosses angehäuft sind. Da blinkt, wackelt und lärmt es, und man muss immer auf der Hut sein, keinem Lügenmärchen auf den Leim zu gehen. Denn schwindeln können auch die Museumsleute, ohne rot zu werden.
Im Schloss, Am Anger 1, 16866 Gantikow
033971/54782 033971/54782
Mo bis So von 10-17 Uhr, Autofahrer zahlen 5 Mark, Radfahrer, Rentner und Kinder 2,50 Mark

5 IRRWALD AM UNTERSEE

Ein richtiges Labyrinth ist er nicht, dieser Irrwald, eher ein Gag für stadtmüde Touristen. Zweieinhalb Kilometer führt der Weg kreuz und quer durch den Mischwald am Untersee und endet hin und wieder in einer Sackgasse.
Fremdenverkehrsamt Ostprignitz, Maxim-Gorki-Straße 32, 16866 Kyritz
033971/52331 033971/73729

6 WILDPARK SCHORFHEIDE

Ein ideales Ausflugsziel für Familien. Der Wildpark liegt am Ortsrand von Groß Schönebeck in einem Waldgebiet, das 90 Hektar umfasst. Hier leben Wollschweine, Elche und Wildpferde; Hauptanziehungspunkt ist ein Rudel Wölfe. Wer sie sehen will, muss bis ans letzte Ende des Parks laufen. Kinder können Ziegen füttern oder überm Lagerfeuer eine Bratwurst grillen.
Prenzlauer Straße 16
16348 Groß Schönebeck
033393/65855 033393/65857
Mo bis So von 10-17 Uhr, Erwachsene 6 Mark, ermäßigt 4 Mark

7 EUROPÄISCHES STORCHENDORF RÜHSTÄDT

In diesem Dorf nisten jedes Jahr 30 Storchenpaare, nachdem sie im Südosten Afrikas überwintert haben. Die Rühstädter verdanken diese Attraktion ein paar findigen Bürgern, die den Vögeln vor vierzig Jahren entsprechende Nistunterlagen auf den Dächern ihrer Häuser bauten. Es gibt ein Weißstorch-Infozentrum und Storchenführungen.
Storchenhaus
Am Schloß 5, 19322 Rühstädt
038791/6703
Mo bis So von 10-18 Uhr, außerhalb der Saison von 8-16 Uhr

Haupt- und Landgestüt in Neustadt/Dosse

8 BRANDENBURGER HAUPT- UND LANDGESTÜT

Deutschlands größte Gestütanlage. Friedrich Wilhelm II. ließ den Schlachtrössern einst ein klassizistisches Schlossensemble bauen, um Armeepferde nicht teuer kaufen zu müssen, sondern aus eigener Zucht beschaffen zu können. Das „Sanssouci der Pferde" steht unter Denkmalschutz. Gezüchtet wird edles Warmblut, etwa 300 Tiere sind hier untergebracht.
Havelberger Straße 20
16845 Neustadt/Dosse
033970/134 945
www.sanssouci-der-pferde.de
Mo bis Fr von 7-16 Uhr

9 RITTER KAHLBUTZ

Die Begegnung mit dem Ritter und Schürzenjäger Christian Friedrich von Kahlbutz (1651–1702) ist ein bisschen gruselig. Der Sage nach forderte er bei Maria Leppin, der Braut des Schäfers, das „Recht der ersten Nacht" ein. Ohne Erfolg. Aus Rache soll er den Schäfer erschlagen und hinterher geschworen haben: „Ich bin es nicht gewesen, sonst soll ich nach dem Tode nicht verwesen." Nun liegt er da in seinem Sarg, als Mumie.
In der alten Feldsteinkirche
16845 Neustadt/Dosse/OT Kampehl
033970/13265
Di bis So von 10-12 Uhr und 13-17 Uhr Nov. bis März von 10-12 Uhr und 13-16 Uhr, Erwachsene 3 Mark, ermäßigt 1,50 Mark

10 SCHIFFSHEBEWERK NIEDERFINOW

Ein Erlebnis für jeden Technikfan ist das dienstälteste deutsche Schiffshebewerk 50 Kilometer östlich von Berlin über den Oder-Havel-Kanal. Es wurde zwischen 1927 und 1934 gebaut: Das Stahlungeheuer ist 94 Meter lang, 27 Meter breit und 60 Meter hoch. Die Schiffe werden in einem Trog 36 Meter hochgehoben oder hinuntergelassen.
Wasser und Schifffahrtsamt Eberswalde
Hebewerkstraße 69, 16248 Niederfinow
033362/215 033362/215
Mo bis So von 9-18 Uhr, im Winter bis 17 Uhr, bei Schnee und Glatteis geschlossen, Erwachsene 2 Mark, ermäßigt 1 Mark

Schiffshebewerk Niederfinow

11 WALDSIEDLUNG WANDLITZ

Abgeschieden vom Volk lebten im Forst nahe dem Liepnitzsee Erich Honecker & Co. Am meisten nahmen die DDR-Bürger übel, dass sich die Polit-Oberen hier mit Westwaren versorgen ließen, während ihnen Enthaltsamkeit gepredigt wurde. Der Waldexpress bietet 30-minütige Rundfahrten durch die Siedlung an.
Brandenburgallee
16321 Bernau-Waldsiedlung
Mi bis Fr stündlich zwischen 13 und 17 Uhr, Sa/So von 10-17 Uhr, Erwachsene 4 Mark, Kleinkinder 2 Mark

12 BRECHT-WEIGEL-HAUS

Wer Bert Brecht und Helene Weigel liebt, kann hier anhand von Fotos und Texten einen kleinen Blick in ihr Privatleben werfen. Erst in späten Jahren mietete das Paar zur Erholung vom Theaterstress das Haus in Buckow direkt am Schermützelsee – der „Perle der märkischen Schweiz".
Bertolt-Brecht-Straße 30
15377 Buckow
033433/467 033433/562510
Mi bis Fr von 13-17 Uhr, Sa/So bis 18 Uhr Nov. bis März nur Sa/So 10-17 Uhr Erwachsene 3 Mark, ermäßigt 1,50 Mark

13 FILMMUSEUM

Die Geschichte des deutschen Films von 1895 bis 1980 wird mit jeder Menge Requisiten aus alten Ufa- und Defa-Streifen dokumentiert; zu sehen sind auch Szenenfotos und Drehbücher. Dazu kommen Spezial-Ausstellungen – etwa über Alfred Hitchcock. Und ein ständig wechselndes Programm im eigenen Kino.
Marstall, Schloßstraße 1
14467 Potsdam
0331/271810
www.filmmuseum-potsdam.de
Di bis So von 10-18 Uhr, Eintritt 4 Mark

Filmpark Babelsberg in Potsdam

14 FILMPARK BABELSBERG

Klein Hollywood in Babelsberg. Ein Spaziergang durch die Filmwelt, durch die Westernstraße, vorbei an der Goldwaschanlage, zur Film-Tiershow und zum Abtauchen mit dem U-Boot „Boomer". Kleine Besucher dürfen sich auf die Sandmann-Studios und das Janosch-Museum freuen.
August-Bebel-Straße 26-53
14482 Potsdam
01805/345672 01805/345677
März bis Nov. tgl. 10-18 Uhr, Erwachsene 29 Mark, ermäßigt 26 Mark

15 EINSTEINS SOMMERHAUS

Drei Jahre verbrachte Albert Einstein in seinem schlicht eingerichteten Holzhaus in Caputh am malerischen Schwielowsee, bevor er 1933 Nazideutschland verlassen musste. Der Entwurf stammt von Konrad Wachsmann, einem der Hauptvertreter expressionistischer Architektur in Deutschland. Besuch nur mit Führung an den Wochenenden.
Am Waldrand 15-17, 14548 Caputh
033209/70886

Einsteins Sommerhaus in Caputh

16 DOKUMENTATIONSZENTRUM ALLTAGSKULTUR DER DDR

Gleich nach der Wende warfen viele DDR-Bürger Möbel, Geschirr, Fön, Fernsehapparat und Waschpulver in den Müll. In einer ehemaligen Kinderkrippe aus den Fünfzigern wird eine 50 000 Ost-Produkte umfassende Sammlung vom Ata-Scheuermittel bis Riesaer-Zündholz gezeigt.
Erich-Weinert-Allee 3
15890 Eisenhüttenstadt
03364/417355
Di bis Fr von 13-18 Uhr, Sa/So und feiertags von 10-18 Uhr, Erwachsene 4 Mark, ermäßigt 2 Mark

17 WALDSTADT WÜNSDORF

Wünsdorf war von 1910 bis 1994 Herrschaftsgebiet des Militärs. Hier übten einst kaiserliche Truppen, dann die Wehrmacht, schließlich die Rote Armee. Jetzt heißt Wünsdorf „Bücherstadt", denn hier haben mehr als 20 Antiquariate ihr Domizil. Ein Ort zum Stöbern und Schmökern. Wer sich für Militärgeschichte interessiert, kann den Tiefbunker Zeppelin und Teile der Maybach-1-Bunkeranlage besichtigen.
Bücherstadt-Tourismus Gmbh
Gutenbergstraße 1
15838 Wünsdorf Waldstadt
Antiquariate sind Di und Mi geschlossen, Bunkerführungen: Mo bis Fr um 14 Uhr Sa/So und feiertags 12-16 Uhr Erwachsene 14 Mark

18 KLOSTER ZINNA

Das Kloster wurde 1171 gegründet und ist damit eines der ältesten in Brandenburg. Erhalten sind die Kirche, die Alte und Neue Abtei, das Gästehaus und das Konversenhaus. Heute finden hier Mittelalterfeste statt und klassische Konzerte in der Kirche. Zum Besuch des Museums gehört auch der Weg in die Kräuteressenzherstellung. Dort gibt's einen Schluck vom Kräuterschnaps „Klosterbruder" – gratis.
Am Kloster 6, 14913 Kloster Zinna
03372/432610 03372/439505
Di bis So von 10-17 Uhr, Erwachsene 5 Mark, ermäßigt 2 Mark

19 SPREEWALD

Wer nach Brandenburg reist, sollte unbedingt einen Abstecher in den Spreewald machen. Die Landschaft zwischen Schlepzig und Burg ist einzigartig, so wie die Kultur der hier lebenden Sorben auch. Unzählige Kanäle durchziehen das Gebiet, auf denen sich die Spreewälder bis heute per Kahn fortbewegen.
Spreewaldinformation Lübben
Ernst von Houwald Damm 15
15907 Lübben
03546/3090 03546/2543
Mo bis Fr von 8-18 Uhr, Sa von 10-16 Uhr, So bis 13 Uhr

Schlosspark Branitz, Cottbus

20 FÜRST PÜCKLER MUSEUM UND SCHLOSSPARK BRANITZ

Einer der Höhepunkte deutscher Gartenbaukunst: Der Schlosspark wurde vom berühmten Gartengestalter Hermann Fürst von Pückler-Muskau angelegt. Einen wunderbaren Anblick bietet die Pyramide im See. Dort hat er sich 1871 begraben lassen. Das Schloss selbst zeigt Zeugnisse aus dem Leben dieses ungewöhnlichen Mannes.
Kastanienallee 11, 03042 Cottbus
0355/7515221 0355/515230
April bis Okt tgl. von 10-18 Uhr von Nov. bis März Di bis So bis 17 Uhr Erwachsene 6 Mark

WWW. HOTLINES

www.tmb-brandenburg.de Stadt-Land-Fluss heißt die generelle Übersicht des Bundeslandes.

www.brandenburg.de/n_land.htm Hier finden Sie unter anderem eine Übersicht über die Badeseen. Das Land hat 3000 Gewässer.

www.potsdam.de/tourismus Wo ist was in der Landeshauptstadt, was geht ab, wo muss man hin? Ergänzende Tipps

www.kulturfeste.de Informationen. Programme. Termine.

www.brandenburg-berlin.de Länderübergreifende links und sites.

TOUR (C)

MIT DEM RAD DURCHS HAVELLAND

*Was für Leute mit längerem Atem: Drei bis vier Tage dauert diese Tour, die in Potsdam beginnt, wo man unbedingt das **Schloss Sanssouci** besuchen muss. Dann eintauchen in die stille, von **der Havel** geprägte Landschaft. Der Fluss durchfließt einen See nach dem*

Schloss in Petzow

*anderen. Der Weg führt zuerst am **Ufer des Templiner Sees** entlang bis nach **Caputh**. Rund um den schönen Schwielowsee bis ins ehemalige Fischerdorf Ferch. Rasten im restaurierten „Landhaus Ferch" (Dorfstraße 41, 033209/70391). Bootfahren, dann weiter nach **Petzow**, einem hübschen kleinen Ort mit Schloss und einem kleinen Lenné-Park. Abstecher zur **Inselstadt Werder**. (Wer campen will: Campingplätze Riegelspitze, Fercher Str. in Werder/ Petzow, und 03327/42397) Am schönsten ist es hier im Frühjahr, wenn die Bäume auf den Obstplantagen blühen. In Geltow das **Handwebereimuseum** besuchen. Gewebt wird auf alten Webstühlen. Weiter am großen Zernsee entlang bis **Marquardt**. Das neobarocke Schloss war mal ein Hotel und wartet auf bessere Zeiten. Über Ketzin, Roskow und Radewege nach Brandenburg. Die älteste Stadt der Mark hat ein sehenswertes mittelalterliches Zentrum.*

TMB-Informations- und Reiseservice
ReiseLand Brandenburg
0331/2987320

NIEDERSACHSEN BREMEN

Schwerblütig, warmherzig. Heimatverbunden die Menschen, großzügig das Land: Streifzüge durch den Nordwesten

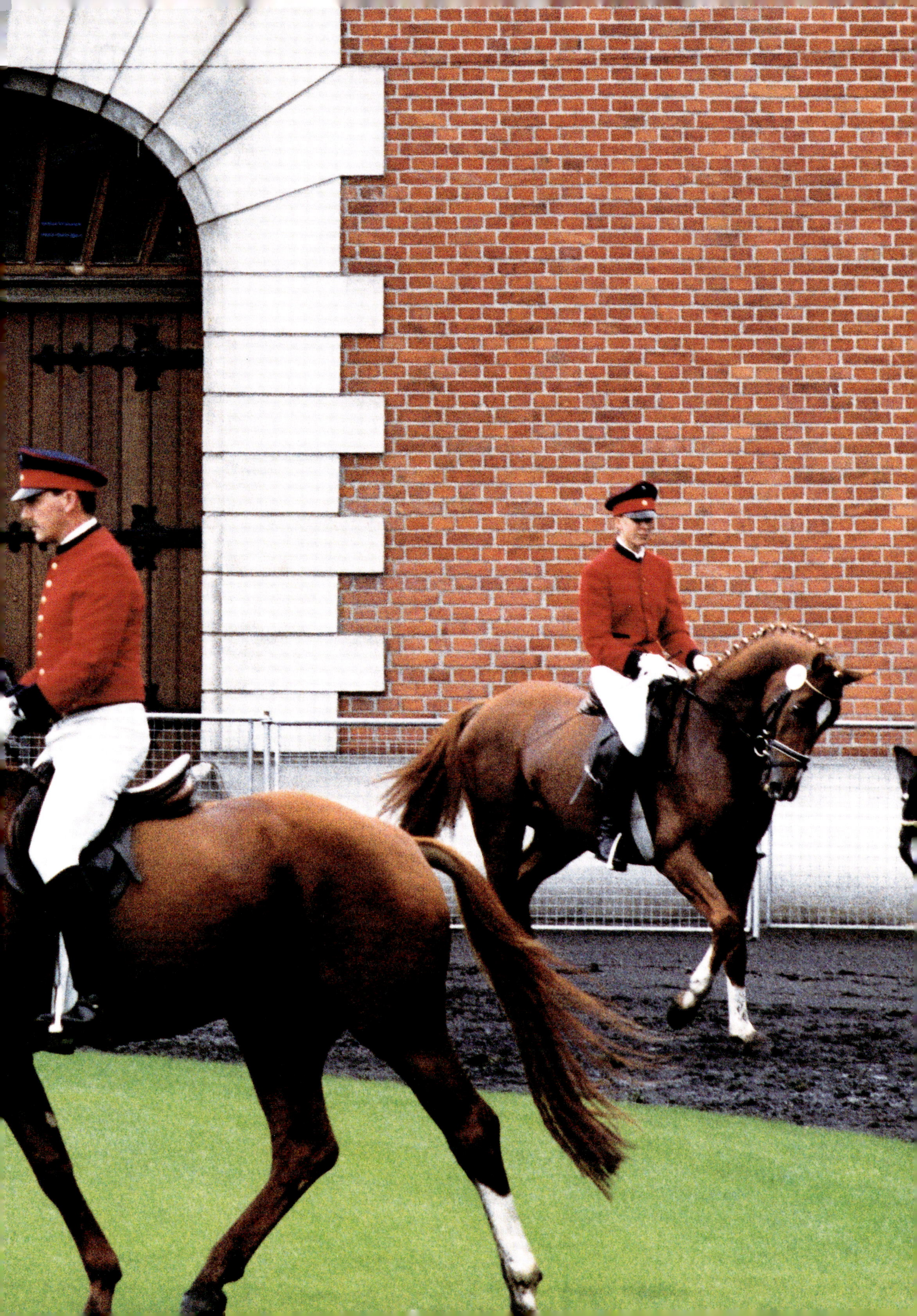

HADERERS DEUTSCHLAND-BILD

GERNEGROSS BREMEN

ANGETIPPT

Wir Niedersachsen sind daran zu erkennen, dass wir extremsportlich Pils und Korn aus einer Hand auf ex trinken und viel dafür geben, einmal im Leben Schützenkönig zu werden. Die nächste Stufe ist Ministerpräsident, und dafür kann man ruhig alles geben, weil, nachher kriegt man aus Verehrung von allen Seiten alles geschenkt. Das bringt uns auf unser sturbäuerlichdickes Fell, was aber nicht stimmt. Sonst wäre unser Schalk Glogowski nie zurückgetreten, nur weil er seine Lieblingsoper „Aida" an Ort und Stelle in Ägypten hören wollte. Davor galt Hannover mit allem Drumrum draußen als langweilig, weil wir still vor uns hin drömeln, was wenigstens keine bösen Überraschungen bringt, außer vielleicht Heidekönigin **JENNY ELVERS.** Jetzt sind wir plötzlich totalglobal bekannt, weil eine einzige Bankertochter sich mutig exponiert und die ganze Welt dafür eingespannt hat, dass wir einen aufregenden Messebahnhof kriegen und alles. Bauernschlau zahlen wir fast nix zu, weil, unser Gerd ist ja auch noch da, und bestimmt kommen jetzt erst recht die Besucher aus ganz Deutschland, um unsere schmucke Infrastruktur auszuprobieren, gehört ihnen ja. Klar machen so Ostfriesen wie **OTTO WAALKES** wieder Witze wegen der Milliarden und wollen Hannover in Deficity umtaufen, aber zum Glück sind sie nur eine Minderheit. Die sollen mal schön die Klappe halten, weil sie strandräuberisch die Seesüchtigen abspecken, vom Nehmen ist noch keiner arm geworden. Wenigstens müssen nebenan die Bremor, wie sie sich nennen, wegen Kassenleere auf beiden Seiten nicht mehr fürchten, dass wir ihr Winzland schlucken. Ihr Bürgermeister **HENNING SCHERF** muss mit dem Rad zur Arbeit fahren, so furchtbar leiden die Not. Reicht so gerade noch für **KOHL UND PINKEL,** was eine patriotische Grützwurst ist, die sie mit Fett erfüllt und mit Stolz, genau wie ihre grünen Jungs von Werdor. Wer sie für provinziell hält, hat Recht, aber keinen Anstand. Ländlich, wie wir sind, raten wir als Mitbringpaket zu Ziegenkäsevariationen von **CATHÉRINE ANDRÉ** in Neubachenbruch, die bei Sterne-Köchen hoch angesehen ist und auch bei uns Hadelnern, weil sie aus keinem schlimmen Ausland kommt, sondern nur aus Frankreich.

NIEDERSACHSEN UND BREMEN IN ZAHLEN

Niedersachsen:
Fläche: 47 614 Quadratkilometer
Einwohner: 7,9 Millionen
Einwohnerdichte: 165 pro Quadratkilometer
Sonnenstunden: Hannover, 501 im Jahr
Der tiefste Ort Deutschlands:
Emden, 1 Meter über NN

Bremen:
Fläche: 404 Quadratkilometer
Einwohner: 668 000
Einwohnerdichte: 1652 pro Quadratkilometer
Sonnenstunden: 1483 im Jahr

FOTO-REPORTAGE

Sturmerprobt und erdverwachsen

Unverstellt der Horizont, schroff das Land auf den Inseln, karg die Sprache der grundsympathischen Menschen: Niedersachsen ist eine raue Schönheit. Sie lockt, ohne sich anzubiedern, hält auf Distanz und wenig von lärmender Vertrautheit. Zweieinhalb Wochen fuhr Fotograf Roman Bezjak durch das zweitgrößte deutsche Bundesland – vom Watt in die Heide und in den Harz, und besuchte auch den Stadtstaat Bremen. Seine Reise begann er am Duhner Watt bei Cuxhaven, unweit der Insel Neuwerk

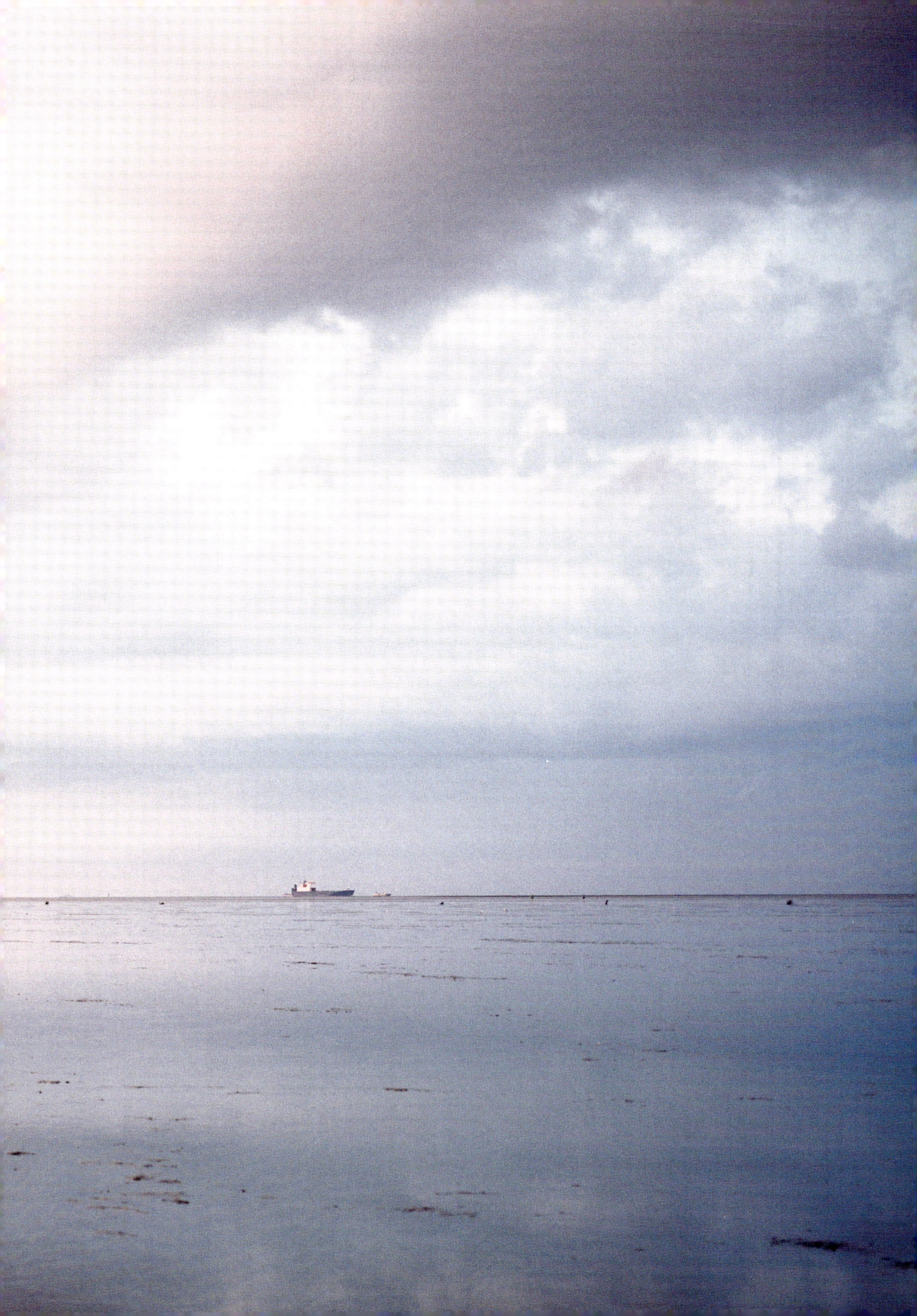

OSTFRIESISCHES FLICKWERK
Ebbe im Hafen von Neuharlingersiel. Auf einem Krabbenkutter werden die Netze ausgebessert. Das ist hier Maßarbeit. Das Leben der Fischer ist im Laufe der letzten Jahre immer härter geworden. Die Nordsee ist hoffnungslos überfischt

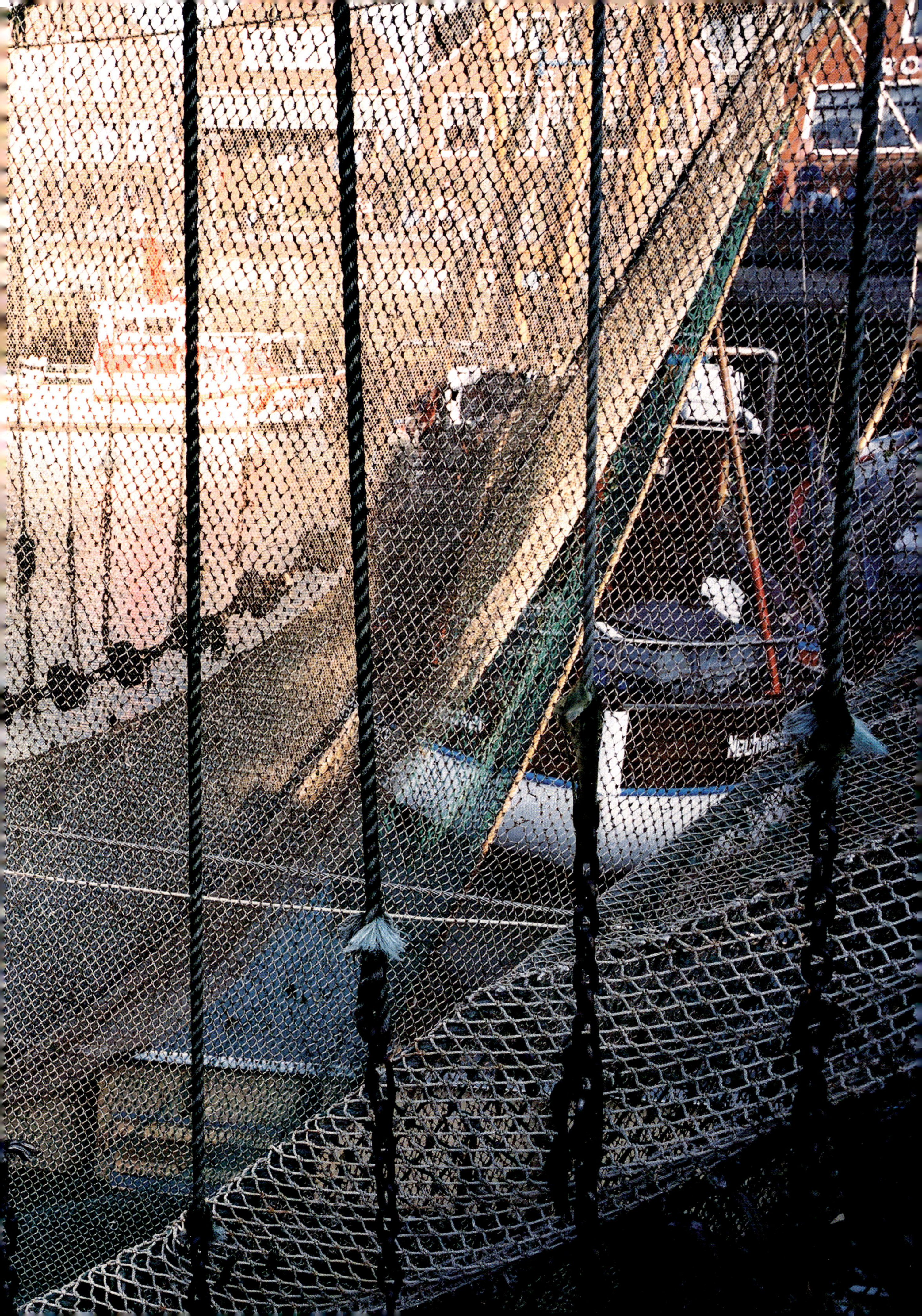

HERZILEIN, NICHT TRAURIG SEIN

Die Miene passt eigentlich gar nicht zum Anlass: Veronika Weßling aus Amelinghausen ist Heidekönigin 2000. Oder blickt sie so skeptisch, weil sie an eine ihrer Vorgängerinnen denken muss? Partymaus Jenny Elvers hat auch mal so angefangen

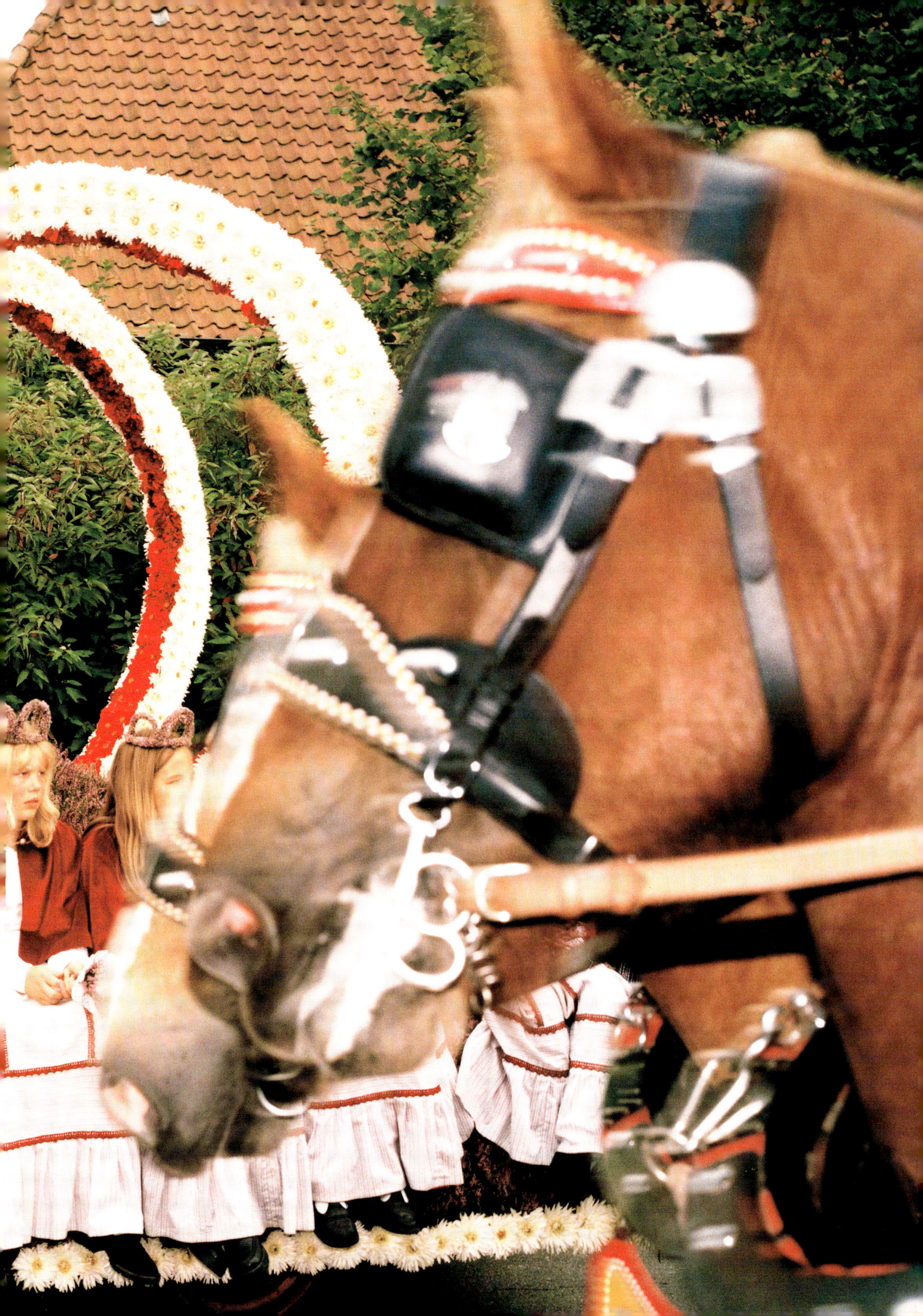

UND ROLLEN UND ROLLEN UND...

Schaufensterbummel, wie ihn wohl nur Männer lieben: Das hochmoderne Auslieferungslager gehört gleichzeitig zur neuen „Wolfsburger Autostadt", einer Art Disneyland von VW auf dem Werksgelände. Seit 1938 produziert Volkswagen in der niedersächsischen Provinz

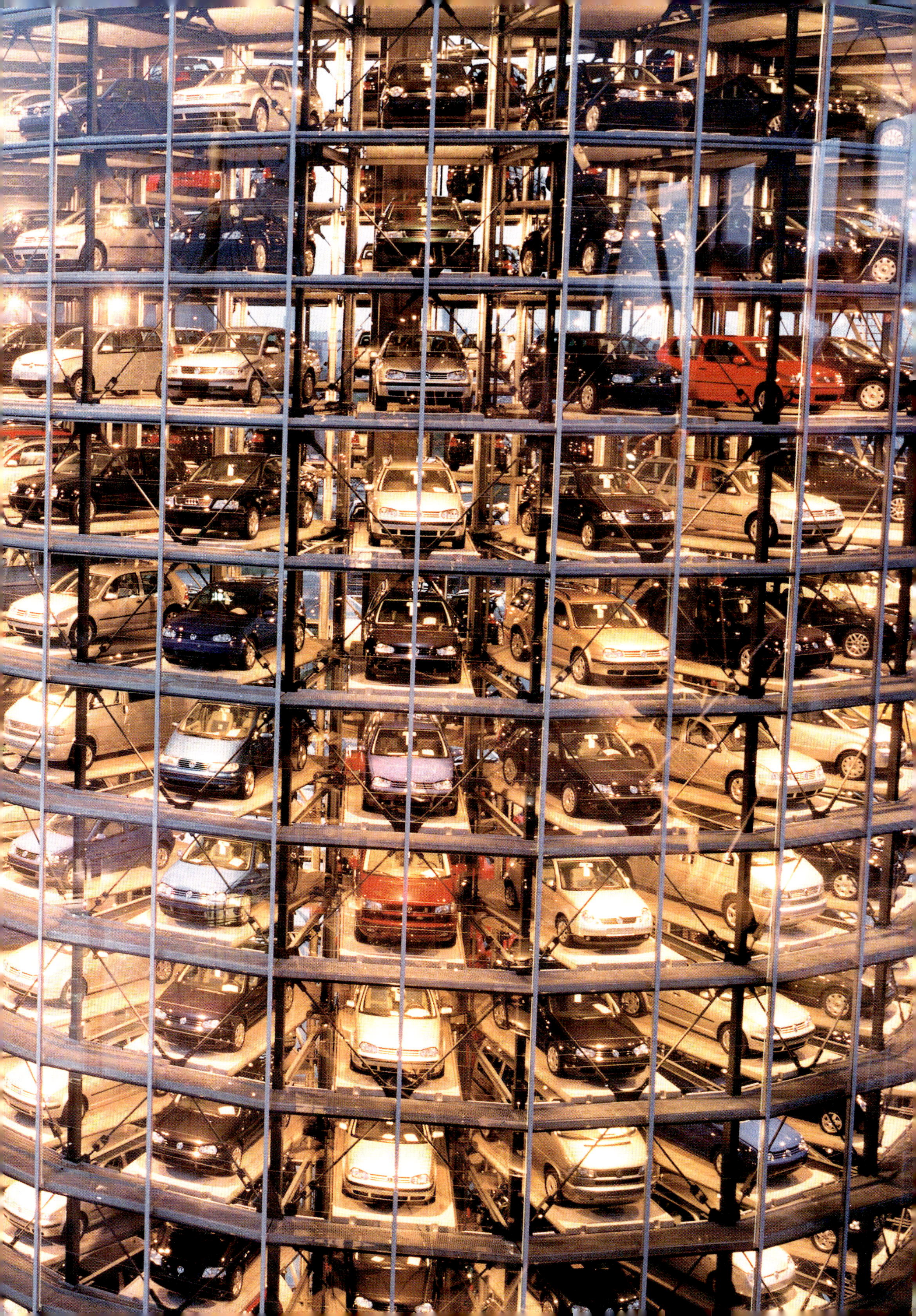

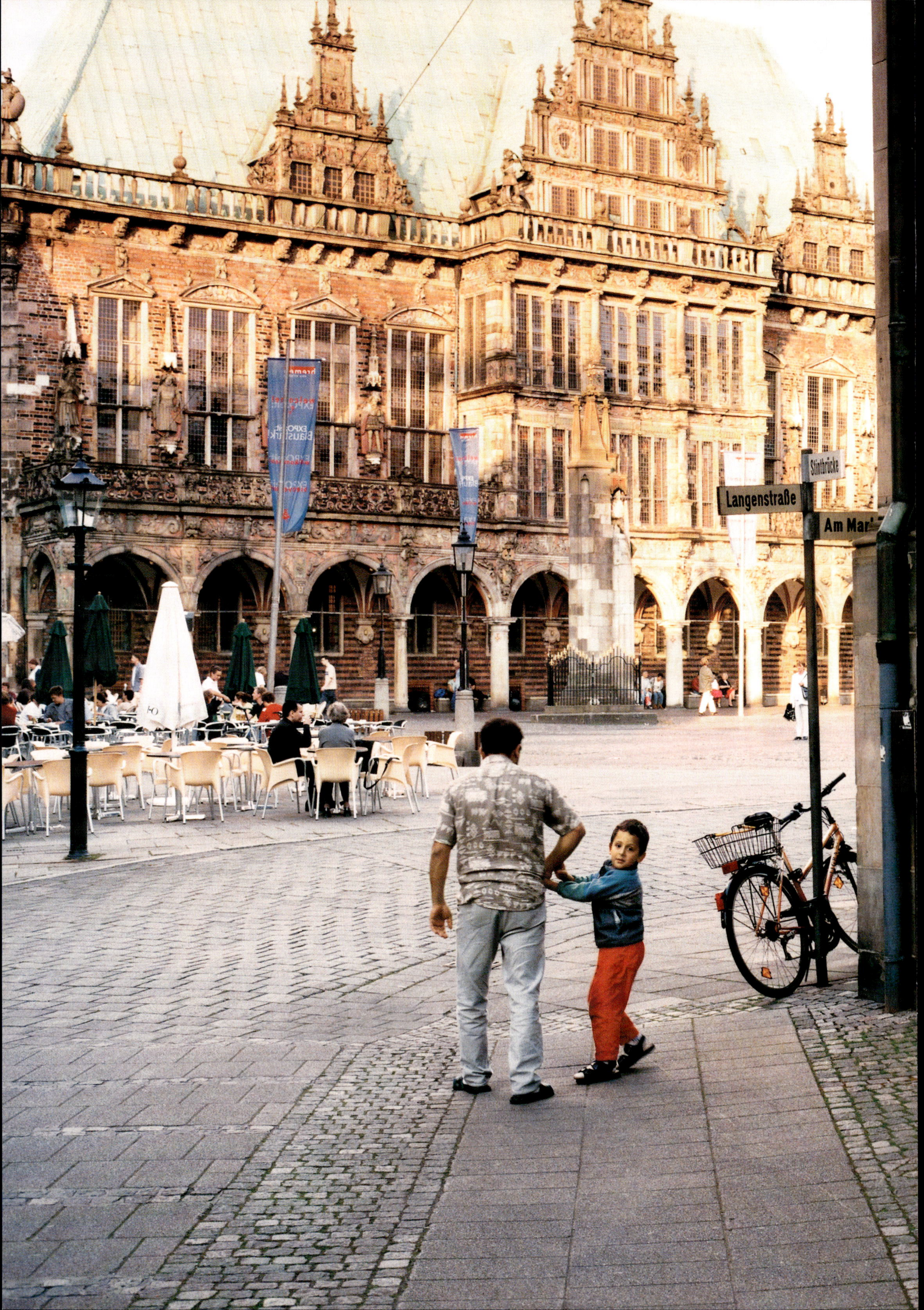
Langenstraße
Stintbrücke

BREMEN - ROTES KLEINOD IM NORDEN

Blick aufs Bremer Rathaus: Das Innere des Backsteinbaus beherbergt im Keller eine der größten deutschen Weinsammlungen. Am Schütting, dem alten Gildehaus, hat die Stadtmarketing GmbH einen Kunststoffstier platziert. Keine Konkurrenz für die Stadtmusikanten: der Hornochse steht nicht immer hier

VOM EMSLAND IN DIE WEITE WELT

293 Meter lang, 32 Meter breit, 78 600 PS, 14 Decks für 2100 Passagiere: Auf der Meyer-Werft in Papenburg werden die luxuriösesten Kreuzfahrtschiffe gebaut. Die Preise sind geheim, der Weg ins Meer ist beschwerlich: Die Ems fasst die Schiffe kaum

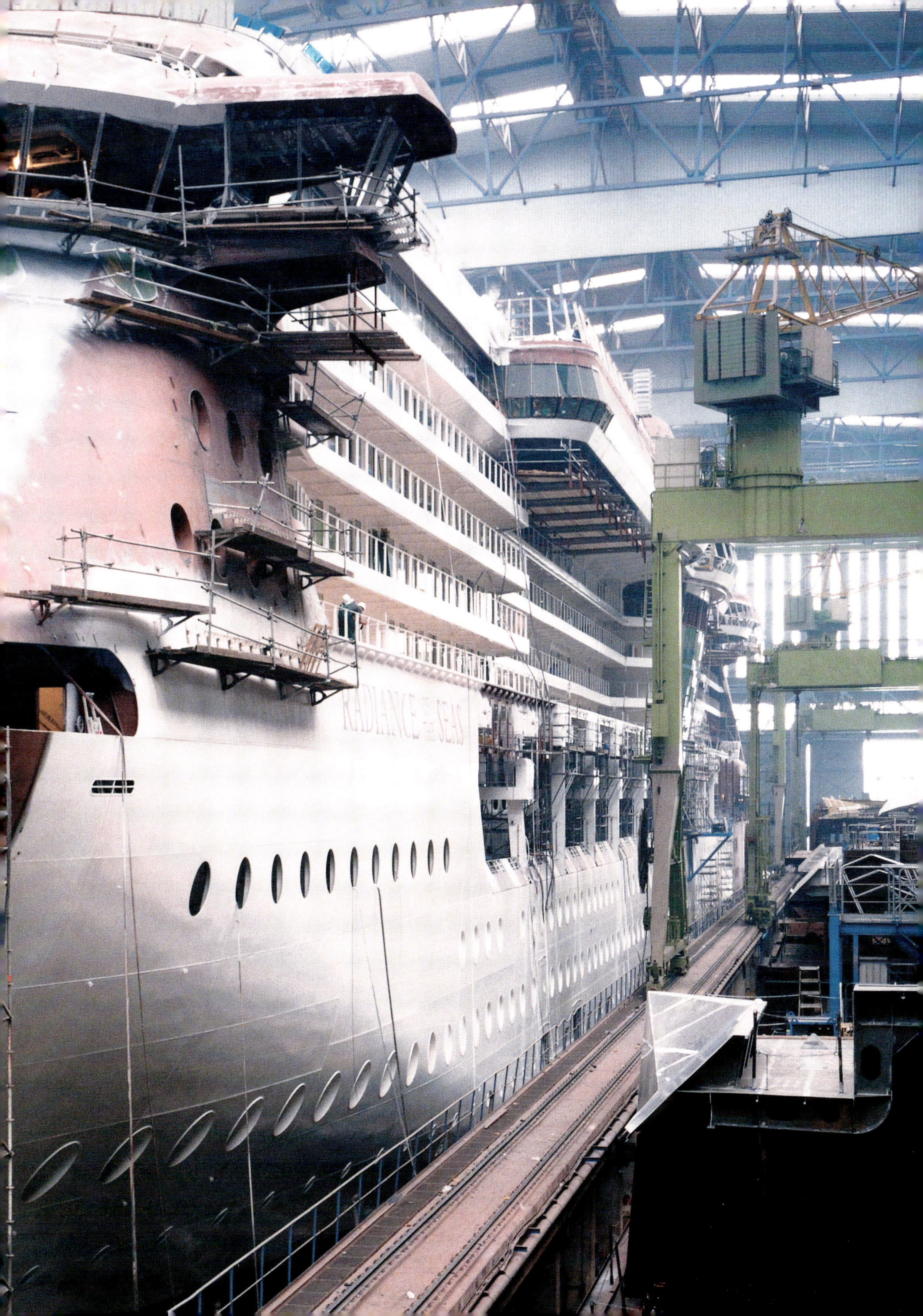
RADIANCE SEAS

KAHLE GIPFEL, WEITER BLICK

Auf den Höhen des Harzer Wurmbergs. Das Klima ist rau in einem Landstrich, der Dichter und Denker immer wieder fasziniert und inspiriert hat. Heinrich Heine etwa: „Lebet wohl ihr glatten Säle, glatte Herren! Glatte Frauen! Auf die Berge will ich steigen, lachend auf euch niederschauen"

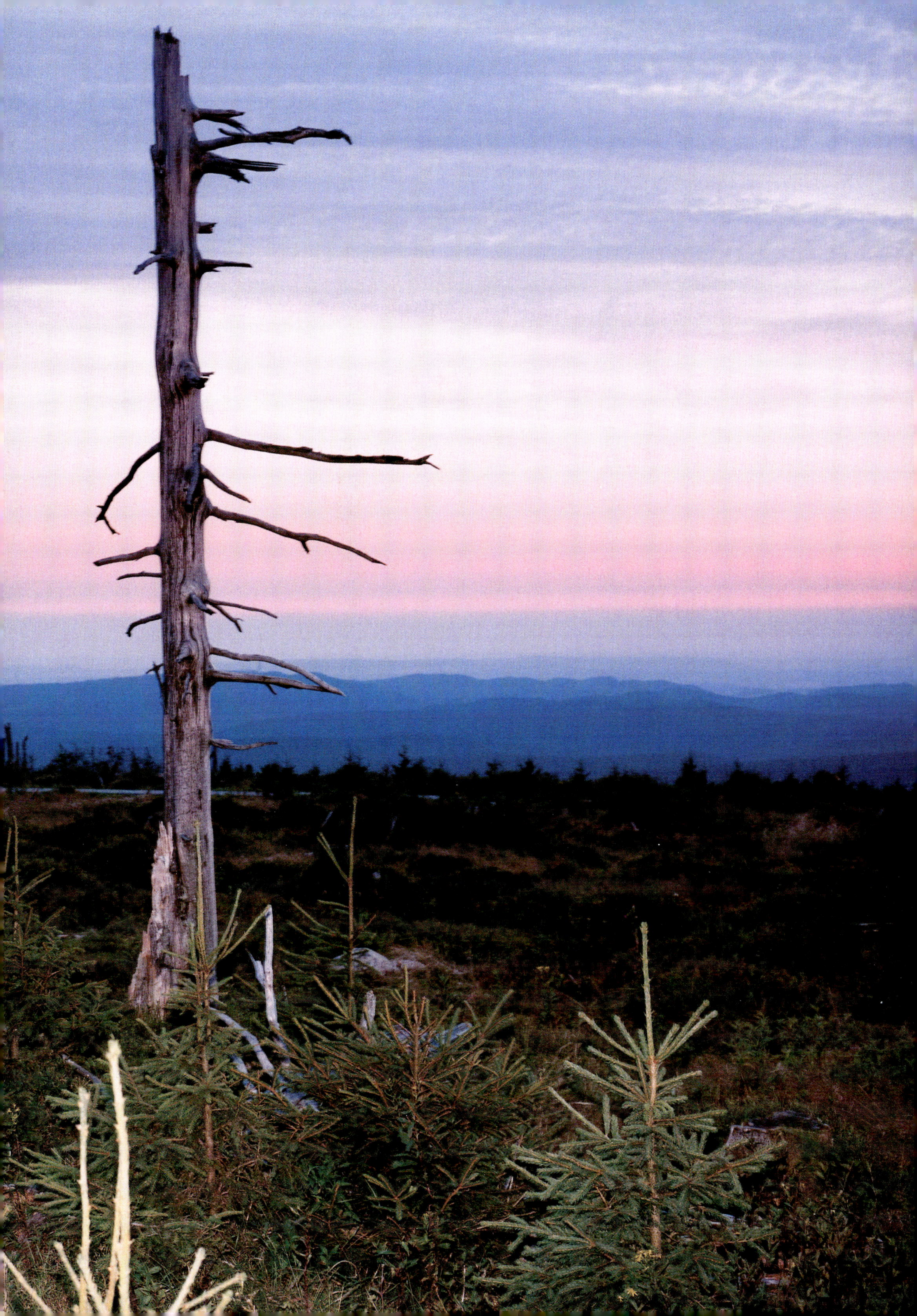

ESSAY

Eine Liebe auf den zweiten Blick

Endlos und langweilig, flach und feucht – so ist Niedersachsen, und auch ganz anders. Porträt einer vielschichtigen Heimat

Die norddeutsche Tiefebene, so spricht der Spötter, sei für die menschliche Besiedlung eigentlich nicht geeignet. Ja, ja, schon wahr: Sonnenfreaks und Steilwandkletterer können bei uns leicht in längerfristige Schwermut verfallen. Der Nebel, der Nieselregen, die blattlosen Baumsilhouetten vor steingrauen Wolken, das endlose, flache, langweilige Land, der matschige Boden unter kalten Gummistiefeln, die mit jedem Schritt schwerer werden – da muss man durch, durch die bleierne Zeit von November bis Februar. „Watt mutt, datt mutt!", wie der plattdeutsche Wattenmeer-Anrainer sagt.

Aber dann – welch eine Wiederauferstehung! Weiße und rosafarbene Meere von Kirsch- und Apfelblüten im Frühling, blendendgelbe Raps- und Kornfelder im Sommer, bunte Alleen, prallvolle Obstbäume und knackig fallende Kastanien und Walnüsse im Herbst. Drei Monate mies, neun Monate Paradies. Keine schlechte Jahresbilanz – wenn der Sommer nicht so verregnet, wie der letzte. Dies zur viel diskutierten Großwetterlage bei uns hier oben, im Land zwischen den Urströmen Ems, Weser und Elbe.

Seit zwanzig Jahren verbringe ich intensive Teile meiner Lebenszeit hundert Kilometer nordwestlich von Hamburg, zwischen Stade und Cuxhaven. Ich bin in Deutschland herumgezogen und in der Weltgeschichte herumgekommen. Aber hier habe ich Wurzeln geschlagen. Hier baumelt meine Seele. Hier habe ich alte Häuser umgebaut und Bäume gepflanzt, Bücher geschrieben und eine Tochter gezeugt. Über die Jahre sind mir Land und Leute Heimat geworden.

MEIN NIEDERSACHSEN – das ist ein etwa hundert Quadratkilometer großes, weitgehend entwässertes Feuchtgebiet rings um Osten an der Oste, ein stilles Örtchen, das Naherholungstouristen wegen seiner Postkartenidylle mit Spitzturmkirche, Schwebefähre und „Fährkrug" schätzen. Die anderen 7,8 Millionen grundsympathischen Menschen, die auf den übrigen 47 600 Quadratkilometern zwischen Harz und Nordsee siedeln, in Wolfsburg oder Wilhelmshaven, in Goslar oder Göttingen, in Hannover oder in der Lüneburger Heide, werden bei dieser sehr persönlichen Betrachtung ein wenig zu kurz kommen. Einige Superlative aus dem zweitgrößten deutschen Bundesland nach Bayern können jedoch nicht oft genug wiederholt werden, etwa: In Niedersachsen produziert Deutschlands größte Autofabrik – VW; hier werden die schönsten Luxusschiffe der Welt gebaut – auf der Meyer-Werft in Papenburg/Ems; hier buchen die meisten Deutschen ihre Ferienreisen – bei der zum Preussag-Konzern gehörenden TUI in Hannover; 43 in Niedersachsen lehrende und forschende Geistesgrößen haben im Laufe des letzten Jahrhunderts den Nobelpreis bekommen – allesamt Mitarbeiter der Universität Göttingen. Und dass in der Niedersachsen-Hauptstadt alljährlich nicht nur die Industrie-Messe und die Computer-Show CeBIT stattfinden, sondern auch das größte Schützenfest der Welt und in diesem Jahr eine ganze Weltausstellung, das dürfte hinlänglich bekannt sein.

Und woher kommt der amtierende deutsche Regierungschef? Aus Niedersachen! Jedenfalls hat Kanzler Gerhard Schröder seine politischen Lehr- und Gesellenjahre in Hannover absolviert, als Juso-Chef, Oppositionsführer und junger Landesvater. Und sein Nachfolger Sigmar Gabriel, ein rundlicher, kluger Kopf (der Dicke mit der neuen Freundin), wird über Niedersachsen hinaus politische Karriere machen, garantiert!

DEM JUNGEN MINISTERPRÄSIDENTEN wird das allerdings schwerer fallen als seinem Vorgänger, denn seine weltpolitische Bedeutung hat Niedersachsen verloren. Vor gut einem Jahrzehnt war „Lower Saxony" noch für die Militärstrategen im Washingtoner Pentagon und im Brüsseler Nato-Hauptquartier das Bollwerk gegen das „Reich des Bösen". Die östliche Landesgrenze war das Ende der freien Welt. An der Elbe hatten Moskauer und Ost-Berliner Machthaber den Eisernen Vorhang heruntergelassen. Gott sei Dank, die Zeiten sind vorbei; wir können uns anderen Problemen widmen.

Bei der Antwort auf die Frage „Spieglein, Spieglein an der Wand, welche Stadt ist die schönste im ganzen Land?" herrscht allerdings Uneinigkeit. Hannover sicher nicht. Celle, Lüneburg, Stade – drei hübsch zurechtgemachte Fachwerk-Diven, gelten gemeinhin als Favoriten. Für mich aber hat zwischen Ems und Elbe eine Außenseiterin den meisten Sexappeal: Bremen. Schon gut, Bremen liegt nicht in Niedersachsen – aber mittendrin. Der Stadtstaat Bremen/Bremerhaven ist zwar ein selbstständiges Bundesland, aber untrennbar mit dem niedersächsischen Umland verbunden, städtebaulich, historisch, kulturell. Vor achtzig Jahren war Bremen Schauplatz einer turbulenten Revolution durch Arbeiter- und Soldatenräte und, viel später, Tatort der 68er-Jugendunruhen. Bremen hat noch immer eine fortschrittlich-liberale Universität und einen flotten Funk- und Fernsehsender. Neben dem Übersemuseum, dem Rathaus und dem Denkmalriesen Roland locken heute Raumfahrtshows und das neue „Universum Science Center" in die Weser-City, deren Bewohner Weltläufigkeit und Heimattümelei zugleich pflegen. Wie der Fußballklub Werder hat auch die Stadt immer wieder erfolgreich gegen den Abstieg gekämpft (Werftenkrise) – lag bisweilen mit an der Spitze, und derzeit hat die

JÜRGEN PETSCHULL *arbeitet seit 20 Jahren als Autor für den stern. In seinem Haus hinterm Deich hat der 57-Jährige ein halbes Dutzend Bücher geschrieben*

Regierungstruppe in Henning Scherf einen exzellenten Coach.

Bremens bekanntester Vorort liegt schon wieder in Niedersachsen: Worpswede, das berühmte Künstlerdorf. Hier haben zur Jahrhundertwende Otto Modersohn, Fritz Mackensen und Heinrich Vogeler Land und Leute in dunklen Farben gemalt und weltberühmt gemacht. Auch heute gibt es noch diese moorigen, wässrigen, birkigen Landstriche, die je nach Jahreszeit und Beleuchtung mal schwermütig-düster, mal lebensfroh-heiter auf das Gemüt wirken, wie die sandige Lüneburger Heide natürlich auch. Viele niedersächsische Landstriche sind noch Natur pur oder sind erfolgreich renaturiert worden. Von den zehn ökologisch gesündesten deutschen Kreisgebieten liegen allein acht in Niedersachsen. Im Harz balzt wieder der Auerhahn, und bei uns in der Oste fühlen sich wieder Lachse zu Hause, so sauber ist der naturtrübe Strom, auf den ich durch das Sprossenfenster meines Arbeitszimmers sehe. Ein schöner Anblick – auch von oben.

Von Deutschland und seinen Bundesländern gibt es diese nadelscharfen, farbigen Satellitenbilder. So ein Niedersachsen-Poster habe ich mal beim Buchhändler meines Vertrauens in Hemmoor gekauft. Seither – und wenn man weiß, dass amerikanische Weltraumaufklärer auf einzelne Häuser, sogar auf zeitunglesende Menschen herunterzoomen können – fühle ich mich manchmal beobachtet: der mittelgroße Mittelblonde, der bei Sonnenuntergang, umzingelt von drei Dutzend Schwarzkopfschafen, auf dem Ostedeich in Höhe von Flusskilometer 94 vor einem kleinen Reetdachhaus steht oder sitzt – das bin ich.

WIE EINE WOLGA FÜR ANFÄNGER strömt dieser Fluss in gemächlichen Schwüngen in Richtung Elbe. Und wenn man ihm lange genug beim Strömen zusieht, dann macht das auch in nervösen Zeiten ziemlich gelassen. Manch einem fällt beim Denken auf dem Deich sogar etwas ein, was für den Lebensunterhalt nützlich sein kann: Journalisten, Buchschreiber und Fernsehautoren, Blattmacher, Maler und Theaterleute nisten in unserer Gegend weiträumig verteilt in zumeist strohgedeckten Erst- und Zweitwohnsitzen. Sie haben sich in diese Gegend verzogen, weil sie einen gemeinsamen Grundgeschmack haben: Alle lieben den unverstellten Horizont, den hohen Himmel, die Sonnenuntergänge, den Wechsel der Gezeiten und der Jahreszeiten.

„Norddeutsche Medienlandschaft" hat die Zeitschrift „Country" die Niederelberegion rund um das hügelige Waldgebiet Wingst genannt. „Spiegel"-Chef Stefan Aust, zum Beispiel, bereitet bei Lamstedt seine eigenen Zuchtpferde – und sich dabei auch schon mal gedanklich auf das nächste Gespräch mit Rudolf Augstein vor. Manfred Bissinger, Gründer von „Die Wo-

An der Nordseeküste: Wo das Meer aufhört, fängt Niedersachsen an

che", bewirtet hinter seiner schönen Fachwerkfassade bei Neuland gelegentlich Gerhard Schröder oder Günter Grass. Klaus Liedtke, Chefredakteur „National Geographic", ist auf seinem gepflegten Naturgrundstück bei Großenwörden hinter den Maulwürfen her – und sieht Manuskripte über das Nashornsterben in Afrika durch. Wolfgang Röhl, Kampfschreiber beim *stern*, geht auch ziemlich grob gegen die possierlichen Bisamratten vor, die jetzt im Herbst seinen Badeteich anbaggern. Fee Zschocke, „Brigitte"-Autorin, hat zurzeit eine schöne Schleiereule unterm Dach. Und auf meinem Giebel saß mal eine Nacht lang ein Storch – vier Tage später wurde meine Tochter geboren.

Nicht nur Medienschaffende, ein paar hundert Arbeitnehmer, Unternehmer und Pensionäre fast aller Berufsstände aus Hamburg und Hannover und sogar aus Berlin haben im Niederelbe-Feuchtbiotop brüchige Bauernhäuser liebevoll restauriert, verwilderte Grundstücke naturnah gestaltet und ihre zweite Heimat gefunden. Hier kann man neben den chronisch wortkargen Einheimischen in freundlicher, distanzierter Nachbarschaft leben. Man klönt schon mal bei Korn und Bier an rauen Theken, wärmt sich gemeinsam an Osterfeuern und trifft sich bei irgendwelchen irgendwo immer stattfindenden Reiter- und Schützenfesten.

Stimmt ja nicht, dass sich die Leute hier abschotten, wie die Oste mit ihrem Sperrwerk gegen die große Elbe. Der junge Niedersachse ist Neuerungen aller Art gegenüber aufgeschlossen. Die Erben der größeren Bauernhöfe beackern ihre Ländereien mit High-Tech-Treckern, und für die Einkäufe von Futter und Saatgut wie für die Verkäufe der Ernte haben sie sich zu Computer-Arbeitsgemeinschaften zusammengeschlossen. Landwirtssöhne aus kleineren, unrentablen Betrieben und gelernte Handwerker arbeiten in Stade und im benachbarten Finkenwerder bei Airbus Industries, bei Dow Chemical oder im Atomkraftwerk. Und zwischenmenschlich ist der gemeinhin protestantische, aber nicht sehr fromme Niedersachse zu christlicher Koexistenz bereit.

Edgar, der letzte, kaum noch an die Frau zu bringende Junggeselle der Gegend, hat Katharina, ein nettes Mädchen aus Manila, durch eine Vermittlungsagentur kennen gelernt. Bei der Hochzeit und bei der Taufe ihrer beiden Kinder war die Dorfkirche voll. Zwei Gotteshäuser und ein paar Flusskilometer weiter stromabwärts toleriert der Pfarrer neben seiner sturmerprobten Backsteinkirche das Treiben in einem ländlich-unsittlichen kleinen Freudenhaus. Aus Dankbarkeit sollen zwei der dort tätigen Damen beim letzten Weihnachtsgottesdienst gesehen worden sein. Es wärmt uns Sündern die Seele, wenn der Wind durch die Ritzen der Kirchenfenster pfeift und die Tannenbaumkerzen in der Zugluft flackern. **JÜRGEN PETSCHULL**

80 AUSGEWÄHLTE ADRESSEN UND DREI EXTRATOURE

Wo ist was in Niedersachsen und Bremen?

SCHLAFEN **1**
ESSEN **1**
LEBEN **1**
SEHEN **1**
TOUREN **A**

SCHLAFEN

Hotel Atoll auf Helgoland

1 ATOLL

Minimalistisches Design-Hotel auf Helgoland, gestaltet von Alison Brooks. Von der Architekturzeitschrift „Super Interior" wurde es unter die 40 „aufregendsten Hotels der Welt" gewählt. Die Zimmer teilen sich auf in „klassisch" oder „Design". Helgoland gehört zwar zu Schleswig-Holstein; die meisten Verbindungen gibt es aber über Niedersachsen.
Lung Wai 27, 27498 Helgoland
04725-8000 04725-800444
www.atoll.de
51 Zimmer, DZ ab 220 Mark

2 VILLA NEY

Postmodernes kleines Insel-Hotel mit großzügigen Zimmern und Suiten, die praktisch alle Balkon oder Terrasse haben. Das kupfergedeckte Haus ist funktional und trotzdem mit Liebe zum Detail gestaltet und eingerichtet. Es hebt sich damit von den gängigen Insel-Hotels positiv ab. Das Frühstück wird auch von verwöhnten Feinschmeckern gelobt.
Gartenstr. 59, 26548 Norderney
04932-9170 04932-91731
4 Zimmer und 10 Suiten, DZ ab 260 Mark

3 WALDSCHLÖSSCHEN BÖSEHOF

Über die Wiese und die alten Bäume vor der Terrasse des Waldschlösschens Bösehof hinweg blickt man auf das Moorheilbad Bederkesa und den Bederkesaer See. Das schwarzweiße Fachwerkhaus, ursprünglich ein 1826 gebauter Gutshof, wurde mit Geschmack um- und ausgebaut, viele alte Elemente sind dabei erhalten geblieben. Der Hoteltrakt wurde im Landhausstil neu errichtet und verfügt über alle modernen Annehmlichkeiten.
Hauptmann-Böse-Str.19
27624 Bad Bederkesa
04745-9480 04745-948200
www.boesehof.de
48 Zimmer, DZ ab 190 Mark

4 WITTHUS

Modernisiertes Hotel im Ostfriesenstil mitten im touristischen Bilderbuch-Fischerort Greetsiel, abseits der umliegenden Ferienhaus-Scheußlichkeiten. Das Hotel besteht aus drei unmittelbar benachbarten Häusern und bietet ein Restaurant, eine Teestube, ein Gartencafé und eine kleine Galerie.
Kattrepel 5–9
26736 Greetsiel-Krummhörn
04926-92000 04926-920092
www.witthus.de
12 Zimmer und 4 Suiten
DZ ab 155 Mark

5 HEERENS HOTEL

Eher schlichtes, aber architektonisch durchaus reizvolles Hotel mit aus-gesprochen freundlichem Personal. Guter Ausgangspunkt für einen Ostfriesland-Törn mit Kunsthallenbesuch.
Friedrich-Ebert-Str.67, 26725 Emden
04921-23740 04921-23158
www.nordkurs.de/heerenshotel
21 Zimmer, DZ ab 170 Mark

6 LANDHAUS MEINSBUR

Edles Landhotel am Rand der Heide unweit von Hamburg im modernisierten Bauerngehöft aus dem 16. Jahrhundert. Die Zimmer sind elegant-ländlich-plüschig, mit Blümchentapeten und englischen Ledersofas. Leonard Bernstein, Wolfgang Joop, Marika Rökk und Johannes Heesters fühlten sich darin schon wohl – die Bendestorfer Filmstudios sind um die Ecke. Schöner Garten mit alten Eichen und Obstbäumen.
Gartenstr. 2, 21227 Bendestorf
04183-77990 04183-6087
www.meinsbur.de
17 Zimmer, DZ ab 180 Mark

Landhaus Meinsbur in Bendestorf

7 AM ELLERNTEICH

Angenehm solides, wenn auch etwas überdekoriertes Hotel in einem denkmalgeschützten ehemaligen Schulhaus im beliebten Luftkurort Rastede. Das Haus liegt ruhig, gleich am Schlosspark der Sommerresidenz der Oldenburger Herzöge im Ammerland. Sehr persönliche und freundliche Atmosphäre, wunderschönes Frühstückszimmer im ehemaligen Klassenraum.
Mühlenstr. 43, 26180 Rastede
04402-92410 04402-924192
www.hotel-am-ellernteich.de
10 Zimmer, DZ ab 140 Mark

HOTELS, RESTAURANTS, WANDERTOUR

Eichenhof, Worpswede

8 EICHENHOF
Der Eichenhof, einst Landsitz eines Bremer Bürgermeisters, besteht aus mehreren flachen Häusern in einem weitläufigen sehr gepflegten Park mit weißen Bänken und vielen alten Bäumen. Unweit des Zentrums des Touristenorts Worpswede und in unmittelbarer Nachbarschaft des berühmten Barkenhoffs herrscht hier paradiesische Ruhe.
Ostendorfer Str. 13, 27726 Worpswede
04792-2676/7 04792-4427
www.worpswede.de
20 Zimmer, DZ ab 220 Mark

9 JAGDHAUS EIDEN AM SEE
Das erste Haus am Zwischenahner Meer im rustikalen Landstil mit mehreren Restaurants und der ortsansässigen Spielbank. Die Hotelzimmer im hinteren Teil haben einen schönen Blick über den See. Ruhige Lage im Park, das Publikum ist dem Kurort entsprechend eher etwas älter.
Eiden 9, 26160 Bad Zwischenahn
04403-698000 04403-698398
www.romantikhotels.com/bad-zwischenahn
70 Zimmer, DZ ab 175 Mark

10 ALTE WERFT
Modernes und farbenfrohes Hotel auf dem Gelände der alten Meyer-Werft mit dazugehörigem Restaurant in der früheren Maschinenbauhalle, in der von 1870 bis 1975 Schiffsteile gefertigt wurden. Zur Anlage gehören auch die Papenburger Stadthalle, ebenfalls in einer früheren Schiffsbauhalle, und das Theater auf der Alten Werft.
Ölmühlenweg 1, 26871 Papenburg
04961-9200 04961-920100
www.hotel-alte-werft.de
80 Zimmer, DZ ab 205 Mark

11 HÖPKENS RUH
In einem Park im feinen Stadtteil Oberneuland liegt dieses Mini-Hotel mit nur acht Zimmern im „Bremer Landhausstil" und sehr gutem Restaurant. Das Interieur ist etwas antiquiert plüschig und dekorfreudig, die idyllische Lage entschädigt aber dafür.
Oberneulander Landstr.69
28355 Bremen-Oberneuland
0421-205853 0421-2058545
8 Zimmer, DZ ab 230 Mark

12 WACHTELHOF
Luxuriöse „Landresidenz" im pompösen Neo-Landhausstil der 90er Jahre mit Türmchen und erstklassigem Wellnessbereich. An Baumaterialien war das Beste gerade gut genug: Messing, Pinienholz, brasilianischer Granit oder italienischer Marmor etwa. Das „Traumhotel", so die Eigenwerbung, verspricht Erholung im „lagunenblauen Wasser unter der Glaspyramide" oder in der „Beauty-Oase".
Gerberstr.6, 27356 Rotenburg/Wümme
04261-8530 04261-853200
www.wachtelhof.de
36 Zimmer und 2 Suiten, DZ ab 365 Mark

Landhaus Walsrode

13 LANDHAUS WALSRODE
In Walsrode ist die Zeit ein wenig stehen geblieben. Das weiß gestrichene Landhaus im typischen Heidjer-Stil hat etwas vom Charakter eines englischen Countryhouse und entsprechend wohlig-gediegen ist auch die sehr persönliche Atmosphäre. Schon die aufs Haus zuführende Allee, der Garten und die Terrasse vermitteln das Gefühl von Ruhe und Geborgenheit.
Oskar-Wolff-Str. 1, 29664 Walsrode
05161-98690 05161-2352
www.landhaus-walsrode.de
18 Zimmer, DZ ab 160 Mark

Burghotel Hardenberg

14 VILA VITA BURGHOTEL
Das Fachwerk-Anwesen liegt ruhig mitten im 54 Hektar großen Burgwald in unmittelbarer Nachbarschaft der Wasserburg Dinklage – ideal fürs morgendliche Jogging. Die Einrichtung des zur kleinen, aber feinen Vila-Vita-Kette gehörenden Hotels ist gediegen-elegant. Draußen gibt's ein eigenes Wildgehege und einen Waldspielplatz für Kinder.
Burgallee 1, 49413 Dinklage
04443-8970 04443-897444
www.vilavitaburghotel.de
55 Zimmer, DZ ab 220 Mark

15 FÜRSTENHOF CELLE
Edles Relais & Châteaux-Haus voller Antiquitäten mit herrlichem Foyer im Zentrum von Celle. Charmante und stilvolle Atmosphäre auch im Hoteltrakt hinter dem 300-jährigen Herrenhaus. Legendär das luxuriöse First-Class-Restaurant Endtenfang im Haus, dessen französisch-klassische Küche durch moderne Anklänge ergänzt wird.
Hannoversche Str.55-56, 29221 Celle
05141-2010 05141-201120
www.fuerstenhof.de
76 Zimmer, DZ ab 320 Mark

16 UTSPANN
Das etwas andere Hotel in Celle in zwei alten Fachwerkhäusern aus dem 17. Jahrhundert. Dazwischen liegt ein traumhafter Innenhof. Die Zimmer sind ganz individuell eingerichtet, zum Teil liegen die Holzbalken offen. Im Haus verkehrt ein vielsprachiges Publikum, darunter viele Künstler.
Im Kreise 13 und 14, 29221 Celle
05141-92720 05141-927252
www.utspann.de
23 Zimmer, DZ ab 160 Mark

17 LANDHAUS AM SEE
Eingeschossiges Landhaus in wunderbarer, grüner Lage am Ufer des Berenbosteler Sees. Helle, freundliche Einrichtung mit viel Naturholz und großen Fenstern, lauschiger Biergarten, gutes Wellnessangebot. Eine moderne Alternative zu den sonst oft so schweren, düsteren Hotels auf dem Land.
Seeweg 27-29, 30827 Garbsen
05131-46860 05131-468666
www.landhausamsee.de
37 Zimmer, DZ ab 190 Mark

18 THE RITZ-CARLTON
Das modernste Luxushotel Europas steht ausgerechnet in Wolfsburg. Das Gebäude in Form eines offenen Kreises mit raumhohen Fenstern zum Mittellandkanal ist eine perfekte Kombination aus neuester Technik, dem minimalistischen und dennoch warmen Design der französischen Innenarchitektin Andrée Putman, erstklassiger Küche (einschließlich kostenloser kalter und warmer Snacks fünfmal am Tag) und freundlichstem Service.
Stadtbrücke, 38440 Wolfsburg
05361-607000 05361-608000
www.ritzcarlton.com
174 Zimmer, DZ ab 520 Mark

Das Utspann in Celle

19 ZUR TANNE
Am Kurpark des Harz-Städtchens Braunlage liegt dieses nette kleine Hotel in einer ehemaligen Poststation von 1725. Man ruht sich hier nicht auf den Lorbeeren aus, sondern versucht, mit einem neuen Wellnessbereich auch zeitgemäß zu sein.
Herzog-Wilhelm-Str.8, 38700 Braunlage
05520-93120 05520-3992
www.romantikhotels.com/braunlage
22 Zimmer, DZ ab 150 Mark

20 BURGHOTEL HARDENBERG
Imposantes Fachwerkensemble von 1700 unterhalb der trutzigen Burgruine. Neben dem Hotel stehen die Hardenbergsche Kornbrennerei und der Familiensitz mit wunderschönem Park und zahllosen Wanderwegen rund ums alte Gemäuer. Im Juni findet in der Arena neben dem Hotel jedes Jahr ein bedeutendes Reitturnier statt, die Hardenberg Trophy.
Im Hinterhaus 11a
37176 Nörten-Hardenberg
05503-9810 05503-981666
www.burghotel-hardenberg.de
44 Zimmer, DZ ab 240 Mark

ESSEN

1 FRIESENHOF CORNELIUS
Originelles reetgedecktes Haus im traditionellen Friesenstil mit idyllischem Mini-Garten am äußersten Rand einer häßlichen Ferienhaussiedlung hinterm Deich. Die konsequent regionale (Fisch-)Küche wird viel gelobt – der Fisch kommt ja auch frisch vom Hafen nebenan.
Lührentrift 2, 27632 Dorum-Neufeld
04741-5000 04741-3612
Mi bis Fr ab 17 Uhr, Sa,So ab 12 Uhr
Hauptgerichte 25-45 Mark

Friesenhof Cornelius, Dorum-Neufeld

2 LANDHAUS TETTENS
Hier kocht eine Frau – immer noch eine Seltenheit unter den guten Küchen-chefs. Franziska Althaus bringt im gemütlichen Friesenhaus vor allem Fisch auf den Tisch.
Am Dorfbrunnen 17
26954 Nordenham-Tettens
04731-39424 04731-31740
www.landhaus-tettens.de
Di bis So 12-14 Uhr und 18-21.30 Uhr
Hauptgerichte 16-35 Mark

3 NATUSCH
„Bremerhavens kulinarischer Leuchtturm", so „Der Feinschmecker". Direkt an Europas größtem Fischverarbeitungsplatz, zwischen Fischräuchereien und dem Fischbahnhof im Süden der Stadt findet sich der unscheinbare Klinkerbau, aber was auf den Teller kommt, ist jedes Lob wert. So frisch und schmackhaft bekommt man Fisch selten.
Am Fischbahnhof 1, 27572 Bremerhaven
0471-71021 0471-75008
www.natusch.de
Di bis So 11.45-15 Uhr und 17.30-22 Uhr
Hauptgerichte 20-50 Mark

4 ESTEHOF
Wo sonst gibt es einen Wirt, der auch an lauschigsten Sommerabenden sein Lokal um 19 Uhr schließt, und seinen traumhaften Garten an der Este den weißen Zwerghühnern, die sonst zwischen den Gästen herumstolzieren, alleine überlässt? Hinter Hecken, Büschen und Tannen tun sich Lauben und kleine Plätze mit jeweils ein, zwei Tischen auf oder Séparée-gleiche Nischen. Grundsolide Regionalküche mit „Moorender Senkrechtstarter" (Wildente) oder „Schnellläufer von der Hove" (Hasenkeule).
Estebrügger Str.87
21635 Jork-Estebrügge
04162-275
Hauptgerichte 24,50-59,50 Mark

5 ZUM 100JÄHRIGEN
Den Hof Nr. 12 in Hittfeld gibt es nachweislich schon seit dem 15. Jahrhundert. Der Name sagt also nichts über das Alter des Gasthofs aus, sondern kommt vom hausgebrannten 35-prozentigen Hittfelder Korn, der 1892 eine Auszeichnung und den Namen 100jähriger erhielt. Hier wird einfach herzhaft gegessen.
Harburger Str.2, 21218 Hittfeld
04105-2300 04105-51673
Mi bis Fr 16-22.30
Sa,So 10-22.30 Uhr
Hauptgerichte 9-25 Mark

6 DAS WEISSE HAUS
Kulinarisches Highlight in der alten Sommerresidenzstadt der Oldenburger Herzöge. Das tief geduckte Reetdachhaus an der Hauptstraße nach Oldenburg übersieht man allzu leicht. Pech, für den, der's verpasst, denn hier ist ansonsten gastronomische Einöde.
Südender Str. 1, 26180 Rastede
04402-3243 04402-84726
www.gourmetguide.com/dasweissehaus
Fr bis Mi 12-13.30 und 18-22 Uhr
Hauptgerichte 23-44 Mark

7 ZUR KLOSTERMÜHLE
Endlich einmal ein Landgasthof mit geschmackvollem, modernem und trotzdem ländlichem Ambiente. Das Gasthaus zur Klostermühle liegt romantisch an einem kleinen Mühlenteich, auf dem Enten schwimmen, die Tische für den Bier- und Kaffeegarten stehen direkt am Ufer. Das Anwesen ist ein 800 Jahre altes Rittergut, der Gasthof liebevoll renoviert. Die Karte ist klein – was gewiss kein Fehler ist.
Kuhmühler Weg 7
27419 Kuhmühlen-Sittensen
04282-784 04282-4725
Di bis Sa 18-22 Uhr, So 12-14 und 18-21 Uhr
Hauptgerichte 23-36 Mark

8 MAACK-KRAMERS LANDGASTHOF
Solide Regionalküche im efeubewachsenen Dorfhaus, die das Lokal zum Anziehungspunkt der näheren Umgebung macht. Karsten Maack-Kramer und sein Team um Küchenchefin Marlis Schulz bemühen sich mit „Österreichischen Wochen", „Herbstbuffet" oder „Entenvergnügen", ihren Gästen immer wieder etwas Neues zu bieten. Ihr bester Einfall: der wunderbare kleine Bier- und Weingarten hinterm Haus.
Blumenstr.2, 21423 Winsen-Pattensen
04173-239 04173-511521
www.maack-kramer.de
Mi bis So 17-22 Uhr, So auch 11.30-14 Uhr, Hauptgerichte 17-31,50 Mark

9 ZUR SCHLEUSE
Ein reetgedecktes Haus zwischen alten Bäumen mit einer wundervollen Terrasse zur Wümme hin. Mancher Gast kommt mit dem Boot oder der Mini-Fähre zur „Schleuse". Der Gastraum ist eher konventionell-bieder, das Essen ländlich-kräftig. Die „Schleuse" gilt bei den Bremern als beliebte Bratkartoffeloase.
Truperdeich 35, 28865 Lilienthal
04298-2025
Mi bis So von 10-24 Uhr,
Hauptgerichte 13-36 Mark

10 BOTHELER LANDHAUS
Ein Niedersachsenhaus aus dem 18. Jahrhundert, in dem die Frau am Herd vom Gault Millau ausgezeichnet wurde und ein Franzose (der Ehemann der Köchin) sich um die Gäste kümmert. Sommers wird das Essen auf der grünen Wiese vor dem Reetdachhaus serviert. Für Vegetarier hat man im Botheler Landhaus ein besonderes Herz.
Hemsbünder Str.13, 27386 Bothel
04266-1517 04266-1517
www.botheler-landhaus.de
Di bis Sa ab 18 Uhr
Hauptgerichte 39-52 Mark

11 DAS ALTE HAUS
Promi-Treff in „JWD". Im Landkreis Lüchow-Dannenberg hat so manche Nase ihre Datsche und Kanzler Schröder eine Menge Freunde. Insbesondere für die Berliner war hier first call nach der DDR – das hat sich bis heute gehalten, weshalb im Alten Haus, einem wendischen Hallenbau von 1719 im Rundlingsdorf Jameln, heftig berlinert wird. Ganz nebenbei wird hier vor allem kräftig am Schwibbogen-Kamin gegrillt.
Bahnhofstr.1, 29479 Jameln
05864-608
Di bis So von 18-24 Uhr
Hauptgerichte 18-36 Mark

Das Alte Haus in Jameln

12 PADES RESTAURANT
Die deutsche Küche ist abseits der großen Städte wahrlich oft ein Graus, doch das alte Patrizierhaus neben dem Dom ist eine Lokalität, wie man sie sich angenehmer nicht wünschen könnte. Und Wirt und Koch Wolfgang Pade leistet sich auch noch ein Bistro, in dem man nicht nur die wirklich besonderen Gerichte des Gourmet-Restaurants, sondern auch einfachere, ausgesprochen preiswerte Dinge wie Ochsenbrust mit Bouillonkartoffeln in exzellenter Qualität bekommt.
Anita-Augspurg-Platz 7
27283 Verden (Aller)
04231-3060 04231-81043
täglich von 18.30-22.30 Uhr
Hauptgerichte 33-45 Mark

TOUR (A)

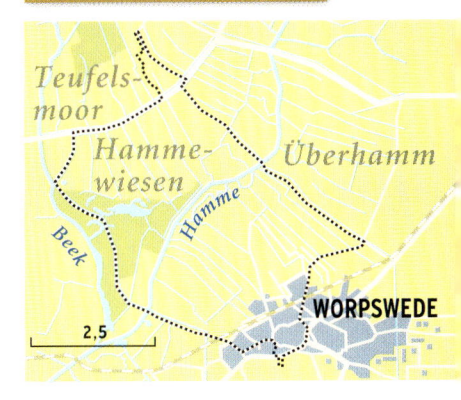

WANDERUNG IM TEUFELSMOOR

Eine der schönsten Wanderungen Norddeutschlands führt vom Künstlerdorf Worpswede ins berühmte Teufelsmoor. Die Landschaft ist flach und von einer Unzahl von Kanälen durchzogen, auf denen kleine Schiffe früher den Torf transportiert haben. An diesen Kanälen entlang führt der markierte Weg, der beim Findorff-Denkmal in Worpswede seinen Ausgang nimmt. Vorbei an Störchen und Reihern, im Schatten knorriger Eichen, führt

Im Teufelsmoor, Worpswede

der leicht zu gehende Weg auf der Pionierbrücke über die Hamme und durch die Hammewiesen bis zur Teufelsmoorer Straße, dort rechts und nach 100 Metern wieder links in Richtung Naturschutzgebiet Teufelsmoor. Der Rückweg führt wieder auf die Teufelsmoorer Straße, die man jetzt fast zwei Kilometer weit geht, bis man nach dem Hof Nr. 2 links in den Sandweg zum Naturschutzgebiet „Breites Wasser" einbiegt. Von dort geht es über die Klappbrücke bei Neu Helgoland retour nach Worpswede. Gesamtlänge: 15 Kilometer.

Auskunft über Worpsweder Touristik
Bergstraße 13
27726 Worpswede
04792-950121 04792-950123
www.worpswede.de
Organisiert auch geführte Wanderungen durchs Moor

RESTAURANTS, AKTIVITÄTEN, KANUTOUR

13 WOLTEMATHS LÜTTJEN BORWE
Das Gemüse kommt aus ökologischem Anbau, das Fleisch von artgerecht gehaltenen Tieren. Frau Woltemath-Kühns feinbürgerliche Küche mit südlichem Touch ist immer wieder überraschend und einfallsreich.
**Wallstraße 13
30938 Burgwedel-Kleinburgwedel**
℡ 05139-1745   05139-27488
www.woltemaths-restaurant.de
Di bis So von 18-24 Uhr, So auch 12-15 Uhr, Hauptgerichte 30-40 Mark

14 BIESLER WEINSTUBE
Freundlich-helles Souterrain-Lokal in der Hannoveraner Innenstadt nahe der Oper. Unspektakulär und unprätentiös und gerade deswegen so angenehm und beliebt. Hervorragende Küche, aus der auch Einfaches in superber Qualität kommt.
Sophienstr. 6, 30159 Hannover
℡ 0511-321033   0511-321034
Di bis Fr von 12-15 Uhr und 18-24 Uhr, Sa 18-24 Uhr, Hauptgerichte 29-36 Mark

Restaurant Die Insel in Hannover

15 DIE INSEL
Modern eingerichteter Hannoveraner Klassiker in denkmalgeschütztem Haus mit wundervoller Aussicht am Maschsee. Leichte, mediterran und asiatisch beeinflusste Küche. Sensationelle zweibändige Weinkarte mit fast 1800 Positionen!
**Rudolf-Von-Bennigsen-Ufer 81
30519 Hannover**
℡ 0511-831214   0511-831322
www.dieinsel.com
**Di bis So von 11.30-24 Uhr
Hauptgerichte 29-49 Mark**

16 VARIETÉ-RESTAURANT IM GOP
Die etwas andere Location in Hannover im berühmten Georgspalast, in dem wie einst in den Fünfzigern Akrobaten, Magier oder Comedy-Stars auftreten. Vor, während und nach der Show serviert man im intimen Varieté-Restaurant unterm Kronleuchter leichte, mediterrane Speisen aus der offenen Küche von Horst Zehentner.
Georgstr. 36, 30159 Hannover
℡ 0511-3018670   0511-301867-30
www.gop-variete.de
**Di bis Do von 17.30-23 Uhr
Fr/Sa bis 24 Uhr, So bis 20.30 Uhr
Hauptgerichte 27-40 Mark**

17 TORSCHREIBERHAUS
Kleines Wohlfühl-Restaurant im alten Zollhäuschen mit Wirtsgarten am Rand der Altstadt. Kreativsolide Küche mit vielen ausgefallenen Ideen und freundlichem Service.
**Krumme Str. 42
31655 Stadthagen**
℡ 05721-6450   05721-923184
www.torschreiberhaus.com
**Di bis So von 18-22 Uhr
Hauptgerichte 31-44 Mark**

18 LA FORGE
Vielleicht gibt erst die Provinz manchen Köchen die Ruhe für erstklassige Leistungen. Jedenfalls locken Andreas und Ernst-August Gehrke Gourmets von weither nach Bad Nenndorf und dem Gault Millau war das Ess-Erlebnis drei Hauben und 18 Punkte wert. Eine Karte gibt es übrigens nicht, dafür ein Menü mit diversen Alternativen.
**Riepener Str. 21
31542 Bad Nenndorf-Riepen**
℡ 05725-94410   05725-944141
www.schmiedegasthaus.de
**Mi bis So ab 18.30 Uhr
Hauptgerichte 38-58 Mark**

19 ULLI'S FISCHERSTÜBCHEN
Von außen erinnert es – mit Verlaub – eher an die Einfahrt eines Schrottplatzes als an ein Restaurant. Der Charme des beliebten Fischerstübchens offenbart sich erst innen, wenn der Blick über die baumumstandenen Fischteiche streicht, aus denen die biologisch-ökologisch gezogenen Forellen und anderen Flossentiere kommen. Alle Fische, die die Küche verlassen, sind erst kurz vorher hier lebend hineingekommen, egal ob Aal, Karpfen, Schlei, Hecht oder Zander. Für zu Hause gibt's Räucherfisch zum Mitnehmen.
**Alte Dorfstraße 33
30966 Hemmingen/Wilkenburg**
℡ 0511-414952   0511-411154
**Mi bis So ab 18 Uhr, So auch von 11.30-14.30 Uhr
Hauptgerichte 24-50 Mark**

20 KUPFERSCHMIEDE
Wundervolles Fachwerkhaus aus der Zeit der vorletzten Jahrhundertwende auf einer Lichtung am 136 Meter hohen Gipfel des Steinbergs. Die schönsten Plätze sind auf der Terrasse, wo einem die Rehe vom Wildgatter gegenüber auf den Teller schauen können. Was da drauf liegt, wird seit 20 Jahren mit einem Michelin-Stern belohnt, die Weinkarte ist ausgezeichnet und wohlfeil.
**Am Steinberg 6
31139 Hildesheim-Ochtersum**
℡ 05121-263025   05121-263070
www.kupferschmiede.com
Di bis Sa von 12-14 Uhr und 18.30-21.30 Uhr, Hauptgerichte 29,50-42,50 Mark

LEBEN

Duhner Wattrennen, Cuxhaven

1 MIT DER WATTENPOST ZUR INSEL NEUWERK
Seit 120 Jahren bringt die Familie Brütt die Post per Kutsche durchs Watt von Duhnen auf die Nordseeinsel Neuwerk. Auf die vierstündige Fahrt werden längst auch Besucher mitgenommen. Vom Leuchtturm Neuwerk aus kann man bei schönem Wetter bis nach Helgoland sehen – ein beeindruckender Ausblick, für den die Besucher allerdings noch 140 Stufen nach oben steigen müssen.
Auskunft über Jan Brütt, Duhner Strandstr. 19, 27476 Cuxhaven-Duhnen
℡ 04721-48139   04721-45872
Preis pro Person 38 Mark

2 DUHNER WATTRENNEN
Rund 35 000 Zuschauer kommen alljährlich im Juli zum Duhner Wattrennen in Cuxhaven-Duhnen, dem einzigartigen Pferderennen auf dem Meeresgrund.
**Auskunft über Kur-Strand-Hotel Duhnen
Duhner Strandstr. 5-7
27476 Cuxhaven-Duhnen** ℡ 04721-4030
www.duhner-wattrennen.de

3 OCEANIS – 100 METER UNTER WASSER
Die virtuelle Tiefseeforschungsstation Oceanis, der deutsche Beitrag zur Expo 1998 in Lissabon, ist jetzt in Wilhelmshaven in einer ausgedienten Torpedohalle am Bontekai vor Anker gegangen. Mit einem simulierten Fahrstuhl geht es hinunter in 100 Meter Tiefe, wo das Archiv des Meeres, die Forschungszentrale und der Maschinenraum warten.
Bontekai 63, 26382 Wilhelmshaven
℡ 04421-755055   04421-75505-65
www.oceanis.de
Geöffnet tgl. 10-20 Uhr, Eintritt 21 Mark

4 WINDJAMMER-FAHRT
Ein Törn auf einem der letzten Viermaster: Von Frühsommer bis Herbst kreuzen Schiffe wie die „Kruzenshtern" (die frühere Padua, Schwesterschiff der untergegangenen „Pamir"), die Sedov oder die kleinere „Alexander von Humboldt" in Nord- und Ostsee und laufen auch Wilhelmshaven oder Bremerhaven an. Das ist die Gelegenheit, um für einen Mehr-Tages-Törn an Bord zu gehen, zu sehen, wie so ein Schiff gesegelt wird, und auch selbst in die Takelage zu steigen.
**Informationen je nach Schiff über
Deutsche Stiftung Sail Training (DSST)
Hafenhaus Columbusbahnhof
27568 Bremerhaven**
℡ 0471-945880   0471-9458845
**Tall-Ship Friends e.V.
Schweriner Str. 17, 22143 Hamburg**
℡ 040-67563597   040-67563599
**Inmaris Perestroika Sailing
Teilfeld 8, 20459 Hamburg**
℡ 040-372797   040-371736
Preis ca. 150 Mark am Tag

5 BARKASSENFAHRT DURCHS ALTE LAND
Das Alte Land, jenes riesige Obstanbaugebiet südlich der Elbe, das besonders zurzeit der Kirschblüte Zehntausende von Besuchern anlockt, kann man besonders schön vom Wasser aus erkunden, auf einer Barkassenfahrt.
**Auskunft über HADAG
St. Pauli-Landungsbrücken, Brücke 2
St. Pauli Fischmarkt 28
20359 Hamburg**
℡ 040-3117070
Preis 22 Mark

6 FELDBAHNFAHRT BEI DEINSTE
Eine 1,2 Kilometer lange Strecke mit der kleinen Dampflok Nr. 7 kann man jeden ersten Sonntag im Monat und an Feiertagen im Juni, September und Oktober sowie am 9. und 10. Dezember (Nikolausfahrt) ab Deinste zum Feld- und Kleinbahnmuseum zurücklegen. So führen die Kleinbahnen noch um 1930 über Land.
Auskunft unter ℡ 04141-88790

Oceanis

7 FREILICHTMUSEUM KIEKEBERG

20 Gebäude aus der nördlichen Lüneburger Heide und der Winsener Marsch wurden hier am Kiekeberg bei Rosengarten originalgetreu wieder aufgebaut und zu einer Art Dorf samt Honigspeicher und Backhaus zusammengestellt.
21224 Rosengarten-Ehestorf
040-7901760
www.kiekeberg-museum.de
Di bis Fr von 9-17 Uhr, Sa/So von 10-18 Uhr, im Winter Di bis So von 10-16 Uhr, Eintritt 8 Mark

Freilichtmuseum Kiekeberg

8 STORCHENPFLEGESTATION WESERMARSCH

Bis zu 100 der vom Aussterben bedrohten Weißstörche sammeln sich jedes Jahr in der Wesermarsch, um von hier aus im Spätsommer den Flug nach Süden anzutreten. Knapp 40 Paare nisten sogar in der Umgebung der Storchenpflegestation und ziehen rund 80 Junge auf. Verletzte Störche werden gesund gepflegt oder wenn sie flugunfähig sind, auf Dauer versorgt. Einige, zum Zug nach Süden zu „faule" Tiere überwintern in Berne, sodass hier das ganze Jahr über Störche zu beobachten sind.
Info über Udo Hilfers
Storchenweg 6, 27804 Berne/Glüsing
04406-1888 04406-1888

9 ZEITGENÖSSISCHE KÜNSTLER IN WORPSWEDE

Worpswede ist weit mehr als ein einziges großes Freilichtmuseum für den Zeitgeist der vorletzten Jahrhundertwende. Wer an zeitgenössischer Kunst interessiert ist, findet eine Reihe erstklassiger Künstler, die in den dortigen Ateliers, etwa im Seitentrakt des Barkenhoffs, den Künstlerhäusern oder in den Atelierhäusern „Vor den Pferdeweiden" arbeiten. Darunter sind so bekannte Namen wie Pit Morell, Frauke Migge, Waldemar Otto, Heini Linkshänder oder Tobias Weichberger. Sie und viele andere sorgen dafür, dass Zeitgenössisches in Worpswede im Gespräch bleibt.
Info über Worpsweder Touristik GmbH
Bergstr.13, 27726 Worpswede
04792-950121
www.worpswede.de

10 GESPANNFAHRLEHRGANG IN DER HEIDE

Gespannfahren, egal ob ein-, zwei- oder vierspännig, ist eine hohe Kunst, die heute nur noch wenige beherrschen. In der Lüneburger Heide kann man Gespannfahren ganz ernsthaft erlernen und sogar die entsprechenden Abzeichenprüfungen ablegen. Aber natürlich werden auch ganz schlichte Mitfahrten offeriert.
Info über Fahrstall Westermoor Dorfstr.27
21442 Tangendorf/Toppenstedt
04173-6583

11 CRIMINAL-WEEKEND IN BREMEN

Freitagabend. Sie sitzen bei einem exklusiven Candlelight-Dinner. Die Stimmung ist erwartungsfroh, ein klein wenig Spannung liegt in der Luft. Plötzlich bricht ein Mann an einem der Nachbartische zusammen. Was ist passiert? Wer ist der Mann, kennt ihn jemand? Was hat er hier gemacht? Niemand weiß Genaues, alle rätseln. Sie sind mitten in einem Krimi gelandet, der sie die nächsten zweieinhalb Tage beschäftigen wird. Ein inszenierter Kriminalfall mit Mörder und Opfer(n), Zeugen und Kommissaren.
Info über Park Hotel Bremen
Im Bürgerpark, 28209 Bremen
0421-3408-0   0421-3408-602
www.park-hotel-bremen.de
Das Criminal-Weekend im Park Hotel findet für Privatpersonen einmal im Jahr statt, für Gruppen jederzeit auf Anfrage, Preis pro Person 999 Mark

Flugsimulator in Bremen

12 VIRTUELLER FLUG IM SIMULATOR

Einmal einen Airbus A320 oder eine Boeing B737 fliegen – im Flugsimulator haben nicht nur Profipiloten diese Möglichkeit. Drei Stunden dauert die Kurzausbildung zum Flugkapitän inklusive Briefing, mindestens 20 Minuten davon sitzt jeder Teilnehmer auch wirklich auf dem Chefsessel und macht eigenhändig wenigstens einen Start und eine Landung.
Pro Flight, Rockwinkeler Heerstr. 113
28355 Bremen
0421-2055737   0421-2055755
www.pro-flight.de
Preis: 487 Mark pro Person in der Dreiergruppe, 976 Mark pro Std. für Simulator-Profis, die kein Briefing mehr benötigen

13 SCHIFFSSIMULATOR

Wo richtige Kapitäne ausgebildet werden, an der Bremer Hochschule für Nautik, können auch Landratten einen großen Containerfrachter steuern. Der Simulator macht es möglich. Die „Antares" legt dabei vom Pier in Brooklyn ab. Mit den Bugstrahlern wird das Schiff querab gesteuert.
Auskunft über Pro Toura, Rockwinkeler Heerstraße 113, 28355 Bremen
0421-205577   0421-2055755
www.protoura.de
Preis: 875 Mark für 2 Programmtage

14 CENTER PARCS BISPINGEN

Kurzurlaub unter Palmen kann man auch in Deutschland machen. Center Parcs Bispingen, der laut Stiftung Warentest beste von 15 untersuchten deutschen Ferienparks, bietet vor allem eine unerschöpfliche Fülle an nassen Vergnügungen für die bis zu 3500 Besucher: Brandungswellen, Wildwasserbahnen, Rutschen, Wasserfälle, Whirlpools oder das Kinderspielbad Drachenfels für die Jüngsten. Und das alles unter Glas im mächtig warm geheizten Center Parcs Schwimmbad „Aqua Mundo". Gewohnt wird in einem der 611 Selbstversorger-Bungalows oder einem der edleren Ferienhäuser.
Center Parcs
Postfach 100633, 50446 Köln
0221-97303030   0221-97303019
www.centerparcs.de
3 Übernachtungen für ein Ehepaar mit bis zu 3 Kindern kosten rund 900 Mark Tagesbesuche auf Anfrage unter
05194-941083
Preis für Tagesbesuche 29 Mark pro Person

15 GREIFVOGEL-GEHEGE BISPINGEN

In der natürlichen Umgebung der Lüneburger Heide kann man einheimische Greifvögel aus nächster Nähe kennen lernen.
Auskunft über
das Greifvogel-Gehege
Bispingen 05194-7888
Vom 1. Mai bis Ende Okt. Führungen jeweils am Mi, Sa und So um 15 Uhr ab 1. Juli bis 30. Sept., tgl. um 15 Uhr Eintritt für Erwachsene 9 Mark

16 HEIDEPARK SOLTAU

850 000 Quadratmeter Vergnügungspark mit 40 Fahrgeschäften vom Doppellooping über den „Grottenblitz" bis zum Nostalgie-Karussell. Bekannt ist der Park nicht zuletzt durch die jährlich dort ausgetragenen Meisterschaften im Pfahlsitzen, bei denen die Kandidaten wochenlang auf einem Baumstamm sitzen, bis sie vor Übermüdung herunterfallen.
29614 Soltau
05191-9191   05191-91111
www.heide-park.de
April bis November, 9 bis 18 Uhr Eintritt 38 Mark (ab 4 Jahre)

TOUR (B)

AUF DER OSTE VON KUHMÜHLEN BIS BRAUEL

Das rotbraune Moorwasser der Oste ist auch für Anfänger leicht zu befahren. Der Fluss ist über weite Strecken gänzlich unreguliert und zum Teil sehr einsam. Landschaftlich ist eine **Oste-Flusswanderung** *ausgesprochen reizvoll. So führt der erste Teil der Strecke ab* **Kuhmühlen** *durch ein romantisches Waldgebiet. Beim alten* **Heidedorf Heeslingen** *unterquert die Oste eine Eisenbahnbrücke. Hinter Heeslingen wird die bis dahin nur wenige Meter schmale Oste breiter, und im Sommer kann sie stellenweise für die Boote etwas arg flach werden. Hinter Zeven*

Kanuwanderung auf der Oste

geht es durch den **Zevener Forst***, ehe man an Wiesen vorbei nach Brauel kommt, wo die Boote an der Anlegestelle am Ende des Campingplatzes ausgesetzt werden können. Im be-schriebenen Flussabschnitt ist* **die Oste ganzjährig für alle Boote befahrbar.** *Für die ersten fünf Kilometer sollte man aber einen relativ hohen Wasserstand haben. Bei Niedrigerem Wasserstand kann man die Boote auf alle Fälle an der Brücke in Weertzen einsetzen. Auf dem Weg von* **Kuhmühlen** *bis Brauel gibt es* **drei befahrbare Wehre***, die man bei Hochwasser eventuell umtragen muss. Die Strecke von Kuhmühlen bis Brauel ist etwa 16 Kilometer lang und in einem Tag zu bewältigen.*

Anfahrt von Hannover über die A 7 und A 1 Richtung Bremen, Abfahrt Sittensen, weiter Richtung Zeven, kurz nach Groß Meckelsen geht es links ab bis zur Brücke über die Oste zwischen Kuhmühlen und Volkensen, wo die Boote eingesetzt werden können.

AKTIVITÄTEN, AUSSICHTEN, REITTOUR

Vogelpark Waldsrode

17 VOGELPARK WALSRODE

Der größte Vogelpark der Welt wurde gerade vor der Pleite gerettet – die neue Tropenhalle hatte unerwartet viel Geld verschlungen. 5000 Vögel aus 800 Arten und den verschiedensten Klimazonen kann man in der großen Anlage samt Papageienhaus und Freiflughalle beobachten.
Am Rieselbach, 29664 Walsrode
05161-60440, 05161-8210
www.vogelpark-walsrode.de
März bis Okt. von 9-19 Uhr, Nov. bis Febr. von 10-16 Uhr, Eintritt 20 Mark

18 KESTNER GESELLSCHAFT E.V.

Die Kestner Gesellschaft e.V. ist einer der angesehensten Kunstvereine Deutschlands. Sie stammt aus dem Jahr 1916, als sie als Ausstellungshaus für die Kunst des 20. Jahrhunderts gegründet wurde. 1936 wurde sie von den Nazis verboten und 1948 wieder eröffnet. Vor ein paar Jahren zog die Gesellschaft in das ehemalige Goseriede-Bad um, wo jetzt fünf Hallen als Ausstellungsfläche zur Verfügung stehen. Die Mitgliedschaft im Verein lohnt sich nicht nur, weil damit der freie Eintritt in die Ausstellungen verbunden ist, sondern auch wegen der attraktiven Jahresgaben bekannter Künstler.
In der Goseriede 11, 30159 Hannover
0511-701200, 0511-7012020
Di bis So von 10-19 Uhr, Do bis 21 Uhr
Eintritt 10 Mark, Jahresbeitrag 70 Mark

19 NIEDERSÄCHSISCHE MUSIKTAGE

Beim größten Festival Niedersachsens treten jährlich im September und Oktober internationale Musikgrößen aus Klassik, Pop und Jazz in Galerien, Kunstvereinen, Kirchen, Schlössern oder Gasthöfen auf. In diesem Jahr, das unter dem Motto „Natur und Technik" stand, war sogar ein Bienenschwarm für einen Auftritt im Obstgarten des Hermannshofs zu Völksen verpflichtet worden.
0511-360-3333, www.musiktage.de

20 SEGELFLUG ÜBER DEN HARZ

Am Fuß der Harzberge, südöstlich von Goslar liegt der Segelflugplatz Bollrich. Die beiden Segelflugvereine vor Ort nehmen an den Wochenenden Passagiere zum Selbstkostenpreis mit zur Runde über den Harz. Geflogen wird mit Segelflugzeugen oder Motorseglern, für Interessierte sind auch Schnupper-Flugkurse möglich.
Info über Flugplatz Bollrich
05321-21202/-41665
Kostet 120 Mark pro Stunde

SEHEN

1 KIRCHE ST. WILHADI BEI IHLIENWORTH

Mit Booten schipperten die alten Hadler zum Gottesdienst in der Feldsteinkirche. Den Anleger bildeten die steinernen Treppenstufen am Friedhof. Ihren besonderen Charme erhält die Kirche aus dem frühen 13. Jahrhundert durch die mit Rankwerk und Familienwappen bemalte Holzdecke und den Willehad-Altar. Der hölzerne Glockenturm steht frei neben der Kirche.
Schlüssel beim Pfarramt nebenan
Hauptstraße 9, 21775 Ihlienworth
04755-214

2 ALFRED-WEGENER-INSTITUT

Der schiffsförmige Bau von O. M. Ungers gegenüber dem Schifffahrtsmuseum ist schon für sich ein atemberaubender Anblick. Wer sich mehr für die Arbeit der deutschen Polar- und Meeresforscher interessiert, findet im Foyer eine Reihe von Exponaten etwa zum Forschungsschiff „Polarstern" oder zur Neumayer-Station.
Columbusstraße, 27568 Bremerhaven
0471-48310, 0471-48311149
www.awi-bremerhaven.de

3 AUSSTELLUNG „AUFBRUCH IN DIE FREMDE"

In Bremerhaven nahmen in der zweiten Hälfte des 19. Jahrhunderts Generationen von Auswanderern Abschied von Europa. Ihnen ist diese eindrucksvolle und lehrreiche Multimedia-Ausstellung gewidmet, bei der ein junger Deutscher und eine junge Polin auf ihre Emigration nach Amerika begleitet werden.
Ausstellung in einer alten Lagerhalle am Weserdeich neben dem Radarturm hinter dem Deutschen Schiffahrtsmuseum
0471-20138, 0471-5902700
www.historisches-museum-bremerhaven.de
Von April bis Oktober
tgl. von 10-18 Uhr, Eintritt 5 Mark

4 DEUTSCHES SCHIFFAHRTSMUSEUM

Das zentrale Museum für die deutsche Schifffahrtsgeschichte zeigt von der über 600-jährigen Hansekogge, die 1962 in der Weser gefunden wurde, bis zum Hochseebergungsschlepper „Seefalke" und dem Schnellboot „Kranich", die gegenüber im Alten Hafen liegen, Schiffe und Objekte aus der deutschen Schifffahrt.
Hans-Scharoun-Platz 1
27568 Bremerhaven
0471-482070, 0471-4820755
www.dsm.de
tgl. 10-18 Uhr, Nov. bis März, montags geschlossen, Eintritt 8 Mark

5 GREETSIEL

Vom 650 Jahre alten Hafen Greetsiels fahren noch immer fast täglich rund 25 Fisch- und Krabbenkutter aus. Der idyllische Fischerort, angeblich der schönste Ort der Nordseeküste, ist zwar von hässlichen Ferienhaus-Agglomeraten umzingelt, hat aber allen Touristen zum Trotz seinen Charme behalten. Insbesondere, wenn sich die Tagesbesucher am frühen Abend allmählich verabschieden und langsam Ruhe einkehrt.
04926-91880, www.greetsiel.de

6 KUNSTHALLE EMDEN

Anfang Oktober wurde die erweiterte Kunsthalle in Emden neu eröffnet. Nach der Erweiterung hat die von stern-Gründer Henri Nannen und seiner Frau Eske initierte Kunsthalle jetzt nicht nur Platz für Nannens Sammlung deutscher Expressionisten und der Neuen Sachlichkeit, sondern auch für die als Schenkung neu hinzugekomme Sammlung des Münchner Galeristen Otto van de Loo, die sich vor allem Künstlern aus der zweiten Hälfte des 20. Jahrhunderts widmet.
Hinter dem Rahmen 13, 26721 Emden
04921-97500, 04921-975055
www.kunsthalle-emden.de
Di von 10-20 Uhr, Mi-Fr von 10-17 Uhr
Sa/So 11-17 Uhr, Eintritt 9 Mark

7 KLOSTER ZEVEN

Schon 1141 wurde das Benediktinerinnenkloster vom nahen Heeslingen nach Zeven verlegt. Besonders schön ist die schlichte romanische Klosterkirche mit ihrer wertvollen Innenausstattung und dem barocken Hut auf dem Turm. Im renovierten Kloster findet man ein Museum mit wechselnden Ausstellungen.
Auskunft über Samtgemeinde Zeven
27404 Zeven, 04281-7160

8 BOSSARD-HAUS

Das Bossard-Haus, oder genauer die Kunststätte Bossard, ist ein einmaliges Avantgarde-Ensemble mitten auf einer Waldlichtung bei Jesteburg-Lüllau. Der Schweizer Künstler Johann Michael Bossard (1874–1950) erbaute sich am Nordrand der Lüneburger Heide dieses Gesamtkunstwerk auf einem 30 000 Quadratmeter großen Grundstück. Da mischen sich Jugendstil, nordische Götterwelt und Expressionismus zu einer Melange aus Bildern, Skulpturen und architektonischen Wunderdingen.
Kunststätte Bossard, Bossardweg 95
Jesteburg, 04183-5112
Di bis Fr von 9-17, Sa/So bis 18,
ab Nov. tgl. 10 bis 16 Uhr
Eintritt frei, Spenden sind willkommen

9 WINDMÜHLE IN BARDOWICK

Voll funktionsfähig ist die alte Holländermühle in Bardowick (Landkreis Lüneburg) aus dem Jahr 1813 in der Nähe der B 4. Sie wurde erst vor ein paar Jahren von Grund auf renoviert. Zur Besichtigung werktags ganztägig geöffnet, sonst nach Absprache mit Herrn Meyer im Wohnhaus. Diese Mühle mahlt nicht nur 300 Tonnen Getreide im Jahr, sondern liefert auch Strom ins örtliche Netz!

Windmühle in Bardowick

10 WORPSWEDER KÜNSTLERHÄUSER

Das unwirklich klare Licht der Gegend und die schnell wechselnden Wolkenformationen am schier unendlichen Himmel, schlicht und treffend „Himmelschaft" genannt, inspirierten um die Jahrhundertwende Künstler wie Otto Modersohn, Paula Modersohn-Becker, Hans am Ende, Heinrich Vogeler oder Fritz Mackensen. Die Häuser, in denen sie lebten und arbeiteten, sind heute, wie Vogelers Barkenhoff, das Haus im Schluh oder das Modersohn-Haus, Museen.
Info über Worpsweder Touristik GmbH
Bergstr. 13, 27726 Worpswede
04792-950121, 04792-950123
www.worpswede.de

11 UNIVERSUM SCIENCE CENTER

Mit drei „Expeditionen" versucht das neue Museum den Geheimnissen der Erde, des Lebens und des Kosmos auf die Spur zu kommen. Alle drei Expeditionen beginnen mit der jeweiligen Entstehungsgeschichte und enden mit dem gemeinsamen Thema Zeit. Auf 4000 Quadratmetern in der silberglänzenden Muschel des Centers nahe der Universität laden 200 interaktive Stationen dazu ein, sich spielerisch mit der Welt wissenschaftlicher Forschung und Entdeckungen zu befassen.
Wiener Straße, 28359 Bremen
01805-101030
www.universum.bremen.de
tgl. 10-19 Uhr, Mi bis 21 Uhr
Eintritt 16 Mark

„Universum Science Center", Bremen

Die Meyer-Werft in Papenburg

12 MEYER-WERFT

Nirgendwo sonst in Deutschland werden so erfolgreich Ozeanriesen gebaut wie in Papenburg. Die Meyer-Werft legte in den letzten Jahren ein elegantes Traumschiff nach dem anderen auf Kiel, das anschließend seine spektakuläre Reise über die schmale Ems Richtung Nordsee antrat, darunter die „Oriana" und die „Galaxy". Bei einer eineinhalbstündigen Werftbesichtigung kann man beim Bau eines solchen Mammutschiffs mit bis zu 100 000 Bruttoregistertonnen im größten überdachten Trockendock der Welt zusehen. Die nächste Überführung ist für Anfang 2001 geplant.
Auskunft und Kartenreservierung von April bis Okt. (tägliche Besichtigungen um 14.30 und 15 Uhr) unter ☏ 04961-82300 auf der Brigg „Friederike" vor dem Papenburger Rathaus, bzw. von Nov. bis März (Besichtigungen Mi und Sa, jeweils 15 Uhr) unter ☏ 04961-6350 beim Kiosk am Rathaus

13 URWALD HASBRUCH

Der 630 Hektar große Hasbruch am Nordrand der Wildeshauser Geest ist ein lichter Mischwald. 38 Hektar im Zentrum des Hasbruchs sind schon seit den 30er Jahren als Urwald unter Naturschutz gestellt, das heißt, der Wald ist dort vollkommen sich selbst überlassen. Ein Spaziergang durch diesen Urwald, zum Beispiel zur Friederikeneiche ist ein beeindruckendes Naturerlebnis. Mächtige Baumriesen sind umgestürzt und vermodern.
Bei Delmenhorst

14 WALDMUSEUM IN GÖHRDE

Das Gebäude, in dem heute das Waldmuseum untergebracht ist, gehörte als „Celler Stall" zum Jagdschloss und bot 79 Pferden für die großen Jagden der deutschen Kaiser und Könige Platz. Das einzigartige Museum zeigt die Entwicklung der Jagd, Präparate des jagdbaren Wilds der Göhrde mit seinen Trittsiegeln, Präparate des Raubwilds von Fuchs bis zum Dachs und den Hannoverschen Schweißhund, den ständigen Begleiter der Jäger.
29473 Göhrde
März bis Okt. Di bis So von 10-17 Uhr im Winter nur nach telefonischer Vereinbarung ☏ 05855-675

15 KULTURELLE LANDPARTIE IM WENDLAND

Jährlich an Christi Himmelfahrt laden im Wendland Galeristen, Kunsthandwerker, Gastronomen, Organisationen und vor allem Künstler zu Tagen der offenen Tür. Zehn Tage lang stellen 450 Menschen und Organisationen in 70 Orten des Landkreises Lüchow-Dannenberg ihre Arbeit vor. Entstanden ist die Aktion aus der Initiative „wunde.r.punkte", in der sich Kreative aus allen Bereichen zum Protest gegen die Atomanlagen in Gorleben zusammengefunden hatten. Heute stehen die drei Ks – Kunst, Kunsthandwerk und Kulinarisches – im Vordergrund.
Infos über Kulturelle Landpartie c/o feffa e.V., Lüneburger Str. 18 29451 Dannenberg
☏ 05861-9883-13 05861-9883-11

16 NATURPARK DÜMMER

Der Dümmersee, Niedersachsens zweitgrößtes Binnengewässer im Zentrum des 472 Quadratkilometer großen Naturparks, ist Heimat vieler seltener Vogelarten, vom Kiebitz bis zur Trauerseeschwalbe. Am fischreichen Dümmer überwintern zahlreiche Wasservögel aus Nord- und Osteuropa. Der maximal 1,50 Meter tiefe See ist aber auch ein beliebtes Wassersportrevier und in den kalten Monaten ein idealer Platz zum Eissegeln oder Schlittschuhlaufen.
Auskunft über Verein Naturpark Dümmer, Niedersachsenstr.2 Kreishaus 49356 Diepholz
☏ 05441-9760 05441-9761762
www.duemmer.de

17 KUNSTWEGEN

Entlang der Vechte zwischen Nordhorn und der holländischen Stadt Zwolle finden Kunstinteressierte 70 zeitgenössische Skulpturen von Künstlern der Extraklasse, die in den letzten 20 Jahren dort entstanden sind. Mit dabei sind zum Beispiel Jenny Holzer mit ihrem „Black Garden", der Umgestaltung eines Kriegerdenkmals im Zentrum von Nordhorn, Ilya Kabakov mit seinem Projekt „Wortlos", zwei Edelstahldrahtfiguren bei Laar/Gramsbergen an der Grenze oder Peter Fischli und David Weiss mit einem faszinierenden hölzernen Weg durch das Birkenbestandene Torfmoor bei Bathorn.
Info über Städtische Galerie Nordhorn
☏ 05921-971100 (fax)05921-971105
www.kunstwegen.nordhorn.de

WWW. HOTLINES

www.niedersachsen.de und www.niedersachsenonline.de Das ganze Land von A-Z.
www.bremen.de Die offiziellen Bremer Stadt-Informanten.
www.tourismus.niedersachsen.de Mit Links zu allen Regionen.
www.bremen-tourism.de Info-Site mit Online-Buchung.
www.die-nordsee.de Infos für den Urlaub an der niedersächsischen Küste.
http://niedersachsen.alleskler.de Internet-Verzeichnis mit Unterkunftsnachweis.

18 AUTOSTADT WOLFSBURG

Eigentlich ist die Autostadt von VW in Wolfsburg nur ein Abholzentrum, in dem stolze Väter ihre neue Familienkutsche übernehmen können. Volkswagen hat daraus aber mit einem Aufwand von einer Milliarde Mark einen Themenpark rund ums Auto gemacht. Zwei gläserne Türme für je 400 Neuwagen, das modernste Hotel Europas, ein „Autolaboratorium" samt 360-Grad-Multimedia-Spektakel, das Konzern-Forum mit Kuben von Gerhard Merz, den Globen von Ingo Günther und der Installation von Nicolas Anatol Baginsky, das futuristische Zeithaus, sowie 600 Quadratmeter Kinder Welt und die Marken-Pavillons gehören zur Autostadt.
Autostadt GmbH, Stadtbrücke 38440 Wolfsburg
☏ 0800-28867823 0800-32928867
www.autostadt.de
tgl. 9-20 Uhr, im Winter bis 18 Uhr Eintritt 24 Mark

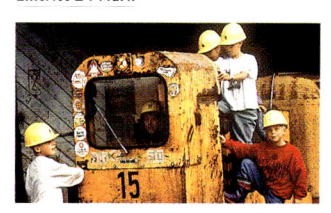

Rammelsberg in Goslar

19 WELTKULTURERBE RAMMELSBERG IN GOSLAR

Mehr als 1000 Jahre Bergbaugeschichte kann man am und im Rammelsberg erleben. Das Bergwerk mit seiner schon von außen bemerkenswerten Architektur kann bei vier unterschiedlichen Führungen besichtigt werden. Eine davon führt in einer dreistündigen Tour in Bergmannskluft in den mittelalterlichen „Ratstiefsten Stollen" aus dem 12. Jahrhundert. Im Roederstollen erleben die Besucher ein 200 Jahre altes Stollensystem mit gewaltigen Wasserrädern.
Rammelsberger Bergbaumuseum Bergtal 19, 38640 Goslar
☏ 05321-7500 05321-750130
www.rammelsberg.de
täglich 9-18 Uhr, Eintritt Museum und eine Führung: 15 Mark

20 BERGBAUSTADT CLAUSTHAL-ZELLERFELD

Die Universitätsstadt in den Höhen des Harz ist eine echte architektonische Rarität: Hunderte kleiner Bergmannshäuser aus Holz und Schiefer, in den unterschiedlichsten Farben von Rostrot bis Graublau bemalt, geben einem das Gefühl in Norwegen gelandet zu sein. Das verstärkt sich noch beim Anblick der Marktkirche zum Heiligen Geist, der größten Holzkirche Deutschlands mit Platz für 2200 Gläubige, einem Meisterwerk der Zimmermannskunst von 1642.
Auskünfte über Tourist-Information
☏ 05323-81024 05323-83962
www.harztourismus.com

TOUR (C)

WANDERREITEN IM LAPPWALD

Immer nur in der Abteilung in der Reithalle rechtsrum oder linksrum – welcher Reiter würde nicht gerne einmal quer durchs Land reiten, den ganzen Tag im Sattel, mitten in der Natur? Kein Wunder, dass Wanderreiten immer populärer wird, immer mehr Pferdefreunde sich für ein paar Tage oder eine ganze Woche ausklinken und rund um die Uhr ihrer Leidenschaft frönen. Wer sich nicht sicher genug fühlt, um sich alleine auf den Weg zu machen, vertraut sich dabei am besten einem **ausgebildeten Trekkingführer** *an, der die Wege kennt, Futter, Unterstellplätze und Übernachtungs-*

Wanderreiten im Lappwald bei Helmstedt

möglichkeiten organisiert und auch beim ungewohnten Dauerumgang mit den Pferden mit Rat und Tat zur Seite steht. Eine wunderbare, weil nicht so dicht besiedelte Gegend für solch einen Wanderritt ist das **ehemalige Grenzgebiet rund um Helmstedt.** *Von hier aus organisiert Trekkingführerin Barbara Lossau Wanderritte bis in die Altmark, zum* **Naturpark Elbufer-Drawehn, in den Elm oder in den Lappwald.** *Je nach Zeit und Ausdauer kann so ein Wanderritt bis zu einer Woche dauern. Vier Leihpferde stehen zur Verfügung, ansonsten kann auch jeder Reiter natürlich sein eigenes Pferd mitbringen.* **Besondere Reitkünste werden übrigens nicht verlangt** *– Erholung und Spaß stehen im Vordergrund.*

Auskunft über Windmühlenhof, Barbara Lossau, Zur neuen Breite 213b, 38350 Helmstedt
☏ 05351-537923 05351-595775

THÜRINGEN

Hochkultur und High Tech: Im Spannungsfeld von Klassik und Kommerz blüht das Land auf

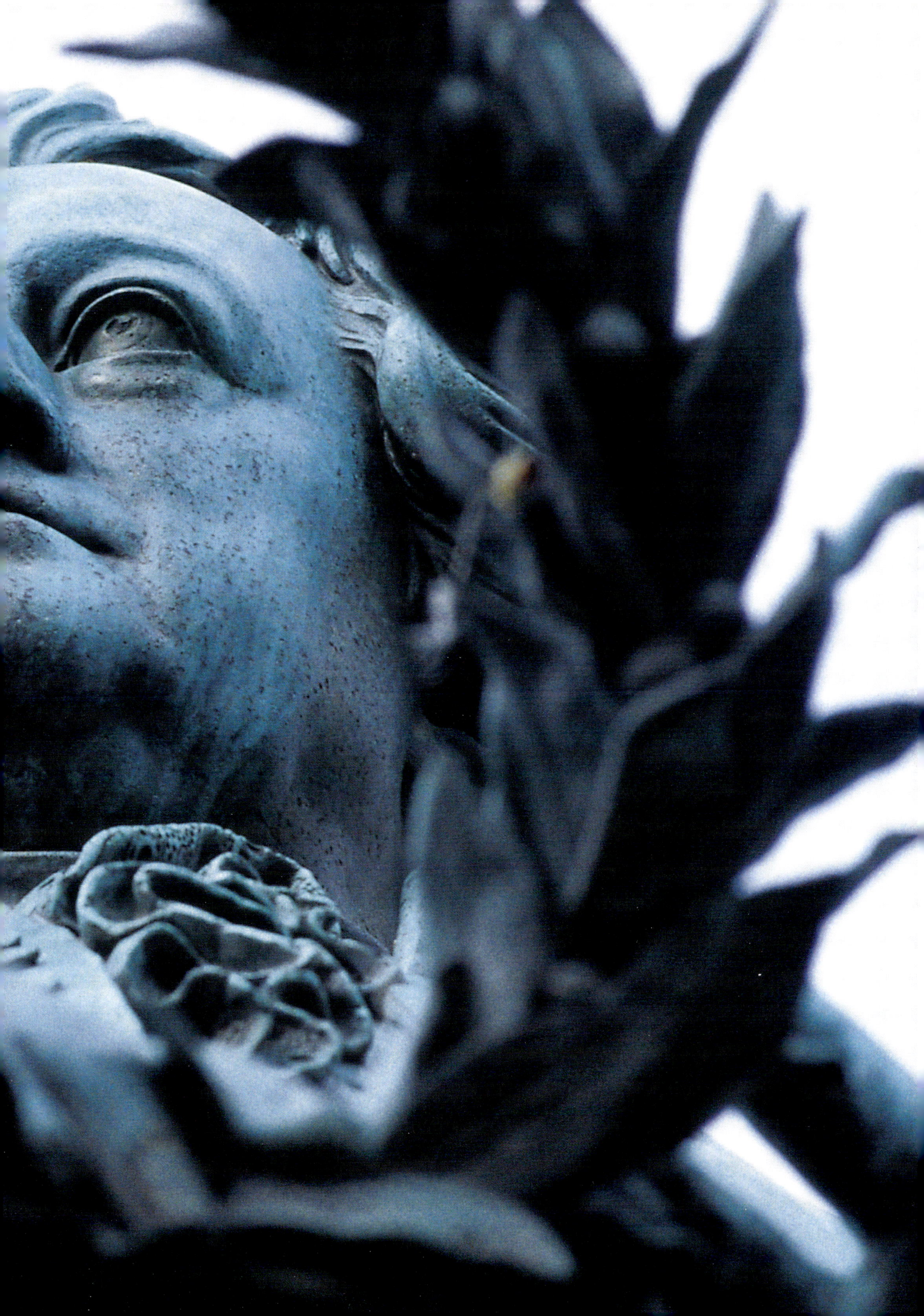

HADERERS DEUTSCHLAND-BILD

THÜRINGEN: HEIMAT DER KLASSIKER

ANGETIPPT

Uns Thüringern geht's boomig, denn wir sind für Besucher ein Muss, alles voller Kultur. Wir haben Goethe bis zum Abwinken und Schiller satt, reichlich **LUTHER** und volle Röhre J. S. Bach, den allerersten Gartenzwerg und nun auch noch den genauso treudeutschen Bernhard Vogel. Zum Zeichen von null Fremdenscheu haben wir diesen unseren **LANDESVATER** vertrauensvoll importiert als Gewinner der Wende, denn zu Hause von seinen eigenen Leuten abgemeiert, hat er bei uns wieder was zu sagen. Ein Reingezerrter also, aber willig, und mit seinem überbreiten Lächeln unbeirrbarer Zuversicht zieht er uns hoch, nicht nur die Mundwinkel. Nach dem ersten Wessiwirbel mit ruinösen **FREIZEIT-CENTERN** und Spaßbädern sind wir im Lebensstil längst wieder auf thüringisch Normalnull ohne Pseudoprotz mit eigener Cola und preisen – wo wir doch ein älteres Reinheitsgebot haben als die Bayern – unser urtümliches Bier, ob Thuringia oder Köstritzer, was allerdings Touristen nach dem vierten oft nicht mehr verständlich bestellen können. Sogar unser zweithöchster Berg darf so bleiben, wie er immer war, nämlich 978 Meter hoch. Ein Minister wollte den Schneekopf zwar auf 1000 Meter erhöhen wegen Weitblicks, aber für den zuständigen Bürgermeister war das der Gipfel. Solche hochfliegenden Ideen haben bei uns nur die Hinterwäldler, die wir milder Wäldler nennen – besonders Minister aus dem nach uns benannten Wald mit Höhenwanderweg, dem berühmten Rennsteig. Unsere Mentalität ist wie unsere rundlich wohlige Landschaft ohne schroffe Kontraste. Dass sich hier kahl geschorener Rassenwahn mausig macht, möchten wir gar nicht glauben. Streit pflegen wir an sich nur darüber, wie Kloßteig einzig echt gemischt wird und ob die **ROSTBRATWURST** in der Gerberstraße zu Weimar die beste ist, wenn auch mit Bautzener Senf, also leider sächsisch. Passend empfehlen wir unseren über jedes Weltniveau erhabenen Holzkohlengrill mit Abzugsrohr oder ein **GINKGO-BÄUMCHEN** aus Weimar, dessen glücksbringende Blätter schon Brontosaurus schätzte und später Goethe in einem Vers für seine Freundin Marianne von Willemer. Gut fürs Hirn im Alter und gegens Erlöschen der Sexualität.

THÜRINGEN IN ZAHLEN

Fläche: 16 172 Quadratkilometer
Einwohnerzahl: 2,46 Millionen
Einwohnerdichte: 152 Einwohner
pro Quadratkilometer
Sonnenstunden: Erfurt, 1592
Stunden im Jahr

Thüringen hat die größte Talsperre,
Bleiloch, Saale/Elbe mit 215 Millionen
Kubikmetern Stauraum
Thüringen hat die meisten Theaterplätze
pro 1000 Einwohner: 23,5,
Durchschnitt: 10,3 in Deutschland

FOTO-REPORTAGE

„Die Gegend ist herrlich, herrlich",

schrieb Johann Wolfgang von Goethe 1776 an den Weimarer Herzog Carl August über den Thüringer Wald, die grüne Lunge des heutigen Freistaates. „Authentisch" nannte er das Land. Was ganz schön neudeutsch klingt – aber auf jeden Fall besser als der Superlativ der sozialistischen Diktatur: „Viel Goethe, viel Grün – grüneres Grün als anderswo". Wilfried Bauers Foto-Impressionen über die Region im Herzen der Bundesrepublik beginnen im Vogteidorf Niederdorla, beim altgermanischen Opfermoor, angeblich der Mittelpunkt Deutschlands

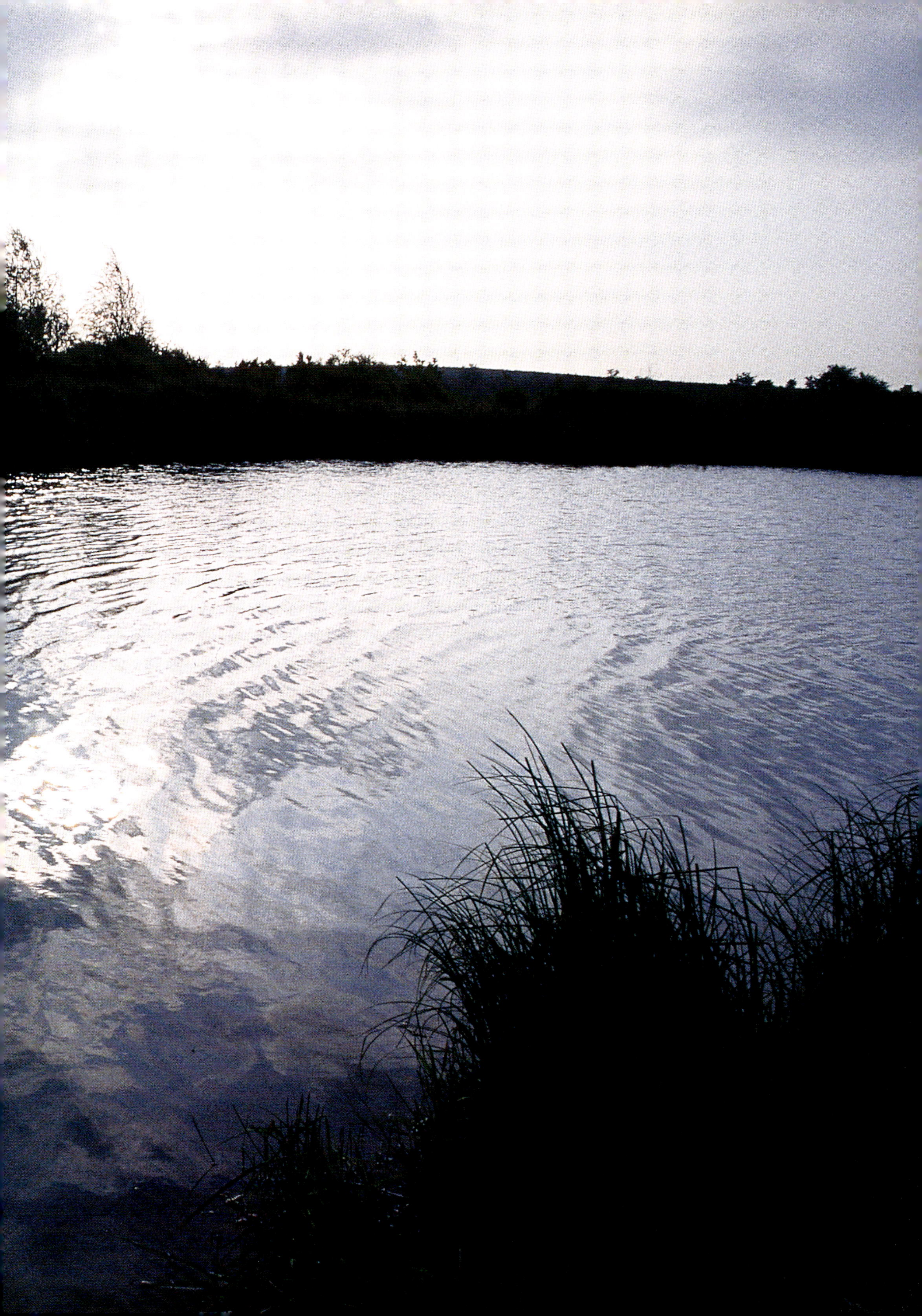

WO EIN GENIE HERANREIFTE

Arnstadt Anno Domini 1703: In der Kirche fand Johann Sebastian Bach seine erste Anstellung als Organist. 18 war er damals – ein Talent, nicht mehr. Vier Jahre arbeitete er hier. Heute spielt Kirchenmusikdirektor Gottfried Preller auf der Wender-Orgel, die in Teilen original, in Teilen rekonstruiert ist

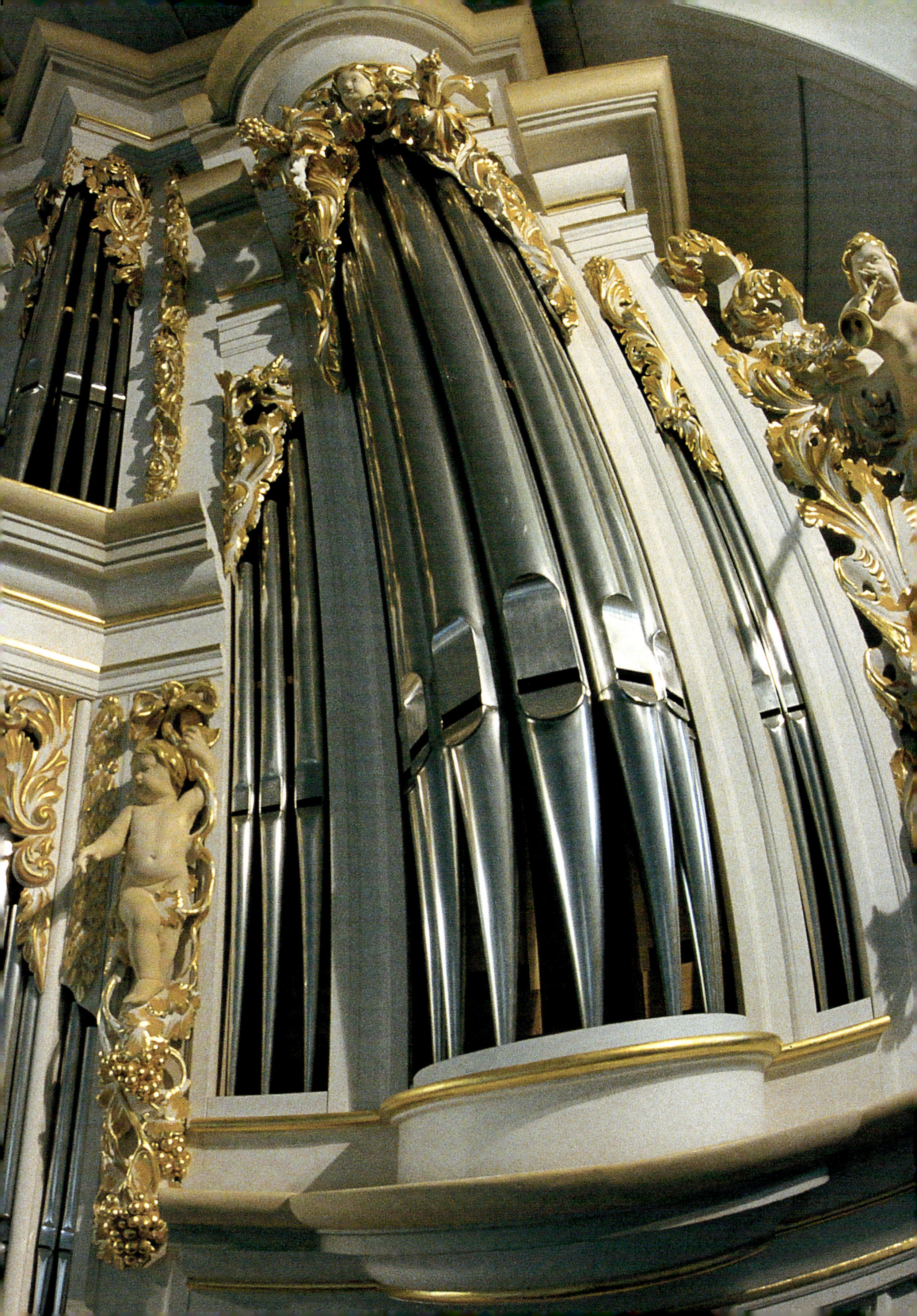

DAS SALZ DER ERDE

Wenn das Leben Mühe macht, helfen die feinen Nebel der Sole von Bad Salzungen. Ins so genannte Gradierwerk kommen Menschen mit Atemwegserkrankungen. Die zerstäubte Sole aus den Düsen des Brunnens richtet die Flimmerhärchen in den Bronchien auf, lindert Atemnot und Engegefühl. Die Wärme erleichtert die Bewegungen. Das Bad ist 1000 Jahre alt

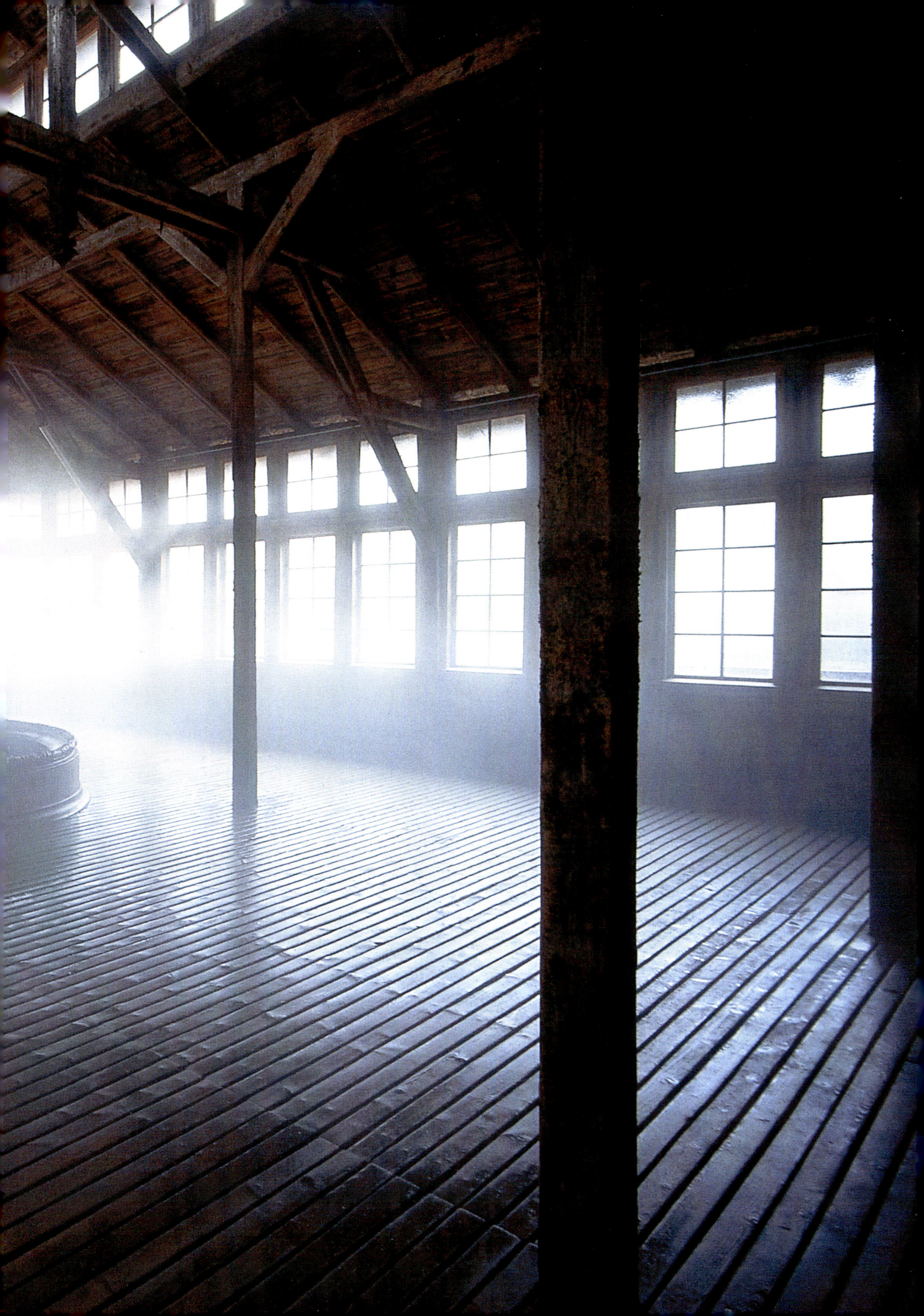

KUNST TRIFFT KOMMERZ

Freiraum für die Kunst am Fuße der Hauptverwaltung von Jenoptik: Auf dem Ernst-Abbe-Platz im Zentrum Jenas steht die Skulptur „Newburgh" des Amerikaners Frank Stella, Ehrendoktor der hiesigen Friedrich-Schiller-Universität. Der Jenoptik-Konzern stiftete der Stadt fünf Stella-Werke

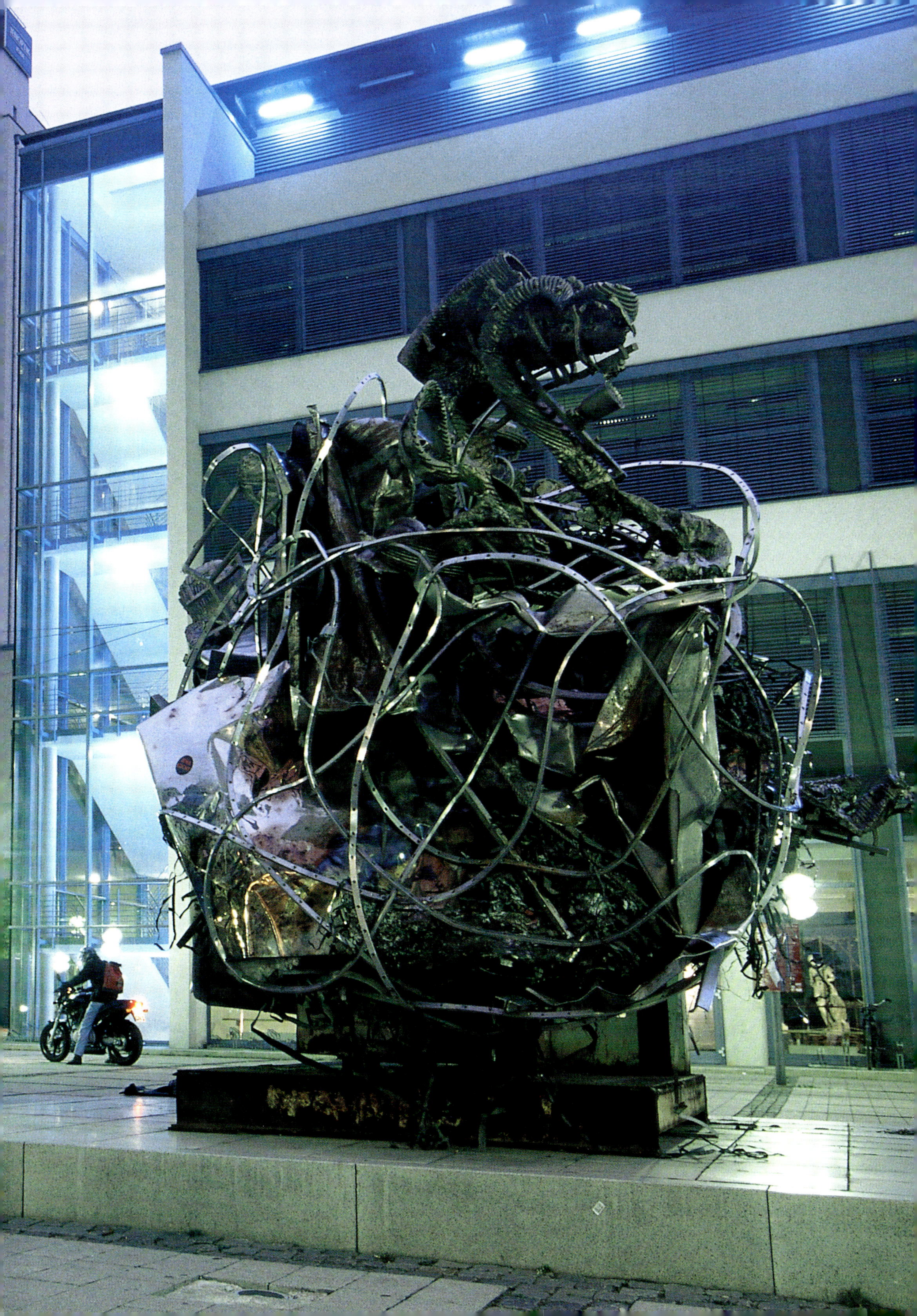

SCHAFES LAND IM MORGENNEBEL

Idylle zwischen Gotha und Arnstadt unweit der Wachsenburg, die zum Burgentrio „Drei Gleiche" gehört. Über die Landschaften und die Natur Thüringens sagte Dichterfürst Goethe einmal, sie seien „so rein und ruhig als eine große schöne Seele, wenn sie sich am wohlsten befindet"

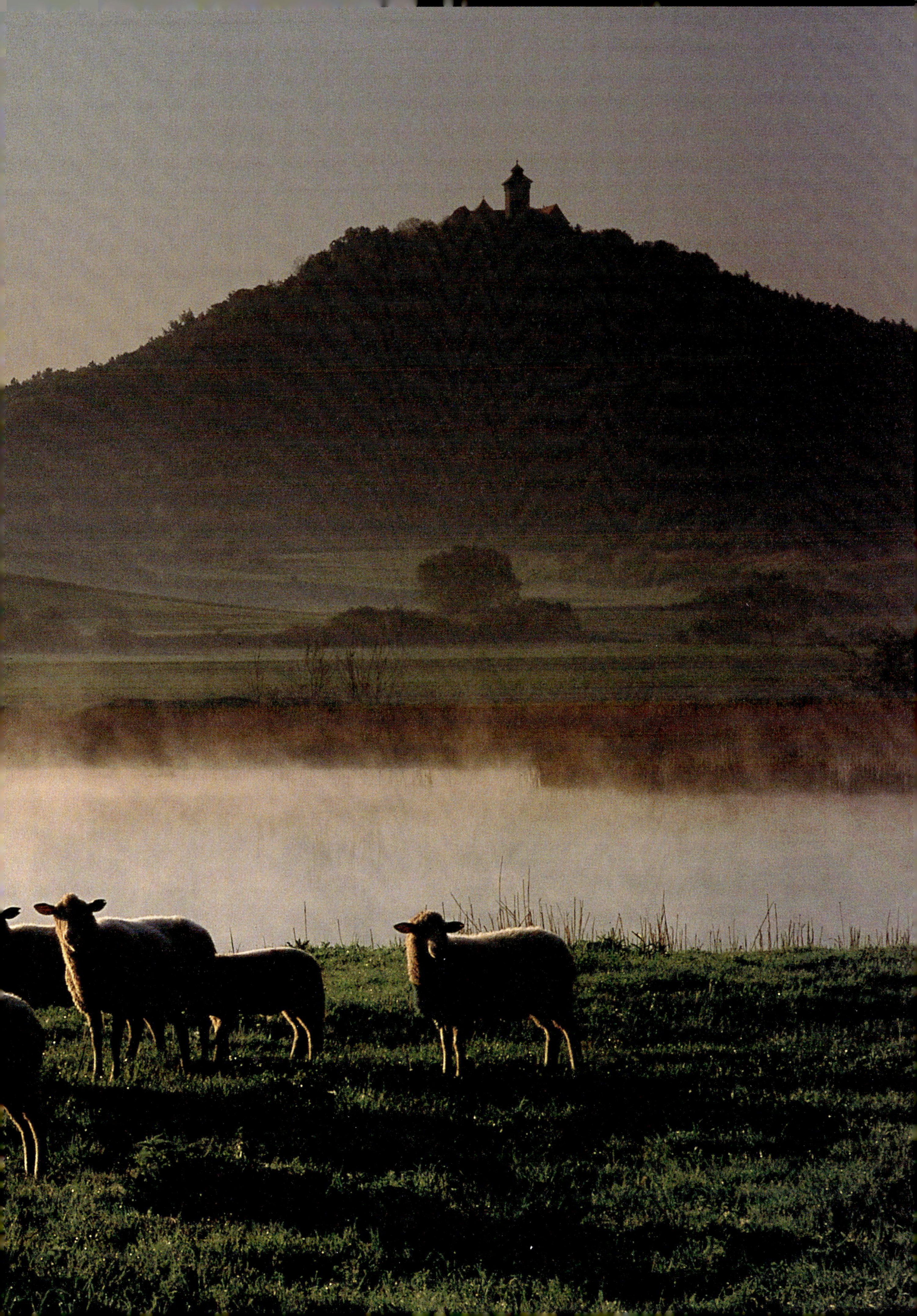

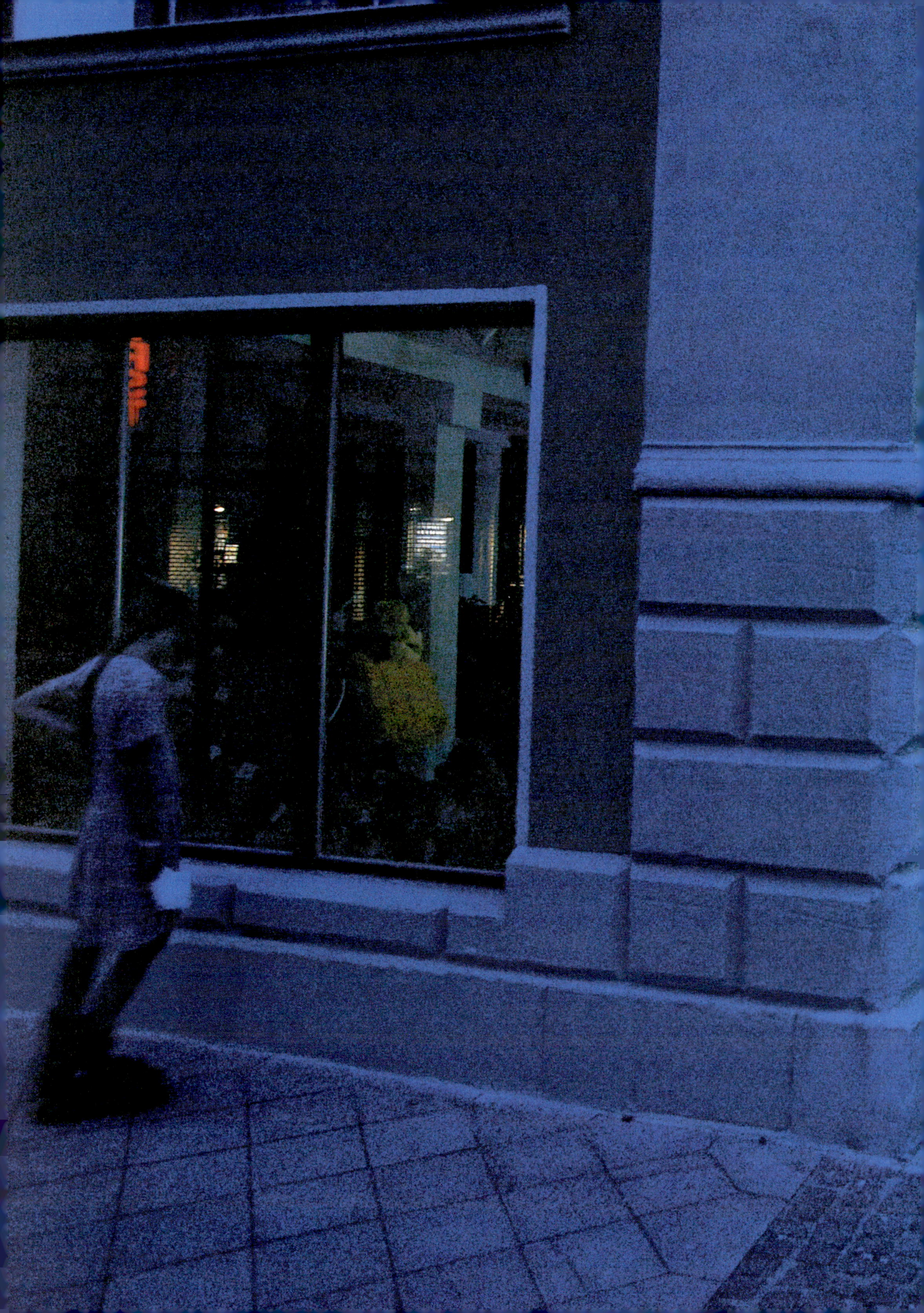

HIER SCHLAGEN KINDERHERZEN HÖHER

Da sitzt er nun, der größte Teddy der Welt. Stehen kann er nämlich nicht, jedenfalls nicht in seinem Zimmer in der Bahnhofstraße von Sonneberg: 5,30 Meter misst Teddy vom Ohr bis zur Sohle. 500 Kilo hat er sich angefuttert, der Bär aus Mohairplüsch. Die Spielzeugstadt Sonneberg heißt im Volksmund auch „Werkstatt des Weihnachtsmannes"

ESSAY

Es ist nicht das Gold, das glänzt

Wer zu den Goldwäschern im Fichtenwaldtal geht, muss Geduld mitbringen. Wenn er Glück hat, findet er ein Klümpchen – auf jeden Fall Nähe zu einem tiefgründigen Land

Weshalb bin ich bloß auf die gottverdammte Idee gekommen, das Goldwaschen in Thüringen beschreiben zu wollen? Und habe mich – weil die Gummistiefel im Camp nicht für alle reichten – barfuß in das septemberkalte Gebirgswasser der Grümpen gestellt? Ich hätte besser über den Dichterfürsten und Staatsminister Johann Wolfgang von Goethe und die deutscheste Klassikerstadt, über Luthers Bibelübersetzung auf der Wartburg und die diesjährigen Jubelklänge zum 250. Todestag des Thüringers Johann Sebastian Bach schreiben sollen. Oder über Schiller in Jena und Nietzsche in Weimar. Oder wenigstens über das weltbekannte Wahrzeichen des Freistaates, die Thüringer Rostbratwurst. Aber all das ist tausendmal gesagt, also hier jetzt nichts von Goethe und Christiane. Und erst recht kein Sterbenswörtchen über das durchgedrehte, in Därme gepresste und über Holzkohlenglut gegrillte Stück Schwein.

STATT KULTURELLER und lukullischer Gipfelbesteigung also lieber Schürfen in der im dunklen Fichtenwaldtal vom Rennsteig herunterfließenden Grümpen. Farnkraut am Ufer und glatt gewaschene, moosglitschige Schiefersteine im Bach. Ich balanciere im wadenhohen Wasser, in der einen Hand die plastene Goldwaschschüssel („Original aus Schweden"), in der anderen ein kleines Wasserglaschen, in dem ich die aus dem Flussschlamm gewaschenen Goldpartikelchen schwimmen lassen werde. Werde ich? Der Goldwäscherchef, ein bärtiger Mann mit Lederstiefeln und wie seine kanadischen Kollegen in brauner Lederweste und Lederhut, ermahnt uns zwölf Laien stetig zur Geduld. Thüringer Flussgold mit 87 Prozent Reinheit habe man schon im Main bei Frankfurt nachgewiesen. Aber noch blinkt es nicht gülden in meiner Schüssel, und mir sterben fast die Füße ab. Geduld sollen wir also haben, uns entspannen, die Gedanken fließen lassen.

Der Goldwäscherprofi sagt, ein richtiger Thüringer würde nicht vorzeitig aufgeben, die Thüringer hätten zu allen Zeiten mit Fleiß und Erfindungsgeist aus Nichts noch etwas gemacht, aus Sand beispielsweise Gold. Was wohl stimmen muss. Denn aus Thüringer Erde brannten sie fast zur gleichen Zeit und in gleicher Qualität wie Böttger in Meißen das später weltbekannte Thüringer Porzellanzeug. Aus dem Holz schnitzten sie Puppen und Spielzeug, das auf den Märkten vieler Länder begehrt war. Mit dem Schnee lockten sie Touristen und schürften Gold in Form von Olympiamedaillen für Thüringer Wintersportler. Aus Sand schmolzen sie Glas, und als die Glashütten nicht mehr alle Glasmacher satt machten – Glück und Glas gehörten fortan in Thüringen zusammen –, begannen sie Christbaumschmuck, künstliche Menschenaugen, Thermometerglas und technisches Glas zu blasen. Röntgen produzierte in Thüringen seine erste Röhre, und in Jena stellten die Zeissianer im 19. Jahrhundert gläserne Präzisionsoptik her. Aus dem Thüringischen Schiefer erhielten die Häuser ihre blau geschuppten Außenhäute und die Kinder Griffel und Schiefertafel. Und an den sonnigen Ufern von Saale und Unstrut bauten die Thüringer Deutschlands nördlichsten Wein an und verkaufen ihn inzwischen bis in die Pfalz.

Aus dem Eisenerz drehten die findigen Thüringer Arbeits-, Ess- und Schießwerkzeuge: Suhl wurde zur Waffenkammer Deutschlands. Und selbst aus der allergrößten Not, den unzähligen Kleinstaaten, die Thüringen in einen Flickenteppich verwandelten, machten die Bewohner noch eine Tugend: Denn in den Adelshäusern, auf den Burgen und Schlössern von Altenburg bis Meiningen wetteiferten die Herrscher nach dem Motto „Je kleiner das Ländle, desto bedeutender die Dichter und Denker" um die „ausländischen" Poeten und Philosophen. Und so ist Thüringen das traditionelle Einwanderungs- und Durchgangsland und noch heute – pro Kopf gerechnet – das Bundesland mit den meisten Theatern, Orchestern, Museen und Schlössern. Ein Reichtum, der das Ministerium für Kunst arm macht. Herder war in Thüringen, Jean Paul, Liszt, Reger, Wagner, Hegel, Fichte...

Aber nicht nur den kulturellen, sondern auch den wirtschaftlichen Innovationsschub verdankt Thüringen zum großen Teil seinen Ausländern. Die Greiner und Müller, die Väter von Glas und Porzellan im Thüringer Wald, kamen beispielsweise aus Schwaben und Böhmen. Und es war allemal zum Schaden des Landes, wenn man ausländische Avantgarde, wie die Bauhausleute um Gropius, nur weil sie „nackt badeten, Jazz hörten und philosophierten", aus Thüringen rausekelte. Damals wie heute (vor allem nach 1990) gilt deshalb: Thüringer, seid nett zu euren eingebürgerten Innovationsschüben! Zu Landesvater Vogel, zu Wirtschaftsminister Schuster, zum Chef der Eisenacher Opelwerke, zum Späth-Kapitalisten der Carl Zeiss Werke...

DIE GOLDWÄSCHEREI, SIE BRINGT wahrscheinlich wenig Profit, wird immer noch von Einheimischen gemanagt. Fast eine Stunde waschen wir nun schon den Flussschlamm in den Schüsseln, aber noch hat keiner geschrien: „Gold! Ich habe Gold gefunden!" Getroffen habe ich die zwölf Goldwäscher in Limbach auf dem Rennsteig, als sie sich in ein kleines am Hang duckendes Häuschen drängelten. Der Glasbläser drinnen, dessen Gesicht mit den schräg nach außen stehenden Augen im Widerschein des Bunsenbrennerfeuers an Mephisto erinnerte, zauberte in Sekundenschnelle aus Glasröhren seifenblasenzarte

LANDOLF SCHERZER
1941 in Dresden geboren, lebt und arbeitet der Schriftsteller seit über 30 Jahren in Thüringen. Im September erschien sein jüngster Roman, „Der Letzte"

Kugeln. „Das Glas ist nur zehn Sekunden formbar, danach kann man nichts mehr korrigieren." Über 20 Jahre macht er das. Zuerst im volkseigenen Steinheider Christbaumschmuckbetrieb. Nach der Wende verdingte er sich als Heimarbeiter bei der bayerischen Konkurrenz in Neustadt, und vor vier Jahren gründete der 40-jährige Helmut Bartholmes sein eigenes Unternehmen, eine Einmannfirma. Er versuchte nicht wie andere, viel und schnell zu produzieren, sondern spezialisierte sich auf die alten aufwendig bemalten Thüringer Formen: Kugeln, Spitzen, Tannenzapfen, Vögel, Weihnachtsmänner. Inzwischen beschäftigt er 17 Frauen, und nachts schleicht manchmal ein Konkurrent ums Haus und leuchtet mit der Taschenlampe in seine Musterwerkstatt. „Ideen muss man haben und sparsam sein!" Nur zwei Milligramm Silbernitrat träufelt er in jede Weihnachtskugel, um sie von innen zu verspiegeln. Wäscht sie aus und kann mit Hilfe von Ammoniak und einigen Hand voll Salz aus dem Spülwasser immerhin, wie er sagt, zwei Prozent Silber zurückgewinnen. Die Goldwäscher staunen.

FOTO WILFRIED BAUER

Zeugen deutschen Rassenwahns: Gedenksteine in Buchenwald

DER GOLDFLUSS GRÜMPEN – an seinen Schieferhängen pickelten sich Bergleute seinerzeit entlang der winzigen Goldadern in das Gestein und schliefen auch in den Löchern – entspringt nahe der Glasbläserwerkstatt in einem tümpelähnlichen Teich. Neben dem Teich steht ein vollbärtiger junger Mann, Klempnermeister, hier geboren, und erzählt den Touristen, dass es ihm gelungen sei, in diesem Teich eine neue Fischsorte, nämlich Thüringer Goldforellen, zu züchten. „Eine Delikatesse für die amerikanische Küche." Und der Wäldler holt als Beweis eine goldene Schuppe aus seiner Kombitasche. Ich höre sein Thüringer Berggeist- und Wurzelrumpellachen noch, als wir schon im Grund der Grümpen laufen.

Die „Goldwäscher" fahren seit vielen Jahren von Sachsen nach Thüringen, gehören zum Weißenfelser Ruderverein. Sie schwärmen vom „grünen Herzen Deutschlands", von den stolzen Burgen entlang der Saale, von der fruchtbaren Aue im Windschatten der Berge, von Erfurts historischer Altstadt, kennen auch Weimar und das über der Stadt drohende KZ-Buchenwald. Und haben auf der Weltausstellung das in Gera entwickelte Laserfernsehen – flach wie eine Leinwand – gesehen. Doch für sie alle besitzt Thüringen trotz neuer High-Tech- und Softwarezentren nur ein Markenzeichen: Wald und Wandern! Der Thüringer Oberwanderer ist Bernhard Vogel höchstpersönlich. In Knickerbockern durchstreift er mindestens einmal im Jahr auf einer Dreitagestour seinen Freistaat. Vor zwei Wochen traf ich ihn in der Suhler Hütte, in 925 Meter Höhe die höchstgelegene Thüringens. Er lief munter schwatzend voneweg, die Politiker und Bittsteller eilten mehr oder weniger schnaufend hinterher. Vor der Hütte wurde er mit der heimlichen Thüringer Nationalhymne „Ich wandere ja so gerne am Rennsteig durch das Land ..." mit Gulaschsuppe (obwohl die Staatskanzlei Linsensuppe bestellt hatte) und dem duftenden gegrillten Thüringer Wahrzeichen, über das ich, wie schon gesagt, hier kein Wort verlieren werde, empfangen und nach ausgiebiger Rast mit „Auf Wiedersehen, Landesvater"-Rufen verabschiedet. Stieg dann hinauf zum Schneekopf, einem der höchsten Berge in Thüringen, der jahrelang für Wanderer gesperrt war: Die Rote Armee hatte hier modernste Radaranlagen zur Beobachtung des Flugverkehrs im Westen und diverse Schweineställe zur Eigenversorgung der Truppe aufgebaut. Klarer, weiter Blick ins Land.

Der 44-jährige Goldwäscherchef Reiner Grünbeck, der mich tröstet, weil ich nur glitzernde Quarzkristalle aus dem Schlamm wasche, hat gerade wieder seinen Job verloren. Zuerst den als Fernmeldemonteur in Sonneberg, nun den als Hausmeister. Ich rate ihm, das Goldwaschen zum Beruf zu machen. Er grient. Sogar erfahrene Leute wie der Geologe Markus Schade, der flussabwärts das Goldmuseum Theuern leitet und schon an Geldwasch-Weltmeisterschaften in Kanada teilgenommen hat, bringt es in Thüringens Goldbächen nur auf einen Stundenerlös von 27 Pfennig.

Die schönste der Ruderfrauen findet schließlich ein Goldplättchen, das, so schätzt es der Chef nach einem Blick durch die Lupe, mindestens zwei Mark wert ist. Ich dagegen beende meine Versuche, nachdem ich, die Waschschüssel mit dem „Goldschlamm" wie ein Ertrinkender die Rumbuddel hochhaltend, der Länge lang ins Wasser gefallen bin. Höre noch, dass ein richtiger Thüringer nicht aufgibt und aus Dreck Gold macht.

Ich laufe den stillen Waldgrund – hier machte sogar ein Wende-Puff Pleite – hinauf zum Rennsteig, finde Maronen und Steinpilze, trockne meine Hosen auf den kräuterduftenden Wiesenhängen, vergucke mich in die kleinen schieferschuppigen Steinheider Häuschen. Und beobachte einen BMW-Bayern aus Coburg, der begeistert ein kleines Funkgerät ausprobiert. Er hat es in Neuhaus in der Funkbude von Klaus Nathan, früher Elektronikingenieur im Transistoren- und Röhrenwerk, gekauft. „Was der Mann baut, ist leichter, billiger und besser als die USA-Geräte." So gesehen sei es gut, dass der Röhrengroßbetrieb faktisch dichtgemacht habe. „Sonst hätte der Nathan dort ein Leben lang gearbeitet, wäre nie auf die Idee mit den Funkgeräten gekommen."

AUF DER HEIMFAHRT RUFT einer meiner Freunde – ein waschechter Thüringer – an. Er hat sich vor einem Jahr bei Schwickershausen für billig Geld einen der alten DDR-Grenzwachttürme gekauft. Oben, im Rundum-Beobachtungsraum, wo die Grenzer, die MPi entsichert, Wache schoben, steht nun seine Couchgarnitur. Unten im Technikraum lagert der Wein. Heute wollen der Thüringer Landrat Luther und der bayerische Landrat Steigerwald seine Grenzturmdatsche besichtigen. „Und könnten was tun, um das Dach endlich dicht zu machen. Du müsstest mir deshalb 20 Bratwürste mitbringen. Ohne den Pawlowschen Thüringenreflex – Bratwurstduftspeicheltropfen – läuft hier doch nichts, verstehst du?" Ich sage, dass ich versuche, es zu verstehen.

LANDOLF SCHERZER

80 AUSGEWÄHLTE ADRESSEN UND DREI EXTRATOUREN

Wo ist was in Thüringen?

SCHLAFEN 1
ESSEN 1
LEBEN 1
SEHEN 1
TOUREN A

SCHLAFEN

Alte Hämmelei in Bad Frankenhausen

1 ALTE HÄMMELEI

Urgemütliches Fachwerkhaus in einem alten Viertel von Bad Frankenhausen. Früher kamen Kaufleute, Bürger und Handwerksgesellen, heute Urlauber, die zum Kyffhäuser hinauf wollen. Unterm Dach gibt es eine Herberge, in der 13 Personen Unterkunft finden. In der Wirtsstube werden Frankenhäuser Spezialitäten serviert, im Sommer auch draußen auf der Gartenterrasse an der Stadtmauer.
Bornstraße 33
06567 Bad Frankenhausen
034671/5120 034671/51210
9 Zimmer, DZ ab 110 Mark

2 GRAUES SCHLOSS

Das Schloss im alten Ortskern von Mihla an der Werra war bis 1610 Herrensitz der Ritterfamilie von Harstall. Behutsam saniert und passend rustikal eingerichtet. Gelungen ist auch das Restaurant mit Jagdzimmer, Ritterstube und Ahnensaal. Von hier aus ist es nicht weit bis zum Nationalpark Hainich oder nach Eisenach.
Thomas-Müntzer-Straße 4
99826 Mihla
036924/42272 036924/42272
7 Zimmer, eine Hochzeitssuite
DZ ab 80 Mark

3 WINDMÜHLE HEICHELHEIM

Wem es in Weimar zu teuer ist, findet hier nahe der Klassikerstadt eine preiswerte Alternative. Die 1832 gebaute Holländermühle mit Restaurant und Biergarten steht mitten auf dem Land an einem kleinen Stausee. Das angrenzende Gästehaus aus DDR-Zeiten wurde unlängst zum Landhotel umgebaut. Frühstück gibt's in der Mühle für 15 Mark. Außer der Mühle hat das Dorf noch eine Attraktion – ein Museum rund um die Kartoffel und den Thüringer Kloß.
Im Dorfe 63, 99439 Heichelheim
03643/420522 03643/420522
www.windmuehle-heichelheim.de
11 Zimmer, 5 Suiten, DZ ab 62 Mark

4 HOTEL AUF DER WARTBURG

Eine luxuriöse und geschichtsträchtige Adresse. Einst fanden Walther von der Vogelweide und Martin Luther hier oben auf der Burg Quartier, heute genießen Touristen in der berühmtesten Herberge Thüringens die Burgromantik.
99817 Eisenach
03691/7970 03691/797100
www.wartburghotel.de
33 Zimmer, 2 Suiten, DZ ab 260 Mark

5 HOTEL NIKOLAI

Freundliches Hotel in der Innenstadt von Erfurt. Es liegt am Breitstrom, unweit des Augustinerklosters, der berühmten Krämerbrücke und der Erfurter Ausgehmeile, der Michaelisstraße. In dem denkmalgeschützten Haus gibt es eine imposante Treppe mit einem üppig geschnitzten Geländer. In den Zimmern stehen italienische Stilmöbel.
Augustinerstraße 30, 99084 Erfurt
0361/598170 0361/59817120
15 Zimmer, eine Suite, DZ ab 155 Mark

Hotel Nikolai in Erfurt

6 AMALIENHOF

Das charmante Haus liegt ideal im Zentrum von Weimar – nur ein paar Schritte von Goethes Wohnhaus und dem wunderschönen Ilm-Park entfernt. Es war einst das Wohnhaus des Hofadvokaten Karl August Büttner und wurde 1826/27 erbaut. Die Zimmer sind im klassizistischen Stil ausgestattet. Feine Speisen werden im hauseigenen Restaurant serviert.
Amalienstraße 2, 99423 Weimar
03643/5490 03643/549110
20 Zimmer, 2 Suiten, DZ ab 180 Mark

7 WOLFFS ART HOTEL

Drei Häuser in einem kleinen Park. Die Zimmer sind schlicht aber elegant im Bauhausstil eingerichtet, die Böden gefliest. Das Hotel liegt fünf Minuten vom Ilm-Park entfernt, sehr ruhig außerhalb des rummeligen Stadtzentrums.
Freiherr-vom-Stein-Allee 3a
99425 Weimar
03643/54060 03643/540699
www.wolffs-art-hotel.de
31 Zimmer, 3 Suiten, DZ ab 270 Mark

HOTELS, RESTAURANTS, WANDERTOUR

8 KAVALIERSHAUS
Das Hotel liegt mitten im romantischen Schlosspark von Reinhardsbrunn. Das Haus wurde 1601 im neogotischen Stil erbaut und war bis 1945 Gästehaus der Herzöge Sachsen-Coburg und Gotha. Reinhardsbrunn ist ein idyllischer Vorort von Friedrichroda im Thüringer Wald, etwa fünf Kilometer vom Inselsberg entfernt.
**Schlosspark Reinhardsbrunn
99894 Friedrichroda**
03623/304253   03623/304251
www.tc-hotels.de/kavaliershaus
19 Zimmer, DZ ab 180 Mark

9 VESTE WACHSENBURG
Die Veste ist eine von drei Burgen zwischen Erfurt und Eisenach – den „Drei Gleichen". Vom 800 Jahre alten Burgbau bietet sich ein herrlicher Fernblick auf den Thüringer Wald. Hier kann man wie die Ritter Spanferkel essen, Minnesängern lauschen oder ritterlichem Burgspiel zuschauen. Und natürlich übernachten.
**Veste Wachsenburg 91, 99310
Wachsenburggemeinde/OT Holzhausen**
03628/74240   03628/742461
6 Zimmer, 3 Suiten, DZ ab 170 Mark

Fröbelhof in Bad Liebenstein

10 FRÖBELHOF
In dem ehemaligen Gutshof nächtigte einst Friedrich Fröbel, der Erfinder unserer Kindergärten. Das Hotel liegt ruhig am Waldrand im ältesten und schönsten Kurort Thüringens im Süden des Thüringer Waldes, mit seiner bekannten eisen- und mineralhaltigen Kohlensäurequelle. Das Haus ist mit der Kurklinik nebenan verbunden.
**Heinrich-Mann-Straße 34
36448 Bad Liebenstein**
036961/510   03961/51277
32 Zimmer, DZ ab 150 Mark

11 SPORTHOTEL OBERHOF
Das Haus liegt am Waldrand im bekannten Wintersportort Oberhof. Von hier ist es nicht weit zu den Langlaufloipen, zur Bobbahn und zum Rennsteig. Die Zimmer sind mit gedrechselten Möbeln ausgestattet und haben einen Balkon. Zum Haus gehören vier Tennisplätze, ein Fitnessraum, Sauna und Solarium.
Am Harzwald 1, 98559 Oberhof
036842/2860   036842/22595
60 Zimmer, DZ ab 140 Mark

Japan-Hotel Sakura, Oberhof

12 JAPAN-HOTEL SAKURA
Das Hotel ist etwas ganz Besonderes. Ein Japan-Hotel mitten im Thüringer Wald. Rolf Anschütz kann eine Menge spannender Geschichten erzählen, denn er führte das Haus schon lange vor der Wende. Damals war es eines der wenigen bunten Flecken in der sonst so tristen Hotellandschaft. Die Zimmer sind alle in japanischem Stil gehalten, haben entweder Futons oder normale Betten.
Am Schlossberg 2, 98559 Oberhof
036842/22232   036842/20379
24 Zimmer, DZ ab 110 Mark

13 ROMANTIK BERG- UND JAGDHOTEL GABELBACH
Feines, schiefergetäfeltes Hotel direkt am Goethewanderweg im Thüringer Wald. Bis zur Goethegedenkstätte im Jagdhaus Gabelbach sind es nur ein paar Minuten zu Fuß. Auch zu Goethes Lieblingsberg – dem Kickelhahn – ist es nicht weit. Hallenbad, Bowlingcenter und Fitnessraum im Haus. Gehobene Küche im hauseigenen Restaurant.
Waldstraße 23a, 98693 Ilmenau
03677/8600   03677/860222
67 Zimmer, 24 Suiten, DZ ab 170 Mark

14 HOTEL SCHLOSS LANDSBERG
Ein wirkliches Kleinod mit Zinnen und Türmchen. Wilder Wein umrankt die Burgmauern. Himmelbetten warten auf Burgherren und Edelfräulein. Unter Kronleuchtern lässt es sich stilvoll tafeln. Eine Spindeltreppe mit einhundert Stufen führt hinauf in den Aussichtsturm mit Blick auf Meiningen und die thüringische Rhön.
**Landsberger Straße 150
98617 Meiningen**
03693/44090   03693/440944
www.castle-landsberg.com
11 Zimmer, 7 Suiten, DZ ab 170 Mark

15 SCHLUNDHAUS
Angeblich wurden in diesem Haus mitten in der Altstadt die berühmten Thüringer Klöße erfunden. Es hat einen auffälligen, über drei Etagen reichenden Holzerker. Das alte Haus wurde restauriert und stilvoll eingerichtet. Das Restaurant bietet Thüringer Spezialitäten.
Schlundgasse 4, 98617 Meiningen
03693/813838   03693/813839
www.castle-landsberg.com
**12 Zimmer, 8 Apartments
DZ ab 125 DM**

16 BAD HUNDERTPFUND
Gut geeignet für Familien mit Kindern ist dieses Feriendorf im Wald nahe Großbreitenbach und dem Rennsteig. Die modernen Holzhäuser hocken auf einem Hang. Jedes Haus hat zwei Etagen mit zwei großen Balkons und einem herrlichen Ausblick ins Grüne. Einige Zimmer sind rustikal, andere modern eingerichtet. Es gibt drei Haustypen – für zwei bis acht Personen.
**Bad Hundertpfund 1
98701 Großbreitenbach**
036781/38036   036781/38060
www.badhundertpfund.de
eine Woche in der Hauptsaison ab 700 Mark, Nebensaison ab 490 Mark

17 HAFLINGER GESTÜT MEURA
Eine Adresse für Pferdeliebhaber. Seit 30 Jahren werden in Meura Haflinger gezüchtet. Die Stuten werden gemolken. Die Milch dient als Medizin, wird zu Kosmetik oder Likör verarbeitet. Einfache Zimmer für Wanderreiter oder Familien. Kinder von 7 bis 14 Jahren können hier Ferien auch ohne Eltern verbringen.
Ortsstraße 116, 98744 Meura
036701/31151   036701/31152
3 Zimmer mit je 4 Betten, 4 Zimmer je mit 6 Betten, pro Person 35 Mark

18 SCHLOSSHOTEL EYBA
Ehemaliger Rittersitz derer von Könitz. Er liegt schön ruhig mitten im Thüringer Wald nahe Saalfeld und den berühmten Feengrotten. Der Sage nach geistert eine Weiße Frau durchs Gemäuer. Innen ist das Haus modern und edel ausgestattet. Sauna, Sportstudio, Billard gibt es auch. Hunde erlaubt, Anmeldung notwendig.
Ortsstraße 23, 07318 Eyba
036736/340   036736/3419
42 Zimmer, DZ ab 135 Mark

19 HOTEL RENNSTEIG
Eine Ausnahme im Thüringer Wald: ein moderner Hotelbau mit viel Glas, Metall und Kunst – mitten in der Natur. Die Zimmer sind hell und klar möbliert. Der schönste Ort aber ist das moderne Badehaus nebenan. Dort kann man stundenlang ausspannen und hinterher im eleganten Hotelrestaurant speisen.
Am Badehaus 1, 98666 Masserberg
036870/80   036870/8388
www.m-netz.de/hotel/kontakt.htm
**96 Zimmer, 5 Apartments
DZ um 200 Mark**

Hotel Rennsteig, Masserberg

20 KLOSTERMÜHLE
Kleines, freundliches Fachwerk-Hotel im idyllischen Werratal. Von den Mauern eines ehemaligen Prämonstratenserinnenklosters umgeben. Die Zimmer bieten einen schönen Blick über die Werrawiesen. In der Klosterklause mit ihrem gemütlichen Kachelofen gibt's Wildspezialitäten. Im Hofladen: Käse, Gebäck, Weine und Liköre. Jagen, Angeln, Bildhauern und viele andere Kurse werden angeboten.
Dorfstraße 2, 98646 Trostadt
036873/24690   036873/22142
www.landhotel-klostermuehle.de
**14 Zimmer, 1 Apartment
3 Ferienwohnungen
DZ ab 80 Mark**

Berg- und Jagdhotel Gabelbach

ESSEN

1 RESTAURANT IM HOTEL REICHENTAL

Wer im Südharz gut essen möchte, ist hier richtig. Das Restaurant bietet selbstverständlich Thüringer Spezialitäten wie Roulade mit Thüringer Klößen, Rostbrätel oder Sauerbraten. Aber auch feinere Gerichte. Der Küchenchef empfiehlt besonders die Thüringer Forelle, die ganz in der Nähe gefangen wird.
Rottleber Str. 4, 06567 Bad Frankenhausen
☎ 034671/680 034671/68100
Mo bis So von 10-24 Uhr
Hauptgerichte von 14-49 Mark

Zum Alten Hauptmann in Großfahner

2 ZUM ALTEN HAUPTMANN

Die Pension der Familie Fleischmann im Thüringer Becken steht ab 17 Uhr auch Fremden offen. Der ehemalige Bauernhof hat einen kleinen, netten Biergarten, wo die Wirtin Rostbrätel serviert. Verwendet werden nur ökologisch einwandfreie Produkte. Wer für 90 Mark im Doppelzimmer übernachtet, bekommt zum Frühstück selbst eingekochte Marmelade.
Gartenstraße 9, 99100 Großfahner
☎ 036206/2380 036206/23829
Di bis So von 17-24 Uhr
Hauptgerichte von 10-16 Mark

3 TURMSCHÄNKE

Das Restaurant im feinen Hotel Kaiserhof mit seiner Gourmetküche ist das beste in Eisenach. Innen ist es mit dunklem Holz getäfelt, die Tische sind dunkelrot eingedeckt. Die „Folterstube" lässt sich für ganz besondere Anlässe reservieren.
Wartburgallee 2, 99817 Eisenach
☎ 03691/213513 03691/203653
www.romantikhotelkaiserhof.de
Mo bis Sa von 18-24 Uhr, So geschlossen
Hauptgerichte von 39-45 Mark

4 ALBOTH'S RESTAURANT

Der Berliner Claus Alboth hat sein Handwerk im Steigenberger gelernt und bietet seit drei Jahren in seinem kleinen Edelrestaurant mit 35 Plätzen die feinste Küche von Erfurt. Unter der dunklen Balkendecke genießen der Ministerpräsident Bernhard Vogel und das Thüringer Kabinett Ravioli von Blut- und Leberwurst oder Taubenbrust mit Gänsestopfleber. 180 Weine stehen auf der Karte.
Futterstraße 15, 99084 Erfurt
☎ 0361/5688207 0361/5688181
Mo bis Fr von 11.30-13.30 Uhr und ab 18.30 Uhr, Sa ab 17.30 Uhr, So abend geschlossen,
Hauptgerichte ab 26 Mark

5 CASTELL

Das Restaurant liegt etwas versteckt in einer Seitengasse 200 Meter vom Dom direkt neben dem Hochzeitshaus. Carsten Schüller ist stolz auf den Erfolg seiner Kochkunst. Alle Gerichte sind wunderhübsch angerichtet. Um seine Seeteufel oder Wachteln zu genießen, kamen schon Phil Collins, Bonnie Taylor und die Münchener Freiheit vorbei.
Kleine Arche 4, 99084 Erfurt
☎ 0361/6442222 0361/6442222
www.restaurant-castell.de
Mo bis Sa von 12-15 Uhr und 18-24 Uhr
So bis 22 Uhr, Hauptgerichte 20-39 Mark

6 ALT WEIMAR

Der italienische Koch kreiert in der Weinstube von 1909 natürlich Gerichte mit mediterraner Note – Stubenküken oder eingelegte Calamari. Beindruckend sind die großen Jugendstilfenster. Überall im holzgetäfelten Restaurant hängen Fotos aus Großmutterns Zeiten.
Prellerstraße 2, 99423 Weimar
☎ 03643/86190 03645/861910
www.alt-weimar.de
Mo bis So von 11.30-23.30 Uhr (Küchenschluss), Hauptgerichte 18-26 Mark

7 ANNA AMALIA

Das Restaurant im berühmten Kempinski Hotel Elephant gehört zu den allerersten Adressen für Feinschmecker in Thüringen. Den Erfolg verdankt das Haus dem Italiener Marcello Fabbri, der inzwischen zum Küchenchef aufgestiegen ist. Hier kommen so edle Kreationen wie Lammcrepenetten an gefüllter Polenta oder mit Portwein gelackte Kalbsniere auf den Tisch.
Markt 19, 99423 Weimar
☎ 03643/8020 03643/802610
Tägl. 12-15 und 18.30 bis 23.30 Uhr, Hauptgerichte ab 24 Mark

Anna Amalia im Hotel Elephant, Weimar

8 DOROTHEENHOF

Hier lässt's sich genießen wie zu Goethes Zeiten, denn manche Gerichte stammen aus dem Kochbuch der Christiane Vulpius, so der Spinatpudding mit kräftiger Soße, gebratene Koteletts und Kartoffelpüree. Außer dem feinen Restaurant gibt es noch die Küchenstube, ein gemütlicher Ort, um den Abend zu verbringen.
Dorotheenhof 1, 99427 Weimar
☎ 03643/4590 03643/459200
Mo bis So von 6.30-23 Uhr
Hauptgerichte 12-28 Mark

Café Residenz in Weimar

9 CAFÉ RESIDENZ

Das Lieblingscafé der Weimarer ist schon 160 Jahre alt und damit das älteste der Stadt. Direkt am Markt treffen sich hier Studenten, Bauhäusler und Musiker zum Schwatz in Wiener Kaffeehaus-Atmosphäre. Spezialität ist der Kaiserschmarren.
Grüner Markt 4, 99423 Weimar
☎ 03643/59408 03643/502560
www.residenz-cafe.de
Mo bis Fr 8-1 Uhr, Wochenende und feiertags ab 9 Uhr, Hauptgerichte 14-23 Mark

10 GEISSENALM

Das schlichte Blockhaus mitten im Wald hat Dieter Koch selbst gebaut. Und wenn bei ihm Wildsuppe im Topf kocht, hat der passionierte Jäger das Tier selbst erlegt. Ansonsten gibt's für hungrige Wanderer Huller (Frikadelle), Haxe und Rostbratwurst. Hier wird noch typisch thüringische Lebensart gepflegt – bei Hüttenabenden mit Liedern von Herbert Roth.
Vorderer Nesselrain 1, 99842 Ruhla
☎ 036929/63584 036929/63584
Di bis Fr von 12-22 Uhr
Fr/ Sa bis 24 Uhr, So von 10-20 Uhr
Hauptgerichte von 9-16,80 Mark

11 ROMANTIK-SCHENKE

Wer direkt im Thüringer Wald mal etwas anderes essen will als Rostbrätel, ist hier in Tabarz richtig. In dem hübsch restaurierten Fachwerkhaus gibt es vor allem viel Fisch, Hummergarnelen, gefülltes Schollenfilet, Austern und Wildlachs.
Inselsbergstr. 83, 99891 Tabarz
☎ 036259/62434 036259/62434
Di bis Fr von 18-24 Uhr
Sa/So ab 12 Uhr
Hauptgerichte 25-41 Mark

12 GOLDENE AUE

Die Kelten waren hier. Auf dem Öchsen- und Dietrichsberg in der thüringischen Rhön stehen ihre Hügelgräber. Annerose und Herbert Stütz kochen deshalb für alle Fans von Asterix und Obelix ein Keltenmahl: mit Wildschwein, Fischen und Pilzen.
36404 Sünna/Rhön
☎ 036962/2670 036962/26777
www.keltenhotel.de
Mo bis So von 11-23 Uhr
Hauptgerichte 12-28 Mark

TOUR (A)

DURCHS SCHWARZATAL

Das Schwarzatal ist ein wildromantisches Tal im **Thüringer Wald**. Gurgelnd schlängelt sich die Schwarza hindurch. Mit dem Auto bis zum Parkplatz Obstfelderschmiede. Dort umsteigen in die **Oberweißbacher Bergbahn**, eine der steilsten Standseilbahnen der Welt. Die 1,4 Kilometer bis **Lichtenhain** hochziehen lassen, dann loswandern, quer durch den Wald Richtung **Unterweißbach** auf den mit einem Schrägstrich oder blauem Kreuz gekennzeichneten Weg. Durch Unterweißbach, dann die Talsohle entlang, durch **Sitzendorf** – wo Zierporzellan hergestellt wird –

Die Schwarza bei Bad Blankenburg

Richtung **Schwarzburg**. Bei der Tanzbuche wieder in den Wald bis zum **Aussichtspunkt Schwarzburg Blick**. Im Hotel Schwarzaburg (☎ 036730-22347) rasten, wo **Friedrich Ebert** 1919 die Weimarer Verfassung unterschrieb. Dann weiter durch den wildesten Teil des Tals mit seinen schroffen Berghängen. Buchen und Tannen drängen sich so aneinander, dass kaum Licht den Schieferboden erreicht. Weil das Wasser hier fast schwarz aussieht, heißt der Fluss **Schwarza**. Bis nach **Bad Blankenburg**, mit dem Zug zurück.

Anfahrt: über A 4 bis Abfahrt Weimar Richtung Rudolstadt, weiter bis Bad Blankenburg und Obsterfelderschmiede

RESTAURANTS, AKTIVITÄTEN, WANDERTOUR

Die Posthalterei in Meiningen

13 VILLA FEODORA
Die Fachwerk-Villa mit Lüftelmalerei nach Entwürfen des Dresdner Malers Ludwig Richter war Sommerresidenz von Georg II. im schönen Kurort Bad Liebenstein. Innen beindrucken vor allem die üppigen Deckenmalereien. Zu empfehlen ist die frisch geräucherte Forelle.
Friedensallee 4, 36488 Bad Liebenstein
036961/33333 036961/69600
Mi bis Mo ab 14 Uhr
Hauptgerichte 17-34 Mark

14 GESINDESTUBE
Das 360 Jahre alte Fachwerkhaus nahe dem Trusetaler Wasserfall ist mit Stilmöbeln ausstaffiert. Hier sitzt es sich einfach nett. Im Sommer auch draußen, denn zum Restaurant gehört ein weinlaubumrankter Innenhof. Die Hausspezialität: Schweinefleisch, gefüllt mit Pilzen, Gemüse und Kräutern.
Karl-Marx-Straße 28, 98596 Trusetal
036840/80486
Mo bis Sa 11.30-14 Uhr und 17.30-24 Uhr
Hauptgerichte 15 bis 25 Mark

15 LUCHS
In dem Tal wurde 1819 der letzte Luchs erlegt, die Jäger feierten das Ereignis zünftig. Daher der Name von Hotel und Restaurant. Hier gibt es echte Thüringer Köstlichkeiten wie Köstritzer Schwarzbierbrotsuppe und Thüringer Tüschel mit heißen Schattenmorellen.
99885 Luisenthal
036257/40100 036257/40433
Mo bis So 12-21 Uhr
Hauptgerichte 17-28 Mark

16 HEILE SCHERN
Die 400 Jahre alte Scheune liegt in der thüringischen Rhön. Hier wird mehr als Bratwurst und Haxe geboten. Unterm Dach gibt's altes Handwerkszeug der Bauern zu sehen und Betten im ehemaligen Schweinestall zum Übernachten.
Lindenstraße 1, 36419 Spahl/Rhön
036967/51088 036967/51034
Mai bis Okt. ab 13 Uhr, April bis Nov
Di bis Fr ab 17, Sa und So ab 13 Uhr
Küche bis 21.30 Uhr
Hauptgerichte 6-25 Mark

17 BURG MAIENLUFT
Am südlichen Rand Thüringens, in der Karnevalstadt Wasungen, steht die Burg Maienluft mit einem unvergleichlichen Blick über das Werratal, den man bei gutem Wetter vom Biergarten aus genießen kann. Im Burgrestaurant werden Thüringer Klassiker serviert: Wildschwein- und Hirschbraten mit Thüringer Klößen.
98634 Wasungen/Thüringen
036941/7840 036941/78450
Di bis So 11-23 Uhr
Hauptgerichte 14-23 Mark

18 POSTHALTEREI
Viel gelobtes Restaurant im schönen Romantik-Hotel Sächsischer Hof, das im Jahr 1800 fertiggestellt wurde. Hier schliefen einst so bekannte Gäste wie der Musiker Johannes Brahms.
Georgstraße 1, 98617 Meiningen
03693/4570 03693/457401
www.romantikhotels.com
Mo bis So 11-14 Uhr und 17-24 Uhr
Hauptgerichte 20-60 Mark

19 ROKOKO-CAFÉ
Ein hinreißendes Café im „Ernestiner Hof", ausgestattet im Stil des Rokoko. Alle Torten, Kuchen und Pralinen kommen aus der hauseigenen Konditorei. Wie die „Ernestiner Torte", ein Gedicht aus Amaretto, Mandeln und Buttercreme.
Ernestiner Straße 9, 98617 Meiningen
03693/478053 03693/478055
Mo bis So 9-20 Uhr
Süßes 2,50-9 Mark

20 SCHIEFERHOF
Das Hotel lädt zum Rendezvous der Sinne, der Küchenchef Christian Werner auch. Auf der Karte stehen Leckereien wie rosa gebratene Entenbrust in lieblicher Traubensauce und hausgemachtes Kefirparfait. Ein Hit ist die „Lichte Forelle mit Kartoffelstampf". Der Fisch stammt aus der Lichte. Er wird frisch geräuchert und dann warm serviert.
Eisfelder Straße 26, 98724 Neuhaus
03679/7740 03679/774100
Mo bis So 12-15 Uhr und 18-24 Uhr
Hauptgerichte 13-30 Mark

Hotel und Restaurant Schieferhof

LEBEN

Ballonfahren in Weißensee

1 BALLONFAHREN
In den Himmel steigen und den herrlichen Blick übers Thüringer Becken genießen. Etwa fünf Stunden dauert das Abenteuer Ballonfahrt von der Vorbereitung über den Flug bis zur Ballonfahrertaufe. Gestartet werden kann an verschiedenen Plätzen: in Weißensee, Gotha, Erfurt, Jena oder Possen.
Ballonteam Reiche, Promenade 2, 99631 Weißensee
036374/20581 036374/20582
www.ballonteam-reiche.de
Erwachsene zahlen für
1½ Stunden 330 Mark

2 TOSKANA THERME
Hier baden die Gäste nicht nur im Wasser, sondern in Musik und Licht. Liquid Sound, flüssiger Klang – so heißt die Attraktion im hypermodernen Badetempel von Bad Sulza. Entspannung pur für gestresste Seelen. Unbedingt Aqua-Wellness probieren: Die Gäste werden von den Aqua-Wellness Bodyworkers im Wasser begleitet, ja sogar unter Wasser geführt – ein traumhaftes Erlebnis.
Wunderwaldstraße 2a, 99518 Bad Sulza
036461/91080 036461/91088
www.liquid-sound.com
Do bis So 10-22 Uhr, Fr/Sa bis 24 Uhr, Vollmondbaden bis 2 Uhr
Zwei Stunden für Erwachsene 18 Mark
für Kinder 10 Mark

3 SILBERSCHALE
Ein angesagtes Lokal für den Abend in Erfurt. Auf der großen Terrasse sitzt man direkt über dem Flüsschen Gera und kann den Enten zugucken. Das Lokal nimmt mehrere Etagen ein. Das Essen ist mäßig, dafür ist die Stimmung gut. Vom Punk bis zum Popper fühlen sich bis spät in die Nacht alle wohl.
Kürschnergasse 3, 99084 Erfurt
0361/5661452 0361/5661452
täglich 9-3 Uhr

4 DOUBLE B
Eine der ersten Nachwende-Kneipen in Thüringens Hauptstadt und immer noch beliebt. Man sitzt an rohen Holztischen im mittelalterlichen Andreasviertel, das völlig in sich zusammengefallen wäre, hätte die DDR noch länger existiert. Hier gibt's nicht nur nette Leute und Bier, sondern auch Frühstück bis 23 Uhr. An den Wänden hängen Bilder junger Künstler aus der Region.
Marbacher Gasse 10, 99084 Erfurt
0361/2115122
Mo bis Fr 8-1 Uhr, Sa/So ab 9 Uhr

ACC Galerie im Kunsthaus, Weimar

5 ACC
Mal was anderes als Goethe und Schiller. Das Kunsthaus wurde kurz vor der Wende gegründet und gehört zu den spannendsten neuen Kulturadressen der Stadt. Wechselnde Ausstellungen moderner Kunst, Tanz, Installationen – im Restaurant treffen sich viele Künstler und Kunstarbeiter.
Burgplatz 1+2, 99423 Weimar
03643/851261 03643/851263
www.acc-weimar.de
Galerie Di bis So 12-18 Uhr

6 ROSENKELLER
Der Studentenklub in Jena. Lesungen, Disco, Konzerte – das ganze Programm findet in einem düsteren Tonnengewölbe statt. In der oberen Bar werden internationale, auch kuriose Biere verkauft – alle aus der Flasche – und guter Whisky.
Johannisstraße 13, 07743 Jena
03641/931190 03641/931192
www.rosenkeller.org
Di bis Sa ab 21 Uhr

Bürgeler Keramik

7 BÜRGEL ERLEBEN

Weiße Punkte auf blauem Grund, das ist das Markenzeichen der berühmten Keramik aus Bürgel. Seit dem 17. Jahrhundert wird in der kleinen Stadt Geschirr getöpfert. Wer den Töpfern bei der Arbeit zuschauen will, kann das in der Schauwerkstätte tun, und wer das Steinzeug kaufen will, der wird in den anderen Werkstätten der Stadt oder auf dem Bürgeler Töpfermarkt (am letzten Wochenende im Juni) fündig werden.
**Alt-Bürgeler Blau-Weiß GmbH
Bahnhofstraße 4
07646 Bürgel**
☎ 036692/22375

8 WANDERN

Der Thüringer Wald ist ein Paradies für Wanderer und der Rennsteig der berühmteste deutsche Wanderweg. Hier eignet sich eigentlich jeder Ort zum Loslaufen und Naturerleben. Wer die Strecken nicht allein erkunden möchte, dem bietet der kleine Ort Brotterode am Rennsteig siebentägige geführte Hüttenwanderungen an – für 175 Mark pro Person.
Infos über Haus des Gastes, Bad Vilbeler Platz 4, 98599 Brotterode
☎ 036840/3333 036840/3335
 www.brotterode.de

9 ALTERNATIV REISEN

Wer Thüringen einmal ganz echt erleben will, ist bei Norbert Dagg richtig. Der Einmannunternehmer fährt seine Gäste auf Luthers Spuren, ins ehemalige Grenzland, zu Glasmachern und Thüringer Originalen – und er kennt einen Sack voll Geschichten. Die Reisen enden immer im Gundermannschen Haus, einem Forsthaus aus dem 17. Jahrhundert, das er eigenhändig restauriert. Höhepunkt der Reise ist das Krustenbraten-Essen in der alten Backstube.
**Norbert Dagg, Dörrberg 3
99330 Gräfenroda**
☎ 036205/77227 036205/77206
 www.thelaner.com/th.anders

10 FLÖSSEN AUF DER SAALE

Die Nachfahren der Uhlstädter Flößer machen das Floßfahren auf der Saale heute wieder möglich: Eine Fahrt auf schwankenden Planken führt zum Beispiel von Camburg nach Großheringen oder von Kirchhasel nach Uhlstädt, beide Touren dauern zwei bis drei Stunden. Auch im Schlauchboot geht's auf die Saale. Zum Beispiel von Kahla nach Bad Kösen.
**Infos über RFVV Saaleland e.V.
Im Oberhof 108, 07407 Uhlstädt**
☎ 036742/63534 036742/63536
 www.thueringen.de/saaleland
**Flößen pro Person ab 32 Mark
Schlauchboot pro Person ab 31 Mark**

Offroad-Tour im Thüringer Wald

11 ADVENTURE-OFFROAD-TOUREN DURCH DEN THÜRINGER WALD

Vor allem für Geländewagen-Fans. Das Angebot reicht von einfachen Tagestouren über Raubritterfahrten von Burg zu Burg, immer querfeldein, aber natürlich nur auf erlaubten Wegen – mit Übernachtungen in alten Gemäuern und zünftigem Ritterschmaus. Am besten, man besitzt ein eigenes geländegängiges Gefährt, Mitfahrten werden aber auch organisiert.
**Iris Roßberg, Karl-Marx-Straße 5b
07958 Hohenleuben**
☎ 036622/77107 036622/77107
 www.adventure-offroad.de

12 BOBFAHREN IN OBERHOF

Oberhof ist berühmt für Wintersport im Allgemeinen und den Bobsport im Besonderen – und das seit 1909. Wer den Nervenkitzel liebt, der kann selbst die kurvige Bahn hinunterrasen – im Gästebob.
**Rennsteig Thermen Oberhof e.V.
Im Gründle, 98559 Oberhof**
☎ 036842/22520 036842/21149
**Termine nach Vereinbarung
Erwachsene 20 Mark, Kinder 10 Mark**

13 KOCHEN WIE DIE THÜRINGER

Bockwurst mit Kartoffelsalat, Gans, Karpfen – alles schon gehabt? Wie wär's mit Thüringer Klößen zum Festtagsbraten. Zwei Küchenmeister weihen zur Vorweihnachtszeit im Hotel Oberland Hobbyköche in die Geheimnisse der Thüringer Küche ein.
**Hotel Oberland, Crawinkler Straße 3
98559 Oberhof**
☎ 036842/22201 od. 5200
 036942/22202
Kochkurs kostet 520 Mark pro Person inkl. 6 Übernachtungen

14 TANZ- UND FOLKFEST IN RUDOLSTADT

Angefangen hat es mit dem Fest des deutschen Volkstanzes. Das war 1955. Damals tanzten auf dem Markt Ensembles aus West- und Ostdeutschland, als Zeichen für ein bald geeintes Deutschland. Es sollte anders kommen. Als Tanzfest der DDR ging es weiter. Seit 1991 gibt es nun ein spannendes, internationales Fest – ein bedeutendes Ereignis für alle Freunde der Folkmusik.
**Nächster Termin: 6. bis 8. Juli 2001
Info über Tourist-Information**
☎ 03672/19433
 www.stadt-land.de/rudolstadt/tff

15 SCHIESSEN IN SUHL

Suhl hat nicht nur eine berühmte Jagdwaffenfabrik mit angeschlossenem Jagdwaffenmuseum. Hier steht auch eines der besten Schießsportzentren der Welt. Touristen dürfen mit Schrot auf Wurfscheiben zielen. Nähere Informationen bei Herrn Krämer oder Herrn Günther.
Schützenstraße 6, 98527 Suhl
☎ 03681/884108
 03681/884200
Preis pro Schuss 2 Mark

16 SCHLITTENHUNDERENNEN

Jedes Jahr findet an zwei Tagen Ende Januar/Anfang Februar ein internationales Schlittenhunderennen in dem kleinen Ort Frauenwald im Thüringer Wald statt. Etwa 140 Hundegespanne kämpfen dann hier auf Strecken von 7,5 oder 21,5 Kilometer Länge um den Sieg. Der nächste Termin steht schon fest: 27. und 28. Januar 2001. Auch die Deutsche und die Europäische Meisterschaft wurden hier schon ausgetragen.
Infos über Tourist-Information
☎ 036782/61925

Schlittenhunderennen, Frauenwald

17 BADEN IN MASSERBERG

Von futuristischen Zeltdächern überspannt, lockt hier mit Blick über den Thüringer Wald ein Badehaus mit sechs Schwimmbecken. Der Bademeister setzt dem Wasser jeden Tag Salz aus dem Toten Meer zu,

TOUR (B)

AUF DEM BETTEL-EICHEN-WEG DURCH DEN HAINICH

Der **Nationalpark Hainich** liegt im Westen Thüringens. Kaum sonst in Mitteleuropa gibt es noch einen so großen, unberührten Laubwald wie hier zwischen Mühlhausen und Bad Langensalza: Auf dem **Muschelkalkhöhenzug** wachsen Buchen, Ahornbäume und Eichen, einst typisch für Deutschland. Hier gehen noch **Wildkatzen** auf Jagd. Die **Betteleiche** sieht aus als würde sie auf zwei Beinen stehen. Sie ist rund 1000 Jahre alt. Start für die Wanderung ist der Parkplatz

Ihlefelder Kreuz, Nationalpark Hainich

am **Obergut** in **Kammerforst**. Sie führt durch den Ort bergauf bis zum Waldrand. Immer dem Symbol der **Betteleiche** nach ergibt sich bald ein herrlicher Blick über das **Thüringer Becken**. Im Urwald windet sich der Weg eine Weile bergauf an mächtigen Buchen vorbei, dann hinunter zum **Thamsbrücker Grund**. Weiter bis zur Betteleiche. Rasten und genießen. Danach vorbei an der **Eisernen Hand**, einem historischen Wegweiser, und dem **Ihlefelder Kreuz** zurück nach Kammerforst. Nach fünf Stunden und 11,2 Kilometer zu Fuß das wohlverdiente Ausspannen im **Gasthaus Rettelbusch** in der Eichsfelder Straße 6, ☎ 036028/30101.

Anfahrt: über A 4 Richtung Eisenach, Ausfahrt Eisenach-West, über Creuzburg, Mihla, Langula nach Kammerforst

AKTIVITÄTEN, AUSSICHTEN, AUTOTOUR

Kugelmarkt in Lauscha

Essenzen aus Menthol, Zitrone, Eukalyptus und Lavendel. Auch im Winter ist das Sole-Außenbecken offen. Außerdem gibt's ein Biosanarium, eine finnische Sauna, eine Douglassauna und und …
Badehaus Masserberg
Kurhausstraße 8, 98666 Masserberg
036870/53380   036870/53375
So bis Do 10–22 Uhr, Fr bis Sa bis 23 Uhr, Erwachsene 25 Mark
Kinder 14 Mark

18 LAUSCHAER KUGELMARKT

Weihnachtsromantik pur. Denn in Lauscha dreht sich alles um das Fest der Feste. Vor dem Krieg war die kleine Stadt mit ihren engen Straßen und schiefergetäfelten Häusern das Zentrum der Weihnachtskugel-Glasbläser. Inzwischen gibt es in dem Städtchen Häusern im Thüringer Wald wieder 25 große und kleinere Manufakturen, die Christbaumgehänge herstellen. Jedes Jahr an den ersten zwei Adventswochenenden verwandelt sich der ganze Ort in einen Christbaumkugel-Markt.
Infos über Touristeninformation
036702/22942

19 GOLDWASCHEN

Das Gold ruft – auch im Thüringer Wald. Es hat sich in den Bergbächen abgelagert und kann mit Holzrinne oder Waschpfanne ausgewaschen werden. Aber Achtung! Nicht alles ist Gold, was glänzt. Verwechslungen mit Katzengold sind möglich. Der größte Goldfund in Thüringen wog gerade mal zehn Gramm. Wer wirklich Gold finden will, braucht viel Geduld und warme Socken in den Gummistiefeln.
Infos über Fremdenverkehrsamt Limbach
Scheibener Straße 2, 98749 Limbach
036704/80500   036704/82727
www.thueringen-tourismus.de

20 SKI-ABFAHRT

Der Thüringer Wald bietet viele Loipen für Langläufer. Wer sich aber mit Snowboard oder Alpinski vergnügen will, fährt am besten nach Steinach. Das Skigebiet bietet mehr als 50 000 Quadratmeter Loipe und Abfahrten – bis zu zwei Kilometer lang auf ehemaligen Schieferhalden. Am steilsten ist mit 63 Prozent Neigung der Silbersattel.
Skiarena Silbersattel, 96524 Steinach
036762/30734   036762/30734
www.silbersattel.de
Tageskarte pro Erwachsenem ab 32 Mark

SEHEN

1 GRENZLANDMUSEUM EICHSFELD

Zehn Jahre sind seit dem Mauerfall vergangen. Hier gibt's als Erinnerungsstück noch Grenze pur mit Grenzzaun, Wachturm und einem 4,8 Kilometer langen Grenzweg. Die Führung diesen Weg entlang dauert rund zweieinhalb Stunden. Im ehemaligen Zollverwaltungsgebäude, dem Mühlenturm und der Zollabfertigungsstelle am Grenzübergang Worbis/Duderstadt wird über die Geschichte der deutschen Teilung informiert. Es gibt auch eine Bibliothek mit 10000 Bänden DDR-Literatur.
Duderstädter Straße 5
37339 Teistungen
036071/97112
Mo bis So 10–17 Uhr, Eintritt für Erwachsene 4 Mark, ermäßigt 2 Mark

Grenzlandmuseum Eichsfeld

2 KYFFHÄUSER

Nachdem Wilhelm I. im Januar 1871 das Deutsche Kaiserreich proklamiert hatte, ging für viele Deutsche der Wunsch nach einem geeinten Nationalstaat in Erfüllung. Ihm zu Ehren wurde das Denkmal auf dem Kyffhäuser errichtet. Denn dort spielt die Sage von Kaiser Friedrich I. Barbarossa: Es heißt, er säße hier schlafend im Berg, um einst auf den Thron zurückzukehren. Zum Glück nur eine Sage.
06567 Bad Frankenhausen
04651/2780
Mai bis Sept. 9–19 Uhr, Okt. bis April 9–17 Uhr, Eintritt für Erwachsene 7 Mark, Kinder 4 Mark

3 PANORAMA MUSEUM

Zu DDR-Zeiten wurde das Gebäude wegen seiner Architektur als „Elefantenklo" verspottet. Drinnen ist das 14 mal 123 Meter umfassende Rundgemälde von Werner Tübke zu sehen, das den Epochenumbruch in der Zeit des Bauernkrieges um 1525 zum Thema hat. Zwölf Jahre hat es gedauert, bis das Bild mit über 300 Figuren fertig war.
Am Schlachtberg 9
06567 Bad Frankenhausen
O34671/6190   034671/61920
www.panorama-museum.de
April bis Okt. Di bis So 10–18 Uhr sonst 10–17 Uhr, Eintritt für Erwachsene 10 Mark, Kinder 2 Mark

4 MODELLBAHNANLAGE IN WIEHE

Die Kleinstadt Wiehe hat zwar keinen Bahnhof, aber zurzeit 120 Züge auf einer Gleislänge von 2200 Metern auf Europas größter Modellbahnanlage, die einmal sogar die größte der Welt werden soll. Die Züge fahren durch kleine Städte, Wälder und Felder, an Flussläufen entlang. Im Modellbahner-Paradies gibt's natürlich auch Modellbau-Seminare.
Am Anger 19, 06571 Wiehe
034672/83630
www.modellbahn-wiehe.de
Mo bis So von 9–18 Uhr, Eintritt für Erwachsene 10 Mark, Kinder 5 Mark

5 ALTENBURG SCHLOSS- UND SPIELKARTENMUSEUM

In Altenburg ist das Skatspiel erfunden worden, deshalb steht in der Stadt der weltweit einzige Skatbrunnen – zu Ehren des Lieblingsspiels der Deutschen. Die Sammlung des Museums umfasst 6000 Spielkarten aus fünf Jahrhunderten. Die älteste stammt von 1509.
Schloß 2–4, 04600 Altenburg
03447/315193   03447/502661
Di bis So von 10–17.30 Uhr, Eintritt für Erwachsene 4 Mark, ermäßigt 2,50 Mark

6 WARTBURG

Eine der berühmtesten deutschen Burgen. Nachdem der Kirchenreformator Martin Luther 1520 vom Reichstag in Worms mit der Reichsacht belegt worden war, lebte er von Mai 1521 bis März 1522 unter dem Schutz des Kurfürsten Friedrich III. von Sachsen auf der Burg. Hier übersetzte er das Neue Testament.
Auf der Wartburg, 99817 Wartburg
03691/2500
März bis Okt. Mo bis So 8.30–17 Uhr
Nov. bis Feb. von 9–15.30 Uhr, Führung 11 Mark, ermäßigt 8 Mark

7 KRÄMERBRÜCKE IN ERFURT

Ein ganz seltenes Bauwerk. Auf der Brücke stehen links und rechts Häuser. Zuerst war sie aus Holz, brannte aber mehrmals ab. 1325 wurde sie dann aus Stein und mit bis zu 62 dreigeschossigen Fachwerkhäusern bebaut, von mal gerade 2,80 Meter Breite. Nur hier auf der Brücke durfte mit gehobenem Kram gehandelt werden.
Tourist-Information Erfurt
0361/66400

Krämerbrücke in Erfurt

8 GEDENKSTÄTTE BUCHENWALD

Das Konzentrationslager wurde 1937 von den Nazis auf dem Ettersberg bei Weimar errichtet. Mehr als 230 000 Menschen lebten hier unter unvorstellbar grausamen Verhältnissen in Baracken und Zelten und mussten Zwangsarbeit in der Rüstungsindustrie oder im Steinbruch verrichten. Die Häftlinge wurden zu medizinischen Experimenten missbraucht. Insgesamt starben hier etwa 56000 Menschen. Im April 1945 gelang den Häftlingen die Selbstbefreiung. Nach dem Krieg nutzten die Sowjets Buchenwald als Internierungslager.
Gedenkstätte Buchenwald
99427 Weimar-Buchenwald
03643/4300
Mai bis Sept. Di bis So 9.45–17.15 Uhr
Okt. bis April 8.45–16.15 Uhr

Neues Museum in Weimar

9 NEUES MUSEUM

In dem Neorenaissancebau des ehemaligen Großherzoglichen Museums wird eine der wichtigsten deutschen privaten Kunstsammlungen gezeigt: internationale Avantgarde seit 1960. Darunter Werke von Keith Haring und Anselm Kiefer, der Minimal Art, Conceptual Art und der Neuen Wilden in Deutschland. Der amerikanische Konzept-Künstler Robert Barry hat das Museumscafé geschaffen.
Weimarplatz 5, 99423 Weimar
03643/546163
Di bis So 10–18 Uhr, Nov. bis März nur bis 16.30 Uhr

10 KLASSIKERSTADT WEIMAR

An Weimar kommt man als Tourist in Thüringen nicht vorbei. In der Klassikerstadt lebten und wirkten Goethe, Schiller, Bach und Nietzsche. Goethehaus, Schillerhaus und das Nietzsche-Archiv gehören zu den wichtigsten Sehenswürdigkeiten der Stadt. Und wer sich nach dem anstrengenden Stadtrundgang ein wenig erholen will, schlendert durch den Park an der Ilm. Er wurde ab 1776 angelegt und ist eine der schönsten Gartenanlagen in Thüringen.
Info über Fremdenverkehrsverband
03643/19433

11 DIE SCHLACHTFELDER VON JENA UND AUERSTEDT

Etwa fünf Kilometer von Jena entfernt erinnert in Cospeda eine Gedenkstätte an die Schlachten gegen Napoleon bei Jena und Auerstedt am 14. Oktober 1806. Die Sächsisch-Preußische Armee unterlag an jenem Tag und mit ihr der altpreußische Staat. In der Ausstellung werden Militaria gezeigt, die Gefechtstaktik erklärt und die Befreiungskriege bis zur Niederlage Napoleons 1813 bei Leipzig. Führungen über die Schlachtfelder nach Voranmeldung.

Städtische Museen Jena, Gedenkstätte 1806, Jenaer Straße 12, 07751 Cospeda
☎ 03641/820925 📠 03641/820925
Di bis So 10-13 Uhr und 14-17 Uhr Eintritt für Erwachsene 5 Mark, ermäßigt 3 Mark

12 ERLEBNISBERGWERK MERKERS

In den Stollen des Kaligwerks fanden die Amerikaner 1945 Goldreserven der Nazis und die ausgelagerten Kunstschätze der Museen. Gäste werden unter Tage etwa 20 Kilometer auf einem Pritschenwagen gefahren. Zu erfahren ist etwas über die Geschichte, Geologie und Technik, den Goldraum. Zuletzt erreicht die Tour eine Grotte mit riesigen Kristallen. Kinder unter zehn Jahren dürfen nicht einfahren.

36460 Merkers
☎ 03695/614101 📠 03695/612472
🌐 www.kalisalz.de
Mo bis So 9.15-13.15 Uhr, Eintritt für Erwachsene 35 Mark, Kinder ab 10 Jahre 25 Mark

Zwergen-Park in Trusetal

13 ZWERGEN-PARK

Das lässt Kleingärtnerherzen höher schlagen! 1400 Gartenzwerge in einem Park mit Teich und Bimmelbahn. Oben, auf dem sieben Meter hohen Kletterfelsen, hockt Zwerg Richard. Wer zu ihm hinauf will, kann sich ein Klettergeschirr ausleihen. Am Zwergenbaum wachsen Zwergenfrüchte, aus denen Gartenzwerge schlüpfen – wie sollen sie sich sonst auch vermehren?

Brotteroder Straße 55, 98596 Trusetal
☎ 036259/5770 📠 036259/57788
April bis Ende Oktober, Montag bis Sonntag 9.30-17 Uhr

14 BURG GREIFENSTEIN

Thüringen ist mit Burgen reich gesegnet. Diese hier steht am Eingang zum romantischen Schwarzatal und war Stammsitz der Grafen von Schwarzburg-Blankenburg. Sie ist eine der größten Feudalburgen Deutschlands. Der Falkner lässt Adler und Bussarde fliegen. Es gibt auch eine hübsche Burgschänke.

07422 Bad Blankenburg
☎ 036741/2080
Di bis So von 9-17 Uhr, Eintritt für Erwachsene 5 Mark, Kinder 3 Mark Falkenschau 7 Mark, Flugschau von April bis Okt. tägl. von 15-16 Uhr

15 FEENGROTTEN IN SAALFELD

Unweit von Saalfeld am Fuß des steil aufragenden Thüringer Schiefergebirges liegen die Feengrotten mit ihren bizarren Tropfsteinen, die sich in dem verlassenen Alaunschieferbergwerk „Jeremias Glück" gebildet haben. Eine Orgie an zauberhaften Formen und Farben.

Feengrottenweg 2, 07318 Saalfeld
☎ 03671/55040 📠 03671/550440
🌐 www.feengrotten.de
März bis Okt. Mo bis So 9-17 Uhr sonst 10-15.30 Uhr, Erwachsene zahlen 8 Mark, Kinder 3,50 Mark

16 DAS LAND DER 1000 SEEN

So wird das unter Naturschutz stehende Teichgebiet bei Plothen genannt, in dem heute viele seltene Vögel leben. Dicht an dicht gibt es hier tatsächlich etwa 800 Teiche, die außer dem Regenwasser keinen natürlichen Zufluss haben. Sie dienten einst als Fischteiche. Der größte von ihnen ist mit 28 Hektar der Haussteich. Der Herbst bietet ein ganz besonderes Schauspiel – das „Starenwunder". Denn dann sammeln sich Abertausende Stare vor ihrem Flug gen Süden.

Info über Gemeindeverwaltung Plothen
☎ 036648/22303

WWW. HOTLINES

🌐 **www.meinestadt.de/thueringen**
Exakte Übersicht über Städte und Kreise in Thüringen mit wichtigen Links.

🌐 **www.thueringen.de** Informationen zu Geschichte, Politik, Wirtschaft und Tourismus im Freistaat.

🌐 **www.weimar-klassik.de**
Fast alles über Goethe & Schiller: Archive, Museen, Bibliotheken.

🌐 **www.buchenwald.de** Site der KZ-Gedenkstätte mit präzisen Infos über Geschichte, Veranstaltungen etc.

🌐 **www.thueringer-wald.com** Weitere Wanderwege, Radtouren, Sehenswertes.

17 THEATERMUSEUM „ZAUBERWELT DER KULISSE"

Vor dem Schloss Elisabethenburg in der ehemaligen herzoglichen Reithalle wird eine einzigartige Ausstellung von Bühnenbildern des ausgehenden 19. Jahrhunderts gezeigt. Darunter herrliche Naturbilder, die der theaterverrückte Herzog Georg II. im Atelier der Theatermaler Brückner in Coburg fertigen ließ.

Schloßplatz 1, 98617 Meiningen
☎ 03693/471290 📠 03693/503644
Führungen Di bis So 11, 14 und 16 Uhr, Eintritt 5 Mark

18 BUNKERMUSEUM

Ein Jahr lang hätten 42 hochrangige Genossen der Bezirkseinsatzleitung der Staatssicherheit im Kriegsfall in dem geheimen Bunker am Rennsteig ausharren können. Angenehm wäre der Aufenthalt für sie, umgeben von dicken, kahlen Betonwänden, nicht gewesen. Dort unten herrscht eine Temperatur von acht Grad. Gegen den Bunkerkoller wurden Beruhigungspillen gehortet. Die Führung – ohne Pillen – dauert 50 Minuten.

Am Rothenberg 1, 98711 Frauenwald
☎ 036782/62200 📠 036782/62201
Mo bis So um 12, 14 und 16 Uhr, Eintritt für Erwachsene 6 Mark, Kinder 4 Mark

Bunkermuseum in Frauenwald

19 1. DEUTSCHES KLOSSPRESSMUSEUM

Thüringer Klöße zubereiten ist eine hohe Kunst. Das weiß zumindest jeder, der zu Weihnachten einmal welche kochen wollte. Die Thüringer Hausfrauen nehmen eine Kloßpresse zu Hilfe. Davon gibt es 35 Stück in dem Museum zu sehen, das zwar nicht das einzige Kloßmuseum in Thüringen ist, aber das 1. Deutsche Kloßpressmuseum.

Myliusstraße 6, 98701 Großbreitenbach
☎ 036781/41815 📠 036781/48114
Di bis Fr 10-15 Uhr, Sa/So 13-15.30 Uhr

20 GOLDMUSEUM IN THEUERN

Markus Schade und seine Frau haben sich dem Thüringer Gold verschrieben. Sie haben dieses kleine Museum zur Geologie und Geschichte der Goldgräberei aufgebaut, zeigen Goldwaschutensilien und wissen allerlei abenteuerliche Geschichten über das edle Metall zu erzählen.

Im Grund 4, 96528 Theuern
☎ 036766/87814
Mo bis So 9-17 Uhr, Eintritt für Erwachsene 2 Mark, Kinder 1 Mark

TOUR (C)

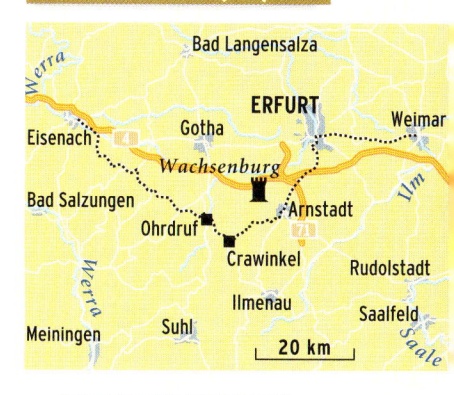

AUF DEN SPUREN VON JOHANN SEBASTIAN BACH

Nicht nur im **Bachjahr** 2000 schwelgt das ganze Land in der Musik des großen Johann Sebastian Bach, der 1685 in **Eisenach** geboren wurde. Neben Luther verdankt die Stadt dem großen Komponisten ihren Ruhm. **Sehenswert**: das **Bachhaus**, die **Georgenkirche**, wo er getauft wurde, und seine **Lateinschule**. Bachs Spuren führen weiter nach **Ohrdruf**, wo er nach dem Tod seiner Eltern bei seinem Bruder unterkam, der ihm das Orgelspielen beibrachte. Bach sang im Schülerchor auf **Schloss Ehrenstein**, wo heute im Museum an ihn erinnert wird. In **Arnstadt**, dem „**Tor zum Thüringer Wald**", erhielt er in der heutigen Bachkirche seine erste Organistenstelle. Die Orgel wurde original-

Bachkirche in Arnstadt

getreu rekonstruiert. Drei Kilometer weiter östlich heiratete er in der **Dorfkirche von Dornheim**. Nach Erfurt reiste Bach eher, um seine vielen Verwandten zu besuchen, prüfte auch einmal die Orgel der **Augustinerkirche**. In **Weimar** schließlich wirkte er von 1708 bis 1717 als **Organist am Hofe**. Hier entstanden seine großen Orgelwerke.

Infos über Tourismus Service Center
☎ 0361/37420
Anfahrt: A 4 bei Eisenach runter, weiter auf der B 88 durch reizvolle Landschaft nach Ohrdruf. Über Crawinkel nach Arnstadt, langsam fahren und Ausblick auf die Wachsenburg genießen. Von Arnstadt auf der B 4 nach Erfurt, dann nach Weimar über die B 7

NORDRHEIN-WESTFALEN

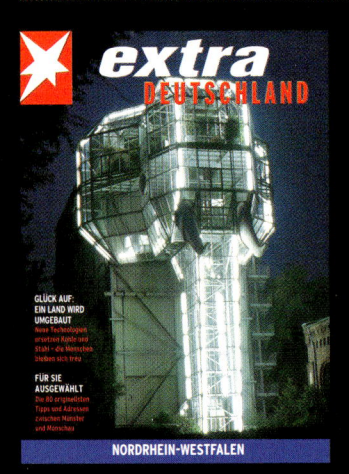

Glück auf: Ein Land wird umgebaut. Neue Technologien ersetzen Kohle und Stahl – die Menschen bleiben sich treu

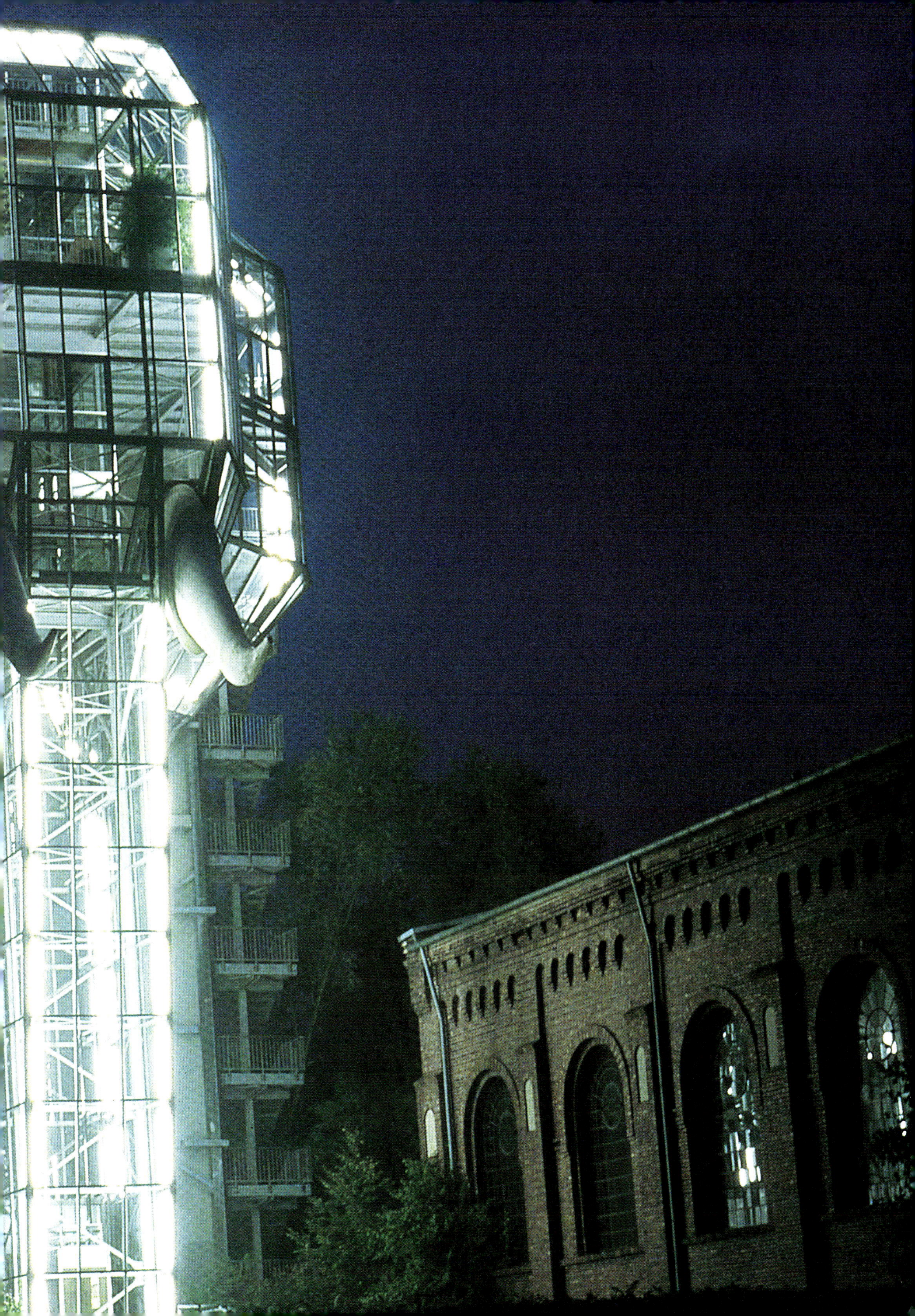

HADERERS DEUTSCHLAND-BILD

NORDRHEIN-WESTFALEN: WELTWEIT VERNETZT

ANGETIPPT

Zwischen uns Westfalen und unsern Rheinländern ist es so weit ganz harmonisch trotz null Ähnlichkeit außer bei Schmacht auf Bratkartoffeln, aber vielleicht grade, ejal – et hätt noch immer joot jejange, wie die Rheinischen bei dieser und jeder Gelegenheit philosophieren. Wir Westfalen leben **FUSSBALL** und sind zwischen den Saisons liebeskrank. Die anderen leben Karneval und machen sich zwischen den Spielzeiten furchtbar Gedanken, damit die nächste fünfte Jahreszeit noch jecker wird. Konflikte stehen beide Seiten mit sich selber durch. Wir müssen schon als I-Dötze entscheiden, ob Dortmund oder Schalke, unversöhnlich fürs Leben außer bei **ANDY MÖLLER**, auf den schon oft kein Verlass war. Die anderen rivalisieren, indem Düsseldorf die Modepäpste hat und Köln den Kardinal. Sie streiten sich, ob Bier **KÖLSCH** oder Alt heißen muss, da gibt's kein Vertun, weil es Verrat wäre wie bei Andy Möller. Wir halten uns da raus, weil wir statt Plörre Pils und Korn kippen, was genauer Stahl und Eisen heißt. Die vom großen Fluss halten sich für ein auserwähltes Völkchen, wissen nix, können aber alles erklären, wie Hanns Dieter Hüsch sagt. Da lachen die drüber, müssen sie ja, weil er einer von ihnen ist. Zum Vorzeigen haben sie die Perle **HEIDI KLUM** aus Bergisch Gladbach und die karitative Berufsschnorrerin Ute Ohoven, die Millionen sammelt für Millionen, die keine haben, sondern nix und Elend. Unsere Ischen sind eigentlich Frauen und richtig lecker, aber wir müssen sie Ischen nennen, weil sie sich sonst nicht mehr geliebt fühlen. Eine irre Ische war auch Hera Lind aus Bielefeld, die dichtet und singt, aber jetzt ist sie Frau, weil sie nach Köln desertiert ist und ihr vier Kinder ein paar zu viel sind, aber kein Österreicher. Wir können seit ewig mit allen Ausländern, sogar mit Marokkanern und Türken, weil wir alle ehemals polnisch Koslowski heißen und auch mal Döner essen würden, wenn Bottroper Schlemmerplatte, also Currywurst mit Pommes Schranke (rot-weiß), jemals alle wäre in der Trinkhalle, was aber undenkbar ist. Wer was mitbringen will, hat die Wahl zwischen dem kultigen **VERSANDKATALOG** für Auto-Schnokus von D&W in Bochum und dem königsblauen **WECKER** mit dem Lied: „Steh auf, wenn du ein Schalker bist"

NORDRHEIN-WESTFALEN IN ZAHLEN

Fläche: 34 080 Quadratkilometer
Einwohnerzahl: 18 Millionen
Einwohnerdichte: 527 Einwohner pro Quadratkilometer. NRW ist das bevölkerungsreichste Bundesland und der am dichtesten besiedelte Flächenstaat

Sonnenstunden: Düsseldorf, 1685 Stunden im Jahr
Bierausstoß: 29,4 Millionen Hektoliter pro Jahr, kein Bundesland produziert mehr
Bergwerke: Im Ruhrgebiet sind noch neun in Betrieb

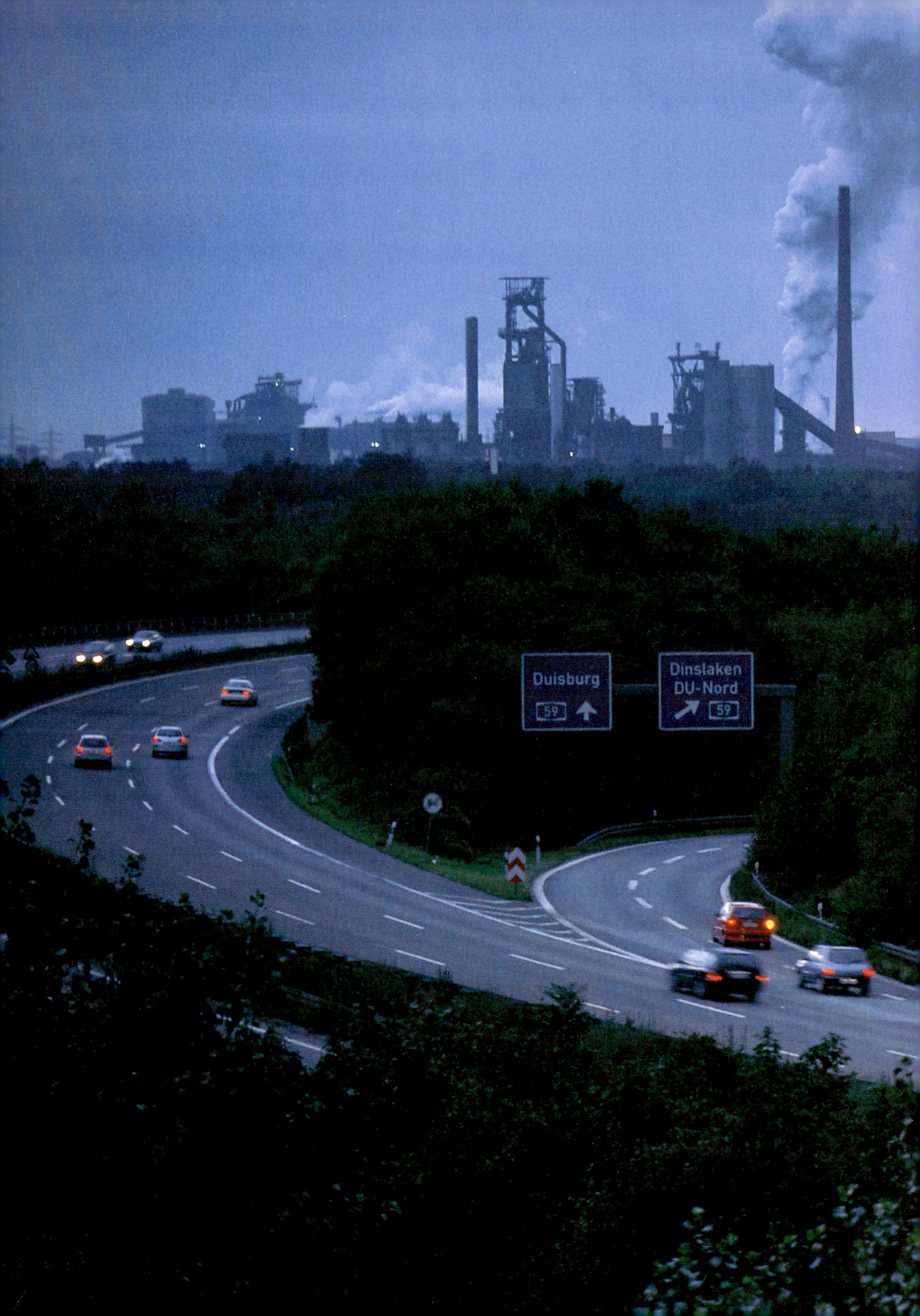
Duisburg
59
Dinslaken
DU-Nord
59

FOTO-REPORTAGE

In der Herzkammer der Republik

Keine andere deutsche Region ist so eng mit Aufstieg und Fall und Wiederaufstieg verwoben. Erst Schmelztiegel der Kulturen, dann Rüstungsschmiede, war Nordrhein-Westfalen nach dem Ende des Dritten Reichs Schrittmacher des Wirtschaftswunders – und Kinderstube der Demokratie. Dorothea Schmid reiste drei Wochen durchs Land. Und wusste vor lauter Vielfalt lange nicht, wo sie anfangen sollte. Sie entschied sich schließlich für den Emscherschnellweg in Duisburg Nord

STÄDTEBAU IM ERDBEBENLOOK,

nannte ein Feuilletonist die postmodernen Bauten des Kaliforniers Frank O. Gehry im Düsseldorfer Hafen. Das architektonische Meisterwerk, am Computer entworfen, ist Zentrum der Düsseldorfer Medienmeile. Atemberaubend auch, dass das Bauamt stillhielt

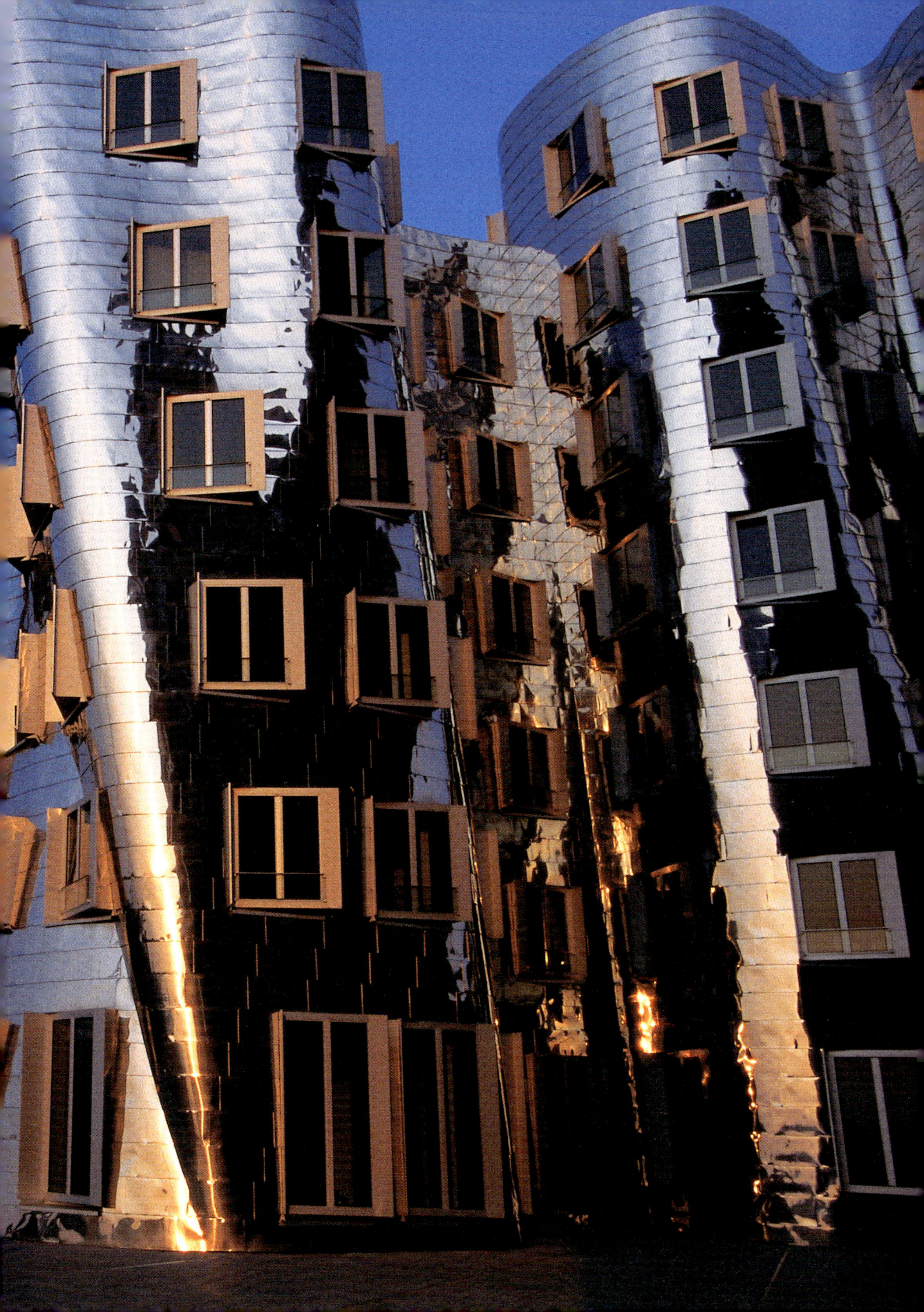

**DAS NEAPEL
DES NORDENS**

**Samstag, 15.30 Uhr,
Südtribüne im Westfalen-
stadion Dortmund: In keiner
Bundesliga-Arena reagieren
die Zuschauer ähnlich
emotional. Nach Niederlagen
(„Scheiß Millionäre") ebenso
wie nach Siegen („Der BvB
wird niemals untergeh'n")**

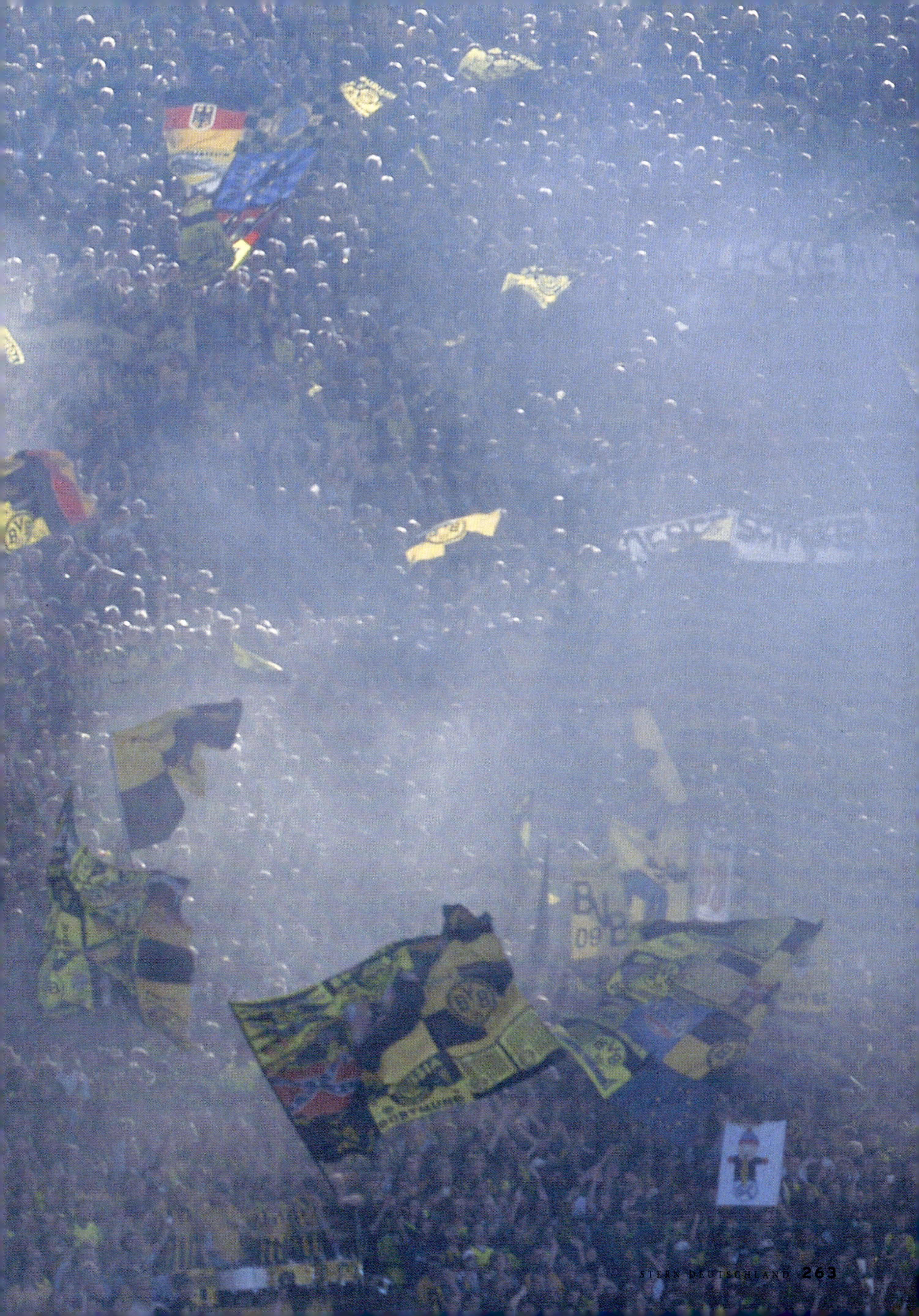

UNTERIRDISCH, ÜBERIRDISCH

Wo einst die Kumpel schufteten, in Bottrop und Duisburg, locken Erlebnispark und Alpenverein zu kollektiver Freizeit und Nervenkitzel. Wer Einkehr der stillen Art sucht, findet sie eher im siegerländischen Freudenberg, noch besser in Köln. „An Bauwerken wie dem Dom", so der Schriftsteller Dieter Wellershoff, gehe ihm auf, „was geistige Größe, Schönheit und Würde ist". Der Smog allerdings lässt das Gotteshaus bröseln

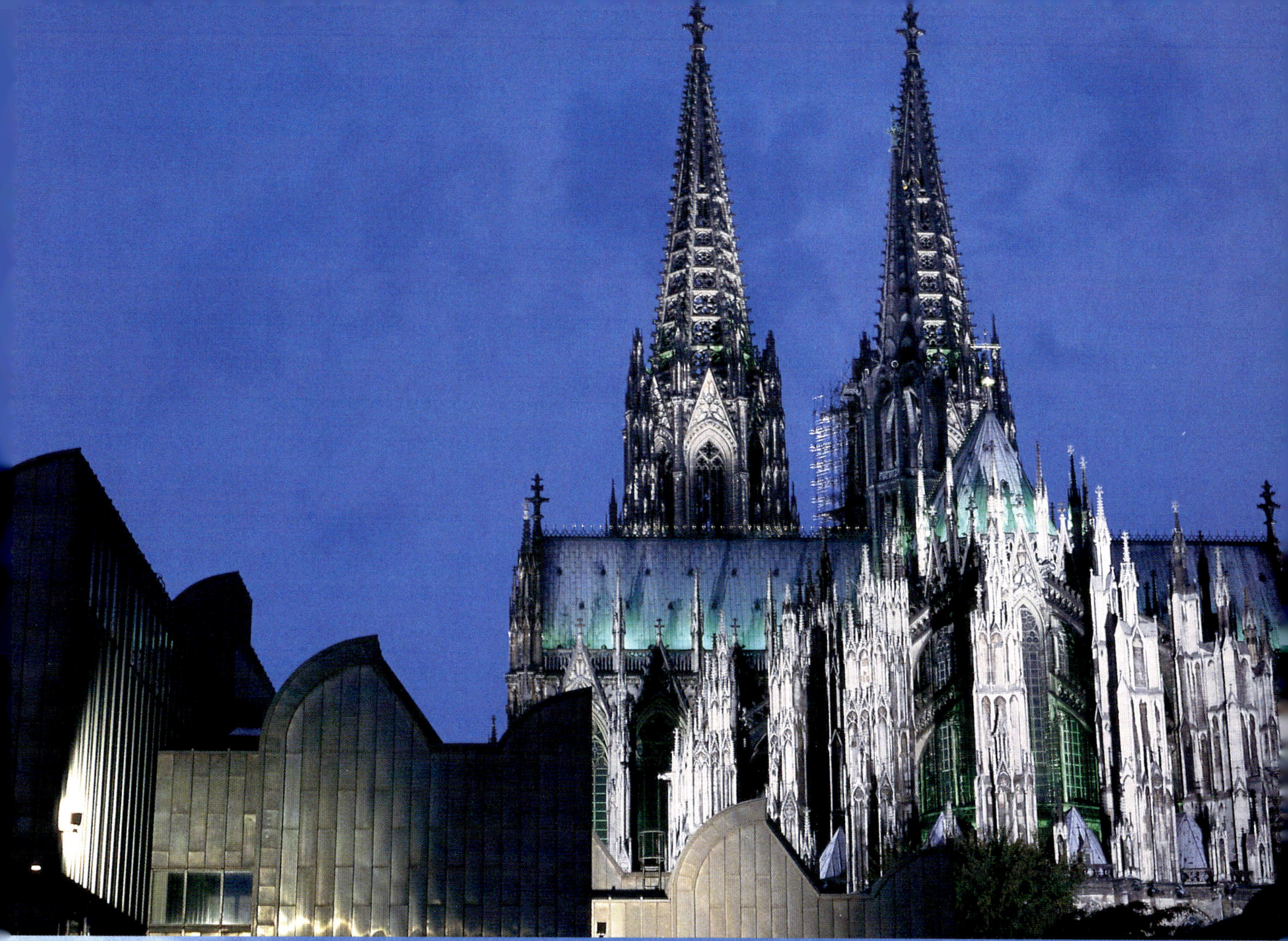

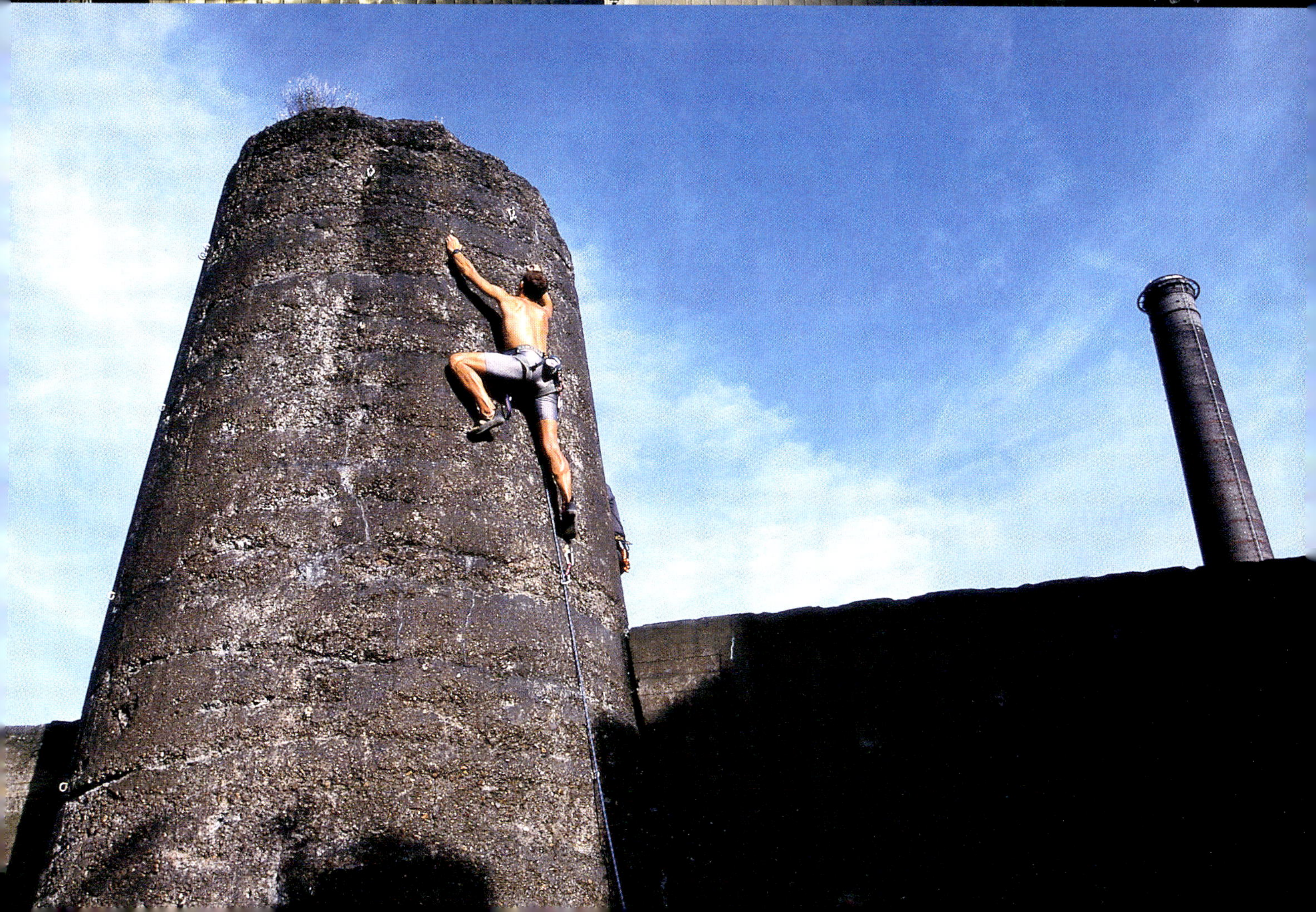

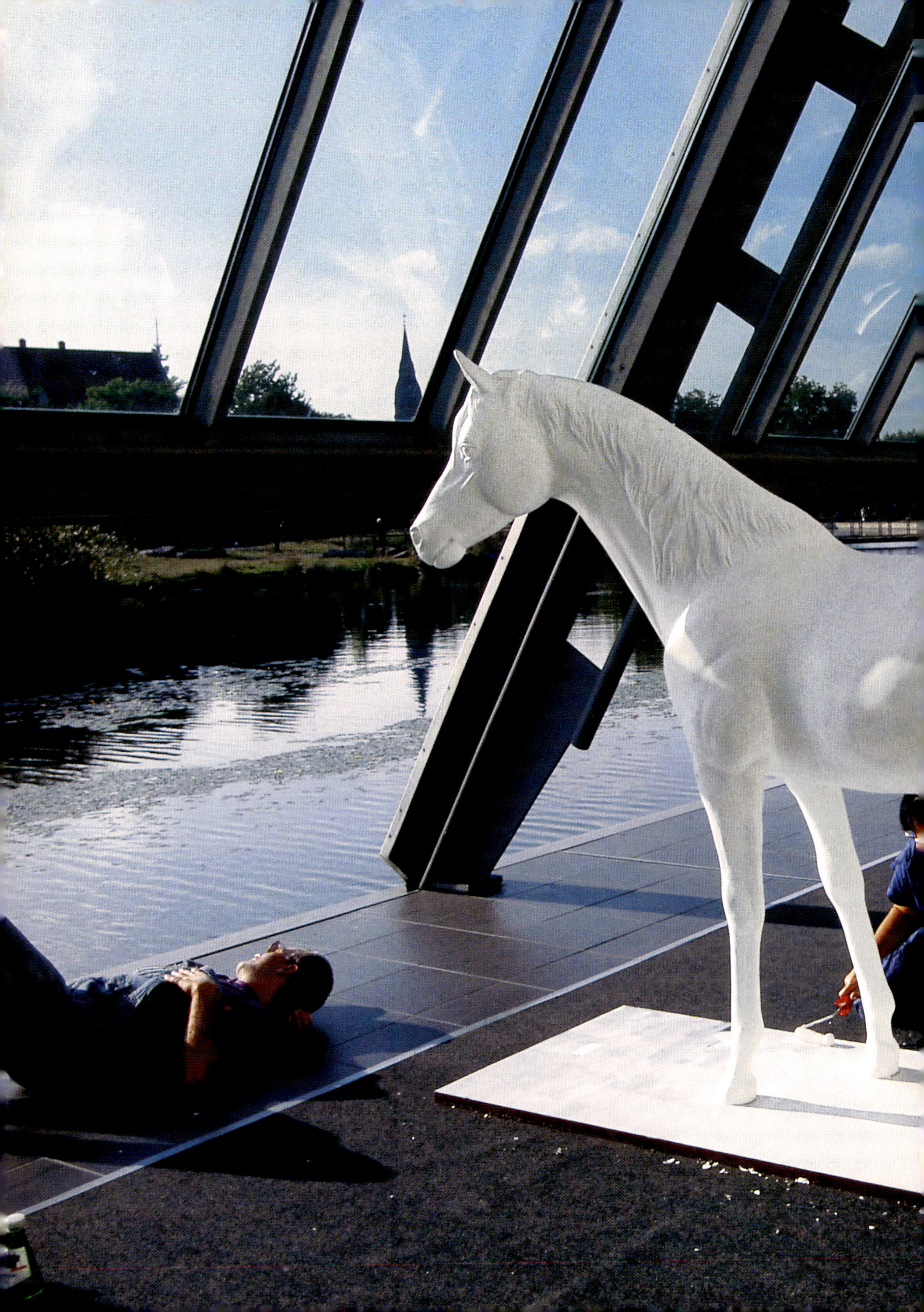

ROSSKUR FÜR GELSENKIRCHEN

Auf dem Gelände des früheren Gussstahlwerks entstand ein Wissenschaftspark mit dem größten Dach-Solarkraftwerk der Welt. Zum 125-jährigen Stadtjubiläum wurden dort Pferdeskulpturen aufgestellt. Ein Sprecher: „Ehrlich, was die Zossen sollen, weiß ich auch nicht"

DEN VOGEL ABGESCHOSSEN

Der Hofstaat von Dorlar auf dem Weg zum König: Im Hochsauerland feiern die Schützen – und zwar alljährlich fast ununterbrochen von einem Freitagabend bis zum Dienstag in der Früh. Der Krönungsball ist gesellschaftlicher Höhepunkt, Abendrobe Ehrensache

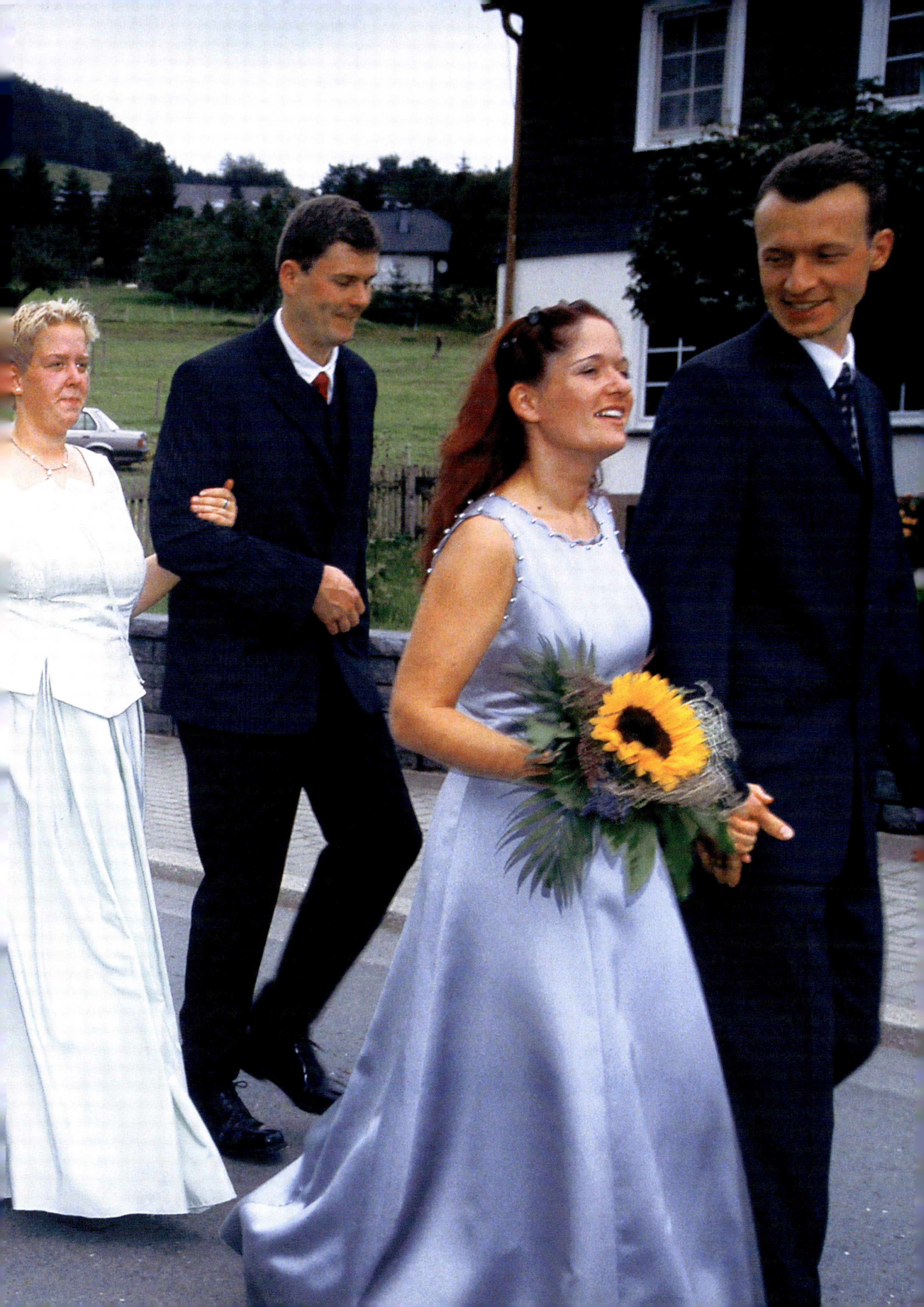

DENKMAL AN HARTE ZEITEN

Der „Tetraeder", ein Kunstwerk aus Stahlrohr, steht auf einer Halde in Bottrop. Über eine freischwebende Treppe erreicht man die höchste von drei Plattformen. Der Koloss zählt zu den „Landmarken", die an die Stahlkocher und Kumpel der Region erinnern sollen

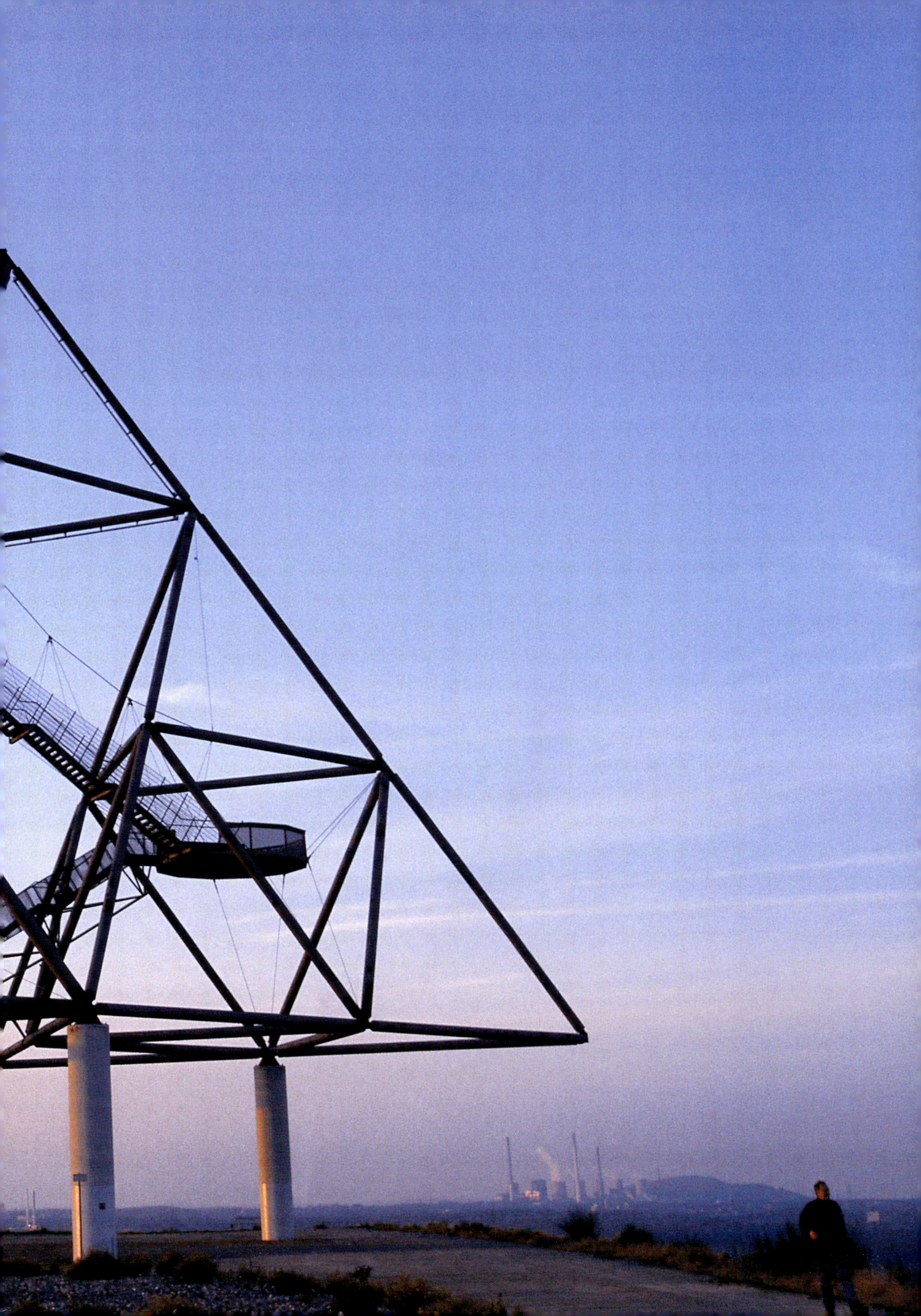

ESSAY

Wo Frau Multi und Herr Kulti leben

Vergessen Sie alle Vorurteile über NRW. Fahren Sie mit unserem Autor S-Bahn: über „Düppe in der Wanne", die „Neue Mitte" und „Thyssen Tor 30" nach „Kessenich"

Alle kennen ja das Ruhrgebiet. Vom Hören und Sagen. Aus dem Fernsehen. Vom Fußball, und weil immer einer einen kennt, der mal da gelebt hat. Oder vom Durchfahren mit dem Zug. Alle sagen: „Tja, das muss ja irre interessant sein, nicht wahr, da unten bei euch. Fünf Millionen Menschen auf einem Fleck, herrje, wirklich interessant. Und erst die Industrie, wohin man auch blickt, stimmt doch? Wenn man überhaupt blicken kann durch die rauchenden Schlote und den trüben Himmel. Ach, ist der eigentlich noch so trüb, der Himmel da bei euch? Und fliegen die Tauben noch am trüben Himmel, die Rennpferde des kleinen Mannes, hahaha, so hießen die doch, die Tauben, da bei euch? Egal, denn die Menschen sollen ja so ehrlich sein, so erdverbunden, im Revier. Reden wie Else Stratmann oder Werner Hansch. Und trinken Flaschenbier wie Schimanski früher, wenn der wieder mal nach 'ner Prügelei von einer Kohlenhalde direkt vor die Trinkhalle gepurzelt kam. Man müsste tatsächlich mal hin ins Ruhrgebiet, einfach aussteigen auf der Durchreise. Am besten im allerallertiefsten Revier. Zum Beispiel in …" Und dann sagen sie allen Ernstes: „LEVERKUSEN!" Und man fällt in Ohnmacht und wacht auf aus der Ohnmacht und wünscht sich die Wumme von Schimanski, mit der man nicht nur die Rennpferde des kleinen Mannes vom trüben Himmel pusten kann.

IMMER IST DAS SO, und zum Heulen ist das. Sie verpflanzen LEVERKUSEN ins Ruhrgebiet, und einige ganz besonders Ignorante, vor allem Bayern, verlegen sogar Köln und Düsseldorf dahin. Und umgekehrt Dortmund und Bochum und Herne ins Rheinland; gibt es nicht den Rhein-Herne-Kanal? Wieder Ohnmacht. Ganz nebenbei: Wo liegt eigentlich Münster, bei Bielefeld? Oder war das Gütersloh? Gehört Siegen noch zu NRW? Und wenn ja: warum? Vielleicht sind es einfach zu viele Menschen, Städte, Flüsse, Straßen, Schienen. Würden ja glatt reichen für einen eigenen Staat, ach was: für zwei. Vielleicht ist das die Crux aller Länder mit Bindestrich mittendrin. Bindestriche sorgen ständig für Verwirrung. Wo endet Westfalen, und wo beginnt das Rheinland, und umgekehrt? Wie schön war das früher. Man sagte statt Nordrhein-Westfalen oder NRW nur: Westen. Und jeder sagte: Ah ja. Nur ist seit Oktober 1990 alles Westen, was nicht Osten ist, sogar bedauerlicherweise Bayern, und also geht das nicht mehr. Deshalb unternehmen wir nun einen kleinen Ausflug nach Nordrhein-Westfalen, um mal was klarzustellen. Nämlich was was ist, und wo was aufhört und wo was beginnt. Wir nehmen für diesen Zweck Bus und Bahn. Nicht wegen Ökologie und Rot-Grün in Düsseldorf und hohem Spritpreis und so. Alles Kappes, wie der Westfale sagt. Oder Driss, wie der Rheinländer sagt. Nein, weil ganz einfach die Autobahnen in NRW oft verstopft sind und die Verkehrshinweise im WDR meistens so beginnen: „Staus ab sieben Kilometer Länge (!) auf folgenden Autobahnen…" Staus unter sieben Kilometer Länge sind nicht der Rede wert.

Ankunft Dortmund Hauptbahnhof. Umsteigen in die S 2 und ab nach Castrop-Rauxel. Wer nun am Hauptbahnhof in Castrop-Rauxel aussteigt, ist noch lange nicht in Castrop-Rauxel, sondern gerade mal in Rauxel und muss den Bus nehmen bis, ganz richtig, Schwerin. Schwerin ist in Castrop, und in Castrop gibt es nach übereinstimmenden Zeugenaussagen ein Lokal mit einem Fernseher drin und einem fußballverrückten Wirt. Abends läuft Fußball, ausgerechnet LEVERKUSEN, aber das ist immer noch besser als Bayern München. Überhaupt ist Fußball in NRW was ganz Besonderes und Einmaliges, nämlich: die Wiege. Und das gilt bindestrichübergreifend für Rheinländer und Westfalen und ergo sogar für LEVERKUSEN. Der Fernseher steht im Tagungsraum „Silikoseerkrankter, Gefährdeter, Sozialrentner und deren Hinterbliebenen e.V, Ortsgruppe Castrop-Rauxel". An einem Hufeisentisch sitzt nun Leo und sagt: „Noch nullnull". Ein Pils, 0,25 l, steht vor Leo und hinter ihm im Regal ein Schild vom ortsansässigen Kaninchenzuchtverein „W 359 Castrop-Schwerin", dahinter Silberpokale mit Rammlern drauf. „Äh, Tschuldigung, Leo: Silikoseerkrankte …?" Leo guckt erstaunt hinter dicken Gläsern. „Weisse etwa nich mehr?" „Äh, hm". „Hier," Leo klopft sich auf die Brust, „Staublunge. Früher die Kumpel, weisse." LEVERKUSEN verliert, was Leo gewusst hat, wegen „Kovac, die alte Natter", und alles ist gut.

VON CASTROP NACH BOCHUM mit der Linie 353, vorbei an der Haltestelle „Düppe in der Wanne" Richtung BO-Innenstadt. Blicke aus dem Fenster. Zugereiste werden neidlos anerkennen müssen, dass diese Region über die mit Abstand höchste Minipli-Dichte Europas verfügt und ballonseidene Trainingsanzüge vor Döner-Buden und Trinkhallen ganz klasse sein können und kein bisschen peinlich, nirgendwo in NRW. Und spätestens in Wanne-Eickel Mitte, etwa in Höhe des Fingernagelstudios von Susanne Taskawka, muss dann auch dem Dümmsten dämmern, dass einer wie Kinder-statt-Inder-CDU-Rüttgers in Nordrhein-Westfalen nie, nie, nie auf einen Zweig kommen wird, geschweige denn auf einen grünen. Eher lachen sich die Leute hier einen Ast ab. Zum einen, weil sich der S-Laut-zischelnde Rüttgers immer so anhört, als habe er literweise Wasser im Zahn. Zum zweiten: Solch einen Inder-Wahnsinn darf man nicht mal denken und erst recht nicht wasser-

MICHAEL STRECK
Der stern-Reporter ist aufgewachsen in Lüdenscheid, lebte in Köln und Bonn. Streck, 36, liebt seine Familie – und Borussia Dortmund. Auch nach Niederlagen

zahnvoll hinausgurgeln in einem Land, das seine wirtschaftliche Stärke und Bedeutung stets aus Krethi und Plethi und Multi und Kulti gespeist hat. Aus den Kwiatkowskis, Koslowskis, Sawatzkis, Schimanskis, Ponemarenkos, Opalkas, Michaleks, Szepans und Kuzorras, die aus dem Osten kamen und das Revier zur wichtigsten Industrieregion Europas hochschufteten, tief unter Tage. Multikulti war hier schon, als es das Wort Multikulti noch gar nicht gab, aber dafür reichlich Arbeit und den Schalker Kreisel. So was vergisst man nicht. Weder im Rheinland noch in Westfalen, deshalb: Ihr Inderlein kommet.

Oberhausen, Haltestelle Willy-Brandt-Platz, mit der Straßenbahn 112 über „Arbeitsamt" Richtung „Neue Mitte". Alle Wege führen in Oberhausen über „Neue Mitte" mit dem Centro drauf, dem größten Einkaufszentrum Deutschlands auf dem ehemaligen Gelände der Gutehoffnungshütte und dem gigantischen Gasometer, 117 Meter hoch, am Rande. Drei Mittfünfziger steigen ein in „Neue Mitte". Einer sagt: „Karl muss am Meniskus operiert werden." Die beiden anderen: „Och." Der erste: „Is aber nich schlimm, sagt seine Frau. Kann er im strammen Kopp nich mehr die Tür eintreten." Dann lachen sie sich schlapp bis Mülheim an der Ruhr.

Danach Duisburg, Nahtstelle zwischen Rhein und Ruhr. In Duisburg-Ruhrort, Haltestelle Thyssen Tor 30, gibt's in der Fabrikstraße eine Apotheke, die wirbt mit prima Preisen. „Wir messen: Blutzucker 3 Mark, Harnsäure 7,50 Mark, Cholesterin 5 Mark." Apotheken erzählen viel über Menschen. Ein paar Kilometer weiter südlich in Düsseldorf werben Apotheken für Gesichtschirurgie und Venerologie und Lasermedizin. Das ist der feine Unterschied zwischen Revier und Niederrhein. Und hier verläuft auch die Sprachgrenze, fließend. Irgendwo zwischen Duisburg-Kesselsberg und Düsseldorf Froschenteich, U 79, verschwindet das „Wat und dat", das „Hömmä" (Hör mal) und „Kumma" (Guck mal) und „Samma" (Sag mal).

DER RHEINISCHE SINGSANG beginnt spätestens in Düsseldorf-Kaiserswerth, wo zwei Gymnasiastinnen in die Bahn einsteigen und von „Berrtholt Brescht" reden. Selbst die Streitereien kommen auf dieser Rheinseite eine Terz feiner rüber als im Revier. In der Heinrich-Heine-Allee kläffen sich zwei Hundebesitzerinnen auf höherem Niveau an – „Wenn Sie wüssten, was ich von Ihnen denke, Sie würden mich glatt anzeigen." Und wenn zwei sich streiten, freut sich der Dritte, der in diesem Fall garantiert aus Köln kommen muss. Weil Düsseldorfer und Kölner ... Aber das ist eine lange Geschichte, die schon beginnt mit dem Neanderthaler, der nach historischen Erkenntnissen Konrad Adenauers an sich ein Kölner war und bei einem Ausflug in die Nähe von Düsseldorf prompt erschlagen wurde. Die „Toten

Hosen", Düsseldorf, singen „Ich bin froh, dass ich kein Kölner bin", und jetzt gerade wieder braut sich was zusammen, weil höchster Frevel im Gange ist. Zu entnehmen dem „Düsseldorfer Express", der zwar in Köln gemacht wird, aber für die Düsseldorfer Regionalausgabe voller Abscheu und Empörung titelt: „Schlösser Alt bald aus Köln?" Panik. Entsetzen.

Mit der S 11 nach Köln, über Neuss, Norf, Nievenheim. Wir lassen LEVERKUSEN links liegen, schon wegen Daum, steigen im Kölner Hauptbahnhof in die U 16 Richtung Bonn, linksrheinische Route. Ganz wichtig. Rechtsrheinisch ist „schäl Sick", die fiese Seite vom Rhein. In Bonn heißen die Haltestellen „Propsthof-Nord", und „Poppelsdorfer Allee" und „Haus der Jugend", und vielleicht, bei aller Sympathie, ist es ganz gut, dass jetzt Berlin Hauptstadt ist und nicht mehr „Propsthof-Nord". Aber dann trifft man abends den rheinischen Heimatpoeten Norbert Koch, der in Düsseldorf entbunden wurde, Köln mag (?!?) und mal in Bonn-Kessenich, mal in Berlin-Mitte lebt. Je nachdem und wie gerade Lust und Laune ist, und er sagt: „Bonn ist wie ein wunderbares Kammerkonzert, Berlin wie ein Symphonieorchester. Beides hat was." Er hat ein Buch geschrieben übers Rheinland, die „Rheinischen Rühr- und Wehgeschichten", und das lag aus in den Kessenicher Eckkneipen, bis die Auflage am Tresen vergriffen war.

ES LAG NICHT LANGE in der „Fürstenstube", wo nächtens gegen eins eine Diskussion über Rheinländer und Westfalen hochtourig und hochprozentig läuft. Moderiert von Norbert Koch. Teilnehmer: Thomas, gebürtig Herne, Architekt im Bundesbauministerium. Und Klaus, gebürtig Bonn, früher mal Fernsehkoch bei Sat.1. Thomas-Herne sagt: „Nach rheinischem Sauerbraten verlassen dich die Geschmacksnerven, und du musst mindestens zwei Liter Kölsch trinken, um zu merken, dat dat kein Wasser is." Und Klaus-Bonn singt zwei Kurze drauf: „Herne, Herne, Sonne, Mond und Sterne."

Thomas-Herne ist ein guter Westfale, weil schon halb Rheinländer und assimiliert sogar im Karnevalsverein, Ehrengarde der Stadt Bonn. Und Thomas-Bonn ist ein guter Rheinländer, weil schon halb Westfale und fanatischer Anhänger von Borussia Dortmund, Dauerkarte. „So isset hier" sagt da der moderate Norbert Koch. „Westfale, Rheinländer? Määnsch. Weg mit dem Bindestrich. Wir sind doch eins, irgendwie."

Sodann geschieht ein Wunder, befeuert vom heiligen Himbeergeist. Nach dem zehnten Kölsch liegt LEVERKUSEN tatsächlich im Ruhrgebiet, und Dortmund im Rheinland. Oder umgekehrt. Ist doch egal, so egal, scheißegal und alles gut. Und am trüben Himmel galoppieren die Rennpferde des kleinen Mannes. Von Wanne-Eickel bis nach Leverkusen. **MICHAEL STRECK**

Schlote zu Flugrädern: Erlebnispark Essener Zeche Alter Zollverein

80 AUSGEWÄHLTE ADRESSEN UND DREI EXTRATOUREN

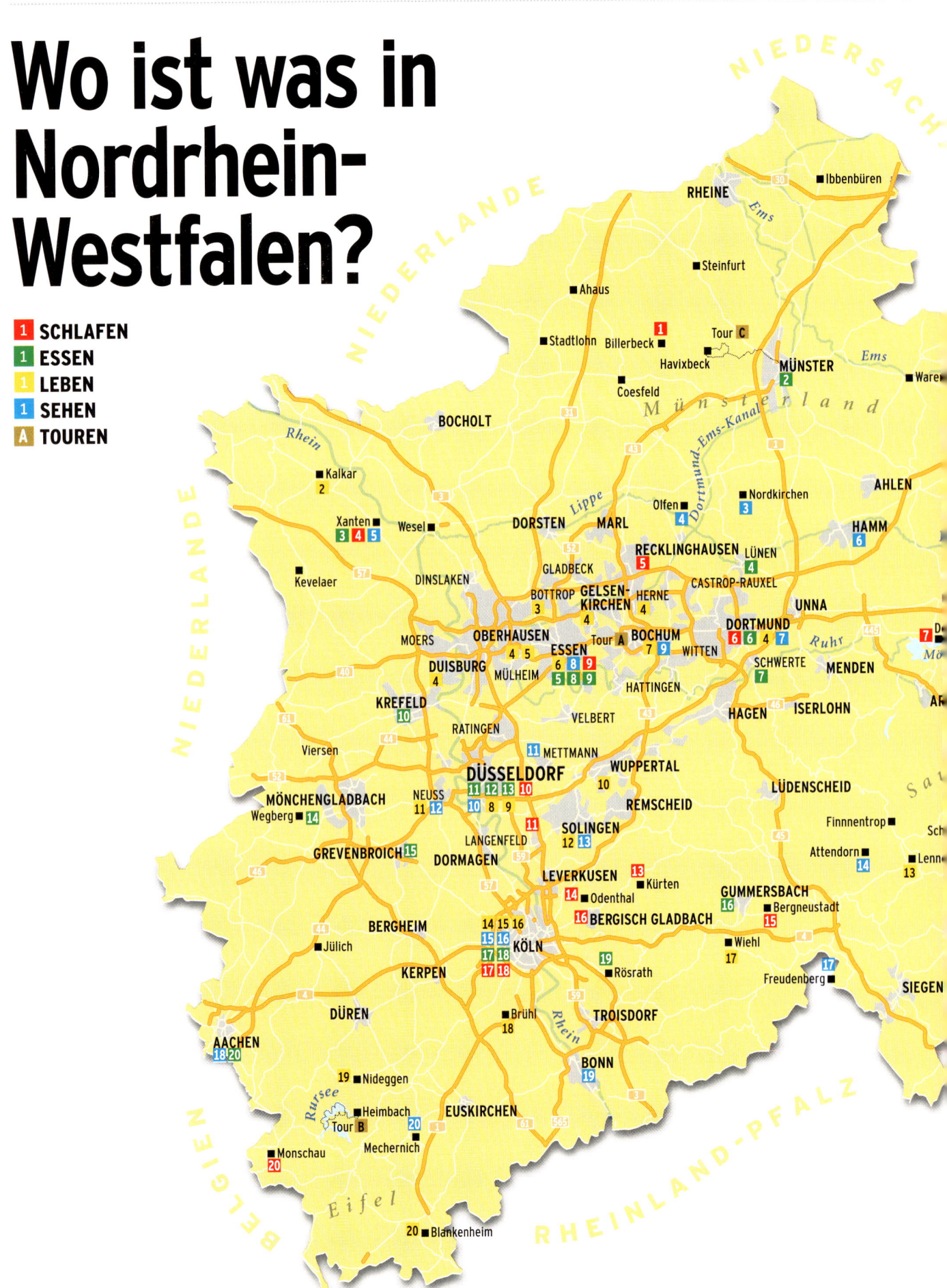

Wo ist was in Nordrhein-Westfalen?

- **1** SCHLAFEN
- **1** ESSEN
- **1** LEBEN
- **1** SEHEN
- **A** TOUREN

SCHLAFEN

Burg Blomberg

1 DOMSCHENKE

Man könnte das Haus beinah übersehen. Es liegt im Zentrum des Örtchens Billerbeck, genau gegenüber vom Dom inmitten anderer schmucker Bauten. Das Ziegelfachwerkgebäude aus dem 17. Jahrhundert wurde liebevoll renoviert, über den Betten der Gästezimmer hängt ein Sternenhimmel aus blauem Stoff, und die Küche ist weithin bekannt für ihre regionalen Spezialitäten. Viele Gäste sind Radler, die auf ihren Touren die Baumberge erkunden.
Markt 6, 48727 Billerbeck
02543-93200 02543-932030
www.billerbeck.de
31 Zimmer, DZ ab 140 Mark

2 BURG BLOMBERG

Natürlich hat die Burg einen Gewölbekeller und einen Rittersaal. Beide eignen sich bestens für mittelalterliche Feste, bei denen Spielleute, Gaukler, der Herold und der schwarze Gast auftreten. Das Programm mit ausgiebigem Mahl kostet zwischen 69 und 111,80 Mark pro Person.
Am Brink 1, 32825 Blomberg
05235-50010 05235-500145
50 Zimmer, DZ ab 190 Mark

3 RATSKELLER

Das Hotel für Gäste, die bei Kerzenschein behaglich tafeln wollen. Das wunderbare Fachwerkhaus von 1560 im Zentrum des tausendjährigen Wiedenbrück ist seit fünf Generationen im Besitz der Familie Surmann und wird entsprechend gepflegt. Die Gaststube ist holzgetäfelt, das Restaurant hat noch die alte, niedrige Balkendecke, der Frühstücksraum ist besonders freundlich und hell.
Lange Straße
33378 Rheda-Wiedenbrück
05242-9210 05242-921100
www.romantikhotels.com
33 Zimmer, DZ ab 195 Mark

4 VAN BEBBER

Wer hier wohnt, spürt auf Schritt und Tritt Geschichte. Überall Bilder und Antiquitäten, Stuckdecken, elegante Dekors. In der „Bauernstube" ließ es sich schon Churchill gut gehen. Im „Fürstenzimmer" dinierte die spätere Königin Victoria. Die Küche versteht sich auf regionale Spezialitäten und Wildgerichte.
Klever Straße 12, 46509 Xanten
02801-6623 02801-5914
www.ccl-hotels.com
35 Zimmer, DZ ab 198 Mark

5 ENGELSBURG

Ein komfortables Herrenhaus mitten in der Stadt. Das einst kurfürstliche Anwesen von 1701 wurde liebevoll renoviert. Die Fassade, die Stuckdecken und die alten Kamine blieben erhalten. Im Kellergewölbe eine Saunaanlage in italienischem Ambiente, über der Stadt die Dachterrasse zum Sonnenbaden. Die Küche ist weithin bekannt, die Weinkarte umfangreich.
Augustinessenstraße 10
45657 Recklinghausen
02361-2010 02361-201120
www.parkhotel-engelsburg.de
46 Zimmer, DZ ab 210 Mark

6 MAXX-HOTEL

Ein Klasse-Hotel im anglo-amerikanischen Stil der 30er bis 50er Jahre. Aus den Boxen tönt die Musik dieser Zeit, Bilder von Hollywoodstars hängen an den Wänden. In den Zimmern (leider fast nur EZ) gibt's viel Holz, Leder, Messing, Wohntextilien aus Naturfasern. Das Restaurant bietet Tex-Mex-Food, die American Bar lädt zum Relaxen ein.
Berswordtstraße 2, 44139 Dortmund
0231-90210 0231-9021999
www.dortmund.maxx-hotels.de
156 Zimmer, DZ ab 190 Mark

Haus Delecke, Möhnesee

7 HAUS DELECKE

Das gelb gestrichene Herrenhaus, mitten im Park, direkt am Möhnesee gelegen, ist innen schmuck hergerichtet. Der Natur-pur-Blick von der Parkterrasse geht auf den See. Abends erklingt Piano-Musik. Das Anwesen hat ein eigenes Sportcenter, bietet viele Wassersportmöglichkeiten, eine Squashhalle und Tennisplätze.
Linkstraße 10–14
59519 Möhnesee-Delecke
02924-8090 02924-809167
www.moehnesee.de
39 Zimmer, DZ ab 200 Mark

HOTELS, RESTAURANTS, AUTOTOUR

8 KNIPPSCHILD

Das prächtigste Haus im idyllischen Fachwerkort Kallenhardt. Die Fassade ist von 1826, die Zimmer sind hochmodern. Chef Klaus Knippschild wacht auch über die Küche, der er eine sauerländische Note gibt: Himmel und Erde – gebratene Blutwurst, Ochsenfleisch mit Meerrettich, hausgemachte Sülze.
Theodor-Ernst-Straße 1
59602 Rüthen-Kallenhardt
☏ 02902-80330 📠 02902-803310
23 Zimmer, DZ ab 160 Mark

Schloss Hugenpoet, Essen-Kettwig

9 SCHLOSS HUGENPOET

Der Stil ist perfekt, fast aristokratisch. Wer das mehr als 300 Jahre alte Renaissance-Wasserschloss betritt, steht vor einer Treppe aus schwarzem Marmor, antiken Möbeln und Gemälden. Antiquitäten auch im Restaurant und in den Zimmern. Das Himmelbett in der Hochzeitssuite stammt aus dem 16. Jahrhundert.
August-Thyssen-Straße 51
45219 Essen-Kettwig
☏ 02054-12040 📠 02054-120450
🌐 www.hugenpoet.de
22 Zimmer, DZ ab 410 Mark

10 STEIGENBERGER PARKHOTEL

Am Ende der Königsallee, der teuersten Einkaufsstraße Deutschlands, erwartet den Gast diese Edelherberge. Der Blick geht auf den Hofgarten, kurze Wege führen zur Altstadt und zum Rhein. Die Deutsche Oper liegt gleich nebenan. Fans buchen Zimmer zur Ludwig-Zimmermann-Straße, um nachmittags den Künstlern beim Proben zu lauschen. Ein nobel ausgestattetes Fünf-Sterne-Haus mit der besten Hotelküche der Stadt.
Corneliusplatz 1, 40213 Düsseldorf
☏ 0211-13810 📠 0211-1381592
🌐 www.duesseldorf.steigenberger.de
122 Zimmer, DZ ab 490 Mark

11 GRAVENBERG

Wohngenuss zwischen Köln und Düsseldorf. Das Haus im Fachwerkstil des Bergischen Landes wurde immer wieder erweitert und modernisiert. Neben einer schönen Badelandschaft gibt es einen aufwendigen Whirlpool und ein Fitnessstudio. 200 Meter entfernt steht eine der größten Badmintonhallen Deutschlands mit 16 Feldern, fünf Tennis- und acht Squashplätzen.
Elberfelderstraße 45, 40764 Langenfeld
☏ 02173-92200 📠 02173-22777
🌐 www.gravenberg.de
48 Zimmer, DZ ab 250 Mark, vom 23. Dez bis 4. Jan geschlossen

12 KUR- UND SPORTHOTEL GNACKE

Langlaufloipen vor der Tür, Sessellifte um die Ecke, Schlittenfahren überall. Schmallenberg-Nordenau liegt auf 620 Meter Höhe. Das modern eingerichtete Hotel Gnacke ist auf Wintersportler eingestellt. Wenn der Schnee getaut ist, lässt es sich vorzüglich wandern, reiten und Golf spielen.
Astenstraße 6
57392 Schmallenberg-Nordenau
☏ 02975-830 📠 02975-83170
🌐 www.gnacke.de
42 Zimmer, DZ ab 148 Mark vom 26. Nov bis 25. Dez geschlossen

13 GUT HUNGENBACH

Es ist ein ungewöhnliches Ensemble alter Fachwerkhäuser. Vom Abriss bedrohte historische Gebäude aus dem Rheinisch-Bergischen Kreis wurden hier neu aufgebaut. Die Zimmer des Gutshofes sind sehr komfortabel und individuell eingerichtet. Zum ländlichen Ambiente gehören der Stall aus dem 18. Jahrhundert mit Pferden, Eseln, Gänsen und Hühnern, der reizvolle Innenhof mit Brunnen und Laternen, die Sonnenterrasse, ein Ententeich.
51515 Kürten
☏ 02268-6071/72 📠 02268-6073
34 Zimmer, DZ ab 250 Mark

14 ALTENBERGER HOF

Ein Haus mit Tradition, seit Generationen im Familienbesitz und weit über das Bergische Land hinaus bekannt. Die Galerieräume sind sehr gemütlich, die Zimmer mit viel Liebe zum Detail eingerichtet. Von der Gartenterrasse schaut man direkt auf den Dom. Der Altenberger Hof ist nicht nur für behagliches Wohnen, sondern auch für seine hervorragende Küche bekannt.
Eugen-Heinen-Platz 7
51519 Odenthal
☏ 02174-4970 🌐 www.odenthal.de
38 Zimmer, DZ ab 225 Mark

15 RENGSER MÜHLE

Der Landgasthof im Naturschutzgebiet Rengsetal liegt beschaulich inmitten bewaldeter Hänge. Früher war er eine Mühle, heute ist er ein beliebtes Ausflugsziel vor allem für

Kur- und Sporthotel Gnacke im Sauerland

Wanderer. Sehr heimelig sind die rustikalen Galerieräume, die Bauern-, die Mühlen- und die Jägerstube. Im Kaffeegarten schmecken die hausgemachten Waffeln. Die Zimmer wurden komplett renoviert und mit neuen Möbeln ausgestattet.
Niederrengse 4, 51702 Bergneustadt
☏ 02763-91450 📠 02763-914520
🌐 www.rengser-muehle.de
4 Zimmer, Doppelzimmer 150 Mark

16 SCHLOSSHOTEL LERBACH

Ein Luxushotel in großem Park mit offenem Kamin in der Empfangshalle und Jagdtrophäen an den Wänden. Die Schloss-Schänke hat eine wunderschöne Terrasse. Joggingpfade, Fahrradverleih, Angeln, Beautyfarm.
Lerbacher Weg
51465 Bergisch Gladbach
☏ 02202-2040 📠 02202-204940
🌐 www.schlosshotel-lerbach.com
54 Zimmer, DZ ab 390 Mark

17 EXCELSIOR ERNST

Luxus zentral: Wer vor die Tür tritt, blickt direkt auf den Dom. Im Grand Hotel geht alles sehr harmonisch zu. Die Zimmer sind äußerst elegant eingerichtet, die Bäder tragen Marmor. Zum 24-Stunden-Service kommen viele Annehmlichkeiten, die allerdings teuer bezahlt werden müssen. So kostet die Limousine vom Flughafen Düsseldorf 180 Mark. Dafür ist die Minibar frei – ein seltener Service.
Domplatz, 50667 Köln
☏ 0221-2701 📠 0221-135150
🌐 www.excelsiorhotelernst.de
130 Zimmer, DZ ab 415 Mark

Romantik-Hotel Gravenberg in Langenfeld

18 HOTEL IM WASSERTURM

Das aufregendste Hotel in ganz Köln: Sein Domizil, der alte Wasserturm aus dem 19. Jahrhundert, gehört zu den größten seiner Art in Europa und wurde liebevoll restauriert. Die Zimmer und stilvollen Maisonetten bieten Luxus pur. Das gesamte Interieur stammt von der französischen Star-Designerin Andrée Putman. Überall wurden afrikanisches Edelholz und geschrotetes Glas verwendet. Natürlich hat das Hotel einen 24-Stunden- und einen Limousinenservice; auch Sauna, Solarium und Massageabteilung fehlen nicht. Vom Restaurant in der elften Etage geht der Blick über Köln.
Kaygasse 2, 50676 Köln
☏ 0221-20080 📠 0221-2008888
🌐 www.hotel-im-wasserturm.de
48 Zimmer, DZ ab 390 Mark

Schlosshotel Lerbach, Bergisch Gladbach

19 LANDHOTEL DOERR

Sehr behaglich, dieses Haus. Die Wirtsleute haben es mit bestem Komfort ausgestattet, einem Hallenbad und einer luxuriösen Wellness-Anlage. Wer hier Ferien macht, tut dies in der waldreichsten Landschaft Deutschlands, am Südhang des Naturparks Rothaargebirge.
Sieg-Lahn-Straße 8-10
57334 Bad Laasphe/Feudingen
☏ 02754-3700 📠 02754-370100
🌐 www.bad-laasphe.de
41 Zimmer, DZ ab 230 Mark

20 VECQUERAY

Eine kleine Pension in einem imposanten Fachwerkhaus von 1716. Geführt von der immer freundlichen Gisela Vecqueray, die Herz und Seele dieses urigen Hauses mit seinen vielen Holzdielen, antiken Möbeln und wertvollen Teppichen ist. Besonders hübsch: das Fernseh- und das Kaminzimmer, die einer gutbürgerlichen Wohnstube vor der vorigen Jahrhundertwende gleichen.
Kirchstraße 5
52156 Monschau
☏ 02472-3179 📠 02472-4320
🌐 www.vecqueray.de
12 Zimmer, DZ ab 120 Mark

ESSEN

1 DIE WINDMÜHLE
Bad Oeynhausen ist nicht gerade das Zentrum kulinarischer Genüsse. Aber in der Windmühle am Rande der Stadt lässt es sich speisen wie an den großen Plätzen dieser Welt, auch wenn der Blick dabei nur auf die Stadt am Wiehengebirge fällt.
Detmolder Str. 273, 32545 Bad Oeynhausen
℡ 05731-92462 05731-96583
Di bis So von 12-14 und 18-22 Uhr
Gerichte 39-52 Mark

2 SCHLOSS WILKINGHEGE
Das Restaurant in einem Renaissance-Wasserschloss mit zwei Steinlöwen über dem Eingangsportal ist fraglos das beste im Umkreis. Das herrschaftliche Ambiente (Gemälde, Kronleuchter, Stuckdecken), der aufmerksame Service – alles vom Feinsten. Der 18-Loch-Golfplatz nebenan bringt ein bisschen Bewegung nach dem Essen.
Steinfurter Str. 374
48159 Münster
℡ 0251-213045 0251-212898
www.relaischateaux.fr/wilkinghege
tgl von 12-14 u. 18-22 Uhr
Gerichte 40-48 Mark

Landhaus Köpp in Xanten

3 LANDHAUS KÖPP
Er kocht sich immer weiter nach oben, der Herr Köpp. Wer ihn erst einmal in seinem traumhaften Landhaus gefunden hat – über verschlungene Wege, die wie Sackgassen erscheinen –, der wird es nicht bereuen. Aber dass am platten Niederrhein, direkt hinterm Deich, überhaupt eine solche französische Gourmet-Küche zu entdecken ist, vermutet ja kaum einer.
Husenweg 147, 46509 Xanten/Obermörmter
℡ 02804-1626 02804-910187
Di/Fr/So von 12-14.30 Uhr, Di bis Sa von 18-21.30 Uhr, 3.-27. Januar geschlossen, Gerichte 44-49 Mark

4 SCHLOSS SCHWANSBELL
Die Frage, ob Franz Lauter besser kocht oder malt, ist schwer zu beantworten. Auf Schloss Schwansbell stellt er nicht nur seine Bilder aus, auch seine Küchenkünste sind dort zu bewundern. Lauter eifert seinem Vorbild Leonardo da Vinci nach und hat Erfolg mit so viel exzentrischem Überschwang. Die Küche serviert Internationales, und das schon seit Jahren beständig gut.
Schwansbeller Weg 32, 44532 Lünen
℡ 02306-206810 02306-23454
Di bis Sa von 18-22 Uhr, So von 12-22 Uhr, Gerichte 30-48 Mark

Das Lucky Strike in Essen

5 LUCKY STRIKE ORIGINALS DINER
Nicht nur Bistro, sondern Erlebnis. Ein Flair wie in den USA der Fünfziger: Neonreklame, Rock'n'-Roll-Musik, Hamburger, Shakes und Rumpsteaks. Der Gast kann zwischen drei Menügrößen wählen. Der mittlere Burger kostet 12 Mark, das Glas Nichtalkoholisches drei Mark. Wer will, schaut den Köchen beim Brutzeln zu – die Küche ist von der Theke her einzusehen.
Am Lichtbogen 12, 45141 Essen
℡ 0201/8630055
Fr bis So rund um die Uhr,
Mo bis Do von 4.30-1 Uhr

6 LA TABLE
Hier hat Dortmund nichts mehr mit dem klassischen Ruhrgebiet gemein: Alles ist grün und romantisch. Die Leute reden nicht über Stahl und Kohle – ihr Plaisier ist Lebensart. Die Küche des La Table in der Spielbank Hohensyburg ist seit Jahren anerkannt perfekt; eine bessere Patisserie findet man weit und breit nicht.
Hohensyburgerstraße 200
44265 Dortmund-Hohensyburg
℡ 0231-7740737 0231-774077
www.casino-hohensyburg.de
Di bis So von 19-22 Uhr, in den Sommerferien 3 Wochen geschlossen
Gerichte 50-58 Mark

7 FREISCHÜTZ
Rustikale Gemütlichkeit mitten im Schwerter Wald: eine gute Adresse für Tagesausflügler. Solide Hausmannskost wie „Strammer Max", „Schmorbraten mit Blumenkohl und Salzkartoffeln" oder „Hausmacher Eintopf". Hinterm Haus lockt ein Biergarten.
Hörder Str. 131, 58239 Schwerte
℡ 02304/40266
www.do-line.de/freischuetz/seite.htm
täglich geöffnet, Küche von 12-22 Uhr
Gerichte 20-25 Mark

8 ZUR PLATTE
Der Ausflugsgeheimtipp für Leute, die ins Grüne wollen. Nach ausgedehntem Spaziergang durch die Laubwälder des Essener Südens kann man sich hier wunderbares Wild servieren lassen. Das Lokal bietet gediegene Räumlichkeiten und einen weiten Blick über das Ruhrtal.
Weg zur Platte 73, 45239 Essen
℡ 0201/491237
www.essen.de/tourismus/index.html
Di bis So von 12-15 und 18-22 Uhr
Gerichte 20-44 Mark

9 RÉSIDENCE
Hinter der schlichten Fassade der weißen Jugendstilvilla verbirgt sich das wohl beste Restaurant des Ruhrgebietes. Vornehmes, schlichtes Ambiente, ausgefallene Tischdekorationen. Im Sommer lässt es sich malerisch unter alten Bäumen dinieren. Das zum Haus gehörende „Püree" bietet Essgenuss für die kleinere Geldbörse.
Auf der Forst 1, 45219 Essen-Kettwig
℡ 02054-95590 02054-82501
www.hotel-residence.de
Di bis Sa von 18.30-22 Uhr
Vom 1.-8. Jan und 3 Wochen in den Sommerferien geschlossen
Gerichte 52-67 Mark

Résidence in Essen-Kettwig

10 LE CROCODILE
An der Uerdinger Straße stehen noch wunderbare Häuser aus der vorletzten Jahrhundertwende. In einem davon, einem herrschaftlichen Eckhaus im Jugendstil, hat das Krokodil einen Platz gefunden. Die Eigentümer, das Ehepaar Bertels, kredenzen eine einfache, sehr bekömmliche Küche. An den Wänden des Restaurants hängen Werke junger Künstler; zum künstlerischen Ambiente passt auch die Galerie im Haus.
Uerdinger Straße 336, 47800 Krefeld
℡ 02151-500110 02151-500110
Di bis So 18-23 Uhr
Gerichte 28-37 Mark

11 NIPPON-KAN
Er ist nicht nur der Japaner in Düsseldorf, sondern der größte seines Fachs in ganz Deutschland, und das schon seit Jahren. Der Könner verzichtet auf küchenmodische Spielereien. Roher Fisch, Seealgen, Sojabohnenpastensuppe, gegrillte Hühnerspießchen und Tofu wird entweder an der Sushi-Bar gegessen oder in einem Tatamizimmer, einem mit Reisstrohmatten ausgelegten Raum. Wie es sich in Japan gehört, servieren Kimono-Damen die Speisen, verneigen sich tief und lächeln dankbar.
Immermannstr. 35, 40210 Düsseldorf
℡ 0211-173470
täglich 12-14 und 18-22 Uhr
Gerichte 60-150 Mark

TOUR (A)

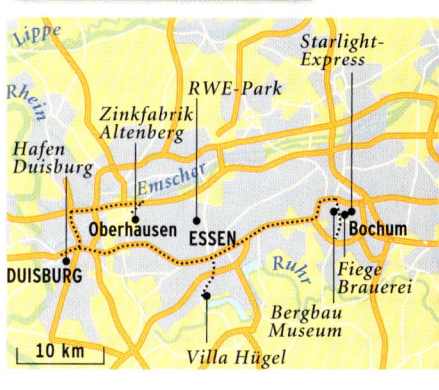

DURCHS REVIER
Die Reise beginnt mit einem Besuch des Rheinischen Industriemuseums in Oberhausen. Da gibt's eine Ausstellung zur Schwerindustrie. Das Museum in der ehemaligen Zinkfabrik Altenberg liegt direkt hinter dem Oberhausener Hauptbahnhof. Über die A 42 geht's zum Duisburger Innenhafen, wo aus den ehemaligen Getreidespeichern ein attraktiver Wohn- und Gewerbepark entstand. Im Restaurant des Hafenforums kann man preiswert speisen. Weiter nach Essen in die Traumwelt des André Heller. Sein Meteorit im RWE-Park ist ein faszinierender unterirdischer

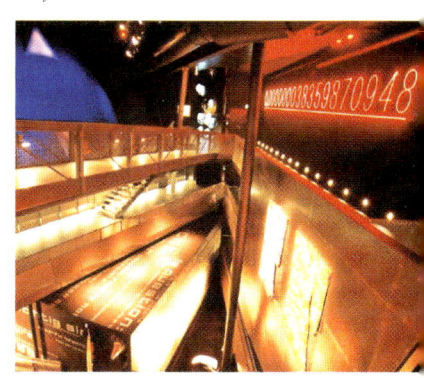

Luna Park Meteorit im RWE-Park, Essen

Erlebnisraum, in dem der Besucher Lichtblitze von mehr als 200 000 Volt zucken lassen kann. Zum Abendprogramm gehört die akrobatische Welt des GOP Varietés (02 01-247 93 93). Der zweite Tag fängt an mit dem Abstecher zur Villa Hügel im Essener Süden, dem pompösen Wohnsitz der Familie Krupp. Weiter zum Deutschen Bergbau-Museum nach Bochum. Danach Einchecken im Art Hotel Tucholsky (02 34-135 43; DZ ab 140 Mark). Anschließend Besichtigung der Fiege-Brauerei (02 34-689 82 72). Dann zum Musical „Starlight-Express". Von dort ins legendäre Bermudadreieck, die Bochumer Kneipenszene zwischen Viktoria-, Brüder-, Kortumstraße und Südring. Und ab ins Bett.

RESTAURANTS, AKTIVITÄTEN, RADTOUR

Giuseppe Saitta und Salvatore Monachello

12 OSTERIA SAITTA

Giuseppe Saitta hat ein Händchen für die mediterranen Sehnsüchte seiner deutschen Gäste: In einem hübschen Fachwerkhaus auf der linken Rheinseite ist er in Kürze zum Düsseldorfer In-Italiener aufgestiegen. Sein Erfolgsrezept: beste Zutaten, traumhafte Trüffel und große Portionen bunt zubereiteter Köstlichkeiten, die Spitzenkoch Salvatore in einer winzigen Küche zaubert.
**Alt Niederkassel 32
50547 Düsseldorf-Niederkassel**
0211-574934 0211-5591544
Mo von 18-22.30 Uhr, Di bis Fr von 12-14.30 und 18-22.30 Uhr
Gerichte 32-48 Mark

13 IM SCHIFFCHEN

Der sündhaft teure Gourmet-Palast liegt unweit des Rheins, und in dem alten Ziegelhaus von 1733 residiert ohne Frage eine der fünf besten Küchen in Deutschland. Jean Claude Bourgueil zählt schon seit Anfang der siebziger Jahre zu den deutschen Starköchen. Auf der Karte: Croque-Monsieur von Gänsestopfleber, gegrillte Taube mit Mandelkrokantsauce. Wer hier essen möchte, muss sich paar Monate im Voraus anmelden.
**Kaiserswerther Markt 9
40489 Düsseldorf**
0211-401050 0211-403667
Di bis Sa 19-21.30 Uhr, in der Osterwoche geschlossen, Gerichte 49-99 Mark

14 MOLZMÜHLE

Die Fachwerkmühle aus dem 17. Jahrhundert liegt verträumt unter hohen Bäumen, direkt am See, in den ein kleiner Bach mündet. Nostalgisch rustikal eingerichtet – alte Mauern, dicke Holzbalken. Ein lohnendes Ausflugsziel mit Übernachtungsmöglichkeit.
**Im Bollenberg 41
41844 Wegberg/Rickelrath**
02434-99770
Mi bis So 12-22 Uhr
Gerichte 24-42 Mark

15 ZUR TRAUBE

An der westlichen Flanke der rheinischen Metropolen Düsseldorf und Köln hat sich Dieter Kaufmann niedergelassen. Die Großstädter müssen schon zu ihm hinaus ins kleine Grevenbroich fahren, um seine Künste zu kosten. Kaufmann ist Verfechter der französischen Küche – und zählt damit zu den Besten im Lande.
Bahnstraße 47, 41515 Grevenbroich
02181-68767 02181-61122
Di bis Sa 12-13.30 und 18.30-21 Uhr von Weihnachten bis zum 20. Jan, in der Karwoche und 2 Wochen Ende Juli geschlossen, Gerichte 48-98 Mark

16 SCHWARZENBERGER HOF

Eine Institution im Bergischen Land. Der 200 Jahre alte Hof inmitten des Fachwerkdorfes Hülsenbusch ist für seine regionalen Spezialitäten bekannt. Außerdem können die Gäste Antiquitäten wie eine alte Standuhr und Fotos vergangener Dorffeste bewundern.
**Schwarzenberger Str. 48
51647 Gummersbach/Hülsenbusch**
02261-22175 02261-21907
täglich 12-14 und ab 18 Uhr
Mo geschlossen
Gerichte 23-40 Mark

Im Schiffchen, Düsseldorf-Kaiserswerth

17 LE MOISSONNIER

Das Bistro mit Format hat einen dramatisch guten Ruf und ist dementsprechend ausgebucht: Mindestens eine Woche vorher anmelden ist Pflicht. Wer drin ist, lässt sich verwöhnen mit französischerKüche der fantasiereichsten Art.
Krefelder Straße 25, 50670 Köln
0221-729479 0221-7325461
Di bis Sa von 12-13.30 und 19-22.30 Uhr, Weihnachten bis Anfang Jan sowie 3 Wochen in den Sommerferien geschlossen, Gerichte 34-90 Mark

Molzmühle in Wegberg

Das türkische Restaurant Bizim in Köln

18 BIZIM

Nix Döner – Enis Akisik kocht spitzenmäßig leicht und bekömmlich. Sein First-Class-Restaurant war früher ein Imbiss, die Kunst des Kochens hat er zum Lebenszweck erklärt. Dazu hat Akisik das Süffigste im Keller, was es hierzulande an türkischen Weinen gibt.
Weidengasse 47-49, 50668 Köln
0221-131581
Di bis Sa von 12-14 und 18-21 Uhr
Gerichte 40-45 Mark

19 KLOSTERMÜHLE

Die einstige Mühle des Augustinerordens stand einst 20 Meter entfernt, wurde Stein für Stein abgetragen und neu errichtet. Die Belgierin Josée Moissonnier führt dieses weithin bekannte Restaurant, das für seine ungewöhnlichen Kreationen französischer Küche, die Fischgerichte und die reichhaltige Weinkarte bekannt ist.
**Zum Eulenbroicher Auel 15
51503 Rösrath**
02205-4758 02205-87868
Gerichte 36-42 Mark

20 ST. BENEDIKT

Die Atmosphäre des 18-Plätze-Restaurants ist privat, die Gastgeber sind überaus liebenswürdig. Die Köchin erweist sich als unermüdliche Kunsthandwerkerin, die nicht nur ihr Restaurant betreut, sondern auch noch für ihr Café im Nachbarhaus fleißig Kuchen backt. Fragt sich, wo sie da noch Zeit findet, die rechten Zutaten zusammenzutragen. Aber auch das gelingt ihr: Die Lieferanten sind Metzger, Geflügelzüchter und Gemüsebauern aus der Umgebung.
**Benediktusplatz 12
52076 Aachen-Kornelimünster**
02408-2888 0241-2877
Di bis Sa von 19-21 Uhr, 2 Wochen in den Sommerferien geschlossen
Gerichte 42-49 Mark

LEBEN

1 ADLERWARTE BERLEBECK

Majestätisch ziehen die Jäger der Lüfte ihre Kreise über dem Teutoburger Wald: Die Freiflugvorführungen von Adlern, Falken, Bussarden und anderen gefiederten Räubern sind Höhepunkt im Tagesprogramm der Adlerwarte, der größten in ganz Europa.
Adlerweg 13-15, 32760 Detmold
05231-47171
www.adlerwarte-berlebeck.de
1. März bis 15. Nov 9.30-17,30 Uhr
16. Nov bis 28. Feb von 10-16 Uhr

2 KERNWASSER WUNDERLAND

Weihnachten im AKW – für Leute, die keinen Wert auf Tannenbäume und Gänsebraten legen. Der umstrittene Meiler „Schneller Brüter" (1985 stillgelegt) ist heute ein ganzjährig geöffneter Freizeitpark mit Hotel, Kneipenstraße, ägyptischem Restaurant, Boccia, Fußball, Beachvolleyball, Billard, Kartfahren, Freeclimbing am 45 Meter hohen Kühlturm und Kraftwerksbesichtigung. Das Special zum Christfest kostet 290 Mark pro Person.
Griether Straße 110-120, 47546 Kalkar
02824-9100 02824-910299
tgl von 10-18 Uhr, Eintritt 10 Mark pro Std./Person, Kinder bis 12 zahlen die Hälfte

3 WARNER MOVIE WORLD

Die Attraktionen rund um die bunte Welt des Films werden wie auf einer großen Kirmes mit Fahrgeschäften, Buden und Restaurants angeboten. In Tom und Jerrys Achterbahn geht's magensausend durch enge Kurven und zwischendurch steil bergauf und bergab. Die Kids haben ihren Spaß an Daffy Duck, Bugs Bunny, Silvester und Tweety, die ihnen auf Schritt und Tritt begegnen.
**Warner Allee 1
46244 Bottrop-Kirchhellen**
02045-899444 02045-899446
www.movieworld.de
Geöffnet vom 7. April bis 30. Okt
Eintritt 40 Mark für Erwachsene
Kinder 20 Mark

4 REVIERPARKS

Die grünen Lungen des Ruhrgebiets und Erholungsstätten des Revierbürgers sind das ganze Jahr geöffnet, wobei die Angebote saisonal verschieden sind. Der Gysenbergpark bietet 50 Sportkurse. Hauptanziehungspunkt ist das „Lago" mit großem Schwimmbecken, Wellenbad, Saunen, Kneippanlagen und FKK-Garten. Der Revierpark Nienhausen hat einen Kinderspielpark mit Elektrobooten und -autos, Mini-Eisenbahn und Karussell und Kindertheater. Das „Activarium" bietet neun Saunen, ein 36 Grad warmes Solebecken. Die Attraktion des Revierparks Vonderort ist die 1800 qm große Eislaufhalle mit Veran-

Revierpark Vonderort, Oberhausen

staltungen wie „Schneewalzertreff", „Eisparty", „Discodancing". Wischlingen bietet finnische Saunen, ein irisch-römisches Dampfbad und einen japanischen Garten. Die Eislaufhalle – mit Lightshow und Disco – ist von Mitte Oktober bis Mitte April geöffnet. Mattlerbusch hat die „Niederrhein-Therme" mit Saunen, Wellenbad, Whirlpools und Solarien, die Karibikatmosphäre verbreiten. Im 40-Hektar-Park gibt's Spielplätze, Feuchtbiotop, Geologiepfad, Modellbootanlage.
Gysenberg, ✆ 02323-9690
Am Revierpark 40, 44627 Herne;
Nienhausen, ✆ 0209-941310
Feldmarkstraße 201, 45883 Gelsenkirchen; Vonderort, ✆ 0208-999680
Bottroper Straße 322, 46117 Oberhausen; Wischlingen, ✆ 0231-9170710
Höfkerstraße 12, 44149 Dortmund;
Mattlerbusch, ✆ 0203-995840
Wehofer Straße 42, 47169 Duisburg

5 CENTRO

Ein tolles Gefühl: Man fährt im Auto zum Einkaufszentrum, findet sofort einen Parkplatz und kommt trockenen Fußes bei Kaufhof und Co. an. Das bequeme Hin und Her (auch mit Bus und Bahn) ist aber nur ein Grund, weshalb das Centro Oberhausen zum beliebtesten Einkaufszentrum Deutschlands geworden ist. Die anderen: Die zweigeschossige Shopping-Meile mit 200 Geschäften hat auch eine Promenade mit Cafes, Discos, Kneipen, Restaurants, Kino und für die zuweilen quengelnden Kinder Riesenrutsche, Traktorbahn und Piratenschiff.
Normale Öffnungszeiten der Geschäfte.
Promenade ist bis nach Mitternacht offen

6 MUDIA ART

Für Freunde der Nacht und Szenegänger in Lack und Leder: Drei Discos bieten in einer alten Fabrik zu Techno, Reggae und Chart-Musik morbiden Charme mit Fackeln und Weihrauchschalen. Ab ein Uhr zeigen Tänzerinnen und Tänzer in Käfigen nackte Tatsachen. Auch Artisten und Fetisch-Shows gehören zum Programm. Gäste, die es einsam mögen, mieten ein Separée in Form einer Gruft.
Frohnhauser Straße 75, 45127 Essen
✆ 0201-235028 **Sa und vor Feiertagen Mindestverzehr 20 Mark.**

7 STARLIGHT EXPRESS

Die Geschichte um den Weltmeisterschaftslauf der Eisenbahnen ist noch nicht zu Ende erzählt. Greaseball, Rusty, Electra und die anderen rasen weiterhin unermüdlich auf ihren Rollschuhen durchs Rund der Starlight-Halle. Acht Millionen Besucher sahen bislang mehr als 5000 Vorstellungen.
Stadionring 24, 44791 Bochum
✆ 01805-4444 ⌨ www.musical.de
Täglich außer Mo. um 20 Uhr
Eintritt 79-149 in der Woche,
109-179 Mark am Wochenende

8 DÜSSELDORFER ALTSTADT

Im Herzen der Stadt reihen sich rund 260 Kneipen, Restaurants, Bars und Discotheken zur immer noch „längsten Theke der Welt". In den Kneipen regieren zuweilen herrisch die blaubeschürzten Köbesse, die das obergärig gebraute Alt ausschenken. Wer es wagt, ein Wasser zu ordern, muss mit einem knurrigen: „Handtuch und Seife dabei?" rechnen – wer Kölsch bestellt, ist unten durch. Doch wer Düsseldorf wirklich kennen lernen will, sollte in den traditionellen Hausbrauereien gewesen sein: Uerige (außer Alt gibt's nur Apfelsaft), Füchschen (deftige Küche, Wurst aus hauseigener Schlachterei), Schlüssel (Speisekarte in Düsseldorfer Platt).
⌨ www.duesseldorf.de

9 BANKERS BLVD.

Nichts ist more trendy in Düsseldorf als dieser Szene-Treff in der ehemaligen Schalterhalle der Bank Merck, Finck & Co. Die Frage aller Fragen lautet: Heute schon gelifestyled? In den Genuss kommt aber nur, wer es schafft, an den Türstehern vorbeizukommen (die heißen hier „fachkundige Jury").
Steinstraße 4, 40212 Düsseldorf
✆ 0211-3230221 ⌨ www.bankers.de
So bis Do 9-3 Uhr, Fr bis Sa 9-5 Uhr

10 SCHWEBEBAHN

Über den Dächern von Wuppertal schweben und ausgiebig feiern: Hochzeiten, Jubiläen und Geburtstage im Kaiserwagen von 1900, mit Girlanden, Blumengestecken und Sekt – das ist doch was. Die Fahrt über 13,3 Kilometer und 20 Stationen dauert 70 Minuten. Hochzeitspaare können die Sonderfahrt im 63-Personen-Waggon beim Standesamt buchen (✆ *0202-5636235). Der Trip kostet während der Woche 495 Mark, am Wochenende 615 Mark.*
✆ 0202-5631 ⌨ www.wuppertal.de

Schwebebahn in Wuppertal

11 INDOOR-SKIPISTE

Die größte Indoor-Skihalle Europas macht Mitte Dezember westlich von Neuss auf: 300 Meter lang, 60 Meter breit. Pisten für Anfänger mit 10 bis 15 Prozent Gefälle, Buckelpiste für Könner. Eine neuartige Kühl- und Beschneiungsanlage sorgt für staubtrockenen Pulverschnee. Zu Ski- und Snowboard-Schule mit Skiverleih kommen am Rand der Piste gemütliche Restaurants mit österreichischen und internationalen Spezialitäten.
Allrounder Winter World
An der Skihalle 1, 41472 Neuss
⌨ www.allrounder.de
Tgl 9-24 Uhr

12 BERGISCHE KAFFEETAFEL

Was genau kredenzt wird, hängt vom jeweiligen Gastgeber ab. Nur die Dröppelmina, eine kaffeegefüllte Zinnkanne, gehört unbedingt dazu. Die festliche Kaffeezeremonie, der Inbegriff von Geselligkeit, hat eine lange Tradition im Bergischen Land. Wer sie genießen will, findet zahlreiche Gasthöfe und ehemalige Mühlen, auf deren Speisekarte sie steht. Etwa bei Heuser in Odenthal, im Haus Rüden in Solingen-Widdert und Haus Striepen im Ortsteil Burg, im Lokal Zum Herzbachtal in Leichlingen-Witzhelden oder in Holsteins Mühle in Nümbrecht.

Karl-May-Spiele in Elspe, Sauerland

13 KARL-MAY-SPIELE

Die Geschichten von Winnetou und Old Shatterhand spielen die Elsper nun schon seit 26 Jahren auf ihrer Freilichtbühne vor der Felsenkulisse im Naturschutzgebiet Rübenkamp. Den Besuchern geht es dabei nicht nur um das Stück (im Jahr 2001 „Der Ölprinz" vom 23.6. bis 2.9.), sondern auch um das Geschehen am Rande: Western-, Akrobatik- und Musik-Shows, Stunts, die Westerneisenbahn und den Kinderspielplatz.
Zur Naturbühne 1
57368 Elspe
✆ 02721-94440
⌨ www.elspe.de
Showprogramme ab 10 Uhr
Karl-May-Spiele von 14.45-16.30 Uhr
Eintritt für Erwachsene 38,50, Kinder von 4-15 zahlen 32,50 Mark

TOUR (B)

EINMAL UM DEN RURSEE

Die 45-Kilometer-Strecke um den **Rursee** *führt durch abwechselungsreiche* **Eifel-Landschaft***. Die Tour ist als „Ruruferradweg" gekennzeichnet. Vom* **Wallfahrtsort Heimbach** *geht es zunächst südlich der Rur entlang zum Wasserkraftwerk, einem imposanten Jugendstilbauwerk (Führungen Mo bis Fr um 14.30 Uhr). Nach einer kräftigen Steigung (Schieben erlaubt) verläuft der Weg teils*

Rursee-Schifffahrt

parallel zum Seeufer, teils durch den **Kermeter-Wald***, quert die Staumauer von Ober- und Urftsee und führt in Nordwestrichtung direkt in das Örtchen Rurberg. Rast im Hotel* **Paulushof***, der auch eine eigene Patisserie hat. Weiter Richtung Norden erreicht der Radler* **Woffelsbach***, wo die weißen Ausflugsschiffe der* **Rursee-Schifffahrt** *anlegen. Mancher Radler nutzt die Möglichkeit, hier sein Velo zu verladen und den Heimweg in aller Ruhe per Schiff anzutreten. Diejenigen, die ein wenig Anstrengung nicht scheuen, fahren weiter über* **Schmidt-Eschauel** *und erreichen nach schweißtreibender Berg-und-Tal-Fahrt den* **Staudamm Schwammenauel***, von dem sie einen eindrucksvollen Blick auf den Rursee haben. Am Wasserkraftwerk vorbei geht's zurück.*

Verkehrsamt 52396 Heimbach
Seerandweg (02446-80818)
⌨ www.heimbach-eifel.de
Fahrradverleih, ✆ 02246-1352

AKTIVITÄTEN, AUSSICHTEN, RADTOUR

Im Downtown, Belgisches Viertel

14 BELGISCHES VIERTEL

In der Gegend zwischen Aachener und Venloer Straße trifft sich in Köln die Szene. Zum Beispiel im Downtown in der Brabanter Straße, im Yuppie-Tempel Hopper (Brüsseler Straße), beim Thailänder Anothai (Lindenstraße) oder dem Japaner Kyoto (Brüsseler Straße). Im Barracuda (Bismarckstraße) ist immer Partytime mit täglich wechselnden DJ's, im Tingel-Tangel (Maastrichter Straße) gibt's Tabledance, bei Barbara (Aachener Straße 22) die beste Rote-Beete-Brühe.

15 EM GOLDE KAPPES

Das ist typisch Köln: Lebensart mit Niveau. Die alteingesessene, rustikale Brauhauskneipe erfreut Kölsch-Trinker, die es deftig mögen. Im Goldenen Kraut geht's schon morgens um zehn los. Um standfest zu bleiben, braucht es Zwischenmahlzeiten, die hier reichlich und gut sind.
Neusser Straße 295, 50733 Köln
0221-734932
täglich 10–24 Uhr (außer So)

16 E-WERK

Hier sind fast alle aufgetreten, die in der Musik- und Comedy-Szene was zu sagen haben: David Bowie, Die Ärzte, Tom Gerhardt, Roger Chapman, Chris Rea, Rüdiger Hoffmann, Extrabreit, Status Quo, Percy Sledge und Dutzende andere. Die Macher nennen ihr E-Werk „das Mekka zeitgemäßer Unterhaltungskultur". Riesig groß mit zwei Dance-Area-Discos (Fr und Sa 22 bis 5 Uhr), Dynamo Lounge (Küche Mo bis Fr) und Biergarten.
Schanzenstraße 37, 51063 Köln
0221-962790
www.e-werk-koeln.de

17 OBERBERGISCHE POSTKUTSCHE

Die Fahrt mit der Postkutsche von Nümbrecht nach Wiehl durchs Bergische Land ist ein Erlebnis der besonderen Art. Zwei Kaltblüter ziehen den gelb-schwarzen Wagen, der ein originalgetreuer Nachbau der kaiserlichen Post von 1871 ist.
Verkehrsamt Wiehl
02262-99195
www.oberberg-online.de
Erwachsene zahlen 21 Mark, Kinder bis 10 Jahren 15 Mark

18 PHANTASIALAND

Einer der größten Freizeitparks Europas. Mit Holzschunken, Wildwasser- und Bobbahn, Chinatown, Wildwestshow, Klein-Paris. Ein Geisterzug rast durch ein Bergwerk, eine Indoor-Achterbahn saust durchs Dunkel vorbei an Sternen, Raumstationen, Satelliten. Überall Stunts, Tiershows, Musikveranstaltungen. Für die Kids Märchenpark und Kinderparadies.
Berggeiststraße 31–41, 50321 Brühl
02232-36200
Vom 1. April bis 31. Okt tgl von 9–18 Uhr, im Juli bis 21 Uhr

19 KLETTERGEBIET RURTAL

In diesen Sandsteinfelsen gibt's zum Glück kein Gedrängel. Weil der Effels, der Hirtzley und der Krefelder Hüttenfels im Naturschutzgebiet liegen, wo Uhu und Wanderfalke brüten, dürfen höchstens 120 Kletterer pro Tag in den Berg. Klettersaison vom 1. Sept. bis 31. Okt. Wenn kein Wildvogel gebrütet hat, schon ab 1. Juli.
02427-1309, www.nideggen.de
Tickets für 5 Mark verkauft die BP-Tankstelle, Im Altwerk 27, in 52385 Nideggen

Klettergebiet Rurtal

20 DER KARNEVAL VON BLANKENHEIM

Die Blankenheimer fangen früher an mit ihrem närrischen Treiben als alle anderen Karnevalisten. Die fast 400 Jahre alte Fasenaach beginnt dort schon am Karnevalssamstag mit dem Geisterzug durch das Städtchen. Die Narren werfen sich Bettücher über und verknoten sie überm Kopf zu hörnertigen Zipfeln. Sie schwenken Pechfackeln und singen den „Juh-Jah-Song": „Juja! Kribbeln in de Botz. Wer dat net hät, dä es nix notz" (Kribbeln in der Hose. Wer das nicht hat, der taugt nichts).
Gemeindeverwaltung, 53945 Blankenheim
02449-870
www.blankenheim.de

SEHEN

1 MOTORTECHNICA

Wer Oldtimer und das Dröhnen von Motoren liebt, muss dieses Museum gesehen haben. Es zeigt 450 alte Autos und Motorräder, eine originalgetreue Reparaturwerkstatt aus den 50er Jahren. Die Namen der Ausstellungsstücke haben einen guten Klang: So ist ein Mercedes Simplex von 1905 zu sehen.
Weserstraße 225
32547 Bad Oeynhausen
05731-9960 www.oldtimer.de
Mo bis Fr 10–17 Uhr, Sa/So. und an Feiertagen 10–18 Uhr, Eintritt für Erwachsene 9,50 Mark, Kinder 7 Mark

2 MUSEUM FÜR KINDHEITS- UND JUGENDWERKE...

… bedeutender Künstler" heißt die kleine, aber feine Sammlung in Halle/Westfalen. Ursula Ruth-Blaschke hat hier die ersten Kritzeleien von späteren Meistern wie Pablo Picasso, Paula und Otto Modersohn, August Macke oder Paul und Felix Klee zusammengetragen. Die Museumsdirektorin nimmt sich Zeit für die Besucher.
Am Kirchplatz 3, 33790 Halle
05201-10333 www.hallewestfalen.de
Do bis So von 10–17 Uhr

3 SCHLOSS NORDKIRCHEN

Das „Westfälische Versailles" beherbergt nicht nur die Fachhochschule für Finanzen. Am Wochenende (von 14 bis 18 Uhr) haben auch neugierige Bürger Zugang. Wer durchs Schloss geführt werden möchte, sollte sich aber anmelden. Die Wasserburg beeindruckt durch ihre Dimensionen und die barocken Parkanlagen.
59394 Nordkirchen
02596/933402
www.nordkirchen.de

4 DIE GRÖSSTE MODELLEISENBAHN

Ein Fest für große Jungs: Die Anlage misst dreißig mal zwölf Meter, hat mehr als drei Kilometer Schienen, 62 Weichen, 81 Signale, 4550 Bäume. 211 Loks, Trieb-, Personen- und Güterwagen fahren auf ihr. Der Erbauer, Wilhelm Wendler aus Berlin, arbeitete in 34 Jahren 66 000 Stunden daran.
Freizeitpark Gut Eversum
Eversumer Straße 77, 59399 Olfen
02595-961637 www.gut-eversum.de
15. April bis 15. Oktober
täglich 9–18 Uhr, Eintritt 9 Mark

5 ARCHÄOLOGISCHER PARK

Sehr eindrucksvoll, wie Archäologen und Architekten die vor 1900 Jahren entstandene römische Siedlung Colonia Ulpia Traiana wieder aufbauen. Im Archäologischen Park in Xanten haben sie Gebäude auf den Originalfundamenten eins zu eins rekonstruiert. Die bislang wiederhergestellten Bauten vermitteln einen Eindruck von der hochstehenden römischen Kultur jener Zeit. Besucher können auf antiken Straßen gehen, die Akustik im teilweise wiedererrichteten Amphitheater testen und die Monumentalität der Tempelarchitektur bewundern.
Stadtverwaltung, 46509 Xanten
02801-772238 www.xanten.de
Dez bis Feb 10–16, März bis Nov 9–18 Uhr, Eintritt für Erwachsene 9 Mark Kinder (6–18) 3,50 Mark

6 SCHMETTERLINGSHAUS

Das Tropenhaus liegt inmitten einer ehemals verwilderten Zechenanlage, die heute ein kleiner Freizeitpark ist. Die Falter kommen als Puppen aus Zuchtfarmen in Südostasien und Südamerika und entwickeln sich hier zu Schmetterlingen, was in belüfteten Glasvitrinen beobachtet werden kann. Im Tropenhaus wuchert eine exotische Landschaft mit Bäumen, Blumen und einem Bach.
Maximilianpark
Alter Grenzweg 2, 59071 Hamm
02381-982100
www.maximilianpark.de
Eintritt fürs Schmetterlingshaus Erwachsene 5 Mark, Kinder 3 Mark

7 ZECHE ZOLLERN

Die Zeche ist nahezu so erhalten, wie sie zur Jahrhundertwende entstand. Heute ist der 1966 stillgelegte Kohleförderbetrieb ein Industriemuseum und Kulturzentrum, in dem regelmäßig Veranstaltungen stattfinden.
Grubenweg 5
44388 Dortmund
0231-6961111
www.industriedenkmal.de
Eintritt 5 Mark

8 ZOLLVEREIN SCHACHT 12

Diese ehemals größte Zechenanlage im Ruhrgebiet ist ein Museum für Industriekultur und beherbergt das nordrhein-westfälische Design Zentrum. Mit sehr viel Aufwand wurden die eindrucksvollen Bergbaugebäude saniert. Das Casino in der ehemaligen Kompressorenhalle preist seine Küche. Zuweilen finden dort Musik-Events, Galas oder Bankette statt.
Kokerei Zollverein
Arendahls Wiese, 45141 Essen
0201-8309090 www.zollverein.de
Design-Zentrum, Gelsenkirchener Straße 181, 45309 Essen
0201-3010437
www.design-germany.de
Di bis So 11–20 Uhr

Schloss Nordkirchen

Bergbaumuseum in Bochum

9 BERGBAUMUSEUM

Wer das Ruhrgebiet besucht, muss dieses Museum gesehen haben. Es ist das weltweit bedeutendste seiner Art. Die Sammlung zu erkunden füllt einen ganzen Tag. Zum Museum gehört ein 2,5 Kilometer langes, gleichbleibend zehn Grad kaltes „Anschauungsbergwerk", in dem die traditionelle Kohleförderung demonstriert wird. Vom 71 Meter hohen Fördergerüst hat der Besucher einen herrlichen Blick über die Stadt.
Europaplatz, 44791 Bochum
☏ 0234-58770
🖥 www.bergbaumuseum.dmt.de
Di bis Fr von 8.30-17.30 Uhr, Sa/So und Feiertage von 10-16 Uhr, Eintritt für Erwachsene 8, Jugendliche 5 Mark

10 DIE SCHIEFEN BAUTEN

Frank O. Gehry baut Häuser, die zu tanzen scheinen. Gewaltige Hochhauskomplexe sind ineinander verwoben, als umklammerten sie sich. Für Düsseldorf hat der Dekonstruktivist den neuen Zollhof kreiert.

11 NEANDERTHALMUSEUM

Die Ausstellung wird auf einer ansteigenden Rampe präsentiert, die sich über vier Ebenen erstreckt und am Ende den Blick auf das Düsseltal freigibt. Dort wurden 1856 Knochen des Urmenschen endeckt. Besondere Attraktion: Die nach neuesten Forschungserkenntnissen hergestellten Figuren, die den Frühzeit-Menschen zeigen, wie er nach Ansicht der Wissenschaftler aussah.
Talstraße 300, 40822 Mettmann
☏ 02104-979797 🖥 www.neanderthal.de
Di bis So von 10-18 Uhr, Eintritt für Erwachsene 10, Jugendliche 6 Mark

WWW. HOTLINES

🖥 www.nrw.de Fast alles, was man über das Land wissen will.
🖥 www.regio-rheinland.de Wirtschaft. Wissenschaft. Kultur und Tourismus.
🖥 www.kvr.de Kommunalverband Ruhrgebiet mit weiteren Tipps und Anregungen zum Thema „Pott".
🖥 www.westfalen-info.de. Unterkünfte, Freizeit, Veranstaltungen, Rezepte etc.
🖥 www.rheinland-info.de Was kann man wann in und um Köln machen?
🖥 www.kunstsammlung.de Was wird aktuell an Kunst in Düsseldorf gezeigt?

12 MUSEUMS-INSEL

20 Hektar Parkaue und Terrassenlandschaft mit elf Pavillons voller Kunst. Beuys-Schüler Anatol Herzfeld und Gotthard Graubner arbeiten auf der Insel. Zu sehen sind persische Skulpturen, Khmer-Kunst, chinesische Figuren aus der Han-Zeit, aber auch Werke von Matisse, Brancusi, Calder, Klimt und Schwitters.
Kappellener Str., 41472 Neuss-Holzheim
☏ 02182-2094 🖥 www.neuss.de
Okt von 10-18 Uhr, Nov und Feb bis März von 10-17 Uhr, April bis Sep 10-19 Uhr, Eintritt in der Woche 20, Sa/So 25 Mark

Museums-Insel in Neuss-Holzheim

13 KLINGENMUSEUM

Solingen ist die Messerstadt Deutschlands und ihr Klingenmuseum das weltweit bedeutendste seiner Art. Im ehemaligen Gräfrather Nonnenkloster, einem Barockgebäude oberhalb des historischen Stadtkerns, werden Schneidgeräte aller Epochen und Kulturen wie Speiseutensilien für die Reise, barocke Essbestecke oder Waffenklingen gezeigt.
Klosterhof 4, 42653 Solingen-Gräfrath
☏ 0212-258360 🖥 www.solingen.de
Di bis Do, Sa/So von 10-17 Uhr
Fr 14-17Uhr, Eintritt für Erwachsene 6 Mark, Familienkarte 12 Mark

14 ATTAHÖHLE

Die längste und vielleicht auch schönste Höhle Nordrhein-Westfalens wird die „Königin der Tropfsteinhöhlen" genannt. Ihre 30 Kalksteingrotten heißen Alhambragrotte, Zentral-, Wolken- oder Ruhmeshalle und liegen bis 100 Meter unter der Erde.
57439 Attendorn
☏ 02722-93750 🖥 www.attahoehle.de
tgl von 9.30-16.30 Uhr im Sommer-, von 10.30-16 Uhr im Winterhalbjahr, Eintritt für Erwachsene 8 Mark, Kinder 5 Mark

15 SCHOKOLADENMUSEUM

Schon am Eingang duftet es nach Schokolade. Hier ist alles zusammengetragen, was auch nur entfernt nach dieser Süßigkeit riecht. So haben sie ein Tropenhaus geschaffen, in dem Kakaopflanzen wachsen. Ganz beliebt bei Kindern ist der Brunnen, der statt Wasser Schokolade speit.
Rheinauhafen 1a, 50678 Köln
☏ 0221-9318880 📠 0221-93188814
🖥 www.schokoladenmuseum.de
Di bis Fr von 10-18 Uhr, Sa/So und an Feiertagen 11-19 Uhr, Eintritt für Erwachsene 10 Mark, Kinder unter 6 Jahren und Geburtstagskinder frei

16 MUSEUM LUDWIG

Eine eindrucksvolle Begegnung mit der Kunst der vergangenen hundert Jahre. Das Museum gleich hinterm Dom zeigt unter anderem deutsche Expressionisten, russische Avantgarde, Pop-Art, Gegenwartskunst seit den 70ern. Kunstmäzen Peter Ludwig und seine Frau Irene machten den Aufbau dieser Sammlung möglich. Hier sind alle Großen wie Picasso, Matisse, Chagall, Kokoschka, Dalí und Magritte vertreten.
Bischofsgartenstraße 1, 50667 Köln
☏ 0221-2212/3491 📠 0221-2212/4114
Di von 10-20, Mi bis Fr von 10-18, Sa/So von 11-18 Uhr, Eintritt 10 Mark

17 FREUDENBERG

Der schönste Fachwerkort im ganzen Land. Kopfsteinpflaster, 90 denkmalgeschützte Häuser aus dem 17. Jahrhundert stehen im Ortskern, dem Alten Flecken. Einige mit wunderschön geschnitzten Ornamenten. Wer ein wenig Muße mitbringt, kann erleben, dass das Leben der Menschen hier noch genauso verläuft wie in früheren Zeiten.
57258 Freudenberg
☏ 02734-430
🖥 www.freudenberg-stadt.de

18 AACHEN

Das historische Zentrum gleicht einem Museum. Das Leben spielt am Marktplatz, am Dom, am Rathaus. Der Dom zu Aachen, ein Unesco-Weltkulturerbe, ist eine ausgiebige Besichtigung wert. Am besten sollte man sich seine Geschichte von einem Führer erklären lassen, der auch die Tür zum Raum mit dem Thron Karls des Großen öffnet.
Verkehrsverein Aachen
☏ 0241-1802960/61 🖥 www.aachen.de

19 HAUS DER GESCHICHTE

Relikte aus den ersten Jahrzehnten der Republik: Adenauers 1951 gebauter Mercedes 300 mit Funktelefon, Radio, Scheibenwaschanlage, Faltschiebedach und zwei Reservereifen; eine Eisdiele, die das Bella-Italia-Lebensgefühl der Deutschen in den fünfziger und sechziger Jahren symbolisiert, und vieles mehr. Kritisches kommt zu kurz. Wen wundert's, das Haus ist während der Kohl-Ära konzipiert worden.
Willy-Brandt-Allee 14, 53113 Bonn
☏ 0228-91650 🖥 www.hdg.de
Di bis So von 10-19 Uhr

20 RITTERSPIELE

Die Herrschaften von Burg Satzvey haben Erfahrung im Präsentieren von Ritterspielen. Im kommenden Jahr veranstalten sie gleich mehrere zwischen Juni und September – jedes ein farbenprächtiges Spektakel.
53894 Mechernich-Satzvey
☏ 02256-1000
🖥 www.burgsatzvey.de
Eintritt für Erwachsene 18-33, Kinder 9-24 Mark

TOUR (C)

TOUR DURCHS MÜNSTERLAND

Nirgends in Deutschland gibt es ein besser ausgebautes Radnetz (9000 Kilometer) als in Münster und Umgebung. Nirgends ist es aber auch leichter, sich per Rad zu bewegen, denn rundherum ist plattes Land. Daher erfordert die 50-Kilometer-Route zu den Wohnorten der Dichterin Annette von Droste-Hülshoff auch nicht viel Anstrengung. Von Münster aus geht es durch die gepflegten Klinkerhausvororte der Stadt über Gievenbeck zum Haus Rüschhaus,

Haus Hülshoff

dessen Wohn- und Arbeitszimmer die Dichterin ihr „Schneckenhäuschen" nannte. Heute ein kleines Museum und Sitz der Annette von Droste Gesellschaft. Der Weg zur Burg Hülshoff, einem typisch münsterländischen Wasserschloss, führt vorbei an Wiesen mit Pferden und Kühen. Alle Schilder weisen zum Geburtshaus der Dichterin, das sie einst als „grün-umhegtes Haus, brütend wie ein Wasserdrach" beschrieb. Besucher dürfen nur mit Filzlatschen eintreten. Die Zimmer sind prächtig, das ganze Schloss ist so gemütlich wie ein Wohnzimmer. Nächstes Ziel: das Örtchen Havixbeck mit seinem Sandsteinmuseum, das Fossilien und herausragende Steinmetzarbeiten zeigt. Der Weg retour führt über den Ort Hohenholte. Hier lohnt es sich, im Gasthof Annegarn, Roxeler Straße 1, einzukehren, der durchgehend ab 11 Uhr geöffnet ist. Nebenan ein Damwildgehege. Die Rückfahrt nach Münster führt wieder über Gievenbeck oder alternativ über Münster-Roxel.

Fahrradverleihstationen Münster:
Radstation Münster Hundt KG,
Berliner Platz 27 A, ☏ 0251-4840170
Welcome Münsterland,
Spiekerhof 31, ☏ 0251-522986
Velotours, Nienkamp 74,
☏ 0251-2704310

SACHSEN-ANHALT

stern extra DEUTSCHLAND

SACHSEN-ANHALT

Burgen, Bauhaus, Brocken: Überraschende Ansichten aus einem unterschätzten Land

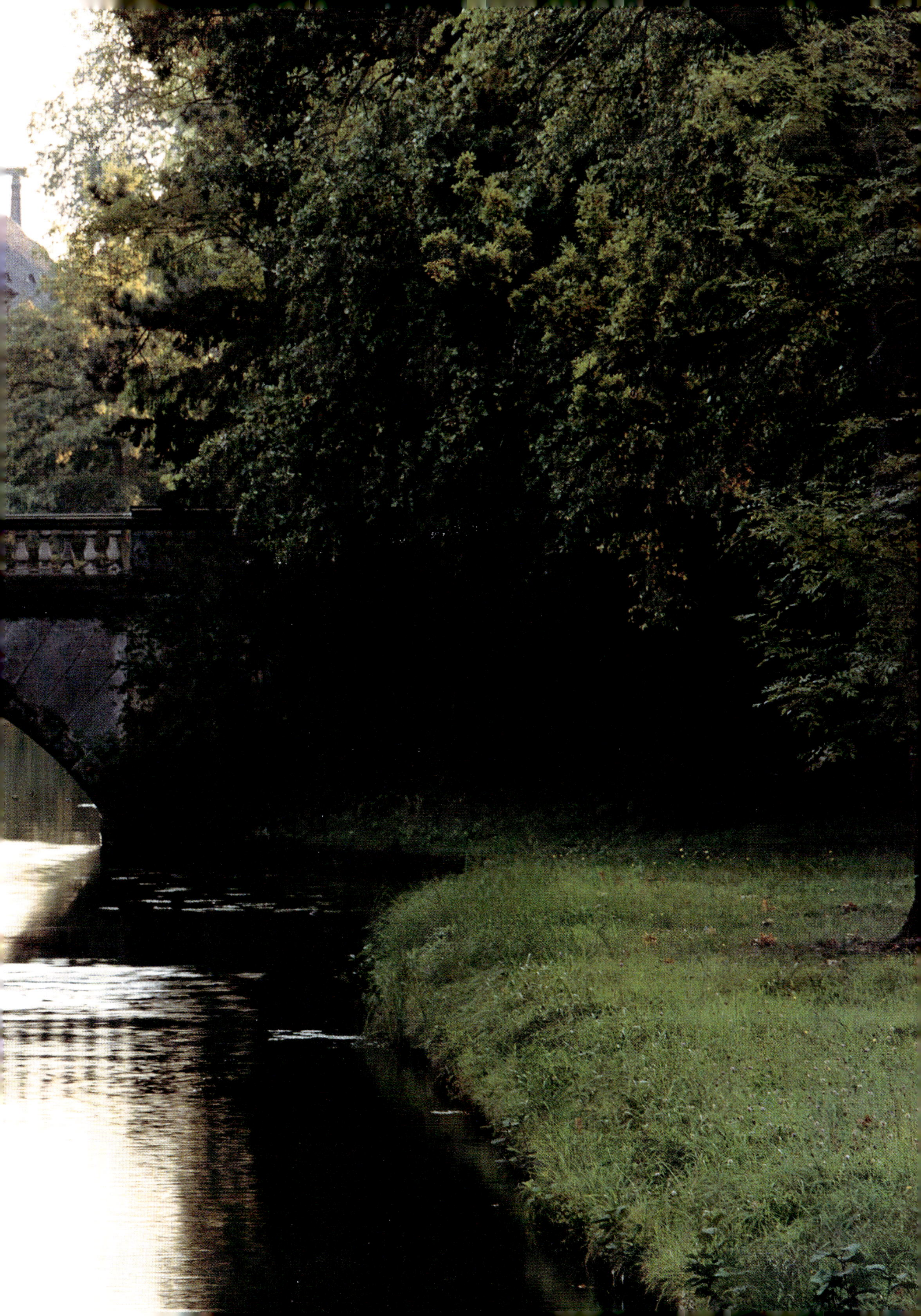

HADERERS DEUTSCHLAND-BILD

> SCHÖNES FRÄULEIN, DARF ICH'S WAGEN NACH IHRER HEIMAT SIE ZU FRAGEN?
> PRÖDEL? LEIPZIG-LINDENAU? QUERFURT - ODER GAR SCHKOPAU?

SACHSEN-ANHALT: RENAISSANCE FÜR DEN KUNSTSTOFF DER DDR?

ANGETIPPT

Ob wir uns nun wieder Sachsen-Anhalter oder Sachsen-Anhaltiner nennen dürfen – egal, wir machen's sowieso nicht. Wir sind aus Magdeburg oder aus Halle oder aus Wittenberg wie Luther, wo wir jedes Jahr seine Hochzeit mit **KATHARINA VON BORA** volksfestlich feiern. Kein Gemeinschafts-Wir. Als Magdeburg mit seiner fruchtbaren Börde Hauptstadt wurde, war Halle mit all seinen Dreckschleudern beleidigt, und die FDP wollte mit der ganzen Stadt nach Sachsen rübermachen. Andere Ecken wollten lieber zu Brandenburg oder Thüringen, und die **SKATSTADT ALTENBURG** hat's glatt gemacht, bloß weg vom schlotigen Chemie-Image, aber das gab Arbeit, und ohne ist alles noch ätzender, die Ehre ist auch weg. Nicht mal die schier wetterfesten Camping-Kekse gibt's mehr und Zekiwa-Kinderwagen, in denen der halbe Ostblock samt **GREGOR GYSI** und **ANGELA MERKEL** groß geworden ist. Viele gehen weg, dafür kommen plötzlich Prinzen paarweise her. Eduard von Anhalt darf das Jagdschloss Röhrkopf zum Familiensitz ausbauen, der Welfe Ernst August, der doch sonst so viel fertig bringt, hat uns dagegen umsonst wegen Ländereien besucht. Für richtigen Tourismus haben wir den Brocken. In unserem Arbeiterland ist Hausmann Küchenmeister, aber wer Baumkuchen noch nie in Salzwedel probierte, hat nur auf Plagiaten gekaut, und wer **ROTKÄPPCHEN-SEKT** nicht kennt, weiß nicht, was süß ist. Deftig gesellig sind wir auch ohne großen Anlass bei Nordhäuser Korn und Merseburger Bier, das Goethe angeblich das Gehirn verdüsterte, weil er es bitter fand wie den Tod in Krügen, aber Dichter erzählen viel. Dabei schwärmen wir davon, wie wir nach altem Recht zu Erntedank noch Feldhamster-Schaschlik essen durften und **JÜRGEN SPARWASSER** der BRD das 1:0 reinsemmelte, heute sind wir selber BRD, aber nicht genug. Nun mal nicht gemeckert, weil, streitsüchtig sind wir nicht, höchstens mal bei Ausländern, aber dann aus Prinzip, warum sind sie auch so anders. Unser Reinhard Höppner ist zum Glück dagegen, dann wird das langsam, aber hexen kann der auch nicht, weshalb wir als Mitbringsel eine **BROCKENHEXE** anregen. Halbe Lebensgröße 96 Mark, die Beschenkte mag davon halten, was sie will.

FOTOS: AMW, J.P. KASPER/ZB, L. CHAPERON, S. SIMON, DPA, STOCKFOOD, P. FORSTER

SACHSEN-ANHALT IN ZAHLEN

Fläche: 20 447 Quadratkilometer
Einwohnerzahl: 2,65 Millionen
Einwohnerdichte: 130 Einwohner pro Quadratkilometer
Sonnenstunden: Magdeburg, 1609 Stunden im Jahr

Sachsen-Anhalt hat das nördlichste Mittelgebirge Deutschlands: den Harz mit dem 1142 Meter hohen Brocken
Kein anderes Bundesland hat weniger Ehescheidungen: 19,6 pro 10 000 Einwohner, Bundesschnitt: 23,5 Trennungen pro 10 000 Einwohner 1998

FOTO-REPORTAGE

Aschenputtels verborgene Reize

Leuna und Buna, Wolfen und Bitterfeld, Plaste und Elaste und Schaumteppiche auf den Flüssen: Sachsen-Anhalt galt lange Zeit als Synonym für die größten anzunehmenden Umweltsünden. Aber selbst in schwersten Zeiten war das Land besser als sein Ruf. „Gemächlicher geht es hier zu, traditioneller", notierte Fotograf Jens Rötzsch auf seiner Reise. Den Süden kannte der gebürtige Leipziger von den Schulwandertagen, den Norden erkundete er erstmals. Seeburg am „Süßen See" liegt in der Mitte, im Mansfelder Land

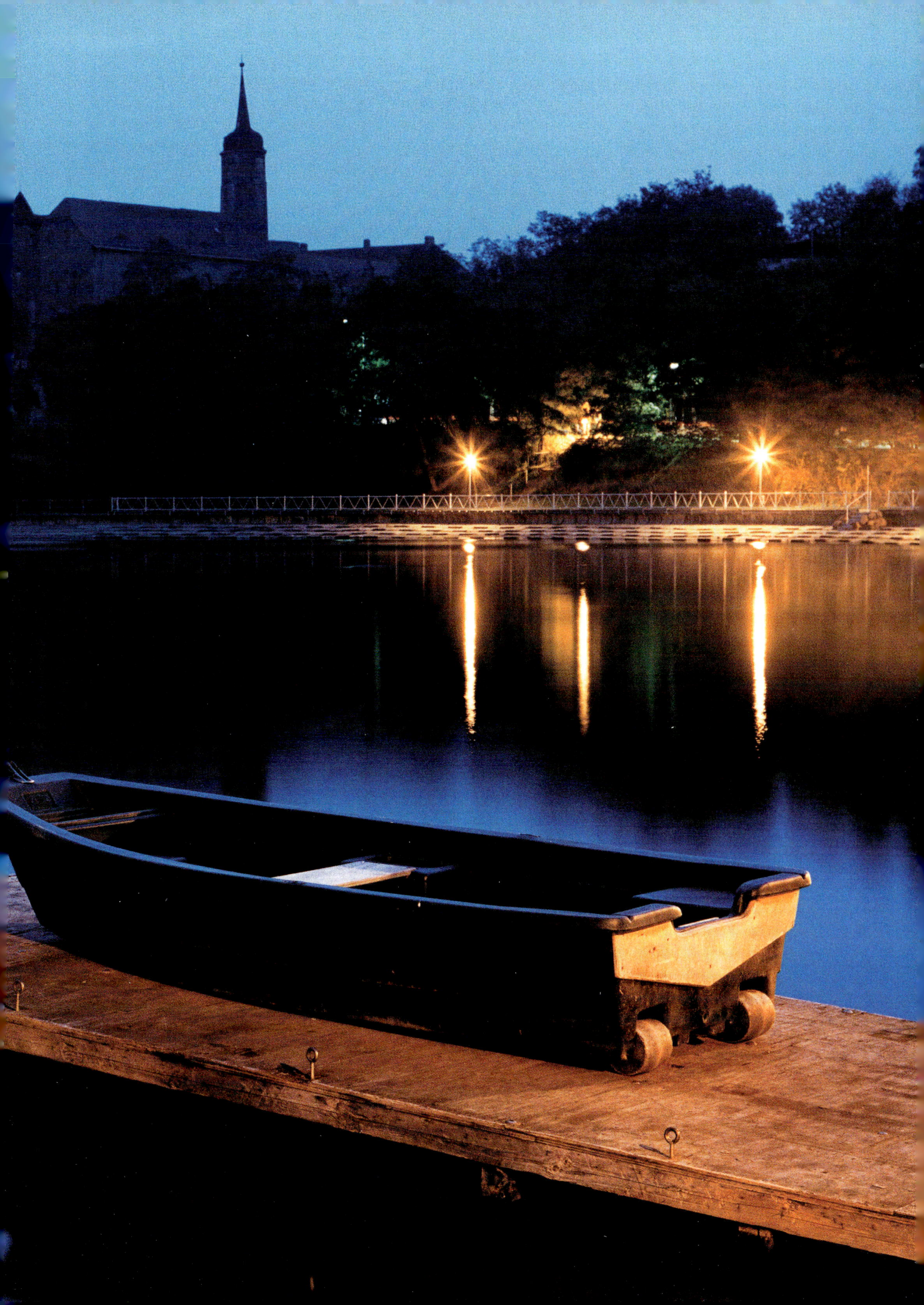

SANFTE TÄLER, SCHROFFE HÖHEN

Auf dem Dechantenberg bei Bad Kösen wächst unter anderem Weißer Burgunder. Im darunter gelegenen Landesweingut Kloster Pforta lassen sich Saale-Unstrut-Weine verkosten. Ein- und Weitblicke bieten die Brockenspitze im Harz und die Teufelsmauer bei Weddersleben

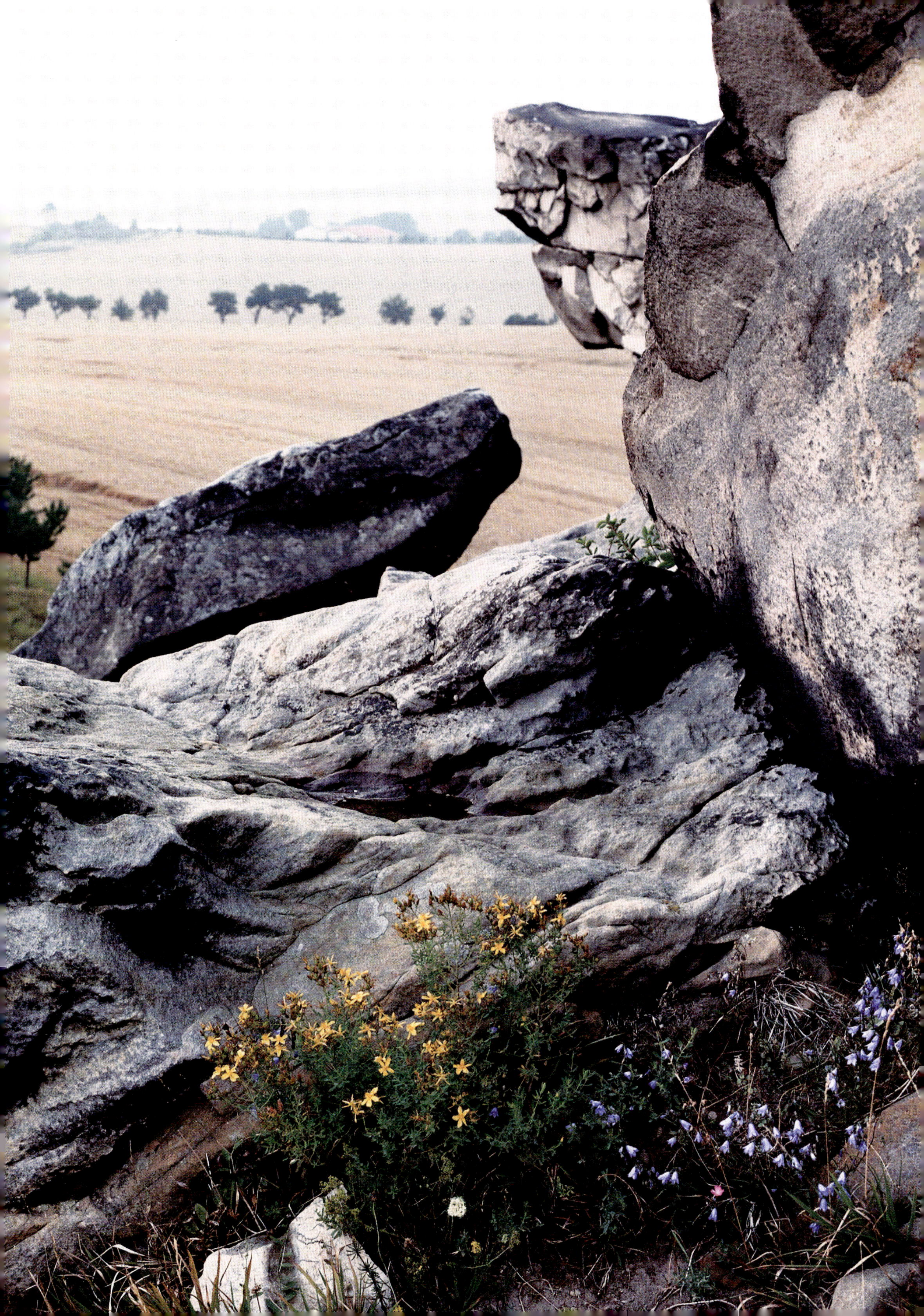

WIE EINE REISE INS GESTERN

Lang ist's her: Nur das Elbtor erinnert noch an die „hansische" Vergangenheit des Städtchens Werben im Norden Sachsen-Anhalts. Im Süden: Fallobst für die Mosterei in Schönburg, so viel der Trabi tragen kann, Kartoffelernte bei Saaleck am Fuße der Rudelsburg

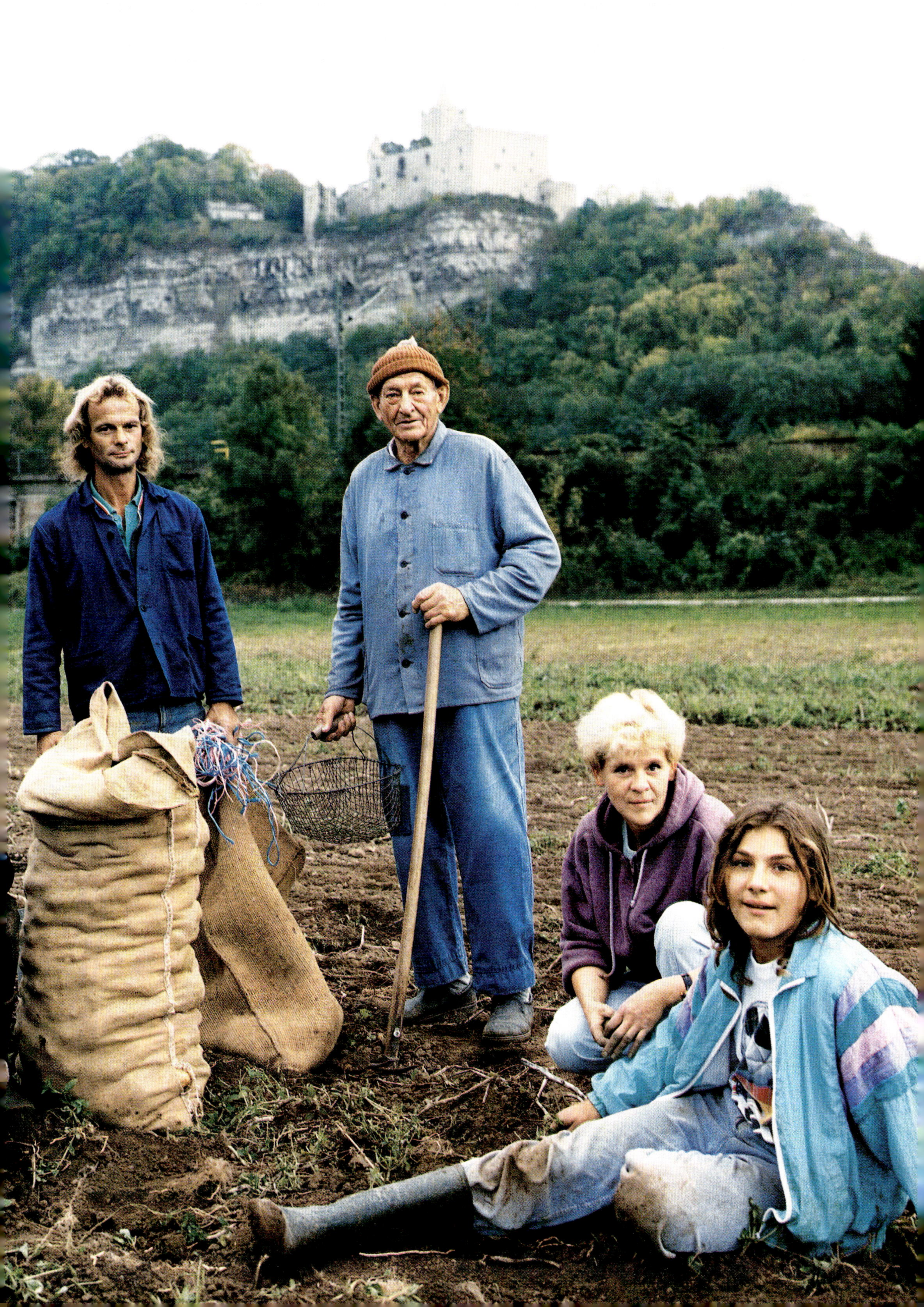

EINE WELT VOLLER GEHEIMNISSE

Vor der Wende war die Raffinerie Leuna mit 30 000 Mitarbeitern das größte DDR-Unternehmen. Im Mai 1994 von der Regierung Kohl privatisiert und an den französischen Konzern Elf Aquitaine verkauft, steht Leuna bis heute im Mittelpunkt mehrerer Affären um Subventionsbetrug und Schmiergeldzahlungen – auch an Politiker

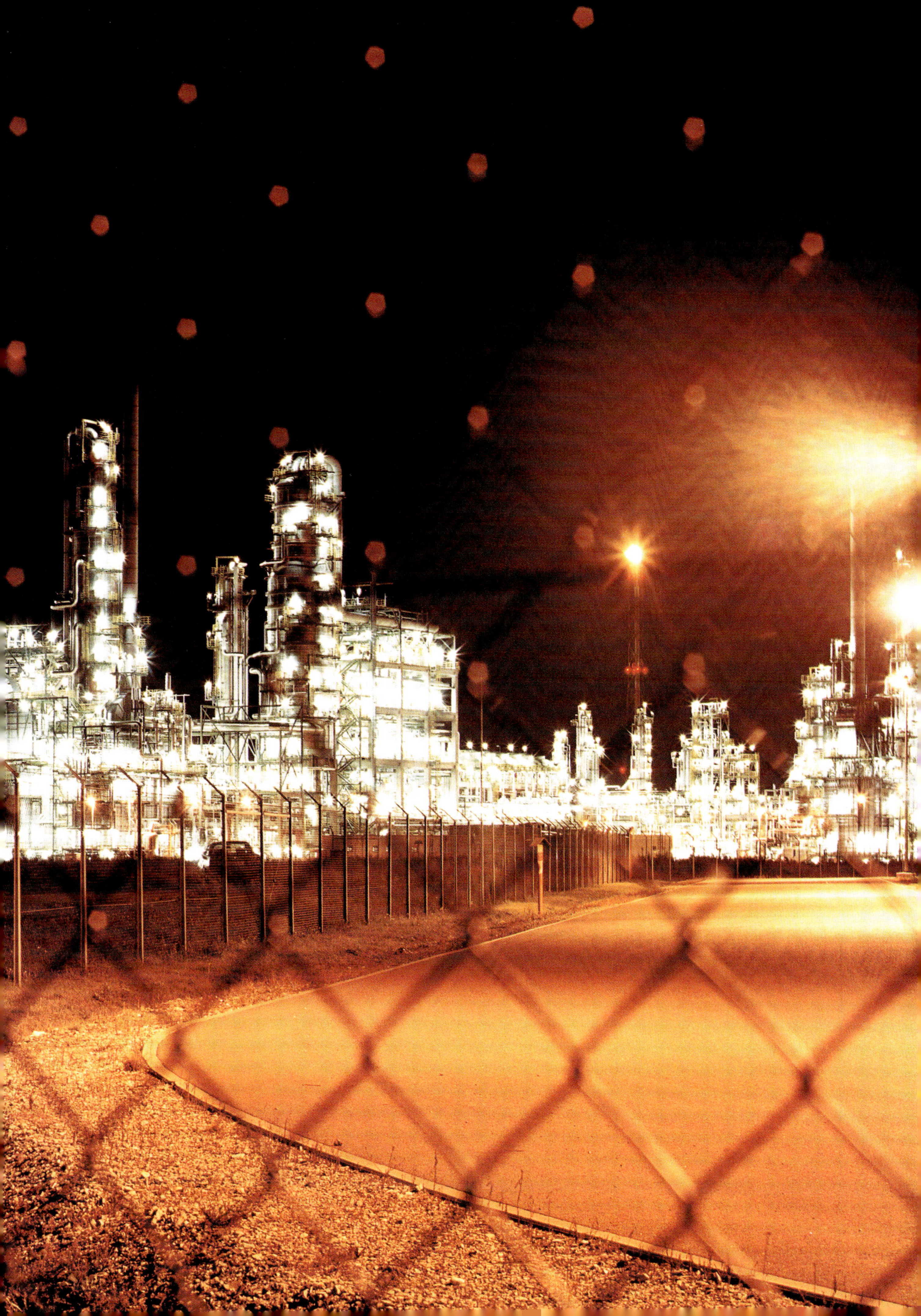

MEISTERWERKE DER BAUKUNST

Von strenger Schönheit: der Treppenaufgang in einem der so genannten Meisterhäuser von Walter Gropius. Etwa 800 Jahre älter sind die Stifterfiguren Ekkehard und Uta im Naumburger Dom und die Stiftskirche der Stadt Quedlinburg, die zum Weltkulturerbe gehört

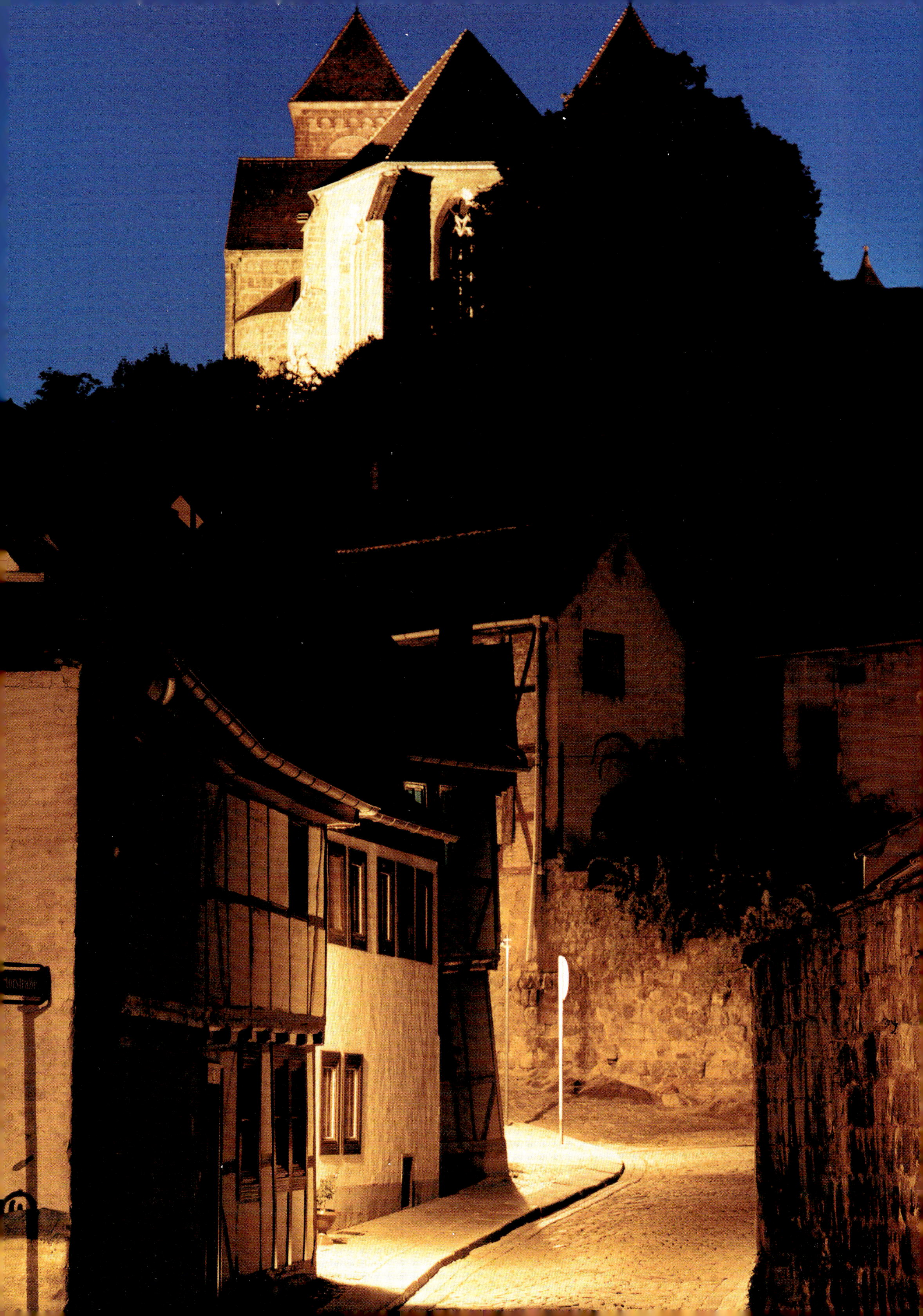

IM LAND DER EISERNEN RIESEN

Vor einem Jahrzehnt noch volkseigener Stolz, gehören die Bagger des einstigen Tagebaus heute zur Industrieausstellung „Ferropolis". Das Freilichtmuseum bei Gräfenhainichen ist häufig Kulisse für Theater- und Konzertveranstaltungen und Techno-Partys in den Sommermonaten

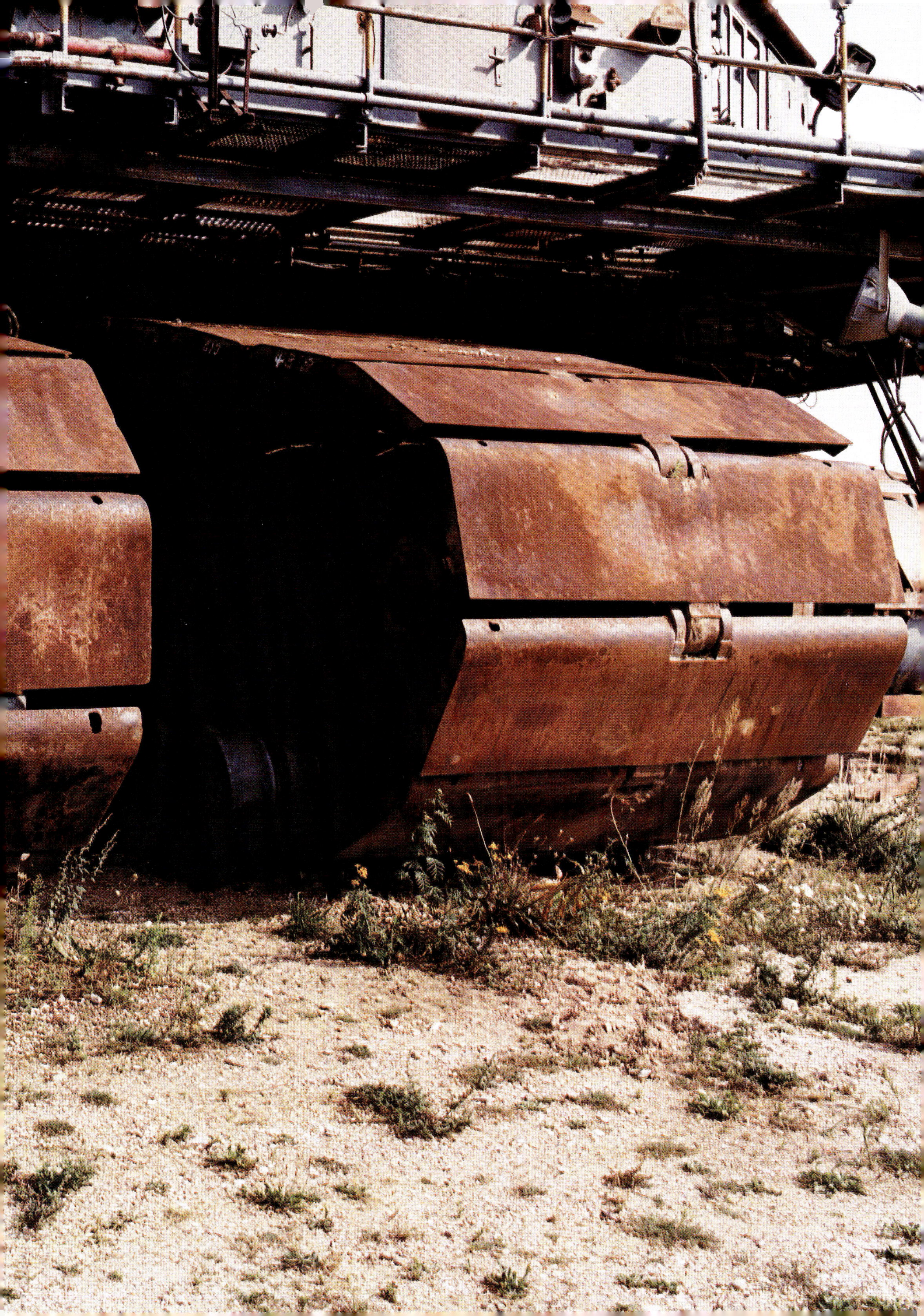

ESSAY

Geboren am Ende des Krieges

Von den Aliierten zusammengestückelt, von Ulbricht zerschlagen, sucht Sachsen-Anhalt nach Identität – und muss sich nicht verstecken

Sachsen-Anhalt ist das Aschenputtel unter den fünf neuen Bundesländern – zumindest in der öffentlichen Wahrnehmung. Wo Mecklenburg-Vorpommern Natur hat, Sachsen Industriefleiß und Thüringen Kultur, gibt es hier nur Industriebrachen, hohe Arbeitslosigkeit und rechtsradikale Schläger. Wahr ist, dass in vielen volkswirtschaftlichen Daten Sachsen-Anhalt die schlechtesten Werte aufweist, dass sich nirgends schlimmere ökologische Erblasten aus DDR-Zeiten fanden als in Wolfen und Bitterfeld und bei keiner anderen Landtagswahl derart viele Stimmen auf eine rechtsradikale Partei fielen wie hier. Es wäre gleichwohl falsch, die Existenz dieses Landes darauf zu reduzieren. Mindestens ebenso problematisch ist, dass Sachsen-Anhalt ein Kunstprodukt ist und der innere Zusammenhalt deswegen bescheiden. Nun wuchsen auch andere deutsche Länder aus sehr unterschiedlichen Regionen zusammen, Bayern etwa aus Franken, Schwaben und Altbayern, doch da hatte man 200 Jahre Zeit, sich aneinander zu gewöhnen. Für Sachsen-Anhalt beträgt die Frist gerade 17 Jahre.

DIE GEBURTSSTUNDE fiel ins Jahr 1945. Auf Geheiß der siegreichen Alliierten legte man das Territorium des ursprünglich autonomen Freistaates Anhalt mit der früher preußischen Provinz Sachsen zusammen. Das Land bestand so bis 1952, dann zerschlug es SED-Diktator Walter Ulbricht in zwei anonyme Verwaltungsbezirke. Erst 1990 kehrte der frühere Zustand zurück, mit dem entscheidenden Unterschied, dass die Landeshauptstadt jetzt nicht mehr Halle heißt, sondern Magdeburg. Keine weise Entscheidung. Halle ringt seither mit seinem Daseinszweck, während Magdeburg durch den Regierungseinzug nur wenig zusätzlichen Glanz erhielt.

Dabei haben beide Kommunen durchaus Bemerkenswertes aufzuweisen, Magdeburg etwa den weithin sichtbaren gotischen Dom, Gründung des ersten Sachsenkaisers Otto I. und ein imponierendes Denkmal, das neben mittelalterlichen Kostbarkeiten das berühmte Kriegerdenkmal des Expressionisten Ernst Barlach beherbergt. Halle verfügt nicht nur über mehrere spätgotische Kirchen und die Memorabilien für Georg Friedrich Händel, der hier geboren wurde, sondern auch über die Franckeschen Stiftungen, jene ausgedehnte Anlage für Waisenkinder, die bedeutsamster nichtaristokratischer Profanbau im Zeitalter des Barock ist. Der frühere Reichtum der Stadt lässt sich verschiedentlich noch ablesen. Im Mittelalter verdankte er sich der Salzgewinnung, in der Neuzeit der Chemieindustrie in den nahe gelegenen Werken von Leuna und Buna. Die Saale, die Halle durchquert, war vor zehn Jahren eine giftige Kloake, in der nicht einmal Ratten wohnen wollten – inzwischen schwimmen hier wieder Fische. Die Luft schmeckt nicht mehr nach Phenol, und die Kupferdächer setzen wieder Grünspan an.

Die dritte große Stadt im Land heißt Dessau. Mit den beiden anderen teilt sie das Schicksal, im letzten Krieg schwer zerstört worden zu sein und ihre vormalige industrielle Bedeutsamkeit weitgehend verloren zu haben. Dessau war bis 1933 das Verwaltungszentrum von Anhalt und noch früher Residenz einer fürstlichen Dynastie, der zum Beispiel der Alte Dessauer zugehörte, Fridericus Rex' vulgärer Haudegen. 1925 kam Walter Gropius, Gründer des Staatlichen Bauhauses in Weimar, von wo man ihn aber verjagt hatte, sodass er sich in Dessau eine neue Bleibe suchte. Das funktionelle Gebäude, das er für sich, seine Mitdozenten und Schüler entwarf, ist wieder hergestellt worden und behauptet souverän die Originalität eines Stils, der schließlich die gesamte moderne Welt prägen sollte – in Sachen Architektur wie in Sachen Design.

Eine anderes Denkmal von mindestens ebensolcher Prominenz und ästhetischer Wirksamkeit liegt nahe Dessau in Wörlitz, wo sich Fürst Leopold Friedrich von Anhalt ab 1769 ein Sommer- und Lustschloss errichten ließ, den ersten bedeutenden klassizistischen Bau auf deutschem Boden. Der Architekt hieß Erdmannsdorff, und der war ebenfalls verantwortlich für den ausgedehnten Schlosspark, die früheste englische Gartenanlage in unserem Land, Vorbild für Weimar wie für Potsdam, dessen großer Gartenarchitekt Peter Joseph Lenné in Wörlitz viel gelernt hat.

BEREITS AN DIESER AUFZÄHLUNG lässt sich erkennen, dass die vermeintliche Aschenputtel-Existenz eher ein Missverständnis ist. Auch Wittenberg, nicht weit von Dessau gelegen und Mittelpunkt von Martin Luthers Reformation, ist eine Stadt der eindrucksvollen Bauten und der großen historischen Erinnerungen, allein schon dank Lucas Cranach, dem Maler, der hier sein Atelier hatte und einer der reichsten Männer seiner Zeit war.

Zu Sachsen-Anhalt gehört weiter Naumburg, die Stadt mit dem berühmten hochgotischen Dom und seinen ebenso berühmten Stifterfiguren, von denen eine, die schöne Uta, in unzähligen Reproduktionen auf Plaketten, Porzellandekors oder Souvenirartikeln wiederkehrt. Nahe Naumburg liegt Schulpforta, die aus einem aufgelassenen Zisterzienserkloster hervorgegangene Internatsschule – sie hat eine Menge hernach berühmter Männer hervorgebracht, darunter den umstrittenen Philosophen Friedrich Nietzsche.

ROLF SCHNEIDER
Der Dramatiker und Journalist wuchs in Wernigerode auf. Schneider, 68, wurde 1979 aus dem Schriftstellerverband der DDR ausgeschlossen

Naumburg liegt am Mittellauf der Saale, die hier einen Bogen beschreibt, worüber sich sanfte Hänge mit Weinstöcken erheben. Auch an der Unstrut, einem nahen Saale-Nebenfluss, gedeihen Reben. Die daraus gewonnenen Kreszenzen sind nicht einmal übel, sie haben ihre beharrlichen Liebhaber, und wenigstens der aus ihnen gekelterte Sekt mit Namen Rotkäppchen erfreut sich einer gewissen überregionalen Bekanntheit. Die gesamte Region, mit ihren Burgruinen und kleinen Schlössern und ihrem fast südlichen Licht, ist eine Kulturlandschaft von einiger Delikatesse. Viele Besucher meinen, dass dies schon Thüringen sei, aber noch befinden wir uns in Sachsen-Anhalt. Man erkennt daraus: Die Vielfalt des Landes ist beträchtlich. Zu Sachsen-Anhalt gehört widersinnigerweise auch die Altmark, die so heißt, weil von hier aus einmal die Mark Brandenburg erschlossen und besiedelt worden ist, im Zeichen von Askaniern und Hohenzollern, doch zu Brandenburg, dem Land, darf die Altmark heute nicht gehören. Sie ist eine eher spröde Region, mit Stendal als ihrer wichtigsten Stadt, in der man das Andenken an den bedeutendsten Sohn kultiviert, Johann Winckelmann, den Altertumsforscher, Kunsthistoriker und Ideologen des europäischen Klassizismus.

Westlich von Magdeburg dominiert Landwirtschaft. Die Böden sind fett. Als der Zuckerrübenanbau aufkam, wurde die Börde zu seinem Zentrum und brachte der Region viel Reichtum. Heute werden manche der Äcker von Niederländern bewirtschaftet – agrokulturelle Profis von einigem Rang.

Südlich der Börde beginnt das Harzvorland, und es folgt der Harz, Deutschlands nördlichstes Mittelgebirge. Es gibt alte romanische Kirchenbauten, wie den von Gernrode, und alte Stadtkerne zeigen üppiges Fachwerk, wie in Quedlinburg und Halberstadt. Die Grenze zwischen Sachsen-Anhalt und Niedersachsen führt quer durch den Harz, in nordsüdlicher Richtung, wobei der südlichste Teil des Gebirges bereits zu Thüringen gehört. Die Grenze zu Niedersachsen aber war bis 1990 identisch mit der Scheidelinie zwischen DDR und Bundesrepublik, zwischen Ost und West, zwischen Warschauer Pakt und Nato.

GLEICH NACH 1945 ZEIGTE SIE SICH noch relativ durchlässig. Sie wurde schwerer passierbar mit den Jahren, bis sie, nach 1961, fast hermetisch schloss. Straßen brachen unvermittelt ab. Eisenbahnlinien wurden eingestellt, ihre Schienenstränge verrosteten, und auf den Holzschwellen wuchs Moos. Schließlich fraß sich eine todtraurige Linie aus Betonpfählen, Stacheldraht, Minengelände und Wachttürmen von Norden nach Süden.

Der höchste Harzberg Brocken war davon immer mitbetroffen. Die Umrisse der kahlen Kuppel, die, schneebedeckt bis ins späte Frühjahr, ihre Türme mürrisch gegen den hohen Himmel reckte, waren eines der viel beschworenen Stimmungsbilder deutscher Teilung und in ihrer hartnäckigen Popularität bloß noch vergleichbar dem Brandenburger Tor in Berlin. Wer den Kitzel nationalen Herzeleids suchte, begab sich zu einem der reichlich vorhandenen Schlagbäume und schickte den Blick ins andere Land.

Der Zustand endete mit dem 3. Dezember 1989. An jenem Tag brachen Tausende von Menschen aus Ost und West zu einer Brockenwanderung auf, der ersten nach 28 Jahren. Es wurde daraus eine Zusammenrottung aus hochgepeitschter nationaler Euphorie und also ungefähr das, was für Berlin vier Wochen vorher die Maueröffnung gewesen war. Dies sei eben der deutsche Berg schlechthin, wurde zu diesem Anlass gern behauptet, wobei es sich da eigentlich um ein Heinrich-Heine-Wort handelt. Der Dichter hat es, seinem literarischen Temperament gemäß, durchaus ironisch gemeint.

Mahnmale der Umweltzerstörung: Braunkohlebagger in Bitterfeld

DER RAUSCH DER WIEDERBEGEGNUNG nach der Grenzöffnung im Spätherbst 1989 währte nur kurz. Schon bald wurde den Westharzer Tourismusmanagern bewusst, welcher Verlust ihnen widerfahren und welche zusätzliche Konkurrenz ihnen erwachsen war. Sie erfanden den Spruch: „Im Ostharz wandern, im Westharz wohnen", was Wirte und Kurdirektoren im Ostharz derart ergrimmte, dass die Verstimmung bis heute anhält.

Der Hochharz ist heute Nationalpark. Der Beschluss der letzten DDR-Regierung unter Ministerpräsident Lothar de Maizière sollte die Region vor den allerwüstesten Heimsuchungen durch den modernen Massentourismus bewahren, was in etwa auch gelang. Dabei floriert der Verkehr auf dem Brocken immerfort. Täglich ergießen sich neue Mahlströme von Tagesausflüglern die Wanderwege hinauf und hinab – es sind Millionen von Touristen jedes Jahr. Nachdem die Leute einmal oben standen und überwiegend Nebel sahen, gehen sie wieder von dannen.

Es gibt einen Ort, der von diesem Verkehr prächtig profitiert, und der heißt Wernigerode. Die hübsche Stadt, die schon passabel durch den deutschen Arbeiter-und-Bauern-Staat kam, ist Endstation der Brockenbahn und hat sich durch viel Cleverness zur Besucherattraktion gemausert. Sie präsentiert sich intakter als das bauhistorisch viel bedeutsamere Quedlinburg. Sie zeigt sich erfolgreicher selbst als die alte Kaiserstadt Goslar, wo sich auf den gerissenen Parvenü im Ostharz ein regelrechter Zorn gebildet hat. Wernigerode dürfte derzeit die am meisten prosperierende Stadt im armen Bundesland Sachsen Anhalt sein.

„O Gott! Wie schön ist deine Welt! riefen wir alle einmütig aus im seligen Genusse und konnten nur mit Mühe unsere Blicke von der unermesslichen Weite ablenken", schrieb der romantische Dichter Joseph Freiherr von Eichendorff bei einem Harzbesuch im Jahre 1805. Es gibt Heutige, die ihm darin lebhaft beipflichten. **ROLF SCHNEIDER**

80 AUSGEWÄHLTE ADRESSEN UND DREI EXTRATOUREN

- 1 **SCHLAFEN**
- 1 **ESSEN**
- 1 **LEBEN**
- 1 **SEHEN**
- A **TOUREN**

Wo ist was in Sachsen-Anhalt?

SCHLAFEN

Hotel Katharinenhöfchen in Salzwedel

1 HOTEL KATHARINENHÖFCHEN MIT FERIENWOHNUNGEN

Ein Geheimtipp für Altmark-Reisende ist dieses kleine Fachwerk-Hotel im denkmalgeschützten „Neustadtbereich" von Salzwedel. Die Grundmauern stammen noch aus dem Mittelalter. Die Zimmer sind mit dänischen Möbeln im schlichten Shaker-Stil ausgestattet. Darüber hinaus vermieten die Inhaber fünf Ferienwohnungen und zwei Ferienhäuser im abgeschiedenen Rundlingsdorf Holzhausen.
**An der Katharinenkirche 5
29410 Salzwedel**
03901/471262 03901/471263
www.hotel-ferienhaus.de
**5 Zimmer, DZ ab 90 Mark
Ferienwohnung ab 80 Mark**

2 LANDGUT ELSHOF

Mitten im Naturschutzgebiet Schollener Land, umringt von Feldern und Wäldern, liegt dieser Ferienhof. Die Hausherrin Hannelore Schlote verleiht Fahrräder und organisiert mit einem eigenen Kleinbus Touren nach Tangermünde oder zum Pferdemarkt nach Havelberg. Hin und wieder finden im Atelier im Pferdestall Lesungen, Konzerte und Ausstellungen statt. Als Spezialität des Hauses gilt das Menü aus dem Kochbuch „Märchen à la carte".
Vorbestellung ist notwendig.
Nierow 1, 14715 Schollene
039389/91532 039389/91534
6 Ferienwohnungen, für 2 Personen ab 140 Mark

3 SCHLOSS TANGERMÜNDE

Auf dem Burgberg mitten im Burgpark steht das elegante Schlosshotel – ruhig und doch mitten in der einstigen Hansestadt gelegen. Von der Terrasse in der ersten Etage aus können die Gäste den Blick über die Elbe genießen. In der alten Kanzlei nebenan finden häufig Lesungen und Konzerte statt.
Auf der Burg, Amt 1, 39590 Tangermünde
039322/7373 039322/73773
16 Zimmer, DZ ab 170 Mark

4 DORFHOTEL BUCH

Eine einzigartige Adresse für Naturliebhaber. In dem kleinen Dorf Buch in der Altmark haben sich fünf Privatleute, der Naturschutzbund, das Dorfrestaurant und das Zentrum für Ökologie, Natur- und Umweltschutz zum Dorfhotel zusammengetan. Es bietet neben Zimmern auch 30 Schlafplätze im Heu und ist ein guter Ausgangspunkt für Wanderungen durch das Biosphärenreservat „Flusslandschaft Elbe", in dem viele Biber und Weißstörche leben.
Querstraße 22, 39517 Buch
039362/90009 039362/81674
www.elbetourist.de
Erwachsene im Heu 21 Mark, Kinder 16 Mark, ein Bett kostet ab 28 Mark

5 RESIDENZ JOOP

Die 1903 erbaute Villa war zunächst Sitz des schwedischen Konsuls. Bernd und Ursula Joop bekamen das Haus nach der Wende zurück und erfüllten sich den Traum vom eigenen Hotel. Es ist sehr geschmackvoll eingerichtet und liegt ruhig in einer Villengegend unweit vom Magdeburger Stadtzentrum.
Jean-Burger-Str. 16, 39112 Magdeburg
0391/62620 0391/6262100
www.residenzjoop.de
25 Zimmer, DZ ab 155 Mark

Residenz Joop in Magdeburg

6 HOTEL GEHEIMER RAT VON G.

Wer auf der „Straße der Romanik" auch nach Magdeburg reist, findet hier ein nettes Innenstadthotel mit angenehm freundlicher Atmosphäre. Alle Räume sind gelb gestrichen und modern ausgestattet. Dem Namensgeber zu Ehren steht im Foyer eine Goethe-Büste. Eine kleine Bibliothek für die Gäste gibt es auch.
Goethestraße 38, 39108 Magdeburg
0391/73803 0391/7380599
www.geheimer-rat-von-g.de
63 Zimmer, 2 Suiten, DZ 195 Mark

7 KUNSTHOF AUGUSTUSGABE

Ein guter Platz zum Ausspannen, Wandern und für Kreativurlaube. Der Kunsthof, im ehemaligen Rittergut inmitten der Elbwiesen gelegen, bietet mehr als Übernachten in romantischen Doppelzimmern oder im Heuhotel. Zum Ensemble gehört ein Restaurant und ein Brauereikeller, in dem Rittergelage abgehalten werden. Hier gibt's Reitpferde und Fahrräder für Ausflüge in die Elbauen. Außerdem werden Kurse für Töpfern, Malen und Backen angeboten.
Brauhausstraße 24, 39249 Barby/Elbe
039298/68510 039298/68520
www.kunsthof-barby.de
**11 Zimmer, DZ ab 110 Mark
Heuhotel 19 Mark**

8 PARKHOTEL UNTER DEN LINDEN

Die ehemalige Privatresidenz des Berliner Architekten Muthesius in Halberstadt hat viele Rundbögen, Erker, Balkons und eine große Terrasse zum Garten. In den Zimmern stehen Armlehnsessel, von den Decken hängen Kronleuchter, die Wände sind zum Teil mit Holz vertäfelt. Ein sehr gutes Restaurant, Dampfbad und Sauna runden das gediegene Ambiente ab.
Klamrothstraße 2, 38820 Halberstadt
03941/600077 03941/600078
www.pudl.de
45 Zimmer, DZ ab 210 Mark

9 HOTEL ZU DEN ROTHEN FORELLEN

Die Adresse für Genießer. Das Landhaus aus dem 16. Jahrhundert liegt direkt an einem Forellenteich inmitten eines großen Parks gar nicht weit vom Brocken entfernt. In der Lounge prasselt ein Kaminfeuer. Vom Wintergarten aus schweift der Blick übers Wasser. Und das hauseigene Restaurant gehört zu den besten in Sachsen-Anhalt.
Marktplatz 2, 38871 Ilsenburg
039452/9393 039452/9399
www.rotheforelle.de
52 Zimmer, DZ ab 290 Mark

10 SCHLOSSVILLA DERENBURG

Ein Hotel zum Verlieben. Das romantische Herrenhaus steht in Derenburg im Harzvorland auf einer Anhöhe – umgeben von einem Park. Im Haus – 1903 bis 1905 erbaut – erinnert vieles an Jugendstil und Gründerzeit. Die Zimmer sind individuell und mit viel Geschmack eingerichtet. Auch das Restaurant ist ein Grund zum Bleiben. Auf der Karte stehen Zanderfilet mit Birnen-Bohnen-Gemüse oder Schweinefilet im Speckmantel.
Schloßstraße 15, 38895 Derenburg
039453/6780 039453/67850
www.schlossvilla.de
15 Zimmer, DZ ab 130 Mark

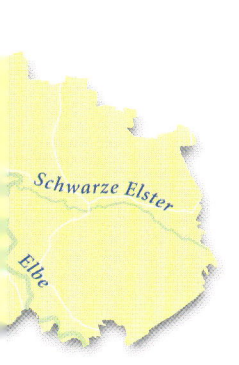

HOTELS, RESTAURANTS, RADTOUR

Gothisches Haus in Wernigerode

11 DAS SCHLANGENHAUS
Das schönste Ferienhaus Deutschlands steht mitten im Park Luisium bei Dessau, den Fürst Leopold Friedrich Franz von Anhalt-Dessau im 18. Jahrhundert für seine Gattin anlegen ließ. Das neugotische Schlangenhaus diente der Fürstin Luise als Gästehaus. Es reicht über drei Ebenen: Esszimmer und Küche befinden sich im Tonnengewölbe, in der 1. Etage folgt der Salon mit Doppelliege und in der 2. Etage das Schlafzimmer.
06844 Dessau-Waldersee, Buchung über die Kulturstiftung Dessau Wörlitz
0340/646150 0340/6461510
ab 170 Mark in der Nebensaison, Hauptsaison ab 200 Mark

Hotel Theophano, Quedlinburg

12 HOTEL UND RESTAURANT IM BEYERHOF
Der Beyerhof aus dem 15. Jahrhundert liegt direkt am Markt der Lutherstadt Wittenberg. Zum Ensemble gehört noch das Brauhaus mit einem Biergarten im Innenhof, wo auch Hofkonzerte stattfinden. Jährlich werden im Haus 1500 Hektoliter Bier gebraut. Die Gäste können ein Bierseminar besuchen; zum Abschluss erhalten sie das Bierkennerdiplom.
Markt 6
06886 Lutherstadt Wittenberg
03491/433130 03491/433131
14 Zimmer, DZ 120 Mark

13 HOTEL ERBPRINZENPALAIS
Sehr ruhig, nah am Schloss in Wernigerode und nur fünf Gehminuten von der Innenstadt entfernt, liegt dieses neobarocke Palais. Innen herrscht eine Mischung aus Harzer Gemütlichkeit und elegantem Hotelstil. In dem ausgezeichneten Restaurant werden nicht nur edle Wildgerichte aufgetragen, sondern auch deftige Speisen wie Spanferkel.
Lindenallee 27
38855 Wernigerode
03943/54050 03943/ 540599
www.erbprinzenpalais.de
31 Zimmer, DZ ab 160 Mark

14 GOTHISCHES HAUS
Einen attraktiveren Platz kann es in Wernigerode kaum geben: Direkt am berühmten Rathaus liegt das Hotel. In dem Fachwerkhaus aus dem 15. Jahrhundert gibt's hübsch restaurierte Zimmer. Zum Haus gehören auch die Pension „Nonnenhof" – die Zimmer sind dort etwas billiger – und sechs Restaurants.
Marktplatz 2, 38855 Wernigerode
03943/6750 03943/675537
www.tc-hotels.de
118 Zimmer, DZ ab 225 Mark

15 HOTEL THEOPHANO
Das wunderschöne Fachwerk-Hotel am Markt von Quedlinburg ist ein Erlebnis für sich. Es war einst Gildehaus der Lohgerber; Namensgeberin ist die byzantinische Prinzessin Theophano, die 972 Otto II. ehelichte und meist zur Osterzeit in Quedlinburg weilte. Die Hausherren haben Geschmack. Jedes Zimmer ist anders eingerichtet – mit Antiquitäten und Baldachinen über den Betten. Im Hof werden feine Speisen serviert und im Tonnengewölbe guter Wein.
Markt 13/14, 06484 Quedlinburg
03946/96300 03946/963036
www.hoteltheophano.de
22 Zimmer, DZ ab 160 Mark

16 PARKHOTEL SCHLOSS MEISDORF
Eine edle Adresse am Rande des Harzes. Die Schlossanlage gehörte einst dem Adelsgeschlecht von Asseburg. Im Alten Schloss von 1708 ist die Rezeption untergebracht, im Neuen Schloss und dem Gräflichen Rentamt befinden sich die Luxuszimmer. Das hauseigene Restaurant „Château Neuf" genießt einen guten Ruf. Zu dem Vier-Sterne-Hotel gehört auch ein 18-Loch-Golfplatz.
Allee 5, 06463 Meisdorf
0700/222888222 0228/9454302
72 Zimmer, DZ ab 239 Mark

17 MARTHA-HAUS
Das kleine Hotel wurde 1885 als „Anstalt zur Belebung der Tugenden" gegründet. Das Haus steht in einer ruhigen Seitenstraße in der Innenstadt von Halle. Es ist ansprechend und modern ausgestattet. Von hier sind es nur ein paar Gehminuten zur Oper, zum Markt oder zum Steintor-Varieté.
Adam-Kuckhoff-Straße 5-8, 06108 Halle
0345/51080 0345/5108515
24 Zimmer, DZ ab 180 Mark

18 KURPARK-HOTEL BAD LAUCHSTÄDT
Die Lage ist einfach herrlich – direkt am Kurpark von Bad Lauchstädt. Das alte Gebäude war früher ein gewöhnliches Bürgerhaus. Hinten schließt sich ein Neubau an. Die Namen der Zimmer erinnern an Prominente, die Bad Lauchstädt besucht haben: zum Beispiel Goethe, Schiller und Wagner. Im romantischen Lichthof wird an Goethes „Italienreise" erinnert.
Parkstraße 15, 06246 Bad Lauchstädt
034635/20353 034635/90022
www.lauchstedter-gaststuben.de
30 Zimmer, DZ 130 Mark

19 SCHLOSS MARIENTHAL
Der neobarocke Schlossbau nahe Naumburg und Freyburg stammt von dem bekannten Architekten Paul Schulze-Naumburg. Drumherum liegt ein gepflegter Park, der von einer Steinmauer umfasst wird. Dahinter beginnt der Wald. Es gibt ein Spielzimmer, einen Streichelzoo und Pferde zum Reiten.
Kastanienallee 15, 06648 Marienthal
034467/61000 034467/61022
22 Apartments, ab 100 Mark

20 WASSERSCHLOSS BONAU
Das Hotel liegt auf dem Land, steht voller antiker Möbel und hat einen Barocksaal mit imposanten Stuckdecken. Hier gleicht kein Zimmer dem anderen. Jedes hat eine andere Farbe und ist elegant eingerichtet. Und wer einen Ausflug machen will: Nach Naumburg und Freyburg ist es nicht weit.
Dorfstraße 1, 06682 Bonau
034443/6100 034443/61029
14 Zimmer, DZ ab 110 Mark

Hotel Erbprinzenpalais, Wernigerode

ESSEN

1 CAFÉ KRUSE
Hier gibt's ganz frischen, echten Salzwedeler Baumkuchen. Die Nachfolger der Bäckersfamilie Kruse fühlen sich der Tradition verpflichtet: Sie bereiten den Teig nach einem uralten Geheimrezept von Hand zu und backen ihn dann wie Fleisch am Spieß über offenem Feuer. Jeden ersten Mittwoch im Monat dürfen Gäste dabei zusehen. Auf Wunsch wird der Kuchen auch verschickt.
Holzmarktstraße 4-6, 29410 Salzwedel
03901/422107 039003/492
Mo bis Sa von 9-18.30 Uhr, So und feiertags von 12-18.30 Uhr

2 GUTSHAUS BÜTTNERSHOF
Ein malerisches Haus aus Fachwerk und Backstein an einem stillen Ort nahe der Elbe. Wer durch die Altmark reist, sollte in diesem liebevoll eingerichteten Restaurant rasten. Hier bietet Bernd Prüfert seinen Gästen einfache und gehobene Gerichte vom Schweineschnitzel mit Spiegelei bis zu Rehnüsschen in Rotweinsauce. Auch Pensionszimmer.
Dorfstraße 38
39606 Büttnershof
039390/81046 039390/81840
Di bis So von 11.30-22 Uhr
Hauptgerichte 15-25 Mark

Schloss Storkau

3 SCHLOSS STORKAU
Ein Ort für romantische Stunden. Das Schlosshotel liegt in der Altmark direkt an der Elbe in einem Park mit Springbrunnen und Schlossteich. Das Restaurant zählt zu den besten in Sachsen-Anhalt. Im herrschaftlichen Saal wird unter Kronleuchtern und mit Blick aufs Wasser gespeist, zum Beispiel Entenbrust auf Linsengemüse oder Elbauen-Rehnüsschen in Wacholderrahmsauce. Wer übernachten will: Doppelzimmer gibt's ab 180 Mark.
Im Park, 39590 Storkau
039321/5210 039321/5220
Di bis Sa von 12-14 Uhr u. 18.30-22 Uhr
So 12 - 14, Hauptgerichte 28-40 Mark

4 SCHWARZER ADLER

Ein Haus mit Tradition in der Altmark. Das Hotel wurde 1632 gegründet und liegt mitten in der sehenswerten Altstadt von Tangermünde an der Elbe: eine Hansestadt, die im 15. Jahrhundert ihre Blüte erlebte. Richtig hübsch ist der Innenhof mit Biergarten, einem rustikalen Kutscherstübchen und dem Café Taubenschlag. Das eigentliche Hotelrestaurant ist klein – und fein ausgestattet. Zu empfehlen sind die Hähnchenbrustfilets in Sesamkruste und danach das Pflaumenparfait an Zimtschaum.

Lange Straße 52, 39590 Tangermünde
039322/960 039322/3642
Täglich von 11-22.30 Uhr
Hauptgerichte 10-32 Mark

5 LANDGASTHAUS ZUR ERHOLUNG

Nur ein paar Kilometer nordöstlich von Magdeburg nahe der Elbauen und dem Külzau-Forst liegt dieses gemütliche Ausflugsrestaurant. Dichtes Grün rankt an der Fassade, innen gibt es viel aus dem Alltag der Bauern zu sehen – Töpfe, Pfannen, Kannen. Das Essen ist deftig, und die Portionen von Spanferkel, Gans oder gegrilltem Fleisch sind üppig. Im „Kuhstall" und im Hof werden hin und wieder Feste gefeiert.

Möserstraße 27, 39291 Lostau
039222/9010 039222/90116
Täglich von 11-22 Uhr
Hauptgerichte 18-30 Mark

6 SAISON

Eine der wenigen wirklich guten Adressen in Sachsen-Anhalts Landeshauptstadt ist dieses Restaurant im Hotel Herrenkrug mitten in einem Park an der Elbe. Aufgetischt wird in einem hohen Jugendstil-Saal unter großen Kronleuchtern. Auf der Karte stehen Köstlichkeiten wie Hummer- und Seeteufelragout auf glacierten Schalotten und warmer Grand-Marnier-Eierkuchen, gefüllt mit Zwergorangenkompott.

Herrenkrug 3, 39114 Magdeburg
0391/8508730 0391/8508501
Tgl. von 12-14.30 u. 18-22.30 Uhr
Hauptgerichte 24-47 Mark

7 HOTEL & RESTAURANT CASINO

Klein Wanzleben ist nicht gerade ein Touristenmekka, dafür zieht der Ort zwischen Magdeburg und Helmstedt Leute an, die sich für Landwirtschaft interessieren. Denn hier liegt das Zentrum der Zuckerrübenzucht. Darüber kann Hanno Trieger jede Menge Geschichten erzählen – und über die Spezialitäten der Börde, die auf seiner Speisekarte stehen. Er bietet in seinem mit alten Möbeln dekorierten Restaurant Gerichte wie vor hundert Jahren: Linseneintopf mit Rotwurst und Backpflaumen, Pottsuse und Sauer-

Das „Casino" in Klein Wanzleben

kraut mit Klump. Hinterher empfiehlt sich ein Rübenschnaps.

Lindenallee 1a, 39164 Klein Wanzleben
039209/8282 039209/44087
Di bis Sa von 11.30-13.30 Uhr u. 18-24 Uhr, So/Mo nur von 11.30-14 Uhr
Hauptgerichte 6-25 Mark

8 WASSERBURG ZU GOMMERN

Eine Burg wie aus dem Bilderbuch. Majestätisch liegt sie da in der Landschaft; ein Wassergraben läuft drumherum. Drinnen gibt es eine Ökobrauerei – die angeblich erste in den neuen Bundesländern. Hier wird das Burgbräu Öko Schwarz und Öko Gold gebraut und natürlich auch im Gasthof ausgeschenkt. Wer will, kann zum Knastessen bleiben – in Brot eingebacken wird eine Feile serviert.

Walther-Rathenau-Str. 9-10
39245 Gommern
039200/7660 039200/766766
Tgl. 11.00 bis 22.00 Uhr
www.wasserburg-zu-gommern.de

9 VOGELHERD

Östlich von Magdeburg gibt es wenige so gute Restaurants wie den Vogelherd. Das Ausfluglokal liegt drei Kilometer außerhalb der kleinen Stadt Zerbst - ruhig und idyllisch an einem kleinen Teich. Das Essen ist hervorragend: die Rehkeule mit Holunder-Zwetschgen-Sauce zum Beispiel oder die hausgemachte Eistorte mit Sahnebaiser.

Lindauer Str. 78, 39261 Zerbst
03923/780444 03923/780447
Mo von 18-23 Uhr, Mi bis Fr von 11.30-15 Uhr, u. 18-23 Uhr, Sa/So von 11.30-23 Uhr, Hauptgerichte 21-35 Mark

10 VON REPHUNS GARTEN

Das Hotel mit dem ausgezeichneten Restaurant liegt in der Zerbster Innenstadt an einem Teich im Park. Dass hier gut gekocht wird, hat sich in der Umgebung längst herumgesprochen – getrüffelte Edelpilzsüppchen mit hausgemachten Maultaschen etwa oder Lasagne vom Kalb mit Tomaten und Mozarella überbacken. Das Angebot wechselt täglich.

Rephunstraße 2, 39261 Zerbst
03923/61605 03923/61607
Täglich von 11-23 Uhr
Hauptgerichte 18-30 Mark

11 LUTHER-SCHENKE

Speisen wie zu Luthers Zeiten. Das Restaurant befindet sich direkt am Markt in einem Tonnengewölbe. Das Personal trägt historische Kostüme und serviert die Speisen auf irdenem Geschirr. Gekocht wird nach alten Rezepten: von „Krepfeln von Hechtenvisch in gelber Salse" (Hechtklößchen in gelber Sauce) bis zu „Epfele in Wine" (Bratapfel in Wein). Dazu gibt's Schwarzbier.

Am Markt 2
06886 Lutherstadt Wittenberg
03491/406592 034920/20311
Mo bis Fr von 11-15 Uhr und ab 18 Uhr
Sa/So ab 11 Uhr durchgehend
Hauptgerichte 9-24 Mark

12 WEISSER HIRSCH

Eine der besten Adressen im Nordharz ist das Restaurant im ältesten Hotel von Wernigerode. Das Fachwerkhaus liegt direkt am Markt. Auf der reichhaltigen Menükarte bietet die Küche zum Beispiel Fleischgerichte vom „Roten Harzer Höhenrind" wie Tafelspitzsülzchen im Perlgraupenmantel an; dazu kommt eine gute Weinkarte.

Marktplatz 5, 38855 Wernigerode
03943/602020 03943/633139
Tgl. von 11-22 Uhr
Hauptgerichte 17-33 Mark

13 KORNHAUS

Das Ausflugsrestaurant besticht vor allem durch seine schöne Lage an der Elbe. Das Haus wurde 1930 nach einem Entwurf des Bauhausarchitekten Carl Fieger erbaut – mit einer auffälligen halbkreisförmigen Glasveranda. Hier gibt es anhaltinische Spezialitäten wie Beamtenstippe, sprich Schweinehack in Kräutersauce; Eisbein Fürst Franz mit Klump, also gebratener Kloßmasse und Reisbrei mit Zimt und Zucker und gebratener Räucherwurst.

Kornhausstraße 146, 06846 Dessau
0340/6404141 0340/6404111
Täglich von 11-23 Uhr
Hauptgerichte 13-26 Mark

„Vogelherd" in Zerbst

14 DER KRÄUTERHOF

Wer mit der Brockenbahn unterwegs ist, findet an der Station Drei Annen Hohne ein reizendes Hotelrestaurant. Gegessen wird im Wintergarten, dessen Decke mit Sternzeichen verziert ist. Aus den Fenstern hat man einen herrlichen Blick auf die Dampfloks, die hier vorbeifahren. Gekocht wird harztypisch herzhaft: Gerichte wie Ente mit Apfelrotkohl oder Geschnetzeltes vom Hirschkalb. Die Karte wechselt ständig.

38875 Drei Annen Hohne/Schierke
039455/840 039455/84199
http://der-kraeuterhof.de
Täglich von 12-21 Uhr
Hauptgerichte 11-29 Mark

TOUR (A)

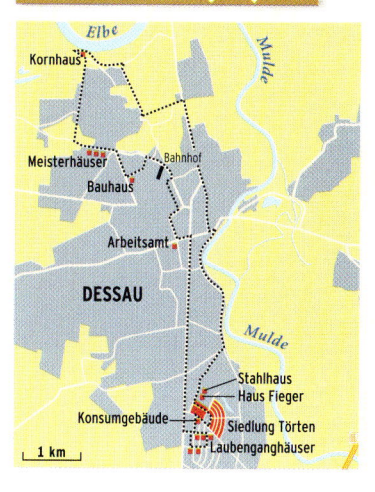

BAUHAUS-TOUR DURCH DESSAU

Das Bauhaus zog 1925/26 von Weimar nach Dessau um. Hier ließen sich die **Avantgardisten der Industriekultur** *ein neues Gebäude nach Entwürfen von Walter Gropius bauen – aus Glas, Stahl und Beton. Das* **Bauhaus-Gebäude** *ist das bedeutendste Zeugnis für das „Neue Bauen" in Dessau, aber nicht das einzige. Die etwa 20 Kilometer lange Radtour führt weiter zum* **Arbeits-**

Bauhaus in Dessau

amt, *ebenfalls ein Gropius-Bau. Es hat fünf separate Eingänge unter einem* **gläsernen Dach**. *Von dort geht's zu den fünf* **Laubengang-Häusern** *mit insgesamt 90 sehr kleinen, rationell geschnittenen Wohnungen. Sie gehören zur* **Siedlung Törten**, *deren Ziel es war, billigen Massenwohnraum zu schaffen. Kern der Anlage waren* **314 Reihenhäuser** *mit maximal 75 Quadratmeter Wohnfläche und kleinen Gärten. Das* **Konsumgebäude** *– ein fünfgeschossiger Flachbau – entwickelte sich bald zu einem Zentrum der Siedlung. An deren Rand steht das* **Stahlhaus** *und auch das Wohnhaus des Architekten Carl Fieger. Er hat das Gebäude der Ausflugsgaststätte „Kornhaus" entworfen: einkehren und den Ausblick auf die Elbe genießen. Abschluss der Tour sind die* **Meisterhäuser**. *In dem Doppelhaus, wo einst die Maler* **Paul Klee** *und* **Wassily Kandinsky** *nebeneinander wohnten, finden heute Ausstellungen statt.*

Fahrradausleihe am Hauptbahnhof bei der Mobilitätszentrale
0340/213366 0340/213366

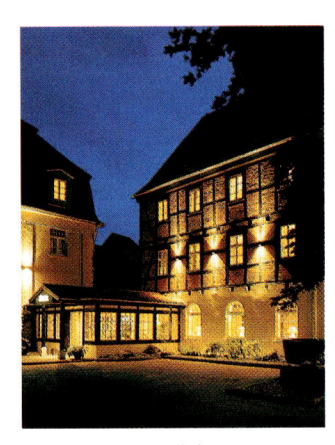

RESTAURANTS, AKTIVITÄTEN, BOOTSTOUR

Hotel am Brühl in Quedlinburg

15 WEINSTUBE IM ROMANTIK-HOTEL AM BRÜHL

Ein Restaurant zum Verlieben. Die Hausherrin Ursula Schmidt hat jeden Tisch in dem ehemaligen Kuhstall anders geschmückt – mit karierten Tischdecken und Blumen aus dem eigenen Garten. Alte Schränke, ein Sofa, verschiedene Stühle – alles hier hat einen besonderen Charme. Auch das Essen ist ein Traum, egal, ob Rinderfilet in Rosmarinsauce, Lammkotelett oder Rote Grütze aus frischen Beeren. Dazu werden auch Saale-Unstrut-Weine angeboten.
Billungstraße 11, 06484 Quedlinburg
☎ 03946/96180 📠 03946/9618246
Täglich von 18–22.30 Uhr
Hauptgerichte 25–35 Mark

16 BRAUHAUS ZUM REFORMATOR

In der Hausbrauerei blinken kupferrote Braukessel. In neugotischem Ambiente kann man hier das selbst gebraute „Alt-Eislebener Dunkel" probieren. Dazu gibt's Bettelmannstippe (Gehacktes mit Zwiebeln und Kartoffelbrei) oder Krustenbraten und Sauerkraut. Mittelaltermenüs mit „Spiespratem von Kalb mit Senaf-salve vonn Dijon" nach einem alten Klosterrezept können vorbestellt werden.
**Friedensstraße 12
06295 Lutherstadt Eisleben**
☎ 03475/680511 📠 03475/680254
**Di bis Fr von 12–14.30 Uhr u. 17–24 Uhr
Sa von 11.30–1 Uhr, So bis 23 Uhr
Hauptgerichte 12–24 Mark**

17 WEINKONTOR

In dem ehemaligen Backsteinspeicher in Halle werden 54 Weine offen ausgeschenkt und 400 verschiedene Flaschenweine angeboten – aus der Region Saale-Unstrut, aus Übersee und natürlich aus Frankreich. Dazu kann man in ungezwungener Atmosphäre unter drei bis vier Hauptgerichten wählen oder die Rohmilchkäsespezialitäten genießen.
Robert-Franz-Ring 21, 06108 Halle
☎ 0345/2003351 📠 0345/2003352
**Mo bis So von 18–1 Uhr
Hauptgerichte 14–21 Mark**

18 LAUCHSTEDTER GASTSTUBEN

Ein spätbarockes Kleinod. Das Haus von 1780 steht direkt im Kurpark des kleinen feinen Badeortes, den schon Goethe gern besuchte. An festlich gedeckten Tischen wird Auflauf von Filetstreifen des Welschen Hahns serviert oder eine Frische Mücheiner Bachforelle. Wer sich in die Vergangenheit zurückversetzen möchte, kann die „Tafelfreuden wie zu Goethes Zeiten" buchen und erfährt nebenbei eine ganze Menge über die Essgewohnheiten um 1800.
Parkstraße 16, 06246 Bad Lauchstädt
☎ 034635/20353 📠 034635/90022
www.lauchstedter-gaststuben.de
**Di bis So von 11.30–23 Uhr
Hauptgerichte 20–30 Mark**

19 WEINGUT PAWIS

Mitten im Weinberg mit einer herrlichen Aussicht über die Unstrut liegt der „Winzerschuppen" der Familie Pawis. Hier werden 17 Weine aus eigenem Anbau ausgeschenkt, darunter Müller-Thurgau, Riesling Spätlese und Grauburgunder. Im Angebot sind außerdem Trester und Hefebrand. Und zur Zeit der Lese gibt's Federweißen. Dann sitzt es sich besonders schön auf der rebenumrankten Freiterrasse. Trauben, die dort hängen, dürfen gepflückt werden.
Ehrauberge 12, 06632 Freyburg/U.
☎ 034464/27433 📠 034464/27385
www.weingut-pawis.de
Mi bis Mo ab 14 Uhr, Viertel Liter Wein 5–10 Mark

20 GASTHAUS AM NEUMARKT

Essen in Hülle und Fülle. Das uralte Haus birgt ein kleines Restaurant, mit siebzig Hauptgerichten zur Auswahl. Besonders zu empfehlen sind die Zeitzer Spezialitäten: Schweinenacken auf Kartoffelpuffer, Rauchfleischpfanne mit Linsengemüse oder Schollenfilet à la Krellmann. Die engagierte Gastwirtsfamilie hat auch den Weinbau in der Region wieder aufleben lassen. Ihr gehört seit kurzem der erste Weinberg auf Kloster Posa.
Neumarkt 15, 06712 Zeitz
☎ 03441/61660 📠 03441/616626
**Mo bis So von 11–24 Uhr
Hauptgerichte 13–38 DM**

Weingut Pawis bei Freyburg

LEBEN

1 LEBEN WIE DIE LANGOBARDEN

Zwischen dem 2. und 4. Jahrhundert n. Chr. war die Altmark vom germanischen Stamm der Langobarden besiedelt. Die meisten Zeugnisse von deren Leben gruben die Archäologen in der Feldmark Zethlingen aus. Am Mühlenberg kann die „Langobarden-Werkstatt", eine rekonstruierte Siedlung, besichtigt werden (sonntags zwischen 12 und 16 Uhr). Einmal im Monat wird eine Kulturtechnik vorgestellt: Waffen herstellen, Kochen oder Leder gerben. Noch spannender: Wer sich als Gruppe anmeldet, darf hier selbst wie die Vorfahren töpfern, backen, spinnen und weben. Der Spaß kostet für alle insgesamt 60 Mark.
**Infos über Danneil-Museum Salzwedel
An der Marienkirche 3, 29410 Salzwedel**
☎ 03901/423380 📠 03901/423380

Mississippidampfer auf dem Arendsee

2 MISSISSIPPIDAMPFER

Auf dem Arendsee, der „Perle der Altmark", fährt die „Queen Arendsee". Das leuchtend rot und weiß bemalte Schiff sieht aus wie ein echter Mississippidampfer – mit Schaufelrad und schwarzen Schloten. Jeden 2. Freitag im Monat wird der Ausflugsdampfer zu einem schwimmenden Standesamt. Wer nicht heiraten will, kann für fünf bis zehn Mark an allen anderen Tagen zwischen Mai und September eine Runde auf dem schönen See drehen.
☎ 039384/27164
Abfahrt um 10.00, 11.30, 13.00, 15.00 und 17.00 Uhr

3 PFERDEMARKT

Hier kann jeder einen Gaul kaufen oder verkaufen. Alljährlich am ersten Wochenende im September strömen Tausende nach Havelberg, um dabei zu sein, wenn im „Mühlenholz" etwa 1000 Pferde, Esel und Ponys per Handschlag den Besitzer wechseln. Eine Tradition, die sich mindestens bis ins Jahr 1750 zurückverfolgen lässt. Außerdem wird kräftig gefeiert.
Tourist-Information, Uferstraße 1, 39539 Havelberg ☎ 039387/88224

4 REITEN IN DER ALTMARK

Das flache Land im Norden Sachsen-Anhalts ist ein Paradies für Pferdenarren. Hier gibt es jede Menge Reiterhöfe, werden Reitturniere in Krumke, Salzwedel und Gardelegen veranstaltet. 1600 Kilometer lang sind die ausgeschilderten Reitwege quer durch Wälder, Felder und Wiesen. Als Geheimtipp gelten die organisierten Trailritte: Pro Tag werden 25 bis 45 Kilometer zurückgelegt. Übernachtung für Pferd und Reiter inklusive Frühstück sind im Preis enthalten.
**VGem Arneburg-Krusemark
Touristeninformation (Herr Trumpf)
Breitestraße 15, 39596 Arneburg**
☎ 039321/51817 📠 039321/51818

5 WASSERSKI AUF DEM LÖDERBURGER SEE

Mehrere Wasserskiläufer gleichzeitig können hier nahe der Stadt Staßfurt an einer Art Schlepplift mit 30 km/h übers Wasser sausen. Ein paar Mal üben – und schon stehen selbst Anfänger auf den Brettern. Ski und Schwimmwesten werden gestellt, gegen Gebühr auch ein Neoprenanzug. Im Winter wird der Wasserskispaß in Schwimmbädern angeboten.
**Wasserski-Center Löderburger See
Atzendorfer Straße 2, 39418 Staßfurt**
☎ 03925/622335 📠 03925/624703
www.wasserski.de
**von April bis Sep tgl. ab 10 Uhr,
Okt je nach Wetterlage, Erwachsene zahlen pro Stunde 21 Mark**

6 KURT-WEILL-FEST

Jedes Jahr im März findet in Dessau ein Fest zu Ehren des Musikers und Komponisten Kurt Weill statt, zu dessen bekanntestem Werk die Musik zu Brechts „Dreigroschenoper" gehört. Zu den Aufführungen von Konzerten und Theaterstücken kommen Ausstellungen und Filme. Damit will sich die Stadt zum Zentrum der Weill-Pflege in Europa entwickeln.
Touristinformation
☎ 0340/2200044 💻 www.kurt-weill.de
**Das nächste Fest findet vom
2.–11. März 2001 statt**

7 LUTHERS HOCHZEIT

Mit viel Musik, Marktgauklern und einem historischen Festumzug feiert die Lutherstadt Wittenberg alljährlich die Vermählung von Martin Luther mit Katharina von Bora. Der große Reformator brach endgültig mit seinem Mönchsdasein, als

er sich am 13. Juni 1525 mit der Ex-Nonne von Bora verlobte und beide noch am selben Tag getraut wurden.
Fremdenverkehrsbüro
☏ 03491/498610
www.wittenberg.de
Die nächste Hochzeit findet vom 8.–10. Juni 2001 statt

8 TRABI-SAFARI

Sie knattern, stinken, und nach 100 Kilometern fühlt man jeden Knochen im Leib. Wer einmal das DDR-Kult-Auto testen möchte, kann an einer Tour durch Anhalt/Wittenberg teilnehmen. Mehrere Zwei-Mann-Teams treten gegeneinander an und müssen während der Safari Aufgaben lösen: Parcoursfahren, Reifenrollen, Hufeisenwerfen, Slalomfahren – und natürlich sich und den Trabi heil ins Ziel bringen.
Tourismus Service Wittenberg
Dessauer Straße 37
06886 Lutherstadt Wittenberg
☏ 03491/660195 03491/666570
www.trabi-abi.de

Mit dem Trabi auf Safari

9 NOSTALGIEFAHRT MIT DER HARZER SCHMALSPURBAHN

Eisenbahnromantik pur! Qualmend und pfeifend rattern die Dampfloks durch wilde Täler und Wälder und ziehen ihre Last von Schierke aus sogar bis zum Brocken hinauf. 131 Kilometer ist das Schmalspurstreckennetz der Brocken-, Selketal- und Harzquerbahn lang und damit das längste in Deutschland. Seit 1972 steht die Harzer Schmalspurbahn unter Denkmalschutz.
Kundenservice
☏ 03943/558151153
www.hsb-wr.de

10 KLETTERN IN SCHIERKE

Der Deutsche Alpenverein, Sektion Wernigerode, macht das Klettern auch für Anfänger möglich. Geübt wird erst mal an einer Kletterwand in Schierke oder Wernigerode, bevor es dann zu den Schnarcherklippen oder dem Schierker Feuerstein geht. Könner klettern im Steinbachtal. Die Ausrüstung kann für 15 Mark geliehen werden, Klettern an der Wand kostet pro Person zehn Mark und am Fels 25 Mark. Der Verein verleiht auch Mountainbikes, Ski, Snowboards und was man sonst noch für einen sportlichen Urlaub im Harz braucht.
Info über Wolfgang Brandt
Mühlenweg, 38879 Schierke
☏ 039455/51546 039455/51548

Walpurgisnacht, landesweit

11 WALPURGISNACHT

Die Sage erzählt, dass in der Walpurgisnacht die Hexen auf Besen, Schweinen oder Kälbern zum Hexensabbat auf dem Hexentanzplatz reiten. Eingerieben mit berauschender Hexensalbe, tanzen sie dort den Schnee weg, küssen des Teufels Pferdefuß und bringen ihm Opfer dar. Luzifer heiratet schließlich die schönste Hexe. Wenn der Morgen dämmert, ist der Spuk vorbei. Wer dabei sein will, kommt in der Nacht vom 30. April zum 1. Mai auf den Hexentanzplatz.
Info über den Walpurgisverein
☏ 03947/2324

12 HARZER BERGTHEATER

Das Freilichttheater am Hexentanzplatz ist eine der schönsten Naturbühnen in Deutschland. 1903 wurde es von Ernst Wachler gegründet. Von Mai bis Ende August fechten hier die „Die drei Musketiere" und hadert „Götz von Berlichingen" mit dem Kaiser. Wer hinauf zum Theater will, kann die Kabinenschwebebahn nehmen und gleich noch den herrlichen Blick über den Harz genießen.
Hexentanzplatz, 06502 Thale
☏ 03947/2324 03947/61316
www.harzer-bergtheater.de

13 KUCKUCKSUHR KAUFEN

Mitten in der Altstadt des kleinen Harzortes Gernrode steht die einzige Kuckucksuhrenfabrik außerhalb Süddeutschlands. Hauptattraktion ist die 14,50 Meter hohe und sechs Meter breite Riesenkuckucksuhr am Gebäude, die seit 1998 im Guinnessbuch der Rekorde steht. Wer sich ein kleineres Exemplar mit nach Hause nehmen will, kann im Werksverkauf unter 500 verschiedenen Typen von 100 bis 1400 Mark wählen. Alle Verzierungen sind handgeschnitzt.
Harzer Uhrenfabrik
Lindenstraße 7, 06507 Gernrode
☏ 039485/213 039485/60739
Verkauf Mo bis So von 9-17 Uhr

14 SCHMÖKERN IM BUCHDORF MÜHLBECK-FRIEDERSDORF

Das erste Buchdorf der Welt gründete ein Engländer 1961 in Wales, dann folgten welche in aller Welt. Seit 1997 hat nun auch Sachsen-Anhalt ein Dorf für Bücherwürmer. Mindestens 15 Buchläden gibt es schon in den beiden Orten Mühlbeck und Friedersdorf nahe Bitterfeld, 25 sollen es mal werden.
Förderverein Buchdorf Mühlenbeck-Friedersdorf, Dorfplatz 61, 06774 Mühlbeck
☏ 03493/950043 03493/950045
www.buchdorf.de

15 BERMUDA-DREIECK

Hier taucht mancher abends ab und erst morgens wieder auf. In Halles Kneipenareal im Norden der Stadt liegen unter anderem die legendäre Studentenkneipe „Gosenschänke", wo es Gose, ein obergäriges Bier, gibt (Burgstraße 71); das „Bolldorf", eine alte Villa mit Biergarten (Wittekindstraße 26); das „Deix", eine Kneipe mit Biergarten auf dem Hinterhof (Seebener Straße 175), und das sehr beliebte „Objekt 5" (Seebener Straße 5). Samstags läuft dort Tango Totale, die Party-Disco, sonntags laufen kostenlose Überraschungsfilme. Außerdem kann man hier ganz ordentlich essen – Putengeschnetzeltes oder Sahnespinat auf Spaghetti. Jedes Gericht kostet zehn Mark.

16 KULTURINSEL

Peter Sodann ist dem gesamtdeutschen Fernsehpublikum ein Begriff, seit er als Ost-Kommissar Ehrlicher für den „Tatort" Verbrecher jagt. Seinen Hauptjob verrichtet er allerdings in Halle. Hier in der Innenstadt hat er die „Kulturinsel" gegründet – mit Theatersaal, Hoftheater, Bierkeller und einem Literaturcafé. Weil er möchte, dass auch Leute ins Theater gehen, die sich teure Eintrittskarten nicht leisten können, kosten manche Vorstellungen nur acht Mark.
Große Ulrichstraße 50, 06108 Halle
☏ 0345/20500 0345/2050115
www.nt-schauspiel-halle.de

Der „Turm" – Nightlife in Halle

17 TURM

Seit 27 Jahren eine Nightlife-Institution in Halle. Hier gibt's Jazz-, Rock-, Pop-Konzerte und zwei Discos. Jedes Jahr veranstaltet der Turm auch ein internationales Jazzfestival in der Moritzburg.
Friedemann-Bach-Platz 5 (Moritzburg)
06108 Halle
☏ 0345/2025190 www.turm-net.de
Eintritt 5 Mark, Konzerte bis 30 Mark

TOUR (B)

AUF DER UNSTRUT VON WENDELSTEIN NACH NAUMBURG

Die Unstrut entspringt im Eichsfeld. Der schönste Teil des Flusslaufes beginnt jedoch bei Wendelstein und Memleben, wo sich der Strom verengt und dann an den malerischen Weinbergen des nördlichsten Anbaugebietes Europas, an Burgen und Schlössern vorbeiwindet. Außer einem Ausflugsboot verkehren keine großen Schiffe auf der Unstrut. Etwa 44 Kilometer

Weinberge an der Unstrut

geht es nun flussabwärts; vorbei an der Bergarbeitersiedlung Wangen, an Nebra und Vitzenburg, wo hoch oben auf einem Bergsporn ein Neorenaissance-Schloss thront. Wenig später ist Burgscheidungen mit seinem Barockschloss zu sehen. Weiter nach Freyburg – dem Zentrum des Terrassen-Weinbaus. Hier kommt der Rotkäppchen-Sekt her. Wer Weine der Gegend probieren will, muss nur anlegen: In der Querfurter Straße 10 gibt's eine Probierstube der Winzervereinigung. Bis Naumburg mit dem berühmten Dom sind es jetzt noch 5 Kilometer.

Bootsausleihe bei Saale-Tours, auf dem Campingplatz „Blütengrund", 06618 Naumburg
☏ 03445/202051 03445/202052
Preis für drei Personen ab 90 Mark pro Tag

AKTIVITÄTEN, AUSSICHTEN, WANDERTOUR

Händel-Festspiele in Halle

18 HÄNDEL-FESTSPIELE

Einer der berühmtesten Söhne der Stadt Halle ist der Komponist Georg Friedrich Händel, der hier am 23. Februar 1685 geboren wurde. Jedes Jahr im Juni finden deshalb in der Kulturmetropole Sachsen-Anhalts die internationalen Händel-Festspiele statt – mit Oper, Oratorium, Chor- und Orchestermusik. Zehn Tage lang erklingt Barockmusik, darunter sind auch Werke von Zeitgenossen Händels.
Infos über Direktion der Händel-Festspiele im Händel-Haus, Große Nikolaistraße 5, 06108 Halle
0345/50090222 0345/50090416

19 MIT DER „FRÖHLICHEN DÖRTE" AUF DER UNSTRUT SCHIPPERN

Dieser Dampfer ist etwas ganz Besonderes. Denn eigentlich ist er kein Dampfer, sondern eine Fähre, die 1888 in Dresden gebaut worden ist. Als sie 1992 verschrottet werden sollte, fasste sich der Fährmann Manfred Schmidt ein Herz und ließ sie zum Ausflugsschiff umbauen. Die „Fröhliche Dörte" war das erste Schiff, das nach 20 Jahren wieder zwischen Freyburg und Naumburg auf der Unstrut fahren durfte.
Saale-Unstrut-Schifffahrtsgesellschaft, Blütengrund 8
06618 Naumburg/Kleinjena
03445/202809 03445/202832

20 WEINVERKOSTEN IN KLOSTER PFORTA

Als Musterweingut – idyllisch am Weinberg gelegen und dem Land Sachsen-Anhalt gehörend – müht sich Kloster Pforta, den jetzigen und zukünftigen Weinbau an Saale und Unstrut zu fördern. Auf 55 Hektar zwischen Bad Kösen, Naumburg und Goseck werden Weißburgunder, Muskat und viele andere Rebsorten angebaut. Wer mehr über den Saale-Unstrut-Wein erfahren und mal sechs verschiedene Weine und einen Sekt probieren möchte, kann sich zu einer Weinprobe anmelden. Gruppen bis zu zehn Personen zahlen für das Vergnügen 345 Mark. Einzelgäste können Wein vom Weinkarussell kosten.
Saalhäuser, 06628 Bad Kösen
034463/3000 034463/30025

SEHEN

1 NATURPARK DRÖMLING

Hier in der Altmark liegt eine seltsame Landschaft, die vor 300 Jahren purer Sumpf war und mit 270 Quadratkilometern zu den größten Binnenlandfeuchtgebieten Deutschlands zählt. Friedrich II. ließ das Gebiet urbar machen; seither heißt die Gegend auch „Land der 1000 Gräben". Es gelang trotzdem nicht, das Areal vollständig trocken zu legen. Übrig geblieben ist ein Stück heile Natur aus Feuchtwiesen, Wasserläufen und Auenwald, wo noch Fischotter und Schwarzstörche leben.
Naturparkverwaltung Drömling
Bahnhofstraße 32, 39646 Oebisfelde
039002/8500 039002/85024

2 KLOSTER „UNSER LIEBEN FRAUEN"

Hier liegt das Zentrum der „Straße der Romanik", die sich wie eine Acht durchs ganze Land Sachsen-Anhalt zieht und an insgesamt 72 bedeutenden Bauwerken des frühen Mittelalters vorbeiführt. Eine einzigartige Reise in eine Zeit der Sagen und Märchen, mit Königen, Rittern und Mönchen. Das Kloster wurde 1017/18 von Erzbischof Gero gegründet. Heute dient das älteste Bauwerk Magdeburgs als Museum.
Regierungsstr. 4-6, 39104 Magdeburg
0391/565020 0391/5650255
Di bis So von 10-17 Uhr, Eintritt für Erwachsene 4 Mark

3 SCHACHDORF STRÖBECK

Das Schachspiel hat in dem kleinen Ort eine jahrhundertelange, ungewöhnliche Tradition. Schach wurde hier nicht von Herrschern, sondern vom Volk gespielt; seit 1823 lernen die Kinder das Brettspiel in der Schule. Für Ehrengäste verkleiden sich die Ströbecker als Schachfiguren und spielen eine Partie auf dem Pflasterbrett des „Platzes zum Schachspiel". Jedes Jahr zu Pfingsten wird außerdem das große Schachfest gefeiert. Wer das Spektakel verpasst, kann immer noch das Schachmuseum besuchen.
Schachmuseum, Bahnhofstraße 210, 38822 Schachdorf Ströbeck
039427/99850
Di bis Sa von 13-15 Uhr, So von 10-12 Uhr

Im Schachdorf Ströbeck

4 BIOSPHÄRENRESERVAT MITTLERE ELBE

Ein schönes Stück Flusslandschaft und ein Paradies für Wanderer und Radfahrer zwischen Dessau bis Barby. Hier an der Elbe wächst der größte zusammenhängende Auenwald Mitteleuropas. Heute leben wieder viele der selten gewordenen Elbebiber in diesem Gebiet. An vier Stellen überqueren Fähren den Fluss.
Biosphärenreservats-Verwaltung Mittlere Elbe, Dessauer Straße, 06785 Oranienbaum 034904/4210

Wörlitzer Garten

5 WÖRLITZER GARTEN

Einer der sehenswertesten und größten europäischen Landschaftsparks. Das 112 Hektar umfassende Gebiet in den Elbauen wurde auf Geheiß des Fürsten Leopold III. zwischen 1764 und 1800 angelegt, und schon bald pilgerten die Bürger in Scharen nach Wörlitz, um den für jedermann zugänglichen Garten mit Venustempel, Pantheon und Schloss zu bestaunen. Wer will, kann heute für zehn Mark mit einer Gondel über den Wörlitzer See fahren.
Wörlitz-Information
034905/20216

6 HAUS DER GESCHICHTE

Für alle, die mehr über das Privatleben der Ostdeutschen wissen wollen, ist die Ausstellung „Kultur im Heim – Wohnen in der DDR" ein lohnendes Ziel. Gelernte DDR-Bürger entdecken hier Altvertrautes wieder: Leitermöbel aus den Sechzigern. Oder ein Bad mit Glasfliesen, weil es an Keramikfliesen mangelte. Das Patent dazu stammte übrigens aus der Region. Auch an die Waschmaschine Schwarzenberg werden sich viele erinnern.
Schlossstraße 6,
06886 Lutherstadt Wittenberg,
03491/660366 03491/660366
Di bis Fr von 10-17 Uhr, Sa/So von 11-18 Uhr, Eintritt für Erwachsene 5 Mark, Kinder 1 Mark

7 LUTHERSTADT WITTENBERG

Wittenberg ist ein Muss – auch wenn das größte Museum zur Geschichte der Reformation wegen umfangreicher Umbauten für längere Zeit geschlossen ist. In Wittenberg arbeitete Luther 38 Jahre lang und übersetzte das Alte Testament. Hier schlug er am 31. Oktober 1517 seine 95 Thesen gegen den Ablasshandel an die Tür der Schlosskirche. Wittenberg war geistiges und kulturelles Zentrum Deutschlands, hier lebten und arbeiteten unter anderem Lucas Cranach d. Ä. und Philipp Melanchthon. Und hier revolutionierte Wilhelm Weber 1833 die „Kommunikation": er erfand den ersten Telegrafen.
06886 Lutherstadt Wittenberg
Infos: 03491/402610
www.wittenberg.de

8 RÜBELÄNDER TROPFSTEINHÖHLEN

Die Baumannshöhle und die Hermannshöhle gelten als die schönsten Tropfsteinhöhlen Mitteleuropas und stehen unter Naturschutz. Im so genannten Goethesaal, dem größten Raum der Baumannshöhle, finden ab und zu Theateraufführungen statt. Faszinierend sind auch die Schildkrötenschlucht, die Palmengrotten und die Säulenhalle. Die Hermannshöhle hat eine schöne Kristallkammer zu bieten und den Olmensee mit 13 Grottenolmen.
Blankenburger Straße 35,
38889 Rübeland 039454/49132
Mo bis So von 9-15.30 Uhr, Eintritt für Erwachsene 7 Mark, Kinder 4 Mark

Feininger-Galerie in Quedlinburg

9 QUEDLINBURG UND FEININGER-GALERIE

Quedlinburg gehört zum Weltkulturerbe und ist unbedingt eine Reise wert. Die Stadt hat außer 1200 Fachwerkhäusern auch ein ungewöhnliches Museum der Moderne zu bieten: Hier wird eine Sammlung von Arbeiten des Malers und Grafikers Lyonel Feininger gezeigt – die größte in Europa. Der von den Nazis als entartet verfemte Künstler hatte einen Quedlinburger Freund gebeten, seine Werke zu verstecken, bevor er nach Amerika auswanderte.
Finkenherd 5a, 06484 Quedlinburg
03946/2238 03946/2384
Di bis So von 10-17 Uhr, Apr. bis Okt 10-18 Uhr, Eintritt für Erwachsene 6 Mark, Kinder 2,50 Mark

10 HOLZWURMMUSEUM

In der Fachwerkstadt Quedlinburg sind sie allerorten anzutreffen – die Holzwürmer & Co. Christoph Silz sammelt seit über 20 Jahren zerfressenes Holz, zerlöcherte Stuhlbeine, mürbe Dielen und Schindeln. 200 Exponate stellt er in seinem kleinen Museum aus.
Halberstädter Straße 47,
06484 Quedlinburg
03946/779390 03946/703831
Mo bis Fr von 9.00-17.00 Uhr, Sa/So nach Absprache, Eintritt für Erwachsene 2,50 Mark, Kinder 1 Mark

11 NAUMANN-MUSEUM KÖTHEN

Ein Wallfahrtsort für alle Hobby-Ornithologen: Hier im Köthener Schloss wird die seit 160 Jahren fast unverändert gebliebene Sammlung von Johann Friedrich Naumann gezeigt, der in Mitteleuropa die Vogelkunde als Wissenschaft begründet hat.

Schlossplatz 4, 06366 Köthen/Anhalt
03496/212074 03496/212074
Di bis Fr von 9-17 Uhr, Sa von 14-17 Uhr
So von 10-12 Uhr und 14-17 Uhr
Eintritt 3 Mark

12 FERROPOLIS

In der kargen Kraterlandschaft stehen fünf eiserne Riesen. Einst haben die kolossalen Eisenbagger und Absetzer hier im Tagebau Golpa-Nord nahe Bitterfeld die Braunkohle aus der Erde gerissen. Die Zeugen einer vergangenen Industrieepoche dienen heute als Ausstellungsstücke des Freiluftmuseums und als Kulisse für Techno-Partys, Theaterstücke und Konzerte.

Ferropolisstr. 1, 06773 Gräfenhainichen
034953/35120 034953/35123
www.ferropolis-online.de
Mo bis So von 10-20 Uhr, im Winter bis zur Dunkelheit, Eintritt für Erwachsene 6 Mark, Kinder 3,50 Mark

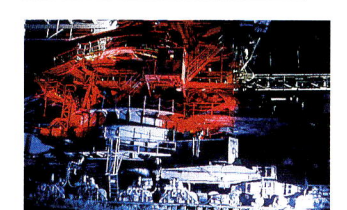

Ferropolis in Gräfenhainichen

13 ALTSTADT STOLBERG

Neben Quedlinburg und Wernigerode ist auch Stolbergs Altstadt sehenswert – mit vielen alten Fachwerkhäusern am Markt, im Kalten Tal oder der Rittergasse. Als das schönste Fachwerkhaus der Stadt gilt das Konsistorium in der Niedergasse 19, das 1535 im Stil der Renaissance für den Bürgermeister Keßler erbaut wurde. Vor dem Rathaus steht ein Denkmal Thomas Müntzers, der in Stolberg geboren wurde.

Fremdenverkehrsamt
Markt 2, 06547 Stolberg
034654/454 034654/729

14 EUROPA-ROSARIUM

Alles rund um die Rose. Der Züchter Peter Lambert schlug 1897 seinen Vereinsfreunden vor, ein Rosarium anzulegen, um vom Aussterben bedrohte Sorten zu erhalten. Sangerhausen bot ein entsprechendes Gelände an. Heute wachsen auf einer Fläche von 15 Hektar 6800 Rosenarten.

Steinberger Weg 3, 06526 Sangerhausen
03464/572522
www.europa-rosarium.de
In der Zeit der Rosenblüte von 8-20 Uhr
Eintritt 8-10 Mark

Galerie im Volkspark, Halle

15 GALERIE IM VOLKSPARK

In zwei Räumen stellen hier im Erdgeschoss des Volkspark-Gebäudes die Studenten und Lehrer der Hochschule für Kunst und Design Burg Giebichenstein ihre Werke aus. Ständig wechseln die Präsentationen der einzelnen Fachbereiche von der Malerei bis zum Kommunikationsdesign.

Burgstraße 27, 06114 Halle/Saale
0345/7751526
Mo bis Fr von 14-19 Uhr
Sa/So von 11-16 Uhr

16 KURANLAGEN UND GOETHE-THEATER BAD LAUCHSTÄDT

Ein Kleinod aus dem Spätbarock. Das Gartenensemble von Bad Lauchstädt mit seinen Pavillons und den Kolonnaden wurde von Wilhelm Chryselius geschaffen. Von besonderem Reiz ist das klassizistische Goethe-Theater, an dessen Entwurf sich der Dichter selbst beteiligte.

Parkstraße 18, 06246 Bad Lauchstädt
034635/78216 034635/20083
Führungen durch die Gebäude
April bis Okt. von Di bis So, Nov. bis März
Mo bis Fr, Erwachs. 5, Kinder 3,50 Mark

17 HERZOGLICHER WEINBERG

Unterhalb der Neuenburg in Freyburg liegt dieser Musterweinberg mit seinen sieben Terrassen. Hier reifen typische Rebsorten der Region wie Weißburgunder und Silvaner. In einer Schauanlage gedeihen 17 seltenere Sorten, darunter die Faberrebe. Nach dem Rundgang: Weinprobe im Rokoko-Weinberghäuschen.

Naturpark Saale-Unstrut-Triasland
Unter der Altenburg 1, 06642 Nebra
034461/22086 034461/22026
April bis Okt. tgl. Führungen nach Wunsch
Preis pro Person 6 Mark, Kinder 2 Mark

18 ROTKÄPPCHEN-SEKT-KELLEREI

Er ist das vielleicht bekannteste Ostprodukt nach dem Trabi: der Rotkäppchen-Sekt. Die Kellerei wurde 1856 gegründet und hat einen faszinierenden Lichthof aus der Jahrhundertwende mit einer wunderbaren Akustik. Deshalb finden hier hin und wieder Konzerte statt. Im Werksladen gibt es jeden Tag von 10 bis 18 Uhr alle Rotkäppchen-Sorten zu kaufen.

Sektkellerei-Straße 5, 06632 Freyburg/U.
034464/340 034464/34254
Besichtigung täglich 14 Uhr

19 NAUMBURGER DOM

Der Dom St. Peter und Paul aus dem 13. Jahrhundert birgt einzigartige Kunstschätze: vor allem die 12 lebensgroßen Steinfiguren der Stifter aus dem Hochadel, die ein unbekannter Naumburger Meister geschaffen hat. Seitlich vom Hochportal stehen die berühmten Plastiken der Markgrafen Ekkehard II. und Hermann nebst Gemahlinnen.

Domplatz 16/17, 06618 Naumburg
03445/202095
April bis Sept. Mo bis Sa von 9-18 Uhr
So ab 12 Uhr, März und Okt. bis 17 Uhr
Nov. bis Febr. bis 16 Uhr

Puppenwerkstatt in Bad Kösen

20 KÄTHE-KRUSE-PUPPEN

Hier in Bad Kösen schuf Käthe Kruse ihre ersten Puppen, weil ihr Mann für seine Kinder keine kaufen wollte. „Macht euch selber welche", soll er gesagt haben. Später wurden die weichen Stoffpuppen weltberühmt. Über 200 Original-Puppen gibt es in der Kunsthalle neben dem Romanischen Haus zu sehen.

Am Kunstgestänge, 06628 Bad Kösen
034463/27668 034463/27668
April bis Okt. Di bis Fr von 10-12 und
13-17 Uhr, Sa/So von 10-17 Uhr
Nov. bis März nur Mi und Sa/So von
10 bis 16 Uhr, Eintritt für Erwachsene
4 Mark, Kinder 2 Mark

WWW. HOTLINES

www.sachsen-anhalt.de Alles, was man über den Freistaat wissen muss.
www.harz.de Informationen zur gesamten Region – natürlich inklusive Brocken.
www.harz-urlaub.de Sollten unsere Tipps nicht reichen – hier gibt's mehr.
www.tasa.de Allgemeine touristische Infos und spezielle Tipps zu Campingplätzen im Land.
www.saweb.de Wer Informationen zu den Städten Sachsen-Anhalts sucht – Magdeburg, Halle, Dessau oder Bitterfeld –, ist hier richtig.

TOUR (C)

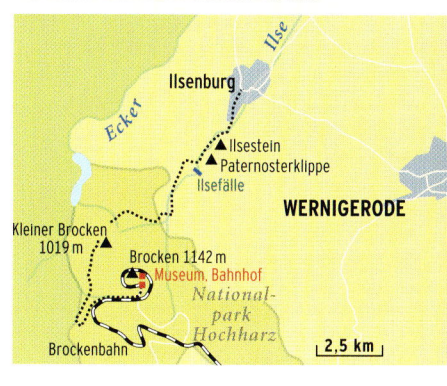

AUF DEN SPUREN HEINRICH HEINES ZUM BROCKEN

*Der 12 Kilometer lange Fußweg von Ilsenburg hoch zum Brocken gilt als der **romantischste Aufstieg**. Schon der 1797 in Düsseldorf geborene Dichter Heinrich Heine ließ sich einst von der Landschaft des Ilsetals verzaubern. Die Wanderung beginnt **am Marktplatz**. Vorbei am Rathaus, immer geradeaus bis zum **Wanderpunkt Blochauer** an der Brücke über die*

Flusslauf der Ilse bei Ilsenburg

*Ilse. Den Weg, den Heine ging, weist das **Zeichen mit dem grünen Querbalken**: vorbei an der **Nadelhütte** und am **Zanthier-Platz**, wo es Infos über die Gesteine des Harzes gibt. Hoch ragt nun der **Ilsestein** empor, auf dem Reste einer **Burgruine** stehen. Von dort weiter zur **Paternosterklippe**, die einen schönen Blick auf den Brocken bietet. Der **Bremer Weg** führt dann zu den **Ilsefällen**. Gurgelnd stürzt sich der Bach über die Gesteinsbrocken herab. Unweit davon steht das **Heine-Denkmal**. Und weiter geht es bergauf bis zum baumlosen **Gipfel des Brockens**. Hier endet auch die **Brockenbahn**. Im Bahnhof gibt's ein Restaurant. Im **Brocken-Museum** wird unter anderem an die Teilung Deutschlands erinnert. Der Brockengipfel war zu DDR-Zeiten als Horchposten von **Stasi** und Sowjetarmee für Wanderer tabu.*

HESSEN

extra DEUTSCHLAND

HESSEN

Kunst & Kapital, Kirche & Komik: Blick hinter die Fassaden eines schillernden Landes

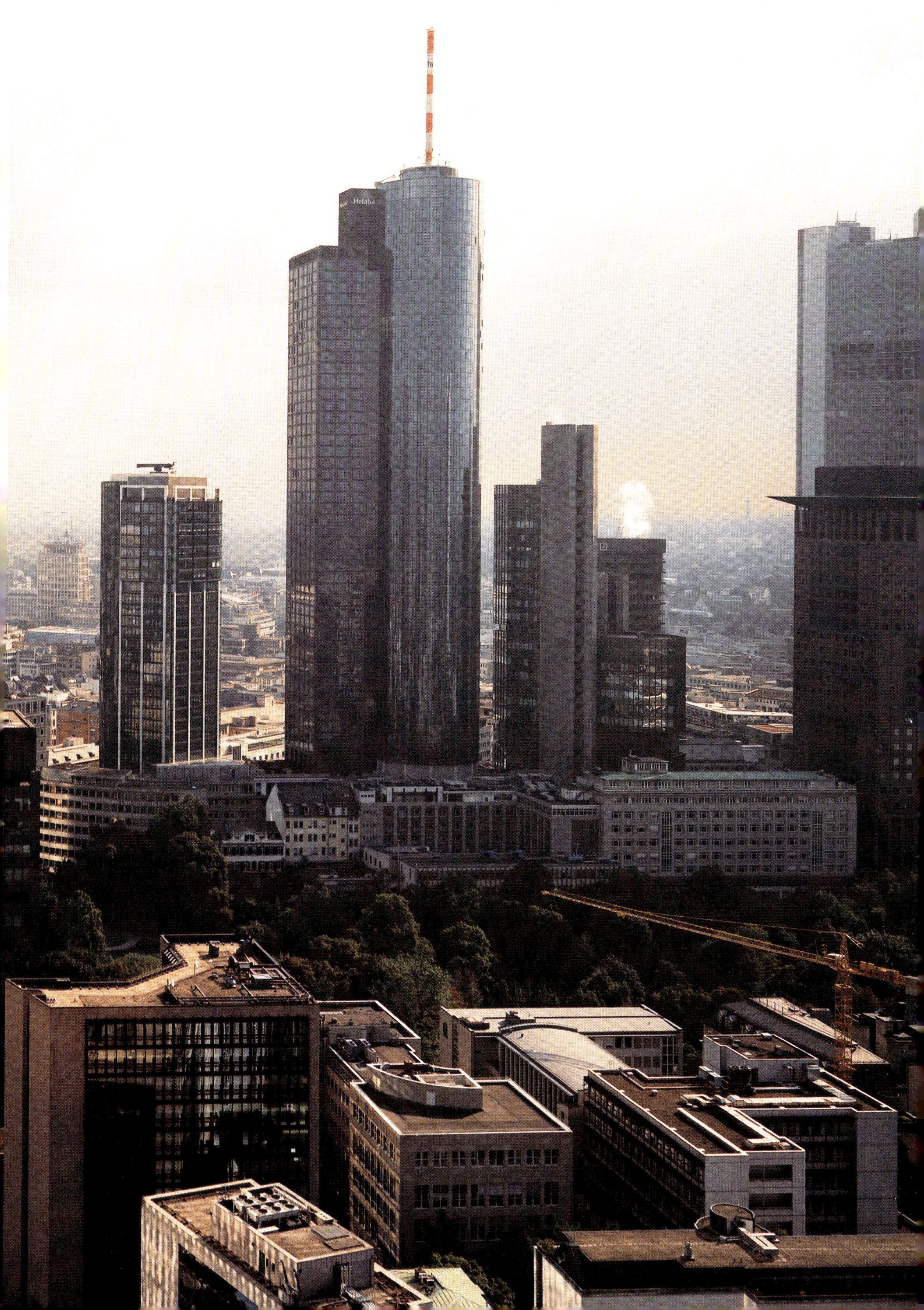
Helaba

HADERERS DEUTSCHLAND-BILD

HESSEN: DAS DOW-(JONES)-SYNDROM

ANGETIPPT

Über uns im Land der Lügen wird jetzt viel gelogen, aber alles ist nicht wahr: Wir Hessen sind nicht stur, sondern höchstens bocksbaanisch und fuchdisch nie ohne Grund, sonst wären wir's ja nicht. Wer ein Dutzend Wörter für Gezänk hat von Gräddsche bis Gekrisch, der lebt halt auch danach. Wir können nicht alle **WILDECKER HERZBUBEN** sein und haben für Sympathie den Rudi Völler und fürs Leutselige die schendilen Rheingauer, die Wein nur aus Wein machen können und nicht aus Äpfeln und ihn mit knodderischem Gesicht ja nicht verkaufen könnten. Weil unsern Dialekt niemand versteht und unsere Apfelwein-Kelterer selber drum streiten, ob unser Kulturerbe **ÄPPLER** oder **EBBLER** heißen muss, verschärfen wir oft den Tonfall, damit andere mitkriegen, ob wir äbsch sind oder gar gaschdisch oder richtig wütend. Mit Hochdeutsch haben wir nix wie Malesch. So steht unser silberheller Geldwechsler nun als verkniffener Arroganterich da, weil er in Sachen political corruptness „keinen Erkärungsbedarf" hat, indem er nicht sagen will, warum er nix sagt, wo doch in der CDU kaum noch einer was sagt. Jeder ehrliche Hitzgickel hätte mundartig schanderiert: „Halt dei Gosch, Schlappmaul", und dann wär Ruh gewesen, weil, es ist eine Sauerei, dass all die Schweinereien rauskommen. Nur in Dudendeutsch können uns so wüste Drohungen wie brutalstmögliche Aufklärung rausrutschen, aber weil wir dem Wesen nach nicht wirklich brudal sind, hat der **ROLAND KOCH** gar keine Möglichkeit. Und wie weit er mitgeritten ist beim Kanthergalopp in den Sumpf, dafür haben wir unser Leitmotto „Des wisse mer net, un des wolle mer aach net wisse", weil, er ist kein Maso, sondern Advokat, und was braucht einer Gewissen, solange er Rückgrat hat. Immerhin haben Kochs Förderer mit dem schwarzen Schodder dafür bezahlt, dass Ausländer nicht halbe Hessen werden dürfen, nur weil sie vielleicht heuchlerisch von **RIPPSCHE MIT KRAUT** schwärmen. Aber ehrlichen Willen belohnen wir großzügig, indem der Kickertrainer **STEPI** im vergeblichen Kampf mit Hochdeutsch ein vorbildlich neues Hessisch erschaffen hat und einer von uns ist. Seine Weisheit bei jedem Rausschmiss ist „Lebbe geht weider" und Kult hier, als Mitbringsel auf T-Shirts begehrt wie **HANDKÄS** mit Musik. Roland Koch hat auch eins.

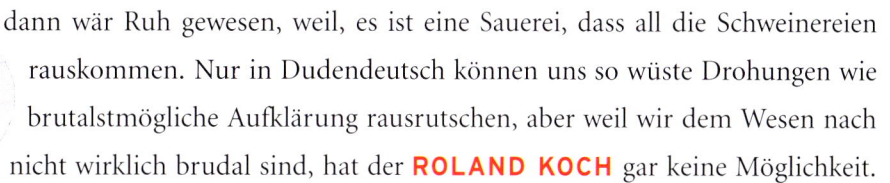

HESSEN IN ZAHLEN

Fläche: 21 115 Quadratkilometer
Einwohnerzahl: 6,03 Millionen
Einwohnerdichte: 286 Einwohner pro Quadratkilometer
Sonnenstunden, Frankfurt: 1586 Stunden im Jahr
Frankfurts Rhein-Main-Flughafen hat das höchste Fracht- und nach London-Heathrow das zweithöchste Passagieraufkommen Europas.

1,43 Millionen Tonnen Fracht und 45,9 Millionen Passagiere
Der Airport ist gleichzeitig der Arbeitgeber mit dem bundesweit größten Beschäftigungszuwachs
Mit mehr als 400 Banken hat Hessen die meisten Geldinstitute in Deutschland

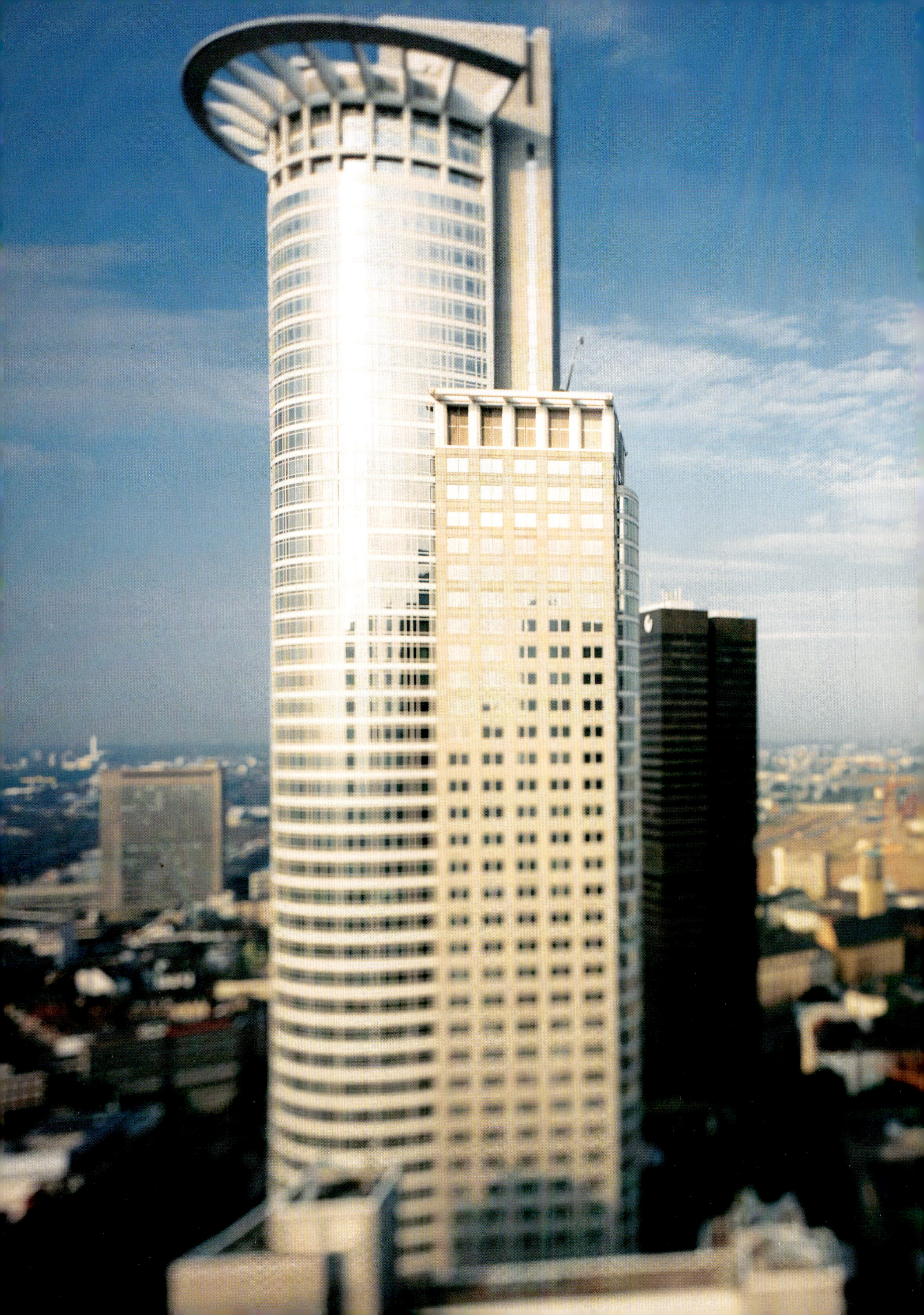

FOTO-REPORTAGE

Wo das Herz Europas schlägt

Hessens heimliche Hauptstadt heißt Frankfurt. Hier sitzt die Europäische Zentralbank. Hier haben die größten deutschen Geldinstitute ihre Zentrale. Und hier muss hin, wer weit weg will: Der Airport Rhein-Main ist das größte Luftkreuz des Kontinents. Doch gleich hinter Frankfurt entfaltet sich der wahre Reichtum Hessens – ein Reichtum an Landschaft, Geschichte und kultureller Vielfalt. Wilfried Bauer und Thomas Rabsch spürten ihm nach

IN DES WALDES FINSTERN GRÜNDEN

Was Goethes Schwager Vulpius schon besang, hat die Menschen immer fasziniert. Wälder wecken mitunter schaurig-schöne Fantasien. Hier im Taunus und im Hunsrück auf der anderen Rheinseite trieb zum Beispiel der Räuberhauptmann „Schinderhannes" alias Johann Bückler sein Unwesen

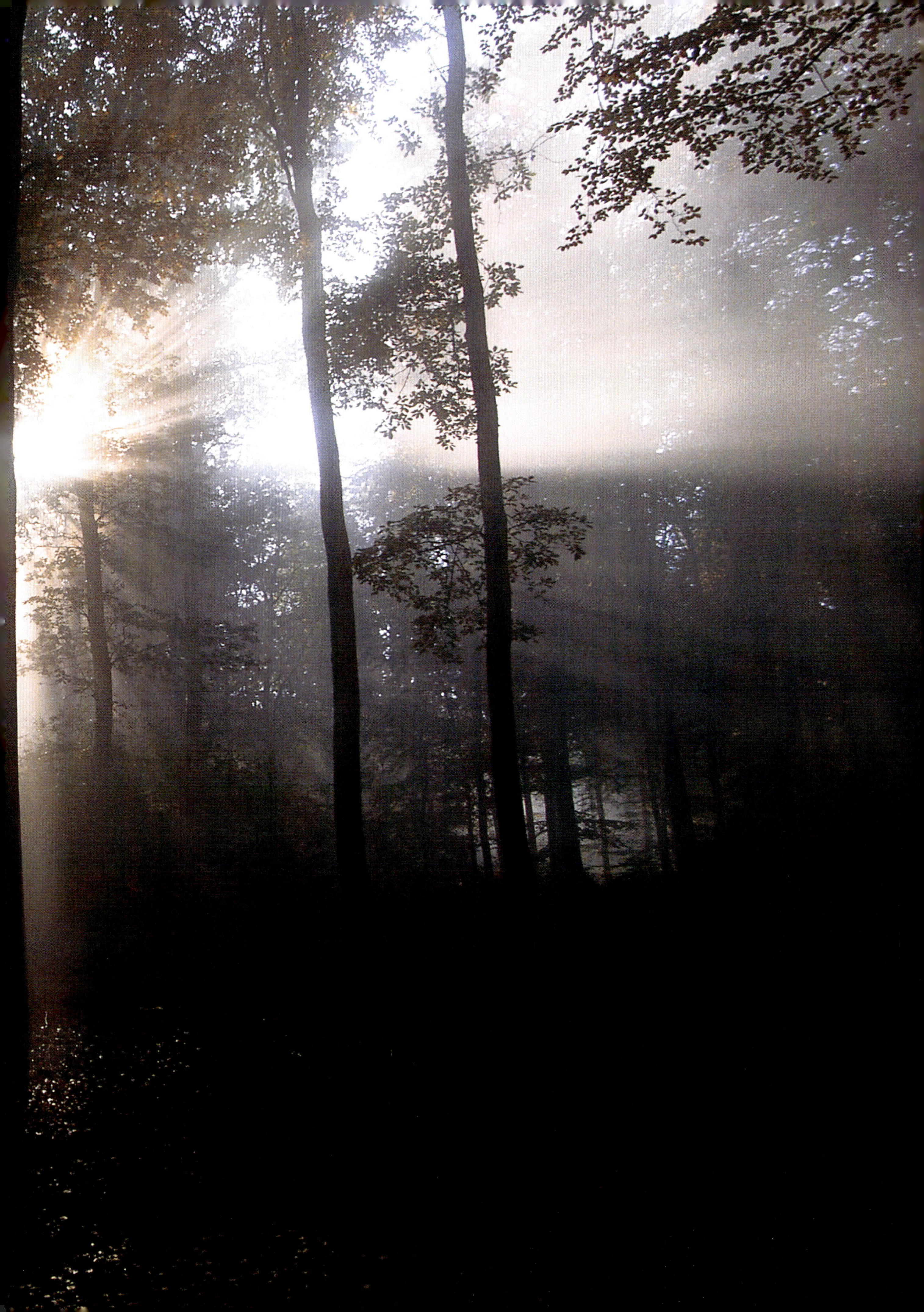

WO EINST BIG BROTHER HORCHTE

Die Wasserkuppe, Dorado des Segelflugs, ist der höchste Berg der Rhön, ein beliebtes Ausflugsziel – und vor der Wende gab es hier eine Lauschstation der Amerikaner in den Osten. Das Mittelgebirge der Rhön mit seinen geschwungenen Bergketten, dichten Wäldern und grünen Hängen durchzieht drei Länder: Hessen, Thüringen und Bayern

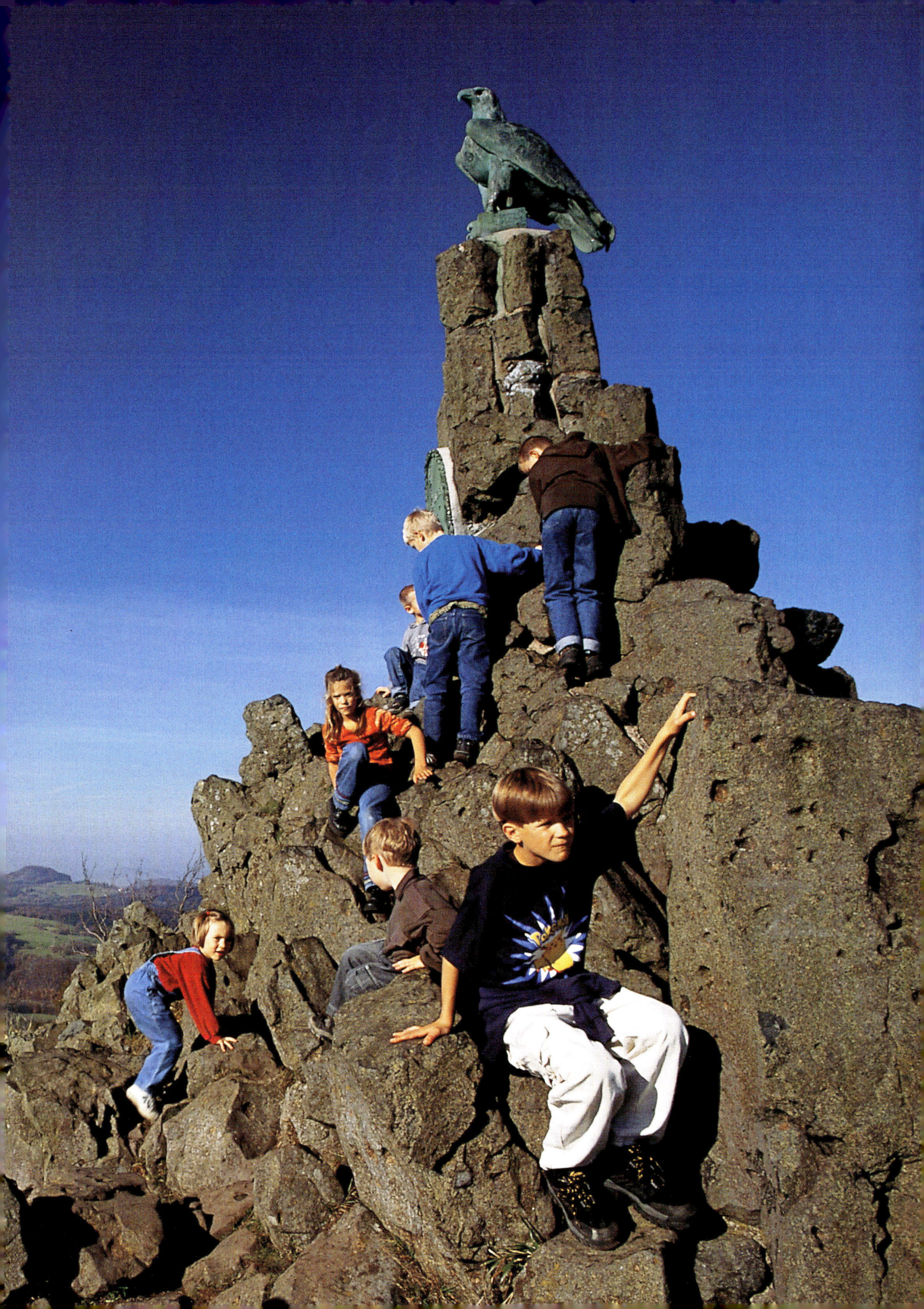

IM NAMEN DER ROSE...

...wurde im einstigen Schlafsaal des Klosters Eberbach ein Mönchlein nach dem anderen gemeuchelt. Jean-Jacques Annaud verfilmte hier Teile des Umberto-Eco-Romans mit Sean Connery als William von Baskerville in der Hauptrolle. Heute beherbergt die 1135 gegründete Zisterzienser-Abtei ein Museum. Im Sommer lädt das Kloster zu sehr weltlichen Konzerten: Mozarts „Don Giovanni" etwa

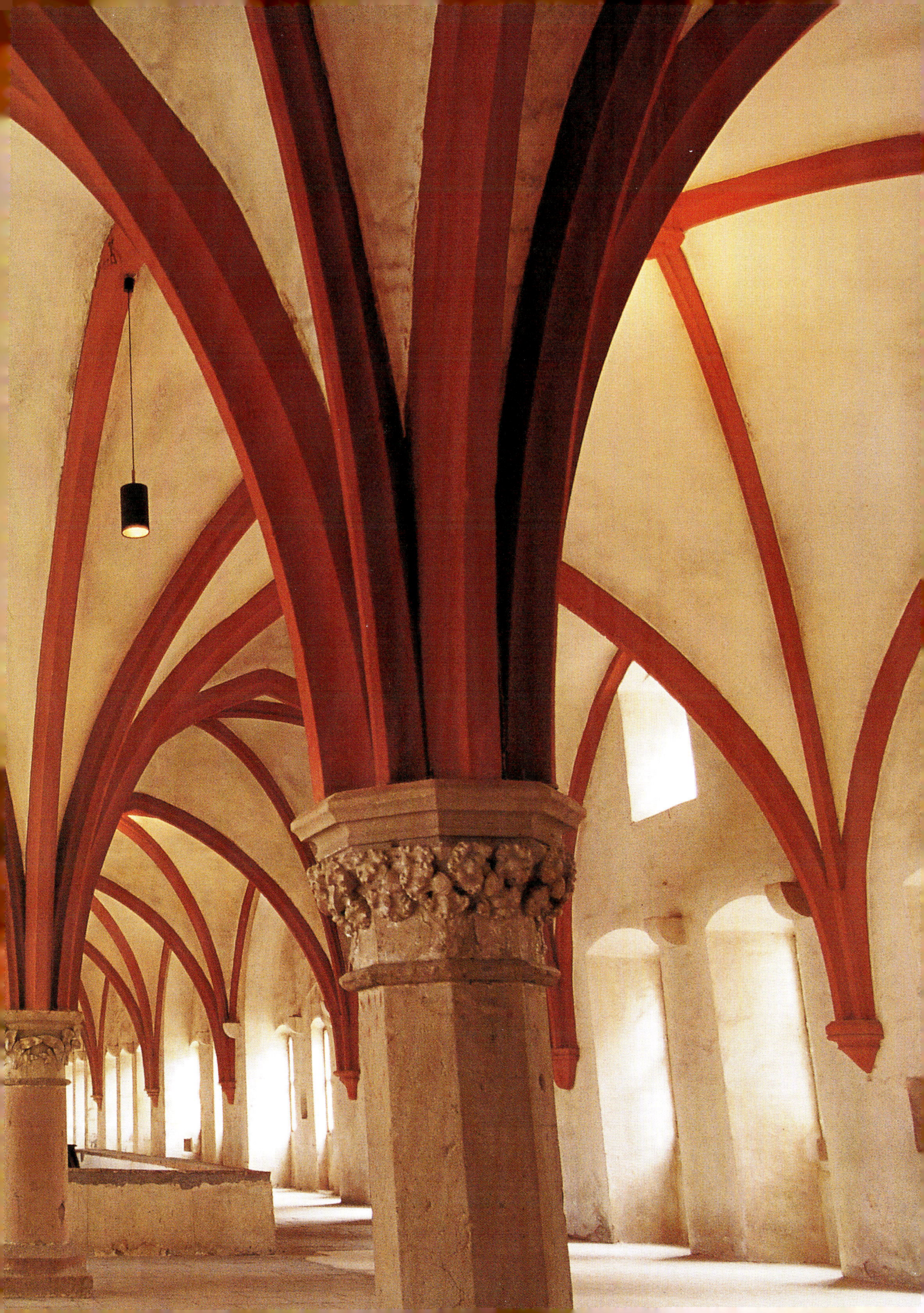

DIE STADT DER HIMMELSSTÜRMER

Früher hieß er „Hbf", heute Kultur-Bahnhof: Der einstige Hauptbahnhof der *documenta*-Stadt Kassel ist seit 1995 Heimat der schönen Künste und Schöngeister. Jonathan Borofskys „Man walking to the sky" war 1992 Wahrzeichen der *documenta* IX

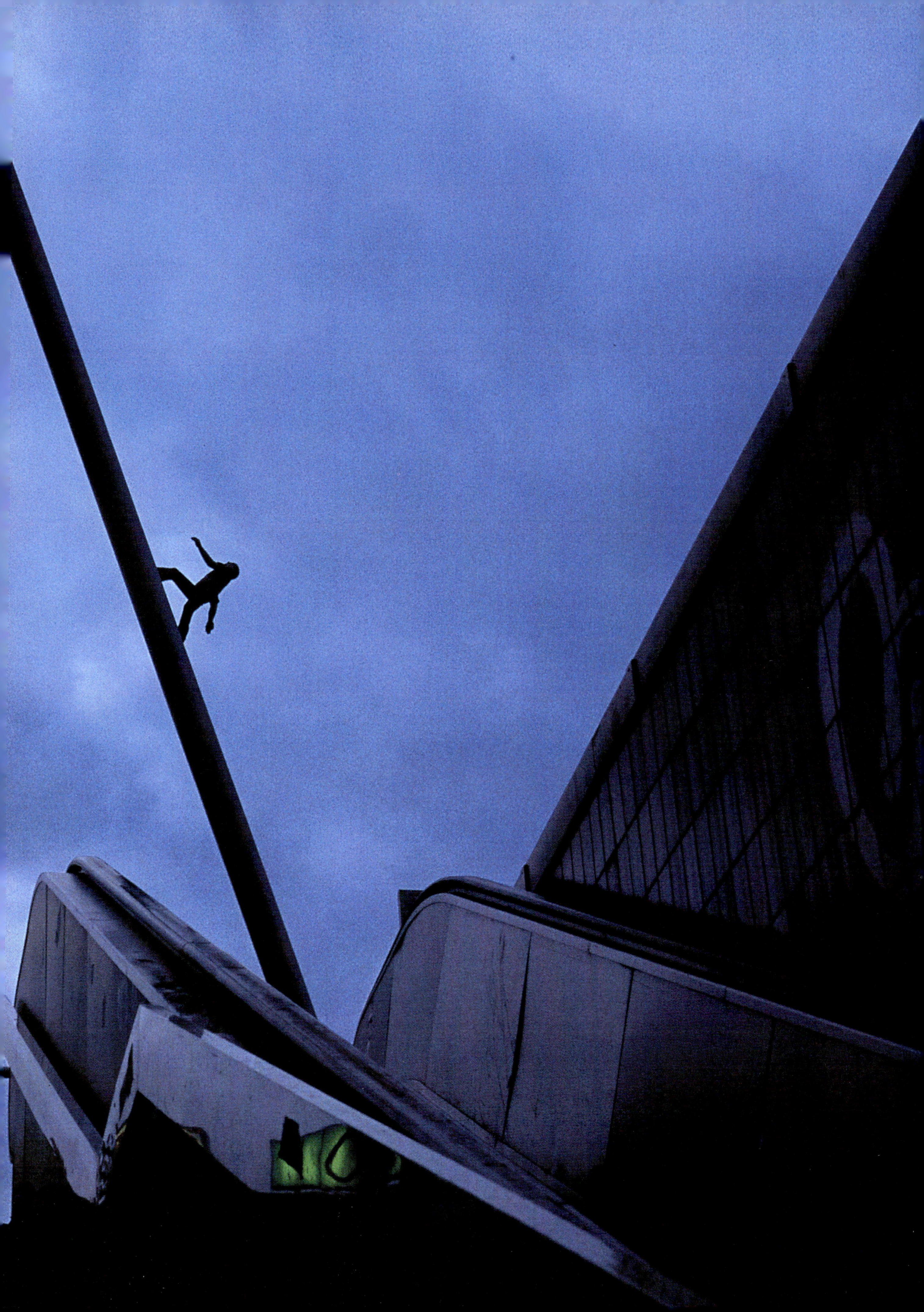

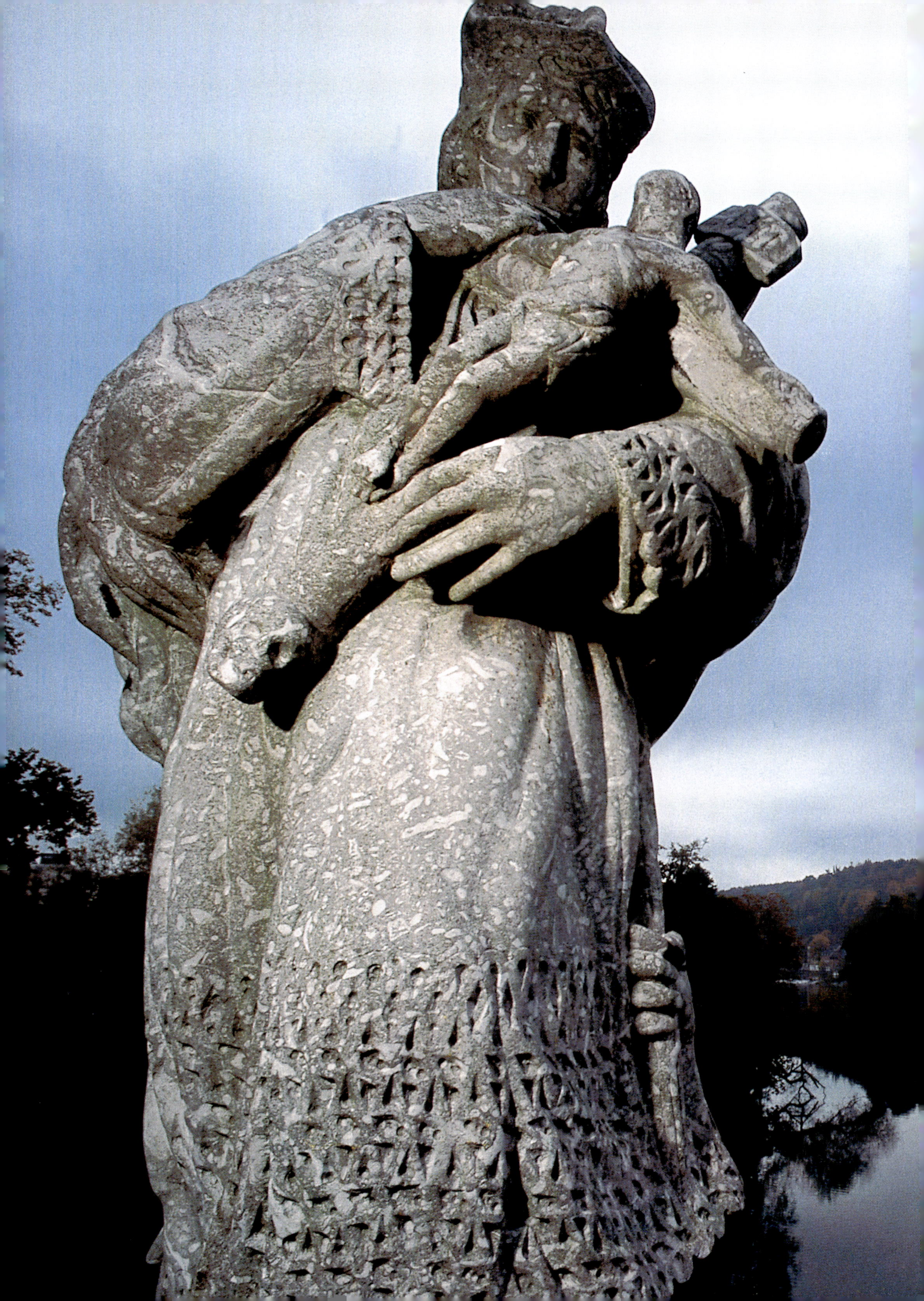

ZIVILCOURAGE, IN STEIN GEMEISSELT

Auf der Lahn-Brücke, nahe dem Limburger Dom, wacht der Heilige Nepomuk, bürgerlich Johannes von Nepomuk. Er war Generalvikar des Erzbischofs von Prag, ehe er 1393 auf Geheiß König Wenzels in der Moldau ertränkt wurde – er hatte sich geweigert, das Beichtgeheimnis zu brechen. Als Symbolfigur für Mut gegenüber der Obrigkeit ist der Brückenheilige bis heute aktuell

ESSAY

Von Komischen und Heiligen

Sie trotzen der Welt – ohne ihre eigene zu feiern. Sie leben im Herzen Europas, fühlen sich von Deutschen umzingelt. Streng genommen, gibt's sie gar nicht, sagt unser Autor

Wo Hessen liegt, ergibt sich aus einem Blick auf die Landkarte. Was aber die Hessen sind, erfährt nur, wer sich vor dem Nichts nicht fürchtet. Ich bin Hesse und hoffe, keine Angst zu haben davor.

Denn als Hesse wird man nicht geboren, zum Hessen wird man gemacht. Wer gleich nach der Geburt aus dem Lande flüchtet und auch außerhalb bleibt, wird nichts Hessisches mehr an sich finden können. Hessen ist keine stammeseigene Region, sondern ein künstliches Gebilde, das zuletzt mit alliierter Hilfe nach dem 2. Weltkrieg gebastelt wurde. Es setzt sich zusammen aus den ehemals preußischen Provinzen Kurhessen und Nassau und dem Volksstaat Hessen, allerdings unter Abzug der ehemaligen Provinz Rheinhessen und des Kreises Montabaur. Frankfurt hatte sich 1866 Österreich als Verbündeter gegen Preußen angeschlossen, nach der Schlacht von Königgrätz wurde dann auch die alte Freie Reichsstadt preußisch, eine Schmach, die noch in dem Hass auf Berlin nachlebt. Zwischen Kassel und Frankfurt liegt nicht nur Oberhessen, sondern eine ganze Welt.

UND HESSEN HEISST DARUM AUCH: gern Abschied nehmen. Viele Große sind hier auf die Welt gekommen und schnell gegangen. Georg Christoph Lichtenberg, der geniale Physiker und Schriftsteller, dessen Aphorismen und Abhandlungen sich auf der Grenze von hoher Philosophie und tiefer Komik bewegen, wurde am 1. Juli 1742 in Ober-Ramstadt geboren, er wanderte dann alsbald nach Göttingen aus, wo er auch starb. Johann Wolfgang Goethe wurde in Frankfurt am Main geboren, er ging dann nach Straßburg und später nach Weimar, wo er so alt wurde, dass er fast nicht mehr starb. Georg Büchner wurde in Goddelau geboren, er musste nach seinem unglücklichen Aufenthalt in Gießen dann fort nach Zürich, wo er bald starb. Wilhelm Liebknecht wurde am 29. März 1826 in Gießen geboren, musste nach der Revolution 1848/49 nach Genf fliehen, gründete mit August Bebel 1869 die Sozialdemokratische Arbeiterpartei und hatte mit Hessen wenig am Hut. In Hessen geboren, zum Schauen bestellt, so öffnet sich den Großen das Geheimnis der Welt.

Das Sein als Hesse benennt keine Identität, es ist bloß eine steuererhebliche Zuordnung zu einer statistisch erfassten Bevölkerungsgruppe. Niemand sagt hier: „Ich bin stolz, ein Hesse zu sein!" oder „Wir Hessen". Die höchste Form des Stolzes äußert sich britisch unterkühlt als Verbundenheit mit der Heimat. Zerfällt Nordrhein-Westfalen unter anderem in Rheinland und Ruhrgebiet mit den entsprechenden regionalpatriotischen Exzessen, so hat Hessen nichts dergleichen anzubieten. Der Oberhesse trotzt der Welt, aber er feiert seine eigene nicht.

Zwar gibt es alljährlich einen „Beweis für unsere Verbundenheit mit der Heimat, auf die wir alle mit Recht stolz sein können" (Georg August Zinn, ehemaliger Ministerpräsident), nämlich den seit 1961 zehn Tage dauernden Hessentag. Viele Menschen feiern, wobei das Wesen des Festes in der heute überall aktuellen Dreieinigkeit von Essen, Trinken, Kultur besteht – unter Einbeziehung von Trachten, Musik und Sprache der Umgebung und der Randbezirke. Dennoch ist der Hessentag eine Identitäts-Beschaffungsmaßnahme, die natürlich das Produkt „hessische corporate identity" nicht herstellen kann und darum jedes Jahr wiederholt werden muss. Hessen verstehen können nur derjenige und nur diejenige, die die ethnische Sondersituation Hessens kennen. Hessen ist umzingelt von lauter Deutschen, hat keinen direkten Zugang zum Meer, zu den Alpen und zum Ausland und daher keinen Kontakt zur Freiheit. Hessen ist ein ungeliebtes Land, was fatale Einflüsse auf die Seele der dort lebenden Menschen zur Folge hat. „Du dumm Sau, komm her, isch bresch dir alle Knoche!" „Isch habb doch gar nix gemacht!" – „Ewwer drum sach isch dir's ja auch noch im Gude!" Das ist diese Mentalität, groß in der Drohgebärde, klein in der folgenden Handlung, auch aus Respekt vor der eigenen Geschichte. Es war im Odenwald, wo der finstere Hagen den strahlenden Helden Siegfried meuchlings mordete. Hessen ist reich an solchen Tatorten, wozu auch Geismar gehört, wo Bonifatius, ein Fremder wie Hagen, die Donareiche umgehauen haben soll. Weil der Hesse und die Hessin die Betrogenen sind von Geschichte, Wetter und geografischer Lage, halten sie sich für von Haus aus benachteiligt. „Isch glaub, isch komm zu korz!" Es sind die Zukurzgekommenen, denen man nicht trauen darf, also Vorsicht, ihr Nichthessen, denn schon der hessische Fötus weiß es: „Das wird noch eng, aber da müssen wir durch!"

DIE ERSTE SCHLEIERFAHNDUNG wurde am 10. Oktober 2000 in Hessen von vereinten Kräften durchgeführt. Kontrolliert wurden dabei 1925 Fahrzeuge, darunter 59 Schiffe. Gefunden wurden viele gesuchte Personen, allerlei Drogen, gefälschte Ausweise, Führerscheine und Diebsgut und Hehlerware. Das hessische Innenministerium ließ zu dieser erfolgreichen Aktion, die von Dienstag, 15.00 Uhr bis Mittwoch 5.00 Uhr dauerte und an der 700 Polizeibeamte beteiligt waren, also, das Ministerium ließ verlautbaren, dass Hessen wegen seiner zentralen Lage Transitland für Kriminelle aus dem In- und Ausland sei. Hessen ist Transitland. Das erklärt alles.

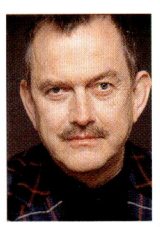

MATTHIAS BELTZ
Der Kabarettist wurde 1945 im Vogelsbergkreis geboren. Er zählte mit Daniel Cohn-Bendit und Joschka Fischer zum harten Kern der Frankfurter Hausbesetzer

Hessen liegt im Herzen Europas, daher rührt der ruchlose Schmäh herzloser fremder deutscher Stämme gegen ihr eigenes Zentrum. So gibt es einen Spruch aus Mainz, der in seiner hochdeutschen Form erst seine wahre Unfreundlichkeit zeigt: „Wir sind Mainzer/ Ihr seid Hessen/ Was wir scheißen/ Tut ihr fressen."

Ja, es ist der Reichtum an Landschaft, Geschichte und Kunst, an Komik, Kapital und Kirchen, der boshaften Neid erweckt. Frankfurt sieht aus wie ein überdimensioniertes San Gimignano, hier zeugen die Bankentürme und nicht wie in der Toskana Geschlechtertürme vom Wettstreit der feindlichen feudalen Großfamilen, und die Deutsche Bank hortet Kunstschätze wie einst die Familie Farnese, Kassel ist mit seiner „documenta" das immer wiederkehrende Zentrum der bildenden Kunst, Frankfurt bietet die wichtigste Buchmesse an, Vogelsberg, Rhön, Taunus, Reinhardswald und Edersee..., die Liste des Reichtums ist zu umfangreich, brechen wir hier ab.

Hessen aber ist vorrangig Heimat von Komik und Kirche. Eine lebendige jüdische Gemeinde in Frankfurt hält sich wahrlich tapfer gegen ein immer wieder gern antisemitisches Umfeld. Die evangelische Landeskirche war in der Tradition der Bekennenden Kirche ein erster Hort der Friedensbewegung in der Zeit des Kalten Krieges, in Limburg und in Fulda regieren Bischöfe und bieten das Allerfeinste vom Katholizismus auf deutschem Boden.

„Hessen – das war das Stammesgebiet der Chatten, das zentrale Missionsfeld, auf dem der hl. Bonifatius, der Apostel der Deutschen, die Kirche errichtete. Dazu hat das Wirken der hl. Elisabeth in Hessen Maßstäbe für eine christlich-caritative und humane Lebenspraxis gesetzt. Die Kulturlandschaft Hessens ist von Kirchen und Klöstern entscheidend mitbestimmt – das sind Wurzeln, aus denen auch heute noch Sinn und Orientierung wachsen, wenn man sie achtet und pflegt", sprach Johannes Dyba, der in diesem Jahr leider verstorbene Bischof von Fulda, ein wunderbarer Mann, war er doch der Hochpolemik und der Zuspitzung fähig. Für ihn war Kirche nicht Unterhaltung, sondern ein Kampf auf Leben und Tod. Er hat es ernst gemeint mit der katholischen Kirche, und darum war er ein geliebter oder gehasster Feind aller Nichtkatholiken, schade, dass der große Meister der aufgeladenen Schimpftiraden im Namen der Nächstenliebe (das ist hessische Dialektik) nicht mehr unter uns ist.

ZUM LETZTEN FRIEDLICHEN AUFSTAND der Hessen gegen ihre Feinde kam es im Jahre 1984: „Was kommt denn da fürn wüster Krach aus Frankfurt, Darmstadt, Offenbach? Was lärmt in Kassel, Gießen und Wiesbaden bloß so gnadenlos? Was tut den Bayern, Schwaben, Friesen gründlich jeden Spaß vermiesen? Was tobt seit vielen Wochen schon? Ne schaurig-schöne Invasion! Erbarmen – zu spät – die Hessen kommen!"

Der „Neidkopf" von Fritzlar – Symbol für die Abwehr böser Geister

Mit diesem Song stürmten die Rodgau Monotones die Hitparaden, und danach eröffnete Hessen seine Komikoffensive mit Knebel/Nachtsheim (Badesalz) und dem Vorläufigen Frankfurter Frontheater.

Denn Hessen ist das Land mit der Kernkompetenz im Komischen. Seit den sechziger Jahren kämpft die Neue Frankfurter Schule mit ihren Zentralorganen „Pardon" und dann „Titanic" für eine humorkritisch-komische Weltanschauung. Dafür standen auch die Helden der frühen Fernsehzeit, die Truppe um die „Familie Hesselbach" unter der Führung von Wolf Schmidt, die legendäre Fernsehsendung „EWG – Einer wird gewinnen" mit Hans-Joachim Kulenkampff, die Radiopioniere Heinz Schenk, Peter Frankenfeld und noch mal Kulenkampff mit dem „Frankfurter Wecker" – Hessen ist Unterhaltung, und aus ferner Vergangenheit winkt uns „Das Wirtshaus an der Lahn" zu, das in Marburg stand und den Urort einer wichtigen kulturellen Leistung bildete, der Sammlung der zotig-komischen Wirtinnenverse: „Frau Wirtin hat 'ne Kegelbahn/In ihrem Gasthaus an der Lahn./Am Abend geht man kegeln,/Und wer dann alle Neune wirft,/Der muss die Wirtin vögeln."

DARUM GELTEN HESSE UND HESSIN gemeinhin, aber fälschlicherweise als dumm, was wirklich Dumme aus dem verblüffend schlicht wirkenden hiesigen Dialekt ableiten. Naturgemäß erschließt sich die Feinheit dieser elaborierten Sprache weder einem Hamburger Pfeffersack noch einem vorpommerschen Krautjunker. Denn hinter der scheinbar mangelnden Feinheit lauert Gemeinheit, unverstellt und geschichtlich notwendig aus harscher Erfahrung.

Wächst hier nicht Gefahr, ohne dass gleich auch das Rettende naht? Ja, denn solch optimistischer Unfug, aus jeder Gefahr Rettung hervorscheinen zu sehen, kann nur einem schwäbischen Lebensbejaher wie Hölderlin einfallen. Realistischer dagegen sehen Hessen die Welt: Unsere Grenzen sind willkürlich gezogen worden all die Jahrhunderte auf den Tischen der Herrschenden, die oft mit hessenfremden Mächten verbunden waren. Ist es denn wirklich undenkbar, dass es einmal Krieg geben wird um das baden-württembergische Walldürn, das bayerische Amorbach und das hessische Michelstadt, das Dreiländereck, in dem schon der Bauernkrieg tobte? Der hessische Mensch wäre nicht überrascht, wir sind auf alles gefasst, denn der Rousseausche Gedanke, der Mensch sei von Haus aus gut, hat nie Heimat gefunden in Hessen.

Die Hessen wissen aus alter Selbsterfahrung, dass der Wilde nicht der Gute ist. Und darum sagen wir im Süden des Landes: „Wenn mir gebbe, gebbe mir gern; aber mir gebbe nix!" Das ist die hessische Einheit von Herzlichkeit und Wahrheitsliebe, mit der sich trefflich leben lässt, denn eigentlich sind alle Menschen in Hessen Fremde, die nicht das Bedürfnis haben, dass alle sich mögen müssen.

MATTHIAS BELTZ

80 AUSGEWÄHLTE ADRESSEN UND DRE

EXTRATOUREN

Wo ist was in Hessen?

SCHLAFEN **1**
ESSEN **1**
LEBEN **1**
SEHEN **1**
TOUREN **A**

SCHLAFEN

Hofgut Stammen in Trendelburg

1 HOFGUT STAMMEN
Ein Bett im „Strohtel". Vorher noch Hund und Katz Gute Nacht sagen, dann geht's ab – mit oder ohne Schlafsack – ins frische Heu. Morgens weckt der Hahn, wiehert das Pferd oder schnattert die Ente. Man kann mit Trecker und Planwagen losdüsen, im Kanu über die Diemel schippern oder einfach auf der Tenne liegen.
Schlossstraße 29
34388 Trendelburg
05675-725094 05675-725095
www.hofgut.de
Nacht im Heu 15 Mark, Kinder 10 Mark

2 DORNRÖSCHENSCHLOSS SABABURG
Hier soll Dornröschen in ihren hundertjährigen Schlaf gesunken sein. Auch heute kann man in dem märchenhaften Burghotel gut schlummern. Im „Einhorn", in „Der wilden Sau" oder dem Turmzimmer mit Himmelbett. Dort turteln am liebsten Flitterpaare, die sich im hauseigenen Standesamt trauen lassen. Durchs Fenster schaut man auf tausendjährige Eichen und den naturgeschützten Sabawald.
34369 Hofgeismar-Sababurg
05671-808-0 05671-808-200
www.sababurg.de
17 Zimmer, DZ ab 290 Mark

3 LANDHOTEL GRISCHÄFER
Schon Sparminister Hans Eichel führte seine Gäste in die Gemäuer des alten Gries und seinen Lämmern. Hier kann man nächtigen und tafeln wie vor 500 Jahren. Stilecht mit Trachtenhut und Lätzchen. Es gibt Grieweschmalz, Landschinken und den „Schmandkuchen mit Äppeln". In Sommernächten sitzt man unter Obstbäumen im Garten.
Kasseler Str. 77
34308 Bad Emstal-Sand
05624-99850 05624-8778
15 Zimmer, DZ ab 120 Mark

4 SCHLOSS WOLFSBRUNNEN
Nicht entstanden aus Ruinen, sondern aus der Mitgift des Kasseler Industriellen Karl Henschel für seine Tochter Luise. Sie lebte hier mit dem königlichen Kammerherrn Alexander von Keudell. Später wurde der imposante Bau als Kinderheim, BGS-Unterkunft und sogar von den Poona-Jüngern als Quartier genutzt. Heute eine grüne Oase im Werratal, ideal für Wassersportler und Wanderer.
37276 Meinhard-Schwebda
05651-305-0 05651-305-333
www.schloss-wolfsbrunnen.de
57 Zimmer, 3 Suiten, DZ ab 178 Mark

5 FERIENWOHNPARK SILBERSEE
Beinahe wäre aus dem idyllischen Gelände eine Sondermülldeponie geworden, doch Privatleute haben die ehemalige Kohlenzeche gerettet. Heute unterhält eine Genossenschaft den kurhessischen Ferienpark. Mit Seeblick-Restaurant, Dorfmarkt und allem, was man zum Baden, Biken und Trimmen braucht. In der Abendsonne spiegeln sich Bäume und Sträucher ganz silbern im See, deshalb heißt er auch der „Silbersee".
34621 Frielendorf
05684-7472 05684-8560
www.silbersee.notrix.de
106 Häuser, ab 93 Mark
Apartments ab 43 Mark

6 HOTEL ROSENGARTEN
Schon mal was von der Ziegenhainer Salatkirmes gehört? Am besten hinfahren und mitfeiern. Vom Türmchen-Fachwerk des Rosengarten kann man den bunten Trachtenumzug bestaunen. Dort aß schon Landgraf Karl die „Schwälmer Klöß" und „Ahle Worscht". Ein Mann mit Ideen. Weil die heimischen Bauern vor 272 Jahren den Kartoffelanbau ablehnten, servierte er die fremde Knolle zur Kirmes mit Salat. Da klappte es auch mit der Kartoffel. Und seitdem – immer 14 Tage nach Pfingsten – gibt es die Salatkirmes.
Muhlystraße 3
34613 Schwalmstadt-Ziegenhain
06691-94700 06691-947030
www.hotel-rosengarten.org
13 Zimmer, DZ ab 120 Mark

Hotel Rosengarten, Schwalmstadt

7 SCHLOSSHOTEL PRINZ VON HESSEN
Das einzige Fünf-Sterne-Haus in Waldhessen. Dazu ein Sternekoch in der „Prinzenstube". Hier logierte schon der Kaiser (Beckenbauer) und ein echtes Königspaar (das aus Schweden). Liegt an einer romantischen Wasserburgruine der hessischen Landgrafen. Adel verpflichtet, deshalb Luxus pur. Arrangements zu den Festspielen oder Motorradtouren von April bis August.
Schlossplatz 1, 36289 Friedewald
06674-9224-0 06674-9224-250
www.schlosshotel.net
54 Zimmer, 17 Suiten, DZ ab 340 Mark

„Prinz von Hessen" in Friedewald

8 HOTEL ZUR SONNE
Im Wirtshaus mit der Auszeichnung „gemütlichste Kneipe Deutschlands" saßen schon die Gebrüder Grimm, und in den Betten des 400 Jahre alten Gasthauses nächtigten Studenten und Professoren aller Fakultäten. Der schmale, vier Etagen hohe Fachwerkbau liegt mitten in der malerischen Altstadt. Bafög-Empfänger schätzen den Handkässalat – schmeckt und kostet nur neun Mark.
Markt 14, 35037 Marburg
06421-17190 06421-171940
9 Zimmer, DZ ab 150 Mark

9 GASTHOF ZUR TRAUBE
Die gute Stube in Hessens höchstem Städtchen (614 Meter). Mit Kachelofen und viel Eiche für anheimelnde Stunden. Mit Vogelsberger Spezialitäten aus eigener Metzgerei. Und draußen lockt der „Tanz auf dem Vulkan", 400 Quadratkilometer, erschaffen aus Feuer und Eis. Es ist das größte zusammenhängende Vulkangebiet auf dem europäischen Festland, gut zu überblicken von der Burgruine Ulrichstein.
Marktstraße 1, 35327 Ulrichstein
06645-226 06645-397
11 Zimmer, DZ ab 104 Mark

10 KLOSTER ENGELTHAL
Hier findet man nicht nur seine Ruhe, sondern auch zu sich selbst. Bei „Exerzitien" und „Tagen der Stille" in der Wetterauer Benediktinerinnen-Abtei. Die heiligen Frauen nehmen auch Männer auf. Und erlauben Mitarbeit im Klosterbetrieb (Obstanbau, Buchhandlung, Kunstwerkstatt).
63674 Altenstadt, Ortsteil Engelthal
06047-9636-0 06047-68808
30 Zimmer, DZ ab 75 Mark

HOTELS, RESTAURANTS, WANDERTOUR

11 SCHLOSSHOTEL KRONBERG
Schlaf- und Gastro-Highlight im Taunus. Ehemals Schloss Friedrichshof, Witwensitz der Kaiserin Viktoria. Mit prachtvollem Park und Rosengarten. Golfer müssen unbedingt bis Loch 18 spielen, der letzte Abschlag ist der schönste – mit Blick auf die Skyline. Tipp: Statt „Royal Suite" für 2705 Mark (in der auch schon Prinz Charles an den goldenen Wasserhähnen schraubte), lieber Wochenend-Arrangements buchen oder einfach mal zum Drei-Gänge-Menü ins elegante Restaurant (85 Mark, inkl. Hauswein des Prinzen von Hessen).
Hainstraße 25, 61476 Kronberg
06173-701-01 06173-701-267
www.schlosshotel-kronberg.de
51 Zimmer, 7 Suiten, DZ ab 495 Mark

12 DOMÄNE MECHTHILDSHAUSEN
Zu Zeiten der Karolinger wurden hier noch Todesurteile vollstreckt, heute kann man im Gästehaus des Biolandbetriebes aber ruhig schlafen. Zwischen Feldern und Weiden, hofeigenem Metzger, Bäcker und ein bisschen Stallgeruch von den Pferden. Im Restaurant kommen wilde Wutzen aus eigener Jagd auf den Tisch, und das Frühstücksbüfett ist mega-öko. Nebenbei tut man noch ein gutes Werk. Die Domäne hilft Jugendlichen und Langzeitarbeitslosen.
An der Air-Base
65205 Wiesbaden-Erbenheim
0611-737460 0611-737479
15 Zimmer, DZ ab 250 Mark

Hotel Palmenhof in Frankfurt

13 PALMENHOF
Klein aber fein, im Herzen der City. Vis-a-vis der Palmengarten, Frankfurts „Central Park". Alle Zimmer mit antiken Möbeln aus verschiedenen Epochen. Auch Promis lieben die Jugendstil-Residenz: „Mrs. Erotik" Erika Berger steigt hier ab. Und Rapperin Sabrina Setlur speist gern im Hotel-Restaurant „L'Artichoc".
Bockenheimer Landstraße 89-91
60325 Frankfurt
069-7530060 069-75300666
www.palmenhof.com
44 Zimmer, 2 Suiten, DZ ab 290 Mark

14 FRANKFURTER HOF
Die Grande Dame unter Deutschlands Luxus-Schlaftempeln. Hier hielt und hält man am Main seit 124 Jahren Hof. Zwischen wertvollen Gobelins, Frankfurter Wäscheschränken und Butler-Service rund um

Domäne Mechthildshausen, Wiesbaden

die Uhr. Den genossen auch schon Gipfelgäste: Kohl, Mitterrand, Chirac. „Daisy", die Vierbeinige von Modezar Moshammer, residiert in der „Thomas Mann-Suite". Und Literaten treffen sich in der Autoren-Bar, darunter die Heines, die Lübbes und zur Buchmesse alle zusammen.
Am Kaiserplatz, 60311 Frankfurt-City
069-215-02 069-215900
www.steigenberger.com
299 Zimmer, 33 Suiten, DZ ab 630 Mark

15 HOTELSCHIFF SCHLOTT
Seetauglich muss man nicht sein, um auf dieser „Schiffsschaukel" zu wohnen. Sie liegt jetzt in der vierten Generation vor Anker, dort, wo die Nidda in den Main mündet. Ein Geheimtipp für Radler wegen des schönen Weges entlang der Nidda. Beliebt auch wegen der tollen Sonnenterrasse und schmackhaften Portionen aus der Kombüse.
Anlegestelle Mainberg,
65929 Frankfurt-Höchst
069-3004643 069-307671
www.hotel-schiff-schlott.de
19 Kajüten, DZ ab 120 Mark

16 HOTEL NIZZA
Hübscher Ausblick vom topfbepflanzten Dachgarten – mit tiefem Einblick ins Milieu. Der Gründerzeitbau steht mitten im Bahnhofsviertel. Statt an die Minibar geht man an die Hotelbar. Da trifft man auch Künstler aus Oper und Schauspiel.
Elbestraße 10, 60329 Frankfurt
069-242538-0 069-242538-30
24 Zimmer, DZ ab 190 Mark

17 WALDHOTEL GIETZ
Beschaulich oder sportlich, auf alle Fälle ganz heilig beginnt hier der Tag im Rheingau – mit leisen Gesängen von den Franziskaner-Mönchen aus dem nahe gelegenen Kloster Marienthal. Danach ein Talblick, eine Runde im Schwimmbad oder einfach Relaxen auf der Wiese, bevor es zu Weinproben und Vesper geht.
Marienthaler Str. 20, 65366 Geisenheim
06722-9960-0 06722-9960-99
www.waldhotel-gietz.de
43 Zimmer, 2 Suiten, DZ ab 185 Mark

18 KRONENSCHLÖSSCHEN
Jedes Zimmer anders und jedes ein Gedicht. Sicher das schönste Luxus-Tempelchen im ganzen Rheingau. Ausstaffiert mit edlen Teppichen, feinen Kunstwerken und antiken Möbeln. Dazu Marmorbäder, in den Suiten Whirlpool und Sauna. Alles mit Rheinblick. Im Sommer serviert Patron Patrik Kimpel seine Schlemmereien aus dem Gourmet-Restaurant im Garten.
Rheinallee, 65347 Eltville-Hattenheim
06723-640 06723-7663
www.kronenschloesschen.de
18 Zimmer, 4 Suiten, DZ ab 260 Mark

19 LANDHAUS BAUR
Einst die Wochenendvilla eines Frankfurter Arztes, heute bestens geeignet für eine lukullische Landpartie mit Hausfreund oder Dame des Herzens. Maitre Albert Baur zaubert dazu heimatverbundene Zeitgeist-Menüs mit einem Hauch von Asien. Er kredenzt gern edle Weine von der Bergstraße, hat auch hauseigene Obstbrände auf Lager. Geschlummert wird in englischem Stil.
Lippmannweg 15
64405 Fischbachtal-Lichtenberg
06166-8313 06166-8841
www.landhaus-baur.de
5 Zimmer, DZ ab 260 Mark

Hotel Nizza in Frankfurt

20 HOTEL SCHWANEN
Die Decken sind niedrig, an der Wand hängt noch eine alte Pendeluhr, und willkommen sind in dem denkmalgeschützten Schindelhaus Familien genauso wie Geschäftsleute. Am besten bucht man das Vier-Gänge-Menü und die Odenwälder Vesperplatte gleich mit. Wirt Otto Heinrich Sattler ist nämlich nicht nur ein „Star" in der Küche, sondern auch in der regionalen TV-Serie „Hessen à la carte".
Metzkeil 4, 64743 Beerfelden
06068-2227 06068-2325
www.odenwald.de/hotel/schwanen.htm
7 Zimmer, DZ ab 120 Mark

Frankfurter Hof in Frankfurts City

ESSEN

1 HOHENHAUS
Wo sich der Küchenchef zwei Ziegen hält... kommt selbst gemachter Käse auf den Wagen. Achim Schwekendiek verwendet gern Pilze aus Nachbars Sammelkörben und Wild aus der Region. Er hat aber auch schon Pariser Kochluft geschnuppert, durfte dort als erster Ausländer an die Töpfe des ehrwürdigen „Ambassadeur".
37293 Herleshausen-Holzhausen
05654-9870 05654-1303
www.hohenhaus.de
Di bis So von 12-14 und 19-21.30 Uhr (außer Sonntagabend u. Dienstagmittag)
Hauptgerichte 48-70 Mark

2 JÄGERHOF
„Wenn das Schwein am Haken hängt...", wird erst mal einer ausgeschenkt. Ein Schlachtschnaps nämlich. Und dann geht es der Sau an den Kragen. Gäste können dem blutrünstigen Spektakel beiwohnen, dürfen auch beim Wurstmachen helfen. Abends wird das traditionelle „Vogelsberger Schlachtfest" gefeiert. Ein urhessisches Wochenendvergnügen mit Planwagenfahrt und Bauernhof-Olympiade. Aber nichts für schwache Nerven.
Hauptstraße 9, 36341 Lauterbach-Maar
06641-96560 06641-62132
www.jaegerhof-maar.de
Fr bis So nach Anmeldung, zwei Übernachtungen im DZ, Mahlzeiten und Wurstpaket zum Mitnehmen
235 Mark pro Person

3 ZUR KRONE
Was Sie schon immer über den Apfel wissen wollten. Hier kann man ihn in allen Variationen essen und trinken: als Apfelbratwurst, Apfelpizza, Apfel-Nudelauflauf. Selbst das Rhönschaf kriegt einen mit. Es wird in Apfelwein und Honig süß-sauer eingelegt. Die Wirtsleute betreiben auch Deutschlands kleinste Kelterei und veranstalten Apfel-Seminare.
Eisenacher Straße 24
36115 Ehrenberg-Seiferts
06683-96340 06683-1482
www.rhoenerlebnis.de
täglich von 8 bis 1 Uhr, warme Küche 11-14 Uhr und 17-21 Uhr
Hauptgerichte 10-32 Mark

Ente in Wiesbaden

4 EICHELBACHER HOF
Die Hühner hat mal wieder der Fuchs geholt, aber Plündereien gehören auf dem Gutshof im Weiltal seit jeher zur Tradition. Früher waren's die Raubritter und Eierdiebe, heute stehen nach ihnen benannte Menüs auf der Speisekarte. Hier leidet keiner „Hungersnot", aber man kann sie bestellen: zwei Mettwürste mit Bratkartoffeln „aus der Pann". „Da langte", so ist's überliefert, „selbst Graf Marquardt ran."
61276 Weilrod
06083-2467 06083-2467
Mi, Sa/So und feiertags 12-17 Uhr
warme Küche bis 14.30 Uhr
Hauptgerichte 9-20 Mark

5 BRUNNENWÄRTERHAUS
Draußen sprudelt die Heilquelle, und drinnen schwimmt der Fisch in der Suppe. Es gibt ihn auch gegrillt in Champagnersauce. Stammgäste schätzen das Cordon bleu von Lachs und Hummer. Genauso begehrt ist der „Sauerbrunnen" vor dem denkmalgeschützten „Wasserhaus". Wochenends strömen ganze Scharen mit Kanistern heran.
Am Sauerbrunnen 5
61231 Schwalheim
06032-700870 06032-700871
Mi bis So von 18-24 Uhr, So auch 12-14 Uhr, warme Küche bis 22 Uhr
Hauptgerichte 24-38 Mark

6 WASSERWEIBCHEN
… sterben nie. Im gleichnamigen Lokal soll der Geist einer Meerjungfrau umgehen und die Gäste glücklich machen. Glaubt die Wirtin. Tatsächlich ist sie selbst der gute Geist in diesem Fachwerkhaus. Mit Grie' Soß – mal vegetarisch auf Champignons oder über zart gekochtem Rindfleisch. Hinterher einen Kaiserschmarren „Sissy". Da lebt die Seele wirklich auf.
Am Mühlberg 57, 61348 Bad Homburg
06172-29878 06172-305093
www.wasserweibchen.de
täglich 17-1 Uhr (außer Sa)
Hauptgerichte 19-49 Mark

7 NEIDHARTS KÜCHE
Futtern wie bei Muttern: Sonntags kommen die große Suppenschüssel und Platten mit Kalbsbraten oder Rouladen auf den liebevoll gedeckten Tisch. Wie daheim schmeckt auch das Drei-Gänge-Menü „Esse in Hesse" mit Lammhaxe und viel „Bohnegemies". Samstags gibt der Chef noch Kochunterricht. Gelernt ist eben gelernt – zwischen Frankfurter Hof und Berner Oberland.
Robert-Bosch-Straße 48, 61184 Karben
06039-934443 06039-934446
Di bis Fr und So/feiertags 12-14 und 18-24 Uhr, Sa von 18.30-24 Uhr
Hauptgerichte 26-38 Mark

8 ENTE
Mit Leipziger Allerlei, gekocht, gebraten, gedämpft oder auf thailändischem Mangosalat, werden die Enten serviert. Zur Auswahl stehen auch 1000 Weine, über 80 000 Flaschen lagern im Enten-Keller. Den ältesten, einen 1897er Steinberger Riesling, gibt der Enten-Sommelier aber nicht mal für die geschätzten 36 000 Mark her.
Kaiser-Friedrich-Platz 3-4
im Hotel Nassauer Hof, 65183 Wiesbaden
0611-133666 0611-133683
www.nassauer-hof.de
täglich 12-14.30 Uhr und 18-23 Uhr
Hauptgerichte 48-62 Mark

9 ERNO'S BISTRO
Warum nur von Frankreich träumen? Hier liegt die Rhône am Main. Mit der besten Weinkarte der Stadt, die auch edle Tropfen aus anderer Herren Länder enthält. Und wenn schon eine Gänsestopfleber, dann bitte von Sterne-Koch Valery Mathis. Er steckt sie in ein Taubenbrüstchen mit Trüffelsauce drauf.
Liebigstraße 15, 60323 Frankfurt
069-721997 069-173838
Mo bis Fr von 12-14 und 19-22 Uhr
Hauptgerichte 49-55 Mark

Erno's Bistro in Frankfurt

10 GRÖSSENWAHN
Ist gar nicht so überkandidelt. Die Speisekarte wechselt ständig und wird einfach nur fotokopiert. Der Geheimtipp heißt „Braciola", das sind dünn geschnittene Rindfleischscheiben, in Knoblauch, Oregano und Olivenöl mariniert. In der Nordend-Kneipe schmeckt's auch dem Hessischen Rundfunk.
Lenaustraße 97, 60318 Frankfurt
069-599356 069-599317
www.cafe-groessenwahn.de
So bis Do von 16-1 Uhr, Fr/Sa 16-2 Uhr
Hauptgerichte 15-30 Mark

11 MAINTOWER
Das höchste Restaurant der Stadt. Dienstags heißt's hier „Vorsicht", da kommt der Friedman – samt streitlustigen Gästen aus seiner TV-Talkshow. Sie läuft ebenfalls in 187 Metern Richtung Wolken auf dem Helaba-Bankenturm. Cocktails mixt hier der Barkeeper des Jahres, Küchen-Renner sind Asia-Gerichte aus dem Wok. „Anfahrt" nur per Lift in den 53. Stock.
Neue Mainzer Str. 52-58, 60311 Frankfurt
069-36504770 069-36504871
www.maintower.helaba.de
So bis Do von 10-1 Uhr, Fr/Sa bis 2 Uhr
warme Küche von 11.30-14.30 und 18.30-22.30 Uhr
Hauptgerichte 20-42 Mark

12 KLEINMARKTHALLE
Der Viktualienmarkt vom Main. Lebende Fische aus dem Bassin oder Rosswurst vom Pferd, frische Kräuter aus der Provence oder Handkäs (mit oder ohne Musik). Auf zwei Etagen leben und leben lassen. Auch Siebeck war begeistert: „Ein Schlaraffenland", schrieb er.
Hasengasse 5-7, 60311 Frankfurt
069-212-33696
Mo bis Fr von 7.30-18 Uhr, Sa bis 16 Uhr

Zum Gemalten Haus in Frankfurt

13 ZUM GEMALTEN HAUS
Typisch Sachsenhausen. Hier strömt selbst im Hofgarten die Wärme von unten, damit auch im November der Schoppen noch im Freien fließen kann. Mit Blick auf die bunten Fresken auf dem Traditionsputz und am besten ein „Rippche" mit oder ohne saures Kraut.
Schweizer Straße 67, 60594 Frankfurt
069-614559 069-6031457
www.zumgemaltenhaus.de
Mi bis So von 10-24 Uhr
Hauptgerichte 6-23,80 Mark

14 ALTE BAUERNSCHÄNKE
Der Treffpunkt für Weinbergwanderer. Zum Steak oder einer Sülze vor dem Aufstieg in die nächste Spitzenlage. Der Assmannshäuser kommt vom eigenen Höllenberg. Im Sommer gibt's zum Rotwein Live-Musik. Im Winter – außer drei Tagen zu Silvester – leider geschlossen.
Niederwaldstraße 23
65385 Rüdesheim-Assmannshausen
06722-49990 06722-47912
www.altebauernschaenke.de
März bis Mitte Nov 11-24 Uhr
warme Küche 12-14.15 und 18-21.30 Uhr, Hauptgerichte 16-36 Mark

TOUR (A)

DURCH DIE WEINBERGE: VOM RIESLING ZUM SPÄTBURGUNDER

Darum ist es am Rhein so schön! Wer am „**Berg Roseneck**" zwischen edlen Rieslingtrauben steht, vergisst die Welt da unten. Schiffe, Autos und Fachwerkhäuschen weit weg im Tal wirken wie Faller-Modelle. Die Weinbergswanderung beginnt zwei Kilometer östlich am **monumentalen Niederwalddenkmal**. Seit 1883 blickt die „Germania" über das **Rheintal**. Ein goldener Kelch auf grünem Grund führt die Wanderer vom **Bronzekoloss**

Weinberge bei Assmannshausen

in die Steillagen oberhalb der **Burgruine Ehrenfels**. Nirgendwo sonst in Deutschland schuften die Winzer härter. Ein kleiner Laubwald trennt den Riesling vom Spätburgunder. Auf blauviolettem Schiefer wächst oberhalb von **Assmannshausen** einer der besten deutschen Rotweine. Unten im Ort servieren die Kellner der Alten Bauernschänke dazu Bratkartoffeln mit Wildschweinsülze. Durch das „**Höllental**" geht der Weg nach **Aulhausen**. Hier lohnt eine Pause im **Gutsausschank Michael Schön** (06722/3201), eventuell mit **Kellerbesichtigung**. Nach dem Stopp hinter der Pfarrkirche dem Fußweg zurück zum Niederwalddenkmal folgen.

Länge ca. 8,5 Kilometer
Beste Jahreszeit: zur Weinblüte im Juni und Lese im Sept./Okt. **Tipp**: Gernot Boos kennt jeden Weinstock mit Vornamen und organisiert Gruppenwanderungen (06132/3401, **mit Mittagessen und Weinprobe ab 95 Mark**)

RESTAURANTS, AKTIVITÄTEN, RADTOUR

Adler-Wirtschaft-Chef Franz Keller jun. bei der Weinprobe in Hattenheim

15 BRENTANOHAUS
„Goethewein mit Kebap" oder „Goethe in Aspik". Solch illustre Symbiosen zählen im Gutsausschank derer von Brentano zum Standardprogramm. Schon der Dichterfürst trank hier anno 1811 seinen „Eilfer". Heute dürfen nur die Winkelschen Ernten der Kaufmannsfamilie seinen Namen tragen.
Am Lindenplatz 2, 65375 Oestrich-Winkel
☎ 06723-7426 📠 06723-87496
**Mo bis Mi u. Fr 17-1 Uhr, Sa/So 12-1 Uhr
Hauptgerichte 25-35 Mark**

16 DIE ADLER WIRTSCHAFT
14 Vorspeisen sind nicht genug. Nach den vielen Horsd'oeuvres muss man beim „Adleressen" (92 Mark) auch noch zwischen zwei Hauptgängen und einem Dessert wählen. Der Kaiserstuhler Franz Keller jun. ist eben ein Hochleistungskoch – wie der Vater. Er lässt auch ausgesuchte Weine, meist ältere Jahrgänge, zur Hausmarke „Jedentag" abfüllen.
Hauptstr. 31, 65347 Eltville-Hattenheim
☎ 06723-7982 📠 06723-87867
@ www.franz-keller.de
**17-23 Uhr (außer Di/Mi), So 13-21 Uhr
Hauptgerichte 34-42 Mark**

17 MARCOBRUNN
Ein Österreicher im Rheingau. Schon mit sieben Jahren wollte er Koch werden, später lernte Alfred Friedrich bei Witzigmann. Im Frankfurter Brückenkeller erkochte er gleich zwei Sterne und arbeitet jetzt in Hessens allerfeinstem Haus. Als Spezialität empfiehlt Friedrich Languste mit Muskatkürbis – und auch schon mal einen Grünen Veltliner.
Hauptstraße 43, 65346 Eltville-Erbach
☎ 06123-676432 📠 06123-676430
**Di ab 19 Uhr, Mi bis So von 12-14 Uhr und 19-22 Uhr
Hauptgerichte 45-95 Mark**

18 FRANKFURTER HAUS
Die Kampfadresse zwischen Frankfurt und Offenbach. Hier feiert die Eintracht Siege (und ertränkt Niederlagen). Alle Schickis und Mickis sind hier, tausend Plätze im Biergarten, auch für Hinz und Kunz. Sauerbraten gibt's nur alle drei Wochen, zwei davon wird er mariniert, in der dritten zergeht er wirklich auf der Zunge.
**Darmstädter Landstraße 741
63263 Neu-Isenburg**
☎ 06102-314663 📠 06102-326899
@ www.Frankfurter-Haus.de
**täglich 12-15 Uhr und 17-1 Uhr, warme Küche 12-14.30 und 17.30-22.30 Uhr
Hauptgerichte 18-35 Mark**

19 OTZBERG-RESTAURANT
„Erbarmen…", hier backt einer von den Rodgau Monotones Pizza. Es ist der Drummer, Jürgen „Mob" Böttcher. Auch sein Schlagzeug hat er immer dabei. Empfehlenswert die „Frutti di Mare" oder „Funghi", da sind Meeresfrüchte oder Champignons, Gorgonzola und Knobi drauf. Ist die Pizza fertig, spielt manchmal die Band ihren Song, bei dem „… die Hesse komme".
Feldstraße 7, 64853 Otzberg-Hering
☎ 06162-73050
**Di bis Fr von 14-1 Uhr, Sa/So von 11.30-1 Uhr, warme Küche bis 21.30 Uhr
Hauptgerichte 16-32 Mark**

Restaurant Otzberg

20 SEBASTIANS WILDPARKSCHÄNKE
Röhrender Hirsch an der Wand, auf den Teller kommt er im Steinpilz-Crêpes-Mantel auf Feigenjus. Dazu ein Bergerac, den 97er Château Marot. Das ist Cuisine française à la Odenwald. Längst wurde ein Gourmet-Treff vor dem Englischen Garten des Grafen zu Erbach draus.
**Jagdschloss 1,
64720 Michelstadt-Eulbach**
☎ 06061-72097 📠 06061-72097
**Di bis So von 11-23 Uhr, warme Küche 12-14.30 und 18-21.30 Uhr
Hauptgerichte 29-47 Mark**

LEBEN

1 DAMPFERFAHRT WESER
Gemütlich geht es auf der Weser zu. Für 45 Kilometer von Bad Karlshafen nach Hannoversch Münden lässt sich die „Hessen" über neun Stunden Zeit. Viele Zwischenstopps und niedrige Pegel unterm Kiel drücken aufs Tempo. Aber der Weg ist das Ziel, wenn man die Schönheiten des Reinhards- und Bramwaldes vom Schiff aus entdecken will.
**Fahrplaninfos und Buchungen:
Linie 2000 Hafenplatz 8
34385 Bad Karlshafen**
☎ 05672-9999-23 📠 05672-9999-25
**Rundfahrten ab 18 Mark
die Neun-Stunden-Tour kostet 36 Mark**

2 DRACHENFLIEGEN UPLAND
Hier schwebten schon Drachen, als man woanders noch glaubte, die dreieckigen Segler wären Ufos. Die Flugschule Willingen ist die älteste in Deutschland und hat Übungshänge für alle vier Windrichtungen. Man kann den Vogelflug übers Hochsauerland auch per Gleitschirm antreten.
**Flugschule Willingen
Zur Hoppecke 12, 34508 Willingen**
☎ 05632-968100 📠 05632-968101
Schnupperkurse ab 150 Mark

3 SEGELN AUF DEM EDERSEE
Da kommt Windjammer auf. Alle Bootsgrößen tummeln sich auf dem „blauen Auge" des Waldecker Lands. Zwischen April und August werden auch Regatten auf dem Stausee ausgetragen. Schon mit einem Wochenendlehrgang kann man zum Skipper werden (ab 190 Mark). Nebenbei herrlich planschen. Das Ufer hat flache Badestrände und weiträumige Liegewiesen.
**Infos über Edersee Touristic
Sachsenhäuser Str. 10, 34513 Waldeck**
☎ 05623-99980 📠 05623-999830
@ www.edersee.de

4 PLANWAGENFAHRT HOHER MEISSNER
Wo Frau Holle die Betten ausschüttelte: In Wahrheit ist der Hohe Meißner (754 Meter) aber nur im Winter und dann von den vielen Schneeflocken ganz weiß. Märchenhaft dennoch seine Schätze: Hier lebt sardisches Muffelwild, das nach dem Krieg ausgesetzt wurde, und es wächst skandinavisches Purpurreitgras. Erkunden kann man die Gegend am abenteuerlichsten mit zwei PS, per Planwagen-Fahrt.
**Info über Fremdenverkehrsverband Werra-Meißner-Land,
37213 Witzenhausen**
☎ 05542-958-158 📠 05542-958-199
@ www.werra-meissner.de

5 BAD HERSFELDER FESTSPIELE
Kaum ein festes Theater hat in 51 Jahren so viele Stars auf die Bühne gelockt wie diese Stiftsruine unter freiem Himmel. Aber keine Angst. Vor Regen schützt ein 1400 Quadratmeter großer Schirm aus Trevira. 2001 stehen Iphigenie auf Tauris, Don Juan, Jedermann und Evita auf dem Spielplan (13. 6. bis 5. 8.).
Tourist Information, 36247 Bad Hersfeld
☎ 06621-201274 oder 01802-229790
(Karten-Hotline) 📠 06621-19433
@ www.bad-hersfelder-festspiele.de
Eintritt 25-80 Mark

6 SEGELN AUF DER WASSERKUPPE
Der höchste Berg Hessens (950 Meter) ist der „Berg der Flieger". Auf der Wasserkuppe wurde das Segelfliegen erfunden, und hier kann man es auch leicht lernen. Anfängertarif in der Flugschule: drei Starts im Doppelsitzer für 150 Mark. Dazu ein Besuch im Museum. Es zeigt die ganze Entwicklung des Schwebesports – vom Lilienthal-Gleiter bis zum Hochleistungssegler.
Flugschule Wasserkuppe, 36129 Gersfeld
☎ 06654-364 📠 06654-8192
@ www.wasserkuppe.de
**Deutsches Segelflugmuseum
36129 Gersfeld**
☎ 06654-7737 📠 06654-7736
@ www.segelflugmuseum.de
April bis Okt. von 9-17 Uhr, Nov. bis März von 10-16.30 Uhr, Eintritt 4 Mark

Die Weser bei Wahmbeck

Segeln auf der Wasserkuppe

7 RITTERSPEKTAKEL AUF DER RONNEBURG

Wenn Rüstungen scheppern und Minnesänger schmettern. Das Mittelalter-Revival-Zentrum Hessens liegt am Rande der Wetterau. Fast jedes Wochenende steigt auf der Festung ein Ritter-Event – vom Schwertkampfseminar bis zum Reiterturnier mit Lanze und Morgenstern. Mit deftiger Kost und Met bis zum Abwinken. Höhepunkt: die historischen Burgfestspiele im Herbst.

Infos über Freunde der Ronneburg e.V.
06048-950904 06048-950906
www.burg-ronneburg.de
Museum von Feb. bis Nov., Di-So 10-17 Uhr Sa von 13-17 Uhr, Eintritt 5 Mark

8 RÄUBEREXAMEN

Das „Wirtshaus im Spessart". Anders als bei Wilhelm Hauff eine einzige Räuberhöhle. Man kann sich beim Saufederwerfen, Holzscheibenrollen und Schleuderschießen bewähren. Wer's schafft (auch die theoretische Prüfung), darf sich offiziell Räuberhauptmann nennen und den Schmaus eröffnen. Bei der Wochenendgaudi wird auch durch den Spessart gewandert.

Gasthof Spessart
Burgstraße, 63637 Jossgrund-Burgjoß
06059-350 06059-350
www.main-kinzig.de
Preis pro Person inkl. zwei Übernachtungen und Mahlzeiten 120 Mark

Taunus Wunderland in Schlangenbad

9 TAUNUS WUNDERLAND

Eine runde Sache. Mit dem größten Ball-Pool Europas. Geisterhöhlen, einem Wunderlandzoo und Märchenwesen, die sogar sprechen. Hier trifft man auch Aliens oder Asterix und Obelix und saust mit dem Taunusblitz über Berg und Tal. Ein Spaßpark-Klassiker.

Zur Schanze 1, 65388 Schlangenbad
06124-4081 06124-4861
www.taunuswunderland.de
April bis Okt. 10-18 Uhr, Tageskarte 22 Mark (Kinder unter 85 Zentimetern frei)

10 BERMUDA-DREIECK

Hier verschwinden keine Schiffe, aber Menschen. In dem Kneipenviertel hinterm Landtag liegen die Wirtsstuben nämlich dicht an dicht, und auch so mancher Politiker soll in dem 180-Grad-Winkel schon versackt

Varieté im Tigerpalast, Frankfurt

sein. Das reinste Bier gibt's dort im „Rathsbräu". Es wird mit Taunuswasser gebraut. Und zum Katerfrühstück geht man ins „Maxim". Bei Prosecco und Landei werden selbst müde Geister wieder munter.
65183 Wiesbaden, zwischen Landtag – Taunusstraße – Langgasse

11 ALTE OPER

Was für ein Glück, dass der damalige OB Rudi Arndt nicht zum Zuge kam. Wollte er Deutschlands schönste Ruine vor ihrem Wiederaufbau doch glatt in die Luft sprengen und hätte uns damit Frankfurts schönsten Logenplatz vorenthalten. Fast täglich treten in dem Konzerthaus heute Ensembles und Solisten auf. Übrigens: Arndt wird wegen seines tollkühnen Plans immer noch „Dynamit-Rudi" tituliert.

Opernplatz, 60075 Frankfurt
069-13400 oder 069-1340-400
(Karten-Hotline) 069-1340284
www.alteoper.de
Eintritt 30-280 Mark

12 TIGERPALAST

Menschen, Tiere, Sensationen: In zwölf Jahren hat Ex-Sponti Johnny Klinke das Varietee zu Deutschlands bekanntestem gemacht. Mit Stars aus New York, Paris oder Russland lockt er auch die lokale Prominenz ins Haus. Nach der Muse kommt der Genuss – in der Palastbar oder bei einem Sterne-Menü im Tiger Restaurant. Bei Lasagne vom Atlantik-Hummer schaut vielleicht auch gerade Johnnys Duzfreund Joschka (der aus dem Außenministerium) vorbei.

Heiligkreuzgasse 16-20
60313 Frankfurt
069-289691 069-920022-17
www.tigerpalast.com
Vorstellungen Di bis So, Karten ab 67 Mark, Tiger-Arrangements (Show-Ticket und Drei-Gänge-Menü) ab 185 Mark

13 LIVING XXL

Frankfurt mittendrin. Mittags kommen die Banker, am Abend auch die Gays und VIPs. Teens lieben die Salsa-Partys, Twens eher die Schlagerabende mit Tomy Steiner. Zwischendurch gibt's Dance & Dinner, Formel 1 und Fußball werden hier live übertragen. Alles im größten Lokal in der City, es bebt im Sockel des Euro-Tower.

Kaiserstraße 29, 60313 Frankfurt
069-242937-0 069-242937-30
www.nachtleben.de
täglich 11.30-1 Uhr, Sa/So 17-3 Uhr

14 ROMANFABRIK

Mit ihr wurde schon Ex-Knacki Peter Zingler groß. Er schreibt heute Drehbücher und die Künstlerschmiede wohnt jetzt auf Frankfurts In-Meile. Satiriker Robert Gernhardt entwarf, ganz im Ernst, sogar eine Literaturaktie für sie. Regelmäßig Lesungen, Chansonabende und Kleinkunst.

Hanauer Landstr. 186, 60314 Frankfurt
069-4940902 069-438998
www.romanfabrik.de
nur geöffnet zu Veranstaltungen

15 KING KAMEHAMEHA

Für einen Schwof im „King Ka" stehen sich Werber und Start-uppers die Beine in den Bauch. Donnerstags spielt die Hausband in dem ehemaligen Kesselhaus. Hier gibt's auch den besten Jazz der Stadt. Nur die Türsteher sind piefig – und ab 23 Uhr einfach nur noch gnadenlos.

Hanauer Landstr. 192, 60314 Frankfurt
069-4800370 069-48003711
www.king-kameheha.de
Do bis Sa von 19-4 Uhr, Mi/So von 19-2 Uhr, Eintritt 10-20 Mark

16 EBBELWEI-EXPRESS

Stöffche statt Stau. Mit einer bunt bemalten Oldtimer-Tram zu Frankfurts urigster Stadtrundfahrt. Das Unikum rumpelt am Wochenende auf Linie durch die City. Start und Ziel ist immer Bornheim/Mitte, natürlich geht's auch in die Ebbelwei-Hochburg Sachsenhausen. Eine Flasche Saures ist schon im Fahrpreis enthalten. Wer mehr „petze" will, muss „nachlösen". Man kann auch die ganze Bahn für sich alleine mieten.

Verkehrsgesellschaft
Kurt-Schumacher-Str. 10, 60276 Frankfurt
069-21322425 069-21322727
Fahrpreis 6 Mark

Hessisches Happening Wäldchestag

17 WÄLDCHESTAG

Frankfurts „Nationalfeiertag" am Dienstag nach Pfingsten. Der traditionsbewusste Städter zieht dann mit Kind und Kegel ins „Wäldche" – ein Brauch aus dem Mittelalter, als das Volk an diesem Tag kostenlos Holz sammeln durfte im Stadtwald. Heute drehen sich stattdessen Riesenrad und Karussell zwischen Buchen und Tannen. In vielen Büros stehen wegen des Budenzaubers schon ab mittags alle Tastaturen still.

am Oberforsthaus zwischen Frankfurt und Neu-Isenburg, nahe Waldstadion

TOUR (B)

MIT DEM MOUNTAINBIKE UM DEN ALTKÖNIG

Einsteiger treten hier genauso in die Pedale wie Freaks, die nachmittags eine schnelle Runde drehen wollen. Der **798 Meter hohe Altkönig** ist der Hausberg der **Frankfurter Biker-Szene** – eine Waldidylle, keine 20 Kilometer vom Stadtzentrum entfernt. Die U3 fährt im Viertelstundentakt von der „Zeil" bis zum Startpunkt in **Oberursel-Hohemark**. Dort ist auch ein großer Parkplatz. Zur **Rundstrecke** um den Altkönig links in die Alfred-Lechler-Straße biegen, dann immer den Fahrradsymbolen folgen. Auf breiten, gut befahrbaren **Schotterwegen** geht es ohne

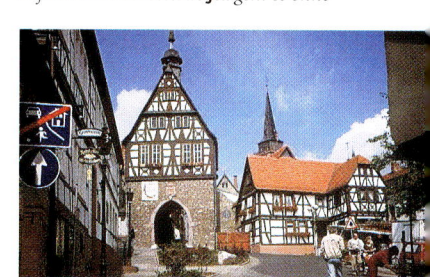

Altes Rathaus Oberursel

große Steigungen nach Falkenstein. Sportler biegen hier rechts ab und „fressen" auf nur drei Kilometern die gesamte Höhendistanz. Hobby-Radler nehmen die längere Strecke geradeaus über Königstein. Auf **662 Meter Höhe** treffen sich alle an den **Fuchstanz-Gaststätten** wieder. Auf der kleinen Lichtung mitten im Wald stehen an manchen Sommerwochenenden Fahrräder im **Gesamtwert von mehr als einer halben Million Mark**. Dietmar Meister führt eines der beiden Ausflugslokale (06174/21223) in der fünften Generation. Mountain-Biker schwören auf den selbst gebackenen Blechkuchen und den Erbseneintopf seiner Mutter. Frisch gestärkt geht es über den **Albrechtsweg** auf die sieben Kilometer lange Abfahrt zurück.

Streckenlänge: 17,5 Kilometer,
Infos über Taunus Touristik Service
Ludwig-Erhard-Anlage 1-4
61352 Bad Homburg v.d. Höhe
06172/999-8002 06172/999-9807
www.taunus-info.de

AKTIVITÄTEN, AUSSICHTEN, KANUTOUR

Rheingau-Musik-Festival, Oestrich-Winkel

SEHEN

1 BERGPARK WILHELMSHÖHE
So stellt man sich Herkules vor: 9,20 Meter ragt die Kupferstatue von Europas größtem Bergpark in die Höhe. Das Wahrzeichen der documenta-Stadt thront über Schloss Wilhelmshöhe und den prächtigen Kaskaden. Hier stürzt das Wasser über 150 Meter in die Tiefe und endet in einer riesigen Fontäne.
Schlosspark 3, 34131 Kassel
☎ 0561-9357-0 📠 0561-9357-144
🌐 www.wilhelmshöhe.de
Wasserspiele von 21. Mai bis 3. Okt.
Mi, So und feiertags ab 14.30 Uhr

2 JUNKER-HANSEN-TURM
Der Sage nach wurde er über Nacht vom Teufel gebaut. Wahr ist: Junker Hans von Dörnberg ließ ihn 1480 als Festungswohnturm errichten. Später diente er mit seinen vier Meter dicken Mauern auch als (ausbruchsicheres) Gefängnis. Bis heute ist er der größte Fachwerkrundbau der Welt. Ab Frühjahr kann man ihn nach einer aufwendigen Sanierung wieder besteigen – 128 Stufen hoch. Nur nach Voranmeldung.
Info über Verkehrsamt
35279 Neustadt
☎ 06692-8913 📠 06692-8940
🌐 www.neustadt-hessen.de

3 LOTTEHAUS
Hier litt der „junge Werther" alias Johann Wolfgang von Goethe an Herzeleid. So sehr, dass er sich seine Qualen von der Seele schrieb. Damit landete er zwar einen Bestseller, aber nicht bei Charlotte Buff. Die Angebetete hat derweil immer fleißig gestickt. Ihre Handarbeiten und andere Relikte machen den Schauplatz dieser unerfüllten Liebe zu einem kleinen Museum.
Lottestraße 8, 35578 Wetzlar
☎ 06441-99221
Di bis So von 10-13 und 14-17 Uhr
Eintritt 3 Mark

4 FULDAER DOM
Von diesem heiligen Ort schallten einst die lauten Töne des streitbaren Erzbischofs Johannes Dyba. Und hier, neben Apostel Bonifatius, hat er auch seine letzte Ruhe gefunden. Die Doppelturmfassade mit ihrer mächtigen Mittelkuppel steht inmitten eines barocken Zentrums mit Michaelskirche, Paulstor und Orangerie. Weiterer Glanzpunkt der Bischofsstadt: das Renaissance-Schloss mit Spiegelkabinett und der Sammlung „Fuldaer Porzellan".
Tourist-Information
36037 Fulda
☎ 0661-102-1813 📠 0661-102-2811
🌐 www.fulda.de
täglich geöffnet
samstags oft Orgelkonzerte

5 KUBACHER KRISTALLHÖHLE
Ein begehbarer Edelstein unter der Erde. Erst fünf Jahre nach der Mondlandung setzte der erste Mensch einen Fuß in das 70 Meter tiefe Zauberreich, in dem Millionen Kristalle und Perltropfsteine von den Wänden funkeln. Heute kann jeder die 456 Stufen hinabsteigen, steht damit in der einzigen Kristallhöhle Deutschlands. Sie ist etwa vor 350 Millionen Jahren entstanden.
35781 Kubach bei Weilburg
☎ 06471-94000
🌐 www.kubacherkristallhoehle.de
April bis Okt Mo bis Fr von 14-16 Uhr
Sa/So 10-17, Eintritt 5,50 Mark

6 ROTES MOOR
Hier leben die echten Moorhühner. In einem der letzten Birkhuhn-Reservate außerhalb der Alpen. Früher durch den Torfabbau ausgebeutet, steht das südlichste Rhönmoor heute unter Naturschutz. Auf Holzbohlen kann man es 1,2 Kilometer lang begehen, Lurche, Kreuzottern und seltene Libellen treffen. Auch fleischfressende Pflanzen und einzigartige Karpatenbirken gedeihen an den Tümpeln.
Wanderparkplatz Moordorf, Info über
Rhön Service Center, 36037 Fulda
☎ 0661-6006-111 📠 0661-6006-120
🌐 www.rhoenline.de
Der Rundweg ist ganzjährig geöffnet

Lottehaus in Wetzlar

7 ELVIS PRESLEY DENKMAL
„Memphis" in der Wetterau. Das deutsche Epizentrum für Elvis-Fans liegt im Kurhaus von Bad Nauheim. Jeden ersten Freitag im Monat schwelgen sie in dem gleichnamigen Vereinstreff in Erinnerungen. Der Platz vor der Tür trägt den Namen ihres Idols. Und gegenüber steht der unvergessene King of Rock'n'Roll als Marmorbüste. Während seiner Militärzeit hatte der größte Rock-Sänger des vergangenen Jahrhunderts in dem kleinen Städtchen logiert. Und dabei auch seine große Liebe Priscilla kennen gelernt.
Nördlicher Park 16, 61231 Bad Nauheim
Info über Elvis Presley Verein
61231 Bad Nauheim
☎ 06032-6331 📠 06032-71292
🌐 www.elvis-presley-verein.de

Freilichtmuseum Hessenpark, Neu-Anspach

8 FREILICHTMUSEUM HESSENPARK
Hessen, wie es leibte und lebte. 85 Häuser, Werkstätten oder Bauernhöfe zeigen, wie es hier in den letzten 400 Jahren zuging. Sie wurden bis zum kleinsten Balken zerlegt und in dem Museumspark wieder aufgebaut. Dazu gibt's Trachten-, Turmuhren- oder Eisenguss-Ausstellungen. Auch längst vergessene Tierrassen wie das Höhenvieh und Getreidearten wie der Dinkel werden hier gehegt und gepflegt.
61267 Neu-Anspach/Taunus
☎ 06081-588-0 📠 06081-588-160
Faxabruf Veranstaltungen:
📠 06081-40105880
März bis Okt. 9-18 Uhr, Marktplatz
ganzjährig ab 9 Uhr, Eintritt 8 Mark
Familienkarte 20 Mark

9 NEROBERGBAHN
Deutschlands einzige wassergetriebene Zahnradbahn. Das Prinzip: Die Bahn, die gerade oben steht, bekommt 7000 Liter Wasser in den Tank, wird dadurch so schwer, dass sie die leichtere Bahn im Tal bei der Fahrt nach oben zieht. Ist super umweltfreundlich und bietet einen tollen Blick vom Wiesbadener Hausberg über die Landeshauptstadt.
Nerobergstr., 65185 Wiesbaden-Nerotal
☎ 0611-7802222
🌐 www.nerobergbahn.de
Karfreitag bis Okt. Mi/Sa/So und
feiertags, 12-18 Uhr, Mai bis Aug. täglich
9.30-20 Uhr, Fahrpreis 2,50 Mark
Familienkarte 7 Mark

10 BÖRSE
Alle reden von Dax und Nemax. Hier erlebt man Aufstieg und Fall der Aktienkurse im Sekundentakt. Mit Blick aufs Parkett und den neuen Computerhandel. Fachkunde gibt's per Folienvortrag. Tipp: Hinterher wie die Profis zum Börsenlunch ins „Bull & Bear" im Haus der Börse.
Börsenplatz, 60313 Frankfurt
☎ 069-9770-1515 📠 069-2101-1511
🌐 www.deutsche-boerse.de
Mo bis Fr von 10-13.30 Uhr
(Ausweis mitnehmen)

18 RAILSLIDE SKATE HALL
Für alle, denen die Bordsteinkante nicht „phätt", sprich geil genug ist: In Deutschlands größter Indoor-Skate-Halle (2100 Qudratmeter) saust man über eine Riesen-Halfpipe, jumpt über die Mini-Ramp oder skatet durch den Streetparcours. Dazu dröhnt HipHop oder Grunge, chillen kann man hinterher im Bistro.
Philip-Reis-Straße 17
63477 Maintal-Dörnigheim
☎ 06181-491051 📠 06181-491052
Mo bis Fr 16-22 Uhr
Sa/So von 12-22 Uhr
Tageskarte 12 Mark, ab 20 Uhr 8 Mark

19 RHEINGAU-MUSIK-FESTIVAL
Ein musikalisches und gesellschaftliches Ereignis der Extraklasse. Es begann mit zwei Konzerten im Kloster Eberbach, 2001 tönt es in der 14. Saison (30. Juni bis 2. Sept.) an etwa 20 Orten des Rheingaus. Ganz im Zeichen des Verdi-Jahres zum Beispiel im Hof von Schloss Johannisberg zur „Italienischen Nacht". Insgesamt rund 140 Einzelveranstaltungen – von Klassik über Jazz bis Kabarett.
Konzertgesellschaft
Rheinallee 1, 65367 Oestrich-Winkel
☎ 06723-9177-0 📠 06723-9177-19
🌐 www.rheingau-musik-festival.de
Karten 15-185 Mark

20 OPEL-LIVE
Was man schon immer über Produktion, Technik und Testmethoden des Autoriesen Opel wissen wollte. Zum Drei-Stunden-Programm in dem Erlebnispark gehören Oldtimer-Besichtigung, 3-D-Kino und Crashtest-Simulator.
Friedrich-Lutzmann-Ring 2
65423 Rüsselsheim
☎ 06142-765601 📠 06142-765619
🌐 www.opel-live.de
April bis Okt. täglich 9-17 Uhr
Sa/So 10-19 Uhr,
ab Nov. ist freitags Ruhetag
Eintritt 19 Mark

11 GRUSELTOUR

Am Hauptbahnhof baumelten die Diebe. Im Bankenviertel schnitt man Lügnern die Zunge raus. Und das arme Gretchen starb unterm Henkersbeil am Römerberg. Ein Blutpfad durch die Hauptstadt der Kriminalität im Mittelalter. Start der mehrstündigen Gruseltour: am Café Hauptwache. Dort war einst die Folterstube.
Veranstalter: Kulturothek, An der Kleinmarkthalle 7, 60311 Frankfurt
☎ 069-281010 📠 069-281070
🌐 www.kulturothek.de
kostet 15 Mark

12 HOCHHAUS-WANDERUNG

Die Skyline aus der Froschperspektive. Zwar bleiben die Geldspeicher und Bürotürme verschlossen, dafür wird die Vertikale der Monumente auch mal kritisch betrachtet. Mit Abstechern in die Vergangenheit – dem Dom als erstem Wolkenkratzer und einem Blick in die Zukunft.
**Statt-Reisen, Rotlintstraße 70
60316 Frankfurt**
☎ 069-94415940 📠 069-94415940
Preis 13 Mark

Struwwelpeter-Museum in Frankfurt

13 STRUWWELPETER-MUSEUM

„… fast ein Jahr / kämmen ließ er nicht sein Haar". Alles über den Urahn der Gammler und Hippies, über Originale und seltene Ausgaben sowie den Erfinder von Deutschlands kultigster Kinderbuchfigur, den Frankfurter Arzt und Reformer Heinrich Hoffmann.
Bendergasse 1, 60311 Frankfurt
☎ 069-281333
Di bis So 11-17 Uhr

14 MUSEUMSUFER

Das gibt's nur in Frankfurt. Eine ganze Promenade voller Museen. Von Post bis Pop-Art, von Porzellan bis Filmkameras, darunter das Städel mit seiner bemerkenswerten Gemäldegalerie. Und beim Feuerwerk zum Museumsuferfest (Ende August) lassen es am Schaumainkai alle gemeinsam richtig krachen.
Tourist Information
☎ 069-212-38800 📠 069-212-37880
🌐 www.frankfurt-tourismus.de
**2-Tages-Ticket für 18 Museen 15 Mark
Familienticket 30 Mark, mittwochs mehrere Museen kostenlos**

Kloster Eberbach, Eltville

15 ALTE FASANERIE

Fuchs und Hase sagen sich hier sprichwörtlich Gute Nacht. Aber auch Luchse, Mufflons, Falken und Fasane leben in dem 107 Hektar großen Wildpark. Auf 15 Kilometer langen Wegen begegnet einem auch schon mal ein ausgebüxter Frischling. Attraktionen: Muffellämmer zu Ostern und die Hirschbrunft im Herbst. Hunde müssen draußen bleiben.
**Fasaneriestr.
63456 Hanau (Klein-Auheim)**
☎ 06181-69191 📠 06181-690676
🌐 www.hanauonline.de
April bis Sept. 9-17 Uhr, Sa/So und feiertags bis 18 Uhr, Okt. bis März jeweils 1 Std. kürzer, Eintritt 5 Mark

16 KLOSTER EBERBACH

Oase der Ruhe und Schauplatz einer großen Literaturverfilmung. In diesen Gemäuern ließ Regisseur Jean-Jacques Annaud alle Innenaufnahmen von „Der Name der Rose" drehen. Die Gemäuer stammen aus dem 12. Jahrhundert, bergen im Weinkeller noch Schätze ab Jahrgang 1806. Tipp: Führungen mit dem „Abt" Günter Ringsdorf.
65346 Eltville
☎ 06723-9178-0 📠 06723-9178-20
🌐 www.kloster-eberbach.de
**April bis Okt. täglich 10-18 Uhr, Nov. bis März 10-16 Uhr, Sa/So 11-16 Uhr
Eintritt 5 Mark**

17 FLUGHAFEN

Warum denn in die Ferne schweifen? Zu den Aussichtsplattformen des Airports rollen die Jumbos zum Greifen nah. Dort kann man auch Rundfahrten ins Innere des Flieger-Bahnhofs buchen (täglich zwischen 10.30-16.30 Uhr). Ein Trip führt übers ganze Vorfeld, die weltweit größte Wartungshalle und ganz nah an Start- und Landebahnen ran.
**Besucherterrasse
60547 Flughafen Frankfurt**
☎ 069-690-70291 📠 069-690-53341
🌐 www.frankfurt-airport.de
**täglich 8-19.30 Uhr, Eintritt 5 Mark
Familienticket 14 Mark**

18 GRUBE MESSEL

Hier trabte das Urpferdchen. Gleich 30 vollständig erhaltene Skelette der prähistorischen Huftiere und 10 000 andere Fossilien fanden Wissenschaftler in der Ölschiefergrube bei Darmstadt. So gut erhalten, dass sie selbst das Mittagessen der Tiere bestimmen konnten. Ein Unesco-Weltnaturerbe.
**Fossilien- und Heimatmuseum
Langgasse 2, 64409 Messel**
☎ 06159-5119 📠 06159-715741
🌐 www.messel.de
Nov. bis April Sa 14-16 Uhr, So 10-12 und 14-16 Uhr, Mai bis Okt. Di-So 14-17 Uhr und So 10-12 Uhr

Urpferdchen, Grube Messel bei Darmstadt

19 BESUCH BEIM WETTER

HighTech in Darmstadt. Von hier aus passt die europäische Wettersatelliten-Organisation Eumetsat auf, dass nicht ein Hurrikan über uns hereinbricht. Hält Verbindung zu Meteosat, dem europäischen Wettersatelliten in 36 000 Kilometer Höhe über dem Äquator und liefert dessen Daten und Bilder in 100 Länder.
**EUMETSAT
Am Kavalleriesand 31, 64295 Darmstadt**
☎ 06151-807-7 📠 06151-807-555
🌐 www.eumetsat.de

20 NATURPARK BERGSTRASSE-ODENWALD

Wenn Riesen streiten… werfen sie mit Steinen und übrig bleibt ein Felsenmeer. So will es die Sage in Reichenbach, wo zuhauf mannshohe Granitblöcke herumliegen, eine Attraktion für Kids und Kraxelfans. Sehenswert auch das malerische Örtchen Zwingenberg.
**Naturpark Bergstraße-Odenwald
Nibelungenstraße 41, 64653 Lorsch**
☎ 06251-586253 📠 06251-586255
🌐 www.odenwald-tourismus.de /naturpark

WWW. HOTLINES

🌐 **www.hessen.de** Alles, was man über das Land wissen sollte.

🌐 **www.hessen-tourismus.de** Links zu allen Regionen mit virtuellem Flug über ganz Hessen.

🌐 **www.kompass-hessen.de** Wenn unsere Infos nicht reichen: Hier finden Sie 500 Seiten Freizeittipps mit Veranstaltungskalender und Kinoprogramm.

🌐 **www.hessen-alacarte.de** Die besten Links zu Hotels und Restaurants mit speziell hessischer Küche.

🌐 **www.rheingauerWein.de** Winzeradressen und virtueller Weinverkauf.

TOUR (C)

AUF DER LAHN VON OBERBIEL NACH RUNKEL

Sie ist **Deutschlands wohl beliebtester Kanufluss** – die Lahn. Start für eine Wochenendtour ist an der **Schleuse Solms-Oberbiel**. Danach folgen 16 Kilometer **freie Fahrt** ohne Wehre. Die Lahn fließt in diesem Abschnitt anfängerfreundlich ruhig. Trotzdem sorgen **kleine Stromschnellen** für Abwechslung. Höhepunkt des ersten Tages ist die Fahrt durch Deutschlands **einzigen Schiffstunnel** in Weilburg. Vor über 150 Jahren wurde das

Schiffstunnel bei Weilburg

180 Meter lange Gewölbe in den Fels gehauen. Zwei Kilometer hinter dem Tunnel endet die erste Etappe in **Odersbach**. Übernachtung entweder am **Campingplatz** (☎ 06471/7620, **zwei Erwachsene 18 Mark**) oder in der Pension „Heimann" (☎ 06471/7552, **Übernachtung ab 45 Mark**). Die zweite Tagesetappe ist kürzer, führt durch drei Schleusen und eine ständig wechselnde Landschaft. Sehenswürdig sind **Villmar** und der **romantische Zielort Runkel** mit seinen beiden Burgen links und rechts des Flusses. Wer noch bis Montag Zeit hat, kann auf dem Campingplatz in **original Indianertipis** übernachten.

Anfahrt von Wiesbaden über die A3 bis Limburg-Nord und die B49 bis Solms. Mietstationen für Kanus gibt es überall an der Lahn, z.B. Lahntours
☎ 06426/92800

SACHSEN

extra DEUTSCHLAND

SACHSEN

Im Land von
Geist und Genius.
Sächsische Spezialitäten:
Musiker, Schriftsteller,
Baumeister - und jede
Menge Freiheitskämpfer

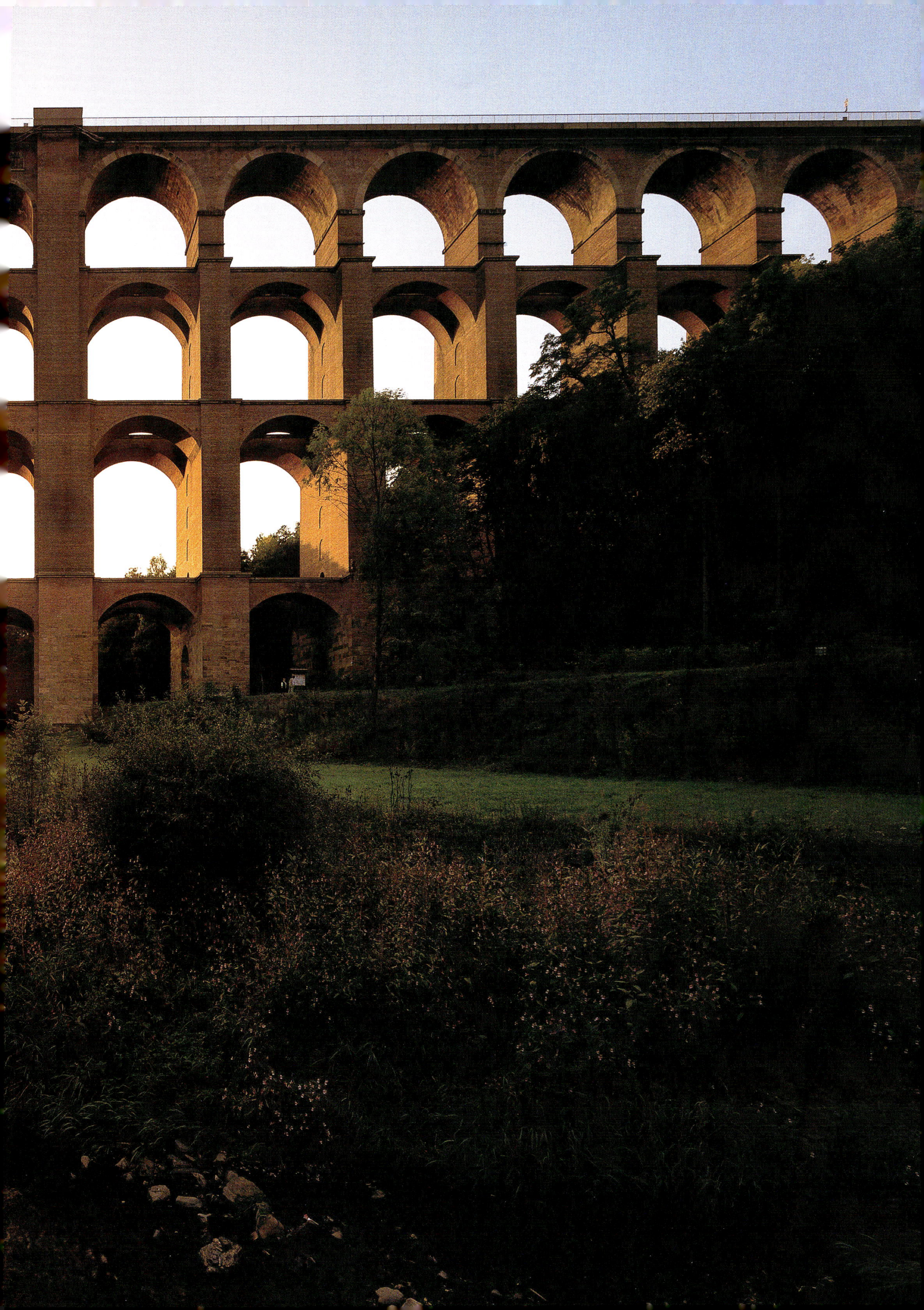

HADERERS DEUTSCHLAND-BILD

ZWICKAU, SACHSEN: GESTERN TRABBI, HEUTE VW

ANGETIPPT

Der vorige König von uns Sachsen war Friedrich August III., sagt die Geschichte, und er sagte: „Macht euern Dregg alleene", weil wir 1918 lieber einen Freistaat wollten. Nun sind wir nach dem langfrustigen Marx-Murks wieder ein freier Staat und haben wieder einen König, wenn auch ohne Adel und aus Ludwigshafen, aber gönnerhaft und allezeit bedeutend: **KURT I.** aus dem Hause Biedenkopf. Unter ihm blieb uns viel Dreck von Abzocker-Wessis erspart, und wir sind wieder mehr wer als die ringsum, weil wir als gewohnt strebsame Anpasser fixer erkannt haben, wo die neuen Vorteile liegen. Vichelant heißt das in unserm Dialekt, der überall begrinst wird, was lächerlich ist, weil er zu Luthers Zeiten Kanzleisprache war, und wo lernte Goethe nach eigenem Zeugnis sein „wohlklingendes zierliches Hochdeutsch"? In Leibzsch, Bungdum. Obendrein wachsen bei uns die schönsten Mädchen, teils auf den Bäumen, wozu wir ewig **KATI WITT** vorzeigen, und wer außer uns hätte Winnetou trotz unsrer weltbekannten Reiselust derheeme am Schreibtisch erfinden können, der **KARL MAY** nämlich, und den Teebeutel und aus **MASCHENDRAHTZAUN** ein Musikereignis machen. Bei uns triumphiert außer uns allein Geenisch Gurd über den Sozialismus, über den nur wir mit unserem doppeldeutigen Sächsisch ungestraft unken konnten, dass er siechen werde. Bis er versiegt war, denn wir haben eines Montags darauf bestanden, und von da ab immer so weiter, montags. Ein bisschen sind wir nun ein Familienbetrieb, weil die Landesherrin Ingrid vom Monarchen Prokura hat, indem sie uns zuliebe lahmen Beamten Beine macht und ein **SÄCHSISCHES KOCHBUCH** geschrieben hat. Eine heiße Idee, weil, wir sind so viele Volksstämme samt Lausitzern, Erzgebirglern, Vogtländern und Sorben, dass nun die einen bei den andern nachschlagen können, was Hosnbrodn mit kriene Gleeß in Schwammebrieh oder Abern mit Harch wohl sein mag – und hier nicht verraten wird. Als Mitbringsel von uns empfehlen wir entweder das königliche Opus oder eine dieser handwerklich höchstwertigen **MECHANIK-UHREN** von A. Lange & Söhne, zwischen 15 000 und 375 000 Mark, prächtigstes Symbol für die neue Zeit in Sachsen. Unser König hat auch eins, geschenkt bekommen.

SACHSEN IN ZAHLEN

Fläche: 18 413 Quadratkilometer
Einwohnerzahl: 4,49 Millionen
Einwohnerdichte: 244 Einwohner pro Quadratkilometer
Sonnenstunden: Chemnitz: 1532 Stunden im Jahr
Sachsen hat die östlichste Gemeinde Deutschlands: Neißeaue im niederschlesischen Oberlausitzkreis

Höchster Berg ist der Fichtelberg: 1215 m
Die Elbe fließt 180 km durch Sachsen, Gesamtlänge: 1091 km
Flugpassagiere in Dresden 1998: 1 689 195, 1989 waren es 28 470 Passagiere –
Leipzig, 1998: 2 102 075, 1989: 442 169 Fluggäste

FOTO-REPORTAGE

Alte Pracht und neue Lebenslust

„Residenzstadt mit parasitärem Einschlag" nannten die Kommunisten Dresden 1946. Was der Krieg verschont hatte, wollten sie schleifen. Dresdens SED-Chef Hans Modrow verhinderte das Schlimmste. Heute strahlt die barocke Kultur in neuem Glanz – und nicht nur sie. Nach langer Abstinenz kehrte der Fotograf Harf Zimmermann, in Dresden geboren, nach Sachsen zurück und war beeindruckt: „Kolossal, wie sich das Land entwickelt hat"

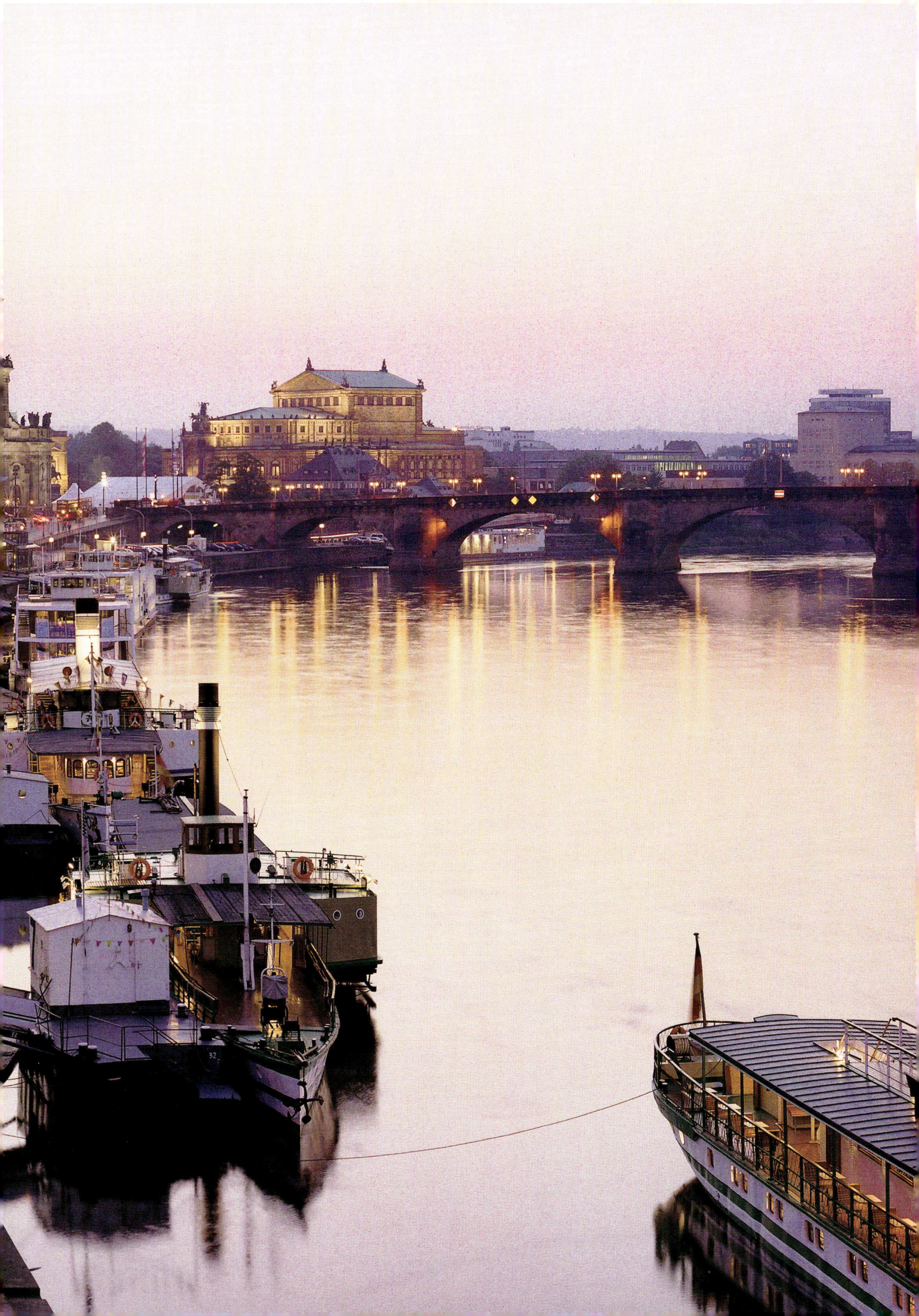

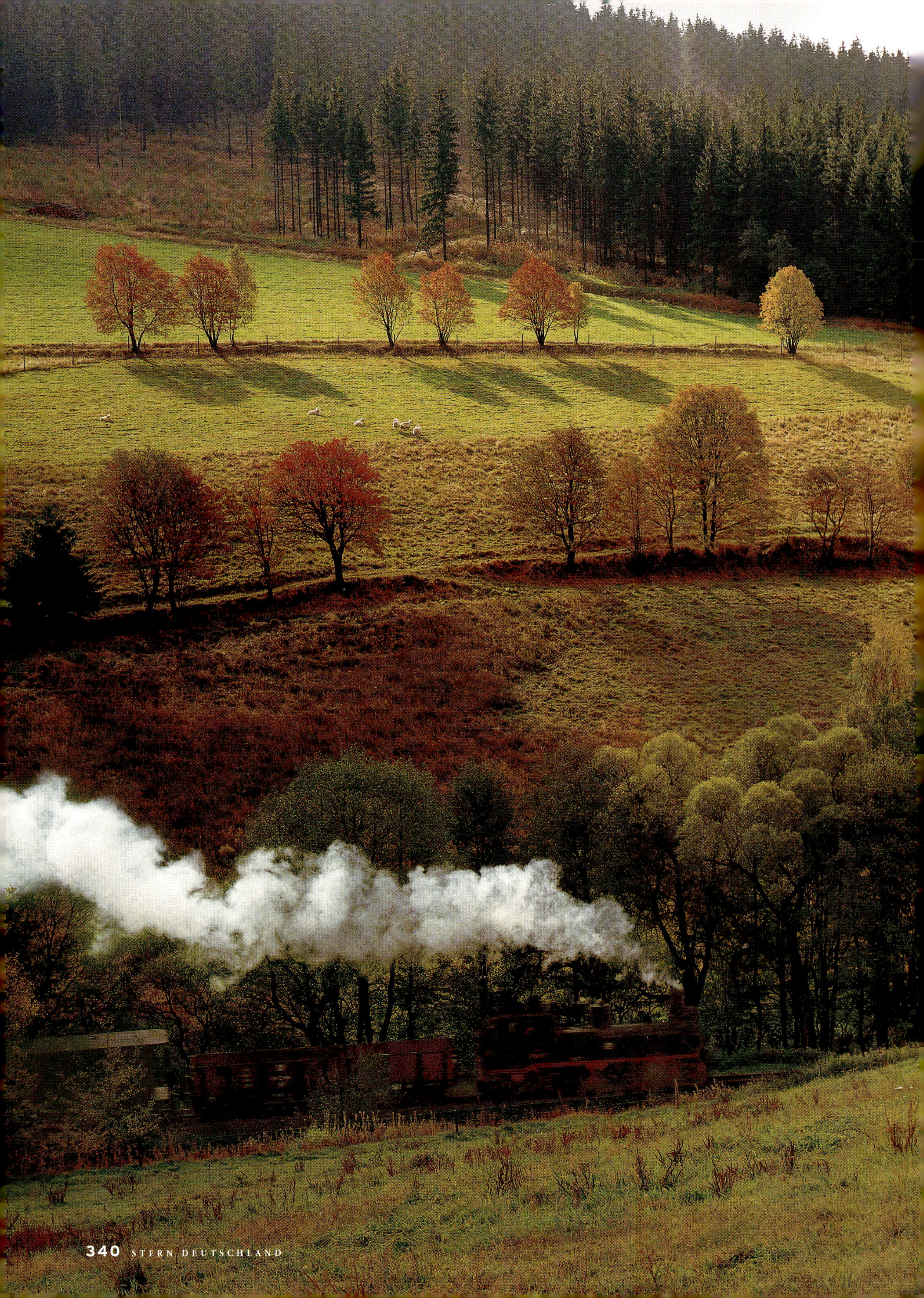

AUF DEN SPUREN DER VERGANGENHEIT

Durchs Tal der Preßnitz dampft ein Relikt der Königlich-Sächsischen Staatseisenbahnen. Die Museumsbahn folgt über acht Kilometer dem windungsreichen Lauf des Flusses. Bis 1986 wurde die Strecke für Güter- und Personenverkehr genutzt – und dann stillgelegt

LANDPARTIE ZUM NEUEN WEIN

Verkostung auf der Schlossanlage Wackerbarth bei Radebeul an der Sächsischen Weinstraße. Bereits Anfang des 12. Jahrhunderts soll Bischof Benno nahe dem Meißner Burgberg die ersten Rebstöcke gepflanzt haben. Die kleinen Terrassen sind typisch für den Weinbau an der Elbe

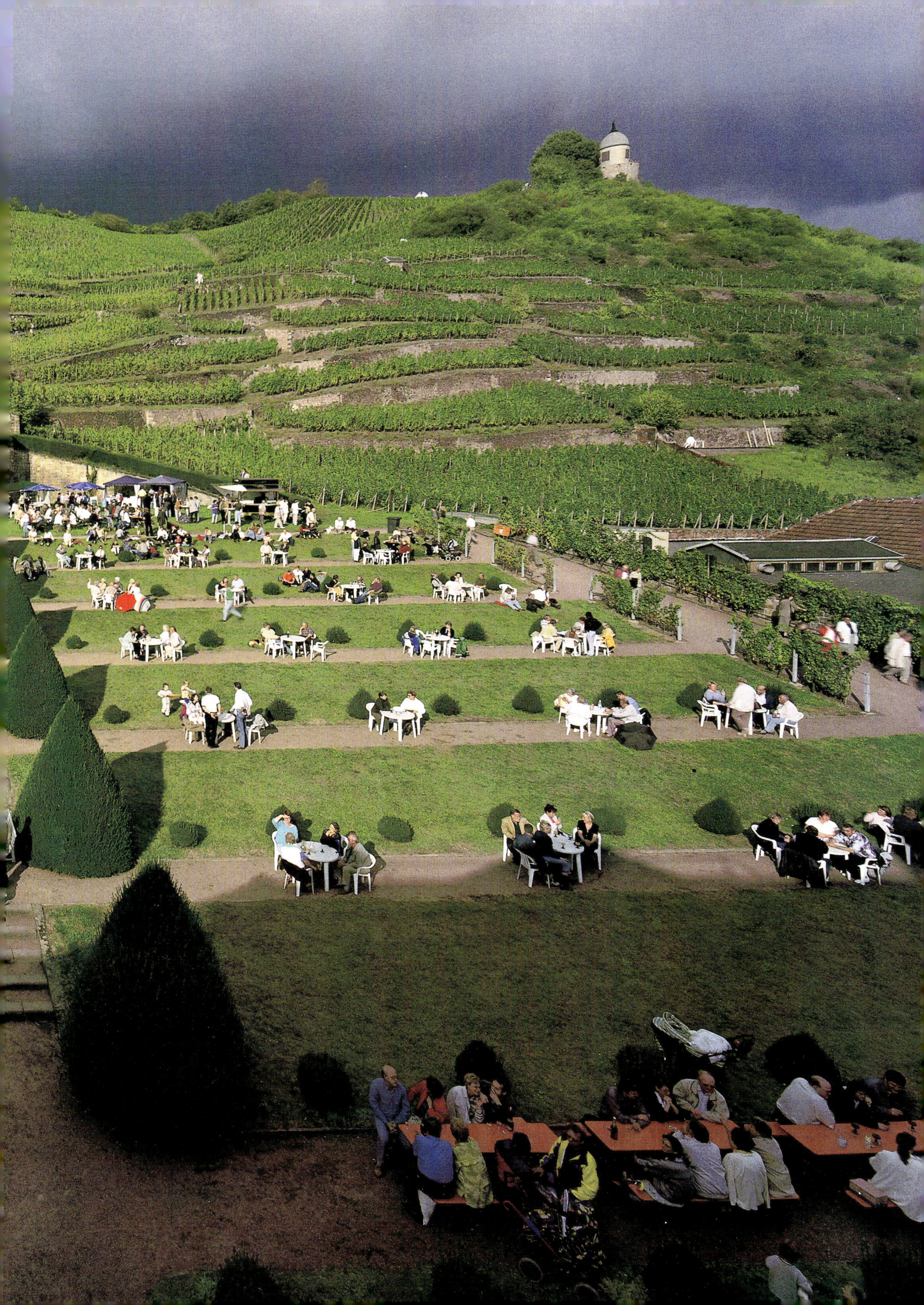

FREIHEITSWILLE IN STEIN GEHAUEN

Blick in die Ruhmeshalle des Leipziger Völkerschlachtmonuments. 1913 eingeweiht, soll es an den Sieg der Alliierten über das napoleonische Heer hundert Jahre zuvor erinnern. Die linke Kolossalfigur symbolisiert Opferbereitschaft, die rechte Tapferkeit. Zwei weitere stehen für Volkskraft und Glaubensstärke

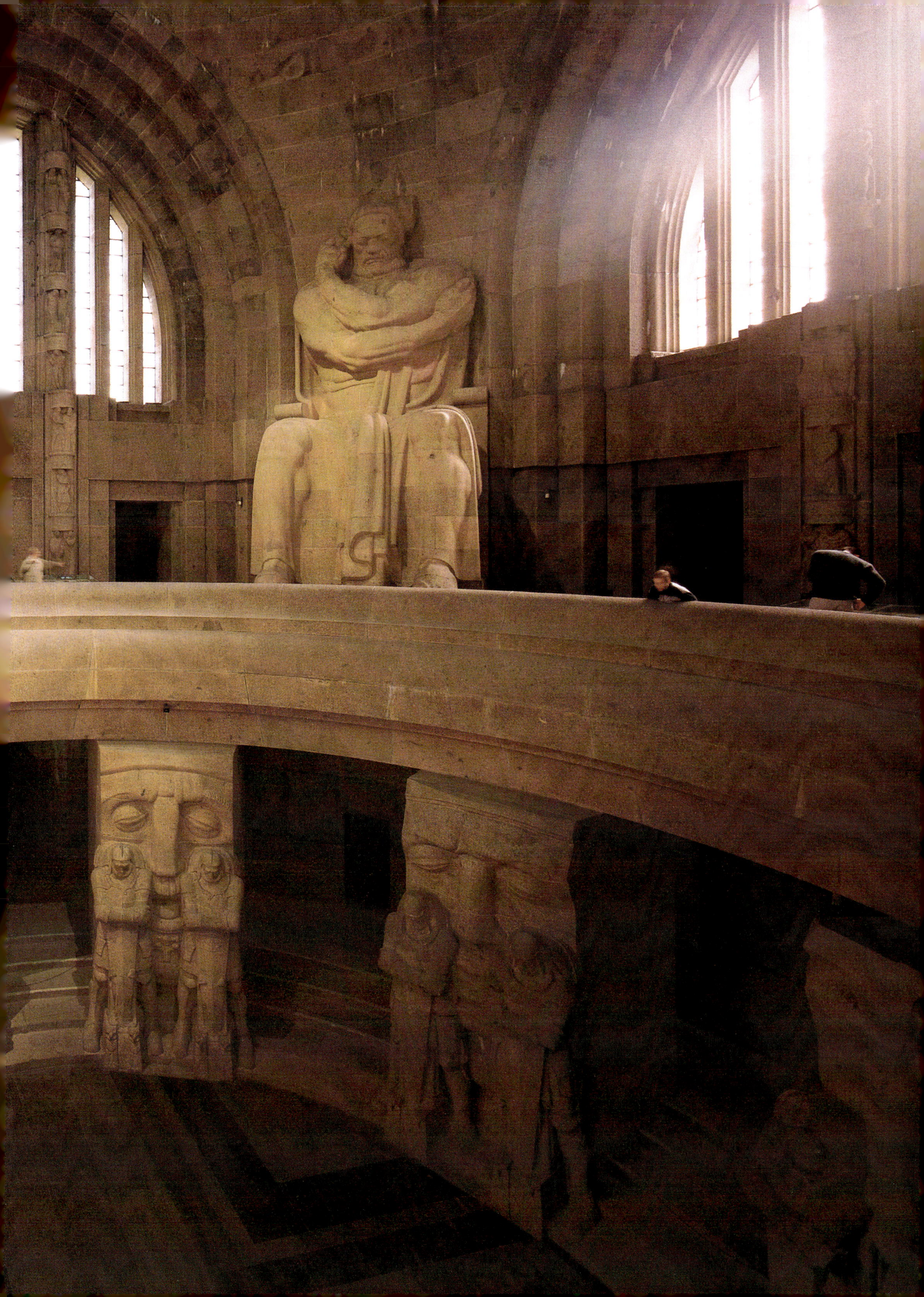

HALALI VOM HOCH-SITZ

14 Kilometer nordwestlich der Landeshauptstadt steht die Moritzburg, das Jagdschloss Augusts des Starken. Der Bau war umstritten. Oberhofjägermeister von Erdmannsdorf bat aus Protest um die „hohe Gnade", sich mit dem Architekten duellieren zu dürfen

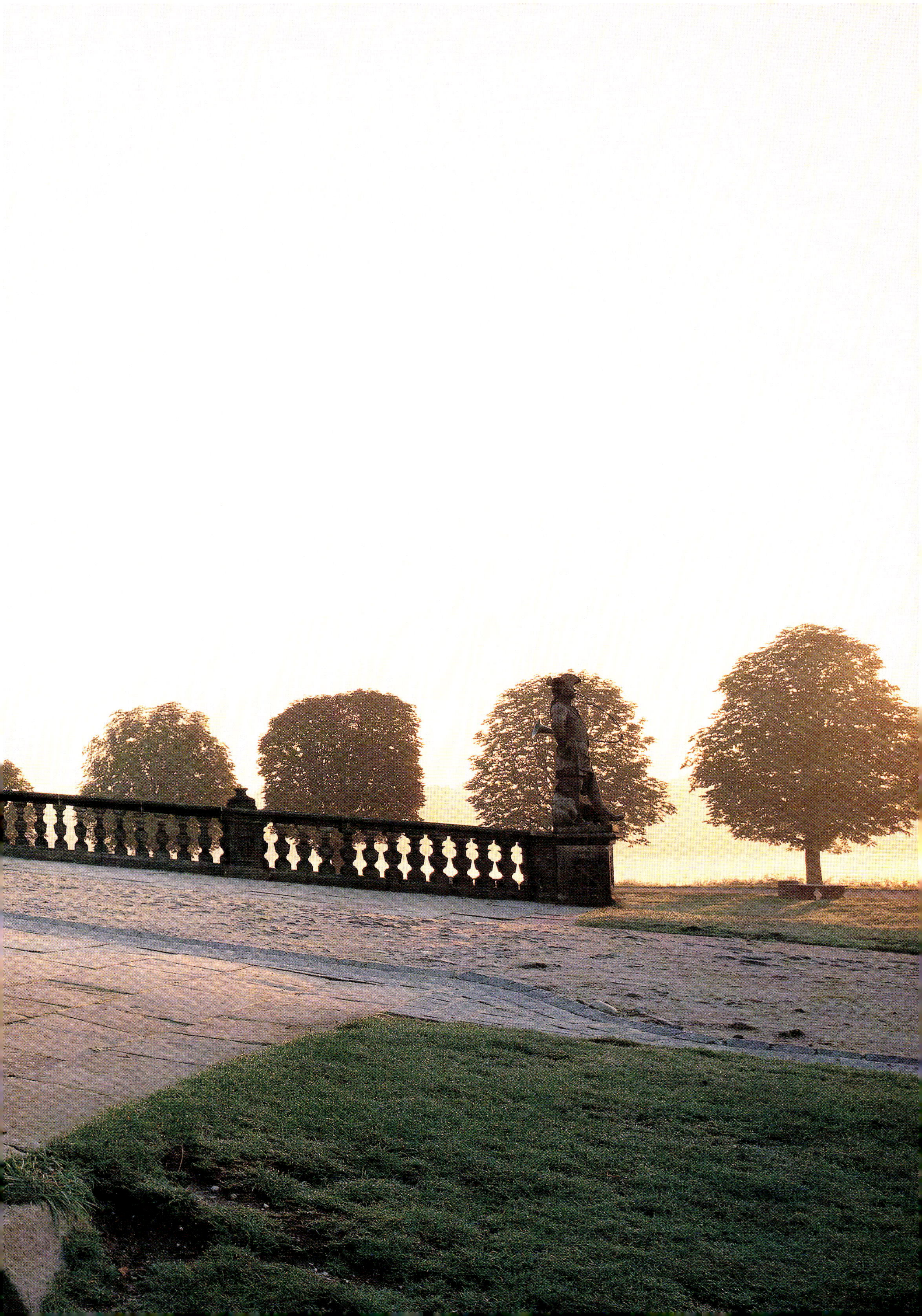

DER BAUSTOFF DER SÄCHSISCHEN KÖNIGE

Das Elbsandsteingebirge, hier die Bastei Rathen, gehört zu den eindrucksvollsten Naturkulissen Deutschlands. Zeitweise gab es 600 Steinbrüche, aus denen der Dresdner Barock entstand. Ursprünglich nur Ersatz für den teuren italienischen Marmor, wurde der Sandstein zum Lieblingsmaterial der hohen Bauherren

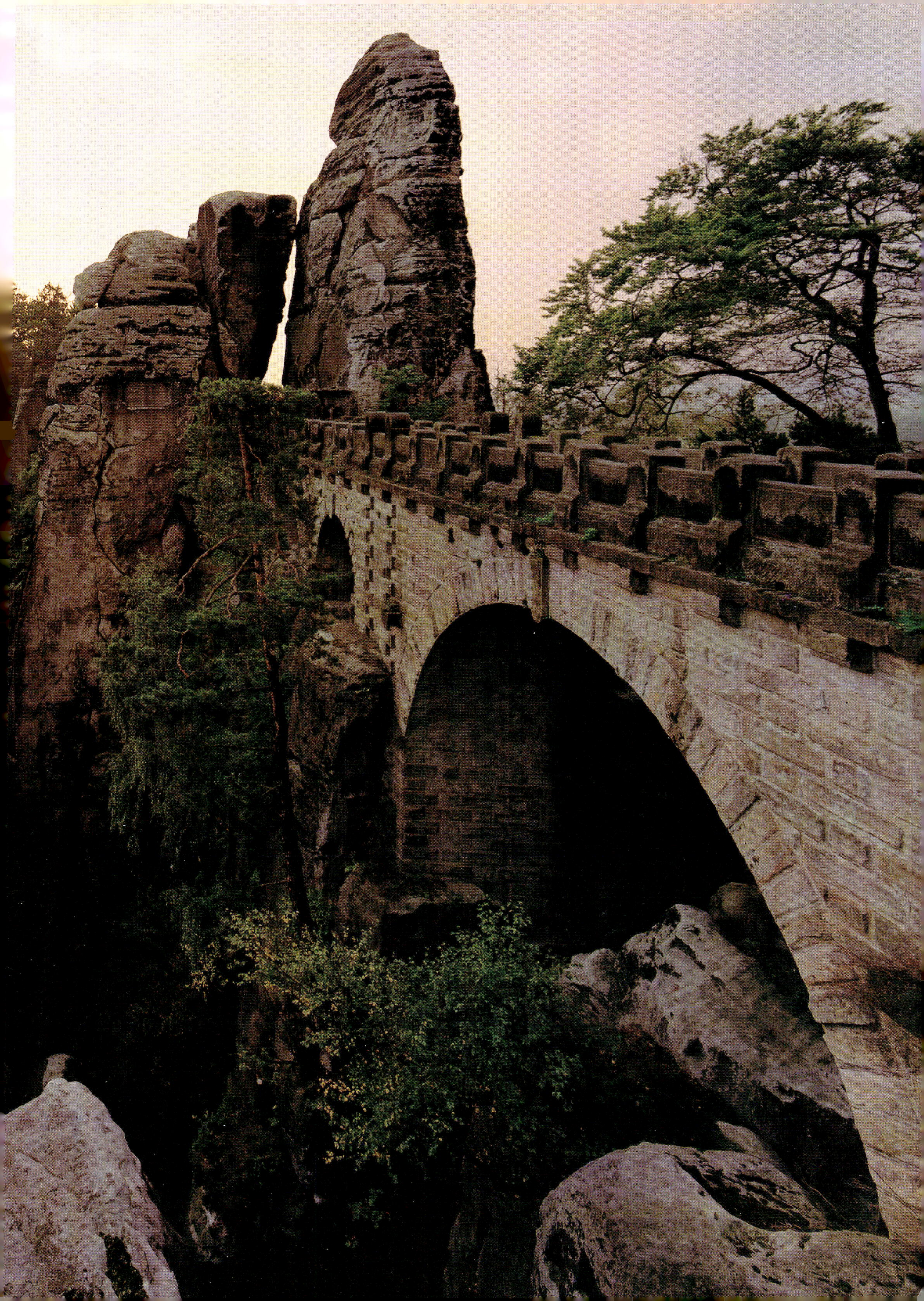

ESSAY

Und drinnen brodelt die Seele

Bach und Nietzsche, Lessing und Wagner, Schumann und Kästner – und Karl May: Das Land ist reich an Genies. Genial auch das Gemüt, mit dem Sachsen an manchen Tagen sogar Diktaturen in Schutt und Asche legen können

Du musst kein Sachse sein, aber besser ist das schon. Es muss nicht Ostern sein, aber dann geht es fast von allein. Es muss auch kein Trabi sein, der dich sanft über die Landstraßen der Leipziger Tiefebene ins Erzgebirge trägt – nur schneller darf es nicht gehen. Auf jeden Fall muss es Bach sein, der dabei aus den Boxen quillt, irgendeine Messe, fett und mit einem reichen Mittelstimmensatz, am besten die in g-Moll (BWV 235). Dann klappt es immer.

Dann pumpt das Herz Glückshormone bis in jede Haarspitze, es springt, zerspringt beinahe, läuft über. Dann heulste einfach los, und die Landschaft verschwimmt zu einem einzigen Gloria: die Felsen und Felder, der Nebel, die Wälder, die Menschen und das, was sie tun. Wie sie lächeln und ihre Autos waschen, einfach nur am Zaun stehen oder das Dach ihrer Laube reparieren. Das Gelb ihrer Forsythien, die Kirchtürme, die Glocken und Silbermannorgeln überall. Ein Gefühl wie eine Fuge: Alles stimmt, alles klingt, alles wird am Ende gut – die Kontrapunktik des Lebens und mittags Wickelklöße. Kyrie eleison! Egal, an was du glaubst: Das Leben ist doch herrlich, oder?

Sie können dem nicht folgen? Sie verstehen das nicht? Sie halten Demut für eine Schwäche und haben Bach noch nie so gehört? Sie haben kein Gemüt.

Genau das ist es, was die Sachsen vom trostlosen Rest der Welt unterscheidet. Sie haben Gemüt – so viel, dass es oft mit Gemütlichkeit verwechselt wird, und mehr davon, als manchmal gut ist. Deshalb führt der Sachse seit Jahrhunderten mit Abstand die deutsche Selbstmordstatistik an. Deshalb braucht er keinen Herbst, keinen Funken Liebeskummer, um melancholisch zu sein, und kein Gramm Koks für Euphorie. Das ist alles ständig da, brodelt oder schwelt in seiner manisch-depressiven Seele und bricht irgendwann aus.

DANN BRINGT ER SICH UM, oder er schreibt eine Matthäuspassion, dann demonstriert er plötzlich an ein paar Montagen ein Stasi-Regime in Schutt und Asche, vor dem er sich jahrzehntelang in seinen Garten zurückgezogen hat. Dieses Gemüt hält eine Menge aus und lange still. Aber alles Preußische bleibt ihm fremd. „De Weechn besiechn de Hardn", sagt der Leipziger Star-Kabarettist Bernd-Lutz Lange.

Das macht uns so unberechenbar: Der ewige Spott über die Mundart, das viele historische Pech, die preußischen Besatzer und verlorenen Kriege, und immer auf der falschen Seite – egal, ob bei Napoleon oder in der DDR. Der Sachse war schon immer der Ossi der Weltgeschichte. Man nennt ihn liebenswürdig und meint einfältig. Man lobt seinen Fleiß und zahlt dafür 80 Prozent der Westgehälter. Nietzsche, Wagner und Lessing nimmt man ihm ab – Ulbricht und den MDR muss er für sich behalten. Er lebt im schönsten Teil Deutschlands, aber kommt in diesem Buch trotzdem erst zum Schluss.

Das ist alles kein Zufall. Mit uns können sie das machen, denn es macht uns nichts aus. Niemand sonst hat die Anpassung so zur Kultur erhoben, sich dumm gestellt und am Ende als Letzter gelacht: Preußen ist längst von der Landkarte verschwunden, aber der älteste Freistaat Deutschlands strotzt nur so vor Selbstbewusstsein – vollkommen zu Recht.

„Vichelant" sein, nennt das der Sachse, überall durchkommen, zurechtkommen, das Beste draus machen: aus Scheiße Gold oder wenigstens Porzellan, ein Auto aus Plaste, und wenn es sein muss, auch Hitler schnell zum Ehrenbürger, so wie das die Chemnitzer als erste Stadt Deutschlands taten und dafür mit fast 40 Jahren Karl-Marx-Stadt bestraft wurden. Na und? Wer die schönsten Mädchen hat, kann nicht auch noch politisches Gespür haben.

„HELLE, HEEFLICH, HEEMTÜCKSCH" seien sie, sagen die Sachsen von sich selbst und wechselten über die Jahrhunderte ständig die Fronten wie ihre Kurfürsten die Mätressen. Russland, Preußen, Habsburg – egal: Politik interessierte keinen. Sachsen-Häuptlinge wie August der Starke wollten lieber Bilder sammeln, prächtige Häuser bauen, essen, trinken, vögeln. Nie hat er einen Krieg angefangen, dafür werden ihm zwischen 200 und 365 Kinder angedichtet. „Mähk love, nod woar" – vermutlich war der Kurfürst mit den langen Locken der erste Hippie der Welt.

Um König von Polen zu werden, trat der lendenstarke August sogar zum Katholizismus über. Niemand im Mutterland der Reformation nahm ihm das übel. Selbst der Erz-Lutheraner Bach biederte sich weiter zu allen möglichen und unmöglichen Anlässen bei ihm an, weil er scharf auf den albernen Titel „Königlich polnischer und kursächsischer Hofkompositeur" war. Und als sich die Sachsen 1918 genötigt fühlten, auch bei der Revolution mitzumachen, jagten sie ihren letzten König nur schweren Herzens vom Thron. Von allen Bahnhöfen winkten sie dem gestürzten Friedrich August III. auf seiner letzten Fahrt noch einmal ergeben zu: „Ihr seid mir scheene Rebubliganer", soll er aus dem Zug gerufen haben.

Es ist das gleiche Gemüt, auf das sich heute König Kurt I. mit absoluter Mehrheit verlassen kann. Ihm wird ebenfalls alles

HOLGER WITZEL *arbeitet seit 1996 im Berliner Büro des* stern. *Witzel, 32, ist in Leipzig geboren. Dort begann er bei dem Nach-Wende-Blatt „Wir in Leipzig"*

verziehen. Soll er doch seine Behörden zu überteuerten Mieten bei einem alten Jugendfreund einquartieren. Was sind schon ein paar Millionen Mark Steuergeld gegen eine Freundschaft? So war das schon immer: In Chemnitz wird gearbeitet, in Leipzig gehandelt, der Gewinn in Dresden verschwendet. Warum und wie viel, interessiert kein Schwein, solange noch genug Geld für schöne Dinge da ist wie den Wiederaufbau der Frauenkirche, Theater und Museen, Orchester und Kunsthochschulen, für Kultur – so viel und so dicht wie sonst nirgendwo in Europa.

Für Friedrich Nietzsche standen Kultur, Bildung und Kreativität immer über Staat und Ökonomie, er predigte den Vorrang des Geistes und der Fantasie. Er war eben ein Sachse und so voller Gemüt, dass er in der Fremde wahnsinnig werden musste. Auch Robert Schumann ging Düsseldorf dermaßen auf die Nerven, dass er sich vor Kummer in den Rhein stürzte. Und wahrscheinlich hätte kein echter Berliner „det Milljöh" so gemütvoll zeichnen können wie der Sachse Heinrich Zille.

ERNST KRETSCHMER, BERÜHMTER PSYCHIATER und trotzdem kein Sachse, kam bei der Suche nach den Geburtsorten deutscher Geistesgrößen zu dem Schluss, dass die Sachsen der deutsche Stamm mit den meisten Genies sind. Vor allem waren es gespaltene Persönlichkeiten, die aus ihrem unerschöpflichen Gemüt schöpften und daran nach Kräften litten. Erich Kästner war so ein Muster-Sachse: mutig zwischen den Zeilen, aber vichelant genug, um unter den Nazis zu überleben, ein Pazifist und bekennender Moralist, der zuschauen musste, wie sie seine Bücher verbrannten, der aber trotzdem im Land blieb und so lange Kinderbücher schrieb, bis die Sache ausgesessen war.

Typisch sächsisch ließ sich auch Richard Wagner ein Leben lang innerlich zerreißen, zwischen Revolution und königlichen Gönnern, zwischen Hoffnung und Drama, zwischen Realität und der Flucht in die Mythologie. Am Ende schwärmte er von einer „Religion der Zukunft", einer Mischung aus Buddhismus und Christentum – fast schon ein klassisches Spätwerk-Symptom der Sachsen, ähnlich wie bei Karl May oder den Bestrebungen des alten Leibniz zur Wiedervereinigung der christlichen Konfessionen.

Sachsen träumen gern davon, jemand anderes zu sein. Sie haben Fernweh und Heimweh, aber selten Mut genug, überhaupt etwas zu ändern. Das macht sie so friedlich. Deshalb werden im Erzgebirge keine Waffen geschmiedet, sondern putzige Holzspielzeuge geschnitzt. Und zur Suizid-Prophylaxe verzichten die Sachsen auf eine Sperrstunde in den Kneipen. Wenn es sie juckt, fahren sie mal an die Ostsee zum FKK und zum Buddeln, aber eigentlich geht das auch im Schrebergarten, denn dafür haben sie ihn ja erfunden.

Eigentlich brauchen sie überhaupt nicht wegzufahren: Es gibt Schlösser, so viel und barock wie in Frankreich, Tagebauwüsten, so wüst und weit wie die Sahara, es gibt Italiener, so schlecht wie in Rimini, und Linsensuppe schmeckt sowieso nur zu Hause. Sogar eine eigene kleine Schweiz haben sie zum Klettern. Eigentlich brauchen sie auch kein Meer, denn sie haben ja den Bach. Und „eigentlich" ist eigentlich ihr Lieblingswort. Eigentlich dreht sich das Leben in Sachsen um Eierschecke und Quarkkeulchen, darum, dass die Tomaten nicht abknicken und das Pfund Kaffee nicht teurer wird, dass die Kinder beizeiten ein Instrument lernen und das Konzertanrecht im Gewandhaus nicht verfällt, dass die Geschäfte gut gehen und die Wessis nicht überhand nehmen. Über zehn Prozent der Leipziger Bevölkerung sollen schon aus den alten Bundesländern stammen; so gut gefällt denen das. Sie verloften die Stadt, veryuppen die Cafés und versuchen die hübschen Mädchen zu pflücken, die in Sachsen angeblich an den Bäumen wachsen. Alles schön und gut, Leipzig kann das vertragen. Aber der Spaß hört spätestens dann auf, wenn die Eingeborenen am Samstag zur Motette in der Thomaskirche keinen Platz mehr finden. Oder beim Parkplatz. Eigentlich auch schon bei den Mädchen.

DAS MIT DEN BÄUMEN STIMMT NÄMLICH NICHT. Auch Schönheit kommt nicht von ungefähr, sondern von innen. „Sie gehen anders, sie reden anders, sie sind aufgeschlossener als überall auf der Welt", schwärmte ein Freund aus dem Westen. Sie merken aber auch, dass er mit „aufgeschlossen" nichts anderes als willig meint, stecken sich wie überall auf der Welt Metall durch den Bauchnabel, und wenn sie ein Kompliment hassen, dann ist es sein nächster taktloser Satz: „Ach, Sie kommen aus Sachsen – das hört man ja gar nicht!" Das ist immer entweder perfide Ironie, auf einen billigen Lacher aus oder – wenn es ehrlich gemeint ist – noch schlimmer: positiver Rassismus. Als wenn man Afrikanern unterstellt, sie hätten eben schnellere Beine, oder Russen, dass sie doch keine Kinder fressen.

Vielleicht sind die sächsischen Mädchen einfach nur sichtbare Zeichen der Evolution, so wie die schnellen Beine der Afrikaner und die Russen, die keine Kinder mehr fressen. Die männlichen Sachsen – vichelant und listig – lassen sich das nur noch nicht so ansehen. Das Zeug dafür haben sie aber in Zitzschen, Mutzschen und Wiederitzsch auch: Wer sonst schafft es, alle Zischlaute dieser Welt in einem einzigen Ortsnamen unterzubringen?

Aber immer schön sachte, keine Gewalt, wir sind das Volk. Wir sind das Volk. Eigentlich.

HOLGER WITZEL

Klosterruine Oybin: Symbol der Romantik – und der Melancholie

80 AUSGEWÄHLTE ADRESSEN UND DREI EXTRATOUREN

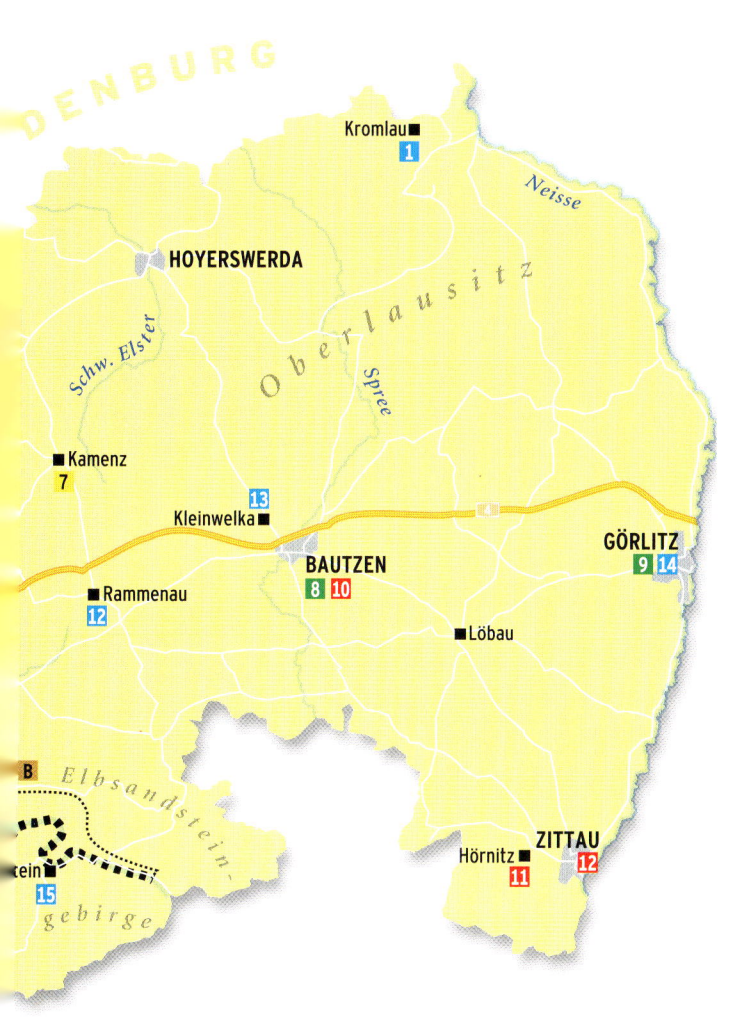

Wo ist was in Sachsen?

SCHLAFEN [1]
ESSEN [1]
LEBEN [1]
SEHEN [1]
TOUREN [A]

SCHLAFEN

Park Hotel in Leipzig

[1] PARK HOTEL

Hier kommt man an: Raus aus dem Hauptbahnhof, rein ins Hotel. Mitten im historischen Zentrum von Leipzig ist alles in fünf Minuten zu Fuß zu erreichen: Gewandhaus, Oper, Thomaskirche. Dazwischen erholt sich der Gast in großzügigen Zimmern mit witzigen Art-déco-Bädern, lässt Seele und Beine bei Fitness, Sauna und im Whirlpool baumeln und diniert im „Orient Express", einem fernsüchtigen Kellerrestaurant, das lieber ein luxuriöser Speisewagen geworden wäre.
Richard-Wagner-Str. 7, 04109 Leipzig
0341-9852-0   0341-9852-750
www.seaside-hotels.de
288 Zimmer, DZ ab 233 Mark

[2] LINDNER

Ein modernes, freundliches Familienhotel im grünen Villenviertel Leutzsch, trotzdem citynah und eine beliebte Herberge für Prominente. Es gibt einen kostenlosen Shuttle-Service in die Innenstadt, aber wer Leipzig wirklich erleben will, nimmt die Straßenbahn oder läuft drei Kilometer durch den Auewald.
Hans-Driesch-Str. 27, 04179 Leipzig
0341-4478-0   0341-4478478
www.lindner.de
200 Zimmer, DZ ab 175 Mark

[3] MICHAELIS

Das ehemalige Haus einer Kirchengemeinde liegt optimal auf halbem Weg zwischen Stadtzentrum und dem Szeneviertel Connewitz. Es ist ein kleines, feines Hotel mit modernen Zimmern hinter einer prachtvollen Fassade. Man fühlt sich wie zu Besuch bei Verwandten, aber ohne Verpflichtungen – denn die Connewitzer Nächte sind lang.
Paul-Gruner-Straße 44, 04107 Leipzig
0341-2678-0   0341-2678-100
www.vch.de/michaelis.Leipzig
60 Zimmer, DZ ab 195 Mark

[4] SPANISCHER HOF GRÖDITZ

Schon die maurisch-kanarische Fassade mitten im sächsischen Elbland kommt einem irgendwie spanisch vor. Dahinter verbirgt sich eine der witzigsten Hotelanlagen Deutschlands und eine verrückte Unternehmergeschichte. Der reiche Möbelfabrikant Siegfried Richter kehrte nach der Wende aus seiner Wahlheimat Teneriffa zurück in seine Geburtsstadt, renovierte Hunderte Häuser, verschenkte Geld an Jungunternehmer – und weil der Aufschwung ein Hotel brauchte, baute er auch das noch. Nach seinem Tod wird alles, von der Kassettendecke bis zu den handbemalten Kacheln aus Sevilla, schuldenfrei der Kleinstadt Gröditz gehören. Sämtliche Einrichtungsgegenstände sind spanischer Herkunft, erdige Farbtöne und ein großzügiger Wellnessbereich mit Saunen, Dampfgrotte und Tepidarium versetzen den Gast augenblicklich in südliche Gefilde.
Hauptstr. 15a, 01609 Gröditz
035263-440   035263-44444
www.spanischer-hof.de
47 Zimmer, DZ ab 138 Mark

[5] HOTEL KLOSTER NIMBSCHEN

Durch die Flucht der Nonne Katharina von Bora wurde das ehemalige Zisterzienserinnenkloster „Marienthron" weltbekannt. Später heiratete die Ketzerin auch noch den Ex-Mönch Martin Luther, und in der heutigen Hotelanlage wird immer noch nach Kräften gesündigt: z. B. in der Klosterschänke bei einem Original-Luthermenü. Danach ab in die Luxus-Zelle zur inneren Einkehr mit Minibar und Pay-TV.
Nimbschener Landstraße 1
04668 Grimma
03437-995-0   03437-995-299
www.kloster-nimbschen.de
63 Zimmer, DZ ab 95 Mark

[6] PANNONIA PARK-HOTEL

Die Jugendstilvilla wurde 1870 von einem Porzellanfabrikanten gebaut und 1993 nach sorgfältiger Erweiterung eröffnet. Das Traumhaus hat ein buntes Klinker-Mosaik als Fassade. Toller Garten, tolle Feste, tolle Aussicht auf Elbe, Albrechtsburg und Dom.
Hafenstr. 27-31, 01662 Meißen
03521-72250   03521-722904
97 Zimmer, DZ ab 167 Mark

[7] ART'OTEL DRESDEN

Schlafen in der Galerie. Das Art'OTel Dresden ist vermutlich die größte einem einzigen Künstler gewidmete Dauerausstellung der Welt: 690 Werke des Dresdners A. R. Penck und die Innenausstattung von Denis Santachiara machen dort weiter, wo die Gemäldegalerie der alten Meister (nur 300 Meter entfernt) aufhört. Ideal für Kunsttouristen.
Ostra-Allee 33, 01067 Dresden
351-49220   0351-4922-777
www.artotel.de/dresden.html
174 Zimmer, DZ ab 235 Mark

HOTELS, RESTAURANTS, RUNDREISE

8 HERBERGSSCHIFF „PÖPPELMANN"
Die schwimmende Jugendherberge im alten Neustädter Hafen schunkelt bis zu 80 Gäste in den Schlaf. In den Kabinen mit zwei, drei oder vier Kojen kann man sehr preisgünstig mitten in Dresden nächtigen. Duschen und Toiletten sind auf den Gängen, fließend kaltes und warmes Wasser in der Kajüte. Einen Speisesaal und eine Cafeteria gibt es auch und – als kleinen Luxus – ein Sonnendeck.
Leipziger Straße 15, 01097 Dresden
0351-8400981 0351-8400985
30 Mark plus 6 Mark für Bettwäsche

Schloss Eckberg in Dresden

9 SCHLOSS ECKBERG
Das Märchenschloss im Tudorstil steht versteckt und gleichzeitig prominent am Elbhang zwischen Dresdner Altstadt und dem „Weißen Hirsch". Alle Zimmer und Suiten haben Flussblick und sind mit Biedermeier-Antiquitäten voll gestopft. Die beste Aussicht über den Elb-Bogen bis Dresden hat man in den Zimmern 406 und 407. Die Räume im preiswerteren Kavaliershaus dagegen sind modern eingerichtet. Fürstliche Banketträume, ein 15 Hektar großer Park – ein unvergleichliches Ambiente!
Bautzner Straße 134
01099 Dresden
0351-80990 0351-8099199
www.hotel-schloss-eckberg.de
17 Zimmer im Schloss, DZ ab 410 Mark
67 Zimmer im Kavaliershaus
DZ ab 230 Mark

10 GOLDENER ADLER
Mitten in der Altstadt von Bautzen gelegen, ist das Hotel der ideale Ausgangspunkt für Touren durch die mittelalterliche Stadt der Türme und des Senfes. Das Haus ist selbst ein restauriertes Denkmal, steht schon seit fast 500 Jahren, aber die Bettwäsche wird öfter gewechselt.
Hauptmarkt 4, 02625 Bautzen
03591-48660 03591-486620
30 Zimmer, DZ ab 155 Mark

Schlosshotel Althörnitz in Hörnitz

11 SCHLOSSHOTEL ALTHÖRNITZ
Romantisches kleines Schlosshotel im Zittauer Ortsteil Hörnitz. Neben einer exzellenten Küche bietet das Haus vor allem zwei süße Turmzimmer, kaum größer als ein Bett. Was braucht man auch mehr für ein Wochenende zu zweit? Höchstens noch das Sektfrühstück, ein 3-Gänge-Menü am Freitag und ein Candle-Light-Dinner mit Live-Musik am Samstagabend.
Zittauer Str. 9, 02763 Hörnitz
03583-5500 03583-550200
www.schlosshotel-althoernitz.de
78 Zimmer, DZ ab 190 Mark

12 SITTAVIA - HAUS DES OSTENS
Nach der Anreise geht es erst mal in die Wechselstube zum Zwangsumtausch. Der Kurs von 4:1 klingt gut, nur hat DDR-Nostalgie inzwischen auch ihren Preis, und das heißt: vier Westmark für einen Aluchip für den Zahlungsverkehr im Haus. Die Zimmer haben keine Nummern sondern Namen wie „FDJ" oder „VEB Fettchemie". Das ganze Haus auf dem Gelände einer ehemaligen Offiziersschule riecht noch nach FDGB, der Hotel-Shop heißt HO-Laden, und die Möbel sind aus Pressspan. Zonen-Chic für Valuta. Nur eins stimmt nicht ganz: Das Personal, das unter Honecker-Bildern die Einreiseanträge ausfüllt, die Gäste im Restaurant platziert und Sättigungsbeilagen serviert, ist richtig freundlich!
Lisa-Tetzner-Str. 19, 02763 Zittau
03583-687920 U 03583-6879299
30 Zimmer, DZ 120 Mark

13 ALEKTO
In der alten Industrie- und Bergbaustadt übernachtet man natürlich auch in einem ehemaligen Fabrikgebäude. Außen Jugendstil, innen modern. Rund herum der alte Reichtum, den die Stadt dem Silber verdankt.
Am Bahnhof 3, 09599 Freiberg
03731-7940 03731-794100
www.alekto.de
52 Zimmer, DZ ab 150 Mark

14 GLÄNZELMÜHLE
Ein kleines kinderfreundliches Familienhotel in einer ehemaligen Wassermühle am Rande der alten Töpferstadt Waldenburg. Eisvögel fliegen, Nachtigallen zwitschern, Damhirsche röhren.
Am Park 9b, 08396 Waldenburg
037608-21015 037608-21017
16 Zimmer, DZ ab 110 Mark

15 CHEMNITZER HOF
Das Hotel im frühen Bauhausstil bildet mit der Oper den architektonisch schönsten Platz von Chemnitz. Der Charme der Zwanziger zieht sich durch das gesamte Haus, heller Marmor, avantgardistische Skulpturen und Meißner Porzellan aus der Gründerzeit beherrschen das Ambiente.
Theaterplatz 4, 09111 Chemnitz
0371-6840 0371-6762587
www.guennewig.de
92 Zimmer, DZ ab 248 Mark

16 BERGHOTEL „FRIEDRICHSHÖHE"
Hier fährt kein Auto durch. Der kleine Ort Oberbärenberg scheint nur zur Erholung geschaffen, und wie alle Gebäude schmiegt sich auch das Haus Friedrichshöhe an den Berg. Mit eigenem Schwimmbad und Sauna.
Ahornallee 1, 01776 Bärenburg
035052-280 035052-28150
www.zugast.de/friedrichshoehe
38 Zimmer, DZ ab 150 Mark

Schloss Wolfsbrunn in Hartenstein

17 HOTEL LINDENHOF
Wer hier nicht gesund bleibt, muss gleich ins Krankenhaus: Bierbad, Aromatherapie, Bioimpedanzanalyse, Yoga, Garshan-Ganzkörper-Rohseidenhandschuhmassage, Shirodara, Swedana, Mukabhyanga, Padabhyanga, Yoga etc. Außerdem Frühsport und Konditionstraining, Wandern, Radtouren, Kegeln und natürlich Ski- und Rodelpisten direkt vor der Tür. Keuch!
Bergstraße 4, 09623 Holzhau
037327-820 037327-7395
www.lindenhof-holzhau.de
62 Zimmer, DZ ab 144 Mark

Hotel Lindenhof in Holzhau

18 WALDPERLE
Eine Villa mit eigenem Forellenteich in einem großen Park. Jeder darf selbst angeln, den Fisch grillen und am Kamin verzehren. Neben den Zimmern im Haus gibt es auch noch kleine und große Bungalows als Ferienwohnungen und eine Umgebung voller Wald und Fachwerk im silbernen Erzgebirge.
Waldstraße 31, 09235 Burkhardtsdorf
03721-22510 03721-22923
www.waldperle-sachsen.de
11 Häuschen ab 45 Mark pro Person

19 SCHLOSS WOLFSBRUNN
Das Jugendstil-Schlösschen erhebt sich in der reizvollen Landschaft der Zwickauer Mulde und wurde 1997 von einer regionalen Industriellen-Familie mit erstaunlichem Gespür für die architektonische Kostbarkeit restauriert.
Stein 8, 08118 Hartenstein
037605-760 037605-76299
www.leo-info.de/hotel
24 Zimmer, DZ ab 240 Mark

20 SACHSENBAUDE
Entstanden vor rund 100 Jahren als Höhensanatorium auf dem Fichtelberg, ist der 4-geschossige Natursteinbau seit einem Jahr in 1135 Meter Höhe ein Ferienhotel mit fünf Sternen. Im Winter fällt der Gast aus der Haustür direkt in die Loipe, im Sommer kann man zu Fuß oder auf Pferderücken das Erzgebirge erkunden.
Fichtelbergstraße 4
09484 Oberwiesenthal
037348-1390 037348-139140
25 Suiten ab 255 Mark

FOTOS: V.KRAMER/STERN; T.HÄRTRICH/TRANSIT

ESSEN

1 LANDGASTHOF PODELWITZ
Schon kurz nach der Wende tafelten hier Wessis. Unter Aufbauhelfern und Abzockern hatte sich schnell herumgesprochen, dass man am nördlichen Stadtrand von Leipzig besser essen konnte, als damals in jedem Innenstadtrestaurant. Ganz konkurrenzlos ist das Familienunternehmen von Winfried Wilke nicht mehr, aber immer noch ungeschlagen beim Wildschweingulasch.
Wiederitzscher Straße 2-5
04519 Podelwitz
℡ 034294 8240 ℻ 034294 82411
Mi bis Fr 16-23 Uhr, Sa/So 11-23 Uhr
Hauptgerichte 16-30 Mark

Gosenschenke „Ohne Bedenken", Leipzig

2 APELS GARTEN
Beige, braun und Billig-Barock – die ehemalige HO-Gaststätte erinnert noch ein bisschen an DDR, verfügt aber über eine Küche, die alte sächsische Rezepte so originalgetreu nachkocht, dass einem die Zunge noch tagelang vor Freude am Gaumen klebt. Kinder bis zehn Jahre essen kostenlos.
Kolonnadenstraße 2, 04109 Leipzig
℡ 0341 9607777 ℻ 0341 9607779
Mo bis Sa 11-24 Uhr, So 11-15 Uhr
Hauptgerichte 17-29 Mark

3 ARABISCHER COFFE BAUM
Eines der ältesten kontinuierlich betriebenen Café-Restaurants Europas. Hier haben schon Lessing, Liszt und Schumann ihr „Schälchen Heesen" getrunken und mit vielen anderen Künstlern gezecht. In verwinkelten Räumen kommt gehobene, bürgerliche Küche auf den Tisch. Und im zweiten Stock ist in einem einzigen Raum Platz genug für ein Arabisches, ein Wiener Café und ein Café Français.
Kleine Fleischergasse 4
04109 Leipzig
℡ 0341-9610060 ℻ 0341-9610030
Café täglich 11-19 Uhr
Restaurant 12-15 Uhr und 18-24 Uhr
Hauptgerichte 24-38 Mark

4 CAFE GRUNDMANN
Aus dem legendären Café Günter wurde im vergangenen Jahr wieder das schönste Kaffeehaus von Leipzig. Hier sitzen die üblichen Verdächtigen: Studenten, echte und Lebens-Künstler, dazu große Fenster und Geschwätz. Ein umfunktionierter Bockwurstspender heißt jetzt Comix-Automat und spuckt für ein paar Mark kleine Bildgeschichten von Studenten der Hochschule für Grafik und Buchkunst aus.
August-Bebel-Str. 2, 04275 Leipzig
℡ 0341-2228962 ℻ 0341-2228964
Mo bis Fr 10-1 Uhr, Sa/So 14-1 Uhr
Gerichte 9-18 Mark

5 GOSENSCHENKE „OHNE BEDENKEN"
Die Gose ist ein leicht säuerliches obergäriges Bier, wurde vor 1000 Jahren erstmals in Goslar gebraut und im 18. Jahrhundert das Leipziger Bier. Die Gosenschenke „Ohne Bedenken" gab es an gleicher Stelle schon 1899. Sie verfügt über den unstrittig schönsten Biergarten von Leipzig. Wie früher isst man zur Gose natürlich das Gosehäppchen – einen sauer eingelegten Camembert mit Fettbemmchen und Gurke.
Menckestraße 5, 04155 Leipzig
℡ 0341-5662360 ℻ 0341-5662310
Mo-Sa von 17-1 Uhr, So von 12-24 Uhr
Hauptgerichte 19-35 Mark

6 VINCENZ RICHTER
Das malerische Fachwerkhaus steht seit 1523 und ist immer voll. Die bis heute bestehende Familientradition wurde 1873 von Vincenz Richter begründet. Auch in der 5. Generation kommen die Weine vom eigenen Gut an Meißens Elbhängen. Aus der Küche sind vor allem die Schinkentütchen und die Eierschecke eine besondere Empfehlung wert.
An der Frauenkirche 12, 01662 Meißen
℡ 03521-453285 ℻ 03521-453763
@ www.vincenz-richter.de
Di bis Fr ab 16 Uhr, Sa/So ab 12 Uhr,
So abend geschlossen
Hauptgerichte 22-30 Mark

7 LAUBENHÖHE
Der erste Eindruck dieser rustikalen Bauernstube täuscht nicht. Hier wird bürgerlich gekocht – aber so gut, dass Chris Krause ständig mit Kochmützen und anderem Feinschmecker-Lob überhäuft wird. Vater Klaus sorgt für einen ausgezeichneten Service, und bei ausgelösten Wachteln auf Kartoffelbrei mit Pilz-Lauch-Gemüse und Morchelsoße zu 29 Mark kann man auch über die Preise nicht meckern.
Köhlerstraße 77, 01689 Weinböhla
℡ 035243-36183 ℻ 035243-36151
@ www.laubenhoehe.de
Di bis So von 12-15 und 18-24 Uhr
Hauptgerichte 14-39 Mark

8 SCHLOSS-SCHÄNKE
Die tausendjährige Stadt der Türme und des Senfes verfügt über viele kleine leckere Restaurants – die romantische Schloss-Schänke ragt allein mit einer überwältigenden Weinkarte von mehr als 160 deutschen und internationalen Spitzentropfen heraus. Dazu wartet der Küchenchef mit einer modernen, frischen und leichten Küche auf.
Burgplatz 5, 02625 Bautzen
℡ 03591-304990 ℻ 03591-490198
Geöffnet täglich 11-24 Uhr
Hauptgerichte 20-30 Mark

Gutshof Hedicke, Görlitz-Ludwigsdorf

9 GUTSHOF HEDICKE
Madalena und Eike Hedicke haben den romantischen Drei-Seiten-Hof des Vaters Schritt für Schritt in ein Hotel mit Theaterscheune und Feinschmeckerrestaurant verwandelt. Gegessen wird im Innenhof oder unter dem alten Gewölbe des Pferdestalls und vor allem immer gut. Herr Hedicke kocht zu wechselnden Themen und bei Live-Musik vor den Augen seiner Gäste.
Neißetalstraße 53
02828 Görlitz-Ludwigsdorf
℡ 03581-38000 ℻ 03581-380020
@ www.gutshof-hedicke.de
Mo bis Sa 18-24 Uhr, So 12-21 Uhr
Hauptgerichte um 35 Mark

10 PATTIS
Familie Pattis kann man getrost als Vorreiter beim kulinarischen Aufschwung Ost bezeichnen. Schon mit ihrem ersten Restaurant „Erholung" lockten sie Gourmets aus aller Welt in die Wüste der Sättigungsbeilagen und wurden dafür 1994 mit dem ersten Michelin-Stern in den neuen Bundesländern belohnt. Inzwischen hat die Familie ein Luxushotel um ihre „Sächsisch Höfische Küche" gebaut. Die raffinierten Kreationen von Mario Pattis und die alten Menüfolgen des Hofes werden selbstverständlich auf Meißner Porzellan serviert. Der Küchenchef gibt auch Kochkurse, die allerdings nicht billig sind.
Merbitzer Straße 53, 01157 Dresden
℡ 0351-42550 ℻ 0351-4255255
tgl. 18-24 Uhr, Hauptgerichte um 50 Mark

„Pattis" in Dresden

TOUR (A)

HELDEN-RUNDREISE
So wie die Wende vor elf Jahren beginnt natürlich alles in der Heldenstadt Leipzig. Es muss kein Montag sein, aber ein Fußmarsch um den Leipziger Innenstadt-Ring sollte jeder schaffen. Auf dem Weg gruselt sich der Nostalgie-Demonstrant im Stasi-Museum an der Runden Ecke, tankt neue Hoffnung in der Nikolaikirche, wo die Friedensgebete bis heute stattfinden. Das „Zeitgeschichtliche Forum" in der Grimmaischen Straße 6 erinnert an Widerstand und Zivilcourage in der DDR vor dem Hintergrund der deutschen Teilung und ist wahrscheinlich eines der am besten aufbereiteten Museen Deutschlands.

JVA „Gelbes Elend" in Bautzen

Gerüstet mit viel neuem Wissen kann der Helden-Tourist nun in aller Ruhe mit dem Auto durch das Dresdner Tal der Ahnungslosen bis nach Zittau fahren, um im Ossi-Hotel „Sittavia" einzuchecken. Die DDR-Nostalgie verfliegt am nächsten Vormittag bei einem Besuch im „Gelben Elend" von Bautzen. Der um die Jahrhundertwende errichtete gelbe Backsteinbau war vor der Wende der berüchtigtste Knast für politische Häftlinge, eine Ausstellung erinnert an die Leiden der Stasi-Opfer. Auf der Rückfahrt über die BAB 4 kann man noch den „Nischel" in Chemnitz oder die Trabis im Automobilmuseum August Horch in Zwickau besuchen (Walther-Rathenau-Str. 51, 08058 Zwickau, tgl. 9-17 Uhr, Mo/Fr geschlossen). Auch Morgen-röthe-Rautenkranz, der Geburtsort des ersten deutsche Weltraumhelden Siegmund Jähn, liegt fast am Weg und hat heute eine Raumfahrtausstellung (Di bis So 10-17 Uhr, ℡ 037465/2538).

RESTAURANTS, AKTIVITÄTEN, WANDERTOUR

11 DAS CAROUSSEL
Kein Gourmet-Führer kommt an diesem Tempel im Hotel Bülow Residenz vorbei. Wir auch nicht, denn edler und romantischer geht es selbst in Sachsen nicht. Allein die Gedecke, die Sorbets, die bedienenden Damen: ein Augenschmaus! Und was aus der Küche kommt, gibt dem Genießer den Rest. Unbedingt reservieren!
Rähnitzgasse 19, 01097 Dresden
✆ 0351-80030 📠 0351-8003100
Geöffnet täglich 18.30-22 Uhr
Hauptgerichte 41-59 Mark

12 KÖNIGLICHE SCHLOSSKÜCHE WEESENSTEIN
„Ein guter Sachse will genießen und nicht prassen", sagt Chefkoch Reinhard Lämmel und hat dafür die original Schloss-Rezepte von König Johann übernommen. Seine eigene Statur beweist, dass man trotzdem satt wird. Die Zutaten können nicht frischer sein. Und mit viel Fantasie aufgepeppt, schmeckt seine volksverbundene sächsische Küche immer königlich.
Am Schlossberg 1, 01809 Müglitztal
✆ 035027-5738 📠 035027-5738
Di 18-23, Mi-Sa 12-23 Uhr, So 12-18 Uhr
Hauptgerichte 17-37 Mark

Landhaus Heidehof, Dippoldiswalde

13 LANDHAUS HEIDEHOF
In der alten Wirtshaus-Chronik ist von „heimlichen, kühlen Plätzchen und einfachem Abendbrot mit Käse und Knackwürstchen" die Rede. Schön und kühl ist es unter den alten Ulmen im Garten immer noch. Aber heimlich? Egal, die Küche ist exzellent, wie die gekräuterte Käsekruste um die kleinen Rindslendenschnitten beweist. Die Leberknödelsuppe vorweg und das sächsische Quarkkeulchen zum Dessert.
Hohe Straße 2, 01744 Dippoldiswalde
✆ 03504-64870 📠 03504-648755
✉ www.landhaus-heidehof.de
tgl. 11-24 Uhr, Hauptgerichte 14-33 Mark

14 LOBSTER'S
Fisch, Fisch, Fisch. Eigene Meerwasseranlage, eigener Kräutergarten, eigener heller, schlichter Stil im Gastraum. Und wie woanders die Pizza wird in Chemnitz sogar der Hummer frisch und kostenfrei nach Haus geliefert. Aber allein das Pflaumen-Ingwer-Kompott mit Joghurt-Eis ist mehrere hundert Kilometer Anreise wert.
Straße der Nationen 104
09111 Chemnitz
✆ 0371-421799 📠 0371-421725
tgl. ab 18 Uhr, Hauptgerichte 25-48 Mark

Restaurant Büttner in Schneeberg

15 GASTHOF „GOLDENER HAHN"
Pfifferlinge im Sommer, im Herbst Wild und immer hausgemachte grüne Klöße. Der „Goldene Hahn" ist noch ein richtiger Gasthof, in dem man sich vorstellen kann, wie Kutscher und Pferd einmal vor dem Erzgebirge verschnauften. Die Mahlzeiten sind schnörkellos einfach, aber nirgends so lecker, deftig und preiswert. Den herrlichen Blick auf die Augustusburg gibt's sogar gratis.
Zschopauer Str. 565
09128 Chemnitz-Altenhain
✆ 0371-772338
Mi bis So 8-20 Uhr
Hauptgerichte höchstens 17 Mark

16 DREI SCHWÄNE
Was zieht einen jungen Spitzenkoch aus dem Elsaß nach Zwickau? Ein Frau natürlich. Yannick Demange lernte die Kellnerin Annette im Baiersbronner Edelrestaurant „Traube Tonbach" kennen und zog mit ihr in ihre Heimatstadt. Dort haben sie sich mit französisch-mediterraner Küche einen Namen gemacht und gerade neue Räume bezogen: beste französische Küche in Sachsen.
Gartenstraße 1, 08056 Zwickau
✆ 0375-2047650 📠 0375-2047650
Di bis Sa 11.30-14 u. 18-24 Uhr, So 11.30-14 Uhr, Hauptgerichte 30-42 Mark

17 RESTAURANT BÜTTNER
Das barocke Haus aus dem 17. Jahrhundert war ursprünglich eine Konditorei. Für das heutige Restaurant im Kreuzgewölbe der alten Backstube kocht Uwe Tögel beispielsweise Steinbutt-Kotelett unter einer Pestokruste auf Ratatouille-Gemüse mit leichter Pommery-Senf-Sauce und Kartoffelroulade. Im Weinkeller, einem ehemaligen Silberstollen unterm Haus, finden Verköstigungen und Konzerte statt.
Markt 3, 08289 Schneeberg
✆ 03772-3530 📠 03772-353200
Mo, Mi bis So 17.30-23 Uhr, Sa/So 11.30-14 Uhr, Hauptgerichte 24-50 Mark

18 SILBERBAUM
Der Gast sitzt unter einer mächtigen spätgotischen Holzkassettendecke voller Schnitzereien und genießt die Rinderroulade nach Oma Höppner – mit einer einzigartigen Füllung aus Gurke und Speck, Zwiebel, geriebener Semmel und frischen Hühnereiern.
Markt 13, 09456 Annaberg-Buchholz
✆ 03733-1440 📠 03733-144100
täglich 11-14.30 und 18-22 Uhr
Hauptgerichte 17-27 Mark

19 GASTHAUS HAACK
Die Gaststätte gibt es seit 1883, die Preise stammen noch aus DDR-Zeiten und alles Fleisch aus eigener Schlachtung. Der Familienbetrieb zaubert daraus Essen, wie man es wirklich nur im Vogtland bekommt, darunter einen sagenhaften Wildbraten mit Preiselbeeren, grünen Klößen und Rotkohl. Auch Ostklassiker wie das Zigeunersteak mit Letscho und Pommes frites oder Hacksteak mit Bratkartoffeln kommen auf den Tisch.
Mechelgrüner Str. 2, 08541 Zobes
✆ 03741-413267
täglich 11-22 Uhr, Di geschlossen
Hauptgerichte fast alle unter zehn Mark

20 FORELLE
Schon der Name verrät, was hier unbedingt auf den Teller gehört. Forellen gibt es in elf verschiedenen Variationen, als Filet mit Kräutergarnelen in Knoblauchsauce zu Eierreis oder in Calvados-Apfelsahne. Natürlich gibt es sie auch blau oder nach Art der vollen Müllerin. Wer keinen Fisch mag, lässt sich ein Steak aus der eigenen Bio-Rinderzucht auf der Zunge zergehen.
Zum Wasserfall 2, 08318 Blauenthal
✆ 037752-4044 📠 037752-6329
tgl. ab 11 Uhr, ab 19 Uhr mit Vorbestellung, Hauptgerichte 12-28 Mark

Die „Forelle" in Blauenthal

LEBEN

1 ACADEMIXER-KELLER
Leipzig ist die deutsche Hauptstadt des Kabaretts: Jedes Jahr Lach-Messe, mindestens drei Profi-Ensembles mit fester Bühne. Aber die „Academixer" sind und bleiben die Besten. Sie treten täglich im fensterlosen Keller eines alten Messehauses auf. In der Art-déco-Kneipe haben die Kleinkünstler Devotionalien aus 34 Jahren Mixer-Geschichte gesammelt, und wenn sie nicht selbst hinterm Tresen stehen, sitzen sie wenigstens am Stammtisch.
Kupfergasse 3-5, 04109 Leipzig
✆ 0341-9604848 📠 0341-4114258
Vorstellung täglich 20 Uhr
Kneipe ab 18 Uhr

2 DRALLEWATSCH
So nennt sich die beliebteste Leipziger Kneipenmeile, die auch am im Barfußgässchen mit „markt 9" (✆ 0341-2111386) und „spizz" (✆ 0341-9608043) an Sommerabenden die ganze Straße mit Menschen füllt. Hinter dem Stadtring geht es im „Lettermann" (ehemaliges Postamt) weiter, „Maga Pon" (Kneipe mit Waschsalon), „BarCelona" und immer neue Schuppen kommen dazu. Kneipen-Hopping bis man nicht mehr laufen kann.
Barfußgässchen und Gottschedstraße
04109 Leipzig

Backsteinindustrie in Leipzig

3 BOOTSPARTIE DURCH BACKSTEININDUSTRIE
Der Leipziger Westen ist ein industrielles Venedig. Die alten Kanäle zwischen Elster und Pleiße stinken nicht mehr, aus der alten Backsteinindustrie ehemaliger Fabriken werden Lofts, und dazwischen schippern Boote und sogar echte venezianische Gondeln, die ein Nobel-Italiener samt Gondolieri verleiht.
„Da Vito", Nonnenstr.11b, 04229 Leipzig
✆ 0341-4802626
Gondeln bei gutem Wetter von April bis Oktober bis zur Dunkelheit

4 DISTILLERY
Früher einer der härtesten Untergrundklubs, heute einer der berühmtesten Techno-Tempel in Deutschland, gelegen in einer alten Ofensetzerei im Szeneviertel Connewitz
Ecke Kurt-Eisner-/Lößniger Straße
04257 Leipzig
✆ 0341-9638211 ✉ www.distillery.de

5 ATELIER SILKE WAGLER

Mitteldeutschlands exklusivste und interessanteste Modedesignerin hat einen neuen traumhaften Laden und ihre Werkstatt gleich mit drin. In der Galerie entwirft Silke Wagler ihre Kollektionen aus Stoffen und Farben voller Sinnlichkeit, denen man die Liebe der Designerin fürs Theater ansieht. Abendkleider ab 750 Mark.
Thomaskirchhof 20, 04109 Leipzig
0341-9800950 ⋅ 0341-9800949
Mo bis Fr 10-20 Uhr, Sa 10-16 Uhr

6 COSPUDENER MEER

Wo einmal der Ort Cospuden lag, wühlten sich jahrzehntelang die Braunkohlenbagger durch die Erde. Jetzt ist das riesige Loch zwischen Markkleeberg und Zwenkau südwestlich von Leipzig mit Wasser gefüllt und am Rand voller neuem Leben: Restaurants, Yachthäfen, Cocktailbars, ein kilometerlanger Sandstrand für Familien, Hunde und FKK, Tauchschule, Surfschule, Bootsverleih, Strand-Kino, Drachenbootrennen, Schwimmwettkämpfe.
0341-3565111
www.cospuden.de

Osterreiten in Ralbitz bei Kamenz

7 OSTERREITEN BEI DEN SORBEN

Jedes Jahr am Ostersonntag ziehen festlich gekleidete Reiter auf prächtig geschmückten Pferden durch die Umgebung von Kamenz. Sie singen Kirchenlieder und tragen die frohe Botschaft von der Auferstehung dermaßen bunt von Ort zu Ort, dass selbst Atheisten das Herz bis zum Halse schlägt
Kamenz-Information
03578-7000111
Rund um Kamenz
nur an Ostern

8 HISTORISCHES WEINGUT SORGENFREI

Hier fehlen einem tatsächlich die Worte vor lauter Pracht und Herrlichkeit. Ist es nun ein Gourmet-Restaurant mit französischer Küche? Ein märchenhaftes Schlosshotel mit Zimmern wie in eine liebevollen Puppenstube? Ist das der Gipfel der Genüsse? Die Gedecke, die Blumen, der Park – insgesamt ein einziger Rokoko-Traum. Rund herum eines der schönsten Weingüter Sachsens.
Augustusweg 48, 01445 Radebeul
0351-8933330 ⋅ 0351-8304522
www.radebeul.de/sorgenfrei

Tabakmoschee Yenidze in Dresden

9 YENIDZE DRESDEN

Unter der orientalischen Glaskuppel der alten Tabakmoschee liegen die Gäste auf Kissen und lauschen Märchen aus 1001 Nacht und der ganzen Welt. Außerdem im Haus: Restaurants und junge Internetfirmen.
Weisseritzstraße 3, 01067 Dresden
0351-4951001 ⋅ 0351-4951004
Märchen: Fr bis So um 16, 19.30 und 22 Uhr

10 SEMPEROPER

Zweimal zerstört und 1985 frisch restauriert eröffnet. Das pompöse Haus der Sächsischen Staatsoper fühlt sich vor allem Carl Maria von Weber verpflichtet, führt aber auch viele Operetten auf und ab nächstem Jahr den vollständigen Nibelungen-Ring.
Theaterplatz 2, 01067 Dresden
0351-4911-705
0351-4911-777 (Spielplan)
www.semperoper.de

11 DIXIELAND AUF DER ELBE

Jedes Jahr im Frühjahr tobt in Dresden der Dixieland. Bands aus allen möglichen Ländern musizieren auf Veranstaltungen oder einfach in der Innenstadt. Zum Höhepunkt des Festivals ziehen geschmückte Wagen mit spielenden Bands entlang der Brühlschen Terrasse, Semperoper und Zwinger zur Abschlussveranstaltung an den Kulturpalast. Die „Weiße Flotte" bietet auch sonst Dixielandfahrten mit Schaufelraddampfern auf der Elbe an, und zwar von Mai bis einschließlich Oktober.
Info Festival: 0351-4866337
Weiße Flotte Fahrtlinien/Fahrpreise
0351-866090 ⋅ 0351-8660988
www.saechsische-dampfschiffahrt.de

12 PFUNDS MOLKEREI

Der wohl schönste Milchladen der Welt. Vom Boden bis zur Decke mit alten Fliesen aus dem Jahre 1892 von Villeroy & Boch. Zu kaufen gibt es nicht nur Buttermilch und Käse. Auch Öle, sächsische Weine und andere Köstlichkeiten können erworben werden. Hier musste schon der kleine Erich Kästner die Milch holen, heute gibt es nach Voranmeldung Käseverkostungen.
Bautzner Straße 79, 01099 Dresden
0351-808080 ⋅ www.pfunds.de
Mo bis Fr 9-20 Uhr, Sa/So 10-16 Uhr

13 FLOSSFAHRT AUF DER MULDE

Goldwaschen, Floß bauen und die Mulde flussabwärts schippern – eine tolle Möglichkeit für Kinder und aktive Eltern, mal wieder was zusammen zu erleben. Auch im Angebot beim Unger Outdoor Team: Winterzelten, Abenteurercamps, Höhlen- und Klettertouren, Überlebenstraining.
An der Talsperre 5
OT Lauenhain 09648 Mittweida
034321-14598 ⋅ 034321-14476
www.outdoorteam.de

14 VOXXX

In der ehemaligen Brauerei auf dem Kassberg trifft alles aufeinander, was in Chemnitz mit Kultur zu tun hat: Kino, Theater, Partys, Modedesigner und Maler, Tänzer der Chemnitzer Oper, und am Wochenende hämmert der Techno. Von der blinkenden Dekoration im „Oscilloscope" schwärmen selbst Berliner Partyhopper. Alles ganz locker, Krawatte neben Irokesenfrisur, einer der coolsten Plätze im Osten.
Horst-Menzel-Str. 24, 09112 Chemnitz
0371 364691 ⋅ 0371 364691
www.voxxx.de
täglich meist ab 21 Uhr

15 EISDISCO

Wo Katarina Witt ihre ersten Schritte auf Kufen übte, darf heute jeder mal ausrutschen. Zu den Eis-Discos am Wochenende tummeln sich hier bis zu 1500 Menschen.
Wittgensdorfer Str., 09114 Chemnitz
0371-3389700
Mo bis Sa 9.30-11.30 und 18-20 Uhr
So 9.30-11.30 und 13.30-15.30 Uhr
jeden Sa 19-23 Uhr Eisdisco

Rodeln und Bobfahren in Altenberg

16 SOMMER-RODELN UND BOBFAHREN

Mal so richtig Schlitten fahren: Auf der Sommer-Rodelbahn in Altenberg geht es einen Kilometer lang in wilden Steilkurven bergab. Noch rasanter rodelt es sich in einem echten Vierer-Bob von Mitte November bis Mitte Februar auf der Rennschlitten-Bahn.
01773 Altenberg
035056-35385
täglich ab 10 Uhr, Erwachsene zahlen 3, Kinder 2 Mark pro Fahrt

TOUR (B)

Auf dem Basteifelsen, Sächsische Schweiz

MALERWEG IM ELB-SANDSTEINGEBIRGE

*Es ist derselbe Weg, den **Caspar David Friedrich**, **Ludwig Richter** und andere romantische Maler durch die **Sächsische Schweiz** gingen. Wundern Sie sich aber nicht, wenn manchmal ein Blick nicht ganz stimmt: Die Künstler haben bei ihren Landschaftsbildern oft gemogelt und einfach Felsen verschoben. Der **Malerweg** führt von **Dresden-Pillnitz** durch den **Liebethaler Grund** über **Lohmen** nach **Wehlen**. Von hier geht es über die **Bastei** nach **Rathen**, dann den **Amselgrund** hinauf über den **Hockstein** nach **Hohnstein**. Hier gibt es zahlreiche Übernachtungsmöglichkeiten (**Hotel Amselgrundschlößchen, 01824 Rathen**, 035024-74333 oder **Hotel Brand-Brandstraße 8, 01848 Hohnstein**, 035975-8600) Über die Brandaussicht gelangt man in den **Tiefen Grund**. Der ursprüngliche Weg ging über **Schandau**, doch Wanderer bevorzugen heute die **Variante über Waitzdorf ins Kirnitzschtal**. Nach dem **Lichtenhainer Wasserfall** wandert man Richtung **Winterberg**, macht noch einen Abstecher zum „Kuhstall", einer bizarren Felshöhle, und von **Schmilka** geht es mit dem **Elbdampfer** zurück nach **Dresden**, vorbei an der **Festung Königstein** und dem **Lilienstein**.*

Tourismusverband Sächsische Schweiz
035022-49 50 ⋅ 035022-49533
Fahrpläne, Auskunft Elbdampfer
0351-866090 ⋅ 0351-8660988
www.saechsische-dampfschiffahrt.de

AKTIVITÄTEN, AUSSICHTEN, RADTOUR

17 SCHNITZEN UND KLÖPPELN LERNEN

Im Erzgebirge kann nicht nur überall Kunsthandwerk besichtigt, sondern auch selbst Hand angelegt werden. Papa lernt schnitzen, Mama klöppelt. In der Figuren- und Reifenschnitzerei von Wolfgang Blasius sind nach wenigen Stunden schon die ersten eigenen Figuren fertig.

Schnitzen bei W. Blasius
Katharinenstr. 11, 09496 Marienberg
03735-22544
Stundenzahl und Preise nach Vereinbarung
Klöppeln bei Frau Mehlhorn
Stadtbergener Str. 3, 09526 Olbernhau
037360-72333
6 Tage Klöppelurlaub, tgl. 4 Stunden pro Person 129 DM

18 BALLONFAHRT AN DER GÖLTZSCHTALBRÜCKE

Möglicherweise steht der beliebteste sächsische Treffpunkt für Selbstmörder in der falschen Rubrik, aber neuerdings kann man die größte Ziegelsteinbrücke der Welt auch ohne Suizid-Absicht von oben sehen. Ein Heißluftballon steigt die 78 Meter vom Tal der Göltzsch hinauf, lässt die Passagiere auf die Teller der Speisewagen schauen oder einen Blick nach unten riskieren, der sonst nur Lebensmüden vorbehalten ist.

Vogtland Ballon und Touristik GmbH,
Brückenstraße 31, 08491 Netzschkau
03765-711838
Bei guter Wetterlage täglich ab 9 Uhr bis Sonnenuntergang
für Erwachsene 25, für Kinder 15 Mark

19 ARTMONTAN – DAS STILLE BERGWERK

In verschiedenen Besucherbergwerken und Kavernen von alten Pumpspeicherwerken in der Umgebung von Aue ertönen klassische oder experimentelle Klänge bis hin zu Jazz, Märchen oder Ballett. Für die Konzerte und Aufführungen ist Abendrobe nicht geeignet, stattdessen sind ein warmer Pullover und festes Schuhwerk angesagt.

Info: Landratsamt Aue-Schwarzenberg
Wettiner Straße 64, 08280 Aue
03771-277175 | 03771-277181

20 STELZENFESTSPIELE BEI REUTH

Nicht nur in Bayreuth, sondern bei Reuth im Vogtland treffen sich jeden Sommer weltberühmte Musiker und verzaubern ein Wochenende lang Wald und Wiesen des kleinen Dorfes Stelzen. Immer wird eine eigens komponierte Landmaschinen-Sinfonie aufgeführt, Gewandhausmusiker und Thomaner aus Leipzig arrangieren sich dafür mit alten Traktoren, und das ganze Dorf macht mit. Gäste kommen auch auf den Höfen der Einheimischen unter.

Infos über den
Tourismusverband Vogtland
03744 19449
www.stelzenfestspiele.de

SEHEN

1 TEUFELSBRÜCKE IM RHODODENDRONPARK

In der niederschlesischen Seenlandschaft zwischen Cottbus und Görlitz wächst der größte Rhododendronpark Ostdeutschlands. Natürlich nicht von selbst – über die Jahrhunderte haben die Gutsherren von Kromlau immer neue gepflanzt, den Park außerdem mit vielen Grotten und der geländerlosen Teufelsbrücke aus Natursteinen zu einem romantischen Erlebnis ausgebaut. Um Pfingsten herum blühen die Rhododendren auch noch alle – in Wahnsinnsfarben.

Tourismusinformation
Halbendorfer Str. 6/7, 02953 Kromlau
03576 222750 | 03576-222828
An Pfingsten drei Tage Park- und Blütenfest

Leipziger Thomaskirche

2 THOMASKIRCHE UND BACHMUSEUM

Die Kultstätte für alle Verehrer von Johann Sebastian. Zum Bachjahr 2000 wurde die Thomaskirche frisch renoviert, jeden Freitag 18 Uhr und Samstag 15 Uhr singen hier seit dem Mittelalter die Thomaner ihre Motetten und Kantaten. Gegenüber im Haus von Georg Heinrich Bose, einem Freund des alten Thomas-Kantors, ist heute das Bach-Archiv und ein Museum voller historischer Instrumente und wohltemperierter Handschriften untergebracht.

Thomaskirchhof, 04109 Leipzig
0341-9602855 (Kirche)
0341-9644133 (Museum)
www.thomaskirche.org
Museum täglich 10-17 Uhr

3 LEIPZIGER ZOO

Neue Anlagen für die Menschenaffen und Raubtiere sind bereits im Bau. Die wunderschöne historische Zooarchitektur – wie Affenhaus und Bärenburg oder das alte, 1900 erbaute Raubtierhaus – hat dann ausgedient, bleibt aber stehen. Eine Attraktion ist nach wie vor das ringförmige Aquarium für Haifische.

Pfaffendorfer Straße 29, 04105 Leipzig
0341-5933500
www.zoo-leipzig.de
täglich 9-19 Uhr, im Winter bis 17 Uhr
Erwachsene 11 Mark, Kinder 5 Mark

4 LEIPZIGER PASSAGEN-BUMMEL

Die Leipziger sind dem Baulöwen Schneider unendlich dankbar. Er war der Erste, der nach der Wende mit der Renovierung der alten Passagen und Messehöfe begann. Und weil Geld keine Rolle spielte, tat er das so aufwendig und detailverliebt, dass man heute richtig was davon hat. Aber nicht nur Schneiders Prunkstücke wie Mädlerpassage und Barthels Hof laden zum Bummeln ein. Specks Hof, das ehemalige Städtische Kaufhaus, das Untergrundmessehaus und die kleinen Passagen zwischen Hain- und Katharinenstraße machen einen Citybummel auch bei strömendem Regen möglich – bald sogar unter fachkundiger Führung des Baulöwen persönlich.

www.schneider-in-leipzig.de

5 HAUPTBAHNHOF LEIPZIG

Hier hat man gern mal Verspätung: Wie auf dem Vergnügungsdeck der Enterprise fühlt sich der Reisende auf drei Etagen unter den Bahnsteigen von Europas größtem Kopfbahnhof. Eine beeindruckende Verbindung von alter und neuer Architektur.

Willy-Brandt-Platz, 04109 Leipzig

6 VÖLKERSCHLACHTDENKMAL

Der Stadt schiebt die Sanierung seit Jahren auf die lange Bank: Der 91 Meter hohe Granitkoloss scheint ihr manchmal ein bisschen peinlich. Dabei erinnert der Bau von 1913 an den Sieg gegen das Napoleonische Besatzungsheer 100 Jahre früher und an die Toten dieser Völkerschlacht. Nach den 500 Stufen hinauf zur Plattform hat bestimmt niemand mehr Kraft für einen Krieg, dafür den schönsten Blick über Leipzig und seine Umgebung – bei klarer Sicht angeblich bis zum Brocken.

Prager Straße, 04299 Leipzig
0341-8780471 | 0341-8780471
Nov. bis April 9-16 Uhr, Mai bis Okt. 10-17 Uhr

7 PORZELLANMANUFAKTUR MEISSEN

Die älteste Porzellanmanufaktur Europas hat sogar die DDR-Planwirtschaft überstanden. In den alten Werkstätten gibt es heute eine Ausstellung mit weißem Gold aus 300

Porzellanmanufaktur Meissen

Schloss Moritzburg bei Dresden

Jahren, und noch immer bearbeiten die Modelleure, Dreher, Former und Maler das Porzellan wie damals und lassen sich dabei in einer Schauwerkstatt auf die Finger gucken.

Talstraße 9, 01662 Meißen
03521-468 208 | 03521-468 804
Mo bis So von 9-17 Uhr

8 SCHLOSS MORITZBURG

Ursprünglich als schlichtes Renaissanceschloss unter Herzog Moritz errichtet, ließ August der Starke das Jagdschloss zu einem barocken Prachtbau umbauen. Neben einer der bedeutendsten Geweihsammlungen Europas ist hier der weltweit größte Bestand an barocken Ledertapeten zu bewundern. Unweit vom Schloss wiehern die Rösser des sächsischen Landesgestüts und werden jährlich im September zur berühmten Hengstparade herausgeputzt.

Museum Moritzburg
035207-85410
April bis Okt. 10-17 Uhr

9 VILLA SHATTERHAND/ VILLA BÄRENFETT

Weil die DDR mit dem großen sächsischen Maulhelden, seinem religiösen Pathos und der kleinkriminellen Vergangenheit nicht recht umgehen konnte, nannte sie die Kultstätte aller Winnetou-Fans verschämt Indianermuseum. Bis heute gliedert sich die Ausstellung in zwei Teile: In einer Blockhütte im Garten dokumentiert eine liebevolle Sammlung Kultur und Leben der nordamerikanischen Ureinwohner. Das Wohnhaus ist mit Devotionalien aus Leben und Werk von Karl May voll gestopft.

Karl-May-Straße 5, 01445 Radebeul
0351-837300 | 0351-8373055
März bis Okt. 9-17.30 Uhr, Nov. bis Febr. 10-15.30 Uhr, montags geschlossen

10 DEUTSCHES HYGIENEMUSEUM

Klingt erst mal nach Kernseife und Volkshygiene. Aber das Museum vom Menschen beschäftigt sich in seiner Dauerausstellung nicht nur mit der „Erziehung zur gesunden Lebensweise", sondern in vielen originellen Sonderausstellungen und Führungen mit Biologie und Medizin, wie man es sonst in keinem Museum findet. Attraktion seit 1930 ist der „Gläserne Mensch", dem man bis in den Zwölffingerdarm schauen kann.

Lingner Platz 1, 01069 Dresden
0351-4846670 | www.dhmd.de
Di/Do/Fr von 9-17 Uhr, Mi von 9-20.30 Uhr, Sa/So von 10-17 Uhr, Eintritt 7 Mark, freitags ab 13 Uhr frei

11 BAUSTELLE FRAUENKIRCHE

Die „Glaubensfeste" der Protestanten wurde 1726 erbaut und 1945 zerbombt. Fünf Jahrzehnte mahnte sie als schwarze Ruine, 1994 begann der Wiederaufbau, ein gigantisches Puzzle aus Tausenden Trümmersteinen und neuer Handarbeit. Bis zur Eröffnung 2005 wird die bereits fertige Krypta für Gottesdienste und Wiederaufbaukonzerte genutzt.
Neumarkt, 01067 Dresden
☎ 0351-4981131 **täglich 10-16 Uhr**
Wiederaufbaukonzerte Sa um 20 Uhr

12 BAROCKSCHLOSS RAMMENAU

Die Transportkosten für den Sandstein haben den Bauherren ruiniert. Vom Main ließ Johann Christoph Knöffel die Klötze bis weit hinter Dresden bringen, und als sein Schlösschen endlich fertig war, musste das Schmuckstück versteigert werden. Andere Herren feierten in Rammenau rauschende Barock-Feste, Kammerkonzerte im prunkvollen Spiegelsaal lassen diese Stimmung erahnen. Der dreigeschossige Hufeisenbau mit seinen gepflegten Außenanlagen ist das schönste Schloss in Sachsen.
Am Schloss 4, 01877 Rammenau
☎ 03594-703559
täglich im Sommer von 10-18 Uhr
im Winter von 10-16 Uhr

Irrgarten Kleinwelka bei Bautzen

13 SAURIERPARK UND IRRGARTEN KLEINWELKA

Ein Urzoo für Tiere, die nie ein Mensch lebend sah. In einem wunderschönen Park tauchen Dinosaurier in Lebensgröße aus Teichen und Gebüsch auf, detailgetreue Urviecher aus Eisen und Beton wie in „Jurassic Park". Gleich nebenan lockt der größten Irrgarten Deutschlands: 30 720 verschiedene Möglichkeiten gibt's, die Mitte zu erreichen. Wer endlich da ist, den erwartet eine weitere Überraschung.
02625 Bautzen, Ortsteil Kleinwelka
☎ Fax 035935-3036 (Saurierpark)
☎ 035935-20575 (Irrgarten)
🖥 www.saurierpark.de
Saurierpark, Sommer 9-18 Uhr
Winter 9-15 Uhr, Irrgarten 15. März bis 31. Okt. 9-17 Uhr

14 JUGENDSTILKAUFHAUS GÖRLITZ

Das einzige in Deutschland erhaltene Kaufhaus der Belle Époque wurde 1913 gebaut. Die hohe Innenhalle überspannt eine mit Jugendstilmotiven bemalte Glaskuppel. Das Eisenskelett rundherum ist

Jugendstilkaufhaus Görlitz

mit Naturstein und Glas verkleidet. Die Verkaufsflächen befinden sich auf den umlaufenden Emporen.
Am Marienplatz, Görlitz

15 FESTUNG KÖNIGSTEIN

Hoch über der Elbe thront die einst uneinnehmbare Festung. Hinter den dicken Mauern suchten die sächsischen Kurfürsten und Könige Zuflucht, bewahrten Kunstschätze auf und feierten prunkvolle Feste, während in den Kasematten mehr als 1000 Gefangene schmorten, darunter 1706 auch Johann Friedrich Böttger, der später das europäische Porzellan erfand.
Festung Königstein, 01824 Königstein
☎ 035021-64-607 📠 035021-64-609
🖥 www.festung-koenigstein.de
Sommer 9-20 Uhr, Winter 9-17 Uhr

16 MINIWELT LICHTENSTEIN

Wer nicht mehr genug Urlaub für eine Weltreise hat, fährt nach Lichtenstein bei Zwickau. Berühmte Monumente, kulturelle Denkmäler und Gebäude aus nah und fern und allen Epochen der Menschheitsgeschichte sind dort im Maßstab 1:25 nachgebaut. Allein für das Modell der Burg Eltz haben Modellbauer 120 000 Dachschindeln handgefertigt und über 70 000 Steine für die Fassade verarbeitet.
Tourismusverband Westsachsen/Zwickau e.V.
Hauptstraße 6, 08056 Zwickau
☎ 0375-293711 📠 0375-293710
Mo bis Do 9-19 Uhr, Fr/Sa 9-21 Uhr

WWW. HOTLINES

🖥 www.sachsen.de
Alles über den Freistaat.
🖥 www.sachsen-tour.de
Reise-Infos mit Unterkunftsnachweis und Online-Buchung.
🖥 www.sachsen-tourist.de Mit Gastgeberverzeichnis für alle Regionen.
🖥 www.landurlaub-sachsen.de
Detaillierte Infos für die Landpartie.
🖥 www.zugast.de/contents/sachsen
Sächsische Restaurants, Hotels und Pensionen im Überblick.
🖥 www.sachsen-net.com Portal mit vielen interessanten Links.

17 FROHNAUER HAMMER

Eines der einducksvollsten Zeugnisse der früheren Bergbauregion ist der Frohnauer Hammer. Im Mittelalter wurde hier das glühende Roheisen durch das tonnenschwere Fallgewicht von drei Schmiedehämmern gestreckt. Heute gibt es nach dem Schauschmiede-Spektakel ein zünftiges Hammergesellenfrühstück.
Sehmatalstraße 3, 09456 Annaberg-Buchholz, OT Frohnau
☎ 03733-22000 **täglich 9-16 Uhr**

18 WOLKENSTEIN

Im gesamten Zschopautal reihen sich Burgen und Schlösser aneinander, aber der romantischste Ort Sachsens ist wahrscheinlich Wolkenstein. Mittelalter pur, alles auf einem Felssporn 70 Meter über dem Tal der Zschopau – in den Wolken eben. Gleich nebenan in Warmbad blubbert Sachsens älteste und wärmste Thermalheilquelle.
Gästebüro Wolkenstein
☎ 037369-87123
jährlich zu Christi Himmelfahrt Burgfest

Wolkenstein

19 SPIELZEUGDORF SEIFFEN

Das ist *das* Spielzeugland. Seit die erzgebirgischen Bergmänner ihren Lohn durch kleine Drechselarbeiten aufbesserten, wimmelt es in dem Kurort an der tschechischen Grenze von Holzschäfchen, Nussknackern und Puppenstuben. Zahlreiche Schauwerkstätten erlauben einen Blick auf die Drechselbank und verkaufen Räuchermännchen und Weihnachtspyramiden quasi ab Werkbank.
Hauptstraße 73, 09548 Seiffen
☎ 037362-8239 📠 037362-8239
🖥 www.seiffen.de
täglich 9-17 Uhr, Eintritt 5,-
für Kinder 2,50 Mark

20 MUSIKINSTRUMENTEN-MUSEUM

Markneukirchen lebt noch heute vom Instrumentenbau. Trompeten, Gitarren, Akkordeons – hier wird alles gebaut und weltweit verkauft. In einem spätbarocken Wohnhaus ist eine faszinierende Sammlung von Exponaten zu sehen. Neben einem Klavichord des berühmten Orgelbauers Silbermann sind die spielbaren Miniaturgeigen, von denen mehrere auf eine Handfläche passen, besondere Kostbarkeiten und Attraktionen zugleich.
Bienengarten 2, 08258 Markneukirchen
☎ 037422/2018 📠 037422-6023
Di bis So von 9-17 Uhr

TOUR (C)

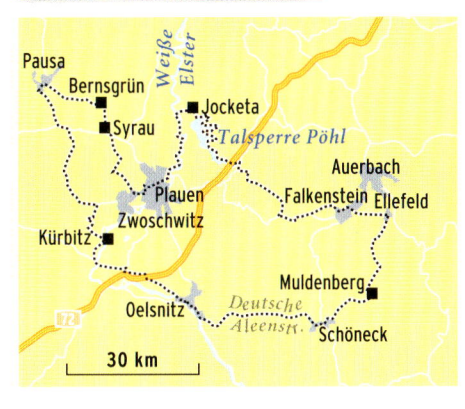

MIT DEM RAD ZUM ERD-MITTELPUNKT

Die eher liebliche **Vogtland-Rundfahrt** ist auch für Mountainbiker interessant, wenn sie sich im Sommer an die Skiloipen halten. Wir starten zentral in **Oelsnitz**, weil es dort einen **Fahrradverleih** gibt (pro bike, Plauensche Straße 3, ☎ 037421-28053). Zur Einstimmung geht es 17 Kilometer über einen Teil der **deutschen Alleenstraße** und Schöneck nach Muldenberg zur Übernachtung in der **Flößerstube** (☎ 037465-6764, **DZ 140 Mark**). Auf gut ausgeschilderten Wanderwegen und Waldstraßen, über Berg und Tal, Ellefeld, Bergen und Schönau

Fahrgastschiff im Vogtland

erreicht man die **Talsperre Pöhl**, fährt am Ufer entlang bis nach **Jocketa** und ruht sich von diesen 68 Kilometern des Tages im **Landhotel Altjocketa** aus (Dorfaue 1, ☎ 037439-6254, **DZ 140 Mark**). Die dritte Etappe ist knapp 60 Kilometer lang und voller Sensationen: Nach einer schönen Morgenstrecke über die **Barthmühle** entlang der **Weißen Elster** und durchs **Syratal** und einem Mittagessen im **Landgasthof Zwoschwitz** (☎ 03741-134136) kann man in Syrau die **Drachenhöhle** besichtigen. Über Bernsgrün geht es weiter nach **Pausa** zum **Mittelpunkt der Erde**, den die findigen Bürger für sich reklamieren, weil durchs Dorf der 12. Längengrad östlich von Greenwich verläuft. Im Rathaus ölen Sie gemeinsam mit der „Erdachsendeckelscharnierschmiernippelkommission" die Erdachse. Dann geht es über schöne Landstraßen und Kürbitz zurück nach Oelsnitz.
Fremdenverkehrsverband Vogtland
in 08209 Auerbach
☎ 03744/188860